HAIDER · GESCHICHTE OBERÖSTERREICHS

GESCHICHTE
DER ÖSTERREICHISCHEN BUNDESLÄNDER

Herausgegeben von Johann Rainer

VERLAG FÜR GESCHICHTE UND POLITIK WIEN

Siegfried Haider

# Geschichte Oberösterreichs

VERLAG FÜR GESCHICHTE UND POLITIK WIEN 1987

Gedruckt mit Unterstützung der Oberösterreichischen Landesregierung

© 1987 Verlag für Geschichte und Politik Wien

Das Werk, einschließlich aller Abbildungen, ist urheberrechtlich geschützt. Jede Verwertung außerhalb der Grenzen des Urheberrechtsgesetzes ist ohne Zustimmung des Verlages unzulässig und strafbar. Das gilt insbesondere für Vervielfältigungen, Übersetzungen, Mikroverfilmungen und die Einspeicherung und Bearbeitung in elektronischen Systemen.

Fotosatz und Druck: F. Seitenberg Ges. m. b. H., 1050 Wien
Einbandentwurf: Maria E. Wessely

ISBN 3-7028-0264-9

Auch erschienen im Verlag R. Oldenbourg München
ISBN 3-486-54081-5

# Inhalt

Vorwort . . . . . . . . . . . . . . . . 7

Die naturräumlichen Voraussetzungen . . . . . . . . . 9

1. Ur- und Frühgeschichte des oberösterreichischen Raumes . 11
2. Die Römerzeit . . . . . . . . . . . . . . . . . 18
3. Die Bayernzeit (6.–12. Jahrhundert) . . . . . . . . 24
   Die Zeit der Agilolfinger . . . . . . . . . . . . 24
   Die Zeit der Karolinger . . . . . . . . . . . . 30
   Das 10. Jahrhundert . . . . . . . . . . . . . . 38
   Aufbruch und Umbruch im hohen Mittelalter (11.–13. Jahrhundert) 42
   Kirchliche und kulturelle Verhältnisse im hohen Mittelalter . . 55

4. Die Entstehung des Landes (12.–19. Jahrhundert) . . . . 65
   Von den Otakaren zu den Babenbergern . . . . . . . . 65
   Von König Ottokar II. Přemysl zu den frühen Habsburgern . . 75
   Die Erweiterung des Landes ob der Enns im späten Mittelalter . 83
   Die territoriale Entwicklung in der Neuzeit . . . . . . 96
   Staatsrechtliche Probleme des Landes ob der Enns . . . . 99
   (Karte „Das Werden des Landes Oberösterreich" 102/103)

5. Das späte Mittelalter (1246–1493) . . . . . . . . . 105
   Das Land ob der Enns im Spannungsfeld zwischen Bayern, Böhmen, Ungarn und Österreich . . . . . . . . . . . . . 105
   Vom Gericht ob der Enns zum Fürstentum Österreich ob der Enns 111
   Soziale und wirtschaftliche Verhältnisse . . . . . . . 120
   Kirchliche Verhältnisse . . . . . . . . . . . . . 140
   Kultur, Kunst, Wissenschaft, Technik . . . . . . . . 149

6. Das konfessionelle Zeitalter (1493–1648) . . . . . . . 155
   Die Zeit Kaiser Maximilians I. (1493–1519) und die neue Verwaltung 155
   Glaubenskampf und Ständemacht (1520–1648) . . . . . . 160
   Wirtschaftliche und soziale Verhältnisse, Bauernkriege . . . 187
   Kultur, Wissenschaft, Kunst, Technik . . . . . . . . 200

7. Das Zeitalter des Absolutismus — Vom Land zur Provinz der Monarchie (Mitte 17. Jahrhundert — 1848) . . . . . 206
   Die Zeit des Barock . . . . . . . . . . . . . . . . 206
   Die Reformen Maria Theresias und die Erwerbung des Innviertels 214
   Die Reformen Josephs II. und die Reaktion . . . . . . . 223
   Die Zeit der Franzosenkriege . . . . . . . . . . . . 226
   Der Vormärz . . . . . . . . . . . . . . . . . . . 235
   Soziale und wirtschaftliche Verhältnisse . . . . . . . . 240
   Kirchliche Verhältnisse . . . . . . . . . . . . . . 274
   Kultur, Wissenschaft, Kunst, Unterricht, Technik . . . . . 294

8. Auf dem Wege zur Demokratie (1848—1918) . . . . . 317
   Das Jahr 1848 . . . . . . . . . . . . . . . . . . 317
   Die Zeit des Neoabsolutismus . . . . . . . . . . . 323
   Die Anfänge demokratischer Verhältnisse und politischer Parteien 326
   Konfessionelle Verhältnisse . . . . . . . . . . . . 336
   Im Ersten Weltkrieg . . . . . . . . . . . . . . . 338
   Wirtschaftliche und soziale Verhältnisse . . . . . . . 340
   Unterricht, Wissenschaft, Kultur, Kunst . . . . . . . . 355

9. Das Bundesland Oberösterreich in der Ersten Republik (1918—1938) . . . . . . . . . . . . . . . . . . 371
   Demokratie, Bürgerkrieg, autoritärer Ständestaat . . . . . 371
   Wirtschaftliche und soziale Verhältnisse . . . . . . . 398

10. Die Zeit des Nationalsozialismus (1938—1945) . . . . . 409

11. Oberösterreich nach dem Zweiten Weltkrieg (seit 1945) . . 425
    Besatzungszeit und Wiederaufbau (1945—1955) . . . . . 425
    Vom Österreichischen Staatsvertrag bis zur Gegenwart . . . . 435
    Kultur, Unterricht, Wissenschaft und Kunst seit dem Ersten Weltkrieg . . . . . . . . . . . . . . . . . . . 442

Weiterführende Literatur (Auswahl) . . . . . . . . . . 454

Zeittafel zur Geschichte Oberösterreichs . . . . . . . . 472

Namensregister . . . . . . . . . . . . . . . . . . 479

Bildnachweis . . . . . . . . . . . . . . . . . . . 508

# Vorwort

Die erste umfassende, auf breiter Quellengrundlage wissenschaftlich erarbeitete „Geschichte des Landes ob der Enns von der ältesten bis zur neuesten Zeit", verfaßt von Franz Xaver Pritz, erschien in den Jahren 1846/47. Ihr folgte 1872 die, wie schon der Titel bekundet, anders akzentuierte „Landeskunde von Ober-Österreich. Geschichtlich-geographisches Handbuch für Leser aller Stände" von Ludwig Edlbacher, die 1883 eine zweite, vermehrte und verbesserte Auflage erfuhr. In den mehr als hundert Jahren, die seither vergangen sind, hat zwar die Erforschung der oberösterreichischen Landesgeschichte große Fortschritte gemacht, eine neue zusammenfassende Darstellung ist jedoch nur für den Zeitraum des Mittelalters und in enger Verflechtung mit der Geschichte Niederösterreichs geschaffen worden (Max Vancsa, Geschichte Nieder- und Oberösterreichs, 2 Bände, Allgemeine Staatengeschichte 3. Abt.: Deutsche Landesgeschichten 6, 1905 und 1927). Einer der Gründe für das Fehlen einer eigenen modernen Landesgeschichte dürfte nicht zuletzt die schwierige Entstehungsgeschichte des Landes ob der Enns gewesen sein, die noch in den Büchern von Ignaz Zibermayr (Noricum, Baiern und Österreich. Lorch als Hauptstadt und die Einführung des Christentums, 1944, 2. Auflage 1956) und von Franz Pfeffer (Das Land ob der Enns. Zur Geschichte der Landeseinheit Oberösterreichs, Veröffentlichungen zum Atlas von Oberösterreich 3, 1958) — wie wir heute wissen (zu Pfeffers Thesen siehe die kritischen Gegendarstellungen in den Mitteilungen d. OÖ. Landesarchivs 7, 1960, 125 ff.) — nicht unvoreingenommen gesehen wurde und die erst in den letzten Jahrzehnten den modernen verfassungsgeschichtlichen Erkenntnissen entsprechend erhellt werden konnte. Mit ihr befaßt sich denn auch in dem vorliegenden Buch aus Gründen der besseren Übersichtlichkeit ein eigenes Kapitel mit einer erläuternden Karte.

Wenn nun nach so langer Zeit wieder der Versuch unternommen wurde, die Geschichte des Landes ob der Enns bzw. Oberösterreichs in knapper Form zu schreiben, so war dies nur möglich aufgrund der neueren Forschungen und Darstellungen von Josef Reitinger, Gerhard Winkler, Kurt Holter, Othmar Hageneder, Alois Zauner, Max Weltin, Alfred Hoffmann, Karl Eder, Hans Sturmberger, Rudolf Zinnhobler, Georg Grüll, Rudolf Kropf und — für den Bereich der Zeitgeschichte — Harry Slapnicka, um nur die wichtigsten Autoren zu nennen. Ihre Ergebnisse und diejenigen vieler anderer, die hier nicht aufgezählt werden können —

teilweisen Ersatz bietet das allerdings ebenfalls in Auswahl erstellte Literaturverzeichnis —, sollten in diesem Buch nach dem letzten Wissensstand knapp und übersichtlich zusammengefaßt und damit breiteren Kreisen außerhalb der Wissenschaft vermittelt werden. Wenn es mit Hilfe dieses Leitfadens gelänge, historisch interessierten Personen die Geschichte des oberösterreichischen Raumes, das Werden unseres Landes und die jahrhundertelange Entwicklung zu unseren heutigen modernen Verhältnissen nahezubringen und verständlich zu machen, wäre das der schönste Lohn für eine mehrjährige intensive Arbeit.

Da dieses Buch neben meinen beruflichen und universitären Verpflichtungen entstanden ist, soll es jenen Personen gewidmet sein, die mich in einem jahrelangen und phasenweise schwierigen Abschnitt meines Lebens durch ihr Verständnis und ihre Rücksichtnahme wesentlich unterstützt haben: meiner Frau und meinen Kindern. Schließlich möchte ich auch jenen Fachkollegen, besonders im OÖ. Landesarchiv, die mir ihren Rat gewährt haben, und allen jenen, die mir bei der Erstellung des Manuskriptes behilflich waren, herzlich danken. Wertvolle Hinweise verdanke ich den Herren Landesarchivdirektor W. Hofrat Dr. Alois Zauner (Linz) und Univ.-Prof. Dr. Othmar Hageneder (Wien), die sich der Mühe unterzogen, das Manuskript bzw. Teile davon vor der Drucklegung zu lesen. Mein großer Dank gilt ebenso dem Herausgeber, Herrn Univ.-Prof. Dr. Johann Rainer (Innsbruck), für seine wohlwollende Unterstützung, ganz besonders aber dem Verleger, Herrn Dr. Karl Cornides, für seine Ratschläge, sein Verständnis und seine Bereitschaft, das auf die eingangs skizzierte besondere Situation Oberösterreichs abgestimmte Manuskript ohne einschneidende Kürzungen in seine Reihe „Geschichte der österreichischen Bundesländer" aufzunehmen.

Linz, im Herbst 1986                                              Siegfried Haider

# Die naturräumlichen Voraussetzungen

Das Gebiet des heutigen Bundeslandes Oberösterreich gliedert sich aus geographischer Sicht in drei große charakteristische Naturräume, die nicht nur den Menschen bis heute unterschiedliche Lebensbedingungen bieten, sondern die auch durch die verschiedenen landschaftlichen Voraussetzungen im Laufe der Zeit die Geschichte in mancher Hinsicht — man denke etwa an die Besiedlungs-, Verkehrs- und Wirtschaftsverhältnisse — mehr oder weniger bestimmend beeinflußt haben. Es sind dies das höher gelegene, klimatisch rauhe und niederschlagsreiche Granit- und Gneis-Hochland im Norden, das tiefer gelegene, verkehrs- und siedlungsfreundliche Alpenvorland in der Mitte und die Gebirgszone der nördlichen Kalkalpen im Süden.

Das für seinen natürlichen Waldreichtum bekannte Granit- und Gneis-Hochland des Mühlviertels bildet die südliche Abdachung des ausgedehnten Böhmischen Massivs gegen die Donau hin. An drei Stellen, dem Sauwald zwischen Passau und Aschach, dem Kürnbergerwald zwischen Wilhering und Linz und in dem sogenannten Strudengau im Grenzbereich zu Niederösterreich, reichen die Ausläufer dieser geologisch alten Gesteinsmasse nach Süden über den Fluß, der sich dort jeweils tief eingegrabene Eng- bzw. Durchbruchstäler geschaffen hat, hinweg. Dagegen erstrecken sich nördlich der Donau die zum Teil weitläufigen Flußebenen von Feldkirchen a. d. Donau, des Linzer Beckens und der Machlandebene. Das Mühlviertler Granit- und Gneis-Hochland beginnt meistenteils mit einem klimatisch begünstigten Steilabfall im Süden und setzt sich gegen Norden wellenartig ansteigend bis zu den eine Meereshöhe von rund 800 bis über 1000 Metern erreichenden höchsten Erhebungen der böhmisch-oberösterreichischen Wasserscheide fort. Es ist landschaftlich in zahlreiche Rücken, Kuppen und Höhenzüge gegliedert, zwischen denen sich Hochmulden, Talbecken- und Hochflächenräume hinziehen. Als verkehrsgünstige natürliche Verbindungen zwischen dem böhmischen und dem Donauraum erwiesen sich stets die Mühlsenke im oberen und die Aistsenke im unteren Mühlviertel. Die größeren Wasserläufe wie Ranna, Mühl, Pesenbach, Rodl, Haselbach, Aist, Naarn und Sarmingbach haben teilweise, vor allem gegen Süden zur Donau hin, tiefe Täler eingeschnitten.

Das im allgemeinen fruchtbare und (besonders in den Donauniederungen bzw. in den flachen Weitungen des Eferdinger Beckens, des Linzer Beckens und des Machlandes) bedeutend wärmere Alpenvorland, das im wesentlichen zwischen Donau und Nordalpen eine Ausdehnung von ca. 20—50 Kilometern erreicht, ist der geologisch jüngste Landesteil. Sein Charakter als von Terrassen-, Mulden- und Sohlentälern durchzogenes, sanftes Hügelland entstand infolge von tertiären Meeresablagerungen (Schlier), über denen sich die bis zu 800 bzw. 750 Meter hohen jungtertiären Schotterrücken des Hausrucks und des Kobernaußerwaldes erheben, und von eiszeitlichen flachen Schotterdecken (Alz-Platte, Traun-Enns-Platte), in welche die durch mehrmaligen Wechsel von Ablagerung und Eintiefung entstandenen Terrassentäler der Flüsse Inn, untere Traun, Alm, Steyr und untere Enns eingebettet sind. Im Süden verstärkt sich in der Nähe des niederschlagsreichen Alpenrandes der hügelige Eindruck durch die von den eiszeitlichen Gletschern abgelagerten End- und Grundmoränen. Am ungünstigsten für die menschliche Siedlungstätigkeit ist der Süden des Landes, die Zone der nördlichen Kalkalpen. Sie setzt sich von Norden nach Süden aus den Bereichen des Flyschalpen genannten, sanft geformten und nicht sehr hohen Sandsteinberglandes, den zumeist schroff aufragenden Kalkvoralpen mit Gebirgsstöcken wie dem Höllengebirge, dem Traunstein, dem Kasberg und dem Sengsengebirge und den das Dachstein-Massiv, das Tote Gebirge, das Warscheneck und die Ennstaler Alpen umfassenden Kalkhochalpen zusammen. Der im steirisch-oberösterreichisch-salzburgischen Grenzgebiet gelegene Hohe Dachstein ist mit 2996 Metern der höchste Berg Oberösterreichs. Doch auch die klimatisch durch große Niederschlagsmengen gekennzeichnete und daher an Wasserkräften reiche Gebirgsregion im Süden weist besonders innerhalb des Gürtels der Kalkvoralpen eine Reihe von siedlungsfreundlichen Tal- und Beckenlandschaften auf wie das obere Trauntal, die Gosau, das Ischler Becken, das Windischgarstener Becken, das Kirchdorfer Becken, das Steyrtal und das oberösterreichische Ennstal. Nicht zuletzt boten die tiefen und fischreichen Alpenseen — Hallstätter See, Gosausee, Traunsee, Mondsee, Wolfgangsee, Attersee und Almsee — den Menschen lange Zeit hindurch wichtige Nahrungsreserven.

# 1. Ur- und Frühgeschichte des oberösterreichischen Raumes

Die frühesten, bisher bekannt gewordenen Zeugnisse für die Anwesenheit von Urmenschen im Bereich des heutigen Oberösterreich stammen aus der Altsteinzeit (bis ca. 12.000 v. Chr.). Erdgeschichtlich gesehen dürften sie in einer Warmphase der eiszeitlichen Epoche (Pleistozän/Diluvium) entstanden sein, und zwar anscheinend während der vierten und letzten der klassischen alpinen Kaltzeiten, der sogenannten Würm-Eiszeit, die keine einheitliche klimatische Periode war, sondern eine mehrmalige Kalt- und Warmschwankung aufwies. In den Zeitraum zwischen ca. 65.000 und ca. 30.000 v. Chr. konnten mehrere steinerne Schab- und Schneidewerkzeuge datiert werden, die 1980/83 in der fast 2000 Meter hoch im Gebiet der Warscheneck-Gruppe des Toten Gebirges gelegenen Ramesch-Bärenhöhle gefunden wurden. Zu diesen der Formengruppe des Levallois-Moustérien zugehörigen Fundstücken, denen auch jüngst in der Nixluckenhöhle (770 Meter Seehöhe) und in der Schafluckenhöhle bei Losenstein im Ennstal entdeckte Steinwerkzeuge entsprechen, kommt wahrscheinlich ein von Menschenhand bearbeiteter Knochen eines Höhlenbären aus der Dachstein-Riesenhöhle, deren Eingang sich 1345 Meter über dem Meeresspiegel befindet. Wie die Fundplätze zeigen, ermöglichte ein wärmeres, zwischenkaltzeitliches Klima dem Urmenschen (Neandertaler) das Vordringen in die Hochgebirgsregionen zu Jagdzwecken. Günstigere Lebensbedingungen herrschten naturgemäß in den weiter nördlich anschließenden Niederungen des Alpenvorlandes und besonders im Bereich des Donaustromes, wo aber bis heute nur ein einziger gesicherter, als Jagdlager gedeuteter Aufenthaltsort der frühwürm- und würmeiszeitlichen Jäger und Sammler bekannt ist, der auf der seinerzeit an einem Donauarm gelegenen Erhebung der „Berglitzl" in Gusen (OG. Langenstein, BH. Perg) ergraben wurde. Nicht sehr weit davon entfernt war 1931 in Linz-Waldegg in einer Lehmgrube ein altsteinzeitlicher Steinschaber zum Vorschein gekommen. Die ältesten, bisher in Oberösterreich entdeckten menschlichen Skeletteile — ein Schädeldach, ein Oberarmknochen und ein Oberschenkelknochen — wurden 1952/53 aus dem Schotter des Pichlinger Sees bei Linz geborgen. Die in der Altsteinzeit lebenden Menschen bedienten sich vorwiegend zu- und abgeschlagener Steinwerkzeuge und Waffen (Klinge und Faustkeil bzw. Zweiseiter), hauptsächlich aus Feuer- und Hornstein, und hausten in natürlichen Wohnräumen. Verschieden gedeutete Funde von

Mammutzähnen wurden z. B. am Rande des Machlands (Mauthausen), im Linzer Becken, in der Welser Heide (Hörsching) sowie in Lambach, Mining und Unterrothenbuch am Inn gemacht.
In der mittleren Steinzeit (ca. 12.000—5000 v. Chr.) führte eine Klimaverbesserung zum Schmelzen der Gletscher; aus der mitteleuropäischen Tundrenlandschaft bildete sich im großen und ganzen die heutige Tier- und Pflanzenwelt, vor allem der dichte (Laub-)Wald, der allmählich urwaldartigen Charakter annahm. Die als Jäger, Fischer und Sammler lebenden Menschen benützten jetzt kleinere Feuersteinspitzen, die ihnen als Sicheln, Sägen und Messer dienten. Aus Oberösterreich sind ein mittelsteinzeitlicher Fundplatz in Bad Ischl und ein Werkplatz zur Erzeugung von Steingeräten auf der Berglitzl in Gusen bekannt.
Großen Aufschwung nahm die menschliche Kultur in der folgenden Epoche der Jungsteinzeit (ca. 5000—1800 v. Chr.), die durch Seßhaftigkeit, Ackerbau und Viehzucht sowie durch technischen Fortschritt gekennzeichnet ist. Die Erzeugung von Tontopfwaren führte zur modernen Bezeichnung des Zeitalters als „Keramikum" (Richard Pittioni); die Steinwerkzeuge waren jetzt geschliffen und poliert. Später übernahm man (wohl aus dem Vorderen Orient) die Kenntnis der Metallgewinnung und -verarbeitung (Kupfer) und der Herstellung von Bronze (Legierung von Kupfer und Zinn). Im Bereich des heutigen Oberösterreich hielt die Donauländische Kultur in Form der Bandkeramischen oder Linearkeramischen Kultur — so benannt nach den Verzierungen der Gefäße — vor allem in den für die Landwirtschaft günstigen Lößgebieten ihren Einzug. Reste von Siedlungen fand man in der Welser Heide in Rutzing (OG. Hörsching), hier mit dem dazugehörigen Bestattungsplatz, und in Haid bei Hörsching. Die Holzbauten dürften Rechteckform aufgewiesen haben (ca. 20—25 × 6—7 Meter). Schmuckbeigaben in den Gräbern (Muscheln) beweisen weitreichende Handelsbeziehungen bis an das Mittelmeer. Engere Kontakte unseres Raumes über das nördliche Salzburg nach Niederbayern läßt die jüngere, nach einem bayerischen Fundort benannte Münchshöfener Kultur erkennen. Die wichtigsten oberösterreichischen Fundplätze sind Dornach-Saxen, Niederperwend (OG. Marchtrenk), Hartheim, Lungitz, Stadl-Paura, Ufer bei Ebelsberg, Rutzing und Linz-Altstadt. Einen Kultplatz, der sich durch Kontinuität von der späteren Jungsteinzeit bis zur mittleren Bronzezeit auszeichnet, entdeckte man auf der Erhebung der Berglitzl in Gusen.
Die Donauländische Kultur der Lößbauern geriet in der Folge unter nordischen Einfluß kultureller und wohl auch ethnischer (indogermanischer) Art. Wie im Zuge dieser Veränderung die zu einer neuen Einheit verschmelzende, in den alpinen Bereich vordringende Mondsee-Kultur-

gruppe entstand, ist noch nicht geklärt. Sie gilt als die erste eigenständige kulturelle Ausformung in unserem Raum. Ihre charakteristische, mit Furchenstrich und weißer Füllmasse verzierte Keramik wird neuerdings in eine ältere, jungsteinzeitliche (Mondsee-)Gruppe und in eine jüngere, bronzezeitliche, bis an die Donau reichende (Attersee-)Gruppe geschieden. Größere Fundstellen in den oberösterreichischen Alpenseen (Mondsee: bei See, Scharfling, Mooswinkel; Attersee: Abtsdorf, Attersee, Misling, Weyregg, Litzlberg, Aufham, Seewalchen, Kammer; Traunsee), in Stadl-Paura und in der Umgebung des Enns-, des Laussa- und des Salzachtales sowie in Bayern (Ainring) und in Niederösterreich (Grünbach, Ossarn) beschreiben ungefähr das Verbreitungsgebiet der Mondsee-Kultur. Die heute unter Wasser gelegenen Siedlungsreste aus der Zeit zwischen ungefähr 2800 und 2000 (?) v. Chr. wurden früher als Pfahlbauten gedeutet. Die moderne Forschung sieht jedoch in ihnen ehemalige Seeufersiedlungen, die später infolge Klimaverschlechterung und damit verbundenem Ansteigen des Wasserspiegels von den Bewohnern aufgegeben werden mußten. Die Seefunde erbrachten unter anderem Holz-, Kupfer- und Bronzeobjekte, Textilien sowie Früchte (z. B. Getreide, Kohl, Erbsen, Flachs, getrocknete Äpfel, Haselnüsse).

Daß der Bereich der Donau am Ende der Jungsteinzeit vom Norden her beeinflußt wurde, läßt ein in Linz-Scharlinz freigelegtes Hockergrab erkennen, das Ausläufern der mitteldeutsch-sudetischen Schnurkeramik- bzw. Einzelgrabkultur zugewiesen wird. Aus dem Westen kamen die Träger der westeuropäischen Glockenbecherkultur, die im Raum Linz und in Hörsching belegt ist. Das Fundgut aus Gräbern mit Bestattungen in liegender Hockerstellung entspricht einem Typ, den man hauptsächlich im Osten Österreichs lokalisiert hat.

Nachhaltige Veränderungen in vielen Bereichen des menschlichen Lebens brachte der neue Werkstoff Kupfer, der in Form der Bronzelegierung einer ganzen urgeschichtlichen Epoche den Namen gegeben hat (Bronzezeit, ca. 1800—800 v. Chr.). Die Bevölkerung differenzierte und spezialisierte sich: neben die seßhaften Ackerbauern, die weiterhin überwogen, traten Berg- und Hüttenleute, hochqualifizierte Handwerker und Händler. Ein reges Wirtschaftsleben mit weitreichenden Handelsbeziehungen vertiefte soziale Unterschiede; die über ganz Oberösterreich verstreuten Funde und Grabbeigaben lassen verschiedentlich einen beträchtlichen Reichtum erkennen. Am Schmuck und am großen Formenreichtum des Materials zeigt sich eine verfeinerte Lebensweise. Keine einheitliche Deutung haben bisher die sogenannten Depotfunde erfahren, Metallschätze (Barren und Handelsware), die möglicherweise von ihren Besitzern aus Angst vor kriegerischen Entwicklungen vergraben wurden.

Die warme und trockene Epoche der Bronzezeit wird in drei Abschnitte mit charakteristischen Bestattungsformen eingeteilt: Der frühen Bronzezeit entspricht die Flachgräberkultur, die ihre Toten in seitlich liegender Hockerstellung bestattete. Im oberösterreichischen Raum, der unter dem Einfluß donauländischer Lokalkulturen (Straubinger Kultur im Westen, Aunjetitz-Kultur mit der niederösterreichischen Sonderform Unterwölbling und Věteřov-Kultur im Osten) stand, entwickelte sich die von der Forschung erst jüngst unterschiedene Attersee-Kulturgruppe. Für die mittlere Bronzezeit ist das Hügelgrab typisch, in dem der Tote in gestreckter Lage, versehen mit zumeist reichen Beigaben, begraben wurde. Die Kulturen beider Perioden wurden von einer ethnisch weitgehend konstanten Bevölkerungsschicht getragen, die allerdings am Ende der mittleren Bronzezeit im Zuge großer Bevölkerungsverschiebungen in Europa von dem indogermanischen Element der frühen Illyrer überlagert worden sein dürfte. Die neue Kultur verbrannte ihre Toten und setzte den Leichenbrand in großen Urnen in Flachgräbern bei; man spricht von der spätbronzezeitlichen Urnenfelderkultur. Im westlichen Bereich des heutigen Österreich bildete sich ein einheitlicher Typ (Gruppe Hötting-Morzg), der von Tirol über Salzburg bis einschließlich Oberösterreich reichte. Einfluß von Norden her zeigt das urnenfelderzeitliche Hügelgräberfeld von Altlichtenberg bei Linz. Leider verfügen wir nur über wenige Hinweise auf den Kult der bronzezeitlichen Epoche. Das bezeichnende Grabbrauchtum und vereinzelte Opfergaben in Mooren (Ibmer Moos, Windischgarsten) bieten bloß ungefähre Anhaltspunkte.

Neben die Bronze trat gegen Ende des 9. Jahrhunderts v. Chr. der neue Werkstoff Eisen, der namengebend für das folgende urgeschichtliche Zeitalter wurde. Die ältere Eisenzeit (ca. 800—400 v. Chr.) ist die Epoche der nach dem bedeutenden Fundort im Salzkammergut benannten mitteleuropäischen Hallstattkultur, die in einen westlichen und in einen östlichen Kreis unterteilt wird. Die illyrische Bevölkerung — eine Identifizierung, die heute von sprachwissenschaftlicher Seite abgelehnt wird —, in der die ältere Vorbevölkerung aufgegangen war, pflegte trotz Klimaverschlechterung weiterhin vorwiegend Ackerbau und Viehzucht. Als wesentliches und bestimmendes Element kamen jedoch der Abbau und der Handel mit Salz hinzu, wofür der Hallstätter Salzberg, wo seit dem Beginn des ersten Jahrtausends v. Chr. Bergbau betrieben wurde, zum über den oberösterreichischen Raum hinaus ausstrahlenden Zentrum wurde. Wegen der zahlreichen Funde und Spuren gilt er als „die eindrucksvollste Salzgewinnungsstätte aus urgeschichtlicher Zeit". Seine drei Reviere umfaßten insgesamt eine Stollenlänge von mindestens 3750 Metern. Im Gegensatz zum heute üblichen Solebetrieb wurde das Kernsalz trocken abgebaut, wobei man mit einfachen Geräten pro Tag einen durchschnittlichen Stollenvortrieb von 5 cm erzielt haben dürfte. Dem Luftabschluß und der konservierenden Wirkung des Salzes verdanken wir viele Materialfunde, wie zum Beispiel Felltragsäcke mit einem Fassungsvermögen von ca. 45 kg und einer einfachen Kippvorrichtung, Holzgeräte und Werkzeuge, Kleidungsreste (Schafwoll- und Leinenstoffe, Fellmützen); Exkremente der Bergleute und Nahrungsreste geben Hirse, Gerste, Saubohne und das Fleisch von Haustieren als Speisen zu erkennen. 1734 fand man im sogenannten Kilbwerk die Leiche eines verschütteten Bergmannes („Mann im Salz"), die allerdings ohne vorhergehende Beschreibung in der Erde bestattet und damit dem Zerfall preisgegeben wurde. Wichtige Erkenntnisse lieferte auch das große Gräberfeld im Hallstätter Salzbergtal mit über 2000 Bestattungen, das der Salinenbeamte Bergmeister Johann Georg Ramsauer 1845 entdeckte, das aber leider unsachgemäß freigelegt wurde. Der Abbau und der Handel mit Salz führten, wie Grabbeigaben andeuten, zu einer starken sozialen Gliederung. Neben den Technikern des Bergbaues (Hauer, Träger, Werkzeugmacher etc.) dürfte es einen Handels-, einen Nähr- und einen Wehrstand gegeben haben. Die Führung lag bei einer reichen Schichte von Bergherren mit „internationalen" Beziehungen.

Wohl muß Hallstatt in dieser Epoche als Zentrum in jeder Hinsicht angesehen werden, doch auch das übrige, größtenteils mit dichtestem Wald bewachsene Gebiet des heutigen Oberösterreich weist interessante Fundplätze auf. So z. B. im Innviertel das sogenannte „Fürstengrab" von Uttendorf, eine Wagenbestattung wie in Lengau-Galgenholz, und die jüngst freigelegte Hügelgrabanlage von Angehörigen der Oberschichte bei Mitterkirchen (BH. Perg) im Machland. Siedlungsplätze wurden bisher außerhalb des Hallstätter Salzbergtales in Auhof bei Perg, am Waschenberg (Bad Wimsbach) und am Georgenberg bei Micheldorf im Kremstal entdeckt. Während man an diesen Orten Spuren hölzerner Ständerbauten feststellte, scheint im alpinen Bereich der Bau von Blockhäusern üblich gewesen zu sein, wie Funde im Hallstätter Salzbergtal andeuten. Oberösterreich und das anschließende Südbayern bilden innerhalb des westlichen hallstattzeitlichen Kulturkreises, der eine breite Übergangszone zur östlichen Gruppe jenseits der Enns aufweist, den nach Fundorten benannten Typ Huglfing-Schärding. Neben die Brandbestattung in Flachgräbern trat die Körperbeisetzung in Hügelgräbern. Beigaben und Funde zeigen eine solche technische Perfektion, einen solchen Prunk und Formenreichtum, daß man die Hallstattzeit mit dem Barock verglichen hat. Vorwiegend für Schmuck verwendete Materialien waren Bronze, Gold, Eisen, Bernstein, Koralle, Glas und Schmuckkohle, wobei man

Bernstein aus dem Norden, Glas- und Bronzegefäße aus dem Süden importierte. Die meisten der bisher in Oberösterreich aufgefundenen, schwer datierbaren urgeschichtlichen Felszeichnungen dürften im ersten Jahrtausend v. Chr. besonders in der Hallstatt- und La-Tène-Zeit, entstanden sein. Die zumeist unwegsamen Fundplätze In der Höll auf der Wurzeralm, Notgasse im Kammergebirge, Kienbachklamm und Salzberg bei Bad Ischl liegen alle im Bereich der nördlichen Kalkalpen und weisen mitunter trotz verschiedener Unterbrechungen eine erstaunliche Kontinuität auf. Die Darstellungen selbst lassen auf kultischen Charakter schließen.

Um 400 v. Chr. gelangten die aus Gallien nach dem Süden und Osten drängenden Kelten über Süddeutschland in den österreichischen Raum und setzten damit eine Zäsur, die den Beginn der jüngeren Eisenzeit bzw. der nach einem Fundort am Neuenburger See (Schweiz) benannten La-Tène-Kultur markiert. Die eindringenden keltischen Völkerschaften traten wohl die Herrschaft an, verdrängten jedoch die ältere Bevölkerung nicht ganz. Es scheint zu einem friedlichen Ausgleich gekommen zu sein, den man sich so vorstellt, daß die neuen Herren die politische Organisation an sich zogen und die Schlüsselstellungen in Siedlung, Gewerbe, Handel und Verkehr einnahmen. Darauf deuten auch die oberösterreichischen Fundschwerpunkte im Raume Linz, in Wels, Hallstatt und am Inn hin. Im bayerisch-oberösterreichisch-salzburgischen Grenzgebiet dürften sich die Stämme der Alaunen und Sevaken niedergelassen haben; ihre östlichen Nachbarn sind nicht bekannt. Die bedeutendsten bisher festgestellten Siedlungsplätze sind Hallstatt, dessen große Zeit allerdings in der La-Tène-Periode schon vorüber war, Neubau bei Hörsching, wo die Grundrisse größerer Pfostenhäuser rekonstruiert werden konnten, und Micheldorf im Kremstal. In dem verkehrsgeographisch und strategisch wichtigen Linzer Raum bestanden auf den Höhenrücken des Freinberges, des Kürnberges und des Gründberges schützende Wallanlagen, die man heute noch im Gelände erkennen kann. Keltischen Ursprungs und damit Hinweise auf keltische Besiedlung sind die römischen Ortsnamen Boiodurum (Passau/Innstadt), Stanacum (Oberranna/Wesenufer), Ioviacum (Schlögen oder Aschach a. d. Donau), Lentia (Linz), Lauriacum (Lorch), Tutatio (Micheldorf/Kremsdorf), Ernolatia (Dirnbach/St. Pankraz), Gabromagus (Windischgarsten) und Laciacum (Mösendorf/Frankenmarkt) sowie die Flußnamen Ipf und Ischl, wahrscheinlich auch Enns, Steyr, Krems, Antiesen, Mattig, Ibm und Oichten. Wesentlich älter sind hingegen die indogermanisch-voreinzelsprachlichen Orts- bzw. Flußnamen Wels, Attersee, Ager, Traun, Innbach, Polsenz, Alm, Aist und Naarn. Im 2. Jahrhundert v. Chr. schlossen sich die keltischen Stämme des Ostalpenraumes unter der Führung der Noriker in dem Königreich Noricum zusammen, dessen Zentrum in Kärnten (Magdalensberg) gelegen war. Es reichte im Norden mindestens bis an die Donau, im Westen bildete ungefähr der Inn die Grenze, im Osten endete es an der Leitha. Diese Staatsbildung kam jedoch zunehmend in Gefahr, als vom Norden der Druck germanischer Völker und vom Süden derjenige des expandierenden Römerreiches immer stärker wurde.

Die Grundlage des Wirtschaftslebens bildeten nach wie vor Ackerbau und Viehzucht. Der Hallstätter Salzbergbau — man gewann das Salz in der späten La-Tène-Zeit auch in einer Saline — wurde in seiner Bedeutung vom Halleiner Dürrnberg übertroffen. Das Eisen verdrängte die Bronze als Werkstoff. Die Erzeugung von Massenwaren in eigenen Werkstätten gestattete einen schwungvollen Handel. Aus der Spätzeit der Epoche sind keltische Münzprägungen in Schüsselform bekannt, zumeist in Nachahmung griechisch-makedonischer oder römischer Vorbilder. Wie überhaupt der Mittelmeerraum und seine Hochkulturen starken Einfluß auf die keltische Kultur ausübten, die sich ihrerseits nur langsam gegen die ältere Hallstattkultur durchzusetzen vermochte. Die Kelten verwendeten die Töpferscheibe; ihre Kammstrichkeramik mit Graphitbeimengung ist ebenso charakteristisch wie zum Beispiel die Form der Schnabelkanne. Für ihre kriegerische Überlegenheit waren auch die qualitätvollen Waffen (Kurz- und später Langschwert, Hiebmesser, Lanze, Speer, Schild und Helm) maßgeblich. Bei den Schmuckstücken ragen die eigenständigen Formen der eisernen Fibeln und Armringe heraus. Allgemein ist der abstrakte keltische Formenschatz auffällig. Körper- und Brandbestattungen kommen in der La-Tène-Zeit in Hügel- und in Flachgräbern vor. Was den Kult betrifft, so kennt man bisher keltische Heiligtümer auf dem Georgenberg bei Micheldorf, in Linz und vielleicht in Lorch, doch dürften auch die seltenen Viereckschanzen kultischen Zwecken gedient haben.

## 2. Die Römerzeit

Im Laufe des ersten vorchristlichen Jahrhunderts geriet das Königreich Noricum immer stärker unter den politischen und kulturellen Einfluß der benachbarten römischen Großmacht. Als die Römer unter Kaiser Augustus im Zuge einer großangelegten Expansionspolitik ihre Herrschaft zur Donau vorschoben, wurde Noricum nach 15 v. Chr. ohne Anwendung von Waffengewalt besetzt und unter Kaiser Claudius (41—54) als Provinz des Römischen Reiches eingerichtet. Zuvor bedurfte es aber starker militärischer und, als diese nichts fruchteten, politischer Anstrengungen, um die mit dem Zentrum in Böhmen errichtete markomannische Herrschaft nördlich der Donau zu zerschlagen. Ihr Führer Marbod, ein Opfer des politischen Ränkespiels der Römer, begab sich im Jahre 19 n. Chr. freiwillig nach Oberitalien in das Exil und könnte im Raum Linz die Donau überschritten haben. Die neue römische Provinz Noricum reichte im Norden an die Donau, im Osten an den Wienerwald und die Lafnitz, im Süden bis zur Save und den Karnischen Alpen und im Westen ungefähr bis an den Inn. Im Bereich des Unterlaufes dieses Flusses ist die Grenzziehung allerdings nicht ganz klar. Nördlich der Donau schuf sich Rom ein Vorfeld abhängiger germanischer Klientelherrschaften, wie z. B. der Naristen im Mühlviertel. Am Grenzfluß selbst wurde zur Sicherung um die Mitte des ersten nachchristlichen Jahrhunderts an einem strategisch günstigen Verkehrsschnittpunkt das Holz-Erde-Kastell Lentia (Linz) errichtet, an das sich eine kleine Zivilsiedlung anschloß. Später kamen Kastelle in Boiodurum (Passau/Innstadt) und Ad Mauros (Eferding) hinzu. Die zum Schutz des Grenzbereiches (Limes) eingesetzten Truppen stammten wie üblich aus entfernten Teilen des römischen Weltreiches. Der Statthalter der Provinz residierte auf dem Kärntner Zollfeld in Virunum. Die römische Verwaltung bediente sich in hohem Maße einheimischer Funktionäre. Vulgärlatein war Amts- und Verkehrssprache, die eingesessene Bevölkerung benützte weiterhin bis in das 3. Jahrhundert ihre eigene Sprache. Die alten Siedlungsnamen wurden von den Römern übernommen und latinisiert. Am bedeutendsten war die Siedlung Ovilava (Wels), die von Kaiser Hadrian (117—138) zur munizipalen Stadt erhoben wurde. Als wirtschaftlichen Rückhalt erhielt sie ein Territorium zugewiesen, das im Norden und im Nordwesten von den Flüssen Donau und Inn begrenzt war und im Osten über die Enns reichte. Im Westen und Südwesten erstreckte sich der Stadtbezirk von Iuvavum (Salzburg) auf heute oberösterreichisches Gebiet.

*Die Römerzeit*

Zur Erschließung der jungen Provinz bauten die Römer ältere Verkehrswege aus und legten neue Straßen an. Am wichtigsten war die bereits seit langem begangene, kürzeste Verbindung nach Virunum und nach Italien (Aquileia), die sogenannte Alpenstraße über den Neumarkter Sattel, den Rottenmanner Tauern und den Pyhrnpaß, durch das Teichl-, Steyr- und Kremstal nach Ovilava und Ad Mauros. Ein Ast zweigte von Micheldorf/Kremsdorf über Kremsmünster, Oberrohr, Kematen a. d. Krems, Neuhofen a. d. Krems, Weißenberg und Zeitlham nach Lauriacum (Lorch) ab. Die jüngere Binnenstraße verband Augusta Vindelicorum (Augsburg) über Iuvavum, Laciacum (Mösendorf/Frankenmarkt), Tergolape (Schlatt?), Ovilava, den Traunübergang Ebelsberg/Kleinmünchen, Lauriacum und Cetium (St. Pölten) mit Carnuntum (Deutsch-Altenburg). Die dritte wichtige Verkehrsverbindung stellte die Limesstraße dar, die am Beginn des 3. Jahrhunderts aus strategischen Gründen angelegt wurde. So verlief von Boiodurum über Stanacum (Oberranna/Wesenufer), Schlögen, Haibach ob der Donau, Ad Mauros, Straßham, Thalham, Ufer, Wilhering, Lentia und den Traunübergang Ebelsberg/Kleinmünchen nach Lauriacum. Neben diesen drei Straßenzügen, die heute noch den Verlauf von Hauptstraßen markieren, bestand ein Netz weniger gut ausgebauter Nebenstraßen und Wege.
Die zweite Hälfte des 2. Jahrhunderts war geprägt durch die Kämpfe mit einer germanisch-sarmatischen Allianz unter Führung der Markomannen im Norden der österreichischen Donau. Auf Einfälle der Markomannen und Quaden in das römische Oberösterreich weisen Brandschichten in Enns, Linz, Bad Wimsbach, Wels, Windischgarsten und sogar in Hallstatt hin. Die Kaiser Marc Aurel und Commodus konnten mit Mühe den Frieden wiederherstellen. Die Germanen mußten einen ungefähr sieben Kilometer breiten Streifen nördlich der Donau räumen, die Römer errichteten darin vorgeschobene Beobachtungsposten in Urfahr und vermutlich auch gegenüber der Ennsmündung. Gleichzeitig wurden aber auch germanische Gruppen südlich der Donau im römischen Bereich angesiedelt, unter anderem auch im Raum Linz. Den vorangegangenen Unruhen hatte Marc Aurel dadurch Rechnung getragen, daß er die Legio II Italica aus Oberitalien an die nördliche Grenze von Noricum verlegte. Diese Legion errichtete um 173/74 östlich der Mündung der Enns in die Donau in Albing ein befestigtes Lager, das bald wieder aufgegeben und im Jahre 191 in das Gebiet westlich der Enns nach Lauriacum verlegt wurde. Im Westen dieser 398 × 539 Meter großen Anlage entstand in der Folge eine Zivilsiedlung im Ausmaß von 85 Hektar, der Kaiser Caracalla (211–217) vermutlich im Jahre 212 das Stadtrecht verliehen haben dürfte. Der dazugehörige Stadtbezirk umfaßte im Osten das Gebiet bis zur Er-

lauf. Derselbe Kaiser erhob die Stadt Ovilava in den Rang einer Colonia. Die Befestigungsanlage von Lentia wurde zu einem Steinkastell ausgebaut; Lauriacum erhielt in Enghagen einen Hafen für die Donauflottille, die in Schlögen einen Außenposten bezog. Auch die Provinzverwaltung wurde reorganisiert. Statt des bisherigen Prokurators wurde nun der Kommandant der Legio II Italica Statthalter. Sein Sitz war Lauriacum, seine Kanzlei wurde in Ovilava eingerichtet. Die Finanzverwaltung übernahm ein eigener Finanzprokurator, der in Virunum amtierte. Während des 3. Jahrhunderts stand unser Raum unter dem Eindruck der aus dem Nordwesten drohenden Alemannengefahr, die zu mehreren Einfällen auf heute oberösterreichisches Gebiet führte. Ovilava, Lentia, Lauriacum und andere Siedlungen hatten darunter zu leiden; in Lauriacum brannte die Zivilstadt nieder — ein Ereignis, das sich in der Mitte des 4. Jahrhunderts wiederholen sollte —, das Legionslager wurde schwer beschädigt. Die tiefgreifende Reform der Reichsverwaltung durch Kaiser Diocletian (284—305) betraf auch die Provinz Noricum. Sie wurde in Binnennoricum (Noricum mediterraneum) mit der Hauptstadt Virunum und in Ufernoricum (Noricum ripense) mit der Hauptstadt Ovilava geteilt; die Grenze bildete der Kamm der Tauern. Gleichzeitig wurde die zivile von der militärischen Gewalt getrennt. An die Spitze der Zivilverwaltung von Ufernoricum trat ein Statthalter mit dem Titel „praeses" und mit Sitz in Ovilava, den militärischen Oberbefehl übernahm ein General (dux), der sein Hauptquartier in Carnuntum hatte. Der ständige Abwehrkampf am Donaulimes führte dazu, daß sich im 4. Jahrhundert mehrere Kaiser kurzfristig im Gebiet des heutigen Oberösterreich aufhielten bzw. das Land durchzogen (Constantius 341, Julian Apostata 361, Valentinian I. 374, Gratian). Gegen Ende des Jahrhunderts hatte der Osten des heutigen Österreich schwer unter Germaneneinfällen zu leiden, und als die Alemannen das Gebiet zwischen Iller und Lech besetzten, war es nur noch eine Frage der Zeit, wie lange Ufernoricum gehalten werden konnte. Am Beginn des 5. Jahrhunderts drangen Vandalen, Sueben und Alanen in zwei Wellen aus dem Osten in die Donauprovinz ein und zerstörten die Stadt Lauriacum. In der Mitte des Jahrhunderts durchzogen die Hunnen zweimal das Alpenvorland (um 451); Ovilava und die Zivilstadt von Lauriacum dürften ihnen zum Opfer gefallen sein. Dazwischen kam es 430/31 zu einem Aufstand der Provinzbevölkerung, die wegen der kriegsbedingt hohen Steuerlasten rebellierte. Auflösungserscheinungen und die Führerpersönlichkeit des hl. Severin († 482) charakterisieren die zweite Jahrhunderthälfte, in der die Verwaltungsaufgaben bereits von der kirchlichen Hierarchie und deren Organen wahrgenommen wurden. Anstelle der regulären römischen Grenztruppenverbände, die um 476 mit

dem Zusammenbruch des Weströmischen Reiches zerfielen, übernahmen Bürgermilizen die Verteidigung der befestigten Orte. Severin, ein Angehöriger des höchsten römischen Adels, der vielleicht sogar mit einem der ranghöchsten militärischen und politischen Beamten des spätrömischen Reiches identisch war, hatte sich aus dem weltlichen Leben in eine Wüste im Osten des Reiches zurückgezogen, dann aber um 460 seine Fähigkeiten in den Dienst der notleidenden Bevölkerung von Ufernoricum gestellt. Seine Tätigkeit als Organisator, Diplomat, Wohltäter und Klostergründer schilderte der Abt Eugippius von Lucullanum, ein Schüler Severins, in einer im Jahre 511 vollendeten Lebensbeschreibung mit starken hagiographischen Zügen. Severin, der in Favianis (Mautern) seinen Hauptstützpunkt hatte, sorgte für die Bevölkerung in der Region zwischen Quintanis (Künzing) in Bayern und dem Wienerwald, die von Alemannen, Herulern, Thüringern und Rugiern bedroht war. So wurde zum Beispiel das an der Donau gelegene Ioviacum (Aschach oder Schlögen) von Herulern überfallen; seine Einwohner gerieten in Gefangenschaft. Schließlich sammelte Severin die von der oberen Donau vertriebene Bevölkerung vorübergehend im Legionslager von Lauriacum, ehe er sie unter dem Druck der nach 476 als Schutzmacht auftretenden Rugier in die Siedlungen östlich der Enns überführte. Im Jahre 488 endete die Römerherrschaft im Bereich des heutigen Oberösterreich, als der Skire Odoaker, der 476 den letzten weströmischen Kaiser Romulus abgesetzt und die Regierung übernommen hatte, die Donauprovinz Noricum räumen ließ. Den Rückzugsbefehl nach Italien befolgte allerdings nur ein Teil der romanischen Bevölkerung, wahrscheinlich vor allem die Oberschicht und der Klerus. Sie überführten den Leichnam Severins nach Lucullanum bei Neapel.
In den rund fünf Jahrhunderten der Römerherrschaft auf dem Gebiet des späteren Oberösterreich bildete das römische Element gegenüber der einheimischen vorkeltischen und keltischen Bevölkerung zwar stets zahlenmäßig eine Minderheit, die römische Kultur und Zivilisation prägten jedoch die Lebensformen aller Bewohner von Noricum nachhaltig. Dieser Prozeß der Romanisierung war in der Umgebung der Städte und entlang der wichtigsten Verkehrswege (Binnenstraße, Limesstraße, Pyhrnstraße, Innstraße, Mattigfurche, nördlich des Hausruck) besonders stark. Beeinträchtigt wurde er allerdings seit dem 2. Jahrhundert durch eine ständige Germanisierung infolge der politischen und kriegerischen Verhältnisse. Vor allem die häufigen Ansiedlungen germanischer Völkerschaften und Gruppen südlich der Donau sind zu erwähnen. Kaiser Caracalla trug den veränderten Bevölkerungsverhältnissen seines Weltreiches dadurch Rechnung, daß er 212 allen freien Bewohnern das römische Bürgerrecht gewährte.

Der ethnischen Mischung entsprach eine kulturelle: die provinzialrömische Kultur, die aus der Wechselwirkung von römischer Reichskultur und bodenständigem Kulturleben entstand. Sie läßt deutlich ein Gefälle von Binnen- nach Ufernoricum und seit dem 3. Jahrhundert als Folge der kriegerischen Ereignisse im Limesgebiet sowie des abnehmenden Wohlstandes ein allmähliches Absinken erkennen. So erreichte auch die provinzialrömische Kunst, die durch viele Funde in Oberösterreich dokumentiert wird, in keinem Bereich die Qualität des Mittelmeerkreises. Eine von den Römern vermittelte Neuerung war die Bauweise des mörtelgebundenen Mauerwerkes aus Bruchsteinen oder Ziegeln. Damit errichteten sie Häuser — aus Lauriacum sind allerdings aus spätrömischer Zeit vorwiegend Fachwerkbauten, teilweise mit Bodenheizung, bekannt —, Gutshöfe (z. B. in Vorchdorf, Krift/OG. Wilhering, Bad Wimsbach, Kematen a. d. Krems, bei Gmunden) und luxuriöse Landsitze mit Bodenheizung, Fußbodenmosaiken, Wandbemalung und Badeanlagen (z. B. in Weyregg am Attersee und in Altmünster am Traunsee). Das Baumaterial bezogen sie aus Steinbrüchen in Daxberg (OG. Prambachkirchen) und Kremsmünster, vielleicht auch aus Mauthausen, sowie aus militäreigenen (Wilhering/Fall, St. Marienkirchen bei Schärding) und privaten Ziegeleien (Leppersdorf bei Scharten). Die weitreichenden Kultur- und Handelsbeziehungen des römischen Weltreiches wirkten sich natürlich auch auf die Provinz Noricum aus. Bei der Keramik ist beispielsweise zwischen einfacher inländischer Gebrauchsware und aus Italien, Gallien und Obergermanien importierter, gut datierbarer, lackrot gefirnister „terra sigillata" zu unterscheiden. Glaswaren bezog man aus Oberitalien und aus dem Rheinland. In der Wirtschaft dominierten Ackerbau und Viehzucht, wobei die Pferdezucht (Noriker) eine besondere Rolle spielte. Die charakteristische quadratische Ackerform (Quadraflur), die durch die Eigenart des Pflügens bedingt war, wurde vielleicht zur Zeit des Kaisers Diocletian eingeführt. Den weitläufigen Handel, der auch die germanische Bevölkerung nördlich der Donau einbezog, besorgten römische Kaufleute. Im Austausch gegen Landesprodukte wurden vor allem Olivenöl und Wein aus dem Süden importiert. Der von den Römern nördlich der Alpen verbreitete Weinbau war noch ohne größere Bedeutung.

Als die Römer die Herrschaft in Noricum übernahmen, übten sie Toleranz gegenüber der Religion der keltischen Bevölkerung. Davon zeugen unter anderem sogenannte gallo-römische Umgangstempel in Lentia, am Georgenberg bei Micheldorf und möglicherweise in Lauriacum. Im Zuge der fortschreitenden Romanisierung wurde jedoch die keltische Götterwelt allmählich der römischen angeglichen. Römische Bürger bzw. Personen, denen das römische Bürgerrecht verliehen wurde, waren zur Vereh-

*Die Römerzeit*

rung des Kaisers und der römischen Staatsgötter, vor allem von Jupiter, Juno und Minerva, verpflichtet. Dafür gab es eigene Tempel, z. B. in Lentia. Im 3. Jahrhundert fanden die durch Soldaten im Reich verbreiteten östlichen Mysterienreligionen der Großen Göttermutter, der Isis, des Baal von Doliche und des Sonnengottes Mithras auch in Noricum Eingang und Zuspruch. Auf oberösterreichischem Boden sind zum Beispiel Mithrasheiligtümer in Lorch, Linz, Oberrohr, Ried im Traunkreis/Schachadorf und Bad Ischl bekannt.

Wenig wissen wir über die Anfänge des Christentums im Lande. Es dürfte durch römische Kaufleute, Beamte und Soldaten verbreitet worden sein und scheint sich zuerst in den städtischen Siedlungen festgesetzt zu haben. Während der diocletianischen Christenverfolgungen erlitt Florian, der ehemalige Kanzleichef des Statthalters in Ovilava, der nach seiner Pensionierung in St. Pölten gelebt hatte, am 4. Mai 304 den Märtyrertod durch Ertränken in der Enns bei Lorch. Mit ihm starben 40 weitere Christen, die als „Lorcher Märtyrer" verehrt werden. Nach dem Toleranzedikt der Kaiser Konstantin und Licinius (313) setzte sich das Christentum auch im oberösterreichischen Raum gegenüber den anderen Religionen durch. Noch vor seiner Anerkennung als Staatsreligion durch Kaiser Theodosius I. (392) wurde um 370 in der Zivilstadt von Lauriacum über einem älteren Gebäude, das auch als heidnischer Umgangstempel gedeutet wird, die erste frühchristliche Kirche errichtet. Ein zweiter Kirchenbau entstand im Lagerbereich in einem Teil des aufgelassenen Legionsspitals gegen Ende des 4. Jahrhunderts. Beide Gotteshäuser fanden ebenso wie die in einer spätantiken Fliehburg auf dem Georgenberg bei Micheldorf neben dem älteren heidnischen Umgangstempel erbaute Kirche mehrere Nachfolgerbauten: Die jetzige Stadtpfarrkirche St. Laurenz in Enns-Lorch, die ehemals benachbarte, 1792 abgerissene Kirche Maria auf dem Anger und die heutige Kirche auf dem Georgenberg scheinen eine einzigartige Kultkontinuität für sich beanspruchen zu dürfen. Aus Ovilava blieb ein im 4. oder frühen 5. Jahrhundert geschaffener Grabstein als Zeugnis einer „gläubigen Christin" namens Ursa erhalten. Zur Zeit Severins sind in Lauriacum und Ioviacum Kirchen bezeugt sowie in Lauriacum ein Bischof Constantius, dessen Stellung gegenüber den anderen norischen Bischöfen nicht geklärt ist. Die ufernorische Kirchenorganisation erlosch aber anscheinend mit dem Abzug eines Teiles der romanischen Bevölkerung im Jahre 488. Nur kurze Zeit bestanden die von Severin in Boiotro/Passau-Innstadt und vielleicht auch in Lauriacum gegründeten kleinen klösterlichen Niederlassungen.

## 3. Die Bayernzeit (6.–12. Jahrhundert)

Die Zeit der Agilolfinger

Nach dem Sturz Odoakers (489/93) durch die unter der Führung Theoderichs in Italien eingewanderten Ostgoten gehörte der Raum des späteren Oberösterreich zum Machtbereich des neuen gotisch-italischen Großreiches. Als die gotische Vorherrschaft nördlich der Alpen nach Theoderichs Tod (526) nicht länger aufrechterhalten werden konnte, geriet das Alpenvorland bald unter den Einfluß des nach Osten expandierenden Frankenreiches. Der fränkische König Theudebert (534—547/48) erklärte in einem Brief an den byzantinischen Kaiser Justinian, er herrsche von der Donau und der Grenze Pannoniens bis an den Ozean. Im Zusammenhang mit diesen großräumigen politischen Veränderungen vollzog sich in der ersten Hälfte des 6. Jahrhunderts an der oberen Donau die noch immer nicht völlig geklärte Entstehung des Bayernstammes, der sprachlich zu der Gruppe der Westgermanen zählt. Man denkt heute an eine Stammesbildung durch Verschmelzen germanischer und anderer Völkerschaften und Volkssplitter verschiedener Herkunft, wie zum Beispiel von Resten der Thüringer, Langobarden, Alemannen, Rugier, Skiren, Sueben und Markomannen. Die stärkste und daher namengebende Gruppierung scheint aus Böhmen zugewandert zu sein. Mit der Entstehung des Bayernstammes war aller Wahrscheinlichkeit nach auch die von dem Zentrum Regensburg ausgehende Herrschaftsbildung verbunden. Der erste, namentlich bekannte bayerische Herzog aus dem weitverzweigten Geschlechte der Agilolfinger ist kurz nach der Mitte des 6. Jahrhunderts bezeugt. Unter agilolfingischer Führung entwickelte sich das erstarkende bayerische Stammesherzogtum rasch zu einem politischen Machtfaktor in dem Kräftespiel zwischen dem merowingischen Frankenreich im Westen, dem oberitalienischen Königreich der Langobarden und den karantanischen Slawen des Alpengebietes im Süden sowie den Awaren im Osten. Dieses asiatische Volk war in jene Gebiete Pannoniens nachgerückt, welche die Langobarden 568/69 bei ihrem Abzug nach Italien geräumt hatten.

Über die Anfänge der bayerischen Bevölkerung innerhalb der Grenzen des heutigen Oberösterreich herrscht derzeit noch keine einheitliche Auffassung. Während bisher eine vom Kernland um Regensburg nach dem Osten ausgreifende bayerische Besiedelung angenommen wurde, glaubt man neuerdings auf archäologischer Seite, den Raum zwischen Inn

und Enns bereits in den Stammesbildungsprozeß der Bayern einbeziehen zu müssen. Fest steht, daß sich die früheste Siedlungstätigkeit der Bayern entlang der Römerstraßen und der Flüsse vorwiegend auf die waldfreien und für die Landwirtschaft günstigen Böden erstreckte. Sogenannte Reihengräberfelder aus dem 7. und frühen 8. Jahrhundert, die als typisch bayerisch angesehen werden, entdeckte man bisher im Innviertel, in dem Raum südlich der Donau und westlich der Traun, vor allem entlang dieses Flusses, am Unterlauf der Alm und an der Ager. Größere Bestattungsplätze wurden z. B. in Schwanenstadt, Schlatt, Hafeld, Rudelsdorf und Linz-Zizlau (zwei Gräberfelder) gefunden. Mit dem Verbreitungsgebiet der Reihengräberfelder zwischen den Flüssen Donau und Traun/Alm stimmt im wesentlichen auch jenes der von der namenkundlichen Forschung als echt erkannten Ortsnamen mit der Endung auf -ing überein (z. B. Munderfing vom Personennamen Munolf, Schärding von Scardo, Pupping von Poppo, Eferding von Efrid, Leonding von Liutmunt, Hörsching von Herigis, Wilhering von Williheri, Anzing von Anzo). Diese Siedlungsnamen, deren Entstehung ebenfalls in die frühbayerische Zeit vom 6. bis in das 8. Jahrhundert datiert wird, treten in größerer Dichte in verschiedenen Gegenden des Innviertels, südlich der Donau im Eferdinger Becken, südwestlich von Linz und bei St. Florian sowie nördlich der Donau im Machland auf. Eine ganz dünne bayerische Besiedelung scheint im obersten Mühlviertel erfolgt zu sein. Bezeichnenderweise fehlen die -ing-Namen in den großen oberösterreichischen Waldgebieten des Weilhart- und des Lachforstes, des Kobernaußerwaldes, des Hausrucks und des Sauwaldes. Die frühen bayerischen Siedler legten Einzelhöfe, Hofgruppen und Weiler mit unregelmäßigen Blockfluren und blockartigen Streifenfluren an.
Die Reste der älteren romanisierten Mischbevölkerung waren in den Verband des bayerischen Stammesherzogtums integriert worden. Ihre Rechtsstellung innerhalb der frühbayerischen Gesellschaft dürfte unterschiedlich, im allgemeinen aber durch ein Abhängigkeitsverhältnis gegenüber dem Herzog gekennzeichnet gewesen sein. Die Romanen, die von den Bayern Walchen (Welsche) genannt wurden, siedelten hauptsächlich im oberösterreichisch-salzburgischen Grenzbereich. Hier finden sich die von den bayerischen Nachbarn der romanischen Bevölkerung geprägten „Walchennamen" (Seewalchen am Attersee, Walchen bei Vöcklamarkt, Ehwalchen bei Zell am Pettenfirst, vielleicht auch Ainwalchen bei Seewalchen). Ortsnamen romanischen Ursprungs sind Plain (in Pöndorf), Edenplain (bei Lochen), Flörlplain (bei Lengau), Kobernaußen und Gurten. Auf Siedlertätigkeit von Romanen, zumindest aber auf das Weiterleben romanischer Wirtschaftsformen, weisen Spuren römischer Flur-

einteilung (Quadrafluren) im Attergau, im Mattiggau, in der Umgebung von Wels, bei Voitsdorf und Pettenbach, im Kremstal bei Micheldorf und Kremsdorf sowie um Lorch/Enns. Eine zahlenmäßig geringe romanische Restbevölkerung, deren Siedlungskontinuität z. B. in Boiotro/Innstadt archäologisch erwiesen werden konnte und für deren Fortbestand in Lorch es starke Argumente gibt, könnte sich auch im Umkreis anderer ehemaliger römischer Befestigungen erhalten haben. Dabei ist vor allem an Wels und Linz zu denken. In welchem Maße die Romanen an jenem zinspflichtigen Personenkreis Anteil hatten, den die Bayern als Barschalken bezeichneten, ist nicht geklärt. Die Orte Parschallen bei Nußdorf am Attersee, Parschalling bei St. Veit im Innkreis und Parschallern bei Grieskirchen können daher nicht mit Sicherheit als ursprünglich romanische Siedlungen angesprochen werden.

Unser Bild von den Besitz- und Herrschaftsverhältnissen des oberösterreichischen Raumes in agilolfingischer Zeit wird erst seit ungefähr der Mitte des 8. Jahrhunderts deutlicher. Dabei zeigt sich, daß das Gebiet zwischen den Flüssen Inn und Enns zu jenem östlichen Teil des bayerischen Stammesherzogtums gehörte, in dem der Herzog eine stärkere Machtposition innehatte. Im Bereich des ausgedehnten Herzogsgutes, das auch ehemaliges römisches Fiskalgut umfaßte, bildeten herzogliche Höfe, wie sie in Ranshofen, Mattighofen, Ostermiething und Alkoven bekannt sind, wichtige Stützpunkte und Verwaltungszentren. In dem zentral gelegenen Traungau zwischen Hausruck und Unterlauf der Enns bzw. zwischen Donau und der natürlichen Südgrenze der Voralpen dürften aber die befestigten, an Schnittpunkten alter Verkehrswege gelegenen und an römische Vorgänger anknüpfenden Siedlungen Wels, Linz und wahrscheinlich auch Lorch als Vororte fungiert haben. Außer dem Traungau, dessen oberer Teil westlich der Traun zeitweilig auch als Ufgau bezeichnet wurde, erstreckten sich innerhalb der Grenzen des heutigen Oberösterreich der Attergau, der Mattiggau (das südliche Innviertel) sowie ein Teil des Rottachgaues, der im Nordwesten über den Inn herüberreichte. Diese bayerischen Gaue gelten heute als ältere Siedlungslandschaften, die sich im Laufe der Zeit mit der Verdichtung der Siedlung und dem Ausbau der Herrschaft zu politischen Einheiten entwickelt haben dürften. In ihnen agierten verschiedene Amtsträger des Herzogs, an deren Spitze dem Adel angehörige Grafen als Führer des militärischen Aufgebotes und Inhaber der Gerichtsbarkeit in Vertretung des Herzogs standen. Besonders deutlich kommt die machtvolle Stellung der Agilolfinger östlich des Inn in den von ihnen gestifteten Klöstern zum Ausdruck. Mit Mondsee, der Gründung des Herzogs Odilo von 748, und den von Herzog Tassilo III. ins Leben gerufenen Klöstern Mattsee (um 777)

und Kremsmünster (777) entstand eine „Klosterkette", die ebenso der Festigung der herzoglichen Herrschaft wie der Mission und der Kolonisation diente. Ob die Anfänge des Stiftes St. Florian, wo archäologische Spuren auf eine Baukontinuität seit spätrömischer Zeit hinweisen, und des Klosters am Traunsee (Trunseo = wohl in Altmünster) ebenfalls noch in agilolfingische Zeit zurückreichen, ist ungeklärt.
Als Ergebnis des frühbayerischen Landesausbaues zeichneten sich eine starke Siedlungszone an Inn und Salzach sowie eine dichtere Besiedelung im Kernbereich des Traungaues zwischen Donau und Traun ab. Östlich der Alm und der Traun scheinen bis in das 8. Jahrhundert nur wenige bayerische Siedlungszellen entstanden zu sein. Immerhin beweist die Nennung deutscher Ortsnamen mit der Endung auf -bach (Sulzbach, Sipbach, Leombach, Pettenbach) in der Gründungsurkunde des Klosters Kremsmünster aus dem Jahre 777 eine ältere bayerische Siedlungstätigkeit in dieser Region, die in Anbetracht des alten Nord-Süd-Verkehrsweges über den Pyhrnpaß sicherlich nicht erst seit der Unterwerfung Karantaniens durch die Herzöge Odilo (vor 743) und Tassilo III. (772) von Interesse gewesen sein dürfte. Im Südosten des Traungaues, aber auch in einem schmalen Siedlungsstreifen nördlich der Donau, trafen die Bayern auf slawische Siedlergruppen, die seit dem 7. Jahrhundert unter dem Druck der Awaren aus dem niederösterreichischen Donauraum nach Westen in die zum Teil weniger fruchtbaren, waldreichen und bergigen Gebiete des unteren und des oberen Mühlviertels bis zur Rodl und zum Pesenbach, an der unteren Enns und an der Steyr sowie an der mittleren und oberen Krems vorgedrungen waren. Die slawische Bevölkerung des Windischgarstener Beckens könnte auch über den Pyhrnpaß vom Süden her eingewandert sein. Sicher ist hingegen, daß die im Bereich des späteren Oberösterreich gelegene alpine Gegend an der obersten Traun um Bad Ischl und Gosau vom oberen Ennstal aus über den Pötschenpaß slawisch besiedelt wurde. Nördlich der Donau weisen einige Hügelgräber in Großamberg und bei Gallneukirchen auf vereinzelte slawische Zuwanderer aus dem böhmischen Raum hin. Zu kriegerischen Auseinandersetzungen zwischen Bayern und Slawen scheint es nicht gekommen zu sein. Die Slawen anerkannten die Hoheit des bayerischen Herzogs, dessen Macht im Osten bis an die Enns reichte. Die slawischen Gruppen, die z. B. bei Sierning, Dietach und Puchenau urkundlich bezeugt sind, verfügten über eine eigene Gesellschaftsstruktur, von der wenig bekannt ist. Der Führer der einzelnen Volksgruppe war der Župan; es gab einen slawischen Adel sowie freie und unfreie Slawen. Diese Gliederung erleichterte vermutlich die Integration in den Bayernstamm, zu der auch slawische Amtleute des bayerischen Herzogs beitrugen. Die slawische Bevölkerung

scheint teilweise eine ähnliche Stellung eingenommen zu haben, wie die tributpflichtigen Romanen und Barschalken. Interessante Einblicke in die Ständeordnung sowie in das Rechts- und Alltagsleben der bayerischen Gesellschaft bietet das in mehreren Schichten nach verschiedenen Vorbildern und unter fränkischem Einfluß entstandene Gesetzbuch der Bayern (Lex Baiuvariorum). Es behandelt u. a. die Rechtsstellung des Klerus bzw. der Kirche, des Herzogs, fünf hervorragender Adelsgeschlechter sowie der „Liberi" (Freien), der Freigelassenen und der „Servi" (Knechte). Der im Bayernrecht nicht erwähnte Adel tritt in anderen schriftlichen, vornehmlich urkundlichen Geschichtsquellen als großgrundbesitzende Gesellschaftsschicht mit weitreichenden besitzmäßigen und verwandtschaftlichen Verflechtungen entgegen. Wie Güterschenkungen und Rechtsgeschäfte mit Kirchen und Klöstern andeuten, dürften im oberösterreichischen Raum Besitzschwerpunkte solcher Adelssippen am Ostufer von Salzach und Inn, zwischen Braunau am Inn und Straßwalchen auf der durch die natürliche Senke des Mattigtales bestimmten Linie sowie in geringerem Maße entlang der Traun gelegen sein. Die „Liberi" und die „Servi" des Bayernstammes stellten nach heutiger Auffassung in sich stark differenzierte Schichten dar, über deren rechtliche Stellung die Forschung bisher noch keine einheitliche Meinung erzielen konnte. Zu den sogenannten Freien zählten unter anderen auch mit Herzogsgut ausgestattete Rodungsbauern, deren „Freiheit" in der unmittelbaren Unterstellung unter den Herzog bestand, dem sie dafür zur Leistung von Heeresdienst oder zur Erfüllung anderer militärischer Aufgaben verpflichtet waren. Im gesamten dürften Personen unfreien Standes, Hörige und Leibeigene die stärkste Bevölkerungsgruppe gebildet haben.
Die Wirtschaft der agilolfingischen Epoche war vorwiegend agrarisch ausgerichtet. Zum Gründungsbesitz des Klosters Kremsmünster gehörten beispielsweise auch Weingärten in Aschach a. d. Donau und an der Rodl. In Sulzbach (Bad Hall?) kochten drei Männer Salz für das Kloster. Die fundamentale Wirtschafts- und Organisationsform des weitgestreuten weltlichen und kirchlichen Großgrundbesitzes war die in der germanischen Hausherrschaft wurzelnde Grundherrschaft mit Fronhofverfassung, unfreien unbehausten und behausten Landarbeitern sowie verschiedenen abhängigen bäuerlichen Hintersassen. In diesem Rahmen dürften sich auch die notwendigen Handwerke bewegt haben. Neben der grundherrschaftlichen Hauswirtschaft bestanden jedoch bereits in frühbayerischer Zeit überregionale und weitgespannte Handels- und Kulturbeziehungen, wie etwa die Grabbeigaben des Friedhofes Linz-Zizlau I

## Die Zeit der Agilolfinger

mit ihren süddeutschen, oberitalienisch-langobardischen, pannonisch-awarischen und byzantinischen Einflüssen zu erkennen geben. Seit der Stammesbildung durch Verschmelzung verschiedener Völkerschaften herrschten bei den Bayern keine einheitlichen religiösen Verhältnisse. Neben dem katholischen Glauben, der sicherlich nicht nur von der romanischen Bevölkerung getragen wurde, hatten germanische Siedler und eine gotisch-griechische Mission unter dem politischen Schutz der Ostgoten das Christentum in Form des Arianismus eingeführt. Dazu kamen auf katholischer Seite die Auswirkungen des sogenannten Dreikapitelstreites zwischen Rom und Aquileia. Dieser Vielfalt und den bei den Bayern noch lange vorhandenen heidnischen Elementen suchten fränkische Missionare seit der ersten Hälfte des 7. Jahrhunderts mit Unterstützung des katholischen Herzogshauses der Agilolfinger zu begegnen. Gegen Ende des Jahrhunderts begab sich Rupert von Worms von der herzoglichen Residenz Regensburg donauabwärts nach Lorch, zog aber nach Salzburg weiter, als er an der Enns kein Aufgabengebiet vorfand. Dies läßt auf ein verhältnismäßig intaktes Christentum in Lorch und Umgebung (Kirchen St. Laurentius und Maria auf dem Anger sowie vielleicht in St. Florian) schließen. Nach einer Vorstufe unter Herzog Theodo 715/16 gelang schließlich Herzog Odilo mit päpstlicher Zustimmung die Schaffung einer bayerischen Landeskirche, die unter herzoglicher Führung stand. Der Angelsachse Winfried-Bonifatius richtete 739 die bayerischen Bistümer Regensburg, Freising, Passau und Salzburg ein, wobei er in Passau den bisherigen, vom Papst geweihten Bischof Vivilo bestätigte. Die den oberösterreichischen Raum betreffenden Diözesangrenzen lassen sich nicht genau bestimmen. Möglicherweise gehörte der Traungau im Jahre 777 noch zu Salzburg, das bereits seit längerem seinen Einfluß auf den westlichen Teil des heutigen Oberösterreich erstreckt hatte. Im Laufe des 8. Jahrhunderts dürfte aber ein Großteil des späteren Oberösterreich an das Bistum Passau gekommen sein, dem damit auch die Aufgabe zufiel, für die Christianisierung der in den Osten des bayerischen Stammesherzogtums integrierten Slawen zu sorgen. Die wichtigsten Stützpunkte für die Festigung und Verbreitung des christlichen Glaubens im oberösterreichischen Raum waren jedoch sicherlich die herzoglichen Klöster Mondsee, das nach einer Haustradition des 12. Jahrhunderts aus Monte Cassino besiedelt worden sein soll, dessen erste Mönche aber wahrscheinlich von der Reichenau oder aus Niederaltaich kamen, und Kremsmünster, das mit Mönchen aus Mondsee gegründet worden sein dürfte. Diese klösterlichen Niederlassungen bildeten gleichzeitig die kulturellen Zentren des Gebietes zwischen Inn und Enns. Ihre Schreibschulen standen mit Salzburg und Regensburg in

Kontakt. In Mondsee entstand zum Beispiel jener berühmte, für einen Agilolfinger angefertigte Psalter, der sich jetzt in der Universitätsbibliothek von Montpellier befindet. Kremsmünster verwahrt noch heute den einzigartigen, die kulturellen Strömungen seiner Zeit zusammenfassenden Tassilo-Kelch, vielleicht ein Weihegeschenk des Herzogs aus dem Jahre 777. Außer den herzoglichen Klostergründungen sind als adelige Stiftungen ein Marienkloster an der Enknach (Pischelsdorf), das 737/38 vom Passauer Bischof Vivilo geweiht wurde, und die um 750 an das Kloster Niederaltaich geschenkte Zelle Antesana (Antiesenhofen oder Aurolzmünster?) bekannt. Der Seelsorge auf dem Lande dienten Eigenkirchen, die von den weltlichen und geistlichen Großgrundbesitzern errichtet, erhalten und mit Priestern besetzt wurden. Die bayerische Sitte, die Toten mit Beigaben in Reihengräbern zu bestatten, wurde im ersten Drittel des 8. Jahrhunderts aufgegeben. Ob die jüngeren beigabenführenden Gräber aus dem 9./10. Jahrhundert, die bisher nördlich der Donau im unteren Mühlviertel und im Osten unseres Bundeslandes entdeckt wurden, ausschließlich der slawischen Bevölkerung zugewiesen werden dürfen, ist umstritten.

Die Zeit der Karolinger

Unter Herzog Tassilo III. (748—788) hatten die Macht und die Eigenständigkeit der Agilolfinger einen Höhepunkt erreicht. Nach seinem Sieg über die karantanischen Slawen im Jahre 772 galt der Herzog als „neuer Konstantin". Die vielfältigen Spannungen, die durch die agilolfingische Politik gegenüber den fränkischen Hausmeiern bzw. seit 751 Königen aus dem Geschlechte der Karolinger hervorgerufen wurden, führten aber 788 zu der sogenannten Katastrophe Tassilos III. König Karl der Große klagte ihn des Hochverrats an und setzte ihn nach einem politischen Prozeß in Ingelheim am Rhein ab. Das Todesurteil wurde in Klosterhaft umgewandelt. Dasselbe Schicksal traf Tassilos Familie. Mit dem Ende der agilolfingischen Herrschaft verwandelte sich das Herzogtum Bayern in eine Provinz des fränkischen Reiches; an die Stelle des Herzogs setzte Karl der Große seinen mit den Agilolfingern verwandten Schwager Gerold als Präfekten über Bayern und Karantanien.
Tassilos Absetzung rief die Awaren auf den Plan, deren Heere jedoch 788 von Graman, dem Grafen im Traungau, und von dem bayerischen Grafen Otakar auf dem Ybbsfeld und an der niederösterreichischen Donau besiegt wurden. Das Awarenreich, dessen Zentrum in der ungarischen Tiefebene lag, erstreckte sich im Westen bis zum Wienerwald. Der an-

schließende Raum bis zur Enns stellte eine siedlungsarme, unter awarischer Oberhoheit stehende Pufferzone zum bayerischen Herzogtum dar. Mit einer Ausnahme um das Jahr 700, als die Awaren Lorch zerstörten, dürfte das Verhältnis zu den Bayern im großen und ganzen ungetrübt gewesen sein. Vereinzelte awarische Bodenfunde in Linz, Enns und Überackern an der Salzach weisen auf mannigfache gegenseitige Kontakte hin. Besonders bemerkenswert ist das Grab eines inmitten von Bayern bestatteten awarischen Unterführers in Linz-Zizlau aus dem 7. Jahrhundert. 782 erschienen Awaren am Ostufer der Enns, ohne Schaden anzurichten. Nach den Siegen von 788 zielte die fränkische Politik auf die Zerschlagung des Awarenreiches im Osten. 791 begann Karl der Große den Awarenkrieg nach dreitägigen geistlichen Vorbereitungen an der Enns (5.–7. September, wohl in Lorch). Mehrere Kriegszüge bis zum Jahre 802 waren notwendig, ehe der fränkische Sieg feststand. Das Frankenreich hatte damit seine Grenzen bis nach Ungarn vorgeschoben. Das 791/96 eroberte Reich der Awaren wurde dem bayerischen Präfekten Gerold I. unterstellt.
Nachdem dieser 799 im Kampf gegen die Awaren gefallen war oder erst 803 organisierte Karl der Große den umfangreichen bayerisch-karantanisch-awarischen Herrschaftsbereich neu, indem er ihn in zwei Präfekturen aufteilte: Bayern ohne den Traungau wurde einem höherrangigen Grafen mit Sitz in Regensburg überantwortet, an die Spitze des Ostlandes an der Donau, das einschließlich des Traungaues vom Hausruck bis zur Mündung der Raab in die Donau reichte, und Karantaniens trat ein Graf, der seinen Sitz in Lorch hatte. Ein untergeordneter Graf im Traungau ist nach Graman erst wieder 827 mit Wilhelm I. (bis 853) bezeugt. Spätestens 856 wurden den Söhnen des Grafen Wilhelm I., Wilhelm II. und Engilschalk, die Grafschaft im Traungau und die mittlerweile entstandene Grenzgrafschaft zwischen Enns und Raab übertragen. Nach deren Tod im Jahre 871 vertraute König Ludwig der Deutsche den Verwaltungssprengel zwischen dem Hausruck und der Raab dem Grenz- bzw. Markgrafen Ar(i)bo an.
Mit dem Sturz des Agilolfingers Tassilo III. war der gesamte herzogliche Besitz zwischen Inn und Enns an König Karl den Großen gefallen. Organisatorische Zentren des Königsgutes waren außer den schon bekannten agilolfingischen Stützpunkten Wels, Linz, Lorch, Ranshofen, Mattighofen und Ostermiething (den Hof Alkoven hatte Tassilo III. 777 dem Kloster Kremsmünster geschenkt) die Königshöfe Mining, „Swindilenbach" (Diersbach?), Hochburg, Kronstorf, Neuhofen a. d. Krems und Atterhofen/Attersee. Von diesen wurden Ranshofen und wohl auch Mattighofen, vielleicht auch Atterhofen, im Laufe des 9. Jahrhunderts zu

königlichen Pfalzen ausgebaut, als Bayern unter König Ludwig dem Deutschen und seinen Söhnen der Königsherrschaft verstärkten Rückhalt bot und zeitweise ein karolingisches Teilkönigreich bildete. Beträchtlichen Streubesitz in allen oberösterreichischen Gauen besaß das Bistum Passau, vor allem östlich des Inn zwischen Pram- und Salzachmündung, im westlichen Traungau sowie an Traun und Enns. Im Westen des heutigen Oberösterreich trat das Erzbistum Salzburg als Grundbesitzer in Erscheinung (z. B. um Bachmanning). Die Klöster konnten ihren Besitzstand durch königliche Schenkungen erweitern. So erhielt Mondsee 829 den Aberseeforst von Ludwig dem Deutschen. Auch in dem eroberten Ostland schenkten die Karolinger an die bayerischen Bischofskirchen und Klöster. Kremsmünster, Mondsee und Mattsee bekamen Güter im heutigen Niederösterreich. Die führende Schichte des bayerischen Adels, die in der weitverzweigten und im Rahmen der Reichsverwaltung tätigen, sogenannten fränkischen Reichsaristokratie aufging, stützte sich ebenfalls auf reichen Grundbesitz. Eine der mächtigsten Familien im oberösterreichischen Raum waren die nach ihrem Stammvater Graf Wilhelm I. benannten Wilhelminer. Wie alle ihre Standesgenossen verfügten auch sie über Beziehungen zum Westen (Salzburg, Westbayern). Ihre Machtstellung wird an verschiedenen Schenkungen Wilhelms I. ersichtlich: 826 Besitz bei Linz an das Kloster Mondsee, 833 bei Linz und bei Wels sowie 834 im heutigen Niederösterreich an das Regensburger Kloster St. Emmeram und vor 853 Güter bei Eschenau (im Hausruckkreis, BH. Grieskirchen) sowie nördlich der Donau das Gebiet zwischen Aist und Naarn an die Domkirche von Regensburg. Diese Besitzverwurzelung im oberösterreichischen Raum ist typisch für Grenzgrafen des Ostlandes und bezeichnend für die Rolle vor allem des Traungaues als „Sprungbrett" im Rahmen der karolingischen Ostorganisation.

Eine Voraussetzung dafür war der seit dem 9. Jahrhundert von den verschiedenen Grundherren vorangetriebene Landesausbau in den oberösterreichischen Gauen. Zwischen den älteren Siedlungen im Alpenvorland und in den Naturräumen nördlich der Donau wurden neue Einzelhöfe und Hofgruppen angelegt. Vor allem die von der sprachwissenschaftlichen Forschung als wahrscheinlich echt erkannten -ing-Namen sowie die Ortsnamen auf -heim (-ham) und -wang veranschaulichen diese erste Welle der Ausbausiedlung während des 9. und 10. Jahrhunderts. Dazu kommt der Großteil der auf -hausen, -hofen, -stetten und -kirchen endenden Ortsnamen, die vereinzelt sogar älter sind, jedoch auch noch der Frühzeit der zweiten Ausbauwelle seit dem 11. Jahrhundert angehören. Wenig Aufschließung erfuhren dadurch noch die großen Waldgebiete im Westen des späteren Oberösterreich (Weilhart- und Lachforst,

Abb. 1. Keramik der Mondsee-Kulturgruppe aus See/Mondsee, Heimatmuseum Mondsee.

Abb. 2. Goldhalsreif aus Uttendorf (jüngere Hallstattzeit), Oberösterreichisches Landesmuseum.

Abb. 3. Felltragsack aus dem urgeschichtlichen Salzbergwerk Hallstatt, Naturhistorisches Museum Wien.

Abb. 4. Urgeschichtlicher Kultplatz Berglitzl in Gusen.

Abb. 5. Römischer Familiengrabstein aus Lauriacum, Museum Lauriacum Enns.

Abb. 6. Grabbeigaben aus dem bayerischen Reihengräberfeld Hafeld (7. Jahrhundert), Oberösterreichisches Landesmuseum.

Abb. 7. Römischer Grabstein der Christin Ursa aus Ovilava, Stadtmuseum Wels.

Hausruck, Kobernaußerwald, Sauwald). Im ebenfalls waldreichen Südosten und nördlich der Donau trugen Bayern und Slawen gemeinsam die Kolonisation. Der Werkstättenbezirk einer als slawisch angesehenen Siedlung aus dem frühen 9. Jahrhundert wurde erst jüngst bei Mitterkirchen im Machland entdeckt. In diesen Mischzonen friedlicher bayerisch-slawischer Koexistenz verstärkte sich allerdings der bayerische Einfluß so rasch, daß im 9. Jahrhundert innerhalb der Grenzen des heutigen Oberösterreich bereits alle slawischen Siedlungsgebiete entlang der Verkehrswege sprachlich eingedeutscht waren. Deutliche Zeichen der Assimilierung sind Slawen mit deutschen Namen, wie sie in den Jahren 827 in Puchenau und 888 bei Neuhofen a. d. Krems urkundlich bezeugt sind. Die slawisch-frühdeutsche, sogenannte karantanisch-Köttlacher Mischkultur des 9. und 10. Jahrhunderts ist in Oberösterreich durch Grabfunde in Micheldorf/Kremsdorf mit dem Georgenberg, in Goisern, Windischgarsten, Mitterndorf an der Alm und in Lorch vertreten. Die letzten schriftlichen Belege über slawische Einwohner stammen aus dem Anfang des 12. Jahrhunderts und betreffen Gebiete am Sipbach und um Schlierbach im Kremstal. In den rund 350 Jahren, in denen im Bereich unseres heutigen Bundeslandes Slawen in urkundlichen Quellen nachgewiesen werden können, entstanden ungefähr 30 slawische Gewässernamen (z. B. Steyrling, Teichl, Pießling, Sarming, Raming, Reifling, Jaunitz) und ungefähr 150 slawische Ortsnamen (z. B. Gaflenz, Sierning, Garsten, Pregarten, Treffling, Lasern, Tragwein), die auf eine bedeutende Siedlungstätigkeit hinweisen.

Die staatliche Verwaltung der Karolingerzeit wurde von Grafen als Vertretern des Königs getragen. Ihnen oblag die Organisation des Heerbannes, die Wahrung von Frieden und Eigentum und die Gerichtsbarkeit. In welchem Maße sie sich bei ihrer Amtsführung auf Königsgut stützen konnten, ist ungeklärt. Ihre Amtsbereiche dürften aber in dem Raum zwischen Inn und Enns weitgehend mit den Gauen übereingestimmt haben. Die Grafen selbst unterlagen der Kontrolle durch Königsboten (missi dominici), zumeist Bischöfe und Grafen anderer Gegenden. Einblick in die Infrastruktur der Grenzgrafschaften des bayerischen Ostlandes gewährt die Zollordnung von Raffelstetten (an der Mündung der Traun in die Donau, OG. Asten), die unter König Ludwig IV. (dem Kind) 903/05 aufgezeichnet wurde. Sie beschreibt die Verhältnisse an der Donau in der zweiten Hälfte des 9. Jahrhunderts, wie sie Markgraf Aribo durch Befragung von 41 Adeligen ermittelte und der Erzbischof von Salzburg, der Bischof von Passau und Graf Otakar als Königsboten wiederherstellen sollten. In Aribos Machtbereich waren drei untergeordnete Vikare für wirtschaftliche Aufgaben zuständig. Ihre Amtssprengel dürften durch die natürlichen Grenzen von Passauerwald (Sauwald), Ennswald, Dunkelsteinerwald und Wienerwald bestimmt gewesen sein. Zollstätten waren Rosdorf (ein abgekommener Ort im Aschacher Becken), Linz, beim Straßenübergang über die Enns und nördlich der Donau unbekannte Handelsplätze im Gebiet von Rodl und Riedmark. An diesen Orten mußten die handeltreibenden bayerischen Grundherren und Kaufleute sowie die slawischen und jüdischen Händler für die Gewährung des königlichen Geleitschutzes, für die Benützung der Verkehrswege (zur Erhaltung von Straßen, Brücken und Überfuhren) sowie für den Schutz des Markthandels Zoll zahlen. Der königliche Marktort Linz scheint sich in karolingischer Zeit wegen seiner strategisch und handelspolitisch günstigen Lage an der Donau zum Vorort des Traungaues entwickelt zu haben. Lorch hingegen verlor bereits zu Beginn des 9. Jahrhunderts durch die karolingischen Eroberungen im Osten seine Bedeutung als Grenzmautstelle des Reiches, an der der Ostland-Präfekt unter anderem die Ausfuhr von Waffen zu verhindern hatte. Spätestens mit der Reorganisation des Ostlandes 828 dürfte der Präfekt auch seine Residenz in Lorch, wahrscheinlich die vermutete ehemalige agilolfingische Herzogspfalz, aufgegeben haben. In der zweiten Hälfte des 9. Jahrhunderts wurde der Osten des Karolingerreiches durch die Bedrohung, die vom Großmährischen Reich ausging, durch Konspirationen und Adelsfehden wiederholt in Unruhe versetzt. 861 besetzte z. B. der Königssohn Karlmann, der gegen seinen Vater Ludwig den Deutschen rebellierte, Bayern östlich des Inn.

Gesellschaft und Wirtschaft wurden von der nun voll entwickelten Grundherrschaft geprägt. Diese bedeutete nicht nur Verfügungsgewalt eines weltlichen oder geistlichen Herrn über Grund und Boden, sondern auch Schutz-, Gerichts- und Leibherrschaft über die darauf lebenden Menschen. Sie erfüllte für den Großteil der Bevölkerung „staatliche" Funktionen und war zugleich Wirtschaftssystem. Das Zentrum der Grundherrschaft bildete der Herrenhof (Salhof), an dem Unfreie die landwirtschaftlichen und handwerklichen Arbeiten verrichteten. Auf ihn waren die umliegenden bäuerlichen Wirtschaften der vom Grundherrn abhängigen Leute ausgerichtet. Behauste Unfreie mußten neben der Bewirtschaftung ihrer Hofstatt, von deren Erträgnissen sie den Großteil abzuliefern hatten, am Herrenhof Frondienste leisten. Personen, die in einem Abhängigkeits- oder Dienstverhältnis standen, waren zu geringeren Abgaben, dafür aber zu Leistungen anderer, zumeist militärischer Art verpflichtet. In den vom Zentrum der Grundherrschaft entfernt gelegenen Besitzkomplexen beruhte die grundherrliche Eigenwirtschaft auf den von unfreien Verwaltern (villicus = Meier) geführten herrschaftlichen Meierhöfen, die ähnlich wie der Herrenhof zentrale wirtschaftliche und organisatorische Funktionen erfüllten. Die Meier lieferten die Erträge ihrer großen, ebenfalls mit Frondiensten Unfreier bewirtschafteten Höfe und die Abgaben der dem betreffenden Meierhof zugeordneten Untertanen an den Herrenhof ab. Die rechtliche und soziale Stellung der im Rahmen dieses Systems der sogenannten Villikationsverfassung (Fronhofverband) in der Landwirtschaft tätigen Personen war so unterschiedlich, daß von Bauern oder von einem einigermaßen einheitlichen Bauernstand noch nicht gesprochen werden kann. Bereits in karolingischer Zeit setzte jedoch eine gewisse gesellschaftliche Nivellierung dadurch ein, daß allmählich immer mehr sogenannte Freie (Liberi), die sich den teuren Kriegsdienst zu Pferd nicht mehr leisten konnten, in Abhängigkeit von weltlichen und geistlichen Grundherren gerieten. Später zogen es nicht wenige vor, sich gegen Zahlung eines mäßigen Zinses (etwa in Form von Wachs für die Kirchenbeleuchtung) freiwillig einer geistlichen Grundherrschaft zu unterstellen.

In der Landwirtschaft brachte der allmähliche Übergang von der unregelmäßigen Wechselwirtschaft zwischen Getreideanbau und Weidefläche (Feld-Gras-Wirtschaft) zu der geregelten Dreifelderwirtschaft mit Wechsel von Winterfrucht, Sommerfrucht und Brache eine bessere Ausnützung des Bodens. Neben dem dominierenden Ackerbau, hinter den die Viehzucht zurücktrat, betrieb man im Bereich des heutigen Oberösterreich am Attersee, im Donautal bei Aschach und im Tal der Rodl auch Weinbau. Auf Bienenzucht und Honiggewinnung weisen Ortsnamen wie Zeitling, Zeitlham und Zeiling hin. Am Beginn des 10. Jahrhunderts bietet die Raffelstetter Zollordnung das Bild eines trotz Dismembration des Karolingerreiches und kriegerischer Bedrohung im Osten blühenden Donauhandels, der von Juden und anderen Händlern getragen wurde. Als Marktorte werden Linz und unbekannte Handelsplätze im Gebiet der Rodl (in Rotalariis) und der Riedmark (in Reodariis) genannt. Nördlich der Donau handelten Slawen „de Rugis (wahrscheinlich aus dem Fürstentum in Gars-Thunau) vel de Boemannis", die von den Slawen des oberösterreichischen Raumes deutlich unterschieden werden. Wichtigster Handelsweg war die Donau, wo allerdings der Greiner Strudel ein nur schwer überwindbares Hindernis darstellte. Daneben spielten wohl auch die alten römischen Straßenzüge und die naturräumlichen Verkehrsverbindungen nach Norden durch das Mühlviertel eine Rolle, wie die im Jahre 885 bezeugte königliche Mautstelle am Donauübergang Tafersheim/Steyregg erkennen läßt. Auch in Ranshofen am Inn wurde Maut eingehoben. Wertvollster Exportartikel Bayerns war Salz, das vornehmlich in Reichenhall gewonnen wurde. Im Bereich des heutigen Oberösterreich kann eine bescheidene Salzgewinnung in dem später sogenannten Salzkammergut nur vermutet werden. Vereinzelte Salzquellen (z. B. Sulzbach/Bad Hall) scheinen im Alpenvorland den lokalen Bedarf gedeckt zu haben. Das bayerische Salz wurde über Salzach, Inn und Donau verschifft; die Salzhändler leisteten Abgaben in Linz und in Lorch beim Übergang über die Enns, wo man dem die Schiffahrt behindernden Greiner Strudel auf dem Landwege auswich. Im Mühlviertel wurde unter anderem mit Sklaven, Pferden und Wachs gehandelt. Während im allgemeinen Natural- und Tauschwirtschaft üblich waren, scheint sich der Fernhandel bis zum Ende des 9. Jahrhunderts römischer und byzantinischer Münzen bedient zu haben. An ihre Stelle traten in Regensburg, wo sich seit Karl dem Großen eine Münzstätte befand, geprägte Pfennige, die den Donauhandel bis zur Mitte des 12. Jahrhunderts beherrschten.

Seit der zweiten Hälfte des 8. Jahrhunderts dürften alle auf oberösterreichischem Gebiet gelegenen Gaue und der besiedelte Streifen nördlich der Donau zur Diözese Passau gezählt haben, die in der Folge der karolingischen Ostpolitik ihre Grenzen bis Pannonien ausdehnte. 798 wurde Passau Suffraganbistum des zum Erzbistum erhobenen Salzburg. Seit ca. 830 bildeten die Raab und die untere Donau, wie dies schon 796 und 803 vorgesehen gewesen war, die Grenze zwischen dem Passauer und dem östlichen Salzburger Einflußbereich. Innerhalb der Diözese trugen die Passauer Kirche und die Klöster gemeinsam die Christianisierung in den Randzonen der bayerischen Siedlungstätigkeit und bei den oberösterreichischen Slawen. Bezeichnenderweise leistete bereits der in der Gründungsurkunde von Kremsmünster 777 genannte Župan der Slawen des Ennsgebietes einen Eid, und auch nördlich der Donau beschworen die slawischen Teilnehmer einer Gerichtsversammlung in Puchenau 827 die Grenzregelung mit Untertanen des Bischofs von Freising. Die verschiedenen geistlichen und weltlichen Grundherren gründeten auf ihren Besitzungen immer mehr Eigenkirchen, über die sie wie über ihr Eigentum verfügten. Die Eigenkirchenherren kassierten die Einnahmen (Zehent, Gebühren) und bestellten den jeweiligen Geistlichen, dessen Weihe dem Diözesanbischof verblieb, mußten freilich auch für den Erhalt der Kirche und für den Unterhalt des Geistlichen sorgen. Neben dem Eigenkirchenwesen bestand ein zum Teil wahrscheinlich älteres, römisch-rechtlich geprägtes System von Taufkirchen (ecclesiae baptismales), deren Sprengel vom Bischof festgesetzt wurden und denen andere Kirchen unterstellt sein konnten. Die ursprünglichen Vorrechte dieser Taufkirchen (Sonntagsgottesdienst, Begräbnis, Eheschließung, Taufe) gingen allmählich auch auf Eigenkirchen über. Im Frühjahr und Herbst jeden Jahres veranstalteten die Bischöfe in ihrem Amtsbezirk eine Diözesansynode, an der die Geistlichkeit, aber auch Weltliche teilnahmen. Diese Versammlungen unter bischöflicher Leitung dienten der Beratung und Regelung des kirchlichen Lebens. Die große Ausdehnung der Passauer Diözese machte den Einsatz von Hilfsbischöfen, einer Art Weihbischöfe, notwendig.

Von den im Gebiet des heutigen Oberösterreich gelegenen Klöstern scheint das Marienkloster an der Enknach, das von seinem Eigenherrn noch im 8. Jahrhundert an den Bischof von Passau geschenkt worden war, nicht lange existiert zu haben. Die anderen fielen nach dem Sturz des Herzogs Tassilo III. 788 an den fränkischen König. Im Jahre 817 zählte Mondsee zu den vermögendsten Reichsklöstern, während Kremsmünster und Mattsee in die nächstfolgende Gruppe eingestuft wurden. Mondsee war im ersten Jahrzehnt des 9. Jahrhunderts vorübergehend in den Besitz des königlichen Erzkapellans und Erzbischofs von Köln, Hiltibald, übergegangen; 831 vertauschte es König Ludwig der Deutsche an den Bischof von Regensburg. Kremsmünster, das im 9. Jahrhundert eine Blütezeit erfuhr, dürfte an der Wende vom 9. zum 10. Jahrhundert passauisch geworden sein, St. Florian schon früher. Die Abtei Traunsee befand sich am Ende des 9. Jahrhunderts zuerst in Adelshand und wurde dann Reichskloster. 909 schenkte sie König Ludwig das Kind an den Markgrafen Aribo und dessen Verwandten Erzbischof Pilgrim von Salzburg. Nach deren Tod sollte sie an das Erzbistum Salzburg fallen. Das heute im Bundesland Salzburg gelegene Mattsee wurde 877 zur Ausstattung des königlichen Pfalzstiftes Altötting herangezogen und gelangte gemeinsam mit diesem im Laufe des 10. Jahrhunderts an die Bischöfe von Passau. Damit waren alle für den Bereich des heutigen Oberösterreich maßgeblichen Klöster bischöfliche Eigenklöster geworden, eine Entwicklung, die vermutlich auch damit zusammenhängt, daß die späteren Karolinger Kanoniker gegenüber Mönchsgemeinschaften bevorzugten. Auf diese Weise wurde vor allem die Stellung Passaus gewaltig gestärkt. Einzige Neugründung war das Kanonikerstift, das Kaiser Arnulf 896/98 in der königlichen Pfalz Ranshofen einrichtete.

Die weltliche Herrschaft der Bischöfe wurde seit karolingischer Zeit von den Königen durch Verleihung von Immunität gegenüber der gräflichen Gewalt und durch Übertragung von Hoheitsrechten gefördert. Die Grafen durften solche bischöflichen Immunitätsbezirke nicht betreten und darin weder Recht sprechen noch Abgaben einheben. Die weltliche Gewalt übten von den Bischöfen bestellte, adelige Vögte aus, welche die betreffende Kirche auch bei Rechtsgeschäften vertraten.

Kulturelle Zentren des oberösterreichischen Raumes waren die Klöster, neben denen die Ausstrahlung des Metropolitansitzes Salzburg und der

Bischofssitze Passau, Freising und Regensburg nicht übersehen werden darf. Aus Mondsee, Kremsmünster und St. Florian blieben einzelne Produkte der Schriftkultur erhalten. Am berühmtesten ist der Kremsmünsterer „Codex Millenarius", der um 800 im Umkreis des Klosters Mondsee entstanden sein dürfte. Die Textvorlage dieses Evangelienbuches weist nach Oberitalien. Dem Naheverhältnis seines Abtes Snelpero (888—893) zu Kaiser Arnulf dürfte Kremsmünster gegen Ende des 9. Jahrhunderts die kostbaren Geschenke der sogenannten Tassilo-Leuchter und des „Codex Millenarius Minor" genannten Evangeliars verdankt haben.

## Das 10. Jahrhundert

Gegen Ende des 9. Jahrhunderts erstand dem Karolingerreich im Osten ein gefährlicher Feind, dessen militärische Erfolge und dessen schrecklicher Ruf sich auf eine neue Kampfweise gründeten. Die beweglichen Reiterheere der Ungarn bevorzugten den Fernkampf, Kesselschlachten und Kriegslisten gegenüber dem Nah- und Einzelkampf, wie ihn die karolingischen Krieger gewohnt waren. Im Jahre 900 drang erstmals ein ungarisches Heer über die Enns bis in den Traungau vor. Seine Nachhut konnte auf dem Rückzug am 20. November am linken Donauufer bei Linz von einem bayerischen Heer unter Führung des Markgrafen Luitpold und des Bischofs Richar von Passau geschlagen werden. Diese beiden ließen auch unmittelbar darauf zum Schutz der Bevölkerung am Westufer der Enns in der Nähe von Lorch den Höhenrücken, auf dem sich heute die Stadt Enns erstreckt, zur Ennsburg ausbauen. Die neue Wehranlage ging bereits im Jänner des Jahres 901 auf Bitten des Bischofs, der auf die durch die Ungarn erlittenen Schäden hingewiesen hatte, durch eine Schenkung König Ludwigs des Kindes (900—914) in den Besitz des passauischen Eigenklosters St. Florian bzw. des Bistums Passau über. Als die Bayern wenige Jahre später ihrerseits mit Heeresmacht gegen die Ungarn vorgingen, erlitten sie am 4. Juli 907 bei Preßburg eine vernichtende und folgenschwere Niederlage. Sie kostete nicht nur dem Großteil des bayerischen Adels, darunter dem Markgrafen Luitpold, dem mächtigsten Mann Bayerns, und mehreren Bischöfen das Leben, sondern hatte auch den Zusammenbruch der karolingischen Markenorganisation im Osten zur Folge. Das Gebiet östlich der Enns geriet unter ungarische Oberhoheit, der Fluß bildete fortan die Ostgrenze Bayerns und des ostfränkisch-deutschen Reiches. Der Traungau erhielt wiederum wie einst in agilolfingischer Zeit Grenzlandcharakter.

Für den gefallenen Markgrafen Luitpold trat dessen Sohn Arnulf als „von Gottes Gnaden Herzog der Bayern und auch der angrenzenden Gebiete" an die Spitze des bayerischen Adels (907—937). Seine gegenüber der schwachen Königsgewalt des letzten Karolingers Ludwigs des Kindes weitgehend selbständige Herrschaft stand in der Tradition des karolingischen Königreiches Bayern. Es gelang dem neuen Herzog zwar vorerst nicht, die nach Schwaben vorstoßenden Ungarn von Bayern fernzuhalten, wohl aber konnte er sie mehrmals besiegen. So z.B. im Jahre 913 beim Übergang über den Inn. Im Anschluß daran scheint Arnulf einen Waffenstillstand mit den Ungarn erzielt zu haben, der diesen wahrscheinlich die Möglichkeit des freien Durchzugs durch Bayern einräumte. Der Herzog selbst fand sogar von 914—916/17 im ungarischen Reich Aufnahme, als er vor dem ostfränkischen König Konrad I. aus Bayern fliehen mußte. Sein Herzogtum war erst wieder im Jahre 926 von Plünderungen ungarischer Scharen, die bis Schwaben vordrangen, betroffen. Danach konnte anscheinend die Gefahr aus dem Osten durch eine Erneuerung des früheren Abkommens bis kurz vor dem Tode Herzog Arnulfs im Jahre 937 gebannt werden.

Die selbständige und königsgleiche Stellung, die Herzog Arnulf von Bayern besonders nach seinem Vergleich mit dem deutschen König Heinrich I. (919—936) seit 921 innehatte, vermochte sein Sohn und Nachfolger Eberhard gegenüber dem erstarkenden Königtum Ottos I. (936—972) nicht zu behaupten. Er verlor bereits nach einem Jahr sein Herzogtum, auf das nun der deutsche König seinen Einfluß geltend machte. Zum neuen Herzog von Bayern ernannte König Otto der Große einen anderen Luitpoldinger, nämlich Berthold (938—947), den Bruder des Herzogs Arnulf. Unter ihm scheinen sich die bayerisch-ungarischen Beziehungen wieder verschlechtert zu haben. Als Führer eines bayerisch-karantanischen Heeres fügte Herzog Berthold den Ungarn am 12. August 943 in der Nähe der befestigten Siedlung Wels eine schwere Niederlage bei. Mit seinem Nachfolger Heinrich I. (947—955), dem Bruder König Ottos des Großen, übernahm eine Seitenlinie des ottonischen Königshauses für längere Zeit die Herrschaft über das bayerische Herzogtum. Herzog Heinrich führte den Kampf gegen die Ungarn zwar erfolgreich weiter, die Gefahr konnte jedoch erst im Jahre 955 durch den Sieg König Ottos des Großen auf dem Lechfeld bei Augsburg endgültig abgewendet werden. Im Zuge der nun folgenden aktiven Ostpolitik wurde um 960/62 östlich der Enns oder der Erla die ottonische Mark an der Donau, die Keimzelle des babenbergischen Österreich, eingerichtet. Sie dürfte schon sehr früh nördlich der Donau auch das später oberösterreichische Gebiet der Machlandebene östlich der Aist umfaßt haben. Herzog Heinrich II. (der Zänker) von Bayern (955—976, 985—995), der Sohn des Sachsen Heinrich I., ging 976 seiner Herzogswürde verlustig, als er sich gegen Kaiser Otto II. empörte. Mit ihm verlor Burchard, der erste Markgraf der Ostmark, seine Position. Die Mark an der Donau kam an den Grafen im bayerischen Donaugau, den Babenberger Leopold I. Wie stark die Stellung Herzog Heinrichs II. während seiner zweiten Regierungsperiode in Bayern war, zeigen die strengen Gesetze, die er um 990 auf einer Versammlung des bayerischen Adels und der Bischöfe in Ranshofen erließ.

Die Auswirkungen der Ungarneinfälle auf den Raum zwischen Inn und Enns wurden früher allgemein überschätzt. Sicherlich hatte die Bevölkerung wiederholt unter Plünderungen der Ungarn zu leiden; nicht alle negativen Erscheinungen des 10. Jahrhunderts, das die ältere Geschichtsschreibung als das „dunkle Jahrhundert" bezeichnet hat, lassen sich aber damit erklären. So beweist z. B. die Raffelstetter Zollordnung, daß am Beginn des Jahrhunderts der Donauhandel nach dem Osten noch blühte, und der Tod des Bischofs Drakolf von Freising, der im Jahre 926 im Greiner Donaustrudel auf der Fahrt zu seinen im heutigen Niederösterreich gelegenen Besitzungen verunglückte, zeigt, daß die wichtigste West-Ost-Verkehrsverbindung trotz Ungarngefahr weiterhin benützt wurde. Außerdem gibt es keine Hinweise auf eine einschneidende Unterbrechung der Besiedelungs- und Herrschaftsverhältnisse im Bereich des späteren Oberösterreich. Der karolingische Markgraf Aribo hatte allerdings mit den politischen Veränderungen infolge der Niederlage der Bayern gegen die Ungarn im Jahre 907 seine Machtstellung im Traungau verloren. Seit 930 sind im östlichen Teil des Herzogtums Bayern zwischen Inn und Enns vereinzelt Grafen und nicht näher abgrenzbare Grafschaften urkundlich bezeugt. Diese Grafen waren lokale adelige Machthaber, die im Auftrag des Königs auch dessen Interessen wahrnahmen. Die Grenzen ihrer Einflußbereiche dürften durch die von ihnen abhängigen Personenverbände bestimmt worden sein. So unterstand etwa das Gebiet der Ennsburg im Jahre 977 noch der Grafengewalt des Babenbergers Leopold I., des Markgrafen der ottonischen Mark an der Donau. Andere Grafen sind im Bereich des Traungaues — die alten Gaue lebten als geographische Bezeichnungen weiter — in Zusammenhang mit den Orten Bachmanning bei Lambach (930), Ischl (um 977) und Schlierbach im Kremstal (1006) belegt. Der im Jahre 930 genannte Graf Meginhard, in dessen Grafschaft Bachmanning lag, gilt als Vorfahre sowohl der späteren Grafen von Lambach als auch der Grafen von Formbach (am Inn). Die Lambacher, die von ihrer Stammburg und dem früheren Königsgut um Wels ausgehend einen großen Machtkomplex aufbauten, sind 992/93 erstmals urkundlich faßbar. Sie haben wahrscheinlich in der

zweiten Hälfte des Jahrhunderts am Zusammenfluß von Enns und Steyr die Burg Steyr (Stirapurhc) erbaut. Im Süden des heutigen Oberösterreich trat im 10. Jahrhundert das Kirchdorfer Becken unter dem Namen „Ouliupestal" bzw. Ulstalgau als räumliche Einheit in Erscheinung. Sein herrschaftlicher Mittelpunkt dürfte der Georgenberg bei Micheldorf gewesen sein.
Sehr stark war die Stellung der bayerischen Bistümer Passau und Regensburg im oberösterreichischen Raum. Das für die seelsorgliche Betreuung unseres Gebietes zuständige Bistum Passau konnte sich vor allem auf seine Eigenklöster Kremsmünster, St. Florian und Mattsee stützen. Zu seinen über alle Gaue verstreuten Besitzungen dürfte auch die Siedlung Linz gezählt haben. Hier könnte der stattliche karolingerzeitliche Zentralbau der Martinskirche, der erst kürzlich archäologisch erschlossen wurde, ein Opfer der Ungarneinfälle geworden sein. Das später an seiner Stelle errichtete, heute noch erhaltene Gotteshaus ist wahrscheinlich ein Bauwerk aus der zweiten Hälfte des 10. oder aus dem 11. Jahrhundert. Im Jahre 977 erhielt das Hochstift Passau außerdem durch eine Schenkung Kaiser Ottos II. die Ennsburg, die um die Jahrhundertmitte der bayerische Herzog Heinrich I. tauschweise erworben hatte, wieder zurück und zusätzlich noch Grundbesitz in Lorch im Ausmaß von zehn Königshufen. Das Hochstift Regensburg besaß das Gebiet zwischen Aist und Naarn, die Gegend um Eschenau (im Hausruckkreis) und das Kloster Mondsee. In dieses soll der später heiliggesprochene Bischof Wolfgang von Regensburg 976/77 vor den politischen Wirren, die im Herzogtum Bayern herrschten, ausgewichen sein und dort eine monastische Reform durchgeführt haben. Die spätmittelalterliche Wolfgang-Legende schreibt ihm überdies die Gründung der Kirche von St. Wolfgang am Abersee zu. Bischof Wolfgang ist schließlich auch im Jahre 994 auf oberösterreichischem Boden in Pupping bei Eferding gestorben, als er mit einem Schiff donauabwärts unterwegs war. Im Vergleich zu Passau und Regensburg verfügte das Erzstift Salzburg im Bereich des heutigen Oberösterreich nur über geringen Besitz im Atter- und Mattiggau sowie über das 927 bezeugte Gut Schlierbach im Kremstal. Alle diese verschiedenen Hochstiftsbesitzungen bildeten den Grafschaften entsprechende bischöfliche Immunitätsbezirke, in denen die Grafen keine Gewalt hatten. Den weltlichen Arm der betreffenden Kirche repräsentierten adelige Vögte, denen allgemein der Schutz und im besonderen die Gerichtsbarkeit und die Führung des Heeresaufgebotes oblagen.
In keiner günstigen Situation befanden sich die Klöster zwischen Inn und Enns. Ihr Niedergang war aber keineswegs in erster Linie eine Folge der Plünderungen durch die das Alpenvorland durchziehenden ungarischen

Heere. Wie die Beispiele von Kremsmünster und Mondsee zeigen, die ältere Kunst- und Bibliotheksschätze überliefert haben, scheinen vielleicht mit Ausnahme des am weitesten im Osten gelegenen St. Florian die Klöster selbst auch davon kaum unmittelbar betroffen gewesen zu sein. Der Hauptgrund für ihre verschlechterte Wirtschaftslage ist wohl in der Tatsache zu sehen, daß sie alle ihre Selbständigkeit verloren hatten und die Stellung von bischöflichen Eigenklöstern einnahmen. Wieweit dabei die Säkularisationen von Klostergut (z. B. im Falle von Kremsmünster) durch Herzog Arnulf, der nach 907 mit den eingezogenen Gütern seine Lehensleute für den Kampf gegen die Ungarn ausstattete, eine Rolle spielten, ist nicht festzustellen. Kirchliche Kreise verliehen dem Herzog wegen dieser Maßnahmen den Beinamen „der Böse". Die Abtei am Traunsee hat jedenfalls die allgemeine Entwicklung im 10. Jahrhundert nicht überlebt. Den Lebensunterhalt der in St. Florian wirkenden Geistlichen mußte König Heinrich II. im Jahre 1002 durch die Schenkung einer Hufe an der Ipf sichern.

In der zweiten Hälfte des Jahrhunderts ging der tatkräftige Bischof Pilgrim von Passau (971–991) daran, die kirchlichen und rechtlichen Zustände in seiner Diözese zu regeln. Zu diesem Zwecke wurden zwischen 985 und 991 in Mistlbach bei Wels, in Lorch und im niederösterreichischen Mautern bischöfliche Synoden abgehalten. In Mistlbach ordnete man die Zehentverhältnisse der bischöflichen Taufkirchen Sierning, Schönering, Naarn, Linz und Krenglbach. Um seiner Kirche die Mission in Ungarn gegenüber dem Erzbistum Salzburg zu sichern, griff Bischof Pilgrim – was im Mittelalter zur Verteidigung berechtigter oder vermeintlicher Ansprüche nicht selten war – sogar zu dem Mittel der Urkundenfälschung. Wohl in Kenntnis der Vita Severini verwies er in mehreren Urkunden auf ein angebliches spätantikes Erzbistum Lorch, dessen Sitz später nach Passau verlegt worden sei, und suchte so, allerdings vergeblich, bei Papst und Kaiser für sich und seine Kirche eine Rangerhöhung zu erlangen. Unter ihm stand auch die Passauer Domschule in Blüte.


Aufbruch und Umbruch im hohen Mittelalter
(11.–13. Jahrhundert)


Während des 11. Jahrhunderts konnte sich keine starke bayerische Herzogsgewalt ausbilden. Die wenigen Herzöge, die eingesetzt wurden, verloren ihr Amt bereits nach kurzer Zeit wieder. Das Herzogtum Bayern entwickelte sich zu einer Art Kronland, dessen Leitung die deutschen

Könige zumeist entweder in den eigenen Händen behielten oder ihren Söhnen übertrugen. König Heinrich II. (1002—1024), der vor seiner Königserhebung selbst an der Spitze des Herzogtums gestanden war, schwächte die herzogliche Stellung außerdem dadurch, daß er fast das gesamte Königs- und Herzogsgut in Bayern dem von ihm 1007 gegründeten fränkischen Bistum Bamberg übereignete. Innerhalb der Grenzen des heutigen Bundeslandes Oberösterreich betraf dies den großen Bereich der späteren Herrschaften Mattighofen, Friedburg, Attersee, Kogl und Frankenburg. Nach 1070 dürfte königlicher Besitz zwischen den Flüssen Steyr und Krems mit dem Zentrum um (Bad) Hall („Herzogenhall") als Amtsgut an Herzog Welf I. von Bayern (1070—1077, 1096—1102) vergeben worden sein. Es handelte sich um ebensolches „Königsherzogsgut", das der gemeinsamen Verfügung des Königs und des Herzogs unterstand, wie im Raum Ranshofen-Braunau am Inn. Ministerialen, die sowohl dem König als auch dem Herzog dienten, erhielten östlich der Krems Dienstlehen, die im 12. Jahrhundert erblich wurden, mit den Zentren in Rohr im Kremstal, Obergrünburg und Leonstein im Steyrtal. Den Rest des ehemals umfangreichen Königsgutes in unserem Gebiet, 400 Hufen in dem nördlich der Donau gelegenen Forst „Riedmark" zwischen Aist, Jaunitz und Slawengrenze im Norden, schenkte König Konrad III. im Jahre 1142 mit Zustimmung des österreichischen Markgrafen dem Kloster Garsten.

Unter Herzog Welf I. wurde Bayern in die Wirren des sogenannten Investiturstreites hineingezogen. In dieser tiefgreifenden Auseinandersetzung zwischen Kaiser Heinrich IV. (1056—1106) und Papst Gregor VII. (1073—1085) ging es nicht nur um das Problem der Ernennung und Einsetzung der Bischöfe mit Ring und Stab durch den deutschen König, sondern um eine grundsätzliche Abgrenzung von weltlicher und kirchlicher Macht. Das Papsttum strebte unter dem Einfluß neuen Gedankengutes, das vor allem vom monastisch-kirchlichen Bereich ausgegangen war, nach einer Reform der Kirche bei gleichzeitiger Befreiung von weltlichem Einfluß. Unerschütterliche Vorkämpfer dieser Bewegung waren in Bayern Erzbischof Gebhard von Salzburg und die Bischöfe Altmann von Passau und Adalbero von Würzburg. Bischof Altmann wurde deshalb aus seiner Bischofsstadt vertrieben; von 1085 bis 1104 residierten vom Kaiser eingesetzte Bischöfe in Passau. Auch Altmanns Freund, der dem Geschlechte der Grafen von Lambach entstammende Bischof Adalbero, mußte Würzburg 1077 verlassen, wurde 1085 abgesetzt und starb 1090 in seinem Hauskloster Lambach im Exil. Während der bayerische Adel im allgemeinen auf der Seite Kaiser Heinrichs IV. stand, fand die päpstliche Partei in dem 1076 voll ausgebrochenen Streit Unterstützung bei Herzog Welf I. und

später auch bei den Markgrafen Leopold II. von Österreich und Otakar II. von Steiermark. Als sich der Herzog an der Wahl des Gegenkönigs Rudolf von Rheinfelden beteiligte, wurde er 1077 vom Kaiser abgesetzt und mußte in der Folge zwei Jahrzehnte lang um sein Herzogtum kämpfen. Einen anderen bayerischen Parteigänger des Papsttums, den Grafen Ekbert I. von Formbach, der 1077/78 in seiner Burg Neuburg am Inn belagert wurde, zwang Heinrich IV. zur Flucht nach Ungarn. Den Markgrafen Leopold II. von Österreich konnte der Kaiser 1079 durch einen Einfall in die Mark an der Donau erstmals unterwerfen. 1084 mußte sich der Babenberger, dessen Markgrafschaft Heinrich IV. 1081 dem Herzog Wratislaw von Böhmen übertragen hatte, schließlich unter militärischem Druck zu politischer Neutralität bereitfinden. Herzog Welf I. wechselte 1096 die Partei, versöhnte sich mit dem Kaiser und erhielt dafür neuerlich das Herzogtum Bayern verliehen. Die bayerische Herzogswürde verblieb fortan mit einer Unterbrechung von 1139–1156 bis zum Sturz Heinrichs des Löwen im Jahre 1180 bei dem Geschlechte der Welfen. Der Investiturstreit wurde im Jahre 1122 durch die Kompromißlösung des Wormser Konkordates zwischen Kaiser Heinrich V. und Papst Calixt II. beendet. Es unterschied zwischen den geistlichen und den weltlichen Befugnissen (Spiritualia und Temporalia) der Bischöfe und gewährte dem König weiterhin einen gewissen Einfluß auf die Besetzung der deutschen Bischofsstühle. Insgesamt hatte jedoch das deutsche Königtum durch den erbitterten Kampf mit dem Papsttum einen grundsätzlichen Substanzverlust erlitten. Die Auswirkungen der mit dem sogenannten Investiturstreit verbundenen Umwälzungen sind auch in vielen anderen Bereichen zu beobachten.
Im oberösterreichischen Raum traten seit dem 11. Jahrhundert im Zuge des hochmittelalterlichen Landesausbaues zahlreiche bayerische Adelsgeschlechter in Erscheinung, für deren Standes- und Familienbewußtsein die Benennung nach dem Stammsitz bzw. nach der im Zentrum ihrer Eigenherrschaft zumeist in Höhenlage errichteten, wehrhaften Burg charakteristisch wurde. Sie stützten sich auf großen Grundbesitz und auf eine von ihnen abhängige Gefolgschaft bzw. Dienstmannschaft (Ministerialität) und konnten aufgrund dieser starken Stellung in ihren Herrschaftsbereichen gräfliche Rechte, vor allem die Gerichtsbarkeit, ausüben. Die bedeutendsten Machthaber waren die seit dem 10. Jahrhundert bezeugten Grafen von Lambach. Ihre Besitzungen erstreckten sich vom Hausruck und den Innbächen im Norden zwischen und entlang den Flußläufen von Alm und Krems bis zum Toten Gebirge im Süden und wahrscheinlich bis zur Enns im Osten. Graf Arnold II. trat um 1010 durch seine Heirat mit der Ostfränkin Reginlind in enge verwandtschaftliche

Beziehungen zu dem späteren König Konrad II. (1024—1039), der ihm 1035 nach der Absetzung Adalberos von Eppenstein nicht zuletzt wegen der soliden Machtgrundlage der Lambacher die Kärntner Markgrafschaft an der mittleren Mur und die obersteirischen Grafschaften übertrug. Besitz in Franken und Schwaben, den seine Frau in die Ehe mitbrachte, widmete Arnold II. für die geistliche Erziehung seines Sohnes Adalbero in der Würzburger Domschule. Adalberos Bruder Gottfried wurde 1050 von seinen Feinden getötet. Da um dieselbe Zeit auch seine Mutter, sein Bruder Arnold III. und dessen Frau gestorben sein dürften, hat man von einer Katastrophe des Geschlechtes gesprochen und auf ein gewaltsames Ereignis, wie z. B. die Eroberung der Burg Lambach, geschlossen. Arnold II., der die beiden Söhne nur kurz überlebte, gründete in seiner Lambacher Burg ein Weltklerikerstift und übertrug es gemeinsam mit seinem Stammbesitz um Lambach und Wels dem Bistum Würzburg, dem sein Sohn Adalbero († 1090), der letzte männliche Vertreter des Geschlechtes, seit 1045 als Bischof vorstand. Teile des Lambacher Besitzes zwischen Inn und Enns sowie die Herrschaft Pitten im niederösterreichisch-steirischen Grenzgebiet fielen im Erbwege an den Grafen Ekbert I. von Formbach, der mit einer Tochter des Markgrafen Gottfried verheiratet war. Die Schwerpunkte des Besitzes der Grafen von Formbach lagen beiderseits des unteren Inn und in der Markgrafschaft Österreich. Als die Formbacher im Jahre 1158 ausstarben, erbte ihr Verwandter Graf Berthold von Andechs die Herrschaften Ried und Schärding. Ein anderer Teil ihres oberösterreichischen Besitzes, darunter die Maut in Aschach, fiel im Erbweg an die Herren von Julbach, die um die Mitte des 12. Jahrhunderts ihren Herrschaftsbereich von ihrem Stammsitz am Inn in das Eferdinger Becken verlegten und dort als Rodungsmittelpunkte die Burgen Schaunberg, nach der sie sich bald nannten, und Stauf erbauten. Durch Erbschaft nach den Grafen von Lambach scheint das aus dem bayerischen Chiemgau stammende Geschlecht der steirischen Otakare („Traungauer") in den oberösterreichischen Raum gekommen zu sein, wie unter anderem die Besitznachfolge am Hausruck, am Keßlawald und in der Eferdinger Gegend sowie die Vogteien über den Würzburger Besitz und über das Kloster Lambach andeuten. Um 1056 folgten die Otakare, die sich nach ihrer Burg und Hauptherrschaft Steyr nannten, den Lambacher Grafen auch als Markgrafen der Kärntner Mark an der Mur nach. Mit der Herrschaft Steyr und der in Entwicklung begriffenen Stadt Enns beherrschten sie das Ennstal bis zur Donau und einen Großteil des Steyrtales, mit Besitzungen im Salzkammergut und mit der um 1060 von den Grafen von Raschenberg-Reichenhall geerbten Klosterherrschaft Traunkirchen das Ischlland und das Trauntal sowie durch bambergische

Lehen im Pyhrngebiet eine wichtige Paßlandschaft. Seit dem Ende des 12. Jahrhunderts war die strategisch bedeutsame Herrschaft Klaus an der Engstelle zwischen dem Windischgarstener und dem Kirchdorfer Becken in otakarischer Hand. Weiters verfügten die Otakare über Besitzrechte bei Perwend (OG. Marchtrenk) und nördlich der Donau sowie im heutigen Niederösterreich (im Ennswald, Vogtei über Stift Ardagger). Von allen diesen Besitzkomplexen behielten sie aber nur die Herrschaft Steyr und das spätere Salzkammergut in eigener Verwaltung. Nachdem ihnen 1122 das umfangreiche Erbe der Eppensteiner zugefallen war, verlegten sie den Schwerpunkt ihrer Herrschaft von Steyr in ihre Markgrafschaft an der Mur. Dieses werdende Land erhielt nach der Hauptburg der Otakare den Namen Steiermark. Ursprünglich edelfreie Geschlechter, die im 12. Jahrhundert in die Ministerialität der steirischen Markgrafen eintraten, waren die von den Herren von Traisen abstammenden Herren von Ort (am Traunsee) sowie die zwischen den Flüssen Traun und Enns begüterten Gleink-Volkersdorfer, die ihren Sitz nach der Gründung des Klosters Gleink im Jahre 1123 von dort in die Burg Volkersdorf (zwischen Enns und St. Florian) verlegten. Der Herrschaftsbereich der Grafen von Regau (Rebgau), die möglicherweise am Erbe nach den Grafen von Lambach Anteil hatten, konzentrierte sich um die Zentren Regau (südlich Vöcklabruck) und Viechtwang im Almtal. Aus dem Almtaler Besitz der Regauer entstand später die Herrschaft Scharnstein. Ein anderer Zweig dieses Geschlechtes herrschte im niederösterreichischen Waldviertel im sogenannten „Poigreich" und südlich der Donau zwischen Sierning und Traisen. Beide Linien starben in der zweiten Hälfte des 12. Jahrhunderts aus. In der Gegend des Attersees erstreckte sich im Bereich des späteren Landgerichtes Kammer ein Herrschaftskomplex der Grafen von (Burghausen-)Peilstein. Er fiel nach ihrem Aussterben an die salzburgischen Grafen von Plain, die ihrerseits um die Mitte des 13. Jahrhunderts von den Schaunbergern beerbt wurden. Kleinere, im Bereich des Alpenvorlandes ansässige, edelfreie Geschlechter waren z. B. die Polheimer, Wolfsegger und Puchheimer.

Im Gegensatz zu der stark besitzzersplitterten Adelslandschaft in der Altsiedelzone südlich der Donau entstanden in den Waldgebieten nördlich dieses Flusses im 11. und 12. Jahrhundert wesentlich geschlossenere Rodungsherrschaften. Von den edelfreien Geschlechtern, die sich hier mit Hilfe ihrer Dienstleute einen Herrschaftsbereich aufbauten, waren im unteren Mühlviertel die bedeutendsten die Herren (Vögte) von Perg, deren Besitzungen nach ihrem Erlöschen 1191 an die Herzöge von Österreich fielen, die Herren von Machland, die 1194 im Hauptstamm ausstarben und deren Besitz über die Nebenlinie Klam an die Grafen von

Velburg und nach 1217 an die Babenberger gelangte, sowie die Herren von Lengenbach, Domvögte von Regensburg, die 1235 ebenfalls von den babenbergischen Landesfürsten beerbt wurden. Der Besitz des Hochstiftes Regensburg zwischen Aist und Naarn mit dem Zentrum Burg Windegg ging im 13. Jahrhundert fast zur Gänze an die (nieder-)österreichischen Herren von Kuenring über. Westlich dieses Gebietes saßen die Herren von Aist, deren Herrschaft über die Schönering-Blankenberger an die Babenberger kam, und zwischen der Großen Gusen und dem Haselgraben mit den Zentren Riedegg und Wildberg die aus der Umgebung von Salzburg stammenden Haunsberger, denen auch Linz gehörte.

Im oberen Mühlviertel erfolgte die Erschließung des Gebietes westlich des Haselgrabens von der seit alters besiedelten Donauebene zwischen Ottensheim und Feldkirchen aus, wobei die Donauübergänge von Ufer-Ottensheim und Aschach-Landshaag eine entscheidende Rolle spielten. So weiteten die Wilhering-Waxenberger von ihrem Stammsitz Wilhering am Südufer der Donau ausgehend ihren Machtbereich durch Rodung nördlich des Flusses zwischen Haselgraben und Kleiner Rodl aus. Vor 1150 wurde hier die Burg Waxenberg das neue Zentrum ihrer Herrschaft. Diese ging um 1170 durch die Heirat der Erbtochter des letzten Wilhering-Waxenbergers mit einem Gricsbacher an das Geschlecht der Herren von Griesbach über. Im Anschluß an die Rodungsherrschaft Waxenberg kolonisierte von der Burg Waltenstein aus das weitverzweigte Geschlecht der Herren von Traisen, von denen um die Mitte des 12. Jahrhunderts ein Teil ihrer Güter durch Schenkung an das steirische Stift Seckau, ein anderer durch Erbschaft an die Herren von Ort gelangte. Westlich davon erstreckten sich die Herrschaftskomplexe mehrerer edelfreier Geschlechter, die im Gefolge der 1188 ausgestorbenen Grafen von Sulzbach, der Vögte des Klosters Niedernburg in Passau, aus Niederbayern in die Region nördlich der Donau gekommen waren. Eppo von Harbach, der sich auch nach seinem neuen Rodungsgebiet von Windberg (Wimberg) nannte, schenkte 1108 großen Besitz im Bereich des Pesenbaches an das Stift St. Florian, das einen Teil nördlich der Steinernen Mühl seinen Vögten, den Herren von Perg, überließ. Das Gebiet beiderseits der Großen Mühl wurde von den Schönering-Blankenbergern beherrscht, die aus dem niederbayerischen Schönerting an der Vils stammten und um 1190/92 ausstarben. Ein Zweig dieses Geschlechtes, die Herren von Kirchberg (an der Laaber), die sich seit ungefähr 1180 nach ihrer Burg Falkenstein nannten, ließ zwischen Ranna und Kleiner Mühl roden. Bereits vor dem Aussterben der Falkensteiner (1226/27) ging deren Herrschaft durch Heirat an die Witigonen über, die mit den Schönering-Blankenbergern verwandt gewesen sein dürften. Zuvor schon hatten die Witigonen, die in Südböhmen zu Macht und Einfluß aufstiegen, um 1150 den ehemaligen Besitz der Herren von Perg nördlich der Steinernen Mühl von den Herren von Traisen erhalten und um 1190/92 die Besitzungen der Schönering-Blankenberger östlich der Großen Mühl geerbt. Die bereits erwähnten Griesbacher, die im niederbayerischen Rottal die Herrschaft Griesbach von den Grafen von Formbach zu Lehen trugen, schufen sich zwischen Ilz und Ranna einen Herrschaftsbereich mit der Burg Untergriesbach als Mittelpunkt. Durch Heirat mit der Tochter des letzten Wilhering-Waxenbergers gelangten sie um 1170 in den Besitz der Herrschaft Waxenberg und beerbten um 1190/92 die Schönering-Blankenberger westlich der Großen Mühl. Die dadurch zum mächtigsten Geschlecht des oberen Mühlviertels gewordenen Griesbacher waren aber auch im unteren Mühlviertel in der Gegend von Lasberg begütert. Nach ihrem Aussterben teilten sich Herzog Leopold VI. von Österreich und der ebenfalls nach Territorialherrschaft strebende Bischof von Passau nach 1221 den großen Griesbacher Machtkomplex so auf, daß das Hochstift alle Besitzungen westlich der Großen Mühl und der Babenberger die östlich dieses Flusses gelegene Herrschaft Waxenberg erhielt. Als die Babenberger 1246 im Mannesstamme erloschen, bemächtigten sich die Herren von Schaunberg auf Grund einer Heirat mit der Tochter des letzten Griesbach-Waxenbergers dieser Herrschaft. Neben den Edelfreien faßten in der zweiten Hälfte des 12. Jahrhunderts mit zunehmendem passauischem Einfluß auch bischöfliche Ministerialengeschlechter wie die aus dem Innviertel stammenden Marsbacher, Haichenbacher und Tannberger im Bereich des oberen Mühlviertels Fuß.

Zu den im oberösterreichischen Raum begüterten, großen geistlichen Grundherrschaften war im Jahre 1007 das neugegründete Bistum Bamberg gekommen, das König Heinrich II. mit umfangreichen Besitzungen aus Königs- und Herzogsgut mit den Zentren in Attersee und Mattighofen ausgestattet hatte. Um 1060 schenkte weiters ein Vorfahre des Bischofs Gunther von Bamberg Besitz im oberen Kremstal um Kirchdorf, im Windischgarstener Becken bis zum Pyhrn und östlich der Enns bei Haag. Neben Bamberg war das Hochstift Passau der bedeutendste geistliche Grundbesitzer. Mit seinen Eigenklöstern Mattsee, Kremsmünster, dessen Streubesitz entlang der Alm nach Süden bis zum Almsee reichte, St. Florian, das durch Adelsschenkungen einen beträchtlichen Besitzzuwachs nördlich der Donau, besonders in der Gegend des Wimberges und im Bereich des Pesenbaches (1108) sowie im unteren Mühlviertel, verzeichnete, und dem 1147 gemeinsam mit dem Adeligen Otto von Machland neugegründeten Stift Säbnich-Waldhausen kontrollierte das

Abb. 8. Tassilo-Kelch, Stift Kremsmünster.

Abb. 9. Rieder Kreuzigung, romanisches Holzrelief, Oberösterreichisches Landesmuseum

Abb. 10. Romanische Fresken, Stiftskirche Lambach.

Abb. 11. Urbar des Klosters Baumgartenberg (um 1335), Oberösterreichisches Landesarchiv.

Abb. 12. Gotische Fresken, Filialkirche St. Leonhard bei Pucking.

Abb. 13. Gotischer Flügelaltar, Pfarrkirche Kefermarkt.

Abb. 14. Wallseer-Kapelle, Stadtpfarrkirche Enns.

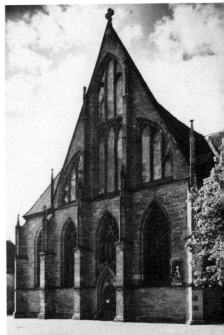

Bistum weite Teile oberösterreichischen Gebietes. Ein wichtiger bischöflicher Stützpunkt im späteren oberösterreichischen Zentralraum war die Burg Ebelsberg mit der Brücke über die Traun. In der ersten Hälfte des 13. Jahrhunderts konnten die Bischöfe überdies die am Südufer der Donau gelegene Burg Vichtenstein mit der dazugehörigen Herrschaft erwerben. Das Hochstift Regensburg beherrschte den Landstrich zwischen Aist und Naarn im unteren Mühlviertel; das bischöfliche Eigenkloster Mondsee vermochte hingegen seit dem Beginn des 12. Jahrhunderts seine Selbständigkeit wiederzuerlangen. Unter den Waldgebieten, welche die Salzburger Kirche im 11. Jahrhundert von den deutschen Königen erhielt, befand sich der Gosauwald im späteren Salzkammergut. Ansonsten verfügte das Erzstift innerhalb der Grenzen des heutigen Oberösterreich nur über geringen Streubesitz. 1025 waren vorübergehend unter anderem Ostermiething, Ranshofen und der Weilhartforst durch die Kaiserinwitwe Kunigunde an den Bischof von Freising gelangt; 1041 schenkte Kaiser Heinrich III. endgültig das Königsgut Ostermiething. Schließlich wurden auch die im hohen Mittelalter neugegründeten Klöster und Stifte mit großem Grundbesitz ausgestattet.

Die weltlichen und geistlichen Grundherrschaften waren die Organisatoren der hochmittelalterlichen Kolonisationsbewegung. Eine Bevölkerungsvermehrung, eine Ertragssteigerung der Landwirtschaft durch verbesserte Betriebsformen und ein dadurch bedingter allgemeiner wirtschaftlicher Aufschwung ermöglichten einen Landesausbau, der im großen und ganzen das heutige Erscheinungsbild unserer Landschaft ergab. Der zweiten Welle der bayerischen Ausbausiedlung im 11./12. Jahrhundert entsprechen neben den großteils älteren Ortsnamen mit den Endungen -hausen, -hofen, -stetten und -kirchen vor allem die vereinzelt schon im 8. Jahrhundert einsetzenden -dorf-Namen. An ihrem Höhepunkt im 12. und 13. Jahrhundert drang die hochmittelalterliche Siedlungsbewegung auch in ungünstigere Höhenlagen vor. Für diese dritte Welle sind außer den Ortsnamen, die sich auf die Landschaft beziehen (z.B. -au, -berg, -tal, -buch, -eich), die Rodungsnamen auf -reit, -schlag, -schwand und -sang charakteristisch, die unterschiedliche Arten der Gewinnung von Neuland zu erkennen geben. Verschiedene Siedlungsschübe lassen sich auch anhand bestimmter Siedlungs- und Flurformen feststellen. So war im bayerischen Altsiedelland zwischen Donau und Voralpengebiet im Laufe der Zeit ein Netz von Weilern und Haufendörfern mit Übergangs- und Mischformen von der Block- bzw. Blockstreifenflur bis zur Blockgewannflur entstanden. Dasselbe Siedlungsbild findet sich in den Stromebenen nördlich der Donau. Darauf folgen im hügeligen Bergland des Mühlviertels Streusiedlungen mit Einödblockfluren,

ein schmaler Gürtel planmäßiger Weiler mit an die Höfe unmittelbar anschließenden Hausackerfluren und schließlich von einer Linie etwas nördlich von Freistadt bis zur böhmischen Grenze die Zone der für das 13. Jahrhundert charakteristischen jüngeren Rodungsformen der Reihendörfer mit regelmäßigen Waldhufenfluren. In den hochmittelalterlichen Rodungsgebieten des südlichen Oberösterreich, in der hügeligen Moränenlandschaft des Alpenvorlandes, im Salzkammergut sowie im Steyr- und im Ennstal herrschen Streusiedlungen mit Einzelhöfen und Einödblockfluren vor. Mit der planmäßigen und auf Ertrag ausgerichteten Siedlungstätigkeit der hochmittelalterlichen Binnenkolonisation, die zahlreicher Arbeitskräfte bedurfte, waren auch fremde Bevölkerungsgruppen in den oberösterreichischen Raum gekommen. Wie die Ortsnamen Frankenburg und Frankenmarkt andeuten, dürfte das Hochstift Bamberg seinen Besitzungen im Attergau Siedler aus Franken zugeführt haben. Dasselbe ist für den Besitz des Hochstiftes Würzburg um Lambach und Wels anzunehmen. Im Norden des Landes beteiligten sich im 13. Jahrhundert vereinzelt auch slawische Zuwanderer aus Böhmen an den Rodungen im Mühlviertel. Diese letzte slawische Siedlungswelle auf oberösterreichischem Gebiet fand in Ortsnamen wie Flanitz, Wullowitz oder Zwettl (a. d. Rodl) ihren Niederschlag.
Dynamik und Mobilität kennzeichnen nicht nur die hochmittelalterliche Siedlungsbewegung, sondern auch die sozialen Verhältnisse. Innerhalb der Schichte der Grafen und Edelfreien vollzog sich im 12. und 13. Jahrhundert ein tiefgreifender Wandel dadurch, daß viele dieser politisch und besitzmäßig führenden Geschlechter ausstarben. Die hohe Kindersterblichkeit, die Teilnahme an Kriegs- und Kreuzzügen, Fehdekämpfe sowie der Brauch, jüngere Söhne für die geistliche Laufbahn zu bestimmen, bedeuteten eine ständige Bedrohung der einzelnen Familien. Andere Edelfreie wie z.B. die Orter, Starhemberger, Volkersdorfer, Polheimer, Puchheimer und Trauner minderten ihre soziale und rechtliche Stellung, indem sie unter dem Druck der politischen und gesellschaftlichen Verhältnisse in die Dienstmannschaft (Ministerialität) des werdenden steirischen und österreichischen Landesfürstentums eintraten, das verschiedene Aufstiegsmöglichkeiten zu bieten hatte. Infolge dieser Entwicklung waren in der zweiten Hälfte des 13. Jahrhunderts die Herren von Schaunberg und wahrscheinlich auch die Herren von Kapellen die einzigen edelfreien Geschlechter im oberösterreichischen Raum.
Im Gegensatz dazu vermochten die ursprünglich unfreien Dienstleute (Ministerialen) ihre Rechtsstellung und ihre Standesqualität seit dem 11. Jahrhundert durch Kriegs-, Hof- und Verwaltungsdienst für den König sowie für Herzöge, Markgrafen, Bischöfe oder mächtige gräfliche und

edelfreie Geschlechter allmählich soweit zu verbessern, daß sie letztlich sogar zum Adel aufschließen konnten. Aufstrebende, im Gebiet des heutigen Oberösterreich ansässige Ministerialengeschlechter waren zum Beispiel die Passauer Hochstiftsministerialen von Lonsdorf (bei Linz) oder die Piber und Lobensteiner, deren Aufstieg als Dienstleute der Herren von Wilhering-Waxenberg begann. Reichsministerialengeschlechter saßen vereinzelt im Attergau (Aurach) und am Hausruck. Als Ministerialen des Königs und des bayerischen Herzogs nahm der von dem Raum Ranshofen-Braunau am Inn ausgegangene Personenkreis der Grünburger, Leonsteiner, Rohrer und Zierberger innerhalb der Reichsdienstmannschaft eine Sonderstellung ein. Mit dem Aufstieg des Landesfürstentums gewannen auch dessen Dienstleute an Bedeutung und Ansehen. Im Herrschaftsbereich der Babenberger kam es im 13. Jahrhundert zum Zusammenschluß der führenden Geschlechter der landesfürstlichen Ministerialität mit den letzten Vertretern der alten Edelfreien zu dem neuen Stand der Landherren, die den höheren landsässigen Adel darstellten.

Unter dieser adeligen Führungsschicht stand eine sehr unterschiedliche gesellschaftliche Gruppierung, die sich erst im Laufe des späten Mittelalters zu dem Landstand der Ritter und Edelknechte ob der Enns, die gemeinsam den niederen landsässigen Adel bildeten, formierte: die kleineren landesfürstlichen Ministerialen sowie die Dienstleute der Passauer Bischöfe, der Landherren und des Klosters Kremsmünster. Diese verschiedenen Gefolgsleute, die Lehengüter wohl empfangen, aber nicht selbst verleihen durften, leisteten für ihre weltlichen und geistlichen Dienstherren den Kriegsdienst zu Pferd. Der darauf ausgerichteten ritterlichen Lebensart mit ihrem eigenen, stark von christlichen Idealen bestimmten Standesethos und ihrer eigenen Kultur waren aber auch die Landherren verpflichtet. Die gesellschaftliche Schichte der Ritter und Edelknechte — zum Ritter wurden in einer feierlichen Zeremonie (Ritterschlag, -weihe, Schwertleite, Umgürtung) solche Edelknechte erklärt, die sich eine Ausbildung an einem fremden Hof leisten konnten — blieb nach unten gegenüber Bürgern und Bauern relativ offen. Reiche Bürger landesfürstlicher Städte erwarben Lehensgüter und nahmen die ritterliche Lebensweise an; Ritter ließen sich in der Stadt nieder und erlangten das Bürgerrecht. Man spricht daher von sogenannten Ritterbürgern.

Günstig entwickelten sich im allgemeinen die Verhältnisse für die bäuerliche Bevölkerung, die zum Großteil der persönlichen Freiheit entbehrte und in Abhängigkeit von den Grundherrschaften stand. Mit der hochmittelalterlichen Rodung und Kolonisation war nämlich nicht nur eine Zunahme der Bauernstellen verbunden, sondern auch eine Verbesserung

der bäuerlichen Rechtsstellung, da die Grundherren verschiedene Rechte und Freiheiten als Anreiz für Neusiedler boten. Den neuen Leiheformen der Erbzinsleihe, des Leibgedinges auf Lebenszeit und der jeweils nach einem Jahr widerrufbaren Freistift entsprachen allerdings wiederum neue soziale Abstufungen. Mit mehr persönlicher Freiheit und mehr wirtschaftlicher Selbständigkeit gewährten die Grundherren auch der entstehenden Untertanengemeinde eine beschränkte Selbstverwaltung. In den Ausbaugebieten des Innviertels, des Hausruckviertels, der Riedmark und des Machlandes förderten weltliche und geistliche Grundherren sogar die Ansiedlung zu dem wesentlich günstigeren Freieigenrecht. Die bäuerlichen Inhaber freier Eigen unterstanden keiner Grundherrschaft, wohl aber einer Schutzvogtei, der sie geringe Abgaben und Dienste leisten mußten. Eine weitere, für die bäuerliche Bevölkerung vorteilhafte Entwicklung des hohen Mittelalters war die Auflösung der Villikationsverfassung der Grundherrschaften. Statt mit einer Meierhoforganisation und mit Frondiensten unfreier und abhängiger Landarbeiter, die bis zu zwei Drittel des Ertrages abliefern mußten, herrschaftliche Eigenwirtschaften zu betreiben, gingen die an einer Einkommenssteigerung interessierten Grundherren dazu über, an ihre Untertanen zu günstigeren Bedingungen Bauerngüter zur selbständigen Bewirtschaftung zu vergeben und dafür geregelte Abgaben an bestimmten Terminen zu fordern. Dieser Prozeß, der bei den weltlichen Grundherrschaften zuerst einsetzte, wurde durch die Umwandlung der ursprünglichen Naturalabgaben in feststehende Rentenzahlungen infolge des Aufkommens der Geldwirtschaft beschleunigt. Schließlich gaben die Grundherren ihre von Unfreien bewirtschafteten Meierhöfe überhaupt auf. Diese großen Güter wurden entweder zu besseren Bedingungen neu verliehen oder auf mehrere untertänige Bauern aufgeteilt. Die übliche Besitzgröße eines Meierhofes betrug ca. 90 Joch, eines Hofes 50 bis 60 Joch, einer Hube 30 Joch, eines Gutes, eines Lehens bzw. einer Hofstatt 15 Joch, einer Sölde 8 Joch und eines Häusls 4 Joch. Die oberösterreichischen Klöster und Stifte hielten hingegen noch länger an einem modifizierten Meierhofsystem fest.
Obwohl sich also insgesamt die Lage der in der Landwirtschaft Tätigen zur Zeit des hochmittelalterlichen Landesausbaues erheblich besserte, blieb die große Masse der Bevölkerung weiterhin einem mehr oder weniger engen grundherrschaftlichen Abhängigkeitsverhältnis unterworfen. Allerdings hatte die wirtschaftliche und rechtliche Besserstellung der von den Grundherren auf die einzelnen Höfe angesetzten Bauern eine gewisse Vereinheitlichung bewirkt, so daß man seit dem 12. Jahrhundert von einer Art Bauernstand sprechen kann. Das wachsende Standesbewußtsein wohlhabender bäuerlicher Kreise fand z. B. in der zweiten Hälfte

des 13. Jahrhunderts in der Helmbrecht-Dichtung Wernhers des Gartenaere einen literarischen Niederschlag. Bezeichnenderweise wurde das Geschehen, das den Versuch eines Bauernsohnes zeigt, in den Stand der Edelknechte aufzusteigen, in den beiden überlieferten Handschriften in das Innviertel bzw. in die Umgebung von Wels verlegt.
Bevölkerungsüberschuß, Rodung und Kolonisation belebten auch die wirtschaftlichen Verhältnisse wesentlich. Auf dem Sektor der Landwirtschaft trugen die Dreifelderwirtschaft, die bis in das 19. Jahrhundert beibehalten wurde, ein stärkerer Einsatz von Zugtier und Wagen sowie ein technischer Fortschritt zu einer Steigerung und Qualitätsverbesserung der Produktion bei. Im Bereich des heutigen Oberösterreich baute man vor allem Hafer, weniger Roggen, selten aber Weizen und Gerste an. Wichtige Nahrungsmittel waren ferner Bohnen, Erbsen, Rüben und Weißkraut. Der besonders nördlich der Donau angepflanzte Mohn diente der Ölgewinnung. In günstigen Gebieten pflegte man auch Gartenkultur und Obstbau, den Weinbau besonders im Aschacher Becken, aber auch stellenweise im Innviertel (z. B. bei Reichersberg vom 12. bis in das 14. Jahrhundert). Der Anbau von Hopfen für die bäuerliche Bierbrauerei ist seit dem 12. Jahrhundert nachzuweisen. Der seit dem 13. Jahrhundert verbreitete Flachsanbau ermöglichte in weiten Gebieten des späteren Oberösterreich die Erzeugung von Leinwand. Weniger Bedeutung hatte die Viehzucht, die vornehmlich von den Grundherren selbst betrieben wurde und mehr Schweine und Schafe – diese wegen der Wollerzeugung – als Rinder betraf. Der vorherrschende Laubwald (Eichen und Buchen) spielte für die Schweinemast und die Waldweide eine wichtige Rolle. In den Gebirgsgegenden waren die hochgelegenen Schwaighöfe, denen der Grundherr das Vieh zur Verfügung stellte, auf Viehhaltung und Milchwirtschaft spezialisiert.
Als die bisher übliche Form der geschlossenen Hauswirtschaft, die den Eigenbedarf der Grundherrschaften in hohem Maße selbst gedeckt hatte, mit der Auflösung des grundherrschaftlichen Meierhofsystems zu Ende ging, gewannen Marktwirtschaft und Handel erhöhte Bedeutung. Ein für die Versorgung unseres Raumes, aber auch für den überregionalen Warenverkehr wichtiger Handelsartikel war nach wie vor das bayerische und salzburgische Salz aus Reichenhall. Es wurde mit Schiffen auf den Flüssen Salzach, Inn und Donau transportiert und auf dem Landwege in das Mühlviertel und weiter nach Böhmen verfrachtet. In der Gegenrichtung führte man vor allem Lebensmittel wie Getreide, Schmalz und Honig ein. Im Bereich des oberen Trauntales scheint dagegen die Salzgewinnung mit Ausnahme der seit der Mitte des 12. Jahrhunderts bezeugten steirischen Saline Aussee noch wenig produktiv gewesen zu sein. Eine

früh- und hochmittelalterliche Salzproduktion in Hallstatt ist zwar anzunehmen, jedoch nicht quellenmäßig belegt. Im Raume Ischl, wahrscheinlich bei der Ortschaft Pfandl, dürfte das „Pfännlein im Ischlland" vom 13. bis zum Beginn des 15. Jahrhunderts Quellsole verarbeitet haben. Während am Salzhandel die einheimische Bevölkerung beteiligt war, lag der bedeutende Fernhandel entlang der Donau in den Händen Regensburger Kaufleute, die im 12./13. Jahrhundert in Enns internationale Jahrmärkte (Messen) veranstalteten. Hier trafen sich sogar Händler aus Maastricht, Aachen, Köln, Ulm und Kiew. Aus dem Westen importierte man Tuche, Pfeffer und Heringe, aus dem Osten Edelmetalle, Wachs, Häute, Wein und Getreide. Daß allgemein das Verkehrsgeschehen zunahm, zeigen die im 12. Jahrhundert an alten Hauptverkehrswegen bei der Brücke über die Vöckla (Vöcklabruck), in Pahin/St. Nikola a. d. Donau und am Pyhrnpaß neugegründeten Spitäler für Kranke und Reisende.

Als Markt- und Handelszentren, in denen sich auch Handwerk und gewerbliche Tätigkeit immer mehr konzentrierten, übernahmen die größeren Siedlungen wichtige Versorgungs- und Verteilerfunktionen. Dabei profitierten die allmählich wachsenden späteren Städte Wels, wo 1061 ein Markt bezeugt ist, Enns, das sich seit dem 10. Jahrhundert im Schutze der Ennsburg entwickelt hatte, Steyr, wo die Siedlung am Fuße der gleichnamigen Burg entstanden war, und Linz mehr als andere Orte von ihrer verkehrs- und handelspolitisch günstigen Lage sowie von der Machtstellung ihrer Grundherren. Das waren in Wels die Grafen von Lambach bzw. deren Erben das Kloster Lambach, das Hochstift Würzburg und die Grafen von Formbach, in Enns und Steyr die steirischen Otakare nach den Grafen von Lambach und in Linz die Herren von Haunsberg vermutlich nach den Bischöfen von Passau. Einen besonderen Aufstieg verzeichnete, wie bereits erwähnt, im 12. Jahrhundert der Marktort Enns. Hier errichteten die Otakare um die Jahrhundertmitte, vielleicht als Folge des zweiten Kreuzzuges, die erste und älteste Münzstätte auf dem Gebiet des heutigen Oberösterreich, die bis zur Mitte des 14. Jahrhunderts tätig war. Im 12. Jahrhundert begann auch die Entwicklung der wichtigsten Markt-und Handelsplätze unseres Raumes zu städtischen Siedlungen, deren Bewohner, die vor allem als Händler und Kaufleute einer gewissen Freizügigkeit und Unabhängigkeit bedurften, allmählich in den Genuß der persönlichen, bürgerlichen Freiheit gelangt waren. Bürger (burigenses, cives) lassen sich in Eferding, einer Stadt der Bischöfe von Passau, bereits im Jahre 1167 und in Enns um 1190 nachweisen. Einen entscheidenden Aufschwung nahmen Bürgertum und frühes Städtewesen unter den letzten Babenbergern, die es verstanden, mit der bewußten Förderung ihrer Städte und Märkte ob der Enns gleichzeitig ihre landesfürstliche

Herrschaft zu festigen. Damals entstanden die charakteristischen, regelmäßigen, mit Mauern umgebenen Stadtanlagen mit großen, rechteckigen Plätzen. So wurde das von den Otakaren ererbte Enns nach 1192 neu angelegt und mit einem Teil des englischen Lösegeldes für König Richard Löwenherz befestigt. Zu Stadterweiterungen kam es in Wels, das Herzog Leopold VI. von Österreich um 1200 bzw. 1222 vom Hochstift Würzburg und vom Kloster Lambach gekauft hatte, und in Linz, das derselbe Herzog um 1205/06 von den Herren von Haunsberg erworben hatte. In der Riedmark gründeten die babenbergischen Herzöge in der ersten Hälfte des 13. Jahrhunderts die für den Handel mit Böhmen bedeutsame Stadt Freistadt. Wie die Stadtrechtsstatuten von Enns aus dem Jahre 1212 zeigen, bildeten die landesfürstlichen Städte der ausgehenden Babenbergerzeit Selbstverwaltungskörper mit eigenen Rechts- und Gerichtsbezirken. Neben den vom Stadtherrn ernannten Richter trat als Verwaltungsorgan der bürgerlichen Gemeinde eine Art Stadtrat, dessen Mitglieder der Schichte der einflußreichsten Stadtbewohner angehörten. Das Stadtrechtsprivileg, das Herzog Leopold VI. 1212 den Ennser Bürgern verliehen hat, ist die erste ausführliche, von einem österreichischen Landesfürsten ausgestellte Urkunde dieser Art. Neben den genannten städtischen Siedlungen sind bereits im 12. Jahrhundert Ottensheim, Hütting, Neumarkt im Mühlkreis, Königswiesen, Ried im Innkreis und Mauthausen(?) als den Städten ähnliche, aber kleinere Marktorte bezeugt. Die Bewohner der Märkte, die ebenfalls vorwiegend von Handel, Handwerk und Gewerbe lebten, verfügten im allgemeinen über dieselbe Rechtsstellung wie jene der Städte. 1228 gewährte z. B. der Babenberger Leopold VI. den Bürgern seines Marktes Ottensheim dieselben Maut- und Zollfreiheiten, wie sie die Bürger von Enns und Linz besaßen.

## Kirchliche und kulturelle Verhältnisse im hohen Mittelalter

Als im sogenannten Investiturstreit Bischof Altmann von Passau (1065–1091), der Vorkämpfer der päpstlich-gregorianischen Partei und der innerkirchlichen Reform, seine Bischofsstadt 1076 für immer verlassen mußte, fand er in der babenbergischen Mark an der Donau bei Markgraf Leopold II. Schutz. Trotz seines Aufenthaltes im Exil konnte der Bischof zumindest auf den Ostteil des heutigen Oberösterreich weiterhin Einfluß ausüben. Den Westen der Diözese beherrschten die kaisertreuen Passauer Domherren und später die von Kaiser Heinrich IV. eingesetzten (Gegen-)Bischöfe Hermann von Eppenstein (1085–1087) und Tiemo (1087–1104). Ein besonderes Anliegen Bischof Altmanns war die Hebung des sittlichen und kulturellen Niveaus des Klerus, der sich wohl nicht nur am Bischofssitz Passau weigerte, die päpstlichen Zölibatsgebote zu erfüllen. Vor allem aber leitete Altmann im Sinne der gregorianischen Reformer, die Laieninvestitur und Eigenkirchenwesen bekämpften, eine Entwicklung ein, die unter seinen unmittelbaren Nachfolgern zur Ausbildung eines Pfarrnetzes und zu einer zentralistischen Durchorganisierung der Diözese führte. Die Bischöfe gingen zielstrebig daran, Eigenkirchen zu erwerben, neue Kirchen zu gründen und die verschiedenen, in ihrem Bereich bestehenden Seelsorgesprengel straffer in den Bistumsverband einzugliedern. In diesem Zusammenhang ist wohl auch die übertriebene Behauptung in der Lebensbeschreibung des Bischofs Altmann zu sehen, der Bischof habe die meisten der bis dahin hölzernen Kirchen durch Steinbauten ersetzt. Obwohl das tief eingewurzelte eigenkirchenrechtliche Denken weiterwirkte, konnte in der größten Diözese des römisch-deutschen Reiches nach dem Investiturstreit eine wirkungsvolle Bistumsorganisation aufgebaut werden. Seit der Wende vom 11. zum 12. Jahrhundert wurden die bischöflichen Pfarren zur besseren Organisation und Beaufsichtigung des Klerus in Zehnerschaften (Dekanaten) zusammengefaßt. Ungefähr seit der Mitte des 12. Jahrhunderts amtierten mehrere Archidiakone, die außer der Aufsichtsfunktion auch die geistliche Gerichtsbarkeit ausübten, noch ohne fest begrenzte Amtsbereiche nebeneinander. Im 13. Jahrhundert entstanden dann in der westlichen Hälfte der Diözese bis zur Ybbs die Archidiakonatssprengel bzw. Archidiakonate Passau, Interamnes (zwischen den Flüssen Donau, Inn und Isar), Mattsee, Lambach und Lorch, die mit Ausnahme von Lambach jeweils zwei Dekanate umfaßten. Die Sprengel des Archidiakonates und des Dekanates Lorch reichten stets im Osten über die Enns hinaus bis ungefähr zur Ybbs. Das bedeutet, daß sich die kirchliche Organisation nicht am Ennsfluß orientierte, sondern an jener Grenze, die in der zweiten Hälfte des 13. Jahrhunderts auch das „obere Österreich" zwischen Hausruck und Ybbs von dem unteren Österreich schied.

Parallel zu diesem Ausbau der Diözesanorganisation erfolgte eine völlige Umgestaltung der kirchlichen Gerichtsverfassung, seit das neue, an den italienischen und französischen Universitäten wissenschaftlich gepflegte Kirchenrecht an der Wende vom 12. zum 13. Jahrhundert unter Bischof Wolfger (1190–1204) im Bistum Passau Fuß gefaßt hatte. Die Einführung des römisch-kanonischen Prozeßverfahrens beendete die bisher im Rahmen der Diözesansynoden übliche Mitwirkung von Klerus und Laien zugunsten einer einheitlichen bischöflichen Rechtsprechung. Zu einer weiteren wichtigen Neuerung war es in der zweiten Hälfte des 12. Jahrhunderts im Bereich der Niederkirchen gekommen, als unter

Papst Alexander III. (1159–1181) das im Investiturstreit heftig bekämpfte Eigenkirchenrecht in die gemäßigtere Form des sogenannten Patronates umgewandelt wurde. Die neue Rechtsform gestand dem Patron (Grundherrn) aus Dankbarkeit für seine Kirchenstiftung das Recht zu, den an der betreffenden Kirche wirkenden Geistlichen zu ernennen, und behielt dessen Amtseinsetzung dem Bischof vor. Die erblichen Patronatsrechte konnten später als sogenannte Kirchenlehen verkauft, vertauscht oder verpfändet werden.

Grundlegende Veränderungen, die sich auf den gesamten Charakter des Gebietes zwischen Inn und Enns auswirkten, vollzogen sich im Bereich der klösterlichen Gemeinschaften. Durch zahlreiche Neugründungen von Klöstern und Stiften entstand im Laufe des 11. und 12. Jahrhunderts die dichteste Klosterlandschaft aller heutigen österreichischen Bundesländer. Als Gründer und Stifter trat vor allem der Adel hervor, der durch den erfolgreichen Landesausbau im Rahmen der hochmittelalterlichen Kolonisationsbewegung einen großen Machtzuwachs erfahren hatte. Manche der neuen Klöster und Stifte erfüllten daher auch die Funktionen von adeligen Hausklöstern, die im wesentlichen im Gebet für die Stifterfamilie, in der Erziehung und Versorgung von Familienmitgliedern und in der wichtigen Rolle als Begräbnisstätte bestanden. Den Anfang machten um 1020/40 die Grafen von Raschenberg-Reichenhall, die in Traunkirchen ein Benediktinerinnenkloster gründeten, das nach dem Aussterben des Gründergeschlechtes um 1060 von dessen Erben, den steirischen Otakaren, mit zusätzlichen Besitzungen ausgestattet wurde. Graf Arnold II. von Lambach richtete um 1050 in seiner Stammburg ein weltliches Kollegiatstift ein, das sein Sohn Bischof Adalbero von Würzburg 1056 in ein Benediktinerkloster umwandelte und mit Mönchen aus dem fränkischen Reformkloster Münsterschwarzach besetzte. Weitere Kollegiatstifte wurden um 1050 in Suben durch die Gräfin Tuta von Formbach und um 1082 in Garsten durch den Markgrafen Otakar II. von Steiermark ins Leben gerufen. Der Adelige Werner von Reichersberg widmete um 1084 seine am Inn gelegene Burg für die Gründung eines Regularkanonikerstiftes, das er seinem Schwager Erzbischof Gebhard von Salzburg übertrug. 1123 stifteten die steirischen Ministerialen von Gleink-Volkersdorf gemeinsam mit den Markgrafen der Steiermark und dem Bischof von Bamberg das Benediktinerkloster Gleink. Neugründungen des 12. Jahrhunderts waren außerdem die Zisterzienserklöster Wilhering, das die Herren von Wilhering-Waxenberg 1146 errichteten, und Baumgartenberg, das seine Entstehung im Jahre 1141 dem Adeligen Otto von Machland verdankte. Dieser begründete auch im Zusammenwirken mit dem Passauer Diözesanbischof die Niederlassungen der Augustinerchorherren in Waldhausen (um 1138) und in Säbnich/Sarmingstein (1147), die 1162 in dem Stift Waldhausen vereinigt wurden. Nach 1134 entstand in Vöcklabruck ein Spital für Kranke und Reisende, das der Stifter Pilgrim von Puchheim 1143 dem Bistum Passau schenkte. Von Passau ging es 1159 in den Besitz des Stiftes St. Florian über. Die neue Einrichtung war das drittälteste bruderschaftliche Spital im deutschen Raum. Die Laien, die sich dort zur Krankenpflege zusammenschlossen, lebten nach klösterlichem Vorbild gemeinsam nach der Augustinusregel. Weitere Hospitäler wurden 1181/85 durch die Adelige Beatrix von Klam bei dem gefährlichen Schiffahrtshindernis des Greiner Strudels in Pahin/St. Nikola a. d. Donau und 1190 durch Bischof Otto II. von Bamberg vor dem Pyhrnpaß (Spital am Pyhrn) errichtet. Um 1200 kam es im oberen Mühlviertel in der Gegend von Schlägl zur Gründung eines Zisterzienserklosters, das von der fränkischen Zisterze Langheim besiedelt wurde, jedoch nur wenige Jahre Bestand hatte. Die Neugründung in Schlägl durch Chalhoch von Falkenstein im Jahre 1218 blieb bis heute das einzige Prämonstratenserkloster des oberösterreichischen Raumes. Da die einzelnen Klöster und Stifte ihr erstes Personal zum Teil von weither bezogen, entstanden vielfältige personelle und kulturelle Kontakte. So stammten etwa die ersten Nonnen von Traunkirchen aus dem Salzburger Kloster Nonnberg, das steirische Kloster Rein und das fränkische Kloster Ebrach entsandten Mönche nach Wilhering, Baumgartenberg erhielt seinen ersten Konvent aus dem burgundischen Morimond und aus dem niederösterreichischen Heiligenkreuz, das Mutterkloster von Schlägl war das böhmische Prämonstratenserstift Mühlhausen. Den ersten Vorsteher der kleinen Gründungszelle Waldhausen hatte man aus Reichersberg geholt. Andererseits besetzten Mönche aus Wilhering das von den Witigonen gestiftete böhmische Kloster Hohenfurth.

Wesentlich verstärkt wurden diese mannigfachen Verflechtungen durch die verschiedenen monastischen Reformbewegungen, die besonders im 11. und 12. Jahrhundert die Klöster und Stifte unseres Gebietes in mehreren Wellen und aus verschiedenen Richtungen erfaßten. Innerhalb der jeweiligen Orden, Klosterverbände und Observanzkreise wurden starke monastische und kulturelle Impulse vermittelt, die mit Unterstützung der Bischöfe und des Adels zu einem allgemeinen Aufschwung des Klosterwesens führten. Im Bereich des benediktinischen Mönchtums strahlte die von dem lothringischen Reichskloster Gorze ausgehende Reformbewegung bereits in der zweiten Hälfte des 10. Jahrhunderts von Regensburg aus nach Mondsee und nach 1013 von Niederaltaich aus nach Kremsmünster, das seither wieder einen eigenen Abt besaß. Die sogenannte Junggorzer Bewegung, die von dem fränkischen Kloster Münster-

schwarzach ihren Ausgang nahm, hielt auf Veranlassung des Bischofs Adalbero von Würzburg (1045–1090) 1056 in dessen Hauskloster Lambach Einzug. Nach Kremsmünster gelangte sie durch Bischof Altmann von Passau, der dieses passauische Eigenkloster um 1070 einem aus Gorze geholten Abt übergab. Von Lambach wirkte die Reform weiter nach Michaelbeuern, Formbach am Inn, in die steirischen Klöster Admont und St. Lambrecht sowie nach Melk. Von dem Reichsmönchtum Gorzer Prägung unterschied sich die mit dem Namen des burgundischen Klosters Cluny verbundene Reformbewegung vor allem dadurch, daß sie einen straff organisierten Klosterverband und Unabhängigkeit sowohl vom Diözesanbischof als auch von allen weltlichen Gewalten anstrebte. Die Jungkluniazenser Richtung in der Ausformung des schwäbischen Klosters St. Blasien fand 1107/08 in das Stift Garsten Eingang, das der Eigenklosterherr Markgraf Otakar II. von Steiermark damals in ein dem Kloster Göttweig unterstelltes Benediktinerpriorat umwandelte. Als selbständiges Kloster entwickelte sich Garsten unter seinem ersten Abt, dem später heiliggesprochenen Berthold (1111–1142) zu einem monastischen Zentrum. 1123 stellte es die ersten Mönche der benachbarten Neugründung Gleink, um 1160 wurde Kremsmünster von Garsten aus im Sinne der Hirsau-Admonter Richtung reformiert. Um 1124 setzten sich die Jungkluniazenser auch in Lambach durch. In Mondsee führte der von Bischof Kuno I. von Regensburg 1127 berufene Abt Konrad die Reformrichtung seines Mutterklosters Siegburg ein. Das Kloster Mondsee hatte zu Beginn des 12. Jahrhunderts wieder weitgehende Selbständigkeit erlangt. Die Bischöfe von Regensburg behielten jedoch einen Teil des Klosterbesitzes zurück und verfügten weiterhin bis 1808 über die Lehenshoheit.
Der neue Orden der Augustinerchorherren, die unter Berufung auf eine angeblich vom heiligen Augustinus stammende Regel das Ideal des apostolischen Zusammenlebens in persönlicher Armut nach strengen Normen anstrebten und sich besonders der Seelsorge annahmen, fand in Bischof Altmann von Passau einen besonderen Förderer. Im oberösterreichischen Raum regulierte er 1071 das passauische Säkularkanonikerstift St. Florian. In der ersten Hälfte des 12. Jahrhunderts entstand von Salzburg aus ein von Erzbischof Konrad I. geprägter Regularkanonikerverband, der entlang des Inn in den Bereich der Diözese Passau ausgriff. Um 1110 und 1121/22 wurde das Stift Reichersberg erneuert. In Ranshofen, das seit dem 11. Jahrhundert unter dem Einfluß der Herzöge aus dem Geschlechte der Welfen stand, führte der Erzbischof gemeinsam mit Herzog Heinrich IX. von Bayern um 1125 Regularkanoniker ein. 1142 wurde das an Salzburg übergebene Kollegiatstift Suben nach der Augustinerchor-

herrenregel reformiert. Der Salzburger Verband löste sich jedoch bereits gegen Ende des 12. Jahrhunderts wieder auf. In der ersten Hälfte des 13. Jahrhunderts versuchte Erzbischof Eberhard II. von Salzburg der allgemeinen Lockerung der Disziplin in den Augustinerchorherrenstiften seiner Kirchenprovinz durch verschiedene Reformmaßnahmen zu begegnen.
Die Reform der einzelnen Klöster und Stifte bzw. der Wechsel bestimmter Reformrichtungen verlief nicht überall harmonisch. Gelegentlich wird von starken Spannungen unter den Insassen eines Klosters berichtet. So sollen Kremsmünsterer Mönche, die sich weigerten, nach strengeren Gewohnheiten zu leben, in der zweiten Hälfte des 11. Jahrhunderts ihr Kloster angezündet haben. Als es 1116 in Lambach nach dem Tod des Abtes zu einer Doppelwahl durch die Anhänger der Junggorzer und der Jungkluniazenser Bewegung kam, wanderten letztere nach Göttweig aus. 1151 wurden der Propst und die Chorherren von Säbnich vermutlich wegen ihrer Lebensweise von dem reformfreudigen und radikalen Abt Wernher von Göttweig und dessen Mönchen im Einverständnis mit Bischof Konrad I. von Passau aus ihrem Stift vertrieben. Die Göttweiger hielten Säbnich zwanzig Monate lang besetzt.
Die durch die monastische Reformbewegung des hohen Mittelalters zu neuer Blüte geführten geistlichen Gemeinschaften strebten auch nach einer Verbesserung ihrer Rechtsstellung gegenüber den bischöflichen Eigenklosterherren und nach einer Einschränkung der Vogteirechte. Der Erbvogtei des Adels suchte man durch Unterstellung unter die Schutzherrschaft des Landesfürsten zu entgehen. Diese und andere Bestrebungen wie z. B. die Sicherung und Erweiterung ihres Besitzstandes in politisch unruhigen Zeiten oder das Bemühen um Exemtion von den neuentstandenen Landgerichten veranlaßten am Ende des 12. und im 13. Jahrhundert eine Reihe von Klöstern und Stiften zu zahlreichen Urkundenfälschungen. Dabei dürfte das Stift St. Florian zeitweise eine führende Stellung eingenommen haben. Letztlich wurde durch die angedeutete verfassungsgeschichtliche Entwicklung der Einfluß des österreichischen Landesfürstentums auf klösterliche Einrichtungen und Güter wesentlich verstärkt.
Für die geistig-religiöse Aufbruchsstimmung des hohen Mittelalters ist nicht zuletzt auch die Kreuzzugsbewegung charakteristisch, die für unser Gebiet in verschiedener Hinsicht von Bedeutung war. Zum einen, weil Adelige aus dem oberösterreichischen Raum an den unterschiedlich erfolgreichen Unternehmungen in den Orient teilnahmen und ihren Blutzoll leisteten. So war etwa gerade der bayerisch-österreichische Kreuzzug des Jahres 1101, der nach einer Seuche in Bayern unter der Leitung des

Herzogs Welf I. durchgeführt wurde, ein völliger Fehlschlag. Unter den Teilnehmern befanden sich die Markgräfin Ita von Österreich, Erzbischof Tiemo von Salzburg und Bischof Ulrich von Passau. Weniger begüterte Kreuzfahrer waren nicht selten gezwungen, vor ihrer Abreise Darlehen bei Klöstern aufzunehmen und dafür ihren Besitz als Pfand einzusetzen. Zum anderen ist anzunehmen, daß von den Kreuzheeren, die den oberösterreichischen Donauraum in den Jahren 1096, 1101, 1147 und 1189 durchzogen, verschiedene Impulse wirtschaftlicher und kultureller Art ausgingen. Daß damit aber auch negative Folgen verbunden waren, beweist das Schicksal des Marktes Mauthausen, den Kaiser Friedrich I. 1189 zerstören ließ, weil von den Kreuzzugsteilnehmern Maut kassiert worden war.

Durch die hochmittelalterlichen Neugründungen von Klöstern und Stiften war die kulturelle Situation im Bereich des heutigen Oberösterreich entscheidend verändert worden. Das Niveau und die Bedeutung der durch die monastische Reform bzw. Erneuerung aufgeblühten Klosterkultur kann hier nur an Hand einiger weniger Beispiele angedeutet werden. So sind seit dem 12. Jahrhundert Klosterschulen bezeugt, die vornehmlich für die Ausbildung des geistlichen Nachwuchses und des Adels sorgten. Eine überaus wichtige Rolle spielten die Skriptorien (Schreibschulen), in denen die für die Liturgie und die wissenschaftliche Betätigung erforderlichen Handschriften hergestellt wurden. Die Buchmalerei entfaltete sich in den Benediktinerklöstern Mondsee, wo in der zweiten Hälfte des 12. Jahrhunderts der Mönch Liutold wirkte, Lambach, Kremsmünster, Gleink und Garsten sowie in den Chorherrenstiften St. Florian, Reichersberg, Ranshofen und Suben. In Lambach war z. B. gegen Ende des 12. Jahrhunderts der Mönch Gottschalk als Schreiber, Maler, Musiktheoretiker und Haushistoriker tätig. Hier und in Kremsmünster zeigte sich zuerst ein Interesse an der Geschichtsschreibung, indem man 1138/39 Melker Annalen abschrieb und selbständig fortsetzte. In Garsten wurde seit 1181 eine Vorlage aus Admont weitergeführt. Der Reichersberger Chorherr Magnus († 1195) konnte für seine große Chronik bereits ältere annalistische Aufzeichnungen des Propstes Gerhoch († 1169) verwerten. Typische Produkte der Hagiographie entstanden um 1180 in Garsten und um 1200 in Lambach mit den Lebensbeschreibungen der als heilig verehrten Persönlichkeiten des Abtes Berthold von Garsten († 1142) und des in Lambach gestorbenen und bestatteten Bischofs Adalbero von Würzburg († 1090). Kirchengesang und Musiktheorie wurden seit alters in den klösterlichen Gemeinschaften gepflegt. Im Rahmen liturgischer Feiern, besonders zu Ostern, führte man in den Klosterkirchen auch geistliche Spiele auf. In Lambach ist sogar ein mit Notenzeichen versehenes Textfragment eines lateinischen, aus Rheinfranken stammenden Dreikönigsspieles aus dem 11. Jahrhundert erhalten. Daß man sich in den Klöstern und Stiften auch der deutschsprachigen geistlichen Dichtkunst annahm, beweist eine frühmittelhochdeutsche Versdichtung über Johannes den Täufer, die um die Mitte des 12. Jahrhunderts in Baumgartenberg entstanden sein dürfte.

Ein hervorragender Gelehrter war Propst Manegold von Ranshofen (1143—1157), der als „musarum Parnassus" und „scientiae theatrum" bezeichnet wurde. Der ebenso gelehrte wie streitbare Propst Gerhoch von Reichersberg (1132—1169) verfocht gegenüber den modernen Vertretern der Frühscholastik die traditionelle Richtung der Theologie und eine extreme christologische Lehre, nahm aber in seinen Schriften auch zu aktuellen Fragen der Zeit und der Augustinerchorherren-Bewegung kritisch Stellung. Sein Bruder und Nachfolger Arno war ebenfalls ein bedeutender Theologe. In der ersten Hälfte des 13. Jahrhunderts trat Propst Altmann von St. Florian (1212—1221/23) als Jurist, Dichter, Hagiograph und Theologe hervor. Er verfaßte unter anderem eine Darstellung des neuen römisch-kanonischen Prozeßverfahrens und eine Einführung in das Kirchenrecht. Wernhard, der spätere Passauer Domdekan und Bischof von Seckau (1268—1283), ein Verwandter der Zelkinger Linie in Schlierbach, lehrte nach einem Studium in Italien in Padua kanonisches Recht und gewann danach große Bedeutung für die Frührezeption des gelehrten Rechts im österreichischen Raum. Wie überlieferte Rechtshandschriften zeigen, unterhielten in der zweiten Hälfte des 13. Jahrhunderts fast alle Klöster und Stifte im Bereich des heutigen Oberösterreich Beziehungen zu den Universitäten Paris, Padua und Bologna.

Von den im romanischen Stil errichteten Kirchen und Klosteranlagen sind heute infolge späterer Um- und Neubauten nur noch vereinzelt ganz geringe Reste der Bausubstanz vorhanden. Seit dem Investiturstreit scheint man auch bei den Landkirchen von der Holz- zur Steinbauweise übergegangen zu sein. In Aurachkirchen (OG. Ohlsdorf) ist das romanische Langhaus einer solchen Kirche aus dem Ende des 12. Jahrhunderts erhalten. Ein großartiges Beispiel für die Innenausstattung der Klosterkirchen ist der im Westchor der 1089 geweihten Lambacher Kirche freigelegte christologische Freskenzyklus von europäischer Bedeutung, der stilistische Bezüge zu Salzburg, Oberitalien und Byzanz aufweist. Von der Stiftskirche Ranshofen ist bezeugt, daß sie in der Mitte des 13. Jahrhunderts mit Wandteppichen, Glas- und anderen Malereien geschmückt war. Sehr wenig ist auch von der romanischen Plastik und von den zumeist ausländischen Erzeugnissen des Kunsthandwerks bis in unsere Zeit überkommen. Erwähnt seien die Portale der Welser Stadtpfarrkirche und

der Klosterkirche von Wilhering sowie im figürlichen Bereich das aus dem 11./12. Jahrhundert stammende Holzrelief der nach ihrem Fundort Ried im Traunkreis benannten „Rieder Kreuzigung", die im Umkreis des Klosters Kremsmünster entstanden sein dürfte.
Schlecht ist es um unser Wissen über die Laienkultur des hohen Mittelalters bestellt. Vereinzelte Andeutungen gibt es nur für die Schichte des Adels. Dieser hatte in einer Epoche allgemeinen Aufschwunges zu verfeinerten Lebensformen und zu einer gesamteuropäisch beeinflußten höfisch-ritterlichen Kultur gefunden. Eine der Äußerungen dieser Kultur war im literarischen Bereich der deutsche Minnesang, zu dessen frühen Schöpfungen vielleicht auch ein Dichter aus dem oberösterreichischen Raum beigetragen hat. Es ist allerdings zweifelhaft, ob die gesamte, unter dem Namen des Dietmar von Aist überlieferte ritterliche Liebeslyrik von ein und demselben Verfasser stammt und ob dieser mit dem gleichnamigen, im unteren Mühlviertel beheimateten und vor 1171 verstorbenen Adeligen identisch war. Der Sitz des Minnesängers von Kürenberg wird hingegen heute nicht mehr innerhalb der Grenzen des Bundeslandes Oberösterreich gesucht. Ein Beispiel für die kulturelle Betätigung politisch führender Persönlichkeiten bietet in der Mitte des 13. Jahrhunderts der Ministeriale Meinhard Tröstel (von Zierberg), der um 1240 zu den Mitgliedern jener Sängerrunde zählte, die der Babenberger Herzog Friedrich II. von Österreich an seinem Hof versammelte. Um 1250/80 verfaßte Wernher der Gartenaere wahrscheinlich im bayerisch-österreichischen Grenzgebiet die Versnovelle „Helmbrecht", die sich moralisierend-sozialkritisch mit dem niederen Adel und dem wohlhabenden Bauerntum auseinandersetzt. Der Autor dürfte ein fahrender Dichter unbekannter Herkunft gewesen sein. Daß in Adelskreisen seit langem auch altes Sagengut gepflegt wurde, beweist das Heldenepos des Nibelungenliedes, das vor 1200 vermutlich in der Umgebung des Bischofs Wolfger von Passau entstand. Der unbekannte Dichter, der über gute geographische Kenntnisse des oberösterreichischen Donauraumes verfügte — die Flüsse Traun und Enns sowie die Orte Eferding und Enns werden genannt —, gestaltete wesentlich ältere Überlieferungen, die über die Ungarnzeit des 10. Jahrhunderts zurückreichen.
Auf dem Gebiete der Technik ist vor allem auf die architektonischen und handwerklichen Leistungen des hochmittelalterlichen Kirchen- und Burgenbaues hinzuweisen. In diesen Bereichen erbrachten Archäologie, Kunstgeschichte, Vermessung und Burgenforschung besonders nach dem Zweiten Weltkrieg wichtige neue Erkenntnisse, z. B. über den Übergang von der Holz- zur Steinbauweise (Kirchen von St. Michael ob Rauhenödt und Wartberg ob der Aist sowie am Georgenberg bei Micheldorf). Mit

dem Aufkommen der befestigten Höhenburg dürfte das Phänomen in Zusammenhang stehen, daß im 11. und 12. Jahrhundert etliche Adelsgeschlechter ihre bisherigen Sitze für die Gründung von Klöstern und Stiften zur Verfügung stellten und sich selbst neue wehrhafte Herrschaftszentren schufen. Neben der Errichtung von Kirchen, Wehranlagen, Burgen, Wohntürmen und Ansitzen sowie der Neuanlage und Befestigung städtischer Siedlungen spielte auch der Wasserbau eine Rolle. Vom Stift Reichersberg und vom Kloster Baumgartenberg ist bekannt, daß sie in der zweiten Hälfte des 12. Jahrhunderts bzw. in der Mitte des 13. Jahrhunderts der Versorgung wegen kleinere Gerinne ausbauen ließen. Zu wichtigen Verbesserungen kam es während des hohen Mittelalters auf dem Sektor der Agrartechnik durch die Einführung des Räderpfluges mit Streichbrett, der Egge, des Dreschflegels, des Pferdekummets und des Stirnjoches für Ochsen. An die Stelle der Sichel trat allmählich die teurere Sense. Die Handmühlen wurden von Wasser- und Windmühlen abgelöst.

# 4. Die Entstehung des Landes (12.–19. Jahrhundert)

Von den Otakaren zu den Babenbergern

Wie die moderne verfassungsgeschichtliche Forschung gezeigt hat, waren hochmittelalterliche Staatswesen durch Personenverbände charakterisiert. Diese beruhten auf der persönlichen Bindung an einen oder mehrere Herren. Die dadurch entstehenden Beziehungen waren je nach der Stellung des Herrn abgestuft und konnten sich innerhalb eines geographischen Raumes überschneiden. Wenn adelige Grundherren, die selbst kraft ihrer Machtfülle Gerichtsbarkeit über die von ihnen abhängigen Personen übten, im Gefolge eines Markgrafen oder Herzogs auftraten, dessen Hoftage besuchten, seine Gerichtshoheit anerkannten und sich unter seinem Vorsitz zu gemeinsamen Gerichtsversammlungen, sogenannten Landtaidingen, zusammenfanden, bekannten sie sich damit zu einem bestimmten „Land". Dieses Land setzte sich aus den jeweiligen, auf Grund von persönlichen Abhängigkeitsverhältnissen gebildeten Herrschafts- und Einflußbereichen des Landesherrn, der zum Schutz gegen äußere Feinde und zur Wahrung des inneren Friedens verpflichtet war, und der ihn bei der Wahrnehmung dieser Aufgaben unterstützenden adeligen Machthaber zusammen. Es war ein auf verschiedenen Rechtsgrundlagen basierendes politisches Gebilde, das erst durch die energischen und zielstrebigen Anstrengungen der Landesherren im Zuge des erfolgreichen Ausbaues ihrer Landeshoheit bzw. der Entwicklung ihres Landesfürstentums allmählich innere Festigkeit und territoriale Geschlossenheit erlangte. Wesentlichen Anteil an dem Prozeß der Territorialisierung hatte nicht zuletzt auch eine Änderung der Gerichtsverfassung. Als sich nämlich im 12. Jahrhundert im Interesse einer erfolgreicheren Verbrechensbekämpfung der Übergang von dem System der Geldbußen zu den peinlichen Leibes- und Lebensstrafen vollzog, setzte sich gleichzeitig die Ansicht durch, das Einschreiten in todeswürdigen Fällen sei hohe Gerichtsbarkeit. Auf diese erhob das aufstrebende Landesfürstentum Anspruch, das seit dem 13. Jahrhundert lokalen adeligen Machthabern durch die Verleihung des Blutbannes die Berechtigung zur Ausübung der Hoch- oder Blutgerichtsbarkeit erteilte. Die verstärkten Bemühungen des hochmittelalterlichen Staates um die Friedenswahrung, die Rechtspflege und die Rechtssicherung ließen darüber hinaus sowohl die kleineren Hochgerichtssprengel der (unteren) Landgerichte entstehen als auch auf einer höheren Ebene die weiträumigeren Rechtsbezirke von oberen Landgerichten bzw. von Ländern, wobei in den letzteren der betreffende Landesherr oder von diesem eingesetzte Richter nach allgemein anerkanntem Landrecht die Gerichtsbarkeit über die politisch führenden Schichten ausübten.

In dem Gebiet des späteren Landes ob der Enns, das wohl mehrere herrschaftliche Schwerpunkte aufwies, aber eines politischen Zentrums entbehrte, durchdrangen und überlagerten einander im hohen Mittelalter verschiedene Personenverbände bzw. durch diese bestimmte Herrschaftsbereiche, die in das Spannungsfeld der entstehenden Territorialfürstentümer Bayern, Steiermark und Österreich gerieten. Einflußreichste Machthaber zwischen Enns und Hausruck waren die Otakare, die Markgrafen der Steiermark und Besitznachfolger der Grafen von Lambach. Sie stützten sich vor allem auf ihre Herrschaft Steyr und auf das spätere Salzkammergut, beherrschten aber durch ihre Ministerialen insgesamt weite Teile des heutigen Oberösterreich: die Herren von Ort das Gebiet vom Ischlland bis in das Kremstal, die Gleink-Volkersdorfer den Landstrich zwischen den Flüssen Enns und Traun, die Gundakare von Steyr/Steinbach (Starhemberger) die Gegend entlang der Trattnach und des Innbaches bis zum Hausruck; die Schlierbacher und Pernsteiner kontrollierten die Pyhrnlinie; otakarische Dienstleute saßen vereinzelt im Attergau und nördlich der Donau in Steyregg (Wildonier), in Haselbach/St. Magdalena und in Greißingberg. Die Otakare verfügten über die Marktsiedlung Enns, die ebenfalls von einem Ministerialengeschlecht gesichert wurde, und über die Vogtei über die Klöster Traunkirchen, Garsten, Kremsmünster und Lambach sowie über die Güter des Bistums Würzburg in der Umgebung von Wels. Indem die otakarischen Dienstleute des oberösterreichischen Raumes die Hoftage und Landtaidinge der steirischen Markgrafen besuchten, bekannten sie sich zur steirischen Landesherrschaft.

Über den Markgrafen der Steiermark und auch über jenen Österreichs stand der Herzog von Bayern, als dessen Lehensleute Otakare und Babenberger zum Besuch der bayerischen Hoftage verpflichtet waren. Der Herzog verfügte in der Umgebung von (Bad) Hall, das bezeichnenderweise den Namen Herzogenhall führte, über Amtsgut aus königlichem Besitz. Herzogliche Ministerialen, die auch dem König unterstanden, beherrschten das Gebiet zwischen den Flüssen Steyr und Krems. Ihre Zentren lagen in Rohr, Obergrünburg und Leonstein. Sie lassen sich ebenso auf bayerischen Hoftagen und im Gefolge des bayerischen Herzogs nachweisen wie seit den sechziger Jahren des 12. Jahrhunderts die Herren von Schaunberg, die im Eferdinger Becken einen neuen Machtbereich aufbauten.

Der Einfluß des Herzogs von Bayern erfuhr jedoch 1156 und 1180 durch die Erhebung Österreichs und der Steiermark zu selbständigen Herzogtümern eine empfindliche Schmälerung. Das bayerische Herzogsgeschlecht der Welfen geriet besonders gegenüber den österreichischen Babenbergern in Nachteil, als Herzog Heinrich der Stolze in seinem Kampf gegen die Staufer 1139 von König Konrad III. abgesetzt wurde und das Herzogtum Bayern an den Stiefbruder des Königs, den Babenberger Leopold IV. († 1141), verlor. Die daraufhin ausbrechenden Kämpfe zwischen staufischer und welfischer Partei wurden durch den Verzicht Heinrichs des Löwen auf Bayern im Jahre 1143 und durch die Belehnung des österreichischen Markgrafen Heinrich II. (1141–1177) mit dem Herzogtum nicht beendet. 1145/46 fochten der Bischof von Regensburg und der steirische Markgraf Otakar III., der sich wahrscheinlich dem neuen Herzog ungern unterordnete, gemeinsam gegen den Babenberger. Dieser gab, unterstützt vom Adel des östlichen Bayern, seinen Anspruch auch dann nicht auf, als ihm 1154 das Herzogtum wieder aberkannt wurde und Kaiser Friedrich I. Barbarossa ein Jahr später den Welfen Heinrich den Löwen damit belehnte. Einen politischen Ausgleich zwischen Babenbergern und Welfen erzielte der Kaiser, der aus reichspolitischen Erwägungen an einem Friedensschluß interessiert war, nach langwierigen Verhandlungen erst 1156 in Regensburg. Heinrich II. von Österreich verzichtete auf Bayern, dafür wurde seine Mark an der Donau vom Herzogtum Bayern gelöst und zu einem eigenständigen Herzogtum erhoben. Gleichzeitig wurden dem neuen Herzog von Österreich und seiner ebenfalls belehnten byzantinischen Gattin Theodora vom Kaiser eine Reihe von Vorrechten zugestanden, die zum Teil ungewöhnlich waren, zum Teil aber bloß die rechtlichen Möglichkeiten der damaligen Zeit konkretisierten und zusammenfaßten: die Herzogswürde sollte in männlicher und weiblicher Linie erblich sein; für den Fall der Kinderlosigkeit sollten Heinrich und seine Frau einen Nachfolger bestimmen dürfen (libertas affectandi); in seinem Lande sollte ohne Zustimmung des Herzogs keine Gerichtsbarkeit geübt werden; der Herzog wurde nur zum Besuch königlicher Hoftage in Bayern und zur Teilnahme an Reichsheerfahrten an den österreichischen Grenzen verpflichtet. Alle diese Bestimmungen waren in einer am 17. September 1156 in Regensburg ausgestellten Kaiserurkunde enthalten, dem im Gegensatz zu dem später unter Herzog Rudolf IV. gefälschten, inhaltsreicheren „Privilegium maius" sogenannten „Privilegium minus". Die drei Grafschaften, die laut Aussage des babenbergischen Bischofs Otto von Freising mit der Mark Österreich zum Herzogtum erhoben worden sein sollen und die man früher auch mit oberösterreichischem Gebiet in Verbindung brachte, werden neuerdings als die Markgrafschaft selbst und die dieser im 11. Jahrhundert vorgelagerte ungarische und böhmische Mark gedeutet.

Im Privilegium minus wird die Grenze zwischen den Herzogtümern Bayern und Österreich nicht erwähnt. Daß die Oberhoheit des bayerischen Herzogs im Osten weiterhin bis zur Enns reichte, beweist jedoch der Gerichtstag, den Herzog Heinrich der Löwe im Jahre 1176 in dem Markte Enns abhielt und auf dem er einen langdauernden Streit zwischen dem Adeligen Heinrich von Stein (am Inn) und dem Stift Reichersberg entschied. Am Nachmittag desselben Tages traf er dann östlich des Ennsflusses mit Herzog Heinrich II. von Österreich zu politischen Verhandlungen zusammen. Nördlich der Donau erstreckte sich allerdings die babenbergische Herrschaft bereits seit langem im Machland (Land zwischen den Achen) und in der Riedmark auf heute oberösterreichisches Gebiet. Schon der ottonischen Mark an der Donau war die Machlandebene östlich der Aist angegliedert gewesen. Der Adelige Otto von Machland stattete um die Mitte des 12. Jahrhunderts das von ihm gegründete Stift Säbnich-Waldhausen unter anderem mit dem Waldgebiet zwischen Donau, Sarmingbach und Kleiner Ysper/Gloxwald aus. Die Ostgrenze dieses Waldhausener Besitzes bildete in der Folge auch die Grenze des späteren Landes ob der Enns und des heutigen Oberösterreich. 1115 wurde erstmals die im Westen an das Machland angrenzende Riedmark (Rodungsmark) als unter babenbergischer Hoheit stehender, eigener Herrschaftsbezirk genannt. Er erstreckte sich mit geringen Überschreitungen bis zum Haselgraben, zur Großen Rodl und zum Sternstein. In diesem Bereich hatte der Adel im Zuge des hochmittelalterlichen Landesausbaues vom Südufer der Donau bzw. von den Donauebenen aus die Rodung in die nördliche, ursprünglich dem König gehörige (Königswiesen!) Bergregion vorgetrieben. Um 1130 war eine Linie nördlich von Pregarten und Bad Zell erreicht, erst im 13. Jahrhundert stieß man über Freistadt, St. Oswald und Weitersfelden hinaus bis ungefähr zur heutigen österreichisch-tschechoslowakischen Staatsgrenze vor. In der zweiten Hälfte des 12. Jahrhunderts griff die babenbergische Landeshoheit erstmals auf einen Teil des oberen Mühlviertels über, als die hier und im niederbayerischen Rottal mächtigen Griesbach-Waxenberger seit den sechziger Jahren im Gefolge des österreichischen Herzogs erschienen. Südlich der Donau näherten sich als erste die Herren von Schaunberg trotz ihrer Bindung an den bayerischen Herzog ebenfalls seit den sechziger Jahren des 12. Jahrhunderts allmählich den österreichischen Herzögen. Nach dem Sturz des Welfen Heinrichs des Löwen im Jahre 1180 gehörten sie zu jenen Grafen und Edelfreien, die den bisherigen Pfalzgrafen Otto von Wittelsbach nicht als neuen Herzog von Bayern anerkannten. Sie wandten sich den Herzögen von Österreich zu und besuchten deren Hoftage. Der schaunbergische Herrschaftsbereich war damit vom Land

Bayern zum Land Österreich übergegangen. Außerdem ist 1167 der Babenberger Herzog Heinrich II. als Vogt des Passauer Hochstiftsbesitzes um Eferding und Linz bezeugt. Politischer Einfluß konnte auch über die Herren von Perg ausgeübt werden, die den Besitz des Stiftes St. Florian südlich und nördlich der Donau bevogteten und die um 1180 unter babenbergische Lehenshoheit gezwungen wurden. Diese Verhältnisse dürften den Verfasser eines Nachtrages zu dem „Breve Chronicon Austriacum Mellicense" von ca. 1170/1180 zu der Behauptung veranlaßt haben, im Zusammenhang mit der Erhebung Österreichs zum Herzogtum (1156) seien die Grenzen von der Enns zur Roten Sala (der Name des Gewässers leitet sich von den Salweiden und von der roten Moorerde des Salletwaldes ab) verlegt worden. Ähnlich schrieb wesentlich später der 1275 gestorbene Abt Hermann von Niederaltaich in seinen Annalen, die Gerichtsgewalt des österreichischen Herzogs sei 1156 von der Enns bis zum Salletwald in der Nähe Passaus ausgedehnt worden. Daß nach 1160 Güter bei Kirchdorf an der Krems, Bad Hall und Wels in Urkunden vereinzelt als „in Austria" gelegen bezeichnet werden, dürfte als geographische Lagebezeichnung im Sinne von „im Ostland" aufzufassen oder mit Unkenntnis des Schreibers zu erklären sein.

Nach 1156 erfuhr die Machtstellung des bayerischen Herzogs 1180 eine neuerliche Schmälerung, als Kaiser Friedrich I. in Verbindung mit dem Sturz Heinrichs des Löwen die Steiermark in ein Herzogtum umwandelte. Dadurch schied auch der otakarische Herrschaftsbereich im heutigen Oberösterreich aus dem Herzogtum Bayern aus. Das Verhältnis der zahlreichen otakarischen Ministerialen des oberösterreichischen Raumes zu ihrem Herrn erfuhr durch die Rangerhöhung keine Veränderung; sie gehörten weiterhin zum Land des steirischen Landesfürsten, der jetzt Herzog war, und sie bekannten sich bis in das dritte Jahrzehnt des 13. Jahrhunderts zum Herzogtum Steiermark. Daran änderte vorerst auch der Übergang des Herzogtums Steiermark an die Babenberger nichts. Vielleicht hatte man bereits im Jahre 1180 Kontakte über eine künftige Erbfolge der Babenberger nach den mit ihnen blutsverwandten Otakaren gepflegt. Eine diesbezügliche Vereinbarung wurde jedenfalls am 17. August 1186 auf dem Ennser Georgenberg in Anwesenheit zahlreicher steirischer und österreichischer Adeliger und Geistlicher zwischen dem unheilbar kranken und kinderlosen Herzog Otakar IV. von Steiermark, Herzog Leopold V. von Österreich und dessen ältestem Sohn Friedrich getroffen. Urkunden wurden nur über die Rechte der steirischen Ministerialen (Georgenberger Handfeste) sowie über die Sicherstellung der steirischen Klöster ausgefertigt. Diese vom Kaiser gebilligten Abmachungen traten 1192 nach dem Tode Herzog Otakars in Kraft, und die österreichischen Herzöge übernahmen mit den otakarischen Eigengütern und Ministerialen die Herrschaft über die Steiermark. Als Herzog Leopold V. 1194 starb, folgten ihm entgegen den Bestimmungen des Georgenberger Erbvertrages, wonach beide Herzogtümer stets von einem Herrn regiert werden sollten, seine Söhne Friedrich I. in Österreich und Leopold VI. in der Steiermark (und damit auch im ehemals otakarischen Einflußbereich im oberösterreichischen Raum) nach. Erst nach dem Tode Herzog Friedrichs im Jahre 1198 trat Leopold († 1230) an die Spitze beider Länder. Nach der otakarisch-babenbergischen Erbvereinbarung von 1186 hatten die Babenberger westlich der Enns eine aktive Erwerbspolitik begonnen, die zu Lasten der bayerischen Herzöge ging. Sie wurden dabei durch den Umstand begünstigt, daß das neue Herzogsgeschlecht der Wittelsbacher in der Anfangsphase seiner Herrschaft mit der Sicherung der bayerischen Kernlandschaften beschäftigt war und den östlichen Randgebieten des Herzogtums weniger Aufmerksamkeit schenken konnte. 1187 übertrug Kaiser Friedrich I. dem österreichischen Herzog den Schutz des Zisterzienserklosters Wilhering. Vor 1188 gelang es den Babenbergern, Erbansprüche auf einen Teil des Besitzes der Grafen von Regau durchzusetzen. Nach 1192 gerieten die Ministerialen des Königs und des bayerischen Herzogs zwischen den Flüssen Steyr und Krems allmählich unter babenbergischen Einfluß. Seit der Jahrhundertwende erschienen sie fast ausschließlich im Gefolge der Babenberger. Heiratsverbindungen leiteten einen Verschmelzungsprozeß mit den babenbergischen Dienstleuten ein. Den Besitz des bayerischen Herzogs um (Bad) Hall, auf den auch das Königtum noch immer Anspruch erhob, zog der österreichische Herzog in den zwanziger Jahren des 13. Jahrhunderts im Zuge von Auseinandersetzungen mit Bayern an sich. Um 1200 erwarb Herzog Leopold VI. durch Kauf vom Hochstift Würzburg die Stadt Wels sowie über eine Verpfändung 1222 das Gebiet der späteren Herrschaft (Burgvogtei) Wels und den Anteil, den das Kloster Lambach an der Stadt besaß. Derselbe Babenberger übernahm um 1205/06 die Stadt Linz von Gottschalk von Haunsberg, dem Letzten seines Geschlechtes, und erreichte im Jahre 1211 mit dem Erzbischof von Salzburg, der Kaufrechte auf die Stammburg geltend machte, einen Vergleich hinsichtlich einer Teilung der Haunsberger Erbmasse. Als Grenze zwischen dem salzburgisch-erzbischöflichen und dem babenbergisch-herzoglichen Besitz wurde das Rinderholz westlich von Pöndorf nahe der heutigen Grenze zwischen Oberösterreich und Salzburg festgesetzt. Um 1211 erlangten schließlich die einst otakarischen, jetzt babenbergischen Ministerialen von Starhemberg als bischöflich-passauische Lehensleute die verkehrspolitisch bedeutsame Herrschaft Wildberg im Haselgraben (nördlich von Linz), die der edelfreie Vorbesit-

zer Gottschalk von Haunsberg zuvor dem Bischof von Passau überlassen hatte. Auf der Machtgrundlage dieser Erwerbungen und des otakarisch-steirischen Erbes vermochte Herzog Leopold VI. um 1220 die babenbergische Territorialhoheit über das nachmalige Traunviertel, das spätere Hausruckviertel und wahrscheinlich auch über den Attergau zu behaupten.
Nördlich der Donau waren die Babenberger ebenfalls sehr erfolgreich. 1217 erwarben sie nach den ausgestorbenen Grafen von Velburg-Klam den Machländer Besitz, 1235 beerbten sie die Herren von Lengenbach, nach dem Aussterben der Griesbach-Waxenberger kaufte Herzog Leopold VI. zwischen 1221 und 1228 von den Erben die Herrschaft Waxenberg mit Gramastetten und Ottensheim. Der ehemalige Griesbacher Besitz westlich der Großen Mühl fiel an das seit dem 12. Jahrhundert nach dem Osten expandierende, nach weltlicher Landesherrschaft strebende Hochstift Passau, der Fluß wurde Landesgrenze. Gegen Norden bildete das Waldgebiet zwischen Rauschemühl und Moldau einen Grenzstreifen gegenüber Böhmen, über den hinweg noch zu Beginn des 13. Jahrhunderts böhmischer Einfluß wirksam war. So unterstellte etwa das Stift St. Florian zwischen 1201 und 1223 seine Güter bei St. Stefan am Walde dem Schutze König Ottokars I. – wahrscheinlich gegen Übergriffe der besitzbenachbarten böhmischen Witigonen. Erst seit der Mitte des 13. Jahrhunderts bildete sich allmählich im wesentlichen jene Grenze aus, wie sie heute zwischen Oberösterreich bzw. Österreich und der Tschechoslowakei verläuft.
Mit dem Erwerb der Festung Neuburg am Inn und der Herrschaften Ried (im Innkreis) und Schärding durch die Heirat Herzog Friedrichs II. mit Agnes von Andechs-Meranien erreichte die babenbergische Westexpansion 1229 ihre vorläufig größte Ausdehnung. Diese Besitzungen fielen allerdings nach der Scheidung dieser Ehe wieder an die Andechser zurück. Die Herzöge von Österreich und Steiermark waren durch ihre Besitzerwerbungen und ihre Dienstmannschaften westlich der Enns tief in den Bereich des alten bayerischen Stammesherzogtums eingedrungen. Sie beherrschten die meisten strategisch und verkehrspolitisch wichtigen Positionen, darunter die befestigten Städte Steyr, Enns, Linz und Wels, und übten außer den ehemals otakarischen Klostervogteien diejenigen über St. Florian (nach den 1191 ausgestorbenen Herren von Perg), Baumgartenberg und Waldhausen (nach den 1217 erloschenen Grafen von Velburg-Klam) aus; auf die Vogtei über Wilhering erhoben sie Anspruch. Noch immer aber zählte der ehemalige Einflußbereich der steirischen Otakare zwischen Enns, Hausruck und Ischlland zum Land Steiermark. Die einstmals otakarischen und jetzt babenbergischen Ministerialen

dieses Gebietes besuchten bis zum Ende des dritten Jahrzehnts des 13. Jahrhunderts die steirischen Landesversammlungen.
Die zielstrebige Erwerbspolitik der Babenberger rief bei den wittelsbachischen Herzögen von Bayern entsprechende Verstimmung hervor. Der Verlust des altbayerischen Gebietes zwischen Hausruck und Enns sollte das bayerisch-österreichische Verhältnis bis in das 19. Jahrhundert belasten. Gegenüber den Babenbergern befanden sich die Wittelsbacher deshalb in einer ungünstigen Position, weil sie ihr junges Landesfürstentum erst gegen den mächtigen bayerischen Adel durchsetzen mußten. Einen Schwerpunkt der wittelsbachischen Herrschaft bildete die Grafschaft Burghausen als ehemaliges welfisches Herzogsgut mit den früheren Pfalzen und Reichsgutbezirken Ötting und Ranshofen. Die bayerischen Herzöge kontrollierten damit die Schiffahrt auf Salzach und Inn. Im frühen 13. Jahrhundert wurde dieses Gebiet in die durch die genannten Flüsse getrennten Verwaltungssprengel (herzoglichen Ämter) Ötting (westlich) und Burghausen (östlich mit dem Weilhart) geteilt. Den weiter nördlich gelegenen ehemaligen Formbacher Besitz konnten die Wittelsbacher nach dem Aussterben der mächtigen Andechser und begünstigt durch Familienstreitigkeiten unter den Ortenburgern um die Mitte des 13. Jahrhunderts erwerben. Bereits 1248 hatte Kaiser Friedrich II. die Grafschaften Neuburg am Inn und Schärding an Herzog Otto II. von Bayern verliehen, nachdem Herzog Otto von Andechs-Meranien in dem Kampf des Staufers mit dem Papsttum auf die kirchliche Seite übergewechselt war.
Um die mit den Andechsern verbündeten Babenberger zu schwächen, drang Herzog Otto 1233 auf babenbergisches Gebiet vor, zerstörte das Kloster Lambach und besetzte Wels, mußte sich aber unter dem militärischen Druck König Heinrichs (VII.) wieder zurückziehen. Eine weitere Verschlechterung der gegenseitigen Beziehungen bedeutete das Verbot der Aus- und Durchfuhr von Getreide und Wein, das Herzog Friedrich II. der Streitbare von Österreich zur Sanierung der eigenen wirtschaftlichen Verhältnisse, jedoch zum Schaden seiner Nachbarn und der bayerischen Hochstifte und Klöster, die in Österreich und in der Steiermark begütert waren, erließ. Als der Babenberger die Sympathien des staufischen Kaisers Friedrich II. verlor, 1236 nach einem Fürstenspruch geächtet wurde und seines Herzogtums verlustig ging, zählten Herzog Otto II. von Bayern und die Bischöfe Rüdiger von Passau und Ekbert von Bamberg zu jenen Gegnern, denen die Vollstreckung des Urteils übertragen wurde. Das wahrscheinliche Ziel des bayerischen Herzogs, die Wiedergewinnung des altbayerischen Gebietes westlich der Enns, wurde jedoch vom Kaiser vereitelt, der die ledigen Reichslehen Österreich und Steiermark

einzog und von Bischof Ekbert von Bamberg und nach dessen Tod von dem schwäbischen Grafen Eberhard von Eberstein als Statthalter verwalten ließ. Während seines Aufenthaltes in Österreich bestätigte und erweiterte der Kaiser im April 1237 in Enns, wo bereits die Georgenberger Handfeste ausgestellt worden war, die Rechte der steirischen Dienstleute, die zu Reichsministerialen erklärt wurden. Anders als die steirischen Ministerialen, die zum Staufer übergegangen waren, hielt in dieser Phase der Großteil der adeligen Machthaber westlich der Enns dem Babenberger die Treue, trennte sich dadurch vom steirischen Adel und sagte sich auf diese Weise endgültig vom Land Steiermark los. Auf der Seite des Kaisers stand eine kleinere Gruppe um den im Raume Wels mächtigen Ministerialen Albero von Polheim, dessen Gerichtsgewalt auch außerhalb seines Herrschaftsbereiches Anerkennung fand. Möglicherweise hatte ihm Kaiser Friedrich II. eine oberrichterliche Befugnis verliehen. Als der Kaiser Österreich verließ, konnte sich jedoch Herzog Friedrich II., der die schwierige Zeit in Wiener Neustadt verbracht hatte, gestützt auf ein Bündnis mit Herzog Otto II. von Bayern und König Wenzel I. von Böhmen in diesem Herzogtum mit Ausnahme von Wien wieder durchsetzen. Im Dezember 1239 führte die veränderte reichspolitische Situation sogar zur Aussöhnung zwischen Kaiser und Herzog. Dem Ausgleich zwischen Wittelsbachern und Babenbergern sollte eine Heirat Herzog Friedrichs mit einer Tochter Herzog Ottos dienen, über die nach der Scheidung des Babenbergers von seiner andechsischen Frau 1243 in Wels verhandelt wurde. Als Herzog Friedrich aber im Sommer 1244 den Bischof Rüdiger von Passau gegen die bischöflichen Ministerialen von Waldeck unterstützte, kam es zu neuen Auseinandersetzungen und zum Bruch der Verlobung. Durch die Besetzung der passauischen Besitzungen Obernberg am Inn und Ebelsberg bei Linz machte sich der Herzog auch den Bischof zum Feind.

Der unerwartete Tod Herzog Friedrichs II. am 15. Juni 1246 in der Schlacht an der Leitha gegen die Ungarn schien dem Kaiser die Möglichkeit zu bieten, die alten Pläne zum Erwerb der babenbergischen Länder zu verwirklichen. Die von ihm eingesetzten Statthalter Graf Otto von Eberstein (1247, der Sohn des Grafen Eberhard) für Österreich, Steiermark und Krain, Herzog Otto II. von Bayern für Österreich (1248) und Graf Meinhard III. von Görz seit 1249 für die gesamte Ländergruppe konnten sich jedoch gegenüber den auftretenden Prätendenten und deren Anhang nicht durchsetzen. Obwohl im Privilegium minus nur von einem Erbrecht der Töchter des Herzogs die Rede war, fanden nämlich die Ansprüche von Friedrichs II. Schwester Margarethe, der Witwe des staufischen Königs Heinrich (VII.), und von Friedrichs Nichte Gertrud

Anerkennung. Nach dem frühen Tod von Gertruds erstem Mann, dem böhmischen Prinzen Wladislav († 1247), nach wenigen Monaten Ehe, vermittelte die päpstliche Kurie ihre Heirat mit dem Markgrafen Hermann von Baden. Trotz der Belehnung durch den Gegenkönig Wilhelm von Holland vermochte Hermann aber in Österreich nicht durchzudringen und starb überdies bereits im Jahre 1250, kurz vor Kaiser Friedrich II.

In der Zeit des „österreichischen Interregnums" nach dem Tode des letzten Babenbergers scheint man sich zumindest im Kloster Garsten einer gewissen Eigenständigkeit des Raumes zwischen Ybbs und Hausruck bewußt geworden zu sein. Ein unbekannter Garstener Annalist berichtete zum Jahre 1246 über die Uneinigkeit der ehemaligen babenbergischen Ministerialen, die in der Umgebung der Flüsse Enns und Traun, das heißt oberhalb der Ybbs, ansässig waren (inter ministeriales circa Anesum et Trunam id est superius Ibsam constitutos). Diese Streitigkeiten unter dem durch Verwandtschaft und Besitz miteinander verbundenen Adel westlich und östlich der Enns waren wohl eine Folge der Bemühungen des bayerischen Herzogs, seinen Einfluß wieder bis an die Enns auszudehnen. Dieselbe Garstener Geschichtsquelle sagt zum Jahre 1252 aus, der böhmische Königssohn Ottokar habe in den unteren und oberen Teilen des Landes Österreich geherrscht. Man darf daraus schließen, daß der hier erstmals begegnende Begriff „oberes Österreich" (Austria superior) ebenfalls den Raum zwischen Ybbs und Hausruck umfaßte, zumal auch später noch bischöflich-freisingische Besitzungen in dem (heute niederösterreichischen) Gebiet östlich der Enns zwischen Amstetten und Waidhofen a. d. Ybbs als im „oberen Österreich" gelegen galten.

Das Fehlen einer landesfürstlichen Zentralmacht nach dem Ende der Babenberger beschleunigte auch die Bildung weniger, festumrissener Hochgerichtssprengel, der sogenannten Landgerichte, in denen jeweils die mächtigsten Adeligen dieses Gebietes die Blutgerichtsbarkeit ausübten. Im oberösterreichischen Raum waren dies vor allem zwischen den Flüssen Enns und Traun das Landgericht der Volkersdorfer, zwischen Traun und Salletwald der Gerichtssprengel der Schaunberger, die auch die Gerichtsherren der Herrschaft Waxenberg waren, sowie die Landgerichte Machland und Riedmark. Im bayerischen Gebiet östlich von Inn und Salzach konnte das erstarkende Landesfürstentum der Wittelsbacher in der zweiten Hälfte des 13. Jahrhunderts aus der Grafschaft Schärding das Landgericht Schärding und aus dem herzoglichen Amt Burghausen das Gericht Weilhart organisieren.

Von König Ottokar II. Přemysl zu den frühen Habsburgern

In der unruhigen Zeit, in der 1250 der bayerische Herzogssohn Ludwig mit einem Heer bis Garsten vordrang und Linz und Enns besetzte, wandten sich Angehörige des österreichischen Adels 1251 an König Wenzel I. von Böhmen, der noch im selben Jahr seinen Sohn und Thronfolger Markgraf Ottokar von Mähren nach Österreich sandte. Um sich rechtlich abzusichern, heiratete dieser 1252 die wesentlich ältere babenbergische Königinwitwe Margarethe, während deren Nichte Gertrud den Fürsten Roman von Halicz, einen Verwandten des Königs Bela IV. von Ungarn, ehelichte. Der Streit um das babenbergische Erbe weitete sich dadurch zu einem Krieg zwischen den benachbarten Königreichen Böhmen und Ungarn aus, der unter päpstlicher Vermittlung mit dem Vertrag von Ofen am 3. April 1254 vorläufig beendet wurde. Die babenbergische Ländergruppe wurde geteilt: die Steiermark kam an Bela IV.; König Ottokar II. Přemysl von Böhmen (1253—1278) erhielt Österreich mit dem steirischen Gebiet um Pitten, Wiener Neustadt und Neunkirchen und mit dem babenbergischen Teil Oberösterreichs bis zum Hausruck und bis zur Großen Mühl. Die Südgrenze unseres Gebietes gegenüber der Steiermark wurde so gezogen, daß in der Folge das Ennstal mit Aussee steirisch bzw. bis 1260 ungarisch wurde. Dadurch entstand im wesentlichen der heutige Grenzverlauf Dachstein-Pötschenpaß-Totes Gebirge-Pyhrnpaß-Laussabach und von Altenmarkt im Ennstal östlich des Flusses. Man hatte damit der politischen Entwicklung seit der in den dreißiger Jahren vollzogenen Loslösung des obderennsischen Adels von der Steiermark und der 1250 erfolgten Besetzung des steirischen Ennstales durch den erwählten Erzbischof Philipp von Salzburg Rechnung getragen.

Ottokar war vom österreichischen Adel unter der Führung Alberos IV. von Kuenring in das Land gerufen worden und zeigte sich dafür mit Geschenken und Versprechungen erkenntlich. Auf diese Weise gewann er vor allem die Ministerialen, welche die landesfürstlichen Städte Linz, Wels und Steyr innehatten. Meinhard Tröstel, Albero von Polheim, der auch bei den ersten Kontakten mit Ottokar eine Rolle gespielt zu haben scheint, und Dietmar von Steyr hatten die Stadtherrschaft an sich gezogen und dabei nicht immer die landesfürstlichen Rechte respektiert. Ottokar kam ihnen nun weitgehend entgegen und erlangte durch diesen Ausgleich 1252/53 die wichtigsten befestigten Stützpunkte seiner Herrschaft im oberösterreichischen Raum. Im oberen Mühlviertel schritt Ottokar nicht gegen die Schaunberger ein, die sich nach den Babenbergern die Herrschaft Waxenberg angeeignet hatten, band allerdings die Ministerialen dieser Herrschaft an seine landesfürstliche Person und förderte damit die Entstehung der eigenständigen Herrschaften Rottenegg, Lobenstein, Piberstein und Helfenberg. Als er seit ungefähr 1254 den landesfürstlichen und klösterlichen Besitz überprüfen ließ und unrechtmäßig entfremdetes Gut zurückforderte, trübte sich das bis dahin gute Verhältnis zum Adel. Die Eingliederung des Amtes (Herzogen)Hall in die landesfürstliche Herrschaft Steyr und deren Landgericht führte 1255 sogar zur Ermordung des landesfürstlichen Schreibers von Enns Witigo durch den geschädigten Ortolf von Volkersdorf im Speisesaal des Stiftes St. Florian. Die Volkersdorfer, die das Landgericht zwischen Traun und Enns innehatten, und die mit ihnen verwandten Rohrer, die wohl in den Fall verwickelt waren, mußten daraufhin das Land verlassen; ihr Besitz wurde beschlagnahmt. Die Volkersdorfer wurden erst 1282 von König Rudolf von Habsburg rehabilitiert. Während sich Ottokars Verhältnis zum österreichischen und steirischen Adel seit der Mitte der sechziger Jahre ständig verschlechterte, blieb dasjenige zum Adel ob der Enns trotz verschiedener Interessengegensätze im allgemeinen bis zum Beginn der siebziger Jahre gut.

Von großer Bedeutung für Ottokars Herrschaft ob der Enns war sein Ausgleich mit dem Bistum Passau im Jahre 1253, der durch die politischen Spannungen zwischen dem Hochstift und dem bayerisch-wittelsbachischen Landesfürstentum erleichtert wurde. Bischof Berthold belehnte Ottokar mit der Vogtei über Kremsmünster, St. Florian und Waldhausen, den Städten Linz und Enns, dem Lorchfeld, dem Zehent um Freistadt und mit dem Gut Leonfelden, die als Passauer Lehen in Österreich angesehen wurden, und verzichtete damit auf den Aufbau einer möglichen bischöflichen Landesherrschaft im oberösterreichischen Zentralraum. Als Bedingung dafür verlangte er unter anderem das Befestigungsrecht für seine Stadt Eferding, eine Maßnahme, die gegen die Schaunberger gerichtet war. Ottokar, der im Rahmen der Reichspolitik der päpstlich-antikaiserlichen Partei angehörte, trat jedoch besonders als Förderer der Klöster hervor. Als Landesfürst sicherte er ihre Rechte und unterstützte ihr Streben nach Befreiung von der Gerichtsbarkeit adeliger Vögte und Herren, was freilich beim Adel Unzufriedenheit hervorrief. Besonders enge Beziehungen unterhielt er zu den oberösterreichischen Klöstern Garsten und Gleink, während er Wilhering dem Einfluß der Schaunberger überließ. Dafür dehnte er seine Schutzherrschaft nach Westen auf das bayerische Kloster Mondsee und das Salzburger Kloster St. Peter, das unter anderem über Besitz im Gosautal verfügte, aus. In St. Florian bezeugt die Lebensbeschreibung der Klausnerin und Mystikerin Wilbirg die Wertschätzung, der sich Ottokar in geistlichen Kreisen erfreute. Auch die oberösterreichischen Städte und Märkte fanden in

Ottokar einen Förderer. Wahrscheinlich veranlaßte er die Gründung des Marktes Perg, vielleicht auch die der Stadt Gmunden. Einen wesentlichen Faktor der oberösterreichischen Geschichte in ottokarischer Zeit bildete der Gegensatz zu den bayerischen Herzögen, die das an die Babenberger verlorene Land westlich der Enns zurückgewinnen wollten und gemeinsam mit den verbündeten Ungarn eine ständige Bedrohung für Ottokar darstellten. Er versuchte daher mehrmals, sich durch kriegerische Unternehmungen aus dieser Umklammerung zu befreien. 1252 drang der böhmische Adelige Wok von Rosenberg mit oberösterreichischen Adeligen im Weilhartforst bis in die Gegend von Burghausen vor. Ein Jahr später hinderte der oberösterreichische Adel den bayerischen Herzog und dessen Sohn am Durchzug nach Steiermark und Ungarn. 1257 konnte Ottokar seinen Anspruch auf das Erbe der bayerischen Grafen von Bogen trotz militärischer Unterstützung durch das Bistum Passau nicht durchsetzen. Nach der Niederlage mußte er das besetzte Schärding am Inn wieder aufgeben sowie auf Ried im Innkreis und Schüttenhofen verzichten. Neuburg am Inn blieb jedoch bis in die siebziger Jahre in seiner Hand. Als die Ungarn 1260 bei Groißenbrunn Ottokar unterlagen, ließ Herzog Heinrich XIII. von Niederbayern zur Verteidigung eine Brücke über den Inn errichten und die Stadt Braunau mit Hilfe der in der Umgebung wohnenden Bauern anlegen. 1266 scheiterte ein Zangenangriff Ottokars auf Bayern, allerdings konnte die Burg Ried im Innkreis eingenommen werden. Herzog Heinrich eroberte seinerseits einen Teil der Stadt Passau und die passauischen Besitzungen im oberen Mühlviertel. Damals wurde unter anderen Orten auch der Markt Neufelden niedergebrannt. 1271 drang Heinrich neuerlich in Oberösterreich ein und verwüstete das Gebiet zwischen Vöcklabruck und Wels. In der Folge verstand es der bayerische Herzog, den neuen König Rudolf von Habsburg geschickt gegen Ottokar auszuspielen.

In der Regierungszeit König Ottokars II. vertiefte sich offenbar bei den Bewohnern des oberen Österreich das Bewußtsein, ihr Gebiet nehme innerhalb des Herzogtums Österreich eine Sonderstellung ein. Sie konnten in dieser Auffassung durch die bereits seit längerem bestehende Organisationsform des landesfürstlichen Kammergutes, d. h. der landesfürstlichen Besitzungen, Rechte und Einnahmen, bestärkt werden. Bereits unter dem Babenberger Herzog Leopold VI. traten an der Wende vom 12. zum 13. Jahrhundert Bürger als herzogliche Amtleute (officialis de Anaso) auf, denen zur Deckung des herzoglichen Geldbedarfes landesfürstliche Einnahmen verpachtet wurden. Sie waren die Vorläufer der späteren Schreiber von Enns, die neben Schreibern Österreichs und der Steiermark in der zweiten Regierungsperiode Herzog Friedrichs II. erstmals bezeugt sind. 1222 amtierte noch der Schreiber der Steiermark im steirischen Bereich Oberösterreichs, nach der Verselbständigung der früheren steirischen Ministerialen des Gebietes westlich der Enns sind seit 1240 der Ministeriale Meinhard Tröstel und ein Ennser Bürger als „scriba (ducis in Anaso)" nachweisbar. Die Nennung von Enns läßt die Bedeutung dieser Stadt innerhalb des babenbergischen Herrschaftskomplexes erkennen, deutet aber auch darauf hin, daß diesen Schreibern landesfürstliche Einnahmen beiderseits des Ennsflusses verpachtet waren. Nach dem Tod des letzten Babenbergers im Jahre 1246 hob jedoch Kaiser Friedrich II. diese Verwaltungsorganisation auf; der böhmische Kleriker Witigo, der unter dem Babenbergerherzog Friedrich II. Schreiber der Steiermark gewesen war, fungierte als Schreiber Österreichs und der Steiermark. König Ottokar II. gab jedem Herzogtum wieder einen eigenen Landschreiber. Der für die Steiermark zuständige, erfahrene Witigo wurde nach der Abtretung dieses Herzogtums an Ungarn infolge des Friedens von Ofen (1254) als Schreiber von Enns (scriba Anasi) auf den oberösterreichischen Bereich einschließlich des Gebietes zwischen Enns und Ybbs beschränkt. Er und sein Nachfolger, der Geistliche Magister Heinrich, hatten in den fünfziger Jahren den Auftrag, den landesfürstlichen Besitz zu verzeichnen und neu zu organisieren. Seit den sechziger Jahren übertrug König Ottokar das Amt mit der Verpachtung der landesfürstlichen Einnahmen zwischen (etwa) Ybbs und Hausruck vornehmlich reichen österreichischen Bürgern, deren Titel „scriba Anasi/ apud Anasum/per Anasum" und „procurator Anasy/circa Anasum" lautete. Die Ausübung von Verwaltungs- und Gerichtsfunktionen, die denen eines oberen Landrichters entsprachen, verschafften ihnen beträchtlichen politischen Einfluß. Für den Kremser Bürger Gozzo wahrte dessen Sohn 1273 als „Pfleger ob der Enns" die Interessen. Unter den Habsburgern sind keine eigenen Landschreiber für Oberösterreich mehr nachzuweisen. Kurzfristig kam es allerdings noch einmal zur Vereinigung der Finanzverwaltung dieses Gebietes mit der Steiermark, als Albrecht I. 1285/86 (−1292?) dem Finanzfachmann und Landschreiber der Steiermark Abt Heinrich von Admont auch das obere Österreich unterstellte (scriba Styrie et superioris Austrie, scriba Stirie et Anasi). Danach erfolgte die Verwaltung der landesfürstlichen Einnahmen und des Kammergutes in Oberösterreich bzw. im Lande ob der Enns im Rahmen der österreichischen Finanzverwaltung, an deren Spitze am Ende des 14. Jahrhunderts ein Hubmeister trat.

Die Verselbständigung des oberen Österreich, die sich am Ende der Babenbergerzeit in den Berichten des Garstener Annalisten abgezeichnet hatte, wurde unter König Ottokar II. durch eigene Landtaidinge für den

Adel dieses Gebietes gefördert. Ottokar hatte nach 1254 in Österreich eine Gerichtsverfassung eingeführt, die in seiner Vertretung amtierende obere Landrichter vorsah, welche die Landtaidinge an von ihnen bestimmten Versammlungsorten nach ihrem Belieben einberufen konnten. Der Wirkungskreis dieser „Reiserichter" umfaßte das gesamte Herzogtum einschließlich des oberen Österreich ungefähr zwischen Ybbs und Hausruck, wo etwa 1256 in Linz ein Landtaiding abgehalten wurde. Obwohl oberösterreichische Adelige auch Landtaidinge im unteren Österreich besuchten, ist dennoch eine Sonderentwicklung des Gebietes westlich und östlich der Enns festzustellen. Der 1264 in Linz als „iudex provintie Austrie superioris" in Erscheinung tretende Ministeriale Konrad von Sumerau (OG. Sindelburg, BH. Amstetten) war zwar kein österreichischer oberer Landrichter, hatte aber als Inhaber der beiden (unteren) Landgerichte zwischen Ybbs und Enns bzw. zwischen Enns und Traun über diese Sprengel hinaus die Stellung eines „Oberrichters", die ihn von der eines gewöhnlichen Landgerichtsherrn abhob. Man darf daher in diesem Vorsitzenden einer adeligen Gerichtsgemeinde in dem Raum zwischen Ybbs und westlich der Traun – er grenzte im Westen an den gleichrangigen Gerichtssprengel der Herren von Schaunberg – eine Art oberer Landrichter von Oberösterreich und damit den ersten oberösterreichischen Landeshauptmann sehen, da sich dieses Amt aus der Funktion des oberen Landrichters entwickelte. Wenig später vereinte das von dem österreichischen oberen Landrichter Graf Heinrich von Hardegg 1268 nach Wels einberufene Landtaiding den zwischen Enns und Hausruck politisch führenden Adel einschließlich der Herren von Schaunberg und von Kapellen und kann deshalb als erstes obderennsisches Landtaiding charakterisiert werden.

Um diese Zeit scheint man in diesem Raum im Bewußtsein seiner Eigenständigkeit verschiedentlich auch bereits die Enns als Grenze gegenüber Österreich empfunden zu haben. Während ein königliches Mandat von 1262/69 für das bayerische Kloster Mondsee noch an die Ministerialen, Richter und Zöllner „per superiorem ac inferiorem Austriam" gerichtet war, erscheint die Enns in anderen Urkunden König Ottokars aus den sechziger Jahren, an deren Formulierung die Empfänger beteiligt waren, als Grenzfluß. Ein 1262/63 wahrscheinlich auf Veranlassung des Klosters Kremsmünster ausgestelltes Mandat war an die Klöster ob der Enns (super Anasum) adressiert, und in ähnlicher Weise wandte sich eine Urkunde von 1266 an die österreichischen Kirchen in Österreich und ob der Enns (per Austriam et supra Anasum).

In den letzten Jahren König Ottokars II. wurde allerdings die Organisation des oberen Österreich zwischen (etwa) Ybbs und Hausruck für kurze Zeit unter der straffen Führung eines Militärkommandanten zusammengefaßt. In Hinblick auf einen möglichen Einfall des neuen Königs Rudolf von Habsburg übertrug Ottokar II. diese Aufgabe 1274 dem böhmischen Marschall Burkhard von Klingenberg, der den Titel eines Hauptmannes von Enns (capitaneus Anasi, 1274) bzw. Hauptmannes von Oberösterreich (capitaneus Austrie superioris, 1276) führte. Seine Kompetenzen umfaßten die militärische und die zivile Verwaltung einschließlich der finanziellen Belange.

Auf diese kurze Episode folgte eine nur wenig längere Phase, in der das Gebiet südlich der Donau zwischen Enns und Hausruck unter der Pfandherrschaft des Herzogs Heinrich XIII. von Niederbayern eine Sonderstellung einnahm. Um die Unterstützung des Herzogs gegen König Ottokar II. zu gewinnen, versprach König Rudolf von Habsburg, seine Tochter mit Heinrichs Sohn zu verheiraten. Für die Summe von 40.000 Mark Silber, welche die Habsburgerin Katharina als Mitgift bekommen sollte, mußte König Rudolf 1276 das Gebiet ob der Enns verpfänden. Damit war für ihn der Weg nach dem Osten frei, zumal sich der oberösterreichische und österreichische Adel rasch von König Ottokar abwandte. Rudolf zog mit seinem Heer vor Linz, während bewaffnete Schiffe die Donau hinabfuhren. Ottokar suchte dem erfolglos durch einen Schwenk seines böhmischen Heeres nach Freistadt zu begegnen. Sein Vertrauensmann Konrad von Sumerau übergab die Stadt Enns kampflos. Der Habsburger, der von dem die Riedmark beherrschenden Ulrich von Kapellen, von den Starhembergern, den seit 1276 mit Ottokar kriegführenden böhmischen Witigonen und den mit diesen befreundeten Schaunbergern unterstützt wurde, gewann allerdings nur das Gebiet entlang der Donau. Die südlichen Landesteile erwarb erst der unmittelbar danach einrückende Herzog von Niederbayern als Pfandherr. Der Herzog, der von seinem „districtus super Anasum" sprach, setzte eigenes Verwaltungspersonal ein und hielt sich 1276/77 in Linz, Herzogenhall, Steyr und Wels auf. Die bayerische Pfandherrschaft ließ die Grenze an der Enns besonders stark in das Bewußtsein treten. Östlich des Flusses war Konrad von Sumerau als Hauptmann von Enns (capitaneus Anasi, 1277) Machthaber, nördlich der Donau kontrollierte Ulrich von Kapellen das Machland und die Riedmark. Herzog Heinrich von Niederbayern verhandelte vergeblich mit König Rudolf wegen des verpfändeten Gebietes und wegen der Mitgift der Königstochter. Als Heinrich in der entscheidenden Auseinandersetzung zwischen König Rudolf und König Ottokar II. von Böhmen mehr oder weniger offen für Böhmen Partei ergriff, veranlaßte dies den 1278 in der Schlacht von Dürnkrut und Jedenspeigen siegreichen Habsburger, die Pfandschaft zurückzufordern. Unter dem Druck eines angesagten Krieges mußte Herzog Heinrich im Mai 1279 auf alle Pfandrechte über das Gebiet ob der Enns verzichten. Die Mitgift für die Königstochter Katharina wurde auf 3000 Mark herabgesetzt, wofür die Burgen und Herrschaften Neuburg am Inn, Freistadt, Klingenberg und Mauthausen an Heinrich von Niederbayern verpfändet wurden. Nach dem Tod Katharinas erloschen auch diese Pfandschaften im Jahre 1282.

Das nach der bayerischen Pfandherrschaft wiedergewonnene Gebiet westlich der Enns scheint König Rudolf I. nicht mehr hinsichtlich Gericht und Verwaltung mit dem oberen Österreich östlich der Enns vereinigt zu haben. Der von dem Habsburger eingesetzte Markgraf Heinrich von Hachberg führte zwar den Titel eines Hauptmannes von Oberösterreich (capitaneus Austrie superioris), dürfte jedoch, wie die Teilnehmer des von ihm 1280 in Linz abgehaltenen Landtaidings zeigen, nur für den Sprengel westlich der Enns zuständig gewesen sein. Das um diese Zeit in königlichem Auftrag angelegte sogenannte Landbuch von Österreich und Steyer kennt allerdings keine Eigenständigkeit des oberen Österreich bzw. des Gebietes ob der Enns und gibt die Linie Hausruck-Rotensala-Große Mühl als Westgrenze des Herzogtums Österreich an. Eine für die weitere Geschichte des oberösterreichischen Raumes entscheidende Maßnahme traf König Rudolfs Sohn Albrecht I., der vom Vater zum Reichsverweser der Herzogtümer Österreich und Steiermark bestellt worden war, als er im Jahre 1281 westlich der Enns ein (oberes) „Gericht ob der Enns" einrichtete und es dem mächtigen Ulrich von Kapellen übertrug. Dieser war als (oberer) „Landrichter ob der Enns" dem östlich des Flusses amtierenden „Landrichter zu Österreich" gleichgestellt. Damit war die Kernzelle des späteren Landes ob der Enns entstanden. Der neue Gerichtssprengel ob der Enns erfuhr 1299 reichsrechtliche Anerkennung, als Albrecht I., nun als römisch-deutscher König, eine Ordnung des „Gerichtes ob der Enns" erließ, welche die Kompetenzen des oberen Landrichters ob der Enns gegenüber dem österreichischen Land- bzw. Hoftaiding und gegenüber den unteren Landgerichten klärte.

Das neue politische Gebilde ob der Enns war das Ergebnis eines langen und komplizierten Prozesses, dessen wichtigste Phasen hier nochmals kurz zusammengefaßt werden sollen. Rückblickend erkennt man, daß die Entwicklung mit der Herrschaftsbildung der Grafen von Lambach eingesetzt hat, die seit dem 10. Jahrhundert ihre Macht in dem Bereich des bayerischen Herzogtums zwischen Hausruck, Enns und Voralpen verdichten konnten. Diese Herrschaft erfuhr seit 1035 durch die Übertragung der Kärntner Mark an der Mur an die Grafen eine politische und personelle Ausrichtung nach dem steirischen Süden, die sich unter den machtvolleren Erben und Nachfolgern der Lambacher, den zu Landesherren der Steiermark aufsteigenden Otakaren weiter verstärkte. Der von ihnen abhängige adelige Personenverband der Ministerialen zwischen Hausruck, Enns und Donau gehörte bis in die dreißiger Jahre des 13. Jahrhunderts mit seinen Besitzungen und Rechten zum Land des steirischen Markgrafen bzw. Herzogs. Für die weitere Entwicklung des oberösterreichischen Raumes wurde entscheidend, daß die babenbergischen Herzöge von Österreich seit den sechziger Jahren des 12. Jahrhunderts, vor allem aber in der Schwächeperiode der bayerischen Herzogsmacht nach dem Sturz Herzog Heinrichs des Löwen im Jahre 1180, ihre Herrschaft auf Gebiete westlich der Enns und des Haselgrabens ausdehnen konnten. Von besonderer Bedeutung war dabei der Umstand, daß sie 1192 die Otakare als Herzöge der Steiermark beerbten. Dadurch erhielten nämlich die beiden in dem Gebiet zwischen Enns und Hausruck ansässigen, adeligen Personenverbände des Herzogs von Österreich und des Herzogs von Steiermark eine gemeinsame babenbergische Spitze. Die nächste wichtige Zäsur in dem Entstehungsprozeß des Landes ob der Enns fällt in die Zeit des letzten Babenbergers Friedrich II., als sich die steirische Adelsgruppe des Gebietes ob der Enns in den Jahren 1236/39 aus politischen Gründen von dem Verband des Herzogtums Steiermark trennte und sich demjenigen des Herzogtums Österreich anschloß. Damit vollzog sich faktisch auch die Abgrenzung unseres Gebietes vom Herzogtum Steiermark, wobei sich der durch den Pyhrnpaß markierte Grenzverlauf in der Folge des Friedens von Ofen (1254) herausbildete. Nach dem Ende der Babenbergerherrschaft dürften gemeinsame politische Interessen den nunmehr in seiner Gesamtheit österreichischen Adel des Raumes zwischen Hausruck und Enns zu einem engeren Zusammenwirken mit dem Adel des Gebietes zwischen Enns und Ybbs veranlaßt haben. Die Region zwischen (etwa) Ybbs und Hausruck, in der sich diese Sonderentwicklung vollzog, wurde als Oberes Österreich/Oberösterreich/Austria superior bezeichnet. In der zweiten Hälfte des 13. Jahrhunderts scheint sich bei den führenden Schichten dieses Raumes, dessen Adel sich im Rahmen der von König Ottokar II. von Böhmen geschaffenen österreichischen Gerichtsorganisation zu gemeinsamen Gerichtsversammlungen (Landtaidingen) zusammenfand, das Bewußtsein der Eigenständigkeit verstärkt zu haben. Allerdings wurde vereinzelt auch bereits die Region westlich (= oberhalb) der Enns als eine Einheit empfunden. Wie der 1264 bezeugte „Landrichter von Oberösterreich" beweist, war der Prozeß der landrechtlichen Verselbständigung beiderseits der Enns schon im Gange. Daß letztlich nicht das obere Österreich zwischen (etwa) Ybbs und Hausruck, sondern ein Land ob der Enns als Einheit entstand, dürfte vor allem eine Folge der bayerischen Pfandherrschaft über das Gebiet zwischen

*Erweiterung im späten Mittelalter* 83

Hausruck, Enns und Donau in den Jahren 1276–1279 gewesen sein. Sie ließ offenbar die Enns so stark als Verwaltungs- und Gerichtsgrenze hervortreten, daß man daran auch während der anschließenden kurzen oberösterreichischen Hauptmannschaft des Markgrafen von Hachberg im Rahmen der habsburgischen Herrschaft festgehalten zu haben scheint. Der Habsburger Albrecht I. dürfte aus dieser Entwicklung die Konsequenzen gezogen haben, indem er den Sprengel des von ihm 1281 geschaffenen „Gerichtes" auf den Raum „ob der Enns" beschränkte. Dieser Gerichtsbezirk wies mit einer adeligen Interessengemeinschaft, die sich in Anerkennung eines einheitlichen Landrechtes unter dem Vorsitz eines vom Landesherrn eingesetzten oberen Landrichters zu gemeinsamen Gerichtsversammlungen (Landtaidingen) traf, die Wesensmerkmale eines mittelalterlichen Landes auf, bildete jedoch kein selbständiges Fürstentum.

Der Begriff „Oberösterreich (Austria superior)" trat nach 1281 gegenüber „ob der Enns" völlig zurück, blieb aber bis in die ersten Jahrzehnte des 14. Jahrhunderts vornehmlich in Freisinger Geschichtsquellen als Bezeichnung für das Gebiet östlich der Enns zwischen Amstetten und Waidhofen a. d. Ybbs in Gebrauch. Über den Ennsfluß hinweg bestanden allerdings weiterhin bis in die Mitte des 19. Jahrhunderts rechtliche und organisatorische Beziehungen, da zum Beispiel der Inhaber des unter der Enns gelegenen Landgerichtes Burg Enns zumeist in Enns seinen Sitz hatte und sich das bischöflich-passauische Offizialat ob der Enns mit dem kirchlichen Dekanat Lorch bis zur Errichtung der Diözese Linz im Jahre 1785 auch östlich des Ennsflusses bis über die Ybbs hinaus erstreckte. Schließlich erlangten im späten Mittelalter einige Städte und Märkte der östlich der Enns anschließenden Region dieselben Handelsvorrechte wie die landesfürstlichen Städte ob der Enns.


Die Erweiterung des Landes ob der Enns im späten Mittelalter

Der Sprengel des „Gerichtes ob der Enns" umfaßte anfänglich nur einen kleinen Teil des späteren Landes ob der Enns. Der Bezirk des Landrichters ob der Enns war von einer Reihe ähnlicher Gerichtssprengel umgeben, die bei unterschiedlichen herrschaftlichen Voraussetzungen ebenfalls die Tendenz zur Landwerdung aufwiesen. Die seit alters zum Herzogtum Österreich gehörenden Gebiete des Machlandes und der Riedmark, die Herrschaft Waxenberg sowie die Kammergutsbezirke des Ischllandes und um Steyr bildeten dem „Gericht ob der Enns" entsprechende landrechtliche Sonderbezirke, die durch die Oberhoheit des habsburgischen Landesfürsten zusammengehalten wurden. Die weitere Entwicklung ist dadurch gekennzeichnet, daß es den Inhabern des Landrichteramtes ob der Enns im Laufe des 14. und 15. Jahrhunderts gelang, ihren Einfluß auf die benachbarten Gebiete auszuweiten und diese dadurch dem Lande ob der Enns einzugliedern. Dieser Prozeß kann anhand der Gewährleistungsformeln bei beurkundeten Rechtsgeschäften verfolgt werden. Überall dort, wo man „nach Recht des Landes ob der Enns" haftete, fand die Jurisdiktion des Landrichters bzw. Hauptmannes ob der Enns Anerkennung.

In dieser Phase der Entstehung des Landes ob der Enns spielten die Herren von Wallsee eine wichtige Rolle, da die habsburgischen Landesfürsten von Österreich seit 1288 rund zwei Jahrhunderte lang nahezu ausschließlich Angehörige dieses schwäbischen Adelsgeschlechtes mit dem Amt des Landrichters bzw. Hauptmannes ob der Enns betrauten. Die Wallseer, die im Gefolge der Habsburger nach Österreich gekommen waren, konnten sich im oberösterreichischen Raum rasch durchsetzen, da ihnen landesfürstliche Pfandschaften als Gegenleistung für den Verkauf ihrer vorländischen Besitzungen die notwendige Machtbasis boten. Durch ständige Vermehrung ihrer Besitzungen, Pfandschaften und Herrschaftsrechte wurden sie zum mächtigsten Geschlecht ob der Enns, mit dem nur die alteingesessenen Herren von Schaunberg zu konkurrieren vermochten. Der Ausbau ihrer Machtstellung kam auch dem Amt des Landrichters ob der Enns zugute, das anfänglich die Linzer Linie der Wallseer innehatte und nach deren Erlöschen im Jahre 1400 auf die Ennser Linie überging. Gegen Ende des 14. Jahrhunderts gehörte es zu den Aufgaben des Hauptmannes ob der Enns, den Frieden zu wahren, die landesfürstlichen Amtleute zu unterstützen, Prälaten, Klerus, Juden und, falls er dazu aufgefordert würde, auch die landesfürstlichen Städte zu schützen. Zur Bewältigung der wachsenden Aufgaben setzten die Wallseer Unterbeamte ein, die sie ihrer ritterlichen Dienstmannschaft entnahmen. Ausdruck des allgemeinen Aufschwungs des Landrichteramtes in der Hand der Herren von Wallsee war seit ca. 1330 der neue Titel „Hauptmann ob der Enns". Wenig später übertrug der Hauptmann ob der Enns einen Teil seiner Funktionen auf einen von ihm abhängigen untergeordneten Landrichter, der ihn beim Landtaiding unterstützte und vertrat.

Besonderer Art scheint an der Wende vom 13. zum 14. Jahrhundert das Verhältnis zwischen dem wallseeischen „Gericht ob der Enns" und dem sich im Westen bis zur bayerischen Grenze am Salletwald und am Hausruck erstreckenden Herrschaftsbereich der Herren von Schaunberg gewesen zu sein. Die Schaunberger hatten im 12. Jahrhundert die Grafen von

Formbach teilweise beerbt und ihre Herrschaft durch Rodung ausgeweitet, um die Mitte des 13. Jahrhunderts von den Grafen von Plain die Vogtei über den Bamberger Besitz im Attergau und die Herrschaft Kammer geerbt sowie in der zweiten Jahrhunderthälfte vorübergehend die Herrschaft Waxenberg innegehabt. Um die Mitte des 13. Jahrhunderts dürften sie auch in einem nicht näher bekannten unmittelbaren Verhältnis zur Reichsgewalt gestanden sein. Ihre Machtfülle ermöglichte ihnen die Friedenswahrung und Rechtspflege in einem Gerichtssprengel (1249: districtus iudiciorum), der sich von der Donau und der Traun bis zum Hausruck und zum Attersee erstreckte. Für die Bewohner dieses Hochgerichtsbezirkes wurden unter dem Vorsitz der Schaunberger Gerichtsversammlungen abgehalten, die den Charakter von Landtaidingen hatten. Die Herren von Schaunberg konnten daher 1289 von ihrem Land (terra nostra) sprechen. Seit dem Ende des 13. Jahrhunderts führten sie aus eigenem den Grafentitel, von ihrer Grafschaft ist seit 1317 die Rede. 1331 bestätigte ihnen Kaiser Ludwig der Bayer ihre (ungenannten) Reichslehen und bot ihnen damit eine wichtige Rechtsgrundlage für die angestrebte Unabhängigkeit vom österreichischen Herzog. Diese schaunbergische Machtdemonstration war möglich geworden durch innen- und außenpolitische Schwierigkeiten der Habsburger und durch den Thronkampf zwischen den Häusern Habsburg und Wittelsbach nach 1314. Auch später konnten sie stets mit der Unterstützung jener deutschen Könige rechnen, die nicht dem Hause Habsburg angehörten.

Nach einem Konflikt um die Herrschaft Waxenberg in den Jahren 1289/91 scheint das Verhältnis zwischen Habsburgern und Schaunbergern in den beiden ersten Jahrzehnten des 14. Jahrhunderts ungetrübt gewesen zu sein. Die Grafen besuchten mit ihren Gefolgsleuten die obderennsischen Landtaidinge. In dieser Situation tritt 1321 erstmals die für den Gerichtsstand maßgebliche Gewährleistungsformel nach „Recht des Landes ob der Enns" in Erscheinung, und zwar in einer Urkunde über den Verkauf eines im schaunbergischen Herrschaftsbereich gelegenen Hofes. Als jedoch in den zwanziger Jahren offenbar die Gefahr zunahm, daß sich das schaunbergische Territorium, in dem die Grafen unter anderem Blutgerichtsbarkeit, Vogtei- und Patronatsrechte ausübten, als Land verselbständigen könnte, suchten dem die Habsburger gemeinsam mit den Wallseern durch eine konsequente Politik entgegenzuwirken. Ihr Ziel war es, die Schaunberger einzukreisen und deren Ministerialen auf die habsburgische Seite zu ziehen. 1348 gelang es den Habsburgern nach Abschluß eines Vertrages mit Kaiser Ludwig dem Bayern, die Schaunberger, die anscheinend nach dem Tode des habsburgischen Königs Friedrich des Schönen († 1330) versucht hatten, aus dem österreichischen

Landesverband auszuscheren, zur Anerkennung der österreichischen Oberhoheit über ihr Territorium zu veranlassen. Die Grafen erklärten sich als Diener des österreichischen Landesfürsten und stellten diesem ihre Burgen zur Verfügung. Im selben Jahr widerrief der neue Kaiser Karl IV. alle Gnaden- und Freiheitsbriefe seines Vorgängers Ludwig des Bayern, soweit sie die Freiheiten der habsburgischen Länder beeinträchtigten. Außerdem verlieh er Herzog Albrecht II. zwischen 1348 und 1354 für dessen Länder ein Privilegium de non evocando, wodurch das herzogliche Hofgericht zur obersten Gerichtsinstanz wurde. Da diese Maßnahmen die von den Schaunbergern beanspruchte Reichsunmittelbarkeit bedrohten, suchten die Grafen der österreichischen Lehenshoheit 1358 dadurch zu entgehen, daß sie freiwillig ihre Besitzungen Schaunberg, Neuhaus und Stauf und ihre Landgerichte Peuerbach, Erlach und Donautal der Lehenshoheit der Bischöfe von Passau und Bamberg unterstellten.

In einer Phase guter Beziehungen kam es 1361 mit dem Vertrag von Weitra zu einem Ausgleich zwischen dem Habsburger Herzog Rudolf IV. und den Schaunbergern. Dabei fällt auf, daß die Habsburger zuvor die Macht der Wallseer etwas eingeschränkt haben, indem sie die Pfandschaften Riedmark/Freistadt und Waxenberg von der Ennser Linie, Falkenstein und Neuburg am Inn von der Linzer Linie einlösten und anderweitig verpfändeten. Der Vertrag von Weitra sah neben anderen lehenrechtlichen Vereinbarungen vor, daß die Schaunberger für fünf ihrer Landgerichte, in denen die landesfürstlichen Städte und Märkte Wels, Linz, Schwanenstadt und Vöcklabruck lagen, den Blutbann vom österreichischen Herzog zu Lehen nahmen und für diesen Bereich das herzogliche Steuerrecht und die Münzhoheit anerkannten. Als Gegenleistung gewährten die Habsburger den Grafen das Recht der weiblichen Erbfolge für alle Lehen, zahlten eine namhafte Geldsumme und sicherten ihnen wahrscheinlich auch die Anwartschaft auf das Amt des Hauptmannes ob der Enns zu. Dieses Abkommen bedeutete einen großen Erfolg für Herzog Rudolf IV., weil dadurch der Großteil des Territoriums der Schaunberger dem Amtsbezirk des Hauptmannes ob der Enns eingegliedert wurde und damit die Linie vom Salletwald über den Hausruck zum Attersee als Westgrenze des Landes ob der Enns wieder Anerkennung fand. In der nun entspannten Lage faßte Herzog Rudolf IV. 1363 alle Rechte, Befugnisse und Einnahmen, über die der Hauptmann ob der Enns in Vertretung des Landesfürsten verfügte, in der Institution der „Hauptmannschaft ob der Enns" zusammen. Ihr Einflußbereich deckte sich mit dem Land ob der Enns und mit dem Geltungsbereich des gewohnheitsmäßigen Landrechtes ob der Enns.

Mit dem Vertrag von Weitra fand jedoch das politische Ringen zwischen
Habsburgern und Schaunbergern um die Stellung des Westteiles des Landes ob der Enns noch kein Ende. In den siebziger Jahren betonten beide
Seiten wieder ihre landesherrlichen Rechte. Dabei dürfte wohl auch die
Tatsache eine Rolle gespielt haben, daß es den Grafen nicht gelungen war,
das Amt des Hauptmannes ob der Enns länger als von 1369 bis 1373 zu
behalten. Als Herzog Albrecht III. 1376 die Unterstützung der Herzöge
von Bayern suchte, schloß Graf Heinrich von Schaunberg mit dem Erzbischof von Salzburg ein Bündnis. In der Vertragsurkunde sprach der
Schaunberger von seinem Land und seinen Leuten. Gleichzeitig sicherte
sich der österreichische Landesfürst Stützpunkte im schaunbergischen
Machtbereich: 1376 erwarb er die Burg Weidenholz durch Kauf, 1379
Herrschaft und Landgericht Starhemberg. 1377 kaufte Herzog Albrecht III. vom Bistum Bamberg die Herrschaften Frankenburg und
Attersee, die bisher den Schaunbergern verpfändet waren, und gab sie
seinem Hauptmann ob der Enns Heinrich von Wallsee zum Pfand
(1379—1435 und 1472—1483 bzw. 1445—1470). Die Spannungen entluden
sich 1380/81 und 1385/86 in einer kriegerischen Auseinandersetzung, der
sogenannten Schaunberger Fehde, in der die Grafen der gemeinsamen
Macht von Landesfürst und wallseeischem Hauptmann unterlagen. Nach
dem Urteil eines Schiedsgerichtes von Reichsfürsten mußten sie 1383
unter anderem die Lehenshoheit des österreichischen Herzogs anerkennen, diesem die Herrschaft Kammer verkaufen sowie dem Bischof von
Passau die bisher verpfändeten Burgen und Herrschaften Vichtenstein,
Rannariedl, Ober- und Niederwesen, Haichenbach, Velden (Neufelden)
und Riedegg zurückgeben. Stellung und Machtbereich der Schaunberger
waren dadurch empfindlich geschwächt. Noch immer vermochten sie
sich aber mit Hilfe der Herzöge von Bayern, mit denen sie sich 1382 und
1386 verbündeten — in einer bayerischen Vertragsurkunde ist wieder von
dem schaunbergischen „Land" die Rede — und denen sie die bisher verpfändete Herrschaft Julbach am Inn abtraten, und mit Unterstützung des
deutschen Königs Wenzel politisch zu behaupten. Herzog Albrecht III.
reagierte darauf, indem er sich 1389 vom Passauer Bischof, der politisch
von den Habsburgern abhängig war, mit den schaunbergischen Burgen
und Herrschaften sowie auch ausdrücklich mit der Grafschaft belehnen
ließ. Obwohl sich die Schaunberger 1390/91 der Hoheit des österreichischen Landesfürsten unterwarfen, konnten sie aber mit Hilfe der deutschen Könige aus dem Hause der Luxemburger, die den Grafen ihre Grafschaft neuerlich als Reichslehen übertrugen, weiterhin eine Sonderstellung als oberste Gerichtsherren ihres Gebietes behaupten. Im 15. Jahrhundert entstand sogar ein eigenes Recht der Grafschaft Schaunberg, das

allerdings nur ein Teil des Landrechtes ob der Enns war, mit einem gräflichen Hofgericht. Damit bildete die Grafschaft ein Land im Lande ob der Enns, und die Schaunberger sprachen um die Mitte des 15. Jahrhunderts in ihren Urkunden von ihrem „fürstlichen Regiment" und ihrem „fürstlichen Stand".

Gegen Ende des 15. Jahrhunderts konnten die Habsburger Friedrich III. und Maximilian I. die landrechtliche Sonderstellung der Schaunberger durch gezielten Einsatz der landeshauptmannschaftlichen Gewalt und mit Unterstützung der Landstände ob der Enns, die an einer Ausnahmestellung der Grafen im Lande ob der Enns nicht interessiert waren, allmählich aushöhlen. Reichslehensbriefe, welche die Grafen im 16. Jahrhundert wieder erhielten, verliehen nur mehr den Blutbann und nicht die Grafschaft. Am Beginn dieses Jahrhunderts gab es daher bereits Gutachten, die den Grafen von Schaunberg eine Sonderstellung im Lande ob der Enns absprachen. Ein letztes Mal flackerte die Problematik unter König Ferdinand I. auf, als die Grafen ihre Reichsstandschaft neuerlich betonten und eine steuerrechtliche Ausnahmestellung im Lande ob der Enns anstrebten. Sie wurden jedoch 1548 aus der Reichsmatrikel gestrichen, und König Ferdinand I. ließ sich im selben Jahr von seinem Bruder Kaiser Karl V. die Anwartschaft auf die schaunbergischen Reichslehen im Falle des zu erwartenden Todes des letzten Schaunbergers bestätigen. Die geplante Einziehung des schaunbergischen Besitzkomplexes konnte jedoch nicht verwirklicht werden. Die Grafschaft Schaunberg zerfiel nach dem Tode des Grafen Wolfgang im Jahre 1559 in neue Herrschaften der Erben aus den Häusern Starhemberg und Liechtenstein, die ihre Rechte auf dem Prozeßwege behaupten konnten.

Eine Zeitlang war auch die Herrschaft Waxenberg im Mühlviertel in schaunbergischer Hand. Herzog Leopold VI. von Österreich und Steiermark hatte sie vor 1228 von den Erben der Herren von Griesbach-Waxenberg erworben. Nach dem Tode des letzten Babenbergers Herzog Friedrich II. im Jahre 1246 setzten sich die Herren von Schaunberg in den Besitz der Herrschaft und erreichten bei dem neuen österreichischen Landesfürsten Ottokar II. von Böhmen die Anerkennung von Erbrechten, die sie nach den Griesbach-Waxenbergern geltend machten. 1289/91 gelang es jedoch dem Habsburger König Albrecht I., der die landesfürstlichen Rechte wiederherzustellen trachtete, die Schaunberger mit Waffengewalt aus dieser ehemals babenbergischen Herrschaft zu verdrängen. Nur die Burg Neuhaus an der Donau blieb schaunbergisch. Von 1331 bis 1435 verpfändeten die Habsburger die Herrschaft Waxenberg mit dem Landgericht an die Ennser Linie der Herren von Wallsee. Die bisherige Sonderentwicklung des Gebietes, das seit 1335 Grafschaft genannt wurde, suchte Herzog Rudolf IV. dadurch in den Griff zu bekommen, daß er 1358 den Titel eines Grafen von Waxenberg annahm. Das seit den vierziger Jahren wohl unter wallseeischem Einfluß in der Grafschaft verbreitete Recht des Landes ob der Enns hatte im letzten Viertel des 14. Jahrhunderts bereits allgemeine Geltung.

Westlich der Großen Mühl erstreckte sich in der ersten Hälfte des 13. Jahrhunderts das Territorium des Bistums Passau, das seit der Wende vom 11. zum 12. Jahrhundert in dem Raum nördlich der Donau und östlich der Ilz nach einer Erweiterung seiner Rechte gestrebt hatte. Eine wichtige Voraussetzung für den Aufbau einer bischöflichen Gebietsherrschaft war die Schenkung der Reichsabtei Niedernburg in Passau mit ihren nördlich der Donau gelegenen Besitzungen durch Kaiser Friedrich I. im Jahre 1161. Um 1220 verstärkte das Bistum seine Bemühungen, von den östlich der Ilz ansässigen Adelsgeschlechtern Besitzungen sowie Vogtei- und Grafschaftsrechte zu erlangen und konnte sich dadurch die Landeshoheit in dem sogenannten Land der Abtei (d. i. Niedernburg) bis zur Großen Mühl sichern. Nach dem Tode des letzten Griesbach-Waxenbergers bald nach 1221 scheint es zwischen dem Bischof von Passau und dem Babenberger Herzog Leopold VI. zu einem Kompromiß gekommen zu sein, mit dem die Große Mühl als Territorialgrenze anerkannt wurde. Der gesamte, westlich der Mühl gelegene, ehemalige Besitz der mächtigen Griesbach-Waxenberger mit dem Markte Velden (Neufelden) fiel an das Hochstift. Das weitere Vordringen der österreichischen Landesherrschaft gegen Westen war jedoch nicht lange aufzuhalten. 1242 gestattete Herzog Friedrich II. als Landesherr dem Stift Schlägl nördlich der Großen Mühl die Rodung des Dorfes Aigen (im Mühlkreis). Im Verlauf der zweiten Hälfte des 13. Jahrhunderts bemühten sich sowohl der wittelsbachische Herzog von Bayern als auch die habsburgischen Landesfürsten von Österreich um Einfluß westlich der Mühl. Den Habsburgern kam dabei zugute, daß sie mit Rudolf I. und Albrecht I. deutsche Könige stellten. Die habsburgische Politik wurde aber erst 1289 wirksam, als Albrecht I. die Burg Falkenstein eroberte und die dazugehörige Herrschaft des mächtigen, vom böhmischen König Wenzel II. geächteten Witigonen Zawisch in seine Gewalt brachte. Diesen wichtigen Vorposten, mit dem die Vogtei über das Stift Schlägl verbunden war, verpfändeten die Habsburger von 1331 bis 1435 mit Unterbrechungen an die Herren von Wallsee. Während des 14. und 15. Jahrhunderts setzte sich zwischen Mühl und Ranna allmählich die österreichische Landeshoheit ohne besonderen Widerstand der Bischöfe von Passau durch, zumal diese immer stärker politisch unter den Einfluß der Habsburger gerieten. Dementsprechend hatte das Landrecht ob der Enns im Bereich der Pfarren Rohrbach,

Pfarrkirchen, Sarleinsbach und Peilstein bzw. in dem zu Beginn des 14. Jahrhunderts geschaffenen passauischen Landgericht Velden (Neufelden) Geltung. Der Hauptmann ob der Enns war daher auch in diesem Teil des oberen Mühlviertels zum Eingreifen befugt. Am Beginn des 16. Jahrhunderts dehnte König Maximilian I. den Umfang des Landes ob der Enns sogar auf heute bayerisches Gebiet aus, indem er 1506 die Herrschaft Rannariedl mit dem Amt Wildenranna und dem Gericht Jandelsbrunn samt der Hochgerichtsbarkeit in diesem Bezirk erwarb. Im Laufe dieses Jahrhunderts wurde die österreichische Landeshoheit westlich der Großen Mühl schließlich auch vom Fürstbistum Passau anerkannt. Die von der Donau in der Nähe Jochensteins zum Plöckenstein verlaufende Grenzlinie, die heute Oberösterreich und Bayern trennt, ist das Ergebnis eines Staatsvertrages zwischen Österreich und Passau vom 25. Oktober 1765. Österreich trat damals Wildenranna und Jandelsbrunn mit den landesherrlichen Rechten im Tausch gegen das südlich der Donau um Engelhartszell gelegene, lange Zeit umstrittene Landgericht Niederkeßla an Passau ab.

Östlich des Haselgrabens bildeten im Bereich der alten, seit babenbergischer Zeit zur Markgrafschaft bzw. zum Herzogtum Österreich gehörigen Riedmark die Herrschaft und das Landgericht Freistadt eine frühe landrechtliche Einheit. Beide waren von ca. 1290 bis um 1335 an die beiden Linien des Hauses Wallsee, danach bis 1358 nur an die Ennser Linie der Wallseer verpfändet. Die Herren von Wallsee führten als Inhaber der Pfandherrschaft den Titel „oberster Landrichter in der Riedmark"; unter ihnen agierten im 14. Jahrhundert abhängige (niedere) Landrichter. Wie stark die Stellung der Wallseer in diesem Herrschaftsbereich wurde, ist daran zu erkennen, daß Reinprecht I. 1342 als „Hauptmann und Herr in der Riedmark" bezeichnet wurde und sich 1349 „Herr und Vogt in der Riedmark" nannte. Gegen Ende des 14. Jahrhunderts galt in diesem Gebiet, das seit Herzog Rudolf IV. als Hauptmannschaft Freistadt bezeichnet wurde, mit Ausnahme der westlichen Randzone das „Landrecht zu Österreich" oder „zu Österreich in der Riedmark" u. ä. Im westlichen Grenzbereich zur Grafschaft Waxenberg betrachteten sich die Herren von Starhemberg, die Inhaber der Herrschaft Wildberg im Haselgraben, stets zum Lande ob der Enns gehörig. Das Recht des Landes ob der Enns hatte daher auch in ihrem östlich des Haselgrabens bis zur Großen Gusen gelegenen Machtbereich Geltung. Im 15. Jahrhundert verstärkten sich die Bindungen der Riedmark an das Land ob der Enns, als die Starhemberger die Herrschaften Waldenfels und Riedegg erwarben und die Herrschaft Freistadt von 1445 bis 1460 wieder an die Herren von Wallsee verpfändet wurde. Außerdem war die landesfürstliche Stadt Freistadt aus wirtschaftlichen Gründen an einer möglichst engen Zusammenarbeit mit den südlich der Donau gelegenen Gebieten interessiert. In der zweiten Hälfte des 15. Jahrhunderts kam es daher zur allmählichen Eingliederung der Riedmark in das Land ob der Enns, indem der Hauptmann ob der Enns immer häufiger aus eigenem oder im Auftrag des Landesfürsten in diesem Landesteil nördlich der Donau eingriff.

In dem im Osten an die Riedmark anschließenden Machland, das seit dem 10. Jahrhundert mit der babenbergischen Mark an der Donau bzw. mit dem Herzogtum Österreich verbunden war, verpfändete König Rudolf von Habsburg 1281 das Landgericht an die Herren von Kapellen, die sich im Besitze der Herrschaften Steyregg, Windegg und Ruttenstein befanden. Die Kapeller nannten sich „oberste Landrichter im Machland", bestellten ihrerseits (niedere) Landrichter und bauten ihre Macht so aus, daß sich Jans von Kapellen 1354 „Herr des Machlandes" (dominus terre Machlant) nennen konnte. Das seit dem 12. Jahrhundert bezeugte, wahrscheinlich edelfreie Geschlecht, das mit Ulrich von Kapellen den ersten Landrichter ob der Enns (1281—1287/88) gestellt hatte, war nicht daran interessiert, seinen Gerichtssprengel den wallseeischen Hauptleuten ob der Enns unterzuordnen. Dennoch fand das Recht des Landes ob der Enns bereits vor dem Aussterben der Kapeller (um die Jahreswende 1406/ 07) vereinzelt auch im Machland Eingang. Wie in der Riedmark spielten die Wallseer auch hier eine wichtige Rolle in dem Prozeß der Angliederung an das Land ob der Enns. Die Herrschaften Windegg und Ruttenstein mit den Märkten Unterweißenbach und Königswiesen fielen nämlich nach dem Erlöschen der Kapeller an den Hauptmann ob der Enns Reinprecht II. von Wallsee. In der zweiten Hälfte des 15. Jahrhunderts fand schließlich das Landrecht ob der Enns, auf das sich anfänglich nur der niedere Adel und die Bürger berufen hatten, auch bei den übrigen Herrengeschlechtern des Machlandes Anerkennung.

Im Südosten des heutigen Oberösterreich hatte sich die landesfürstliche Herrschaft Steyr seit dem hohen Mittelalter zu einem großen, weitgehend geschlossenen Herrschafts- und Gerichtsbezirk entwickelt. Der Ministeriale Dietmar von Steyr, der nach dem Tode des Babenbergers Friedrich II. als Machthaber hervorgetreten war, hatte 1252 mit dem neuen österreichischen Landesfürsten Ottokar II. von Böhmen eine Übereinkunft getroffen: Dietmar übergab die Herrschaft mit der Stadt Steyr an Ottokar II. und durfte dafür innerhalb des landesfürstlichen Kammergutsbezirkes die Herrschaft Losenstein gründen. Ottokar II. hielt sich seinerseits dafür schadlos, indem er um 1255 den bayerischen Herzogsbesitz um (Bad) Hall (Herzogenhall) der Herrschaft Steyr einverleibte. Diese umfaßte um 1325 die Verwaltungsbezirke (Ämter) Ternberg,

Molln, Dietach, Mühlbach, Laussa, Mitterberg, Arzberg, Großraming, Steinbach, Ramsau, Kniewas, Hirt und (Bad) Hall sowie im heutigen Niederösterreich, wo schon im 13. Jahrhundert der Streubesitz bis in die Gegend von Amstetten reichte, Neustift und Pfriemreith. Nach der kurzen bayerischen Pfandherrschaft ob der Enns, die von 1276 bis 1279 auch den westlich der Enns gelegenen Teil der Herrschaft Steyr umfaßte, übernahm 1281/82 kurzfristig der von den Habsburgern als Hauptmann (capitaneus Stirie civitatis) eingesetzte Ulrich von Kapellen die Herrschaft und deren Landgericht. Seine Nachfolger als Repräsentanten des Landesfürsten führten den Titel Richter oder Pfleger. In der ersten Hälfte des 14. Jahrhunderts wies die Herrschaft Steyr die Merkmale eines Landes auf: ihr Verwalter, der Burggraf bzw. Pfleger von Steyr — daneben gab es jetzt für das Gebiet der Stadt Steyr einen eigenen Richter — erfüllte die Funktionen des obersten Landrichters, die kleinen landesfürstlichen Ministerialen der Herrschaft hatten sich nach 1300 zu der (adeligen Gerichts-)„Gemeinde der Ritter zu Steyr" zusammengeschlossen. Die Gewährleistung erfolgte im Herrschaftsbereich bis gegen Ende des Jahrhunderts „nach Landesrecht" oder „nach Landesrecht zu Österreich". Bezeichnenderweise wurde die sogenannte „Pflege ze Steyr" im habsburgischen Teilungsvertrag von Neuberg a. d. Mürz (1379) gleichrangig neben der Hauptmannschaft ob der Enns angeführt. Der Umschwung begann auch in der Herrschaft Steyr mit der Verpfändung an die (Ennser Linie der) Herren von Wallsee (1374—1384). Seit den siebziger Jahren des 14. Jahrhunderts fand das Recht des Landes ob der Enns allmählich Anerkennung. Zur Vereinigung mit der Hauptmannschaft ob der Enns kam es erst im Laufe des 15. Jahrhunderts, als der Hauptmann ob der Enns seine Befugnisse auf das Gebiet der Herrschaft Steyr ausweiten konnte.

Einen landschaftlich und herrschaftlich geschlossenen Bezirk des landesfürstlichen Kammergutes bildete auch die Gebirgsgegend südlich des Traunsees, das sogenannte Ischlland („Ischelen provincia" 1262, „Ischllant" 1312). Unter König Ottokar II. von Böhmen wurde es von eigenen Richtern und Amtleuten verwaltet. Später stand ein Pfleger bzw. Salzamtmann an seiner Spitze, der in Gmunden seinen Sitz hatte. Die Inhaber dieses Amtes gehörten dem niederen Adel und der bürgerlichen Oberschicht (z. B. in Gmunden, Wien und Passau) an. Die Grundlage ihrer Macht bildete die vom österreichischen Herzog verliehene Herrschaft Wildenstein (bei Bad Ischl) mit dem gleichnamigen Landgericht. In ihrem Sprengel zwischen der Stadt Gmunden und der Grenze zur Steiermark südlich des Hallstätter Sees hatte ein eigenes Landesrecht Geltung. Der Hauptmann ob der Enns griff in dem wegen der Salzgewinnung wichtigen Ischlland seit dem 14. Jahrhundert nur auf Befehl des österreichischen Landesfürsten ein. Um die Mitte des 15. Jahrhunderts wurde jedoch auch dieser Sonderbezirk in die Hauptmannschaft bzw. das Land ob der Enns eingegliedert. Während 1451 noch von einer eigenen Währung des Ischllandes die Rede war, wurden 1460 bereits die Märkte Ischl und Lauffen zu den Märkten ob der Enns gerechnet. Dieser neue Teil des Landes ob der Enns behauptete jedoch infolge seiner wirtschaftspolitischen Bedeutung bis weit in die Neuzeit hinein eine verwaltungsmäßige Sonderstellung. Seit Kaiser Maximilian I. unterstand das Ischlland mit dem Gmundener Salzamtmann der niederösterreichischen Hofkammer in Wien. Erst Kaiser Joseph II. unterstellte es 1783 der neugeschaffenen obderennsischen Landesregierung in Linz. Der Name „Salzkammergut" für das unter der Verwaltung der kaiserlichen Hofkammer stehende Gebiet ist 1656 erstmals bezeugt; seit dem frühen 19. Jahrhundert bezieht er auch die Seenlandschaften des Mondseelandes und des Attergaues ein.

Das westlich des Hallstätter Sees gelegene Gosautal war seit der zweiten Hälfte des 13. Jahrhunderts wegen seiner Salzvorkommen zwischen Österreich und Salzburg, dessen Erzbischof Eberhard II. 1231 das Gebiet östlich des Passes Gschütt dem Kloster St. Peter geschenkt hatte, umstritten. Seit der zweiten Hälfte des 14. Jahrhunderts dürfte sich jedoch die österreichische Landeshoheit gegenüber den Ansprüchen der Erzbischöfe durchgesetzt haben. Das für die Salzgewinnung in Hallstatt wichtige Waldgebiet erscheint bereits am Beginn des 15. Jahrhunderts als Teil des Ischllandes. Das Erzstift verzichtete aber erst 1489 im Zusammenhang mit der für die Wahl des Grafen Friedrich von Schaunberg zum Erzbischof erforderlichen Zustimmung Kaiser Friedrichs III. auf das umstrittene Gebiet. Der vereinbarte, der heutigen Landesgrenze entsprechende Grenzverlauf wurde in den Verträgen von 1535 und 1565 genau festgelegt, wobei der Hallstätter Saline die Nutzung salzburgischer Wälder zugestanden wurde.

Einen für die Habsburger wichtigen Vorposten inmitten bayerischen und passauischen Gebietes bildete seit der zweiten Hälfte des 13. Jahrhunderts die zwischen Inn und Donau gelegene Grafschaft Neuburg am Inn mit dem am rechten Flußufer gelegenen Vorwerk Wernstein. Ihr Inhaber kontrollierte außer den genannten Flüssen auch den Zugang nach Passau. Bei kriegerischen Auseinandersetzungen zwischen Habsburgern und Wittelsbachern war die Neuburg daher besonders umkämpft. Seit 1322 befand sich die Grafschaft mit kurzen Unterbrechungen mehr als hundert Jahre lang im Pfandbesitz der Herren von Wallsee. Der habsburgische Teilungsvertrag von Neuberg a. d. Mürz (1379) wies die Herrschaft Neuburg als Besitz Herzog Albrechts III. dem Lande zu Österreich und ob der Enns zu. Obwohl die Grafschaft seit dem späten Mittelalter als Teil des Landes ob der Enns galt und als solcher in der Folge zum Mühlviertel gerechnet wurde, erhob Bayern weiterhin Anspruch auf Landeshoheit. Am Ende des Mittelalters war Neuburg vorübergehend an die Wittelsbacher verpfändet. Von 1528 bis 1654 befand sich die Grafschaft im Besitz der Grafen von Salm, die wegen der strittigen Landeszugehörigkeit des Gebietes in zahlreiche Auseinandersetzungen mit den Herzögen von Bayern verwickelt wurden. Danach war von 1654 bis 1680 Graf Georg Ludwig von Sinzendorf der Besitzer. 1730 wurde die Grafschaft vom Fürstbischof von Passau durch Kauf erworben, nach der Säkularisation des Hochstiftes Passau im Jahre 1803 ging sie Österreich endgültig verloren und kam für immer an Bayern.

Die hier skizzierten Erkenntnisse der modernen landesgeschichtlichen Forschung zeigen, daß sich das Land ob der Enns in seinem vorläufigen Umfang zwischen Hausruck und Enns, Böhmen und Steiermark im Laufe des 14., vor allem aber im 15. Jahrhundert ausgeformt hat. Das von dem Habsburger Albrecht I. geschaffene „Gericht ob der Enns" hatte sich im 14. Jahrhundert infolge der machtvollen Stellung der Landrichter ob der Enns aus dem Geschlechte der Herren von Wallsee zur „Hauptmannschaft ob der Enns" entwickelt. Ihr Sprengel, der dem Lande ob der Enns entsprach, umfaßte am Ende des 14. Jahrhunderts das Gebiet zwischen dem Unterlauf der Enns im Osten, dem Hausruck im Westen und einer ungefähren Linie südlich von Kirchdorf im Kremstal, Gmunden und Attersee im Süden. Nördlich der Donau zählten die Grafschaft Waxenberg, der westlich anschließende Bereich des Landgerichtes Velden (Neufelden) und der Pfarre Rohrbach sowie im Osten das starhembergische Gebiet zwischen Haselgraben und Großer Gusen zur Hauptmannschaft ob der Enns. Um 1390, als das vom Hauptmann ob der Enns repräsentierte Landrecht ob der Enns vereinzelt auch bereits im Machland Anerkennung fand und die Schaunberger der habsburgischen Oberhoheit unterworfen waren, dürfte Herzog Albrecht III. dem nunmehr gefestigten Land ob der Enns ein eigenes Wappen gegeben haben. Als Vorlage scheint man bewußt jenes Wappen gewählt zu haben, das im 14. Jahrhundert im Kloster Baumgartenberg der Stifterfamilie, den um die Mitte des 12. Jahrhunderts ausgestorbenen Herren von Machland, zugeschrieben wurde. Von diesem unterscheidet sich das Wappen des Landes ob der Enns, das auch heute das Wappen unseres Bundeslandes Oberösterreich ist, nur durch einen goldenen Adler in Schwarz statt eines silbernen Adlers in Rot. Das neue Landeswappen war seit dem zweiten Jahrzehnt des 15. Jahrhunderts auf landesfürstlichen Münzen und Siegeln in offiziellem Gebrauch.

*Erweiterung im späten Mittelalter*

In diesem Jahrhundert vollzog sich auch die endgültige Ausgestaltung des spätmittelalterlichen Landes ob der Enns. Nun konnten allmählich die bisher der Hauptmannschaft ob der Enns nebengeordneten Landesteile des Machlandes, der Riedmark, der Herrschaft Steyr und des Ischllandes dem Lande ob der Enns dadurch eingegliedert werden, daß der Hauptmann ob der Enns mit Billigung oder im Auftrag des Landesfürsten seine Tätigkeit immer stärker auf diese Gebiete ausweitete. Maßgeblich für diese Entwicklung waren verschiedene Umstände: In der ersten Hälfte des Jahrhunderts hatten die Einfälle der Hussiten in die Gebiete nördlich der Donau die Notwendigkeit einer gemeinsamen Verteidigungsorganisation gezeigt. Dazu kamen wirtschaftliche Interessen, die zum Beispiel die landesfürstlichen Städte ob der Enns bereits an der Wende vom 14. zum 15. Jahrhundert veranlaßt hatten, sich zur Wahrung ihrer Vorrechte zusammenzuschließen, und nicht zuletzt auch die Vorteile einer gemeinsamen Verwaltungsorganisation, besonders hinsichtlich der Steuereinhebung. Der Prozeß der territorialen Erweiterung und der inneren Vereinheitlichung wurde gleichzeitig durch die fortschreitende Verselbständigung des Landes ob der Enns gegenüber dem Erzherzogtum Österreich (unter der Enns) gefördert. Seine seit dem Ende des 14. Jahrhunderts immer stärker in Erscheinung tretenden Landstände, das waren die Prälaten, Herren, Ritter und Knechte sowie die Vertreter der landesfürstlichen Städte, hielten 1408 in Enns, wo allerdings nur die Prälaten und Städtevertreter zusammenkamen, und 1452 in Wels von den österreichischen Landständen getrennte obderennsische Landtage ab. Besonders wichtige Abschnitte stellten die Jahre 1458 bis 1463 und 1484 bis 1493 dar. Erstere, weil damals das Land ob der Enns mit Erzherzog Albrecht VI. einen eigenen Landesfürsten, eigene Landtage, eine eigene Verwaltung und eine eigene Währung besaß. Deutliche Anzeichen dafür, daß nach dieser wichtigen Phase der oberösterreichischen Geschichte die Ausgestaltung des Landes ob der Enns weit vorgeschritten war, sind das Aufkommen des Titels „Landeshauptmann" statt „Hauptmann ob der Enns" und die Vierteleinteilung des Landes nach (nieder)österreichischem Vorbild im Jahre 1478. Die vier auf Vorschlag der Landstände aus Gründen der Friedenswahrung und der Landesverteidigung geschaffenen Organisationseinheiten waren das Hausruckviertel (am Hausruck zwischen der Donau und der Traun) und das Traunviertel (zwischen der Traun und der Enns) sowie nördlich der Donau das Mühlviertel (Mühelland, westlich des Haselgrabens) und das Machlandviertel (östlich des Haselgrabens; der im 18. Jahrhundert auch gebräuchliche Name Schwarzviertel dürfte mit den großen Nadelholzwäldern, den durch die schattige Lage dunklen Flüssen oder mit der schwarzen Festtagskleidung der bäuerlichen Bewohner dieses Gebietes zu erklären sein). Die Jahre 1484 bis 1493 waren deshalb für die Entwicklung des Landes ob der Enns von großer Bedeutung, weil in dieser Zeit Kaiser Friedrich III. in Linz residierte. Der Kaiser war hierher vor den Ungarn ausgewichen, die unter ihrem König Matthias Corvinus von 1485 bis 1490 (Nieder-)Österreich bis zur Enns besetzt hielten. Wie bereits vor ihm sein Bruder Erzherzog Albrecht VI. sprach auch Friedrich III. von seinem „Fürstentum Österreich ob der Enns", eine Bezeichnung, die 1446 erstmals bezeugt ist. 1490 wurde die Residenzstadt Linz in einem kaiserlichen Privileg zum ersten Mal Hauptstadt dieses Fürstentums genannt. Im Jahre 1492 hat Friedrich III. durch seine Entscheidung, daß die östlich der Enns in Weyer und Gaflenz wohnenden Untertanen des Klosters Garsten dem Lande ob der Enns steuerpflichtig seien, die bis heute in dieser Gegend bestehende Landesgrenze festgesetzt.

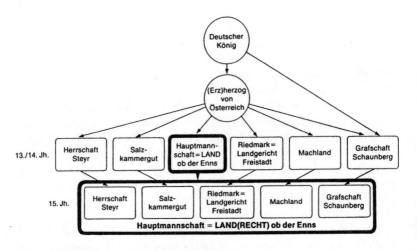

Die territoriale Entwicklung in der Neuzeit

Am Beginn der Neuzeit verzeichnete das Land ob der Enns einen weiteren Gebietszuwachs, als es König Maximilian I. verstand, im pfälzisch-bayerischen Erbfolgekrieg sein „Interesse" zu wahren. Für sein Eingreifen erhielt er im Jahre 1506 von den bayerischen Herzögen der Münchner Linie der Wittelsbacher unter anderem die 1497 auf Wiedereinlösung verkaufte Grafschaft Neuburg am Inn, nördlich der Donau die Herrschaften Rannariedl und Neuhaus sowie im Südwesten des Landes ob der Enns das Landgericht Wildeneck mit dem Wolfgangland und der Vogtei über das Kloster Mondsee. Die Burg Wildeneck war um die Mitte des 12. Jahrhunderts von den Grafen von Ortenburg als Vögten des Klosters Mondsee errichtet worden. Infolge ortenburgischer Familienzwiste waren Burg und Gericht mit der Klostervogtei im 13. Jahrhundert von den Herzögen von Bayern und den Erzbischöfen von Salzburg umstritten. Auch der österreichische Landesfürst König Ottokar II. von Böhmen versuchte, sich in diese Auseinandersetzungen einzuschalten, indem er das Kloster unter seinen Schutz stellte. 1278 verkaufte der Bischof von Regensburg seine Besitzungen um Mondsee dem Erzbischof von Salzburg. Diese zu einem salzburgischen Urbaramt zusammengefaßten Güter konnte das Kloster erst 1759 im Tausch gegen seine Untertanen auf Salzburger Boden erwerben. In der ersten Hälfte des 13. Jahrhunderts wurde das langgestreckte Gebiet von Oberhofen am Irrsee im Norden bis zum Wolfgangsee im Süden verschiedentlich als „iudicium circa Mense", „districtus" und „territorium" bezeichnet, um 1300 auch als „land ze Maennse". Das ursprünglich zum bayerischen Landgericht Weilhart gehörige Mondseeland unterstand seit der zweiten Hälfte des 14. Jahrhunderts als selbständiges bayerisches Landgericht Wildeneck dem Rentamt Burghausen. Als das Erzstift Salzburg 1390 bzw. 1398 die Herrschaft Mattsee mit Straßwalchen vom Hochstift Passau kaufte, wurde das Mondseeland eine von Niederbayern getrennte bayerische Enklave. Seit der Mitte des 14. Jahrhunderts verpfändeten die bayerischen Herzöge die Herrschaft Wildeneck mehrmals. Nach 1462 konnte sich das Kloster Mondsee wiederholt in den Besitz der Pfandherrschaft setzen. König Maximilian I. mußte in Geldnot das Mondseeland noch im Jahre des Erwerbes (1506) an den Erzbischof von Salzburg verkaufen, behielt sich jedoch ein Rückkaufrecht vor. Da sich der Erzbischof auch die Landeshoheit über dieses Gebiet sicherte, durfte der Abt von Mondsee nicht die Landtage ob der Enns besuchen, sondern mußte wie die Vertreter der beiden Märkte Mondsee und St. Wolfgang und der bäuerlichen Bevölkerung der Herrschaft Wildeneck in der ersten Hälfte des 16. Jahrhunderts an salzburgischen Landtagen teilnehmen. Die Bemühungen der niederösterreichischen Regierung, die wegen der Versorgung des Salzkammergutes besonders am Erwerb des menschen- und waldreichen Mondseelandes interessiert war, wurden im Jahre 1565 von Erfolg gekrönt. Nach geheimen Verhandlungen erklärten sich die Stände ob der Enns bereit, Kaiser Maximilian II. die mittlerweile auf 42.000 Gulden angewachsene Pfandsumme vorzustrecken und das Mondseeland dafür in Pfand zu nehmen. So konnte es mit Ausnahme des kleinen Gebietes zwischen Mondsee und Schafberg am 24. April 1565 von Salzburg zurückgekauft und dem Land ob der Enns einverleibt werden. Einen Ausgleich zwischen den salzburgischen und habsburgischen Interessen in diesem Raum brachte der Vertrag vom 26. Mai 1689, wodurch Ober- und Unterburgau mit dem Schafberggebiet an das geistliche Fürstentum abgetreten wurden. Seither verläuft die salzburgisch-oberösterreichische Grenze vom Südostufer des Mondsees zum Südufer des Attersees und östlich des Schafberges zum Wolfgangsee. Über die Auslegung dieses Vertrages im Bereich der Burgau stritt man allerdings im 18. Jahrhundert weiter.

Im Zeitalter des nach einer geschlossenen Gebietsherrschaft strebenden aufgeklärten Absolutismus wurde das obderennsische Territorium nach außen hin abgerundet, wesentlich erweitert und im Inneren straff durchorganisiert. Mit Staatsvertrag vom 25. Oktober 1765 vereinbarten Österreich und das Fürstbistum Passau die bereits erwähnte Grenzregulierung, die Österreich südlich der Donau den Gewinn der Niederkeßla brachte und nördlich des Flusses die noch heute zwischen Bayern und Österreich gültige Grenze festlegte. Den letzten großen und bleibenden Zuwachs verzeichnete das Land ob der Enns, als Österreich nach dem bayerischen Erbfolgekrieg gegen Preußen im Frieden von Teschen (13. Mai 1779) das östlich von Inn und Salzach gelegene Gebiet bis zur Hausrucklinie, das sogenannte Innviertel, von Bayern erhielt. Damit war zwar die von Österreich seit langem angestrebte Inn-Grenze erreicht, die jahrhundertealte Hausruck-Grenze zwischen Bayern und Österreich vom Jochenstein in der Donau über den Jungfernstein, Berndorf, Antlangkirchen, den Salletwald, Ebergassen, die Pram zwischen Riedau und Geiersberg, westlich von Haag über den Hausruck und westlich von Pöndorf zur salzburgischen Grenze wirkte aber noch lange in Tradition, Brauchtum, Sprache und Recht nach. Obendrein schied sie weiterhin das Inn- vom Hausruckviertel. Noch heute sind stellenweise (z. B. in Pöndorf) Teile der entlang dieser Grenze, wo sie nicht von bewaldeten Höhenzügen gebildet wurde, errichteten sogenannten Landgräben in der Landschaft auszunehmen. Ein geschlossenes Territorium des neu erworbenen Innviertels entstand allerdings erst, als der Fürstbischof von Passau am 27. Juni 1782 die Landeshoheit über seine beiden Herrschaften Obernberg am Inn und Vichtenstein an der Donau gegen eine Entschädigung an Österreich abtrat. Im Süden des Innviertels erhob Österreich Anspruch auf die Landeshoheit über die salzburgische Herrschaft Mattsee und das verkehrspolitisch wichtige Gebiet von Straßwalchen. Nach jahrelangen Verhandlungen einigten sich der Fürsterzbischof von Salzburg und Kaiser Leopold II. 1790 über einen Grenzverlauf, der im wesentlichen die salzburgischen Rechte anerkannte und Österreich nur einen geringen Gebietszuwachs brachte. Wenige Jahre zuvor war 1788 die

Nordostgrenze Oberösterreichs gegenüber dem Erzherzogtum Österreich unter der Enns bei Hirschenau an der Donau, das sich seit dem 16. Jahrhundert im Besitz des Stiftes Waldhausen befand, endgültig festgelegt worden.
Im Jahre 1803 verlor Österreich im Zusammenhang mit der Säkularisation des Fürstbistums Passau die Landeshoheit über die Grafschaft Neuburg am Inn, die durch den Reichsdeputationshauptschluß Bayern zugesprochen wurde. Einen wesentlich empfindlicheren Gebietsverlust hatte jedoch der verlorene Krieg des Jahres 1809 gegen das napoleonische Frankreich zur Folge. Im Frieden von Schönbrunn mußte Österreich das Innviertel und das westliche Hausruckviertel mit dem Mondseeland an Frankreich abtreten, das diese Gebiete im Februar 1810 dem Königreich Bayern überließ. Bis 1816 verlief daher die bayerisch-österreichische Grenze von der Donau bei Schlögen jeweils östlich von Waizenkirchen, Grieskirchen, Gaspoltshofen, Schwanenstadt, die Ager entlang bis zum Attersee und in dessen Mitte bis zur salzburgischen Grenze am Südende. 1816 wurde Oberösterreich nicht nur in seinem früheren Umfang wiederhergestellt, sondern sogar erweitert, indem der von Bayern abgetretene größere Teil des ehemaligen geistlichen Fürstentums Salzburg als fünfter, sogenannter Salzburgkreis verwaltungsmäßig angeschlossen wurde. Diese Verbindung der beiden Länder Oberösterreich und Salzburg bestand bis Ende 1849; 1860/61 wurde sie kurzfristig erneuert.
Nach dem Ersten Weltkrieg war im November und zu Beginn des Monats Dezember 1918 im Norden angrenzendes südböhmisches Gebiet, nämlich der deutsche Böhmerwaldgau bzw. der Kreis Deutsch-Südböhmen mit den politischen Bezirken Kaplitz, Krummau, Prachatitz, Bergreichenstein und Neuern, für kurze Zeit mit dem Land Oberösterreich vereinigt. Von 1938 bis 1945 umfaßte der großdeutsche Reichsgau „Oberdonau" neuerlich die beiden südböhmischen Kreise Krummau und Kaplitz sowie im Süden auch das steirische Ausseerland, das erst 1948 verwaltungsmäßig von Oberösterreich an die Steiermark rückgegliedert wurde. Außerdem wurden im Oktober 1938 kleine Gebietsteile der niederösterreichischen Gemeinde Behamberg der oberösterreichischen Stadt Steyr eingemeindet.

Staatsrechtliche Probleme des Landes ob der Enns

Wegen der komplizierten Entstehung des Landes ob der Enns im Grenzbereich der Herzogtümer Bayern, Österreich und Steiermark herrschte lange Zeit Unklarheit über seine staatsrechtliche Stellung. Die Habsburger mußten vor allem mit Gebietsansprüchen der wittelsbachischen Herzöge von Bayern rechnen. Um sich dagegen abzusichern, stellte Herzog Rudolf IV. in den auf seine Veranlassung 1358/59 gefälschten österreichischen Freiheitsbriefen (Privilegium maius) unter anderem auch die Behauptung auf, der bayerische Herzog Heinrich der Löwe habe im Jahre 1156 nicht, wie dies wirklich geschah, auf die Markgrafschaft Österreich verzichtet, sondern auf eine angeblich damals schon bestehende „Mark ob der Enns". Diese sei daraufhin gemeinsam mit der Mark Österreich zum Herzogtum Österreich erhoben worden. Damit war die Fiktion aufgestellt, daß Bayern bereits 1156 auf das Gebiet der angeblichen „Mark ob der Enns" Verzicht geleistet habe und gleichzeitig war dieses spätere Land ob der Enns eindeutig als Teil des Herzogtums Österreich definiert worden. Im Sinne dieser Bestrebungen Herzog Rudolfs IV. hat vermutlich auch dessen Bruder und Nachfolger Albrecht III. nach dem Sieg über die Grafen von Schaunberg um 1390 das den Herren von Machland zugeschriebene Wappen als Vorlage für das neue Wappen des Landes ob der Enns gewählt. Möglicherweise sollte gerade in der Zeit, als das Machland mit dem Land ob der Enns zu verschmelzen begann, mit dem nur zur Hälfte farblich geänderten Machländer-Wappen auf die lange Zugehörigkeit beider Gebiete zu Österreich hingewiesen werden. War doch das Machland jener Landesteil, der wahrscheinlich schon seit dem 10. Jahrhundert zur babenbergischen Mark an der Donau gehörte. Auch die Tatsache, daß die Babenberger die Herren von Machland über die Grafen von Velburg-Klam beerbt hatten, mag bei der Wahl des Landeswappens eine Rolle gespielt haben.

Mit der zunehmenden Verselbständigung des Landes ob der Enns vom Erzherzogtum Österreich (unter der Enns) im Laufe des 15. Jahrhunderts trat das Problem der staatsrechtlichen Stellung immer stärker in den Vordergrund. Nach dem Privilegium maius, das von Kaiser Friedrich III. reichsrechtlich anerkannt wurde, war das Land ob der Enns ein Teil des Erzherzogtums Österreich, und dementsprechend wurde es auch im offiziellen Titel der Habsburger nicht eigens angeführt. Wohl aber bedienten sich die habsburgischen Landesfürsten des Wappens ob der Enns, für das seit der Mitte des 15. Jahrhunderts die Bekrönung mit dem österreichischen Erzherzogshut üblich wurde. Der damit zum Ausdruck gebrachte Rang eines Erzherzogtums wurde dem staatlichen Gebilde ob der Enns allerdings offiziell nicht zugestanden. Man sprach nur von dem Land, dem Herzogtum, dem Fürstentum oder im Hinblick auf das Privilegium maius auch von der Markgrafschaft. Die inoffizielle Bezeichnung als „Landl", die einer gewissen Geringschätzung nicht entbehrt, ist bereits gegen Ende des 14. Jahrhunderts erstmals für einen Teil des in Ausformung begriffenen Landes ob der Enns bezeugt. Das in der sogenannten Österreichischen Chronik von den 95 Herrschaften erwähnte „lêndel bey Ens und Krems" dürfte nur das nachmalige Traunviertel umfaßt haben. Später wurde aber das gesamte Land im Volksmund als „Landl" bezeichnet; als „Landler" galten vor allem die Bewohner des Traun- und des Hausruckviertels. Im 15. und im 16. Jahrhundert ging die Unklarheit über die Rechtsstellung des Landes zwischen Enns und Hausruck bei Landfremden mitunter so weit, daß sie nicht wußten, ob es zu Bayern oder zu Österreich gehöre. Am Beginn des 16. Jahrhunderts entbrannte schließlich ein Rangstreit zwischen den obderennsischen und den steirischen Landständen, der 1632 mit einer Niederlage der Oberösterreicher endete. Es ging dabei um die staatsrechtlich und protokollarisch wichtige Frage, ob das Land ob der Enns wie Österreich als Erzherzogtum zu gelten habe und daher die obderennsischen Stände nach den österreichischen auftreten dürften oder ob das Land ob der Enns als „Markgrafschaft" nach Österreich, Steiermark, Kärnten und Krain zu reihen sei. Der kaiserliche Schiedsspruch von 1632 anerkannte den Rang des Landes ob der Enns als Erzherzogtum nur für den Fall, daß seine Vertreter gemeinsam mit jenen Österreichs unter der Enns auftraten; ansonsten galt es gemäß dem Privilegium maius als Markgrafschaft. Unter diesen Umständen konnte ein mit dem Erzherzogshut bekröntes Wappen ob der Enns einen Anspruch deutlich machen. Obwohl das Land ob der Enns seit der Mitte des 18. Jahrhunderts im Zuge der Umgestaltung des absolutistischen Fürstenstaates seine auch in der Neuzeit hinsichtlich Verwaltung und Behördenorganisation bestehenden Bindungen an Österreich unter der Enns allmählich abstreifte, 1783 eine eigene staatliche Landesregierung und 1783/85 ein Landesbistum erhielt, wurde seine staatsrechtliche Stellung erst in der zweiten Hälfte des 19. Jahrhunderts endgültig geklärt. Das Februarpatent Kaiser Franz Josefs I. vom 26. Februar 1861 anerkannte das Land als selbständiges und gleichberechtigtes „Erzherzogtum Österreich ob der Enns". In gewisser Weise kann man daher in diesem Gesetzeswerk, mit dem das Land ob der Enns die erste schriftliche Verfassung erhielt, die auch verwirklicht wurde, den Schlußstein eines jahrhundertelangen Prozesses der Landwerdung sehen. Das „Erzherzogtum Österreich ob der Enns" wurde allerdings auch jetzt nicht im offiziellen Titel des Landesfürsten berücksichtigt; dieser lautete weiterhin für die beiden Länder ob und unter der Enns „Erzherzog von Österreich".

Der lateinische Name Austria superior (Oberösterreich) für das Gebiet zwischen Hausruck und Ybbs war gegen Ende des 13. Jahrhunderts außer Gebrauch gekommen. Er fand erst wieder am Beginn des 16. Jahrhunderts Verwendung, allerdings jetzt für das Land zwischen Hausruck und Enns,

Karte „Das Werden des Landes Oberösterreich"

1  Oberösterreich (Austria superior) um 1264 — „Gericht ob der Enns" seit 1281 — Hauptmannschaft ob der Enns im 14. Jh.
2  Bis 1281 zu Oberösterreich gerechnet (östlich der Enns)
3  Grafschaft Schaunberg: ein Versuch, sich nach 1380 vom Lande ob der Enns zu trennen
4  Grafschaft Waxenberg: seit der 1. Hälfte des 14. Jhs. zum Lande ob der Enns gerechnet
5  Herrschaft Steyr: seit ca. 1370 allmählich zum Lande ob der Enns gerechnet
6  Herrschaftsbereich der Starhemberger zwischen Haselgraben und Gusen: bis ca. 1400 Übergangsgebiet zwischen Österreich und dem Lande ob der Enns
7/8 Riedmark und Machland: seit der 1. Hälfte des 15. Jhs. größtenteils zum Lande ob der Enns gerechnet
9  Grafschaft Neuburg am Inn: vom späten Mittelalter bis 1803 zum Lande ob der Enns gerechnet
10 Ca. 1300—1500 ein Übergangsgebiet zwischen dem Lande ob der Enns und dem Fürstbistum Passau (oberes Mühlviertel)
11 Ischlland (Salzkammergut): seit ca. 1450 zum Lande ob der Enns gerechnet
12 Mondsee- und Wolfgangland: 1506 von Bayern und 1565 vom Fürsterzbistum Salzburg abgetreten
13 Herrschaft Rannariedl mit Wildenranna und Jandelsbrunn: 1506 von Bayern abgetreten
14 Grenzverlauf Mondsee — St. Wolfgang (Burgau): lange zwischen Österreich bzw. dem Lande ob der Enns und dem Fürsterzbistum Salzburg strittig
15 Grenzregulierung mit dem Fürstbistum Passau 1765
16 Innviertel: 1779 von Bayern abgetreten
17 Herrschaften Obernberg am Inn und Vichtenstein an der Donau: 1782 vom Fürstbistum Passau abgetreten
18 Böhmerwaldgau bzw. Kreis Deutsch-Südböhmen (pol. Bezirke Kaplitz, Krummau, Prachatitz, Bergreichenstein, Neuern): im Herbst 1918 kurzfristig bei Oberösterreich
19 Landkreise Krummau und Kaplitz: 1938—1945 beim Gau Oberdonau; seit Juli 1939 einschließlich des Gerichtsbezirkes Gratzen
20 Ausseerland (Gerichtsbezirk Bad Aussee): 1938—1948 beim Gau Oberdonau (Landkreis Gmunden) bzw. bei Oberösterreich
21 Teile der niederösterreichischen Gemeinde Behamberg: 1938 zum Gau Oberdonau (Stadtkreis Steyr), nach 1945 bei Oberösterreich geblieben

Karte „Das Werden des Landes Oberösterreich"

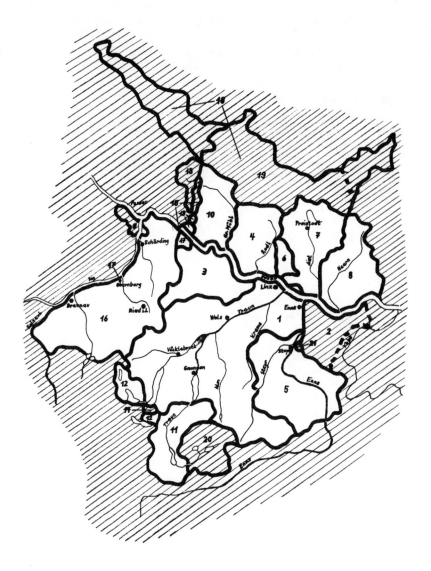

das seit dem 15. Jahrhundert auch als Land an der Enns, Land von der Enns, Terra Entia und Ennsland bezeichnet wurde. Der volkstümliche Name „Oberösterreich" für das Land ob der Enns wurde seit dem 17. Jahrhundert inoffiziell gebräuchlich, wozu besonders diese Benennung in den Werken der bekannten Topographen Georg Matthäus Vischer, Matthäus Merian und Martin Zeiller beigetragen haben dürfte. Offiziell sprach man jedoch weiterhin zumeist von dem „Land ob der Enns" bzw. von „Österreich ob der Enns". Vorübergehend trat sogar der Name „Niederösterreich ob der Enns" in Erscheinung, ehe 1861 „Erzherzogtum Österreich ob der Enns" die offizielle Bezeichnung bis zum Ende der Österreichisch-Ungarischen Monarchie wurde. Erst das danach entstandene Bundesland der Republik Österreich führt seit 1918 den Namen „Oberösterreich".

# 5. Das späte Mittelalter (1246—1493)

Das Land ob der Enns im Spannungsfeld zwischen
Bayern, Böhmen, Ungarn und Österreich

Der am 29. September 1273 zum deutschen König gewählte Graf Rudolf von Habsburg konnte sich in den ehemals babenbergischen Ländern, die er wie Kärnten im Jahre 1276 erobert hatte, erst durchsetzen, nachdem König Ottokar II. von Böhmen am 26. August 1278 in der Schlacht auf dem Marchfeld bei Dürnkrut und Jedenspeigen sein Leben verloren hatte. Im folgenden Jahr wurden dem Grafen Ulrich von Heunburg und seiner Gattin, der Tochter Hermanns von Baden und der Babenbergerin Gertrud, die letzten Erbansprüche nach den Babenbergern finanziell abgegolten. 1281 ernannte König Rudolf seinen Sohn Albrecht zum Statthalter und gab ihm einen von circa 20 führenden adeligen Landherren gebildeten Rat bei, in dem bald der engere Kreis der „heimlichen Räte" eine besondere Rolle spielte. Dem Rat gehörten unter anderen Albero von Puchheim — die Puchheimer faßten im 13. Jahrhundert unter der Enns Fuß und tauschten 1348 mit Herzog Albrecht II. ihre oberösterreichische Stammherrschaft gegen die niederösterreichischen Herrschaften Litschau und Heidenreichstein —, Ulrich von Kapellen und seit 1288 Eberhard IV. von Wallsee an. Zu Weihnachten 1282 belehnte der König mit Zustimmung der deutschen Kurfürsten seine Söhne Albrecht und Rudolf gemeinsam mit Österreich, Steiermark und Krain. Das in Entwicklung begriffene Land ob der Enns wurde in diesem Zusammenhang nicht eigens erwähnt. Auf Wunsch der Landherren übernahm jedoch gemäß der habsburgischen Hausordnung von Rheinfelden vom 1. Juni 1283 Herzog Albrecht I. die Alleinherrschaft über Österreich und Steiermark. Der energische neue Landesfürst geriet bald mit dem Erzbischof von Salzburg wegen der landesherrlichen Rechte im Enns- und im Gosautal in Konflikt. Als Albrecht in der Gosau eine Saline errichten ließ, wurde diese von erzbischöflichen Truppen zerstört. Der Frieden von Wien, mit dem der Herzog 1297 auf die Salzgewinnung in diesem Gebiet verzichtete, leitete jedoch eine lange Periode guten Zusammenwirkens der Habsburger mit den Salzburger Erzbischöfen ein. Künftig bekam der Bereich des späteren Landes ob der Enns hauptsächlich die Auswirkungen politischer Spannungen zwischen den Ländern Bayern, Böhmen, Ungarn und Österreich zu verspüren.
Wenig günstig entwickelten sich die Beziehungen der Habsburger zu den bayerischen Landesfürsten aus dem Hause Wittelsbach, das seinen Macht-

bereich 1255 in die Herzogtümer Ober- und Niederbayern geteilt hatte und 1392 eine neuerliche Teilung in die Herzogtümer Bayern-München, Bayern-Landshut und Bayern-Ingolstadt vollzog. 1283 konnte ein Krieg wegen der an Herzog Heinrich XIII. von Niederbayern verpfändeten Burgen Freistadt, Mauthausen und Klingenberg unter Vermittlung der Bischöfe von Passau und Regensburg und des Grafen Meinhard II. von Görz-Tirol nach Verhandlungen in der Grenzfeste Starhemberg bei Haag am Hausruck und in Ried (im Innkreis) noch verhindert werden, obwohl ein österreichisches Heer bereits gegen Schärding zog. Herzog Heinrich wurde gegen eine finanzielle Entschädigung zum Verzicht auf die nördlich der Donau gelegenen Pfandschaften veranlaßt. Die Gegnerschaft der bayerischen Herzöge bereitete den Habsburgern besonders dann Schwierigkeiten, wenn sie als deutsche Könige, um in die zentralen Reichsgebiete zu gelangen, auf den Durchzug durch Bayern angewiesen waren. So mußte sich Albrecht I., der 1298 von den deutschen Kurfürsten zum König gewählt worden war, 1307 von Neuburg am Inn aus den Weg mit Gewalt erzwingen. Bei allen künftigen Auseinandersetzungen galt das besondere bayerische Interesse dem Erwerb der isoliert gelegenen österreichischen Herrschaft Neuburg am Inn, wenn nicht überhaupt des Landes ob der Enns. Ein 1367/68 gegen Österreich und Böhmen gerichtetes Bündnis mit Ungarn sah beispielsweise im Falle eines Sieges die Aufteilung Österreichs südlich der Donau vor. Das Gebiet östlich der Enns sollte an Ungarn fallen, das westliche an Bayern. Andererseits suchten die österreichischen Herzöge nach Möglichkeiten, ihr Territorium im Westen zu erweitern. 1339 vereinbarten sie mit Kaiser Ludwig dem Bayern auf Kosten Herzog Heinrichs XIV. von Niederbayern eine neue Grenzziehung an Inn und Salzach. Doch auch dieses Vorhaben wurde nicht verwirklicht. 1309–1311 breitete sich der Krieg von Neuburg und Wernstein am Inn auf das spätere Innviertel und auf das bayerische Mondseeland aus. Das Kloster Mondsee wurde von österreichischen Truppen geplündert, Ried erobert und Schärding belagert.

In dem Kampf zwischen Habsburg und Wittelsbach um die deutsche Königskrone nach der Doppelwahl von 1314 diente das Land ob der Enns mehrmals als Aufmarschgebiet für österreichische Heere, ohne selbst Kampfgebiet zu sein. Anfang Mai 1335 trafen die österreichischen Herzöge Albrecht II. und Otto in Linz mit Kaiser Ludwig dem Bayern und Herzog Stephan von Oberbayern zu Verhandlungen über die Nachfolge in Kärnten und in Tirol zusammen. Unter Umgehung der Ansprüche des böhmischen Königshauses der Luxemburger einigte man sich, daß Kärnten und Südtirol an die Habsburger, Nordtirol an die Wittelsbacher fallen sollten. Am 5. Mai belehnte der Kaiser die österreichischen Herzöge in einer feierlichen Zeremonie. In dem daraus entstehenden Konflikt mit den Luxemburgern war der Kaiser nur solange Bündnispartner der Habsburger, bis er als Ersatz für künftige Kriegskosten Burgen im Ennstal und im Lande ob der Enns forderte. 1336 konnte jedoch ein drohender Krieg mit Böhmen und Niederbayern durch Verhandlungen in Linz, Freistadt und schließlich in Enns verhindert werden. Der Friedensschluß mit König Johann von Böhmen am 9. Oktober in Enns sicherte den Habsburgern den Besitz Kärntens. Zu einer neuerlichen österreichisch-bayerischen Auseinandersetzung im Westen des Landes ob der Enns kam es, als Herzog Rudolf IV. von Österreich 1363 durch den Erwerb Tirols für sein Haus gegen die wittelsbachischen Interessen verstieß. 1364 wurde Schärding, das seit 1356 an Österreich verpfändet war und nun vom Grafen Ulrich von Schaunberg verteidigt wurde, ebenso erfolglos belagert wie die Festung Neuburg am Inn, deren Verteidigung der Hauptmann ob der Enns Eberhard V. von Wallsee leitete. Die Österreicher hielten vorübergehend Ried besetzt. Erst 1369 einigte man sich im Vertrag von Schärding über die Tiroler Frage, wofür Österreich unter anderem das verpfändete Schärding an Bayern zurückgab. Damit wurde an der österreichischen Westgrenze am Hausruck für längere Zeit eine Beruhigung eingeleitet, die umso wichtiger war, als sich künftige kriegerische Auseinandersetzungen vor allem im Norden und Osten Österreichs bzw. des Landes ob der Enns abspielten.

Bereits 1351 war während der Abwesenheit Herzog Albrechts II. in den habsburgischen Vorlanden zwischen böhmischen Adeligen unter der Führung des Rosenbergers Heinrich von Neuhaus und den Herren von Wallsee und Puchheim eine Fehde ausgebrochen, die im Mühlviertel schwere Schäden zur Folge hatte. Die Böhmen drangen über Freistadt und Hellmonsödt bis nach Ottensheim an der Donau vor, ehe sie vom Hauptmann ob der Enns mit Hilfe eines bäuerlichen Aufgebotes zurückgedrängt werden konnten. An der Wende vom 14. zum 15. Jahrhundert, als in Böhmen innenpolitische Wirren und ein Familienstreit innerhalb des Königshauses der Luxemburger herrschten, verbrachte der böhmische und deutsche König Wenzel zwei kurze Gefangenschaften im Lande ob der Enns. In den Monaten Juni und Juli des Jahres 1394 befand er sich im Gewahrsam der Herren von Starhemberg auf deren Burg Wildberg im Haselgraben (nördlich von Linz), wohin ihn eine Verschwörergruppe des böhmischen Adels gebracht hatte. Im Juli des Jahres 1402 wurden König Wenzel und Markgraf Prokop von Mähren als Gefangene des Luxemburgers König Sigismund von Ungarn über Vermittlung des Grafen Hermann von Cilli vorübergehend auf der Burg Schaunberg festgehalten, bevor man sie nach Wien weiterführte.

Wenig später wurden die österreichischen Herzöge Albrecht V. und Ernst durch ihre Zusammenarbeit mit König Sigismund von Ungarn und Böhmen, der seit 1410 auch die römisch-deutsche Königswürde innehatte, in die Hussitenkriege verwickelt. Das militärische Eingreifen der Habsburger — so hatte 1420 ein österreichisches Truppenkontingent von Freistadt aus an dem Kreuzzug König Sigismunds gegen die zu Ketzern erklärten Hussiten teilgenommen — führte zu mehreren kriegerischen Einfällen hussitischer Verbände in die Gebiete nördlich der Donau. Zwischen 1424 und 1432 wurden beispielsweise die Klöster Waldhausen, Baumgartenberg und Schlägl sowie die Märkte Klam, Leonfelden, Haslach und Rohrbach, zum Teil sogar wiederholt, verwüstet. Zur Bekämpfung dieser fanatischen Gegner organisierte man 1431/32 das österreichische Heerwesen neu. Die von den österreichischen, einschließlich der obderennsischen, Landständen ausgearbeitete Landwehrordnung sah vor, daß der Landesfürst einen obersten (Feld-)Hauptmann als Oberbefehlshaber und im Lande ob der Enns nördlich und südlich der Donau je vier untergeordnete Hauptleute einsetzen sollte. Diese hatten wiederum für die einzelnen Pfarrsprengel eigene (Pfarr-)Hauptleute zu bestellen, die für die Organisation des allgemeinen bäuerlichen Aufgebotes verantwortlich waren. Als Richtzahlen wurde angegeben, daß jeder Zehnte einberufen werden sollte und je 200 Personen einen bespannten und voll ausgerüsteten Kriegswagen nach hussitischem Vorbild stellen sollten.

Nach Beendigung der Hussitenkriege trat allerdings im österreichisch-böhmischen Grenzgebiet keine Beruhigung ein, da die zahlreichen herumziehenden und plündernden Söldnerscharen eine ständige Bedrohung für die Bevölkerung bildeten. In der zweiten Jahrhunderthälfte litten die Gebiete nördlich der Donau besonders unter Adelsfehden, in die auch von böhmischer Seite eingegriffen wurde. So begann König Georg Podiebrad von Böhmen zu Beginn des Jahres 1468 bereitwillig einen Krieg gegen Kaiser Friedrich III., als österreichische Adelige, die mit dem Kaiser in Fehde lagen, in Bedrängnis um böhmische Hilfe baten. Böhmische und mährische Truppen, die von König Georgs Sohn Viktorin geführt wurden, drangen aus dem niederösterreichischen Raum bis Steyregg vor und zogen sich erst zurück, als König Matthias Corvinus von Ungarn seinerseits Böhmen den Krieg ansagte. Kurz darauf unternahmen böhmische Adelige, die mit österreichischen Standesgenossen in Verbindung standen, Einfälle in das obere Mühlviertel, wo sie Haslach, St. Johann am Wimberg und andere Orte überfielen, und in das Machland. Seit 1474 bedrohten die Truppen einer böhmischen Adelsgruppe unter der Führung Leos von Rosental, mit der sich das Freistädter Stadt-

adelsgeschlecht der Zinispan verbündet hatte, den gesamten Bereich des Mühlviertels. Im besetzten Haslach, in der Burg Hörschlag und in der Nähe von Grein hatten sie ihre Stützpunkte. Zu ihrer Bekämpfung wurden mehrere Landesaufgebote erlassen. Das im Grenzbereich zu Böhmen immer wieder aufflackernde Fehdewesen konnte trotz der Friedensbemühungen Kaiser Friedrichs III. und des Königs von Böhmen bis in die achtziger Jahre des 15. Jahrhunderts nicht unterbunden werden.
In der zweiten Hälfte des 15. Jahrhunderts geriet das Land ob der Enns zeitweise sogar unter starken ungarischen Einfluß. 1468 mußte nämlich Kaiser Friedrich III. dem König von Ungarn Matthias Corvinus für dessen Unterstützung gegen Böhmen und gegen aufständische österreichische Adelige die landesfürstlichen Einnahmen von Österreich ob und unter der Enns für die Dauer eines Jahres überlassen. Der ungarische König nutzte diese Zeit, um vom Land ob der Enns außerordentliche Geldzahlungen zu fordern. In der Folge verschlechterten sich aber die Beziehungen zwischen dem Kaiser und König Matthias, der den mit Friedrichs III. Regierung unzufriedenen österreichischen Adel unterstützte, rasch. Dazu trug auch bei, daß der Erzbischof von Gran Johann Beckenschlager 1476 mit den Schätzen seiner Kirche nach Österreich floh, wo ihn Friedrich III. als Berater aufnahm. 1477 ließ sich der Erzbischof in Steyr nieder, nachdem ihm der Kaiser unter anderem Stadt und Herrschaft Steyr sowie Stadt und Burg Enns verpfändet hatte. Im selben Jahr reagierte König Matthias Corvinus, dem sich die österreichische Adelsopposition anschloß, auf die böhmische Politik Friedrichs III. mit der Eroberung von ganz Österreich unter der Enns. Der Kaiser floh zuerst nach Steyr, dann nach Linz und schließlich nach Gmunden, wo es auch am 1. Dezember zum Friedensschluß kam. Die vereinbarte Kriegsentschädigung für Ungarn in der Höhe von 100.000 Gulden sollten die Stände von Österreich ob und unter der Enns bezahlen. Die Aufbringung dieser hohen Summe stellte aber beide Länder vor größte Schwierigkeiten. Die obderennsischen Stände, die damals durch neue Kämpfe an der böhmischen Grenze ohnehin genug Probleme hatten, konnten erst durch eine Beschwerde der (nieder)österreichischen Stände beim Kaiser zur Übernahme ihres Anteiles von 32.000 Gulden veranlaßt werden.
Im Folgenden kam es zu neuen Spannungen zwischen Kaiser Friedrich III. und König Matthias Corvinus, unter anderem auch wegen der Besetzung des Salzburger Erzstuhles mit dem ehemaligen Erzbischof Johann Beckenschlager von Gran, und schließlich auch zu neuen kriegerischen Verwicklungen. Vereinzelte ungarische Söldnerscharen drangen bis an die Enns vor; 1481/82 überschritten sie sogar den Fluß und bedrängten das Stift St. Florian. Als die Ungarn 1485 Österreich bis zur

Enns besetzten, bezog eine Abteilung in Ernsthofen Stellung, schlug eine Brücke über die Enns und erbaute auf beiden Ufern Befestigungsanlagen, die nach dem Söldnerführer Wilhelm von Tettau benannten „Tettauer Schanzen". Von diesem Stützpunkt aus plünderten sie die Umgebung bis St. Florian und Steyr. In der Nähe dieser Stadt errichteten sie sogar eine Mautstelle. Auch der Raum nördlich der Donau wurde bald durch ungarische Streifzüge bedroht, die sich von Südböhmen aus bis Grein, Freistadt und Falkenstein erstreckten. In dieser Situation bot König Wladislaw von Böhmen, der darüber verstimmt war, daß er nicht zur Königswahl des Kaisersohnes Maximilian eingeladen worden war, 1486 den Ständen des Landes ob der Enns seinen Schutz an. Sowohl der von Kaiser Friedrich III. als Statthalter eingesetzte Erzbischof Beckenschlager von Salzburg als auch der Kaiser selbst untersagten jedoch Verhandlungen dieser Art. Im Hinblick auf mögliche ungarische Angriffe auf das Land ob der Enns ließ der Kaiser wiederholt die Städte, vor allem Linz und Enns, aber auch wichtige Burgen befestigen. Die bäuerliche Bevölkerung der Umgebung konnte dafür zu unentgeltlichen Robotleistungen herangezogen werden. Das Linzer Schloß wurde damals durch eine neue Toranlage gesichert, das heute noch erhaltene, mit einem kaiserlichen Wappenstein geschmückte Friedrichstor. Die mehrmals versprochene Reichshilfe kam erst im Sommer 1487 zustande, als Herzog Albrecht von Sachsen ein Reichsheer nach Linz führte und über die Enns nach Österreich vordrang. Die oberennsischen Stände gewährten ihm allerdings bei dieser Unternehmung, die immerhin einen Waffenstillstand mit Ungarn zur Folge hatte, keine Unterstützung. Im August des Jahres 1488 berief König Matthias von Ungarn auf Betreiben der Stände von Österreich, Steiermark, Kärnten und Krain einen Landtag nach St. Pölten, auf dem in Anwesenheit von Vertretern des kaiserlichen Statthalters über Friedensverhandlungen beraten wurde. Die Stände des Landes ob der Enns nahmen daran nicht teil, hielten aber gleichzeitig in Steyr einen eigenen Landtag ab, der an der Enns in den Tettauer Schanzen mit ungarischen Gesandten verhandelte. Wie mächtig der ungarische König war, ist daran zu ersehen, daß er von den Vertretern des Landes ob der Enns 9000 Dukaten forderte, weil man hier an ihn gerichtete Briefe der Schweizer abgefangen hatte. Als sich die Stände zur Zahlung verpflichteten, suchte Kaiser Friedrich III. dies zu verhindern, indem er seinerseits eine Steuer von 9000 Gulden verlangte. Die folgenden Friedensverhandlungen wurden dadurch erschwert, daß zwischen dem Kaiser und seinem Sohn König Maximilian I. große Meinungsverschiedenheiten bestanden. Im September 1489 und an der Jahreswende 1489/90 war Linz Verhandlungsort. Da veränderte der Tod des Königs Matthias von Ungarn am

6. April 1490 schlagartig die politische Lage. Sein großer Machtbereich an der Donau brach rasch zusammen. König Maximilian I. hatte wenig Mühe, Österreich zurückzuerobern. Die ungarische Besatzung der Tettauer Schanzen bei Ernsthofen an der Enns konnte sich noch bis Oktober 1490 halten. Dann mußte auch sie einem Aufgebot des Landeshauptmannes Gotthard von Starhemberg weichen. Der Kaiser aber, der seit Oktober 1484 mit Unterbrechungen in Linz residierte, blieb auch nach der Wiedergewinnung Österreichs bis zu seinem Tod am 19. August 1493 in dieser Stadt. Seine Eingeweide wurden im Chor der Linzer Stadtpfarrkirche beigesetzt.

## Vom Gericht ob der Enns zum Fürstentum Österreich ob der Enns

Die inneren Verhältnisse Österreichs und damit des Landes ob der Enns wurden im späten Mittelalter wesentlich von dem Verhältnis zwischen dem Landesfürstentum und dem Adel bzw. den späteren Landständen bestimmt. In diesen Beziehungen ergaben sich bereits unter Herzog Albrecht I. Schwierigkeiten, als der neue Landesherr ein strenges und tatkräftiges Regiment zu führen begann, das auf den Wiedergewinn und auf die Reorganisation entfremdeter landesfürstlicher Besitzungen und Rechte abzielte. Der österreichische Adel war ohnehin schon mißtrauisch, weil die Habsburger adelige Gefolgsleute wie die Herren von Wallsee aus Schwaben in die österreichischen Länder mitgebracht und mit einflußreichen Positionen ausgestattet hatten. Der aufgestaute Unmut entlud sich nach dem Tod König Rudolfs I. (15. Juli 1291) in Adelsrevolten, bei denen jedoch der Herzog trotz ausländischer Interventionen jeweils die Oberhand behielt. Konrad von Sumerau mußte 1296 zu König Adolf von Nassau fliehen. Im folgenden kam den führenden Schichten des Landes die zunehmende Schwächung der Habsburger durch Verwaltungs- und Herrschaftsteilungen und damit verbundene Streitigkeiten um die Vormundschaft über unmündige Mitglieder des Hauses zugute. Die Hausordnung Herzog Albrechts II. von 1355 sah die gemeinsame Regierung der Söhne über alle habsburgischen Länder vor. Bei seinem Tod im Jahre 1358 war jedoch von seinen Söhnen nur Herzog Rudolf IV. (1358–1365) großjährig. Dieser traf 1364 eine Regelung, die dem Ältesten gewisse Vorrechte sicherte. Damit konnte sich allerdings nach Rudolfs frühem Tod dessen jüngerer Bruder Leopold III. nicht abfinden. Er drängte seinen älteren Bruder Herzog Albrecht III. (1365 bis 1395) zur Teilung des habsburgischen Länderkomplexes und fand dafür bei einem Teil des Adels Unterstützung. Im Lande ob der Enns verbündete sich Graf Heinrich von Schaunberg, dessen Verhältnis zu Albrecht schon seit längerem gespannt war, im Jahre 1377 mit Leopold. Albrecht III. mußte sich schließlich 1379 im Vertrag von Neuberg a. d. Mürz zu einer Länderteilung bereitfinden: Er behielt Österreich ob und unter der Enns, die Herrschaft (Pflege) Steyr, das Salzkammergut und die Grafschaft Neuburg am Inn, Leopold III. (1370–1386) bekam die Steiermark, Kärnten, Krain, Tirol, die habsburgischen Vorlande (vor allem Besitzungen in Schwaben, in der Schweiz und im Breisgau), italienische Gebiete und eine Geldsumme. Die nicht genau bekannte Grenze zwischen der Steiermark und der Herrschaft Steyr sollten eigene Kommissäre festlegen. Darüber hinaus sah der Vertrag unter anderem das Erbrecht jeder Linie gegenüber der anderen und im Falle unmündiger Söhne die Vormundschaft der anderen Linie vor.

Wenige Monate nach der Herrschaftsteilung von 1379 kam es im Lande ob der Enns zum Ausbruch der sogenannten Schaunberger Fehde (1380/81), die mit der völligen Niederlage der von ihren Lehensleuten verlassenen Grafen von Schaunberg endete. Der einzige Verbündete der Schaunberger in dieser Auseinandersetzung mit dem österreichischen Landesfürsten war das mit ihnen verwandte böhmische Adelsgeschlecht der Rosenberger. Gemeinsam mit dem Hauptmann ob der Enns Reinprecht II. von Wallsee und verschiedenen Söldnerführern eroberte Herzog Albrecht III. das Schaunberger Land und die seit 1367 in schaunbergischem Besitz befindliche Stadt Eferding, die von den Rosenbergern verteidigt worden war. Die Burg Schaunberg selbst erwies sich allerdings nach einer längeren Belagerung, an der Herzog Albrecht persönlich teilnahm, als uneinnehmbar. 1385/86 flammten die Kämpfe neuerdings auf, als Graf Heinrich von Schaunberg am rechten Donauufer gegenüber der Burg Neuhaus eine Befestigung errichten ließ. Diesmal zwang ihn der Hauptmann ob der Enns mit Hilfe des Bischofs von Passau und der Städte Linz, Wels und Enns zum Verzicht auf diese verkehrspolitisch bedeutsame Donausperre.

Wie die Schaunberger dürften auch die im Steyrtal ansässigen Herren von Rohr in einem Spannungsverhältnis zu Herzog Albrecht III. gestanden sein, der in vielem die Politik seines früh verstorbenen Bruders Rudolf IV. weiterführte. Als die Rohrer 1390 Gesandte des Erzbischofs von Salzburg an den in Steyr weilenden Herzog gefangennahmen, schlug Albrecht III. hart zurück, indem er die Burgen Leonstein und Grünburg erobern ließ. Während der Belagerung sollen erstmals in Österreich Kanonen eingesetzt worden sein. Die anschließende sogenannte Rohrer Fehde endete 1392 damit, daß die Herren von Rohr Burg und Herrschaft Leon-

stein gegen eine finanzielle Entschädigung dem Herzog überlassen mußten.
Nach dem Tode Albrechts III. einigten sich dessen Sohn Herzog Albrecht IV. (1395–1404) und der älteste Sohn Leopolds III. Herzog Wilhelm (1386–1406), der als Senior des Gesamthauses Vorrechte beanspruchte, 1395 im Vertrag von Hollenburg über eine gemeinsame Regierung aller Länder und über die gleichmäßige Teilung der Einkünfte. Als Albrecht IV. starb, hinterließ er einen gleichnamigen minderjährigen Sohn, über den die untereinander uneinigen Brüder der leopoldinischen Linie die Vormundschaft übernahmen. Die nun folgenden Streitigkeiten unter den Habsburgern ermöglichten es den österreichischen Landständen, ihren politischen Einfluß beträchtlich zu steigern.
Die politisch, wirtschaftlich und sozial führenden Gruppierungen der Landherren, der Prälaten (Äbte und Pröpste der vom Landesherrn bevogteten Landesklöster), der Ritter und Knechte sowie der Gemeinden der landesfürstlichen Städte hatten bereits seit langem im Rahmen der Landtaidinge, des landesfürstlichen Rates und seit dem 14. Jahrhundert auch der habsburgischen Haus- und Herrschaftsverträge verschiedene Möglichkeiten, Angelegenheiten des Landes mitzubestimmen. Über die stärkste Stellung verfügten die Landherren, zu denen die durch ihren Kriegsdienst wichtigen adeligen Ritter und Knechte nur langsam aufschließen konnten. Den Prälaten kamen ihr Ehrenvorrang und ihre starke grundherrschaftliche Position zugute. Den landesfürstlichen Städten wiederum verhalfen ihre besondere Finanzkraft, ihre militärische Bedeutung und nicht zuletzt auch das Bestreben des Landesfürsten, durch die Förderung der Bürger ein Gegengewicht zu den beiden Adelsständen zu schaffen, zu einem politischen Mitspracherecht. Vertreter dieser vier Gruppierungen aus allen habsburgischen Ländern versammelten sich erstmals 1397 in Wien, wohin sie die Herzöge Wilhelm und Albrecht IV. zu gemeinsamen Beratungen über Verteidigungsmaßnahmen gegen die nach der Schlacht bei Nikopolis aus dem Osten drohende Türkengefahr einberufen hatten. In Österreich traten die ständischen Repräsentanten der Länder ob und unter der Enns nach dem Tode des Herzogs Wilhelm im Jahre 1406 zum ersten Mal aus eigenem Antrieb zu einem sogenannten Landtag zusammen, als sie sich in Wien zu ihrem unmündigen Landesherrn Albrecht V. bekannten und bestimmten, daß dieser im Alter von 14 Jahren die Regierung selbständig übernehmen sollte. Während der Streitigkeiten zwischen den Herzögen Leopold IV. (1395–1411) und Ernst (1402–1424) um die vormundschaftliche Regierung in Österreich stand der Hauptmann ob der Enns Reinprecht II. von Wallsee auf der Seite des letzteren. Die Gegner Ernsts im Lande hielt er gewaltsam in Schach. Für

den 23. Juli 1408 berief er die Prälaten und Vertreter der landesfürstlichen Städte zu gemeinsamen Beratungen über die Erfordernisse des Landes nach Enns. In dieser Zusammenkunft eines Teiles der Landstände kann man den ersten selbständigen oberennsischen Landtag sehen. 1411 waren es schließlich wieder die (gesamt)österreichischen Ständevertreter, die der eigennützigen Vormundschaftsregierung ein Ende bereiteten. Auf einem österreichischen Landtag in der Stadt Eggenburg erklärten sie Albrecht V. für mündig und leisteten ihm als ihrem Landesherrn die Huldigung.

Herzog Albrecht V. — als römisch-deutscher König Albrecht II. (1438 bis 1439), gleichzeitig auch König von Ungarn und Böhmen — hinterließ einen nachgeborenen Sohn Ladislaus Postumus (1440–1457), um dessen Vormundschaft wiederum ein Streit ausbrach, diesmal zwischen dem 1440 zum deutschen König gewählten Herzog Friedrich V., dem Regenten der innerösterreichisch-leopoldinischen Ländergruppe der Habsburger, und dessen jüngerem Bruder Albrecht VI. Als die Unzufriedenheit mit der Vormundschaftsregierung König Friedrichs IV. (als Kaiser Friedrich III.) immer größer wurde, forderten die österreichischen Landstände die Herausgabe des jungen Ladislaus, dessen Erziehung sie selbst bestimmen wollten, und die Übernahme der Regierung durch einen ständischen Vormundschaftsrat. Unter der Führung des aus dem Gebiet des späteren Innviertels stammenden Adeligen Ulrich von Eitzing kam es 1451 zu einem gegen König Friedrich gerichteten Adelsbund (Mailberger Bund), der sich zu einer machtvollen Ständebewegung ausweitete. Ein österreichischer Landtag, der im Dezember in Wien zusammentrat, beauftragte Ulrich von Eitzing als obersten Landeshauptmann gemeinsam mit zwölf ständischen Landesverwesern mit der Regierung. Da an dieser Versammlung nur wenige Vertreter des Landes ob der Enns teilgenommen hatten, schrieben die österreichischen Stände für den 9. Jänner 1452 einen eigenen oberennsischen Landtag nach Wels aus. Auf dieser zweiten selbständigen oberennsischen Ständeversammlung gelang es den Österreichern, den Hauptmann ob der Enns Graf Johann von Schaunberg zum Niederlegen seines Amtes zu veranlassen und einen Teil des Adels ob der Enns für die Bewegung zu gewinnen. Weitere Ständemitglieder traten dem Bund auf einem zusätzlichen oberennsischen Landtag am 3. Februar bei. In einem päpstlichen Mahnschreiben an die Aufständischen wurden später Johann von Schaunberg, Wolfgang und Reinprecht von Wallsee, der Abt von Kremsmünster sowie die Städte Linz, Gmunden und Wels erwähnt. Das Besondere an dem Welser Landtag des Jahres 1452 war, daß der oberennsische Adel bei diesen Verhandlungen die Interessen des Landes ob der Enns vertrat. Er schloß sich

nämlich der österreichischen Ständebewegung nur unter den Bedingungen an, daß das eigene Landrecht gewahrt bliebe, daß er bei der Bestellung eines Hauptmannes ob der Enns mitreden könne und daß die Landleute ihren Gerichtsstand vor diesem Hauptmann behielten. Weiters einigte man sich darauf, daß dem Kollegium der Landesverweser auch vier Vertreter des Landes ob der Enns angehören sollten. Diese für die Entwicklung des Landes ob der Enns wichtigen Beschlüsse wurden aber nicht von allen obderennsischen Ständen getragen. Ein Teil des Adels weilte außer Landes, weil er König Friedrich auf dessen Romzug begleitete. Zu den Anhängern Friedrichs III. zählten die Herren von Starhemberg, die für die Zeit seiner Abwesenheit in den Regentschaftsrat berufen worden waren, und die Stadt Steyr. Es gelang der österreichischen Ständebewegung auch nicht, die Unterstützung des Herzogs Ludwig des Reichen von Bayern-Landshut zu gewinnen. Diesbezügliche Bemühungen des Grafen Johann von Schaunberg im Auftrag der Stände waren vergeblich.
Nach der Rückkehr von der Kaiserkrönung in Rom mußte Friedrich III. unter dem militärischen Druck der österreichischen Stände den zwölfjährigen Ladislaus ausliefern. Der Kaiser behielt allerdings jene Besitzungen, die Ladislaus' Mutter einst an ihn verpfändet hatte, darunter Stadt und Herrschaft Steyr sowie die Burg Klingenberg im Machland, bis 1457. An den Auseinandersetzungen im Sommer des Jahres 1452 hatten nur sehr wenige obderennsische Adelige teilgenommen, und auch später war das Land ob der Enns während der Regierung des jungen Herzogs von Österreich bzw. Königs von Böhmen und Ungarn in den Führungspositionen kaum vertreten. Als König Ladislaus bereits im November des Jahres 1457 starb, erlosch die albertinische Linie der Habsburger. Kaiser Friedrich III., sein jüngerer Bruder Erzherzog Albrecht VI., der die habsburgischen Vorlande verwaltete, und beider Cousin Herzog Siegmund von Tirol erhoben Anspruch auf Österreich ob und unter der Enns. Die Stände beider Länder verhielten sich anfangs abwartend, trafen jedoch Vorkehrungen für die interimistische Verwaltung. Es ist bezeichnend für die Sonderstellung des Landes ob der Enns, daß zuerst ein obderennsischer und erst danach ein gesamtösterreichischer Landtag zusammentrat. Die wahrscheinlich in Linz abgehaltene Versammlung am 4. Dezember 1457 erteilte dem Hauptmann ob der Enns Wolfgang von Wallsee und einem ständischen Verweser-Kollegium, das sich aus je zwei Vertretern eines jeden Standes zusammensetzte, die nötigen Vollmachten. Gleichzeitig erließ man einen Landfrieden, traf Vorbereitungen für die Verwaltung des landesfürstlichen Kammergutes sowie für die Landesverteidigung und einigte sich auf eine neutrale Haltung gegenüber den

Habsburgern. Von diesen trat im April 1458 Herzog Siegmund von Tirol, dessen Interesse an Österreich nicht sehr groß war, seine Rechte an Albrecht VI. ab, behielt sich aber das Anrecht auf ein Drittel der österreichischen Einnahmen vor. Kaiser Friedrich III. und Erzherzog Albrecht VI. kamen schließlich unter Vermittlung und auf Vorschlag der gesamtösterreichischen Stände, die ursprünglich eine Länderteilung unter allen Umständen hatten vermeiden wollen, überein, daß Friedrich Österreich (unter der Enns) und die Grafschaft Neuburg am Inn, Albrecht das Land ob der Enns erblich besitzen sollten. Dieses wurde dadurch erstmals zu einem selbständigen habsburgischen Fürstentum „Österreich ob der Enns" mit einem eigenen Landesfürsten.

Der neue Landesherr organisierte zuerst die Finanzverwaltung, indem er einen Münzmeister und einen eigenen Hubmeister einsetzte, und entsandte im September 1458 eine Regierungskommission, der die Bewohner des Landes ob der Enns wahrscheinlich die Huldigung leisteten. Für Herzog Siegmund von Tirol nahm ein eigens bestellter Anwalt die Huldigung entgegen. Im November kam Erzherzog Albrecht VI. (1458–1463) selbst nach Linz, wo er sich eine Residenz suchen mußte. Sitz seiner Hofhaltung wurde die landesfürstliche Burg, die ihm der Hauptmann ob der Enns Wolfgang von Wallsee im Jahre 1460 abtrat. Hier residierte der neue Landesfürst bis zu seiner Übersiedlung in die Wiener Burg im Dezember 1462. Die wichtigsten Verwaltungsämter besetzte er mit einheimischen Adeligen, aber auch mit Vertrauten aus den habsburgischen Vorlanden, aus dem Elsaß, aus Schwaben und aus Bayern. Mitglieder des landesfürstlichen Rates waren aus dem Herrenstand die Brüder Wolfgang und Reinprecht von Wallsee, Siegmund von Schaunberg, Erhard von Zelking sowie die Brüder Ulrich und Hans von Starhemberg, aus dem Ritterstand Jörg von Perkheim, Erasmus von Hohenfeld, Benedikt Schifer und Veit Mühlwanger sowie die beiden Elsässer Melchior Bluemenegg und Marschall Thüring von Hallwyl. An der Spitze der kleinen landesfürstlichen Kanzlei stand der schwäbische Adelige Jörg von Stein, der dem Augsburger Domkapitel angehörte. Als Vertretung des Landes versammelten sich die obderennsischen Stände auf eigenen, von den österreichischen getrennten Landtagen. Da sich der Erzherzog, obwohl er auch über das landesfürstliche Salzkammergut verfügte, stets in Geldnot befand, galt seine besondere Obsorge dem Finanzwesen. In Linz, Freistadt und Enns ließ er Münzstätten errichten. Um seine angespannte Finanzlage zu verbessern und seine ehrgeizigen politischen Pläne finanzieren zu können, verpfändete Albrecht VI. eine Reihe wichtiger landesfürstlicher Herrschaften an obderennsische Adelige. So vor allem in der ungünstigen politischen Lage während der neuerlichen Auseinandersetzung mit seinem Bruder Kaiser Friedrich III. im Jahre 1463 die Herrschaft Waxenberg an Heinrich von Liechenstein, Stadt und Herrschaft Steyr an seinen früheren obderennsischen Kanzler und damaligen Rat Jörg von Stein sowie Stadt und Herrschaft Freistadt an seinen aus der Schweiz stammenden Vertrauten Graf Wilhelm von Thierstein.

Für Erzherzog Albrecht VI. bedeutete der Besitz des Landes ob der Enns nur eine vorübergehende Machtposition. Er wollte das gesamte Erzherzogtum Österreich und baute zu diesem Zwecke ein Bündnissystem mit seinem Cousin Herzog Siegmund von Tirol, den Königen von Böhmen und Ungarn sowie mit Herzog Ludwig dem Reichen von Bayern-Landshut auf. Letzterem verpfändete er für die Unterstützung gegen Kaiser Friedrich III. die Grafschaft Neuburg am Inn, über die er gemäß dem Vertrag mit seinem kaiserlichen Bruder gar nicht verfügen konnte, und die Herrschaft Frankenburg. Herzog Siegmund gewann er im April 1461, indem er ihn für den Fall seines Todes ohne männliche Nachkommenschaft testamentarisch zum Erben seiner Länder einsetzte. Im Hinblick auf diese Möglichkeit sollten die Pfleger der landesfürstlichen Herrschaften ob der Enns bereits damals schriftlich zum Gehorsam gegenüber Siegmund verpflichtet werden. Außerdem wurde vereinbart, daß Siegmund künftig statt des ihm zustehenden Drittels der Einnahmen aus dem Lande ob der Enns jährlich 3000 Gulden oder die Burg Werfenstein an der Donau erhalten sollte. Ende Juni 1461 begann Albrecht VI., der sich zuvor im März auf einem Landtag in Linz auch der Unterstützung der Stände ob der Enns versichert hatte, den Krieg gegen Kaiser Friedrich III. Obwohl sich ihm einige Städte und der mit Friedrichs Regierung unzufriedene Teil des österreichischen Adels anschlossen, zogen sich die folgenden Auseinandersetzungen in (Nieder-)Österreich und Wien bis Ende des Jahres 1462 hin. Im November ergab sich bei der Belagerung des Kaisers in der Wiener Burg die Situation, daß Siegmund und Wolfgang von Schaunberg von der obderennsischen Linie dieses Grafengeschlechtes auf der Seite Albrechts VI. standen, während Ulrich von der steirischen Linie der Schaunberger am Entsatz beteiligt war. Nach einer vorübergehenden Einigung der beiden verfeindeten Habsburger zog Erzherzog Albrecht VI. im Dezember 1462 in die Wiener Hofburg ein. An den Verhandlungen des Jahres 1463 waren wiederum die gesamtösterreichischen Landstände beteiligt, die sich im September auch zu einem gemeinsamen Landtag in Tulln zusammenfanden. Als Albrecht VI. am 2. Dezember 1463 überraschend starb, beendete dies zumindest in Österreich unter der Enns den Streit der Habsburger, da Kaiser Friedrich III. als Landesfürst anerkannt wurde.

Anders war die Situation im Lande ob der Enns, wo es vertragliche Abmachungen zwischen Erzherzog Albrecht VI. und Herzog Siegmund von Tirol gab, wonach nun letzterer die Regierung hätte antreten müssen. Allerdings hatten von diesen Vereinbarungen nur wenige Inhaber landesfürstlicher Herrschaften Kenntnis bzw. hatten nur wenige die seinerzeit geforderte Gehorsamserklärung für Herzog Siegmund abgegeben. Der größte Teil der obderennsischen Landstände wurde daher auf dem am 13. Dezember 1463 in Linz abgehaltenen Landtag erstmals mit den von herzoglichen Räten vertretenen Ansprüchen Siegmunds von Tirol konfrontiert. Auf einem weiteren Landtag, der am 2. Jänner 1464 ebenfalls in Linz begann, fiel dann die Entscheidung der obderennsischen Landstände, die damals zwischen zwei möglichen Landesherren wählen konnten, zugunsten Kaiser Friedrichs III. Für die Zukunft des Landes war dies von großer Bedeutung, weil dadurch trotz der weit gediehenen Eigenständigkeit die Gemeinsamkeit mit Österreich unter der Enns beibehalten wurde. Die Partei Herzog Siegmunds, der im Lande ob der Enns wenig Sympathien fand, war klein. Sie bestand nur aus Jörg von Stein, Graf Wilhelm von Thierstein, Ortolf Geumann und Wolfgang Praun. Von diesen fanden sich allerdings die beiden Erstgenannten, denen die Herrschaften Steyr und Freistadt jeweils mit den Städten verpfändet waren, mit den neuen Verhältnissen nicht freiwillig ab. Der Graf von Thierstein unterwarf sich erst im Februar 1465. Weil Jörg von Stein, der sich „Herr und Regierer der Herrlichkeit zu Steyer" nannte, seine Pfandherrschaft nicht zurückgab, entstanden kriegerische Auseinandersetzungen, von denen das Traunviertel, das Hausruckviertel und das Machland betroffen waren. Die Fehde erreichte deshalb ein besonders gefährliches Ausmaß, weil der ehemalige Rat Erzherzog Albrechts VI. in dem österreichischen Adeligen Wilhelm von Puchheim einen Verbündeten gewann und beide von König Georg von Böhmen unterstützt wurden. Zu Beginn des Jahres 1467 begab sich der Kaiser persönlich nach Linz und setzte vier (Kriegs-)Hauptleute ein, deren Aufgaben genau umschrieben wurden. Verhandlungen des Kaisers mit Jörg von Stein, der von einem päpstlichen Legaten mit dem Kirchenbann belegt worden war, und mit dem Puchheimer auf dem für 15. Februar nach Linz einberufenen Landtag zeitigten kein Ergebnis. Erst gegen Jahresende gelang es unter Aufbietung aller Einkünfte des Landes ob der Enns, die Stadt Steyr mit einem starken Truppenaufgebot zu erobern. Die Burg Steyr konnte von ihrer Besatzung noch etwas länger gehalten werden. Als in dieser Situation König Georg von Böhmen einem Hilfeersuchen der bedrängten Gruppe um Jörg von Stein entsprach, erhielten die bisher trotz des Einsatzes böhmischer Söldner internen Kämpfe eine neue außenpolitische

Dimension. Für das Land ob der Enns war der bereits bekannte Einfall des böhmischen Königssohnes Viktorin die Folge. Jörg von Stein aber, der Österreich im Mai 1469 verließ, machte im Dienste des Königs Georg von Böhmen und später des Königs Matthias Corvinus von Ungarn als Diplomat Karriere.

In den siebziger Jahren bildete sich eine österreichische Adelsopposition gegen Kaiser Friedrich III., der auch die mächtigen Herren von Liechtenstein angehörten. Sie verfügten im Lande ob der Enns über die Burgen Ottensheim, Waxenberg, Steyregg und Reichenstein. Von diesen Stützpunkten aus führten sie 1476/77 gemeinsam mit Graf Wolfgang von Schaunberg eine Fehde gegen den Kaiser, die sich vor allem gegen die Besitzungen benachbarter Adelsgeschlechter, des Bistums Passau, des Klosters Baumgartenberg und des Stiftes St. Florian richtete.

Adelsfehden, Einfälle aus Böhmen und die Bedrohung durch die Ungarn ließen das Land ob der Enns in der Zeit, als Kaiser Friedrich III. sein Landesherr war, kaum zur Ruhe kommen. Seit 1464 besuchten die Stände des Landes ob der Enns wieder gemeinsame Landtage mit den Ständen von Österreich unter der Enns, hielten aber auch eigene obderennsische Versammlungen ab, auf denen sie über die Erfordernisse ihres Landes und über die Forderungen des Kaisers nach finanzieller Unterstützung berieten. Auf einem gesamtösterreichischen Landtag in Krems an der Donau im Februar des Jahres 1478, wo über die Aufbringung der hohen Kriegsentschädigung an den König von Ungarn verhandelt wurde, präsentierten die Stände ihrerseits ein Forderungsprogramm, in dem unter anderem die Bestellung eines Landeshauptmannes ob der Enns und von Viertelhauptleuten verlangt wurde. Der Kaiser mußte auf diese Vorschläge eingehen und ernannte seinen Feldhauptmann Bernhard von Scherffenberg zum Landeshauptmann sowie sieben Viertelhauptleute, die den Landfrieden sichern sollten. Mit Ausnahme des Hausruckviertels, wo Graf Wolfgang von Schaunberg allein zuständig war, wurden für jedes Viertel des Landes je ein Mitglied des Herrenstandes und des Ritterstandes eingesetzt. Während der Jahre 1485 bis 1490, als Österreich unter der Enns von den Ungarn besetzt war, machte die politische Verselbständigung des Landes ob der Enns weitere Fortschritte. Die Stände ob der Enns bildeten nun wie unter der Regierung des Erzherzogs Albrecht VI. eine eigenständige Körperschaft, die sich nur auf obderennsischen Landtagen versammelte. Einladungen des Königs Matthias von Ungarn, gesamtösterreichische Landtage gemeinsam mit den Ständen unter der Enns zu besuchen, leisteten sie nicht Folge. Dazu kam der Umstand, daß der österreichische Landesfürst Kaiser Friedrich III. in Linz residierte.

## Soziale und wirtschaftliche Verhältnisse

Das durch die Herrschaftsteilungen und die damit verbundenen Streitigkeiten politisch geschwächte österreichische Landesfürstentum erlitt im späten Mittelalter auch einen beträchtlichen wirtschaftlichen Substanzverlust. Die österreichischen Herzöge bezogen direkte Einkünfte aus den landesfürstlichen Besitzungen (Kammergut), den Gerichten, dem Münzwesen und aus der Besteuerung der Bürger landesfürstlicher Städte sowie der Juden und indirekte in Form von Zöllen und Mauten, zu denen später noch Aufschläge auf bestimmte Waren kamen. Seit Herzog Rudolf IV. wurde außerdem eine „Ungelt" genannte, zehnprozentige allgemeine Getränkesteuer eingehoben, die künftig einen Großteil der landesfürstlichen Einnahmen ausmachte. Obwohl der Herzog dafür auf die bisher übliche alljährliche Münzerneuerung, den sogenannten Münzverruf, verzichtete, bedienten sich auch seine Nachfolger verschiedentlich noch dieses Mittels zur Verbesserung ihrer finanziellen Situation. Als die Erträge dieser verschiedenen Einnahmequellen den im Rahmen der entwickelten Geldwirtschaft ständig steigenden Finanzbedarf nicht mehr decken konnten — vor allem die zahlreichen Kriege und Fehden waren mit ungeheuren Kosten verbunden —, sahen sich die österreichischen Herzöge in zunehmendem Maße gezwungen, Darlehen aufzunehmen und landesfürstliche Herrschaften, Besitzungen, Rechte, Ämter und Einkünfte zu verpfänden. So mußte sich etwa Herzog Albrecht III. von österreichischen Landherren Geld leihen, um 1380 die Schaunberger Fehde führen zu können. Im Bereich des Landes ob der Enns stellte z. B. seit dem 13. Jahrhundert die Herrschaft Steyr ein beliebtes Pfandobjekt dar. Im 14. und 15. Jahrhundert verfügten die Herren von Wallsee zumeist längerfristig über größere landesfürstliche Besitzkomplexe. Wie überhaupt vornehmlich der hohe Adel Nutznießer dieser Politik der österreichischen Landesfürsten war. Aber auch die finanzstarken Stadtgemeinden konnten auf diese Art verschiedene landesfürstliche Rechte und Einnahmen wie z. B. Mauten und Zölle pfandweise erwerben. Nicht zuletzt nutzten zahlreiche weltliche und geistliche Grundherrschaften diese Entwicklung zum käuflichen Erwerb der hohen oder Blutgerichtsbarkeit der Landgerichte, die zwar immer weniger finanziellen Ertrag brachte, aber immer mehr zu einer Prestigeangelegenheit wurde. So unterlagen die Landgerichtssprengel im späten Mittelalter durch Teilung und durch Befreiung (Exemtion) einzelner grundherrschaftlicher Bezirke (Burgfried, Hofmark) einem ständigen Prozeß der Zersplitterung und der Verkleinerung, der häufig Kompetenzstreitigkeiten zwischen den Inhabern

der Landgerichte und den über die niedere Gerichtsbarkeit verfügenden Grundherren zur Folge hatte.
In dieser Hinsicht verlief die Entwicklung in den bayerischen Gebieten des heutigen Oberösterreich völlig anders. Die bayerischen Herzöge konnten nämlich als Landesherren die gesamte Gerichtsbarkeit an sich ziehen und eine straffe herzogliche Gerichtsorganisation aufbauen, welche die in Schergenämter unterteilten Land- und Pfleggerichte in größeren Viztum- und Rentämtern zusammenfaßte. Für die Ausübung der Blutgerichtsbarkeit waren die herzoglichen Landrichter und der herzogliche Viztum (Vicedom) zuständig. Als Herzog Otto III. von Niederbayern in Geldnot 1311 dem Adel und den Prälaten die Niedergerichtsbarkeit in ihren grundherrschaftlichen Zentren (Hofmarken) verkaufte, behielt er sich bzw. seinen Landrichtern die Rechtsprechung über Grund und Boden vor. Im 14. und 15. Jahrhundert wurde die bayerische Gerichts- und Verwaltungsorganisation durch die Errichtung neuer Landgerichte weiter ausgebaut. Im Bereich des späteren Innviertels, das seit der zweiten Hälfte des 14. Jahrhunderts einem niederbayerischen Viztum bzw. Rentmeister in Burghausen unterstellt war, trennte man nach 1340 das Gericht Ried (im Innkreis) vom Landgericht Schärding und nach 1402 das Gericht Wildshut vom Gericht Weilhart. Um 1440 wurde nach dem Erwerb der ehemals bambergischen Herrschaft Friedburg durch Herzog Heinrich den Reichen von Bayern-Landshut das große Gericht Weilhart in Oberweilhart (Landgericht Braunau) und Niederweilhart (Landgericht Mauerkirchen) geteilt und ein eigenes Landgericht Friedburg geschaffen.
Im selben Maße, in dem sich die finanzielle Lage der österreichischen Landesfürsten während der unruhigen Zeiten des 14., vor allem aber des 15. Jahrhunderts verschlechterte, gewann das außerordentliche Steuerwesen an Bedeutung. Aus den ursprünglich nur in Notzeiten eingehobenen Beihilfen, zu denen allgemein ein Untertan gegenüber seinem Herrn verpflichtet war, wurden in erster Linie kriegsbedingt immer regelmäßigere Forderungen, die der Landesherr an seine Städte und an die Landstände als Inhaber der Grundherrschaften herantrug. Die diesbezüglichen Verhandlungen auf den Landtagen wurden von den Ständen dazu benützt, ihrerseits dem Landesfürsten ihre Wünsche und Forderungen vorzutragen. Auf diese Weise kam dem von ihnen beanspruchten und, nachdem sie den Höhepunkt ihrer Macht überschritten hatten, ängstlich gehüteten Steuerbewilligungsrecht große politische Bedeutung bei. Die Freiwilligkeit ihrer außerordentlichen Leistungen ließen sich die Stände seit dem 15. Jahrhundert regelmäßig vom Landesfürsten durch sogenannte Schadlosbriefe bestätigen. Es gab verschiedene Arten der Be-

steuerung, die den Grundbesitz betreffenden Abgabenlasten wurden jedoch stets von den Grundherren auf ihre Untertanen übergewälzt. Zu den Vorrechten des Adels zählten die Steuerfreiheit für den von ihm in Eigenwirtschaft geführten Besitz und die Mautfreiheit für Waren seines Hausbedarfes. Seit dem 14. Jahrhundert wurde auch der Klerus, der ursprünglich gänzlich befreit war, zur Steuerleistung herangezogen. Besondere finanzielle Belastungen für die Bevölkerung brachten die Hussitenkriege und die Wirren des 15. Jahrhunderts. 1421 wurde beispielsweise ob und unter der Enns eine außerordentliche Weingartensteuer eingehoben, der (all)„gemeine Anschlag" zur Bekämpfung der Hussiten wurde bald regelmäßig gefordert, Prälaten und Städte wurden mehrmals gesondert besteuert. Im Jahre 1478 stellte die Aufbringung der Kriegsentschädigung für König Matthias Corvinus von Ungarn die Länder ob und unter der Enns vor größte Probleme. Damals mußte man außer der Geistlichkeit und den „Gästen", das waren die im Lande begüterten auswärtigen Grundherren, die nicht den Landständen angehörten, sogar die Handwerker und die Bauernknechte mit einer Steuer belegen. Seit Kaiser Friedrich III. nach dem Tode seines Bruders Erzherzog Albrecht VI. wieder Landesfürst von Österreich ob und unter der Enns war, wurde es üblich, die Steuerlast so auf die beiden Länder zu verteilen, daß Österreich (unter der Enns) zwei Drittel und das Land ob der Enns ein Drittel zu tragen hatte. Die Einhebung der Steuern oblag den „Verordneten", von denen in der Regel von den Ständen entsprechend den Landesvierteln vier und vom Landesfürsten einer bestellt („verordnet") wurden, und ihren Unterbeamten.

Dem Landesfürstentum waren die Landstände als politische Macht gegenübergetreten. Sie bildeten die Landgemeinde, die als seit der ersten Hälfte des 15. Jahrhunderts sogenannte „(gemeine) Landschaft" das Land verkörperte und dessen Interessen gegenüber dem Landesfürsten vertrat. Sie leisteten auch einem neuen Landesherrn bei dessen Regierungsantritt die Huldigung. Für die Organisation des spätmittelalterlichen Staatswesens kam ihnen abgesehen von ihrer Mitwirkung an der Landesverteidigung und ihrem Einfluß auf das Steuerwesen deshalb große Bedeutung zu, weil sie als Inhaber der Grundherrschaften bzw. städtischer Freiheiten und Rechte die unterste Stufe der staatlichen Verwaltung und der Gerichtsbarkeit beherrschten. Das hatte jedoch zur Folge, daß die ihrer grundherrlichen Gewalt unterstehenden Gesellschaftsschichten und Gruppierungen, nämlich der zahlenmäßig starke Bauernstand, die Bürger jener Städte und Märkte, die nicht dem Landesfürsten gehörten, sowie die gesellschaftlichen Unterschichten, auf den Ständeversammlungen keine eigene Vertretung besaßen. Anfänglich war weder die Zugehörigkeit zu den einzelnen „Parteien" oder, wie sie seit 1458 genannt wurden, „Ständen", noch der Besuch der Landtage genau geregelt. Zu Beginn des 16. Jahrhunderts umfaßte der Herrenstand des Landes ob der Enns elf Mitglieder, der Ritterstand 139. Den Prälatenstand bildeten die Vorsteher bzw. die Vorsteherinnen der Klöster und Stifte Kremsmünster, Lambach, Garsten, Gleink, Baumgartenberg, Wilhering, Engelszell, St. Florian, Waldhausen, Schlägl, Spital am Pyhrn, Traunkirchen, Schlierbach und Pulgarn, zu denen später noch der Abt von Mondsee kam. Die sieben landesfürstlichen Städte ob der Enns Linz, Enns, Steyr, Wels, Freistadt, Gmunden und Vöcklabruck wurden auf den Landtagen von jeweils zwei bis drei Mitgliedern ihres Stadtrates vertreten. Von den vier Ständen verfügte der Herrenstand über die stärkste politische Stellung; Prälaten und Städte waren in beträchtlichem Maße von ihrem landesfürstlichen Schutz- bzw. Stadtherrn abhängig. Später bezeichneten sich der Prälaten-, der Herren- und der Ritterstand als die „oberen Stände". Ihre Mitglieder saßen auf den Landtagen auf Bänken, während die Vertreter der landesfürstlichen Städte hinter ihnen stehen mußten. Als Versammlungsorte der Stände ob der Enns sind die Städte Linz, Enns, Wels, Steyr und Freistadt bezeugt. Die seit der zweiten Hälfte des 15. Jahrhunderts abgehaltenen obderennsischen Landtage wurden vom Landesfürsten oder in dessen Vertretung vom (Landes-)Hauptmann ob der Enns einberufen. Allmählich wurde es üblich, mindestens einen Landtag im Jahr zu veranstalten. Der Landesfürst nahm daran nur in Ausnahmefällen persönlich teil, in der Regel ließ er sich von Angehörigen seines Rates vertreten. Zur Beratung und Entscheidung wichtiger Fragen bildete man Landtagsausschüsse, in die jeder Stand gleich viele Vertreter entsandte. Wenn der Landesfürst nicht selbst anwesend war, erlangten die Landtagsbeschlüsse erst durch seine Bestätigung Rechtskraft. Die Leitung der Landtage oblag dem Landeshauptmann, der von Amts wegen die Befehle des Landesfürsten zu vollziehen hatte, andererseits aber auch die Interessen der Stände vertreten mußte. Zu den Aufgaben seines Amtes gehörten im 15. Jahrhundert außerdem die Landesverteidigung, die Wahrung des inneren Friedens, die Sicherung der Straßen, der Schutz der Klöster und Stifte, die Aufsicht über die landesfürstlichen Amtleute sowie der Vorsitz im sogenannten Landrecht, dem für die Stände bzw. für das ganze Land zuständigen Gericht. Es wurde vom (Landes-)Hauptmann ob der Enns und adeligen Beisitzern gebildet. Gegen seine Urteile konnte an das herzogliche Hofgericht appelliert werden. Von der Gerichtsbarkeit des Landeshauptmannes waren manche landesfürstlichen Städte, die landesfürstlichen Herrschaften und einige bevorrechtete Herrengeschlechter, wie z. B. die Grafen von Schaunberg, befreit. Sie unterstanden unmittelbar dem Landesfürsten bzw. dessen Hofgericht. Der Landeshauptmann wurde von dem Verweser der Hauptmannschaft, dem Landrichter ob der Enns und dem Anwalt zu Linz bzw. ob der Enns unterstützt. Die Hauptleute aus dem Geschlechte der Herren von Wallsee besetzten diese Ämter zumeist mit Personen aus dem Kreise ihrer ritterlichen Gefolgsleute. Für seine Unkosten erhielt der Landeshauptmann zusätzlich zu den mit seinem Amt verbundenen Einnahmen vom Landesfürsten jährlich eine finanzielle Entschädigung.

Der Herrenstand setzte sich aus den wenigen alten Grafengeschlechtern und der Gruppe der Landherren zusammen. Seine Stellung beruhte auf seinem Großgrundbesitz, der aus Eigengütern, Lehen und Pfandschaften bestand, und auf bestimmten Herrenrechten, wie z. B. Vogtei, Marktobrigkeit, Landgerichten, Mauten und Zöllen. Außerdem konnten die Mitglieder des Herrenstandes nicht nur Lehen empfangen, sondern auch selbst vergeben. Die mächtigsten Herrengeschlechter im Lande ob der Enns waren die alteingesessenen Grafen von Schaunberg, die in der ersten Hälfte des 14. Jahrhunderts auch eine (nieder)österreichische Linie (Ort an der Donau) und im 15. Jahrhundert auch eine steirische Linie bildeten, und die Herren von Wallsee, die sich in die Linien Linz und Enns sowie später auch Graz und Drosendorf gliederten. Die Grafen von Schaunberg galten im 15. Jahrhundert neben den Grafen von Maidburg-Hardegg als vornehmstes Adelsgeschlecht Österreichs. Demgegenüber hatten die Herren von Wallsee den Vorteil, rund zwei Jahrhunderte lang nahezu ausschließlich das Amt des (Landes-)Hauptmannes ob der Enns zu besetzen. Die beiden besonders im 14. Jahrhundert miteinander rivalisierenden Geschlechter hatten einen eigenen Hof- und Beamtenstaat nach dem Vorbild des Landesfürsten. Schaunbergische Hofämter (Truchseß und Marschall) sind bereits seit dem Ende des 12. Jahrhunderts bekannt, Amtleute und geistliche Schreiber (Notare) seit der zweiten Hälfte des 13. Jahrhunderts, Räte seit der ersten Hälfte des 14. Jahrhunderts, ein für die Geldgeschäfte zuständiger Rentmeister seit der Mitte des 15. Jahrhunderts und ein Kanzler seit 1475. Die Wallseer wurden außerdem bei der Ausübung ihres Hauptmannamtes von ritterlichen Gefolgsleuten unterstützt. Die Verwaltung der Grundherrschaften und damit die Aufsicht über die Amtleute oblag den zumeist ritterbürtigen Pflegern. Die grundherrschaftlichen Jahreseinkünfte der Schaunberger wurden für die zweite Hälfte des 14. Jahrhunderts auf 6000–8000 Pfund Pfennig geschätzt. Eine Ausnahmeerscheinung war Graf Ulrich (um 1330–1373), der kurzfristig auch das Amt des Hauptmannes ob der Enns innehatte. Er betätigte sich mit Erfolg als Großunternehmer, der Politik und Geschäfte zu vereinen wußte. Die Herzöge von Österreich und Bayern waren an ihn

*Soziale und wirtschaftliche Verhältnisse* 125

verschuldet. Ihm gelang es 1367, die Stadt Eferding vom Passauer Bischof zu erwerben. Die Wallseer, deren Einnahmen sich z. B. im Jahre 1422 auf 12.000–15.000 Pfund Pfennig beliefen, konnten ebenfalls bereits im 14. Jahrhundert eine aktive Erwerbspolitik betreiben. So kauften sie ziemlich geschlossenen Besitz im Alm- und Kremstal, im Bereich des Traunsees, zwischen den Flüssen Enns und Traun sowie im Trattnachtal (z. B. die Herrschaften Scharnstein, Pernstein, Ort und Ottensheim und das Landgericht Schlierbach). Später gerieten allerdings, wie viele andere Adelige auch, manche Schaunberger und Wallseer in finanzielle Schwierigkeiten, die sie zu Verschuldung und zu Güterverkäufen zwangen. Die allgemeine Verschlechterung der Wirtschaftslage seit dem 14. Jahrhundert traf jedoch weniger die Großgrundbesitzer des Herrenstandes als vielmehr den wirtschaftlich schwächeren niederen Adel. Über allen Adelsgeschlechtern hing vor allem infolge der niedrigen Lebenserwartung und der zahlreichen Kriege und Fehden die Gefahr des Aussterbens im männlichen Stamm. So erlosch die Linzer Linie der Wallseer im Jahre 1400, das Geschlecht der Herren von Kapellen am Ende des Jahres 1406 und die Ennser Linie der Wallseer im Jahre 1483. Zu den Erben der Wallseer zählten aufgrund einer Heiratsverbindung mit der Erbtochter auch die Schaunberger, die damals unter anderem die Herrschaft Oberwallsee erwarben. Zuvor schon hatten die Grafen einen Teil der steirischen und Kärntner Besitzungen der Herren von Pettau geerbt. Heiraten stellten überhaupt ein beliebtes Mittel adeliger Bündnis- und Erwerbspolitik dar.

Der Ritterstand ob der Enns war das Ergebnis eines langen gesellschaftlichen und politischen Prozesses, in dessen Verlauf sich die zwischen Enns und Hausruck ansässigen Dienstleute des Landesfürsten und verschiedener geistlicher und weltlicher Herren zu einer gemeinsamen Standesgruppe formierten. Den Kern bildete eine Gruppierung, die in der zweiten Hälfte des 13. Jahrhunderts unter der Führung der Herren von Wallsee und von Volkersdorf im Osten des Landes ob der Enns entstanden war. Ihr schlossen sich in der ersten Hälfte des 14. Jahrhunderts die Gefolgsleute der Herren von Kapellen im Machland an. Ein das gesamte Land umfassender Stand der Ritter und Edelknechte ob der Enns konnte sich jedoch erst ausformen, nachdem es die Habsburger im 14. Jahrhundert mit Hilfe der wallseeischen Hauptleute ob der Enns verstanden hatten, die ritterliche Mannschaft der Grafen von Schaunberg durch eine gezielte Lehenspolitik an sich zu binden bzw. nachdem die Grafen am Ende des Jahrhunderts ihren Widerstand gegen die österreichische Landeshoheit aufgegeben hatten. Der aus verschiedenen Wurzeln zusammengewachsene Ritterstand wies allerdings sehr große wirtschaftliche und soziale Abstufungen und eine beträchtliche Fluktuation auf.

Dabei blieb im allgemeinen selbst reichen Rittergeschlechtern lange Zeit der Aufstieg in den Herrenstand verwehrt, da dessen Angehörige streng auf die Exklusivität ihres Standes achteten. Kaiser Friedrich III. begann jedoch die Standesschranken zwischen dem höheren und dem niederen Adel dadurch zu durchbrechen, daß er treue Anhänger und Helfer, wie z. B. die Brüder Prüschenk, die zu seinen Geldgebern zählten, zu Freiherren erhob. Wesentlich ungünstiger war hingegen die Situation der wirtschaftlich schwachen Ritter. Sie hatten durch die Umstellung von den ritterlichen Lehensheeren auf Soldtruppen, die für bestimmte Unternehmungen verpflichtet wurden, seit dem 14. Jahrhundert ihre frühere militärische Bedeutung verloren und bekamen in ihren kleinen Grundherrschaften die Auswirkungen der spätmittelalterlichen Wirtschaftskrisen besonders stark zu verspüren. Wenn sie sich eine standesgemäße Lebensweise auf ihrem Ansitz nicht mehr leisten konnten, drohte ihnen der Abstieg zum Bauerntum. Andererseits bestanden aber im späten Mittelalter auch nach beiden Seiten hin Übergangsmöglichkeiten zwischen dem Ritterstand und der bürgerlichen Oberschicht der landesfürstlichen Städte. Bürgern und Rittern boten sich vor allem in der landesfürstlichen Verwaltung z. B. als Herrschaftspfleger, Salzamtmann oder Mautner große Aufstiegsmöglichkeiten.

Unter den „bürgerlichen Siedlungen" (Städten und Märkten) des Landes hatten die landesfürstlichen Städte ob der Enns Linz, Enns, Steyr, Wels, Freistadt und Gmunden – mit Vöcklabruck erhöhte sich ihre Zahl seit der Mitte des 14. Jahrhunderts auf sieben – in rechtlicher und wirtschaftlicher Hinsicht die führende Position inne. Als wehrhafte Großfestungen und Handelszentren in verkehrspolitisch günstiger Lage genossen sie seit dem 13. Jahrhundert eine besondere Förderung durch das österreichische Landesfürstentum, das durch gezielte Privilegierung seiner Städte und Märkte ob der Enns ein einheitliches Handelsrechtsgebiet und dadurch eine wesentliche Voraussetzung für die Ausbildung des Landes schuf. Die Rechtsstellung einer Stadt hatten sie mit Ausnahme von Enns (1212) nicht durch landesfürstliche Verleihung eines Stadtrechtes erlangt, sondern im Zuge einer allmählichen Entwicklung auf Grund ihrer Lage sowie ihrer herrschaftlichen, rechtlichen, wirtschaftlichen und baulichen Verhältnisse. Gmunden, dem der Salzhandel zugute kam, besaß schon vor 1278 unter König Ottokar II. Přemysl städtischen Charakter. Die von den letzten Babenbergern auf ehemals Regauer Boden gegründete Marktsiedlung Vöcklabruck verdankt ihren Rang als Stadt – 1353 erstmals so genannt – entweder Herzog Albrecht II. oder Herzog Rudolf IV., die damit ein Bollwerk gegen den schaunbergischen Machtblock schaffen wollten. Die von den Landesfürsten erteilten gemeinsamen Privilegien

(Handelsvorrechte) und die gemeinsamen Interessen förderten den Zusammenschluß der landesfürstlichen Städte ob der Enns. Sie waren an dem entstehenden Ständewesen von Anfang an beteiligt und bildeten bereits um 1400 eine Interessengemeinschaft zur Wahrung ihrer Rechte gegenüber dem Landesfürsten und den anderen Ständen. Ihre Vertreter trafen sich auf eigenen Versammlungen (Städtetagen) zur Besprechung ihrer Angelegenheiten. Die Führung scheint während des 15. Jahrhunderts zeitweilig die Stadt Enns innegehabt zu haben. Wirtschaftlich am stärksten war die an Eisenhandel und -verarbeitung profitierende Stadt Steyr, während die anderen landesfürstlichen Städte ziemlich gleichrangig gewesen sein dürften. Dennoch ging die Führung in der zweiten Hälfte des 15. Jahrhunderts auf Linz über, das 1490 in einer Urkunde Kaiser Friedrichs III., mit der das Recht der freien Bürgermeisterwahl verliehen wurde, als „ain haubtstat unnsers fürstentumbs Oesterreich ob der Enns" bezeichnet wurde, die „pillichen fuer annder unnser stätt daselbs geeret und mit sonndern wierden und freyhaiten versehen werden sol". Dazu trugen sicherlich die günstige verkehrspolitische Lage sowie die Funktionen als Sitz des Landeshauptmannes, als bevorzugter Versammlungsort der Landstände ob der Enns und als Residenz Friedrichs III. bei. Der Kaiser erwarb damals in Linz mehrere Häuser, seine Hofhaltung erweckte jedoch bei den prunkgewohnten venezianischen Gesandten einen armseligen Eindruck.

Die besondere Förderung, welche die Landesfürsten ihren Städten zuteil werden ließen, bezweckte nicht zuletzt eine Hebung der Finanzkraft, durch die sich auch das Steueraufkommen erhöhte. Dabei fielen nicht so sehr die ordentlichen Steuern ins Gewicht, als vielmehr die immer häufiger werdenden außerordentlichen Forderungen des Landesfürsten. Unter Erzherzog Albrecht VI. (1458—1463) sollen viele Bürger obderennsischer Städte wegen der hohen Steuerlast mit dem Gedanken gespielt haben auszuwandern. Vereinzelt verließen deshalb Bürger ihre Stadt und unterstellten sich einer Grundherrschaft. In Steyr beantragten 1484 150 Handwerker ihre Entlassung aus der städtischen Gemeinde. Wichtige Reformen führte Herzog Rudolf IV. (1358—1365) durch, indem er die Abschaffung der Grunddienste und die Ablösung der auf den Häusern lastenden Renten (Überzinse) verfügte, das Anwachsen bürgerlichen Hausbesitzes bei Kirchen und Klöstern (Besitz der toten Hand) verhinderte und jeden Hausbesitz in den landesfürstlichen Städten besteuerte. Die entsprechenden Bestimmungen der Grundrechts- und Ablösegesetze wurden 1360 den Städten Wels, Enns, Steyr und Linz übermittelt. Nicht alle Übelstände ließen sich jedoch dadurch beseitigen; bereits 1415 klagten die Städte wiederum über die hohen Überzinse. Seit der Mitte des

14. Jahrhunderts schützten landesfürstliche Privilegien auch Grundstücke auf dem Lande, die Bürger von Prälaten oder Adeligen zu Lehen hatten, vor der Besteuerung durch den Grundherrn und unterstellten sie der städtischen Steuerhoheit. Trotzdem kam es deshalb immer wieder zu Streitigkeiten mit den oberen Ständen, 1487 sogar mit dem Landeshauptmann Gotthard von Starhemberg, während sich andererseits die Städte darüber beklagten, daß Adel und Geistlichkeit für ihre im städtischen Bereich gelegenen Besitzungen keine Steuern zahlen, das heißt nicht „mitleiden" wollten. Die landesfürstlichen Städte waren ihrem Herrn gegenüber zu Kriegsdiensten verpflichtet, die im allgemeinen in der Organisation ihrer Verteidigung und in Geldzahlungen zum Anwerben von Söldnern bestanden. Gelegentlich wurden auch noch im 15. Jahrhundert städtische Truppenkontingente aufgestellt. Die kriegerischen Ereignisse dieses Jahrhunderts machten die Erneuerung und den Ausbau der städtischen Wehranlagen notwendig, wie sie beispielsweise Kaiser Friedrich III. den Bürgern von Linz, Enns, Grein und Steyr befahl. Zum Teil trug der Kaiser dazu selbst durch Steuererleichterungen, durch Bewilligung von Steueraufschlägen sowie durch Zuweisung von Mauteinnahmen bei. Verschiedentlich ließ er auch die bäuerliche Bevölkerung im Umkreis von zwei bis drei Meilen zur Robotleistung an den Wehrbauten heranziehen.

Neben den landesfürstlichen Städten bestanden im Lande ob der Enns im späten Mittelalter drei grundherrliche städtische Siedlungen: das passauische Eferding, das die Schaunberger 1367 durch Kauf erwarben, Grein, das der Landesfürst 1489 an die Herren von Prüschenk verkaufte und 1491 zur Stadt erhob, und Steyregg, das die Liechtensteiner von den Kapellern geerbt hatten und das in der zweiten Hälfte des 15. Jahrhunderts zur Stadt aufstieg. Im bayerischen Teil Oberösterreichs hatte Herzog Heinrich XIII. von Niederbayern 1260 zur Verteidigung seines Landes gegen den österreichischen Landesfürsten und böhmischen König Ottokar II. Přemysl am rechten Ufer des Inn die ummauerte Stadt Braunau gegründet und eine Brücke über den Fluß schlagen lassen. Der landesfürstliche Markt Schärding erhielt 1316 von den bayerischen Herzögen das Stadtrecht; 1364 gewährte ihm der österreichische Herzog Rudolf IV. – Schärding war von 1356 bis 1369 an die Habsburger verpfändet – die Rechtsstellung der Städte ob der Enns.

Die kleineren, Märkte genannten bürgerlichen Siedlungen konzentrierten sich besonders auf das Gebiet des Hausrucks und des unteren Mühlviertels. Um 1250 standen im oberösterreichischen Raum sechs Städten ungefähr 20 Märkte gegenüber. An der Wende vom 13. zum 14. Jahrhundert gab es bereits 32 Märkte, und bis zur nächsten Jahrhundertwende

stieg die Zahl auf 56. Seit dem 13. Jahrhundert verliehen die Landesfürsten auch den Bürgern ihrer Märkte bzw. im Falle der sogenannten Privat-Herren-Märkte deren Grundherren Handelsprivilegien, zum Teil sogar dieselben, wie sie die landesfürstlichen Städte ob der Enns besaßen. So gewährte etwa König Ottokar II. Přemysl 1269 den Bürgern von Perg dieselben Freiheiten, deren sich die Bürger von Enns, Linz und anderen Städten erfreuten. Nach einer Steuerliste aus dem Jahre 1497 betrug die Zahl der vom Landesfürstentum privilegierten Märkte, der sogenannten „Bannmärkte", im Lande ob der Enns 49 einschließlich Eferding und Grein. Den grundherrlichen Märkten kam im Verband der jeweiligen Herrschaft eine wichtige wirtschaftliche Funktion als Handels- und Versorgungszentrum zu. Da sie einem geistlichen oder weltlichen Grundherrn unterstanden — z. B. Ebelsberg dem Bischof von Passau, Kirchdorf a. d. Krems dem Bischof von Bamberg, (Bad) Zell (bei Zellhof), Tragwein und Schwertberg dem Bischof von Regensburg, Aschach a. d. Donau und Peuerbach den Grafen von Schaunberg — blieb ihnen der Zugang zu der politischen Institution der Landstände verwehrt. Aber auch die landesfürstlichen Märkte wie z. B. (Bad) Hall, Lauffen, Hallstatt, Gutau und Mauthausen erreichten wohl wegen der geringeren Verwaltungsautonomie und der schwächeren wirtschaftlichen Potenz die Landstandschaft nicht. Immerhin anerkannte Kaiser Maximilian I. die hinsichtlich der Handelstätigkeit grundsätzliche Gleichberechtigung der Bannmärkte mit den landesfürstlichen Städten. Viele grundherrliche Märkte spielten jedoch bloß in der Lokalversorgung eine bescheidene Rolle und unterschieden sich nur wenig von bäuerlichen Dorfsiedlungen.
Stadt und Markt gemeinsam war außer den Handelsvorrechten die bürgerliche Gemeinde, welcher der betreffende Stadt- oder Grundherr, wie ihn jede Gemeinde bis 1848 besaß, entweder vollständige oder beschränkte Gerichtshoheit und Selbstverwaltung gewährte. In dieser Hinsicht verfügten wiederum die Bürger der landesfürstlichen Städte über die beste Rechtsstellung. Allerdings waren nicht alle Bewohner einer Stadt gleichberechtigt. Als Vollbürger, die über alle bürgerlichen Freiheiten verfügten, galten nur die Kaufleute, die Wirte und die Bierbrauer, in Gmunden und in den Märkten des Salzkammergutes die Salzhändler (Fertiger). Die Zugehörigkeit zu dieser kleinen städtischen Oberschicht war mit dem Besitz bestimmter Häuser, deren Zahl feststand, verbunden. Die Angehörigen dieser Gesellschaftsschicht waren vielfach mit Rittergeschlechtern verwandt oder selbst in den Ritterstand aufgestiegen; nicht selten besaßen sie Landgüter. Andererseits erwarben auch Ritter Bürgerrechte in den Städten. Solche Ritterbürger spielten besonders in Gmunden, Steyr und Freistadt eine Rolle. In Steyr schloß sich zu Beginn

des 14. Jahrhunderts die „gemain der ritter ze Steyr" von der „gemain der purger ze Steyr" (Kaufleute) ab. Den Vollbürgern war der Handel mit Kaufmannswaren und die Ausschank von Wein und Bier vorbehalten. Besonders gegen diese Vorrechte richtete sich seit dem Ende des 14. Jahrhunderts der Protest der zweiten bürgerlichen Schichte, der Handwerker, bei denen sich die Hausbesitzer von den Wohnungsmietern unterschieden. Sie waren persönlich frei, unterstanden aber in allem den städtischen Organen, zu denen sie nur allmählich einen beschränkten Zugang erlangten. In Linz und Wels kam es deshalb seit 1395 zu Unruhen unter den Handwerkern; in Freistadt führten 1397 die Bäckergesellen den ersten bekannt gewordenen Arbeiterstreik in Oberösterreich durch. Im Laufe des späten Mittelalters schlossen sich die einzelnen Berufsgruppen zu genossenschaftlichen Organisationen, den sogenannten Zünften, zusammen, die von den Meistern beherrscht wurden und deren Statuten das wirtschaftliche und religiöse Leben der Mitglieder bis in Einzelheiten genau regelten. Schließlich bildeten auch die Handwerksgesellen eigene Interessenverbände. Während des 15. Jahrhunderts vermochten die Handwerker ihre Rechte wohl zu erweitern, die Gleichstellung mit den Vollbürgern erreichten sie allerdings nicht. Beide Gruppierungen waren aber im allgemeinen in den städtischen Organen vertreten, wobei das Zahlenverhältnis in den einzelnen Städten verschieden war, die Kaufleute-Bürger jedoch überall über die Mehrheit verfügten.

Diese Organe der Selbstverwaltung waren der Rat, dem zwischen sechs und zwölf Personen angehörten und der von den Hausbesitzern gewählt wurde, und der größere Kreis der „Geschworenen". An der Spitze des Stadtrates stand der Stadtrichter, der ursprünglich vom Stadtherrn bzw. vom Landesfürsten bestellt worden war. Den Bürgern von Steyr wurde bereits 1287 das Recht bestätigt, den Richter, der damals noch eine burggrafenähnliche Stellung einnahm, aus ihrer Mitte zu wählen. Die Linzer Bürgerschaft erhielt das Wahlrecht erst im 15. Jahrhundert, nachdem das Richteramt früher meistens mit dem des landesfürstlichen Mautners, in Gmunden aber mit dem des Salzamtmannes verbunden gewesen war. Zur Entlastung des Stadtrichters wurde in den landesfürstlichen Städten um 1500 das Amt des Bürgermeisters eingeführt. Die Freistädter „Bürgermeister" des 14. Jahrhunderts waren eine Vorstufe, die eher einem „(Stadt-)Viertelmeister" entsprach. Linz bekam das Recht, einen Bürgermeister vom Rat wählen zu lassen, im Jahre 1490 von Kaiser Friedrich III., Steyr im Jahre 1499 von Maximilian I. Am Stadtgericht, das ebenfalls unter dem Vorsitz des Stadtrichters stand, hatten im allgemeinen die Ratsmitglieder, die Geschworenen und zum Teil die Gemeinde Anteil. Die meisten landesfürstlichen Städte erlangten im 15. Jahrhundert auch

*Soziale und wirtschaftliche Verhältnisse* 131

die Blutgerichtsbarkeit, die bis dahin vom zuständigen Landgericht ausgeübt worden war.
Die Einwohnerzahlen der landesfürstlichen Städte ob der Enns dürften zwischen 1500 und 2000 gelegen sein. Was die Vermögenslage betrifft, stellte in der Regel die Oberschichte der Kaufleute die reichsten Bürger. In den Städten Linz und Enns bot sich beispielsweise auf Grund der Steuerleistung folgendes Bild: Für das Jahr 1429 hat man von den Steuerzahlern der Stadt Enns 10,2 Prozent der Spitzengruppe mit den hohen und höchsten Steuerbeträgen, 30,5 Prozent den mittleren und 59,2 Prozent den unteren Steuerklassen zugewiesen. In Linz, wo es doppelt so viele Handwerker wie Kaufleute gab, umfaßte im Jahre 1504 die Gruppe der Höchstbesteuerten 4,7 Prozent; eine Mittelschichte war mit 47,7 Prozent ungefähr gleich stark wie die unteren Steuergruppen mit 47,5 Prozent. Der Umstand, daß in beiden Städten die höchsten Steuersätze zehn- bis hundertmal höher sein konnten als die niedrigsten, deutet die großen sozialen Unterschiede unter der Einwohnerschaft an. Mit der Erweiterung ihrer Autonomie hatten daher die bürgerlichen Gemeinden ob der Enns seit dem 13. Jahrhundert damit begonnen, durch die Errichtung von Bürgerspitälern und Siechenhäusern für ihre Kranken, Alten und Armen zu sorgen.
Wenig bis gar keinen Anteil an den bürgerlichen Vorrechten und Freiheiten hatten die sogenannten Inwohner (Wohnungsmieter), die kein Haus besaßen, die Bewohner der Vorstädte und jene Bauern, die innerhalb des städtischen Rechtsbereichs (Burgfried) wohnten. Über eine Sonderstellung verfügten die Mitglieder des landesfürstlichen Hofes (Diener und Beamte), der Klerus und der hausbesitzende höhere und niedere Adel, dessen sogenannte Freihäuser seit dem 15. Jahrhundert mit Bewilligung des Landesfürsten der städtischen Gerichts- und Verwaltungshoheit entzogen und von der Besteuerung befreit waren. Einen eigenen Stand bildeten die Juden, die in den Städten Linz, Enns, Steyr und Wels sowie vielleicht auch in Freistadt, Eferding und in Garsten in abgesonderten Vierteln nach eigenem Recht lebten.
Die Lage des Bauernstandes hatte sich seit dem hohen Mittelalter durch die Umstellung auf die Rentengrundherrschaft und durch die günstigeren Leihebedingungen wesentlich verbessert. Im Lande ob der Enns gab es nur noch wenige Leibeigene – z. B. im Attergau –, die außer ihrem Grundzins auch einen Leibzins zahlten. Immer mehr Grundherren schränkten ihre Eigenwirtschaft und ihre Meierhöfe zugunsten von mehr zinspflichtigen Bauernlehen ein. Den Eigenbedarf samt den ausländischen Luxusgütern deckten sie durch Kauf auf den Handelsmärkten der bürgerlichen Siedlungen. Diese Wirtschaftsform geriet jedoch bald

durch die zunehmende Inflation in Schwierigkeiten, die sich auf das gesamte Wirtschafts- und Sozialgefüge des späten Mittelalters auswirkten. Die Einnahmen der Grundherren sanken, da die Bauern zumeist zur Zahlung von festen Zinssätzen verpflichtet waren. Bei den bäuerlichen Grundholden hingegen verringerte sich infolge von Übervölkerung und Abnahme der Erträge der Lebensstandard jener, die über zu kleine Höfe in ungünstiger Lage verfügten. Zu einer allgemeinen Verschlechterung der Lage der Bauern kam es in der zweiten Hälfte des 14. Jahrhunderts durch Seuchen, die zu einem Rückgang der Bevölkerungszahlen und damit der Nachfrage nach Agrarprodukten führten. Die landwirtschaftliche Überproduktion bewirkte einen Preisverfall mit gleichzeitiger Verteuerung der gewerblichen Erzeugnisse. Unter diesen Umständen verließen besonders in Gebieten mit schlechter Bodenqualität manche Besitzer kleiner freier Eigen und abhängige Grundholden, letztere ohne Erlaubnis ihres Grundherrn, ihre Höfe und zogen in die Städte und Märkte, wo jeder nach einem Aufenthalt von einem Jahr und einem Tag als freier Einwohner galt („Stadtluft macht frei"). Eine Folge dieser Entwicklung waren die spätmittelalterlichen sogenannten Wüstungen, das sind verlassene Höfe und Siedlungen bzw. abgekommene Fluren. In Oberösterreich wurde diese Erscheinung bisher erst für den Bereich der Herrschaft Schaunberg untersucht. Hier veröderten im 14. und 15. Jahrhundert von den ungefähr 1700 Wirtschaftseinheiten 223 ¼ Objekte. Davon kamen 111 ½ ab, 52 ½ bestanden weiter, 26 wurden wieder bestiftet; die restlichen Fälle sind ungeklärt. Unter dem Druck der Krisen und der Grundherrschaften verloren die meisten Freieigner seit dem 15. Jahrhundert ihre bisherige Sonderstellung und sanken in die Grunduntertänigkeit einer Herrschaft ab. Nur im bayerischen Gebiet des späteren Innviertels, wo das freie Besitzrecht mit Hilfe der landesfürstlichen Landgerichte bis zur Bauernbefreiung gewahrt werden konnte, wurden weiterhin Güter hauptsächlich durch Kauf in freie Eigen umgewandelt. Da die Grundherren unter Hinweis auf ihre Stellung und auf die Bedeutung ihrer Burgen für die Landesverteidigung für ihre Eigenwirtschaft nur einen geringen Teil der Steuern zahlten und die Hauptlast auf ihre Untertanen überwälzten, mußte die Landflucht möglichst gering gehalten werden. Die Grundherren boten daher ihren Holden Anreize, die etwa in der Verbesserung der Leihebedingungen — die Erbleihe wurde allgemein üblich —, in der gewohnheitsrechtlichen Fixierung bzw. in der Reduzierung der bäuerlichen Abgaben und Leistungen (Robot) sowie in einer Erweiterung der Rechte der bäuerlichen Gemeinde bestanden.
Die Herrschaften, die von zumeist ritterbürtigen Pflegern in Vertretung des Herrn verwaltet wurden, waren in kleinere Verwaltungsbezirke, so-

genannte Ämter, eingeteilt, in denen jeweils ein zumeist bäuerlicher, vom Grundherrn eingesetzter Amtmann den Untertanen vorstand. Diese Amtleute oder „Richter" standen ähnlich dem früheren Meier zwischen der Herrschaft und der Untertanengemeinde, verfügten über gewisse obrigkeitliche Rechte und waren für die pünktliche Lieferung der Abgaben verantwortlich. Die bäuerliche Gemeinde — nahezu ausschließlich die Männer — trat wegen der im oberösterreichischen Gebiet vorherrschenden Einzelhof- und Weilersiedlung weniger als Dorfgemeinde, sondern vor allem als Gerichtsversammlung (Taiding, Recht, Ehaft, Ehafttaiding u. ä.) der zu einem grundherrschaftlichen Amt gehörigen Untertanen in Erscheinung. Sie wurde von dem betreffenden Gerichtsherrn zu bestimmten Terminen — in der Regel mehrmals im Jahr — und an bestimmten Orten einberufen, stellte die Schöffen (Geschworenen), die nach alter Rechtsauffassung Standesgenossen des Beklagten sein mußten und denen die Urteilsfindung nach herrschendem Gewohnheitsrecht oblag, und gab ihre Zustimmung zu dem Urteil. Den Vorsitz führte entweder der Gerichtsherr selbst — im allgemeinen der Grundherr, war dieser nicht mächtig genug oder konnte er seine entlegenen Güter nicht ausreichend schützen, so übernahm ein anderer Grundherr die Schutzvogtei, forderte dafür aber Abgaben und die Gerichtsbarkeit für sich — oder ein Vertreter; sie verkündeten das Urteil. Dieses Verfahren umfaßte alle Fälle der von den Grundherren ausgeübten niederen Gerichtsbarkeit und betraf sowohl die bäuerlichen Hausbesitzer, die von ihrem Grundherrn Liegenschaften zur Leihe erhielten, als auch deren Mitbewohner (Inleute). Die Angehörigen des Bauern, seine Dienstboten und andere unterbäuerliche Schichten wie z. B. Taglöhner, die als Mieter in einem Bauernhaus wohnten, traten nämlich durch ein Gelöbnis von Treue und Gehorsam ebenfalls in ein Schutzverhältnis zu dem jeweiligen Grundherrn. Als dessen Vogtholden zahlten sie Abgaben (Vogtpfennig, Inleutsteuer) und unterstellten sich seiner Gerichtsbarkeit. Für Verbrechen, die mit der Todesstrafe geahndet wurden (Mord, Notzucht, Diebstahl bzw. Straßenraub), war jedoch nicht das grundherrliche Gericht, sondern das betreffende Landgericht zuständig, dessen Schöffen aus dem Kreise der bäuerlichen Freieigner genommen wurden. Diese Gruppe unterstand mit ihren Eigengütern ebenfalls der Gerichtsbarkeit der Landgerichte. Herrschaftliche Taidinge waren aber nicht nur Gerichtsversammlungen; auf ihnen wurden auch gemeinsame Angelegenheiten der Untertanen behandelt sowie deren Pflichten, Rechte und Freiheiten verkündet, die örtlich, je nach den Aufgaben im Rahmen der Gesamtherrschaft sehr unterschiedlich waren. Es bedeutete daher einen Fortschritt, daß seit dem 15. Jahrhundert innerhalb der verschiedenen Rechtskreise der Städte und Märkte, der Landgerichte und Herrschaften sowie bestimmter Gegenden und Gerichtsorte die vielfältigen bisherigen Gewohnheitsrechte nach der Aussage kundiger Männer in sogenannten Weistümern (Taidingtexten) schriftlich aufgezeichnet wurden.

In dem Verhältnis zwischen Grundherren und Untertanen war es bis dahin nur vereinzelt zu Beschwerden der Bauern und zu Streitigkeiten gekommen: 1356 mit dem Abt von Kremsmünster, 1393 mit dem Pfarrer von (Spital am) Pyhrn, 1416 mit dem Abt von Wilhering im Landgericht Waxenberg, 1485 mit dem Bischof von Passau in der Herrschaft Ebelsberg, 1489 mit dem Grafen Georg von Schaunberg in der Herrschaft Frankenburg und 1497 bis 1529 mit dem Propst von Schlägl. Als jedoch die kapitalistisch orientierten Grundherren an der Wende vom Mittelalter zur Neuzeit dazu übergingen, die Wirtschaftskraft und die Erträge ihrer Herrschaften zu erhöhen, begann sich bald allgemeine Unruhe im Bauernstand zu verbreiten. In dem eigenständigen Kammergutsbezirk des Ischllandes war bereits 1392 ein Aufstand ausgebrochen. Die Revolte der im Salzwesen beschäftigten Lohnarbeiter, Kufner (Erzeuger der hölzernen, „Küfel" genannten Gefäße für den Verkauf des Salzes) und eines Teiles der Bürgerschaft von Hallstatt und Lauffen dürfte sich vor allem gegen die strenge Herrschaft der landesfürstlichen Amtleute gerichtet haben. Nach der gewaltsamen Niederschlagung entzogen sich die Anführer durch Flucht in das Ausland der Bestrafung.

Die Kultivierung des Bodens mit den damaligen Mitteln hatte am Ende des 14. Jahrhunderts einen Höhepunkt erreicht. Neben der Landwirtschaft stellten das Eisenwesen, der Salzbergbau und die mit beiden verbundene Holzwirtschaft sowie die Leinenweberei, die den im ganzen Land gebauten Flachs verarbeitete, die wichtigsten Produktionszweige dar. Im bambergischen Markt Kirchdorf a. d. Krems spielte an der Wende vom 14. zum 15. Jahrhundert die Barchentweberei eine Rolle. Die Biererzeugung, die bisher innerhalb der Grundherrschaften den Bauern überlassen war, wurde seit der zweiten Hälfte des 14. Jahrhunderts (z. B. in Freistadt seit 1370) ein bürgerliches Gewerbe. Obstmost wurde hauptsächlich im Traunviertel und im Donautal erzeugt.

Obwohl das Land ob der Enns selbst über keine bedeutenden Erzlagerstätten verfügte, entwickelte sich sein südöstlicher Teil seit dem 13. Jahrhundert wegen der Nähe zum steirischen Erzberg und wegen der günstigen Verkehrs- und Wasserwege zu einem Zentrum der Eisenindustrie. Das von den Radwerken (Hochöfen) in der Nähe des Erzberges hergestellte Schmelzprodukt wurde in den im Alpenvorland angesiedelten, die natürliche Wasserkraft nutzenden Hammerwerken (z. B. in Kleinreifling, Reichraming, Weyer) gereinigt und bearbeitet. Von hier gelang-

ten die Halbfabrikate von Eisen und Stahl zu den zahlreichen Schmieden im Enns-, Steyr-, Krems- und Garstental, die vor allem auf die Herstellung von Werkzeugen spezialisiert waren. Eine besondere Bedeutung gewann die Messererzeugung in Steyr und Umgebung.
Seit dem Ende des 13. Jahrhunderts erfuhr die hochmittelalterliche Salzgewinnung im Ischlland einen entscheidenden Aufschwung. Nachdem das Vorhaben Herzog Albrechts I. in der Gosau am Widerstand des Erzbischofs von Salzburg gescheitert war, konzentrierte sich das Interesse des Landesfürsten auf den Hallstätter Salzbergbau. Königin Elisabeth, die Witwe Albrechts I., löste dem Kloster Traunkirchen seine alten Besitzrechte ab und schuf 1311 eine Neuorganisation, indem sie kleinen Personengruppen die verschiedenen Produktionsphasen lehensweise übertrug. Zwölf Pfannhäuser wurden kapitalkräftigen Hallstätter Bürgern überlassen – davon übernahmen sieben mit ihrem Burglehen den militärischen Schutz und die Verpflichtung, dem landesfürstlichen Pfleger des Ischllandes als Ritter zu dienen –, die auch das ausschließliche Recht des Handels mit Salz, Lebensmitteln und anderen Waren erhielten. Bei dieser Organisationsform erzielte das Landesfürstentum anfänglich vor allem durch die Maut für das gehandelte Salz höhere Einnahmen, die seit dem 14. Jahrhundert öfters zur Begleichung landesfürstlicher Schulden herangezogen wurden. In der zweiten Hälfte des 15. Jahrhunderts verpfändeten die Habsburger wiederholt das gesamte Salzwesen. Die Aufsicht über die Erzeugung und den Vertrieb des Salzes einschließlich der Salzschiffahrt auf der Traun hatte der landesfürstliche Pfleger bzw. Salzamtmann in Gmunden.
Zum Betrieb des Bergwerkes, der Saline und der Eisenwerke waren große Holzmengen erforderlich, die man nach Möglichkeit in der näheren Umgebung des Salzkammergutes bzw. des Alpenvorlandes schlägerte. Auch Schiffbau und Flößerei, die weitgehend dem Transport von Salz und Eisen dienten, förderten die Holzwirtschaft. In den waldreichen Gegenden des Landes erzeugten Köhler Holzkohle; die seit dem Ausgang des 14. Jahrhunderts vor allem in der Riedmark ansässigen Glashütten wechselten ihrem Holzbedarf entsprechend jeweils ihren Standort. Daneben wurde Holz zumeist in Heimarbeit verarbeitet: im unteren Mühlviertel zu Schindeln, Holznägeln und Weinstecken, im Salzkammergut zu Tellern, Löffeln etc.
Der Verkauf der im Lande erzeugten Produkte, der gesamte Handel und die Versorgung der Bevölkerung sollten nach dem Willen der österreichischen Landesfürsten ausschließlich von den Bürgern der landesfürstlichen Städte und Märkte ob der Enns getragen werden. Zu diesem Zwecke errichteten sie durch Verleihung von Privilegien im 13. und 14. Jahr-

hundert ein protektionistisches, raumordnendes System, das ihre Städte begünstigte und dem auch die Grundherren im Rahmen ihrer Möglichkeiten hinsichtlich ihrer Marktorte nacheiferten. Die landesfürstlichen Städte und Märkte erhielten Maut- und Zollerleichterungen sowie Niederlagsrechte für bestimmte Waren. An den damit privilegierten Orten mußten die fremden Kaufleute den Bürgern die Waren drei Tage lang zum Kauf anbieten, ehe sie weiterreisen durften. Ein solches Niederlagsrecht erhielt z. B. Freistadt bereits 1277 für alle Waren im Handel mit Böhmen als Reaktion auf die Gründung der Stadt Budweis, Steyr 1287 für Eisen und Holz, Wels 1372 für Holz; Enns besaß es für Salz, Linz für Salz und später auch für Häute. Der sogenannte Straßenzwang lenkte den Handel auf jene Land- und Wasserstraßen, an denen die landesfürstlichen Städte und Mautstätten lagen. Mautstationen gab es z. B. in Linz, Mauthausen, Engelhartszell, Sarmingstein, Wels, Lambach, Vöcklabruck, Freistadt, Enns, Klaus und Steyr. Dazu kamen sogenannte Privatmauten der Schaunberger in Aschach a. d. Donau und der Bischöfe von Passau in Ebelsberg. Besonders umstritten war die vom Landesfürsten für den Handel mit Böhmen bestimmte Straße von Linz über Gallneukirchen, Neumarkt im Mühlkreis und Freistadt nach Budweis, da der von Wallseern und Rosenbergern geschützte Weg durch den Haselgraben über Leonfelden und den Roßberg in das Moldautal kürzer war. Der lange Streit zwischen den Freistädtern und den Bürgern von Linz und Leonfelden wurde erst 1496 von König Maximilian I. beendet, indem er beide Straßen für bestimmte Güter öffnete. Ähnlich wurde in der zweiten Hälfte des 14. Jahrhunderts Steyr mit seiner Eisenstraße durch das Ennstal gegen die Konkurrenz der bischöflich-freisingischen Stadt Waidhofen a. d. Ybbs geschützt. Spätestens seit der Mitte des 14. Jahrhunderts besaßen die landesfürstlichen Städte ob der Enns das Vorrecht, für den Handel mit Venedig den Weg über den Pyhrnpaß, Rottenmann, den Hohen-Tauern-Paß und Oberzeiring nach Judenburg zu benützen. Alle anderen Kaufleute mußten entweder die Straße von Wien über den Semmering oder von Salzburg über die Tauern begehen. Der landesfürstliche Straßenzwang im Lande ob der Enns betraf aber auch die Wasserstraßen. Die Schiffe – sie wurden flußaufwärts im Gegenzug von Menschen und seit dem 14. Jahrhundert von Pferden gezogen – durften nämlich nur an bestimmten Hafen- und Landeplätzen, den sogenannten Ladstätten, anlegen. Der landesfürstliche Protektionismus führte gegen Ende des 14. Jahrhunderts zu einem regelrechten Handelskrieg mit Böhmen. Dessen König Wenzel IV. verhängte über die österreichischen Städte ein Handelsverbot und verlieh als römisch-deutscher König 1390 der Stadt Passau ein Stapelrecht, das es fremden und damit österreichischen und obderennsischen

Bürgern unmöglich machte, Waren über Passau hinaus donauaufwärts auszuführen. Da im Osten die Stadt Wien bereits seit 1221 ein Stapelrecht für alle Waren besaß, das sich allerdings erst mit der Verselbständigung des Landes ob der Enns gegenüber dem Erzherzogtum Österreich auszuwirken begann, waren die Bürger der Städte ob der Enns im 15. Jahrhundert vom direkten Fernhandel mit Oberdeutschland und Ungarn weitgehend ausgeschlossen. Dies dürfte dazu beigetragen haben, daß sich die obderennsischen Kaufleute, die zwar durch die verkehrsgeographische Lage ihres Landes begünstigt wurden, die aber in der Regel nicht über das für den Fernhandel nötige Kapital verfügten, vor allem auf Vermittlungsgeschäfte und auf das Transportwesen durch das Land konzentrierten.

Der Transithandel durch das Land ob der Enns nahm seinen Weg vor allem auf der Donau, wobei besonders Tuche aus dem Westen und Wein aus dem Osten (Niederösterreich) kamen. Der wichtigste Landweg verlief von Salzburg über Vöcklabruck, Wels, Linz und Freistadt nach Böhmen. Als gegen Ende des 15. Jahrhunderts Österreich unter der Enns von den Ungarn besetzt war, gewann er zusätzlich an Bedeutung. An seiner Kreuzung mit der Donau und der Nibelungenstraße entstanden nicht nur im 14. Jahrhundert die für den Fernhandel bedeutsamen Linzer Jahrmärkte (zum Bartholomäi-Markt kam im 15. Jahrhundert der Kirchtag der Minoritenkirche), sondern auch 1497 die erste oberösterreichische Donaubrücke. Der Warenverkehr setzte sich immer aus Hin- und Rückfracht zusammen. So führten etwa die Salzburger, die ihr Salz und venezianische Luxusgüter gerne auf dem Landweg nach Linz transportierten, da der Salzach-Inn-Donau-Weg durch bayerisches und bischöflich-passauisches Gebiet verlief, niederösterreichischen Wein nach Hause. Dieser war auch einer der wichtigsten Einfuhrartikel für das Land ob der Enns. Der Handel und die Ausschank von Wein stellten die Haupteinnahmequelle der Bürger dar. Aus dem Osten bezog man auch ungarische Rinder, Häute und Felle; aus Rußland und Polen Wachs und Honig; aus Böhmen Getreide, Fische und Bier. Kaufleute vor allem aus Nürnberg, Eichstätt, Ingolstadt, Reichenhall, Salzburg und Böhmen brachten Wolltuche, Händler aus Kempten, Ingolstadt, Augsburg und anderen Orten führten Leinwand in das Land, wo der Detailverkauf, der sogenannte Gewandschnitt, den einheimischen Bürgern reserviert war. Aus Venedig, das seit dem Erwerb Kärntens durch die Habsburger 1335 als Handelspartner in den Vordergrund trat — die Steyrer Eisenhändler hatten sogar Vertreter im Fondaco dei Tedeschi —, holte man kostbare Produkte wie Seide, Stickereien, Glaswaren, Südfrüchte, Gewürze, Öle etc. als Rückfracht für Eisenwaren und Wachs.

Der Handel mit Eisen und Stahl sowie mit den im Lande ob der Enns erzeugten Fertigprodukten war ein Vorrecht der Steyrer Eisenhändler, die ihre Waren bis an die Nord- und Ostsee, nach England, Spanien, Böhmen, Mähren, Polen, Rußland, Ungarn und Venedig verkauften oder vermittelten. Die sogenannten Legorte Linz, Wels, Enns und Freistadt waren nur zum Inlandhandel berechtigt und mußten die Ware von den Steyrer Bürgern kaufen. Von großer Bedeutung war auch der Salzhandel im Lande, der anfänglich von salzburgischem und bayerischem Salz vor allem aus Hallein und Schellenberg beherrscht wurde. Als die Hallstätter Produktion umfangreicher wurde, bestimmten die österreichischen Herzöge Wilhelm und Albrecht III. 1398 zwei getrennte Absatzgebiete: das ausländische Salz durfte nur nördlich der Donau verkauft werden, während das Gebiet südlich des Flusses dem einheimischen Salz vorbehalten blieb, das aber bald auch in das untere Mühlviertel vordrang. Das obere Mühlviertel und Böhmen wurden trotz eines um 1470 von Kaiser Friedrich III. erlassenen allgemeinen Einfuhrverbotes für ausländisches Salz weiterhin vorwiegend von Salzburg versorgt. Ausseer Salz durfte seit 1430 über den Pyhrnpaß bis Klaus und durch das Ennstal nach Österreich unter der Enns verkauft werden. Im Handel mit Salz aus dem landesfürstlichen Kammergut nahm neben den Fertigerorten Hallstatt, Lauffen und Ischl die Stadt Gmunden, der Sitz des Salzamtmannes, die führende Stellung ein. Von der Gmundner Salzaufschütt bezogen die „Säumer" genannten Kleinhändler das Salz, das sie auf dem Lande verkauften. Von Gmunden wurde das Salz traunabwärts transportiert, während umgekehrt das obere Trauntal südlich des Traunsees, Aussee und das St. Wolfgangland mit Lebensmitteln versorgt werden mußten. Ein wichtiger Umschlagplatz, der unter der Aufsicht des Abtes von Lambach stand, war Stadl bei Lambach, wo das aus Gmunden kommende Salz wegen des Niederwassers der unteren Traun in leichtere Schiffe umgeladen werden mußte. Die nahe der Mündung des Ennsflusses in die Donau gelegene Stadt Enns beherrschte den Handel mit Gmundner Salz in das untere Mühlviertel und donauabwärts. 1340 und 1410 wurde jedoch dieses Vorrecht zugunsten der Stadt Gmunden eingeschränkt. Auch Mauthausen entwickelte sich zu einem Stützpunkt des Mühlviertler Salzhandels. Salzburgisches und bayerisches Salz wurde entweder zu Wasser über Salzach, Inn und Donau oder auf dem Landwege von Salzburg nach Linz eingeführt. Die Versorgung des oberen Mühlviertels erfolgte von Passau aus oder von den Donauladstätten Obernzell, Niederranna, Landshaag, Obermühl und Ottensheim; Neufelden, Hofkirchen, Rohrbach, Haslach und Aigen fungierten als Märkte, deren Tätigkeit oft von der Stadt Freistadt als störend empfunden wurde, da die Freistädter die gewinnbrin-

*Soziale und wirtschaftliche Verhältnisse* 139

gende Ausfuhr des Salzes nach Böhmen für sich beanspruchten. Zentren des Leinwandhandels, der sich bis Ungarn erstreckte, waren vor allem Wels, aber auch Enns, Steyr und Linz. Der Handel mit Holz und Holzwaren konzentrierte sich auf Wels, Steyr, Enns und auf verschiedene Donauorte. Ein wichtiger Abnehmer dafür sowie für Schweine, Lämmer, Kälber und Gemüse war die Großstadt Wien. Getreide und Schmalz wurden in die steirischen Eisengebiete und nach Salzburg exportiert.
Schutzdenken und eine Art Planwirtschaft bestimmten aber nicht nur den Handel der landesfürstlichen Städte und Märkte, sondern das gesamte Wirtschaftsleben der bürgerlichen Siedlungen. Das mit Hilfe der Zünfte genossenschaftlich bis in Einzelheiten geregelte Prinzip sollte jedem Kaufmann und jedem Handwerker möglichst gleichmäßige Anteile sichern und durch Verhinderung von Konkurrenz und Preiskampf eine Verarmung und damit sozialen Abstieg vermeiden. Dem stand oft als Nachteil die Ablehnung technischer Neuerungen gegenüber. Da nach dem Willen der Landesfürsten alle Landesprodukte nur auf den bürgerlichen Märkten gehandelt werden sollten und der direkte Einkauf beim Erzeuger (Fürkauf) verboten war, beherrschte die städtische Wirtschaft auch Handel und Gewerbe auf dem Lande weitgehend. Innerhalb einer Meile durfte im Umkreis der Städte niemand in Handel und Gewerbe tätig sein (Meilenrecht). Auf dem flachen Lande sollte nur auf privilegierten Jahrmärkten und Kirchtagen Handel getrieben werden. Auf diese Weise gerieten die ländlichen Handwerker und Heimarbeiter in die Abhängigkeit der bürgerlichen Kaufleute.
Das im 14. Jahrhundert entwickelte Prinzip der Stadtwirtschaft konnte jedoch nirgends vollständig durchgesetzt werden und erfuhr seit dem 15. Jahrhundert starke Beeinträchtigung. Die geistlichen und weltlichen Grundherren, die hinsichtlich ihres Eigenbedarfes von Mautzahlungen befreit waren, schalteten sich in den Handel mit Vieh, Getreide und Lebensmitteln ein. Ihre Transporte umgingen oft die landesfürstlichen Mautstätten und benützten eigene, unerlaubte Ladstätten an den Flüssen. Bei Klöstern und Kirchen wurde zum Nachteil der Bürger Wein ausgeschenkt. Die herrschaftlichen, zumeist nicht privilegierten Märkte und Dörfer wurden zu einer beträchtlichen Konkurrenz für die Städte. In diesem Wirtschaftskrieg zwischen Städten und Grundherrschaften spielten die herrschaftlichen Pfleger und Amtleute sowie vor allem die Landrichter, denen von Amts wegen die Aufsicht über den Handel auf dem Lande und die Kontrolle der Kirchtage oblag, eine wichtige Rolle. Die kapitalkräftigeren ausländischen Kaufleute aus Oberdeutschland, Salzburg und Böhmen trugen ebenfalls zum Niedergang des städtischen Handels bei. Sie mißachteten den landesfürstlichen Straßenzwang und die

Vorrechte der landesfürstlichen Städte, schalteten den Zwischenhandel und Vermittler aus, drängten in den Detailhandel und errichteten Niederlassungen in den Städten ob der Enns (z. B. eine nürnbergische in Steyr). Ein weiteres Problem stellte das österreichische Münzwesen dar, das trotz mehrerer Versuche bis gegen Ende der Regierung Kaiser Friedrichs III. nicht saniert werden konnte. Die Pfennige, die ursprünglich aus der Gewichtsmark Silber ausgeprägt wurden, litten unter der steten Münzverschlechterung und unter dem Münzverruf der Landesfürsten ebenso wie unter dem Umlauf minderwertiger ausländischer Münzen in Österreich. Seit dem 14. Jahrhundert wurde daher der ungarische Goldgulden die maßgebliche Währung. Eine Geldkrise katastrophalen Ausmaßes herrschte im Lande ob der Enns in den Jahren 1459/60 infolge mindergewichtiger Prägungen (Schinderlinge), die Erzherzog Albrecht VI. als Landesherr in seinen neuerrichteten Münzstätten in Enns, Linz und Freistadt herstellen ließ. Die allgemeine Entwicklung in einer auch politisch unruhigen Zeit fand in den sinkenden Einnahmen der Linzer Maut ihren Niederschlag: Sie gingen von 6500 Talenten im Jahre 1334 auf 4380 Talente im Jahre 1437 und 3568 Talente im Jahre 1438 zurück.

Kirchliche Verhältnisse

Die kirchliche Organisation im Raum des heutigen Oberösterreich erfuhr während des späten Mittelalters wichtige Veränderungen. So kam es am Ende des 13. Jahrhunderts zur Auflösung des weiträumigen Archidiakonats Lorch, das in zwei unabhängige Dekanate nördlich und südlich der Donau zerfiel. Möglicherweise wollte man dadurch von bischöflichpassauischer Seite der Gefahr der Entstehung eines österreichischen Landesbistums begegnen, die durch die Aktivitäten des Lorcher Archidiakons Albert Böheim († um 1260) verstärkt worden war. Albert, der als fanatischer Anhänger der römischen Kurie in dem Kampf zwischen Papsttum und staufischem Kaisertum die kaisertreuen Passauer Bischöfe erfolgreich bekämpfte, hatte unter anderem die Lorch-Passauer-Legende phantastisch ausgeschmückt. Seit Beginn des 14. Jahrhunderts wurde der Bischof von Passau in seiner Amtsführung von einem Generalvikar bzw. Offizial „unter der Enns" unterstützt, der später seinen Sitz in Wien hatte und anscheinend im gesamten österreichischen Bereich der Passauer Diözese als Stellvertreter des Bischofs und geistlicher Richter amtierte. Um 1470 wurde das große Diözesangebiet in je ein Offizialat ob und unter der Enns geteilt, deren Grenze allerdings nicht an der Enns, sondern in Übereinstimmung mit der Ostgrenze des Dekanates Lorch östlich der Ybbs verlief. Der bischöfliche „Offizial ob der Enns" verwaltete die westliche Bistumshälfte von Passau bzw. nur zeitweilig von Enns aus. Das im späten Mittelalter entstandene Land ob der Enns gewann dadurch kein eigenes kirchliches Zentrum. Dessen Funktionen vermochten die im Lande gelegenen alten Klöster und Stifte nur in sehr eingeschränkter Weise zu erfüllen. Besonders nachteilig wirkte sich aber die Grenzlage des Landes gegenüber dem geistlichen Fürstentum Passau aus, da das Ringen der österreichischen Herzöge und der Bischöfe von Passau um die Landeshoheit im oberen Mühlviertel und im Gebiet der Niederkeßla den Diözesanbischof verstärkt als Landfremden in Erscheinung treten ließ. Daran änderte auch die Tatsache wenig, daß Passauer Domherren und sogar mehrere Bischöfe dem Lande ob der Enns entstammten: Bischof Otto von Lonsdorf (1254–1265), der als Passauer Kanoniker Pfarrer von Linz war, Bischof Weichard von Polheim (1280–1282), Bischof Wernhard von Prambach (1285–1313), dessen Geschlecht im Inn- und Hausruckviertel begütert war, und der Weihbischof Bernhard Meurl von Leombach (1496–1526); Gebhard von Wallsee wurde 1313 vom Domkapitel gewählt, fand jedoch keine allgemeine Anerkennung. Durch die Nachbarschaft zu Österreich, Bayern und Böhmen wurden das Hochstift und seine Bischöfe auch in die politischen Auseinandersetzungen dieser Länder verwickelt. Die österreichischen Herzöge strebten daher seit dem 13. Jahrhundert nach Einfluß auf die Besetzung des Passauer Bischofsstuhles und stießen dabei seit dem 14. Jahrhundert auf die Konkurrenz der Herzöge von Bayern und der Könige von Böhmen. Mehrere strittige Bischofswahlen waren die Folge. Zusätzlich trachteten die Habsburger danach, sich die Bischöfe durch politische Bündnisse und Verträge zu verpflichten.

In den österreichischen Ländern selbst verstand es das Landesfürstentum – Ottokar II. Přemysl, Albrecht I., Rudolf IV., Albrecht V. und Friedrich III. sind hier zu nennen –, seinen Einfluß auf den Klerus und auf das in- und ausländische Kirchengut durch Anwendung aller Machtmittel und Rechte, vor allem der Vogtei-, Patronats- und Lehensrechte, so zu verstärken, daß man im 15. Jahrhundert von einer landesherrlichen Kirchenhoheit sprechen kann. Besonders die Vogtei, die vom Landesfürstentum als oberste landesherrliche Schutzherrschaft über alle in seinem Machtbereich gelegenen Kirchen und Kirchengüter ausgelegt wurde, bot die Möglichkeit für verschiedenste Eingriffe in kirchliche Belange. So forderten die Landesfürsten außer den ordentlichen Steuern, die von den geistlichen Grundherren auf deren Hintersassen umgelegt wurden, unter Berufung auf die Erfordernisse bzw. die Not des Landes seit dem 13. Jahrhundert immer häufiger unregelmäßige außerordentliche Steuern vom Klerus und vom Kirchengut (z. B. Grund-, Weinberg-, Kopf- und Rentensteuern). Dabei vermieden sie im allgemeinen durch eine geschickte Politik Konflikte mit dem Diözesanbischof und mit der römischen Kurie, deren Zustimmung erforderlich war, und fanden im 15. Jahrhundert unter dem Zwang der Hussitengefahr sogar die Unterstützung des Papsttums und der Reformkonzilien. Gegen diese außerordentliche Besteuerung durch die Landesherren, zu der nicht selten die Forderung von Zwangsdarlehen kam, waren auch die landsässigen Prälaten im Rahmen der Ständeorganisation machtlos. In den Städten verlor der Klerus seit Herzog Rudolf IV. die Steuerfreiheit; landesfürstliche Amortisationsgesetze schränkten den freien Erwerb von Liegenschaften durch die Kirche („tote Hand") ein, so z. B. Herzog Albrecht III. 1372 für Steyr. Die österreichischen Landesfürsten bewilligten nicht nur jene Steuern, welche die von ihnen bevogteten Klöster von ihren Hintersassen einhoben, sondern machten seit dem Ende des 14. Jahrhunderts auch jede bischöfliche Besteuerung des Klerus von ihrer Zustimmung abhängig. Seit dem 15. Jahrhundert betrachteten sie das gesamte Kirchengut, besonders aber die Landesklöster und -stifte, wie die landesfürstlichen Städte und Märkte als Teile ihres Kammergutes. Dem entsprach ihr Einfluß auf die Besetzung kirchlicher Ämter und Pfründen sowie die allmähliche Einschränkung der kirchlichen Rechtsprechung zugunsten weltlicher Gerichte. Seit Herzog Albrecht V. unterstanden Provinzial- und Diözesansynoden sowie Provinzialkapitel der Orden der Kontrolle des Landesfürsten.

Diese Entwicklung zu einem österreichischen Staatskirchentum wurde durch äußere Umstände wesentlich begünstigt: Die Spaltung der abendländischen Kirche, das Große Schisma von 1378 bis 1417, zwang die Päpste, die Regenten der einzelnen Länder durch Zugeständnisse verschiedener Art für ihre Anerkennung zu gewinnen. Dazu trat als dritte Kraft neben Rom und Avignon die konziliare Bewegung, welche die Reform der Kirche an Haupt und Gliedern durch ein allgemeines Konzil forderte. Die daraus entstehende Verunsicherung der Christenheit, der Autoritätsverlust des verweltlichten Papsttums und das letztliche Versagen der verschiedenen Reformkonzilien förderten ganz allgemein die Schutzfunktion weltlicher Machthaber gegenüber der Kirche. Im besonderen gilt dies für das österreichische Landesfürstentum, das mit Herzog Albrecht V. über eine Persönlichkeit verfügte, die von dem Bewußtsein der Verpflichtung gegenüber der Kirche erfüllt war und daraus ein Aufsichts- und Reformationsrecht ableitete. Sein Nachfolger Kaiser Friedrich III. nutzte die dem wiedererstarkenden Papsttum gewährte Unterstützung zur Erlangung einer Reihe landeskirchlicher Zugeständnisse

*Kirchliche Verhältnisse* 143

von Seiten der römischen Kurie. Ähnlich wie die habsburgischen Landesherren, nur in kleinerem und bescheidenerem Rahmen, strebten auch die Grafen von Schaunberg mit Hilfe von Vogtei- und Patronatsrechten nach der Oberhoheit über die Pfarren und Kirchen ihres Machtbereiches. Einen charakteristischen Ausspruch legte der Mattseer Annalist Christian Gold in der zweiten Hälfte des 14. Jahrhunderts dem Grafen Ulrich in den Mund: Der Graf soll gesagt haben, er sei in seinem Territorium Papst, König, Bischof, Archidiakon und Dechant.
Das im hohen Mittelalter im oberösterreichischen Raum entstandene Netz von Großpfarren wurde im späten Mittelalter durch vereinzelte Neugründungen im 14. Jahrhundert nur wenig verändert. Wohl aber verzeichnete es einen intensiveren inneren Ausbau im Bereich der von den Pfarrkirchen abhängigen Seelsorgestellen, der sogenannten Filialkirchen (Vikariate, Exposituren, Zu- und Nebenkirchen). Die Pfarren und sonstigen Kirchenämter wurden je nach der Rechtslage entweder vom Bischof verliehen oder der betreffende Inhaber der Patronatsrechte (geistlichen Lehenschaft) bzw. Vogt präsentierte einen Kandidaten, dem der Bischof das Amt übertrug. Im bayerischen Gebiet des späteren Innviertels durfte der Papst nach den Bestimmungen des Wiener Konkordats von 1448 alle bischöflichen Pfründen besetzen, die in ungeraden Monaten frei wurden. Viele Pfarrkirchen im Lande ob der Enns waren Klöstern und Stiften inkorporiert, die zum Empfang der Einnahmen berechtigt waren und die Seelsorge zumeist von Vikaren ausüben ließen.
Stark verändert hat sich die Klosterlandschaft ob der Enns, seit im 13. Jahrhundert die neuen Mendikantenorden in die Städte einzogen: Nach 1236 die Minoriten in Linz — Kirche und Kloster stiftete um 1280 Eberhard II. von Wallsee —; die Gründung des Welser Klosters wird den Brüdern Albero II. von Polheim und Bischof Weichard von Passau im Jahre 1277 zugeschrieben; die Niederlassung der Minderbrüder in Enns entstand gegen Ende des Jahrhunderts. Wegen ihrer verstärkten Predigertätigkeit und des von ihnen vorgelebten Prinzips der Armut fanden die Bettelorden großen Zuspruch bei der Stadtbevölkerung. Ihr Armutsideal sprach nicht nur weitere Kreise an, sondern befähigte sie auch zur Bekämpfung der in Österreich seit dem Anfang des 13. Jahrhunderts verbreiteten Sekten der Katharer und Waldenser, die unter anderem den Prinzipien der frühchristlichen Kirche nacheiferten, die in der Volkssprache überlieferte Bibel zum Mittelpunkt ihres Glaubens machten und die römische Kirche sowie die kirchliche und die weltliche Rechtsordnung ablehnten. Am Beginn der zweiten Hälfte des 13. Jahrhunderts soll es in 42 Pfarren bzw. Orten der Passauer Diözese Ketzer gegeben haben, davon im Bereich des heutigen Oberösterreich in Steyr, St. Florian, Ans-

felden, Sierning, Weißkirchen a. d. Traun oder bei Neuhofen, Kematen a. d. Krems, Neuhofen a. d. Krems, Wels, Schwanenstadt, Gunskirchen, St. Marienkirchen a. d. Polsenz, Pupping, Grieskirchen, Naarn, Enns, Buchkirchen und Kammer im Attergau. König Ottokar II. von Böhmen veranlaßte als Herzog von Österreich das Vorgehen der kirchlichen Inquisition gegen sie. 1311 kam es in der Stadt Steyr, einem Zentrum der Häretiker im 14. Jahrhundert, auf Anordnung des Bischofs Wernhard von Passau und mit Unterstützung des Erzbischofs von Salzburg sowie des Herzogs von Österreich zu Verurteilungen und Verbrennungen. 1338 war die Inquisition neuerlich in der Gegend von Enns und Steyr tätig. Im Zuge der 1397/98 von den Herzögen Wilhelm und Albrecht IV. befohlenen Untersuchungen, die der vom Passauer Bischof zum Inquisitor bestellte Cölestiner-Provinzial von Schwaben Petrus von Pillichsdorf gemeinsam mit dem Pfarrer Friedrich von Steyr, dem Pfleger von Steyr und dem Lateinschulmeister Stephan Lamp in Steyr und Umgebung durchführte, wurden über 1000 Personen verhört und ungefähr 100 verbrannt.

Welt- und Ordensgeistlichkeit wurden in den hohen und in den meisten mittleren hierarchischen Rängen weitgehend vom Adel dominiert. Wie eng die Beziehungen waren, die den Adel besonders mit den Klöstern und Stiften des Landes verbanden, zeigen nicht zuletzt auch die Neugründungen während des späten Mittelalters. 1293 stiftete Bischof Wernhard von Passau aus dem Geschlechte der Herren von Prambach das von Wilheringer Mönchen besiedelte Zisterzienserkloster Engelszell als Herberge am Donauweg sowie als Erholungsort für Passauer Domherren. 1355 gründeten Eberhard und Anna von Wallsee das Zisterzienserinnenkloster Schlierbach (Mariensaal, Frauensaal). In Pulgarn errichtete Margaretha von Kapellen 1303, dem letzten Wunsch ihres Gatten entsprechend, ein Spital des Heiligen Geist-Ordens, das bald zu einem Kloster für Männer und Frauen erweitert wurde. Die Frauenklöster erfüllten wie die Abtei Traunkirchen in hohem Maße die Funktion von Versorgungsanstalten für Angehörige des Adels. Gründungen besonderer Art, die wahrscheinlich mit dem adeligen Selbstverständnis der Stiftergeschlechter zusammenhängen, sind die Johanniter-Ordenskommende Stroheim durch die Grafen von Schaunberg im 13. Jahrhundert und die der Armenfürsorge gewidmete Niederlassung desselben Ritterordens in Enns, die um 1330 von den Herren von Wallsee gestiftet wurde und noch vor dem Ende des Jahrhunderts in den Besitz der Stadt überging. Nach jahrelangen Vorbereitungen gründeten 1438 die Kuchler, die Besitzer der bayerischen Herrschaft Friedburg, bzw. deren Erben in Mattighofen ein Kollegiatstift nach dem Vorbild von Spital am Pyhrn. Das im Besitz des

Bischofs von Bamberg befindliche, von einer geistlichen Bruderschaft geführte Spital am Pyhrn war 1418 in ein Kollegiatstift umgewandelt worden. Die Spitäler in St. Nikola a. d. Donau und in Vöcklabruck verloren dagegen im späten Mittelalter ihre frühere Bedeutung und dienten schließlich nur noch als Pfarrhöfe.

Die letzte Welle spätmittelalterlicher Klostergründungen erfolgte in der zweiten Hälfte des 15. Jahrhunderts und betraf strengere Mendikantenorden. So ließen sich 1472 die Dominikaner in der Stadt Steyr nieder. 1476/77 gründeten die Grafen von Schaunberg in Pupping bei Eferding unter dem Eindruck der mitreißenden Predigerpersönlichkeit des Johannes von Capestrano ein Franziskanerkloster der strengen Observanz. 1494 berief Ladislaus von Prag Karmeliten nach Mauthausen, und 1497 brachte Wolfgang von Polheim-Wartenburg Paulaner aus Frankreich nach Oberthalheim bei Vöcklabruck, wo das erste Kloster dieses Ordens im deutschen Sprachraum entstand. Allen diesen Stiftungen war aber eine nur kurze Bestandszeit gemeinsam.

Der Stiftertätigkeit des Adels, der auch an seinen Sitzen über Schloß- und Hauskapellen verfügte, eiferten in den Städten die wohlhabenden Bürger nach. Die Errichtung von Kaplaneien, Meß- und Altarstiftungen durch Einzelpersonen, Familien oder Bruderschaften erreichte in der zweiten Hälfte des 15. Jahrhunderts einen Höhepunkt. Die Zahl der bepfründeten, vom Stifter abhängigen Geistlichen stieg dadurch beträchtlich. Im Leben der Bürgerschaft spielten die geistlichen Bruderschaften mit religiöser Zielsetzung — sehr beliebt war die Liebfrauen-Bruderschaft — und die Handwerkerzechen eine wichtige Rolle. Die Vielzahl der kirchlichen Feiertage milderte die üblicherweise lange Arbeitszeit. Gläubigkeit und Religiosität der mittelalterlichen Menschen äußerten sich nicht zuletzt auch im Wallfahrtswesen. Der bedeutendste Wallfahrtsort im oberösterreichischen Raum war St. Wolfgang mit seinen Erinnerungsstätten an den hochmittelalterlichen Bischof von Regensburg. Der Zustrom der Pilger dürfte bereits in der zweiten Hälfte des 12. Jahrhunderts eingesetzt haben und nahm bis in das 15. Jahrhundert durch die gezielte Propaganda der Mondseer Mönche immer mehr zu. Um 1500 wurde St. Wolfgang nur von der Wallfahrt nach Rom, Aachen und Einsiedeln an Beliebtheit übertroffen. Die Pilger kamen damals aus Bayern, Österreich, Steiermark, Salzburg, Sachsen, Ungarn, Tirol, Schlesien und Kärnten und stellten auch einen wichtigen Wirtschaftsfaktor dar. Sie benützten traditionelle Pilgerwege wie zum Beispiel von Altötting über Burghausen, Mattighofen und Mondsee nach St. Wolfgang und wurden mit Schiffen über den Traunsee (von Gmunden aus), über den Attersee (von Kammer aus) und über den Wolfgangsee befördert. Sammelplätze der Pilgerzüge waren

Salzburg, Passau und Ried im Traunkreis. Auch die Kaiser Friedrich III. und Maximilian I. besuchten die Gnadenstätte. Zur Betreuung der zahlreichen Pilger ließ der Abt von Mondsee in St. Wolfgang eine kleine Klosteranlage, das heutige „Schloß", errichten. Neben diesem Ort war St. Florian seit langem über das Land ob der Enns hinaus als Wallfahrtsstätte bekannt. Als Marienwallfahrtsort trat besonders Adlwang in Erscheinung, das darin Fallsbach, Lauffen, Neustift, Scharten und Schauersberg übertraf.

Die starke religiöse Haltung, wie sie z. B. auch die Klausnerin Wilbirg (1248—1289) in St. Florian verkörperte, konnte jedoch durch äußere Geschehnisse eine gefährliche Übersteigerung erfahren. Anstöße dazu bot die an kriegerischen, wirtschaftlichen und sozialen Erschütterungen reiche Epoche des späten Mittelalters genug. Dazu kamen in der ersten Hälfte des 14. Jahrhunderts Naturkatastrophen wie Mißernten, Heuschreckenplagen (1338), strenge Winter mit anschließenden Hochwässern (1340, 1342) und vor allem die Pestepidemie am Ende der vierziger Jahre, welche die religiösen Leidenschaften besonders aufpeitschte. Eine Folge davon waren Geißlerzüge, die durch Selbstbestrafung der Teilnehmer den vermeintlichen Zorn Gottes zu besänftigen suchten und sich bald gegen kirchliche Einrichtungen wandten.

Für die wiederholten Judenverfolgungen waren jedoch nicht nur materielle und seelische Nöte der Bevölkerung infolge von Katastrophenfällen maßgeblich, sondern mehr noch die finanzielle Abhängigkeit von den gesellschaftlich isolierten Juden, denen im Gegensatz zu den Christen Zinsgeschäfte erlaubt waren. Ihre Rolle als Geldverleiher und die hohen, vom Landesherrn gebilligten Zinssätze förderten den Antisemitismus, der zu Krisenzeiten in Pogromen zum Ausbruch kam. Bereits 1233 war Abt Konrad I. von Wilhering wegen seiner engen Kontakte zu Juden abgesetzt worden. Eine Verfolgung der Juden ließ der Bischof von Passau in päpstlichem Auftrag 1338 in Linz untersuchen. Besonders folgenreich war das Gerücht, die Mesnerin von St. Laurenz in Lorch/Enns habe Hostien an Juden verkauft, die damit Frevel getrieben hätten. Es löste 1420 eine Judenverfolgung in ganz Österreich aus, die zur Vertreibung der Juden aus Linz, Steyr, Enns und Wels, zum Landesverweis und zu zahlreichen Verbrennungen in Wien führte. Man beschuldigte unter anderem Juden, Waldenser und Hussiten der Zusammenarbeit. Der Besitz der Juden, die unter dem Schutz des österreichischen Landesfürsten standen und als dessen Kammerknechte galten, wurde vom Herzog beschlagnahmt. Finanzpolitische Erwägungen waren es neben humanitären auch, die Kaiser Friedrich III. dazu veranlaßten, die Juden vor weiteren Bedrückungen zu schützen.

*Kirchliche Verhältnisse*

Die vielfältigen Erschütterungen und Spannungen der spätmittelalterlichen Epoche gingen an der Kirche und an der Geistlichkeit nicht spurlos vorüber. Schon im 13. Jahrhundert wurde die Verbreitung des häretischen Waldensertums mit Mißständen im Klerus in Zusammenhang gebracht. Im 14. Jahrhundert schuf sich z. B. der Augustinerchorherr Konrad von Waldhausen (um 1326—1369), den Kaiser Karl IV. 1363 von Wien nach Prag holte, durch seine strengen Buß- und Reformpredigten besonders bei den kritisierten Bettelorden Feinde. Gegen die zunehmende Verweltlichung und den Sittenverfall der Geistlichen kämpften Diözesan- und Provinzialsynoden mit geringem Erfolg. Verschiedentlich schaltete sich daher das Landesfürstentum in diese Reformversuche ein. So wurden bereits 1259 auf Veranlassung König Ottokars II. von Böhmen die Kirchen und Klöster Österreichs unter der Mitwirkung landesfürstlicher Kommissäre visitiert. Besonders nahm sich dann Herzog Albrecht V. (1411—1439) der Erneuerung der österreichischen Klöster und Stifte im Rahmen der sogenannten Melker Reform an. Mit seiner Hilfe wurde das Kloster Melk zum Zentrum einer Reformbewegung im süddeutschen Raum, die durch die Einführung strenger Statuten und Gebräuche nach dem Vorbild des italienischen Benediktinerklosters Subiaco und durch die Pflege der Wissenschaften binnen kürzester Zeit eine neue Blüte und die wirtschaftliche Gesundung der einzelnen Häuser bewirkte. Der Melker Abt Nikolaus Seyringer reformierte 1419 Kremsmünster, Lambach, Garsten und Gleink, 1435 hielt die neue Observanz im Kloster Mondsee Einzug. Die Reform der Augustinerchorherrenstifte nahm ihren Ausgang vom böhmischen Stift Raudnitz an der Elbe, dessen Regel zum Vorbild wurde, und erreichte 1419 St. Florian. Wie bei den Benediktinerklöstern erfolgte sie durch wiederholte Visitationen landesfürstlicher und bischöflicher Beauftragter. 1420 wurde das Prämonstratenserstift Schlägl in landesfürstlichem Auftrag visitiert. Hier war bereits 1408 ein neuer Propst bestellt worden, der das Recht des Hauptmannes ob der Enns eidlich anerkennen mußte, ihn nach einer Probezeit von ein bis zwei Jahren im Falle seines Versagens absetzen zu können. Wenig später war Kremsmünster vom Landesfürsten wegen seiner hohen Verschuldung unter die Verwaltung des Hauptmannes ob der Enns gestellt worden. König Friedrich IV. erhielt von Papst Eugen IV. sogar die Erlaubnis, ohne Mitwirken des Bischofs Visitatoren zu ernennen, die im Namen des Papstes tätig sein sollten. Während der Regierungszeit dieses Habsburgers wurde die Reformbewegung 1451/52 unter der Oberleitung des Kardinallegaten Nikolaus von Cues (Cusanus) zusammengefaßt und trotz vereinzelter Widerstände vertieft. Einer der dafür Verantwortlichen war der St. Florianer Dekan Wolfgang Kerspeck. Mit Unterstützung des bayerischen Landesfürstentums wurden 1466 bzw. 1469 die Stifte Reichersberg und Ranshofen am Inn neuerlich visitiert. Unzukömmlichkeiten bestanden ebenso beim Säkularklerus. Die Seelsorge litt im allgemeinen unter der mangelhaften und uneinheitlichen Ausbildung der zahlreichen Geistlichen und unter dem Fehlen einer strengen Auslese. Die kirchliche Autorität sank durch das schlechte Vorbild eines Teiles des Klerus und durch die übermäßige Anwendung von Kirchenstrafen. In den Städten gab es zu viele Benefiziaten und Altaristen, denen bei unzureichender materieller Versorgung das Absinken in ein Proletariat arbeitsloser und herumziehender Kleriker drohte. Für die immer mehr um sich greifende Pfründen- und Ämterhäufung mancher Geistlicher waren aber nur zum Teil zu geringe Dotation und rasche Geldentwertung maßgeblich. Der mehrfache Pfründenbesitz führte notwendigerweise zur Verletzung der Residenzpflicht des betreffenden Pfründeninhabers und zur Anstellung von (schlecht bezahlten) Vertretern (Vikaren). So verfügte etwa der italienische Humanist und kaiserliche Sekretär Enea Silvio Piccolomini, der spätere Papst Pius II., von 1444 bis 1447 durch bischöfliche Verleihung über die Innviertler Pfarre Aspach, ohne sie wahrscheinlich jemals aufgesucht zu haben. Dispensen, wie sie zur Befreiung von der Residenzpflicht und für den Besitz mehrerer Pfründen erforderlich waren, gewährte die Kurie aber auch für andere kanonische Erfordernisse wie für bestimmte Weihen oder für ein bestimmtes Alter. Albrecht von Schaunberg beispielsweise wurde 1442 im Alter von elf Jahren von König Friedrich IV. auf eine Regensburger Dompfründe präsentiert, wurde 1445 Propst von St. Stephan in Wien und sollte 1451 auf Wunsch des Königs mit 20 Jahren Bischof von Passau werden; 1461 ließ er sich schließlich laisieren. Seit dem 13. Jahrhundert reservierte sich das Papsttum in den einzelnen Diözesen immer häufiger die Vergabe von Pfründen (Kanonikate, Pfarren, Benefizien) und erteilte Anwartschaften (Expektanzen) auf bestimmte Pfründen, so daß die Rechtsverhältnisse immer unübersichtlicher wurden und zahlreiche ausländische Geistliche Seelsorgestellen im Lande ob der Enns innehatten. Dazu entwickelte das avignonesische Papsttum zur Deckung seines Geldbedarfes ein umfangreiches System von Steuern, Abgaben und Gebühren (Taxen), das den Diözesanklerus ebenso wie die vom Bischof und vom zuständigen weltlichen Kirchenvogt geforderten Zahlungen (z. B. Weihesteuer, Subsidium charitativum, Kollationstaxe bzw. Posseßgeld, Vogtpfennig) spürbar belastete. Einnahmen brachte der Kurie auch das Ablaßwesen, da es üblich wurde, die Gewährung des Nachlasses der zeitlichen Sündenstrafen durch Päpste, päpstliche Legaten und Bischöfe mit einer Almosengabe zu verbinden. In der zweiten Hälfte des 15. Jahrhunderts kamen solche Gelder allerdings auch dem Bau oder der Ausstattung von obderennsischen Kirchen zugute.

## Kultur, Kunst, Wissenschaft, Technik

Für die kulturellen Verhältnisse war es von Nachteil, daß das spätmittelalterliche Land ob der Enns weder über eine ständige landesfürstliche Residenz noch über ein kirchliches Zentrum verfügte. Die Klöster und Stifte mit ihren reichen Bibliotheken behielten zwar trotz mancher Verfallserscheinungen ihre Vormachtstellung, daneben wurden jedoch zunehmend die führenden Adelsgeschlechter und seit dem 14. Jahrhundert auch das wohlhabende Bürgertum zu Trägern von Kultur und Kunst. Dies machte sich auch im Schulwesen bemerkbar, das bisher ausschließlich von den Klöstern und Stiften der Orden betreut worden war. In den meisten größeren Häusern war die innere, für den geistlichen Nachwuchs bestimmte Schule von der äußeren, die der Bildung des Adels diente, getrennt. Als Lehrer wirkten unter anderen auch Absolventen der Passauer Domschule. Seit der zweiten Hälfte des 13. Jahrhunderts ließen die großen Adelsfamilien, wie beispielsweise die Schaunberger, ihre Kinder von eigenen Hauslehrern erziehen. Das Aufblühen des Wirtschaftslebens und der Städte führte zu einem gesteigerten Bildungsbedürfnis des Bürgertums, das im Einvernehmen mit der Kirche städtische Schulen einrichtete, die neben dem Elementar- auch höheren (Latein-)Unterricht vermittelten. Schulmeister bzw. Schulen sind seit dem 13. Jahrhundert bezeugt (1242 in Enns, 1273 in Wels, 1306 in Eferding, 1336 in Braunau, 1344 in Steyr, 1355 in Linz, 1371 in Gmunden und Freistadt, 1397 in Vöcklabruck). Aber auch auf dem Lande, vornehmlich in den Pfarrorten, wurde seit dem 14. Jahrhundert ein zumeist einfacher Unterricht erteilt. Die Lehrer waren niedrige Geistliche, die vom Pfarrer angestellt und unterhalten wurden, und stammten nicht selten aus der Vielzahl der fahrenden Schüler (Vaganten), die an einer Universität studiert hatten. Seit dem 14. Jahrhundert unterrichteten auch Laien an den weltlichen und geistlichen Schulen des Landes. Mit dem Schuldienst war die Betreuung der Kirchenmusik verbunden.

In den Schreibstuben der Klöster und Stifte ob der Enns wurden nicht nur zahlreiche liturgische und wissenschaftliche Handschriften abgeschrieben — aus der Zeit des Bischofs Otto von Lonsdorf ist z. B. ein Verzeichnis der Entlehnungen aus Passau überliefert —, Angehörige der verschiedenen geistlichen Gemeinschaften vollbrachten auch mannigfache eigenständige Leistungen. So schuf in Kremsmünster der Mönch Berthold („Bernardus Noricus") in der Amtszeit des hervorragenden Abtes Friedrich von Aich (1275–1325), der die Verwaltung des Klosters neu organisierte und die monastische Disziplin sowie Gottesdienst, Kunst und Wissenschaft förderte, das Sammelwerk der sogenannten Kremsmünsterer Geschichtsquellen über die Bischöfe von Lorch/Passau, die Päpste, die Äbte von Kremsmünster, die Herzöge von Bayern und Österreich und über die Geschichte des eigenen Hauses. Zur selben Zeit erlebte auch das Stift St. Florian unter seinem Propst Einwik Weizlan (1295 bis 1313) eine Blüte. Er verfaßte wahrscheinlich eine Hausgeschichte, die sogenannte Kirchweihchronik von 1291, und eine Lebensbeschreibung der Klausnerin Wilbirg († 1289), die in jungen Jahren eine Wallfahrt nach Santiago de Compostela unternommen hatte. Zisterzienser von Baumgartenberg (am Anfang des 14. Jahrhunderts) und Wilhering (um die Mitte des 15. Jahrhunderts) stellten Briefsteller und Formelbücher zu praktischen und Lehrzwecken zusammen. Aus dem Kreise des Weltklerus sei der Passauer Domherr und Pfarrer von Traunkirchen Koloman Mühlwanger († 1418) angeführt, der über die Geschichte von Goisern die älteste Dorfchronik Österreichs anlegte, die auch die Sagen der Gegend verzeichnete und von verschiedenen Autoren bis 1866 fortgesetzt wurde.

Die kulturelle Strahlungskraft der außerhalb des Landes ob der Enns gelegenen Schwerpunkte Passau, Salzburg (vor allem auf das Salzkammergut) und Wien machte sich besonders im Bereich der Kunst bemerkbar. Für das bayerische Gebiet des nachmaligen Innviertels bildete Burghausen sowohl den künstlerischen als auch den Verwaltungsmittelpunkt. Der Übergang von der Spätromanik zur Frühgotik vollzog sich im 13. Jahrhundert. In dieser Phase entstanden die Kloster- und Stiftskirchen von Kremsmünster (Umbauten bis 1274), Baumgartenberg (1259 geweiht), Wilhering (1254 geweiht), Schlägl (vor 1263 geweiht) und St. Florian (1291 geweiht) sowie die Bettelordenskirchen in Linz und Wels. Die gotische Kirchenbaukunst, die unter dem Einfluß der Wiener, der mit ihr verbundenen Steyrer, der Passauer und der Burghausener Bauhütten stand, erreichte in der zweiten Hälfte des 15. und am Beginn des 16. Jahrhunderts ihren Höhepunkt. Bei ihren zahlreichen Werken handelte es sich weniger um Neubauten als, bedingt durch das Alter, durch Zerstörung infolge kriegerischer Ereignisse und durch das Steigen der Bevölkerungszahlen, um Erneuerungen, Umbauten und Erweiterungen von bestehenden Kirchen. Aber auch das Stiftungswesen des Adels und des Bürgertums und die Baulust mancher Prälaten und Gemeinden trugen zu dieser spätgotischen Blüte der Architektur bei. Großbauten stellen die Stadtpfarrkirchen von Steyr, für deren Chor der Wiener Dombaumeister Hans Puchs-

baum die Baurisse schuf, Braunau (von Stephan Krumenauer, † 1461, u. a.) und Eferding (vom Passauer Dombaumeister Georg Windisch, † 1466, u. a.) dar. Im Kloster Mondsee, wo die Melker Reform wie in Lambach auch eine bauliche Erneuerung bewirkte, entstand unter dem Baumeister Hans Lengdörfer aus Burghausen von 1470 bis 1487 die bis zur Errichtung des Linzer Maria-Empfängnis-Domes größte Kirche Oberösterreichs. Der gotische Baustil hielt ebenso in den Burgen und Sitzen des Adels sowie in den bürgerlichen Profanbauten Einzug. Mit dem Aufkommen der Feuerwaffen seit dem Ende des 14. Jahrhunderts wurde jedoch eine Entwicklung eingeleitet, die dazu führte, daß der Adel allmählich seine keinen ausreichenden Schutz mehr bietenden Höhen- und Wasserburgen verließ und neuerrichtete Schlösser, die mehr Wohnkultur und Behaglichkeit boten, auf dem flachen Lande bezog. Die Grafen von Schaunberg etwa ließen zu Beginn des 15. Jahrhunderts ein neues Schloß in ihrer Stadt Eferding erbauen, wo sie nicht nur den Schutz der städtischen Wehranlage, sondern auch die Vorteile des städtischen Wirtschaftslebens genossen. Die 1491 bis um 1495 erbaute Greinburg ist der erste über einem regelmäßigen Grundriß auf eingeebnetem Gelände errichtete Schloßbau im deutschen Reich. Eine Reihe von strategisch günstig gelegenen Wehrbauten diente jedoch bei Kriegsgefahr weiterhin als Landesfesten und Fluchtburgen für die Bevölkerung. In den oberösterreichischen Städten und Märkten gibt es heute noch Ensembles oder zumindest einzelne Häuser mit Erkern, Gewölben und Höfen, die einen Eindruck von der gotischen Bautätigkeit bürgerlicher Kreise vermitteln. Eines der bekanntesten unter den erhaltenen gotischen Bürgerhäusern ist das sogenannte Bummerlhaus auf dem Steyrer Stadtplatz.
Im Rahmen der gotischen Kunst spielte die Plastik eine besondere Rolle. Davon geben z. B. die Madonnen von Schlägl, Lorch, Schlierbach, Adlwang, Garsten, Lauffen, Schöndorf, Taufkirchen a. d. Pram und Frauenstein, um nur einige anzuführen, Zeugnis. Die Vorliebe der Geistlichkeit, des Adels und der Bürger für immer prunkvoller werdende Grabmäler kam in- und ausländischen Bildhauern, letztere vor allem aus Bayern, Schwaben, Passau und Salzburg, zugute. Bekannte Beispiele sind die Hochgräber in den Kirchen von Kremsmünster (Gunther, der sagenhafte Sohn des Klostergründers Herzog Tassilos III., um 1300), Garsten (Markgraf Otakar II. von Steiermark, um 1347, und Abt Berthold von Garsten, zweite Hälfte des 14. Jahrhunderts) und Wilhering (Grafen von Schaunberg, um 1400). Die meisten alten Kirchen Oberösterreichs zeigen heute noch gotische Grabplatten und Epitaphien an den Wänden oder im Boden eingelassen, vor allem jene Gotteshäuser, die dem Adel als (Familien-)Grablege dienten. Einen Höhepunkt erreichte die spätgotische

Plastik an der Wende vom 15. zum 16. Jahrhundert mit den Schnitzaltären, mit denen die neuen Kirchen ausgestattet wurden. An ihrer Spitze stehen der St. Wolfganger Altar, den der Tiroler Michael Pacher von 1471 bis 1481 im Auftrage des Mondseer Abtes Benedikt II. Eck von Piburg schuf, und der Kefermarkter Altar eines unbekannten Meisters aus der Zeit vor 1500, dessen Auftraggeber Christoph von Zelking auf Weinberg war. Die Marienaltäre von Gampern und Hallstatt werden der vielleicht in Gmunden beheimateten Werkstatt des Lienhart Astl zugeschrieben. Daneben sind die Flügelaltäre von Braunau, Pesenbach, St. Michael ob Rauhenödt, Waldburg und Gebertsham zu erwähnen. Nach einer Schätzung dürfte es um das Jahr 1525 in den Kirchen des Landes ob der Enns mindestens 1500 größere gotische Altäre gegeben haben. Bildschnitzer-Werkstätten bestanden in Steyr, das in der Kunstszene des Landes eine wichtige Rolle gespielt zu haben scheint, Enns, Eferding, Freistadt und Braunau.

In der Buchmalerei erlangte die Malerschule von St. Florian, deren Angehörige sich nach der Vollendung der Stiftskirche diesem neuen Aufgabengebiet zuwandten, zwischen 1300 und 1330 die führende Stellung in Süddeutschland. Eines ihrer Hauptwerke ist die im Auftrag des Kremsmünsterer Abtes Friedrich von Aich mit Miniaturen ausgestattete, vierbändige Bibel. Die Künstler, unter ihnen um 1320 mehrere italienische Wandermaler aus Bologna, waren als Buch-, Wand- und Glasmaler tätig. Insgesamt ging jedoch die Buchkunst im 14. Jahrhundert zurück. Erwähnt seien noch die Miniaturen des Baumgartenberger Urbars (um 1335) mit den ältesten Darstellungen des angeblichen Machländer Wappens und die im Kloster Garsten vor 1331 mit italienisch beeinflußten Malereien und Federzeichnungen versehenen Einbände italienischer Handschriften. Im 15. Jahrhundert erlebten Produktion und Ausstattung von Büchern durch die monastischen Erneuerungsbewegungen der Melker und der Raudnitzer Reform besonders in Lambach, Mondsee, Kremsmünster und Spital am Pyhrn einen neuen Aufschwung. Damals wurden für Ledereinbände von Handschriften und frühen, seit der zweiten Jahrhunderthälfte in das Land ob der Enns eingeführten Druckwerken gotische Verzierungen durch Stempelprägungen, Plattenpressung und Lederschnitt üblich. In dem Bereich der Einbandkunst waren auch bürgerliche Kräfte tätig. Im Zusammenhang mit einem Besitzwechsel des Marktes Grein wurde um 1490 ein Privilegienbuch angelegt, das der Salzburger Buchmaler Ulrich Schreier mit Miniaturen ausschmückte.

Im 14. Jahrhundert überwogen die Wandmalereien gegenüber der Tafelmalerei. Bedeutende Fresken sind im Karner von Mauthausen (um 1260), in der Wallseer-Kapelle der Ennser Minoritenkirche, in St. Laurenz in

Lorch/Enns, in der Frauenturm-Kapelle des ehemaligen Ennser Johanniter-Spitals, im Turm der Ennser Bürgerspital-Kirche, im Kapitelsaal des Klosters Engelszell, in den Burgkapellen von Steyregg und Klam, in der Pfarrkirche Steyregg und in der Totenkapelle von Pischelsdorf erhalten. Die Filialkirche St. Leonhard bei Pucking (südwestlich Linz) ist heute noch ein eindrucksvolles Beispiel für die Gesamtausmalung eines Kirchenraumes aus der Zeit um 1440/50. Mit dem Aufblühen der bürgerlichen Kultur fand das Tafelbild im 15. Jahrhundert zahlreiche Auftraggeber. Die wenigen erhaltenen Werke aus dieser Zeit stammen hauptsächlich von Salzburger und Wiener Künstlern oder sind von dorther stilistisch beeinflußt. Von den spätmittelalterlichen Glasgemälden — in Kremsmünster und St. Florian ist jeweils am Beginn bzw. in der ersten Hälfte des 14. Jahrhunderts ein Maler namentlich bezeugt — seien hier nur die Chorfenster der Welser Stadtpfarrkirche angeführt. In den Städten und Märkten des Landes nahm schließlich auch das Kunstgewerbe (besonders Gold- und Kunstschmiede) einen Aufschwung.

Eine neue geistesgeschichtliche Epoche brach mit der Verbreitung humanistischen Gedankengutes nördlich der Alpen an. Die aus Italien kommende Geistesströmung des Humanismus lehnte das bisherige mittelalterliche Wissenschaftssystem der Scholastik ab und erstrebte Bildung auf der Grundlage antik-klassischer Studien. Vornehmlich durch die Vermittlung von Professoren, Absolventen und Studenten der Wiener Universität, an der unter anderen der Philosoph und Jurist Konrad von Hallstatt († nach 1458), der Theologe Georg Schleuchel aus Linz († 1467) und der Arzt Johann Tichtel aus Grein († vor 1503) lehrten, fand sie um die Mitte des 15. Jahrhunderts in den Klöstern und Stiften ob der Enns Eingang. Bei den Vorstehern von Mondsee (Simon Reuchlin 1420–1463, Benedikt II. Eck von Piburg 1463–1499), Kremsmünster (Ulrich IV. Schoppenzaun 1454–1484), Lambach (Johannes IV. Schwarzwadel 1479–1504) und St. Florian (Kaspar II. Vorster 1467–1481, Peter II. Sieghartner 1481–1483) entfachte sie besondere Begeisterung für Bibliothek, Schule und Studium sowie für Kunstförderung. Auch die Gelehrten, die am Hofe Kaiser Friedrichs III. in Linz lebten und verkehrten, wie Petrus und Franciscus Bonomus, Bernhard Perger, Johann Fuchsmagen oder Johann Krachenberger, trugen zur Verbreitung der humanistischen Ideen bei. In diesem Zusammenhang ist schließlich auch der hervorragenden, aus dem Raum ob der Enns gebürtigen Naturwissenschafter Johannes von Gmunden (1383–1442) und seines nach einem Studienaufenthalt in Italien humanistisch gesinnten Schülers Georg Aunpeck von Peuerbach (1423–1461), der beiden berühmten Mathematiker und Astronomen der Wiener Universität, sowie des um die mathematische

Geographie verdienten Hofgenealogen Kaiser Maximilians I., des aus der Umgebung von Steyr stammenden Johannes Stabius († 1522), zu gedenken.
Technische Großleistungen vollbrachten die Baumeister und Steinmetze bei der Errichtung von Burgen, Wehranlagen und der großen gotischen Kirchen. Mit welchen Schwierigkeiten sie zu kämpfen hatten, deuten etwa die Einstürze der Kirchenbauten von St. Florian (1250) und Braunau (St. Stephan, 1485) an. Ein spätgotischer sogenannter „Reißboden" zum Übertragen der Maße und Profile ist jüngst in der Pfarrkirche von Hörsching entdeckt worden. Für die Wirtschaft des Landes ob der Enns waren Wasserbauten besonders wichtig. Im Hallstätter See sind bei Steeg Reste eines mittelalterlichen Pfahlbaues und beim Gosauzwang solche einer Anlegestelle erhalten. Einen wesentlichen Fortschritt bedeutete die Schiffbarmachung des Traunfalles um 1390, nachdem man vorher schon im Oberlauf der Traun den Wilden Lauffen mit Hilfe einer Winde bezwungen hatte. Vermutlich zum Schutz vor Hochwässern ließ um 1400 der Bischof von Passau die Mündung der Gurten in den Inn verlegen. Seit dem 14. Jahrhundert bediente sich die Eisenindustrie der Wasserkraft, um die Blasbälge der Schmelzhütten (Radwerke) und die Hämmer der Hammerwerke anzutreiben. Im 15. Jahrhundert erfolgte eine Arbeitsteilung zwischen den großen und schweren Welschhämmern, die Eisen und Stahl voneinander trennten, und den kleineren und leichteren Zainhämmern für die Weiterverarbeitung des Roheisens.
Zu guter Letzt sei noch auf jene im Lande vorhandenen natürlichen Heilmittel hingewiesen, die vom Mittelalter bis heute zum Wohle vieler Menschen medizinisch genutzt werden. So kannte man in Neydharting spätestens seit der Mitte des 13. Jahrhunderts die Heilkraft von Moorbädern, wie die Reste eines in dieser Zeit angelegten Badehauses beweisen. Seit dem 14. Jahrhundert ist ein Badebetrieb in (Bad) Hall bezeugt, und auch die Kenntnis der Heilquellen von Mühllacken im Mühlviertel soll bis in diese Zeit zurückreichen.

# 6. Das konfessionelle Zeitalter (1493—1648)

Die Zeit Kaiser Maximilians I. (1493—1519) und die neue Verwaltung

Nach dem Tod Kaiser Friedrichs III. am 19. August 1493 richteten sich die Erwartungen der österreichischen Stände in noch stärkerem Maße auf die Person seines Sohnes König Maximilian I. (1486—1519, 1508 Annahme des Titels „Erwählter römischer Kaiser"). Von ihm erhofften sie die Wiederherstellung der Zustände mit allen ihren Rechten und Freiheiten, wie sie vor den Unruhen der letzten Zeit bestanden hatten. In diesen Erwartungen wurden jedoch besonders die Stände des Landes ob der Enns schon sehr bald enttäuscht, da ihnen der neue Landesfürst unter Hinweis darauf, daß das Land mit seinen 60 ständischen Vertretern zu klein sei, eine eigene Erbhuldigung verweigerte und sich in Wien von den Ständen ob und unter der Enns gemeinsam huldigen ließ. Maximilian scheint überhaupt den Obderennsern anfänglich etwas reserviert gegenüber gestanden zu sein, weil er Schwierigkeiten mit ihrer Huldigung befürchtete. Am Lande selbst fand er hingegen großen Gefallen, wie zahlreiche Aufenthalte besonders in Linz und Gmunden — am 14. November 1506 bestieg er mit mehreren Begleitern den Traunstein — und seine Begünstigung der Städte Linz, Wels und Enns beweisen. Der leidenschaftliche Jäger ging gerne in der Umgebung von Linz im Kürnbergerwald, in der Katzenau und in der Welser Heide dem Weidwerk nach. Zu diesem Zwecke ließ er in Neubau bei Hörsching ein Jagdschloß errichten, für das Baumaterial aus den alten Wallanlagen des Kürnberges verwendet wurde. Da man diese für ehemalige sächsische Burgen hielt, gab er dem Schloß den Namen Neusachsenburg.
Maximilian I. verdankt das Land ob der Enns auch eine wesentliche räumliche Erweiterung durch den Erwerb des bayerischen Landgerichtes Wildeneck mit dem Mondsee- und St. Wolfgangland, der Grafschaft Neuburg am Inn sowie der Herrschaften Rannariedl, die er bereits 1497 von den Herren von Prüschenk käuflich erworben und an Herzog Georg den Reichen von Bayern-Landshut weiterverkauft hatte, und Neuhaus an der Donau im Jahre 1506. Sie bildeten mit anderem den Lohn für sein schiedsrichterliches Eingreifen als römisch-deutscher König in dem pfälzisch-bayerischen Erbfolgekrieg von 1504/05 um das Erbe der erloschenen Landshuter Linie der Wittelsbacher. Im Verlauf dieses Krieges eroberten die von böhmischen Söldnern unterstützten Pfälzer zwar Landshut, Burghausen und Braunau, ein Einfall in das Land ob der Enns

unterblieb jedoch. Die von den bayerischen Herzögen abgetretenen Territorien verpfändete Maximilian noch im selben Jahr. Die Herrschaft Wildeneck mit der Vogtei über das Kloster Mondsee wurde dem Salzburger Erzbischof Leonhard von Keutschach unter Vorbehalt des Wiederkaufrechtes überlassen. Sie konnte erst 1565 von Kaiser Maximilian II. mit finanzieller Unterstützung der Stände ob der Enns wieder eingelöst und endgültig dem Lande ob der Enns angegliedert werden. An der Grenze zu Böhmen kam es im Jahre 1509 zu einer kriegerischen Fehde, an der u. a. die Zinispan beteiligt waren. Sie konnte im September durch einen in Freistadt geschlossenen Vergleich zwischen Kaiser Maximilian und dem König von Böhmen beigelegt werden.

Von größter Bedeutung waren die Verwaltungsreformen, die Maximilian nach burgundischem und Tiroler Vorbild in den habsburgischen Erbländern vornahm. Sie kamen allerdings nach beträchtlichen anfänglichen Schwierigkeiten und mehrfachen Änderungen erst unter seinem Nachfolger Ferdinand I., der auch die Errichtung zentraler, für alle habsburgischen Länder zuständiger Behörden verfügte, zum Abschluß. Die Erbländer wurden in zwei Ländergruppen geteilt: die „oberösterreichische" umfaßte Tirol und die Vorlande, zur „niederösterreichischen" gehörten Österreich ob und unter der Enns, Steiermark, Kärnten und Krain. Innerhalb jeder Gruppe wurde die Verwaltung zentralisiert. Aus Einrichtungen, die ursprünglich für die in einem Großreich häufige Abwesenheit des Herrschers geschaffen wurden, entstanden ständige landesfürstliche Behörden, die kollegial organisiert waren und über getrennte Wirkungsbereiche und geregelten Aktenverkehr verfügten. Sie stützten sich auf ein juristisch gebildetes Beamtentum, das vom Landesfürsten wirtschaftlich und gesellschaftlich abhängig war. Kaiser Maximilian I. gilt daher als Anreger der neuzeitlichen österreichischen Verwaltungsorganisation und als Schöpfer des modernen Beamtenstaates, der den mittelalterlichen Lehensstaat ablöste. Ziel dieser Reformen war nicht nur eine Verbesserung von Verwaltung und Kontrolle, sondern auch eine Stärkung der landesfürstlichen Macht. Ihr kam das mit dem humanistischen Gedankengut vordringende römische Recht besonders zugute.

Seit 1501 war das Regiment die wichtigste landesfürstliche Verwaltungs- und Justizbehörde der „niederösterreichischen" Länder. Es hatte anfänglich seinen Sitz in Enns, übersiedelte aber noch im selben Jahr nach Linz und wurde 1510 auf Drängen der Stände, die nicht dem Lande ob der Enns angehörten, nach Wien verlegt. An seiner Spitze stand als oberster Hauptmann Wolfgang von Polheim († 1512), ein enger Freund des Kaisers, der mit ihm in Brügge gefangen gewesen war und der auch die Landeshauptmannschaft ob der Enns übertragen bekam. Neben ihm

*Die Zeit Maximilians I. und die neue Verwaltung*

waren noch mehrere andere Angehörige des Landes ob der Enns in den neugeschaffenen Behörden tätig. Bereits 1498 war die Verwaltung der landesfürstlichen Grundherrschaften, Hoheitsrechte und Finanzen ob der Enns unter einem eigenen Vizedom ob der Enns zusammengefaßt worden.

Die Reformen Maximilians, die der Initiative des Landesfürsten entsprangen, stellten Neuerungen dar, die in den Augen der Stände das Gewohnheitsrecht des Landes und damit ihren politischen Einfluß gefährdeten. Dagegen erhob sich der ständische Widerstand. Ein politisches Ringen zwischen dem zentralistischen Landesfürstentum und den auf ihre Rechte bedachten Ständen setzte ein, bei dem es um die Grundsätze der Verfassung des Staatswesens ging. Zuerst bekämpften die Stände, die u. a. den Entzug ihrer richterlichen Gewalt, der sogenannten ersten Instanz, befürchteten, die neuen Behörden, schließlich suchten sie Einfluß auf deren Besetzung zu gewinnen und dadurch die rechtsgelehrten Beamten zurückzudrängen. Zum politischen Druck, dem sie auf diese Weise ausgesetzt waren, kam die große Steuerlast der vielen Kriege, die Maximilian im Laufe seiner Regierungszeit gegen Frankreich, Venedig, die Schweizer und in Süddeutschland führte. Diese Umstände und die vom Landesfürsten oft einberufenen Ausschußlandtage, an denen im Gegensatz zu den von der Gesamtheit der Stände besuchten Generallandtagen nur bevollmächtigte Vertreter der Landtage teilnahmen, bewirkten engere Kontakte zwischen den Ständen der einzelnen Erbländer als bisher und die Ausbildung eines Zusammengehörigkeitsbewußtseins, besonders innerhalb der beiden Ländergruppen. Gleichzeitig führten jedoch die gemeinsamen Landtage das noch immer ungeklärte Problem der staatsrechtlichen Stellung des Landes ob der Enns, das sich wohl gegenüber dem Erzherzogtum Österreich (unter der Enns) allmählich verselbständigte, aber nicht als eigenständiges Fürstentum anerkannt wurde, deutlich vor Augen. Auf dem Augsburger Reichstag von 1510 brach der sogenannte Rangstreit zwischen den „niederösterreichischen" Erbländern mit derartiger Heftigkeit aus, daß die Vertreter der anderen Länder jenen des Landes ob der Enns anfänglich jedes selbständige Stimmrecht aberkannten. Dem Lande ob der Enns, das um seine Anerkennung als eigenständiges Erzherzogtum und damit um den zweiten Rang nach Österreich unter der Enns kämpfte, wurde schließlich nur der letzte Platz hinter Österreich, Steiermark, Kärnten und Krain zugesprochen. Immerhin erreichte es auf dem Innsbrucker Ausschußlandtag aller österreichischen Erbländer 1518, daß ihm als deutliches Zeichen seiner Selbständigkeit ein eigenes Libell der Landtagsbeschlüsse ausgestellt wurde.

Maximilians Neuerungen veranlaßten letztlich die Stände des Landes ob der Enns dazu, der straffen, zentralistischen Behördenorganisation des Landesfürsten auch durch Reformen in ihrem eigenen ständischen Verwaltungsbereich entgegenzutreten. Nach verschiedenen Vorstufen wurden ständige und besoldete Kollegien als Organe der Landstände eingerichtet: in den zwanziger Jahren des 16. Jahrhunderts die Verordneten — aus jedem Stande zwei —, die mit der Durchführung der Landtagsbeschlüsse und mit der ständischen Verwaltung betraut waren; in der ersten Hälfte des 17. Jahrhunderts kamen dazu der Raitrat, der für die Kontrolle des Rechnungswesens zuständig war, und der Ausschuß(rat), dem die Wahrung der ständischen Rechte, die Prüfung der Finanzgebarung und die Abfassung von Gutachten über ständische Anliegen oblag. Die Einrichtung einer Landschafts-Kanzlei diente einem geordneten Schriftverkehr. An ihrer Spitze stand ein Sekretär, der als oberster rechtskundiger Beamter der Landschaft später den Titel „Syndikus" führte. Ihm unterstanden zwei Schreiber. In der zweiten Hälfte des 16. Jahrhunderts wurde das Einnehmeramt geschaffen, dessen Träger die Steuern und Einkünfte verwaltete und das seit 1526 auf Befehl des Landesfürsten als Unterlage für die Besteuerung angelegte Gültbuch führte. Dazu kamen im Laufe der Zeit mit der Ausweitung der Aufgaben der ständischen Behörden weitere Bedienstete wie Offiziere, Diener, Prediger, Lehrer, Apotheker, Ärzte, Advokaten und auswärtige Agenten.

Die vier Stände des Landes ob der Enns vertraten die Interessen des Landes einheitlich nach außen hin. Innenpolitisch bestanden jedoch beträchtliche Spannungen, vor allem zwischen dem Herren- und dem Ritterstand. Ersterer setzte sich im Jahre 1525 aus den Geschlechtern von Hardegg, Liechtenstein, Losenstein, Polheim, Prag, Schaunberg, Scherffenberg, Starhemberg und Zelking zusammen, letzterem gehörten 139 Geschlechter (150 Familien) an. Das jeweils führende Geschlecht waren auf der Seite der Herren die Polheimer, bei den Rittern die Jörger. Als Kaiser Maximilian nach dem Tod des Landeshauptmannes Wolfgang von Polheim den reichen und mächtigen Wolfgang Jörger zu dessen Nachfolger bestellte, rief diese Maßnahme den erbitterten Widerstand des Herrenstandes hervor, der dieses höchste landesfürstliche Amt für sich beanspruchte. Solange Maximilian lebte, konnte sich der Jörger behaupten. Nach dem Tode des Kaisers fiel er jedoch einer Intrige der Herren zum Opfer, in der auch der Gegensatz zwischen den Habsburgern Karl V. und Ferdinand I. eine Rolle gespielt haben dürfte. Ferdinand setzte 1521 den Jörger als Landeshauptmann ab und berief ihn an seinen Hof. Spannungen gab es auch zwischen dem Adel und den Bürgern der Städte und Märkte wegen des wirtschaftlichen Wettbewerbes. Herren und Ritter ließen die Vertreter der landesfürstlichen Städte obendrein stets spüren, daß man sie nicht als gleichwertigen Stand anerkannte. Den Prälatenstand, der vom Abt von Kremsmünster geführt wurde, verbanden wiederum dieselben wirtschaftlichen Interessen mit dem Adel. Schwierig war im allgemeinen die Stellung des Landeshauptmannes, der als Beamter des Landesfürsten dessen Interessen im Lande und als Angehöriger des einheimischen Adels diejenigen der Stände des Landes ob der Enns vertreten sollte. Ihrer politischen Macht entsprechend, strebten daher die Stände zumeist erfolgreich nach Einfluß auf die Besetzung der Landesämter. So konnten sie etwa den Hofmarschall Siegmund Prüschenk als Landeshauptmann ablehnen, obwohl ihm Kaiser Friedrich III. dieses Amt versprochen hatte. Zwischen 1500 und 1620 gab es nur vier Landeshauptleute, die bei ihrer Ernennung nicht obderennsische Landleute waren. Im selben Zeitraum gehörten fast alle Landeshauptleute dem Herrenstande an, nur drei zählten zum Ritterstand. Der Landeshauptmann ob der Enns — so lautete seit 1521 sein ständiger Titel — unterstand unmittelbar der „niederösterreichischen" Regierung (Regiment). Seine Aufgabe erstreckte sich auf die Verwaltung und auf die Gerichtsbarkeit. Er hatte für die Durchführung landesfürstlicher Befehle, Generalmandate und Polizeiordnungen, für die Aufrechterhaltung des Landfriedens und für Ordnung und Sicherheit von Handel und Verkehr zu sorgen; ihm oblag die Einberufung und anfänglich auch die Führung des Landesaufgebotes; er beaufsichtigte die landesfürstlichen Burgen und übte die landesfürstliche Vogtei im Lande aus. Im obersten Landesgericht, dem sogenannten Landrecht, hatte er Vorsitz und Leitung, seit dem 17. Jahrhundert auch ein Stimmrecht. Bei Rechtsverweigerung durch andere Instanzen konnte er jeden Fall vor das Landrecht ziehen. Die Urteile wurden von den Landräten gefällt, die der Landesfürst ernannte und besoldete. Für die Ausführung der Urteile war der Landeshauptmann verantwortlich, vollstreckt wurden sie vom Landrichter. Dieses Gericht war für Zivilklagen gegen Ständemitglieder und für den nichtlandständischen Adel, der im Lande Gülten besaß, zuständig und Appellationsinstanz gegenüber allen anderen Gerichten des Landes. Das Landrecht trat jährlich viermal in Linz zusammen, gegen seine Urteile konnte man an die „niederösterreichische" Regierung berufen. Die 1559 in männlichem Stamme ausgestorbenen Grafen von Schaunberg beanspruchten Exemtion von diesem landeshauptmannschaftlichen Gericht und direkte Unterstellung unter das Regiment. Die Landräte, in der Regel je vier aus dem Herren- und Ritterstand, seit 1627 auch zwei aus dem Prälatenstand, berieten den Landeshauptmann auch in politischen Angelegenheiten. Stellvertreter des Landeshauptmannes war der Anwalt, der seit dem

17. Jahrhundert Landesanwalt genannt wurde und gewöhnlich dem Ritterstand angehörte. Als sich die Anwaltschaft zu einem selbständigen Landesamt entwickelte und der Landesfürst mit Dr. Veit Spindler von Hofegg (1594—1601) und Hans Ruprecht Hegenmüller von Tubenweiler juridisch gebildete Ausländer ernannte, kam es zu einer grundsätzlichen Auseinandersetzung, die im Sinne des Landesfürstentums entschieden wurde. Während die Stände im Anwalt noch immer einen Beamten des Landeshauptmannes sahen, vertrat Hegenmüller die moderne Auffassung des absolutistischen Landesfürstentums, wonach die Anwaltschaft ein landesfürstliches Amt darstellte. 1632 wurde die erste landesfürstliche Instruktion für den Anwalt erlassen, der vom Landesherrn ernannt und der „niederösterreichischen" Regierung unterstellt wurde. Dem Landeshauptmann unterstand außer dem Landrichter, dem Bannrichter, der seit der 1559 von Kaiser Ferdinand I. erlassenen Landgerichtsordnung die Inhaber von Landgerichten in ihren Aufgaben unterstützte, und dem Pfleger des Linzer Schlosses auch die Kanzlei der Landeshauptmannschaft (Landkanzlei), die vom Landschreiber geleitet wurde. Dieser mußte u. a. die Landtagsvorlagen verfassen. Ihm trat für außergerichtliche Belange ein Sekretär zur Seite. Dieser Verwaltungsapparat bestand neben demjenigen der Stände des Landes ob der Enns. In deren Verwaltungsorganisation spielte der Landeshauptmann, der beispielsweise nie dem Verordneten-Kollegium angehörte, bis zu den Reformen des aufgeklärten Absolutismus um die Mitte des 18. Jahrhunderts keine besondere Rolle.

Glaubenskampf und Ständemacht (1520—1648)

Am 12. Jänner 1519 starb Kaiser Maximilian I. in der landesfürstlichen Burg in Wels. Er hatte beabsichtigt, auf dem Falkenstein in der Nähe des berühmten Wallfahrtsortes St. Wolfgang am Abersee seine Begräbniskirche mit den Erzfiguren seiner Vorfahren errichten zu lassen. Auf Betreiben des Erzbischofs Leonhard von Salzburg, der vermutlich dadurch seine Pläne mit dem ihm verpfändeten Mondsee- und St. Wolfgangland gefährdet sah, hatte er jedoch dieses Vorhaben wieder aufgegeben und seine Beisetzung in der Georgskapelle der Wiener Neustädter Burg veranlaßt. Sein Testament sah u. a. die Erbauung einer Leopoldskirche in Wels, die Gründung eines Spitals in Linz und Geldbeträge für die Spitäler von Gmunden und Hallstatt vor. Als seine Erben bestimmte es seine beiden Enkel, den achtzehnjährigen Karl, der in Spanien und in den Niederlanden herrschte, und den fünfzehnjährigen Ferdinand, der in den Niederlanden erzogen wurde. Bis zu ihrem Erscheinen in den Erbländern sollten die Regimente die Regierungsgewalt ausüben. Dagegen erhob sich der Widerstand der Stände, die die neuen Behörden ablehnten und nach altem Brauch die Zwischenregierung für sich beanspruchten. Das Land ob der Enns schloß sich zwar anfänglich der radikalen Gangart der Österreicher unter der Enns an und setzte ebenfalls einen paritätisch besetzten Ständeausschuß mit 64 und einen sogenannten Landrat mit 16 Mitgliedern ein, der gemeinsam mit dem Landeshauptmann Wolfgang Jörger das Land regieren sollte, huldigte aber schließlich doch im Februar 1520 nach Verhandlungen den Kommissären des obersten Reichsregimentes. Nach der Wahl Karls V. zum deutschen König und römischen Kaiser einigten sich die habsburgischen Brüder in den Verträgen von Worms (1521) und Brüssel (1522) über die Teilung der Herrschaft. Erzherzog Ferdinand erhielt die „oberösterreichischen" und „niederösterreichischen" Ländergruppen. Als sich der neue Landesfürst 1521 nach Österreich begab, war es dem rechtzeitigen Einlenken der Stände des Landes ob der Enns zu verdanken, daß ein Strafgericht wie in Österreich unter der Enns ausblieb.

Ferdinand zeichnete vielmehr das Land ob der Enns dadurch aus, daß er am 27. Mai 1521 in Linz in Anwesenheit vieler geistlicher und weltlicher Fürsten mit Anna von Ungarn und Böhmen Hochzeit feierte. Diese Heiratsverbindung schuf eine der Voraussetzungen für den Erwerb jener beiden Königreiche im Jahre 1526. Bei den Hochzeitsfeierlichkeiten kam es zu Spannungen zwischen dem spanischen und dem einheimischen Adel, welche die Überlieferung von dem angeblichen „Losensteiner Turnier" entstehen ließen. Fremdartig wirkte auch Ferdinand selbst, der die deutsche Sprache nicht beherrschte und den Rechtsbrauch der österreichischen Erbländer nicht kannte. Sogleich griff er aber mit starker Hand nach dem landesfürstlichen Kammergut und beendete das nördlich der Donau aufgekommene Raubritterunwesen. Nach einem Prozeß, der vor dem Hintergrund des Streites zwischen den Herren und den Rittern ablief, wurde der Anführer Bernhard Zeller von Schwertberg in Linz hingerichtet, mehrere Adelige wurden eingesperrt. Wie sein Großvater gestand Ferdinand dem Lande ob der Enns ebenfalls keine eigene Erbhuldigung zu, sondern ließ sich am 5. Juni in Ybbs von den Ständen Österreichs ob und unter der Enns gemeinsam huldigen. Allerdings errichtete er 1535 mit dem Kämmereramt das erste selbständige Erbamt für den Adel des Landes ob der Enns. Das zweite verdankt das Land Kaiser Maximilian II., der 1570 die Jörger zu Tollet zu Erb(land)hofmeistern ob der Enns ernannte. Maximilian II. nahm auch die erste selbständige Erbhuldigung der obderennsischen Stände am 28. Dezember 1565 in Linz entgegen und eröffnete damit einen Brauch, der bis 1743 bestand. Es waren dies Teilerfolge in dem Streben des Landes nach Selbständigkeit und Anerkennung als Erzherzogtum mit dem Rang nach Österreich unter der Enns. Diese Politik, die das Land ob der Enns in eine gewisse Isolation gegenüber den anderen Ländern der „niederösterreichischen" Gruppe brachte und in manchem radikalisiert haben dürfte, bestimmte die weitere Entwicklung ebenso wie der Widerstreit zwischen dem zentralistischen Bemühen des Landesfürstentums und der dualistischen, auf das Zusammenwirken von Landesfürst und Vertretern der Landschaft ausgerichteten Staatsauffassung der Landstände. Von größter Bedeutung wurden jedoch in dieser Zeit tiefer persönlicher Frömmigkeit die alle Lebensbereiche durchdringenden konfessionellen Gegensätze.

Martin Luthers Ideen fanden im Lande ob der Enns ungeheuer schnell Anhang und Verbreitung. Im Oktober 1517 hatte er seine 95 Thesen zum Ablaßwesen veröffentlicht, 1520 gab es im Lande ob der Enns bereits zwei kirchliche Parteien, die um die Reform der katholischen Kirche stritten, und im Juni 1525 baten die drei weltlichen Stände ob der Enns den Landesfürsten, das heilige Evangelium lauter und ohne Zusatz verkünden zu lassen. Luthers Lehren fielen deshalb auf so fruchtbaren Boden, weil seit der zweiten Hälfte des 15. Jahrhunderts weitere Kreise der Bevölkerung mit den Zuständen im Klerus unzufrieden waren und sich ein allgemeines Streben nach Reform der katholischen Kirche bemerkbar machte. Auf österreichischen Landtagen in Augsburg (1510) und Innsbruck (1518) sowie auf einem obderennsischen Landtag in Wels (1517) beschwerten sich die weltlichen Stände beim Landesfürsten über sittliche und wirtschaftliche Mißstände im Klerus. Kaiser Maximilian I. sollte mit Hilfe der Bischöfe Maßnahmen treffen und dafür auch den Papst gewinnen. Gleichzeitig erbat der Prälatenstand von ihm und seinen Erben in ihrer Eigenschaft als Landesfürsten und Vögte den Schutz der Kirche und des geistlichen Standes.

In dieser Atmosphäre gelangten die Gedanken Luthers und die von ihnen ausgelöste geistige Bewegung durch persönliche Kontakte — ständische Gesandtschaften in das Reich, Reisen und Handelsbeziehungen —, vor allem aber durch unzählige Flugschriften und andere Produkte der jungen Buchdruckerkunst in das Land ob der Enns. Beim Adel und beim Bürgertum fanden sie am meisten Anklang; sie wurden jedoch auch von einem Teil des Klerus aufgenommen sowie von wirtschaftlich und sozial erschütterten Rittern, Bauern, Handwerkern und Geistlichen, die von einer Reform eine Verbesserung ihrer Lage erhofften. Die Führung lag allerdings von Anfang an bei verschiedenen Adelsgeschlechtern, die als Besitzer von Grundherrschaften das Luthertum am wirkungsvollsten förderten. Die Jörger und die Starhemberger unterhielten persönliche

Beziehungen zu Martin Luther. Christoph, der Sohn des Landeshauptmannes Wolfgang Jörger, ging 1522 zur Ausbildung nach Sachsen und schloß sich Luther an, seine Mutter Dorothea Jörger erhielt 1535 einen Brief des Reformators, in dem dieser schrieb: „Bei Euch ist Hunger und Durst zum Wort Gottes,...". 1524 richtete Luther einen Trostbrief an Bartholomäus von Starhemberg, dessen Frau gestorben war. 1525 sandte er auf Ersuchen des Christoph Jörger Michael Stiefel als ersten lutherischen Prädikanten (Prediger) nach Schloß Tollet. Neben diesen Geschlechtern sind die Schaunberger, Perkheimer, Polheimer, Scherffenberger und Zelkinger als frühe und führende Lutheraner zu nennen.
Die neue Lehre faßte auch in den Städten rasch Fuß. In Steyr spaltete das Auftreten des Franziskanermönches Patricius im Jahre 1520 die Kirchengemeinde, 1525 predigte sein Wiener Ordensbruder Calixtus im Sinne Luthers. Im selben Jahr galt das in unmittelbarer Nachbarschaft der scherffenbergischen Herrschaft Ort gelegene Gmunden als „lutherisches Nest". Es schickte Bürgersöhne zum Theologiestudium nach Wittenberg. Dasselbe tat das von den Polheimern beeinflußte Wels zwischen 1519 und 1524. Konrad Cordatus (Herz) aus Leombach bei Wels wurde ein enger Mitarbeiter Luthers. Um diese Zeit hielt das Luthertum auch in Linz, Enns, Freistadt, dem der Polheimer Herrschaft Wartenburg benachbarten Vöcklabruck und in anderen Orten — um 1523 befanden sich etwa Studenten aus Waizenkirchen in Wittenberg — Einzug. 1524 trat mit Christoph Eleutherobius (Freisleben) der erste ausländische Vertreter der neuen Ideen im Lande ob der Enns auf. Er wirkte in Wels als Privatlehrer, sein Bruder Leonhard in Linz. Eine von letzterem 1524 in Linz herausgegebene Schrift des lutherischen Pfarrers von Wittenberg Johannes Bugenhagen stellt die erste öffentliche, literarische Äußerung reformatorischen Geistes in den österreichischen Erbländern dar.
Die Klöster, Stifte und Pfarren des Landes konnten sich dem Einfluß der Neuerung ebenfalls nicht entziehen. So dürfte bereits die Grabinschrift von 1518/19 für einen St. Florianer Chorherrn, der Kapellan des Propstes gewesen war, lutherisches Gedankengut bezeugen. Mondsee, das unter Abt Wolfgang Haberl († 1521), einem Freund Kaiser Maximilians I. in voller Blüte gestanden war, verzeichnete 1524 mehrere Austritte. Auch Weltgeistliche gingen zum Luthertum über, wie z. B. der Welser Stadtpfarrer und Professor an der Wiener Universität Dr. Wolfgang Mosenauer, der Vikar des Stadtpfarrers von Linz und Leonhard Käser, der Pfarrvikar von Waizenkirchen. Etwas später wandten sich die Bauern, Handwerker und Bergleute der neuen Lehre zu.
Nachdem der Adel mit wenigen, vor allem dem Herrenstand angehörenden Ausnahmen der wichtigste Förderer und die landesfürstlichen Städte

sowie einige Märkte die wichtigsten Stützpunkte der Bewegung geworden waren, beeinflußte die „Kirchenänderung" bald auch die Politik der weltlichen Landstände. 1524 beschwerten sich die Vertreter der „niederösterreichischen" Länder bei Ferdinand I. über die kirchlichen Verhältnisse und über die Bereicherung des Klerus. Bedrückung und Habgier warfen auch die obderennsischen Bauern nach Ausbruch des ersten Bauernkrieges der Geistlichkeit im Juni 1525 auf einem Innsbrucker Ausschußlandtag vor. Als aber Ferdinand I. in diesem Zusammenhang von den weltlichen Ständen des Landes ob der Enns ein „Gutachten, die Empörung zu stillen" vorlegen ließ, nützten diese die Gelegenheit, die Unruhen mit der Religionsfrage in Zusammenhang zu bringen, indem sie schlechte Predigten und Lehren sowie aufrührerische Schwärmer als Ursachen anführten. Dagegen baten sie um lautere Predigt des heiligen Evangeliums „ohne einigen Zusatz" und bekannten sich damit erstmals offen zu den Ideen Luthers. Die Mehrheit der weltlichen Stände hing bereits dem Luthertum an.

In eine prekäre Situation gerieten die Vorsteher der Klöster und Stifte ob der Enns, deren Häuser sich den neuen Lehren allmählich öffneten. Obwohl die Prälaten mit dem Vorgehen der lutherischen Stände nicht einverstanden sein konnten, erzwangen der Rangstreit mit den anderen „niederösterreichischen" Ländern und die Steuerforderungen des Landesfürsten ein einheitliches Auftreten des Landes ob der Enns. Ferdinand I. benötigte besonders seit der Übernahme der ungarischen und böhmischen Krone große Geldmittel zur Bekämpfung der in Ungarn vorrückenden Türken. Die weltlichen Stände erkannten darin rasch ihre Chance, ihre Steuerbewilligungen vom Zugeständnis religiöser Neuerungen abhängig zu machen. Große finanzielle Lasten wurden jedoch mit päpstlicher Billigung dem Klerus auferlegt: ein Drittel der Jahreseinkünfte des Welt- und Ordensklerus der Erbländer (die „Terz") 1523/24 — dagegen protestierten die von den weltlichen Ständen unterstützten obderennsischen Prälaten in Passau und Salzburg —; 1526, 1529 und 1531 mußte das „Kirchensilber" (Bargeld, Geräte, Schmuckgegenstände) abgeliefert werden; die sogenannte Quart (der ursprünglich verlangte Erlös aus dem Verkauf eines Viertels der geistlichen Güter wurde in die Pauschalsumme von 24.000 Gulden für die obderennsischen Prälaten umgewandelt) wurde 1529 vor der Türkenbelagerung Wiens eingefordert. Die gewaltigen Belastungen durch diese und andere außerordentliche Notsteuern hatten nicht nur einen hohen Verlust an spätmittelalterlichen Kunstschätzen zur Folge, sondern leiteten schließlich auch den wirtschaftlichen Niedergang der Klöster und Stifte ein, der wiederum den Verfall der Klosterzucht beschleunigte. Im Zuge dieses Wandels büßte

der Prälatenstand, der nicht wenig Grundbesitz an den Adel verkaufen mußte, seine bisherige führende politische Stellung ein.
Obwohl die Politik des katholischen Landesfürstentums von steter Geldnot geprägt war und die Stände diese Schwäche erkannten und ausnützten, gestand Ferdinand I. keine religiösen Neuerungen zu. Seit 1526 trat auch der katholische Klerus, der bisher wegen der harten Besteuerung opponiert hatte, auf die Seite des Landesfürsten. Wenig erfolgreich waren die Maßnahmen, die der Bischof von Passau gegen das Vordringen des Luthertums im Lande ob der Enns unternahm. Sie fanden deshalb keine Unterstützung, weil an der Spitze des Bistums der Bruder des bayerischen Herzogs stand. Ernst von Bayern, der keine höheren Weihen besaß und sich Administrator nannte, galt im Lande ob der Enns mehr als ausländischer Territorialfürst denn als Diözesanbischof. Da der Wittelsbacher auf dem Passauer Bischofsstuhl das Mißtrauen des österreichischen Landesfürsten erregte, konnten die weltlichen Stände ob der Enns die beiden katholischen Kräfte erfolgreich gegeneinander ausspielen, indem sie die österreichische Landeshoheit durch das passauische Vorgehen für gefährdet erklärten. Diese besondere politische Situation ermöglichte den Ständen ob der Enns so viel Freiraum und Eigenständigkeit, daß sie schließlich die Führung der Ständepolitik aller österreichischen Erbländer übernahmen. Als das bischöfliche Ordinariat und der bischöfliche Offizial ob der Enns, die beide ihren Sitz in Passau hatten, 1525 begannen, abgefallene Geistliche vorzuladen und zu verhören, fanden diese bei den Landständen Schutz. Großes Aufsehen erregte der Prozeß, den man dem ehemaligen Pfarrvikar von Waizenkirchen Leonhard Käser in Passau nach mittelalterlichem Ketzerverfahren machte. Käser hatte in Wittenberg studiert und war bei einem Besuch in seinem bayerischen Heimatort Raab (BH. Schärding) verhaftet worden. Sein Feuertod am 16. August 1527 in Schärding, den höchste fürstliche und adelige (Schaunberger und Starhemberger) Interventionen nicht verhindern konnten, sollte als abschreckendes Beispiel wirken.
Da die neuen Gedanken noch zu keinem festen theologischen Lehrgebäude zusammengefügt waren und das Luthertum über keine Kirchenorganisation verfügte, konnte die schwärmerische Bewegung des Wiedertäufertums entstehen. Es trat im Lande ob der Enns gleichzeitig mit jenem in Erscheinung und war anfänglich kaum von ihm zu unterscheiden. Die Täufer lehnten die Kindertaufe ab, traten für Gewaltlosigkeit ein und wollten u. a. die Gütergemeinschaft der christlichen Urgemeinde verwirklichen. Wohl dadurch gewannen sie ihre Anhänger hauptsächlich bei den wirtschaftlich erschütterten städtischen Handwerkern, während die Bürger dem Luthertum zuneigten. Seit 1523/24 ver-

breitete sich das Täufertum in allen Städten sowie in vielen Märkten und Dörfern des Landes. Seine Führer wie Hans Schlaffer, Leonhard Schiemer und der Linzer „Bischof" Wolfgang Brandhuber waren zumeist Prädikanten, ehemalige katholische Geistliche und Lehrer. Ausschreitungen in anderen Ländern bewirkten auch im Lande ob der Enns das Mißtrauen des Landesfürsten und des grundbesitzenden Adels gegenüber den friedlichen Brüdergemeinden der Täuferbewegung, die zwischen 1527 und 1529 ihren Höhepunkt erreichte. Letztlich wurden die Wiedertäufer ein Opfer der Politik der lutherischen Landstände, die die Vorwürfe der katholischen Seite auf die Sekte abwälzten, um gegenüber dem Landesfürsten ihre eigene Glaubensrichtung als richtig und rein darstellen zu können. Als Ferdinand I. die Täufer verurteilte und 1527/28 Ketzerprozesse in allen Städten des Landes mit ungefähr 150 Hinrichtungen endeten, bedeutete dies im wesentlichen das Ende der Bewegung. Nur noch vereinzelt machte sie sich im Gebiet von Steyr bemerkbar.
Anders das Luthertum im Lande ob der Enns. Immer mehr verhärtete sich die Haltung der mit wenigen Ausnahmen lutherisch gewordenen weltlichen Landstände gegenüber dem Landesfürsten und dem Bischof von Passau, die ihrerseits miteinander im Streite um die bischöfliche Rechtsprechung im Lande lagen. Viele Adelige nützten die unklaren Rechtsverhältnisse, sich und ihre Untertanen der geistlichen Gerichtsbarkeit zu entziehen, erledigte Pfarren mit ihren Predigern zu besetzen und kirchliche Einkünfte und Rechte an sich zu ziehen. Der politische Gegensatz zwischen Habsburgern und Wittelsbachern, vor allem aber die immer drohender werdende Türkengefahr aus dem Osten boten den Landständen Gelegenheit, den Landesfürsten mit ihren Wünschen und Forderungen in der Religionsfrage zu konfrontieren. Als die Türken 1529 Wien belagerten, fiel die Hilfe der Stände ob der Enns bescheiden aus, ein Teil des Adels leistete dem Aufgebot nicht Folge. Türkische Streifscharen konnten damals an der Enns und bei Gaflenz aufgehalten werden. Im September 1532 machte das Land ob der Enns seine ersten und einzigen unmittelbaren Erfahrungen mit den Türken, als eine Abteilung den Markt Weyer zerstörte und eine andere bei Ernsthofen die Enns überschritt und die Umgebung von Steyr verheerte. Mehr ins Gewicht fielen letztlich jedoch die negativen Auswirkungen der zahlreichen Durchzüge von Truppen, die zur Bekämpfung der Türken eingesetzt waren, durch das Land.
1538 bekannten sich die weltlichen Stände, denen König Ferdinand schon 1536 Gehorsamsverweigerung vorgeworfen hatte, auf einem Landtag offen zu den Inhalten der 1530 auf dem Reichstag von Augsburg erstmals schriftlich fixierten lutherischen Lehre (Confessio Augustana)

mit Rechtfertigung durch den Glauben, Ohrenbeichte und Abendmahl in beiden Gestalten. Mittlerweile waren die meisten Schloßkapellen und Adelskirchen lutherische Zentren geworden, an denen Prädikanten wirkten. Die Bevölkerung der Umgebung und der Städte strömte ihnen zu. Es handelte sich entweder um aus Deutschland ausgewiesene Prediger oder um ehemalige katholische Geistliche. Später sorgten ständische und städtische Stipendien zum Studium an deutschen Universitäten für Nachwuchs. Auf einem Generallandtag in Prag 1541/42 überreichten die „niederösterreichischen" Stände dem König eine Bittschrift und einen „Ratschlag wegen der Religion", der in Linz unter dem Protest der Prälaten ob der Enns ausgearbeitet worden war. Um ihre Beschlüsse besser vorbereiten und schneller reagieren zu können, gingen die Stände ob der Enns jetzt dazu über, fallweise Ausschußsitzungen, sogenannte Versammlungen, unabhängig von den Landtagen und ohne Mitwirkung des Landesfürsten und seiner Vertreter, nötigenfalls auch ohne Beteiligung der Prälaten, selbst einzuberufen. Nach dem Sieg Kaiser Karls V. über den protestantischen Schmalkaldener Bund berieten die „niederösterreichischen" Länder im September 1547 auf einem Ausschußlandtag in Steyr ihre gemeinsame Haltung in der Türken- und Religionsfrage und verfaßten u. a. eine „Ermahnung" an König Ferdinand. Trotz der bisherigen Erfolge verschlechterte sich die Situation aller österreichischen Stände wesentlich, als der Kaiser unter dem Druck der politischen Verhältnisse am 2. September 1555 den Augsburger Religionsfrieden schloß, der das Reich in zwei konfessionelle Lager spaltete. Er gewährte den Reichsständen das Recht, sich für den Katholizismus oder für das Augsburger Bekenntnis zu entscheiden, und machte diese Entscheidung auch für ihre Untertanen verbindlich. Wer sich der Religion seines Landesfürsten nicht anschloß, durfte auswandern. Diese Regelung entzog den österreichischen Untertanen der katholischen Habsburger jede Rechtsgrundlage für die bisher behauptete lutherische Konfession. Die Politik der Stände, die besonders nach dem Scheitern der Wormser Gespräche über einen Ausgleich zwischen den beiden Bekenntnissen (1557) nicht ans Nachgeben dachten, zielte daher im folgenden auf eine Ausdehnung des Religionsfriedens auf die Erbländer ab. Trotz Erpressung des Landesfürsten bei den Landtagsverhandlungen wegen der Türkenhilfe und Drohung mit Auswanderungen hatten sie jedoch damit bei Ferdinand I. keinen Erfolg. Der König gewährte ihnen 1556 nur den Laienkelch. Als nach Beendigung des Konzils von Trient (1545–1563) eine konfessionelle Einigung unmöglich geworden war, forderten die Protestanten die Freistellung ihres Glaubens. Große Hoffnungen setzten sie dabei auf Ferdinands ältesten Sohn Maximilian II., dessen Neigung zum Luthertum bekannt war.

Um die Mitte des Jahrhunderts war das Land ob der Enns (aber auch teilweise das spätere Innviertel, das damals noch bayerisch war) überwiegend protestantisch geworden. Hatte sich bis dahin im katholischen Leben und Brauchtum der Bevölkerung nur wenig verändert, so vollzog sich jetzt wie in der Liturgie und bei den Zeremonien auch in diesen Bereichen eine rasche Abkehr vom Katholizismus. Eine allgemeine „Konfessionsmengerei" setzte ein. Neben die vom Adel beherrschten Kirchen traten jetzt die landesfürstlichen Städte als neue Zentren des Luthertums. Kennzeichnend dafür ist der Verfall der Mendikantenklöster in und bei den Städten als Folge des Ausbleibens von Stiftungen, wegen Mißwirtschaft und Mangel an Nachwuchs. Die Klostergebäude von Oberthalheim (1533) und Wels wurden zu Spitälern, in Enns verlegte König Ferdinand I. 1553 die Stadtpfarre von St. Laurenz in Lorch in die ehemalige Minoritenkirche, das Linzer Minoritenkloster überließen die Landesfürsten 1560/66 den weltlichen Ständen, im Steyrer Dominikanerkloster wurde eine Lateinschule eingerichtet, das Kloster Pupping wurde von der Witwe des letzten Grafen von Schaunberg 1565 aufgehoben.

Die Ausbreitung des Protestantismus im Lande ob der Enns war gegen den Willen des habsburgischen Landesfürsten erfolgt. Ferdinand I., der auf das von den Landständen bewilligte Geld angewiesen war, suchte die neue Lehre mit einer Reihe von Mandaten einzudämmen, z. B. gegen den Vertrieb lutherischer Bücher und die Anstellung von Predigern (1551) und gegen das Abendmahl unter beiderlei Gestalt (1554). Andere wie das über die Besetzung von Pfarren und über Stipendiaten an der Wiener Universität bezweckten eine katholische Erneuerung. Dieselbe Absicht war mit den Visitationen von Kirchen und Klöstern verbunden, die im Auftrag des Landesfürsten 1528, 1544 und 1561 im Lande ob der Enns durchgeführt wurden. Die dazu eingesetzten Kommissionen, denen jeweils auch ein Vertreter des Bischofs von Passau angehörte, sollten nicht nur den Glaubensstand sowie die religiösen, rechtlichen und Vermögensverhältnisse prüfen, sondern auch Maßnahmen zur Verbesserung treffen. Das besondere Interesse des Landesfürsten galt den Klöstern, da ihre Grundherrschaften als Kammergut einen wichtigen finanziellen Rückhalt darstellten und eine katholische Erneuerung bei diesen alten religiösen und kulturellen Zentren des Landes ansetzen mußte. Die Feststellungen der Visitatoren waren wenig erfreulich: u. a. Mangel an geeigneten und ausgebildeten Priestern, Konkubinat der Geistlichen, wirtschaftliche Mißstände, zu hohe Belastung der Laien durch kirchliche Abgaben und Gebühren und sektiererisches Glaubensgut. Besonders alarmierend war die Visitation der 15 Klöster und Stifte des Landes (ohne das damals salzburgische Mondsee) im Jahre 1561. Überall war die lutherische Religion weit fortgeschritten und hatte sich mit der katholischen Religion vermischt; die Ordensleute waren verweltlicht, lebten häufig in Ehe und Konkubinat und waren nicht selten selbst Lutheraner; an mehreren Orten traf man Prädikanten, lutherische Schulmeister und Literatur an; die klösterlichen Beamten wirtschafteten schlecht. Vor allem aber war das Klosterleben in Auflösung begriffen; im ganzen Lande ob der Enns lebten nur noch 74 Männer und sieben Frauen in einem Kloster oder einem Stift. Schlierbach und Engelszell besaßen keine Konventualen mehr, ebenso stand Wilhering vor dem Untergang, in den anderen Häusern schwankte die Zahl zwischen zwei und acht. Ausnahmen bildeten St. Florian mit 17 und das allerdings gänzlich lutherisch gewordene Garsten mit 18. Am besten waren die Verhältnisse in Kremsmünster und in St. Florian. Eine vom Kaiser daraufhin eingesetzte Reformkommission erzielte kaum Verbesserungen, bewirkte jedoch 1562 einen Protest der drei weltlichen Landstände. Die Reaktion der teils lutherfreundlichen, teils untätigen Prälaten bestand darin, von Kaiser Ferdinand den Laienkelch und die Priesterehe zu verlangen, da man befürchtete, ohne diese Zugeständnisse die Bevölkerung und die Geistlichen ganz an das Luthertum zu verlieren.

Die Maßnahmen des Landesfürsten zur Bekämpfung des Luthertums im Lande ob der Enns zeitigten deshalb nur geringen Erfolg, weil sich der Verwaltungs- und der Gerichtsapparat weitgehend in den Händen des lutherischen Adels befanden. Landeshauptmann und weltliche Landstände verzögerten und behinderten nicht nur Justiz und Verwaltung, sondern auch die Aktivitäten des bischöflich-passauischen Ordinariates. Die allgemeine Lage wird am besten durch die Aussage des Bischofs Wolfgang II. von Passau vom Jahre 1560 charakterisiert, daß Aufstand und Empörung des gemeinen Mannes drohten, falls der Kaiser energischer vorgehe. Die von Passau ausgehenden Aktionen erhielten jedoch mehr Nachdruck durch den aus St. Martin im Innkreis stammenden Dompropst und späteren Bischof Urban III. von Trenbach (1561–1598). Ihm gelang es, die kirchlichen Rechte besser zu wahren, er suchte das Einvernehmen mit dem Landesfürsten, strebte nach kirchlicher Erneuerung in seiner Diözese und verfuhr streng mit der Geistlichkeit.

Der neue Landesfürst Maximilian II. (1564–1576), der nach der Teilung der habsburgischen Erbländer unter die Söhne Ferdinands I. über Böhmen, Ungarn, Österreich ob und unter der Enns gebot, galt zwar als Freund des Protestantismus, lehnte aber die ihm anläßlich der Erbhuldigung und des Landtages im Dezember 1565 in Linz von den Ständen vorgetragene Bitte um Freistellung der Religion ab. Allerdings überließ er 1567 den Ständen das leerstehende Ennser Minoritenkloster für die

lutherische Landschaftsschule und gewährte unter dem Druck des Türkenkrieges am 7. Dezember 1568 auf einem Landtag in Linz den beiden adeligen Ständen ob der Enns für die Bewilligung von 1,2 Millionen Gulden schriftlich dieselben Rechte wie den Herren und Rittern unter der Enns, denen er bereits im August mündlich die Ausübung der Augsburger Konfession in ihren Schlössern, Städten und Dörfern sowie ihren Kirchen erlaubt hatte. Bedingungen für diese „Religionskonzession" an den Adel unter der Enns waren die Ausarbeitung einer Kirchenordnung (Agende) und Verhandlungen über einen Ausgleich zwischen den Konfessionen gewesen. Da sich Maximilian nicht in den Rang-(Präzedenz-) Streit der „niederösterreichischen" Länder einmischen wollte, erteilte er dem Adel ob der Enns keine eigene Religionskonzession, sondern sicherte ihm nur die gleiche Behandlung wie den Österreichern unter der Enns zu, mit denen weiter verhandelt wurde. Die Herren und Ritter ob der Enns mußten sich verpflichten, für geregelte kirchliche Verhältnisse zu sorgen. Trotz heftigen Drängens der Stände blieben die landesfürstlichen Städte von der neuen Freiheit ausgeschlossen.
Die ohne Mitwirkung der Stände ob der Enns ausgearbeitete und vom Kaiser genehmigte Agende für das Land unter der Enns, welche die theologischen Streitigkeiten zwischen den vielen verschiedenen protestantischen Glaubensrichtungen beenden und für alle Prädikanten verbindlich sein sollte, bildete die Voraussetzung für die kaiserliche „Assekuration" der lutherischen Religion gegenüber dem Adel unter der Enns am 14. Jänner 1571. Dem Adel und dessen Untertanen wurde dadurch bis zu einer allgemeinen christlichen Reform und einer Einigung zwischen den Konfessionen die Freiheit der lutherischen Religion gewährt. Diese Regelung brachte das Land ob der Enns in eine schwierige Lage. Einerseits weigerte man sich, die fremde Kirchenordnung anzunehmen und damit seine Zugehörigkeit zu Österreich unter der Enns zu dokumentieren, andererseits kam es zwischen dem Adel und den landesfürstlichen Städten zum Zerwürfnis in der Frage einer Religionsassekuration für das Land. Ein im Auftrag der Stände von Georg Khuen verfaßter und von Siegmund von Polheim geprüfter Auszug aus der österreichischen Agende wurde vom Kaiser nicht als eigene obderennsische Kirchenordnung anerkannt, 1576 sprach Maximilian II. dem Lande ob der Enns sogar jede staatsrechtliche Selbständigkeit ab und befahl ihm die Annahme der Agende Österreichs unter der Enns. Die Stände ob der Enns, die dies verweigerten, setzten sich daraufhin eigenmächtig in den Besitz der ehemaligen Minoritenkirche neben dem 1564 bis 1571 mit kaiserlicher Erlaubnis in Linz erbauten Landhaus, dem repräsentativen Denkmal ihrer Machtstellung. Als Kaiser Maximilian II. starb, war das Land — vor allem Adel, Beamte

und Bürger – zwar nahezu völlig protestantisch, das Erreichte jedoch keineswegs rechtlich gesichert. Im Gegenteil, die Ablehnung der österreichischen Agende verhinderte eine kaiserliche Religionsassekuration, durch die die Religionskonzession von 1568 an den Adel ob der Enns erst vollzogen worden wäre.
Immerhin bot die Religionskonzession dem Luthertum im Lande eine gewisse Rechtsgrundlage, welche die Möglichkeiten der bischöflichen Diözesanverwaltung zur Bekämpfung noch mehr einengte. Bischof Urban III. von Passau strebte daher konsequent nach einer inneren Erneuerung der katholischen Kirche gemäß dem Reformprogramm des Konzils von Trient und wurde darin vom Kaiser hinsichtlich der Klöster und Stifte unterstützt. Eine neuerliche Klostervisitation zeigte 1566, daß der Prälatenstand verweltlicht und teilweise lutherfreundlich war, daß es in Wilhering und Baumgartenberg keinen Prälaten gab und daß Kremsmünster und Lambach administriert wurden. Mit Ausnahme von St. Florian bestanden kaum noch Konvente, Schlierbach stand überhaupt leer. Die Wirtschaft funktionierte nur in Mondsee. Eine kaiserliche Generalordnung für die Klöster und Stifte des Landes Österreich ob und unter der Enns sollte den Prälatenstand und die Wirtschaftskraft der Klöster retten, ein Klosterrat wurde als neue Behörde geschaffen. Im Zuge dieser Maßnahmen wurden viele untaugliche und „beweibte" Prälaten ohne bischöfliche Mitwirkung abgesetzt. Eine Besserung der Verhältnisse trat aber nur in Spital am Pyhrn, Kremsmünster und Garsten ein. Wie schlecht es um die katholische Sache stand, erwies auch eine Visitation einzelner Klöster und Pfarren ob der Enns, die der päpstliche Legat Kardinal Commendone 1569 durchführte. Noch aber leistete der Katholizismus dem Luthertum vereinzelt Widerstand. So begann z. B. in den Pfarren Windischgarsten und Kirchdorf um 1570 ein heftiger Religionskrieg, und von Linz aus, wo sie von 1567 bis zu ihrem Tod 1572 in der Burg wohnte, verfocht die verwitwete Königin Katharina von Polen, eine Tochter Kaiser Ferdinands I., brieflich den katholischen Glauben gegenüber adeligen Damen. Als im März des Jahres 1571 für den bayerischen Teil der Diözese Passau der Landesfürst den Laienkelch wieder verbot, geriet Bischof Urban III. in eine schwierige Lage. Sein Versuch, mit Hilfe einer Diözesansynode eine allgemeine Reform des Klerus zu erreichen, scheiterte 1576 am Widerstand der Prälaten ob der Enns, die sich an Kaiser Maximilian wandten und unter Hinweis auf etwaige Unruhen im Lande eine Abschaffung der Priesterehe und des Laienkelches für unmöglich erklärten. Unter diesen Umständen erreichten die passauischen Bemühungen nur die bischöflichen und die kaiserlichen Pfarren. Von großer Bedeutung war jedoch, daß der Kaiser im selben Jahr auf Betrei-

ben des Prälatenstandes Kirchengut betreffende Streitfälle dem adeligen Landesgericht (Landrecht) entzog und dafür das Kammergericht oder den Klosterrat zuständig erklärte. Diese Stärkung der landesfürstlichen Zentralgewalt bedeutete eine Schwächung der Macht der Stände, vor allem des Adels, der sich im Lande ob der Enns unter Mißachtung der Beschränkungen, die sich aus der Religionskonzession ergaben, zum Teil widerrechtlich in den Besitz kirchlicher Rechte und Güter gesetzt hatte. Mit ihrer Vorgangsweise brachen die Prälaten erstmals aus der ständischen Einheitsfront gegen den Landesfürsten aus und begannen eine eigenständige Politik.

Der Protestantismus im Lande ob der Enns hatte unter Kaiser Maximilian II., der zwischen 1571 und 1574 mehrmals einen lutherischen Prediger aus Linz zur Spendung des Abendmahles an seinen Wiener Hof rief, den bisherigen Höhepunkt erreicht. Mit seinem betont katholischen Nachfolger Rudolf II. (1576—1608), der in seiner Jugendzeit durch einen Aufenthalt in Spanien geprägt worden war, trat ein entscheidender Umschwung ein. Der neue Kaiser war zwar zur Erneuerung der ständischen Privilegien bereit und versprach, das Land ob der Enns in der Religionsfrage wie Österreich unter der Enns zu behandeln, weigerte sich aber trotz heftigen Drängens der Stände — bereits im November 1576 hatten ihn mehrere Adelige anläßlich der Überführung der Leiche Maximilians II. in Wilhering vergeblich bestürmt —, dem Adel ob der Enns die von seinem Vorgänger gewährte Religionskonzession zu bestätigen. Als ihn auch die am 12. Juli 1578 in Linz von den adeligen Ständen kniend vorgetragene Bitte nicht zur Änderung seiner Haltung veranlaßte, leisteten die Stände unter Protest und unter Hinweis darauf, daß sie bei der Augsburger Konfession bleiben wollten, die Erbhuldigung. Dieses mutige Auftreten brachte den Ständen ob der Enns viel Anerkennung bei den Ständen der anderen österreichischen Länder und in Deutschland ein. Die folgenden Landtage waren wegen der Verhärtung der politischen und konfessionellen Fronten und des bewußten Boykotts durch die Stände ob der Enns kaum mehr funktionsfähig und verweigerten dem Kaiser u. a. Geldzahlungen für die Türkenbekämpfung. Die Bewilligung von 50.000 Gulden im September 1578 erfolgte vielleicht als Gegenleistung für das Versprechen der stillschweigenden Duldung der bestehenden konfessionellen Verhältnisse.

Von der in den benachbarten Ländern Österreich unter der Enns, Steiermark, Salzburg und Bayern einsetzenden (politischen) Gegenreformation, die mit einer katholisch-kirchlichen Erneuerungsbewegung verbunden war, verspürte das Land ob der Enns vorerst verhältnismäßig wenig. Trotz seiner Kleinheit war es das politisch führende Land inner-

halb der ehemaligen „niederösterreichischen" Ländergruppe, aus der 1564 die „innerösterreichischen" Länder Steiermark, Kärnten und Krain unter einem eigenen Landesfürsten und mit einer eigenen Regierung in Graz ausgeschieden worden waren. Seine Stände unterhielten trotz mancher Gegensätze enge schriftliche Kontakte zu den Ständen Österreichs unter der Enns und der Steiermark. Der zunehmenden Isolation, in die sie zufolge der politischen Entwicklung gerieten, suchten sie durch Anlehnung an die Stände der nördlichen Nachbarländer Böhmen und Mähren zu begegnen. Innerhalb ihrer protestantischen Konfession, die in mehrere einander bekämpfende Glaubensrichtungen zersplittert war, strebten sie nach dogmatischer und liturgischer Vereinheitlichung. Eine 1578 von einem Ständeausschuß ausgearbeitete Kirchenordnung ob der Enns sollte die von Kaiser Maximilian II. geforderte Agende ersetzen und ihren Glauben gegenüber den Sekten abgrenzen. Der Erbsündestreit (Flacianismus), der in Eferding besonders stark tobte, drohte sogar den Herrenstand zu spalten. Spannungen unter den Protestanten rief auch die Einführung des Gregorianischen Kalenders im Jahre 1583 hervor.
Große Bedeutung kam dem „Ministerium" der lutherischen Prädikanten zu, das die Stände im Linzer Landhaus einrichteten, stellte es doch den protestantischen Gegenpol zur katholischen Stadtpfarre dar. Seit 1576 fanden im Steinernen Saal des Landhauses protestantische Gottesdienste, Taufen und Eheschließungen statt. Der Linzer Stadtpfarrer stimmte 1577 unter finanziellen Vorbehalten sogar einer Vereinbarung zu, wonach die Landhausprädikanten auch Bürger seelsorgerisch betreuen durften. Wie in diesem Falle überschritt der Adel des Landes auch sonst häufig die ihm aus der Religionskonzession erwachsenen Rechte, besonders was die Aneignung von Kirchengut und die damit verbundene Ausweitung der lutherischen Konfession betraf. Im Jahre 1590 waren von 21 Herrenstandsmitgliedern und 50 Rittern mehr als 60 Protestanten. Achaz von Hohenfeld (1551–1603) wurde vom Passauer Bischof als „der Lutherischen Papst" bezeichnet.
In einer äußerst schwierigen Lage befanden sich die landesfürstlichen Städte und Märkte, die keine Religionskonzession besaßen. Der Kaiser rechnete sie zu seinem Kammergut, eine Auffassung, die sie nachdrücklich ablehnten. Einige von ihnen standen unter dem Einfluß protestantischer Adeliger, Gmunden unter dem einer protestantischen Salzbeamtenschaft. Ungefähr drei Viertel ihrer Bevölkerung dürften Anhänger des Protestantismus gewesen sein. Die blühende Stadtwirtschaft und die unter humanistischem Einfluß entwickelte städtische Kultur bewirkten in der zweiten Hälfte des 16. Jahrhunderts ein großes Selbstbewußtsein der Bürgerschaft, das in Stadterweiterungen, Um- und Neu-

bauten von Rathäusern und in Prestigebauten wie dem Ennser Stadtturm (1564—1568) zum Ausdruck kam. Politisch war jedoch der vierte Stand noch immer nicht den „drei oberen Ständen" gleichwertig — so waren die Bürger gegen den Rat Kaiser Maximilians II. von den mit dem ständischen Landhaus verbundenen Rechten ausgeschlossen —, obwohl er in den konfessionellen Auseinandersetzungen zu den „drei politischen Ständen" zählte. Gegen die gegenreformatorischen Maßnahmen des Landesfürstentums fanden die landesfürstlichen Städte auch keine Hilfe beim Adel, der selbst um seine Rechte bangte. Aus diesem Grunde schlossen sie am 11. August 1579 in Linz ein geheimes Schutzbündnis, das eine gemeinsame Religionspolitik gewährleisten sollte. Der Abwehr der Gegenreformation diente ebenfalls das Bündnis der Mühlviertler Märkte Rohrbach, Haslach, Sarleinsbach, Hofkirchen und Putzleinsdorf von 1591. Auch die bäuerliche Bevölkerung des Landes dürfte mehrheitlich dem Protestantismus angehangen haben; die Arbeiter des Salz- und Eisenwesens sowie die Unterschichten standen gleichfalls fest auf seiner Seite. Ein Gutachten bayerischer Räte verwies 1593 auf die Halsstarrigkeit der Leute, die lieber türkisch als päpstisch (= katholisch) sein wollten. Die soziale und konfessionelle Unzufriedenheit der Bevölkerung äußerte sich in einer Reihe von Unruhen und Aufständen, deren Ursachen nicht verallgemeinert werden dürfen, sondern von Fall zu Fall kritisch geprüft werden müssen.

Die unter Kaiser Rudolf II. anfänglich getroffenen Maßnahmen zur Stärkung und Erneuerung des Katholizismus zielten außer auf die landesfürstlichen Städte vor allem auf die Klöster und Stifte ob der Enns und deren zahlreiche inkorporierte Pfarren ab. Beim Regierungsantritt des Kaisers war die katholische Religion im Lande ob der Enns auf dem Tiefpunkt gewesen. Die Reform des sittlich, religiös und wissenschaftlich abgesunkenen Klerus setzte bei den Prälaten an und zeigte seit ungefähr 1580 allmählich Wirkung. Die führenden Persönlichkeiten waren Abt Georg Andreas von Gleink (1575—1585, aus Niederaltaich), Propst Johann Jakob Gienger von Spital (1570—1609), Abt Alexander a Lacu von Wilhering (1587—1600) und Kremsmünster (1601—1613, ein Italiener), Abt Burkhart Furtenbacher von Lambach (1585—1598, aus Augsburg) und Abt Johann Christoph Wasner von Mondsee (1592—1615, aus Niederaltaich). Untergegangen waren bereits die Frauenklöster Pulgarn, Schlierbach und Traunkirchen. Die reformwilligen Prälaten strebten zuerst eine Erneuerung ihrer Konvente und erst dann die Rekatholisierung ihrer Pfarren an. Dieser zweite Schritt stieß aber bei der betroffenen Bevölkerung und beim Adel auf erbitterten Widerstand, obendrein mangelte es an geeigneten Priestern.

Der zuständige Diözesanbischof Urban III. von Passau, der als Landesfürst von den bayerischen Wittelsbachern bedrängt wurde und auch deshalb die Nähe der Habsburger suchte, setzte sich zwar für die Wahrung der katholischen Rechte ein, verfügte aber im Lande ob der Enns kaum über wirksame Machtmittel. Sein Versuch im Jahre 1577, als Grundherr ob der Enns einen Vertreter auf den Landtag zu entsenden, scheiterte ebenso an den Ständen wie 1584 der Plan, Linz zum Sitz des bischöflichen Offizials ob der Enns zu machen. 1590 erließ er eine Anleitung für die Reform des Klerus ob der Enns im Sinne der Beschlüsse des Trienter Konzils, bei der die praktischen Bedürfnisse der Seelsorge und des Unterrichts im Vordergrund standen. Die bischöfliche Position besserte sich 1592 entscheidend durch den Abschluß eines Konkordates mit der „niederösterreichischen" Regierung über die bisher strittige geistliche und weltliche Jurisdiktion.

Das Jahr 1592 bedeutete aber auch in anderer Hinsicht eine wichtige Zäsur. Mit dem Freiherrn Hans Jakob Löbl von Greinburg wurde erstmals wieder ein Katholik zum Landeshauptmann bestellt (1592—1602). Löbl bemühte sich, sein Amt korrekt und unparteiisch auszuüben, verstand sich aber als Vollzugsorgan des Landesfürsten und der Regierung. Diese Haltung trug ihm einerseits den Haß der protestantischen Stände ein, die ihn vergeblich durch Vorwürfe des Amtsmißbrauches, der persönlichen Bereicherung und der Verletzung der Landesfreiheiten in Mißkredit zu bringen suchten, setzte ihn aber auf der anderen Seite ebenso der Kritik des Bischofs von Passau und des Generalvikars Melchior Klesl aus. Auslösendes Moment für den Beginn der eigentlichen Gegenreformation im Lande ob der Enns wurde jedoch der zweite Bauernaufstand (1594—1597), der im oberen Mühlviertel mit einem Sturm auf die klösterlichen Pfarren begann, deshalb anfänglich auch von einem Teil des Adels toleriert wurde und nach der Wandlung in eine sozial-revolutionäre Bewegung an der Einheitsfront der Grundherren scheiterte. Der Protestant Gotthard von Starhemberg, der katholische Landeshauptmann Löbl und Hans Joachim von Zinzendorf führten im Auftrag der Stände ob der Enns Strafexpeditionen durch das Land. Während die Städte neutral geblieben waren, hatte der Bischof von Passau an der Landesgrenze zum Mühlviertel Truppen bereitgestellt und eine Abteilung nach Ottensheim entsandt. Er war es auch, der seit 1595 am kaiserlichen Hof in Prag ständig darauf drängte, das, wie er es sah, Grundübel der protestantischen Ketzerei auszumerzen. Unterstützt wurde er dabei von seinem Generalvikar für Österreich unter der Enns Melchior Klesl, der sogar den Einsatz ausländischer Söldner forderte. Da auch die Stände ob der Enns den Ausbruch des Bauernaufstandes auf konfessionelle Ursachen zurückführten, erging am 12. August 1597 der kaiserliche Befehl zu einer katholischen „Generalreformation" des Landes. Von Oktober 1597 bis Februar 1598 mit dem Abschluß im Attergau im Juni dieses Jahres zog der Landeshauptmann an der Spitze einer Kommission, der auch der Passauer Weihbischof angehörte, mit Soldaten durch das Land, um in allen landesfürstlichen Städten, Märkten, Orten und Pfandschaften sowie in den kaiserlichen, klösterlichen und bischöflichen Pfarren die katholische Religion durchzusetzen, lutherische Prädikanten ab- und katholische Priester einzusetzen. Der Erfolg dieser Reformationszüge war wegen des Mangels an geeigneten Geistlichen und wegen der ablehnenden Haltung der Bevölkerung gering. Erst das weitere zielstrebige und unnachgiebige Vorgehen von Kaiser, Regierung, Landeshauptmann und kaiserlichen Reformkommissionen − es trug Kaiser Rudolf II. 1599 ein Lobschreiben des Papstes Klemens VIII. ein − gegen Prädikanten, lutherische Schulmeister, abgefallene katholische Priester und von den Protestanten angemaßte Rechte bewog den Adel, auf den Inhalt der Religionskonzession, die der Kaiser respektierte, zurückzuweichen. Die dem Adel und seiner Konfession rechtmäßig zustehenden Kirchen und Schloßkapellen erhielten daraufhin starken Zulauf aus der Umgebung bzw. aus den landesfürstlichen Städten und Märkten. Hier betrieben Regierung und Landeshauptmann eine gezielte Personal- und Beamtenpolitik mit Überwachung der Wahlen und Meldepflicht für Zuziehende und gingen hart gegen widerstrebende Anhänger des Protestantismus vor, denen Ausweisung aus den österreichischen Erbländern innerhalb von drei Monaten drohte. Die so „Ausgeschafften" durften ihren Besitz verkaufen, mußten sich aber beim Landeshauptmann abmelden und „Nachsteuer" zahlen. Unter den Städten bildete sich nun eine radikale Partei, der Linz, Wels, Steyr und Gmunden angehörten. In Linz entbrannte ein besonders erbitterter Kampf zwischen den Landständen und dem Landeshauptmann um das Landhausministerium und um die Landschaftsschule. Die Stände, deren Boykott bereits 1588 die Regierung zu einer Landtagsreform veranlaßt hatte, verweigerten unter Hinweis auf die Notlage ihres Landes die Türkenhilfe, bewaffneten Bürger und Untertanen und nahmen zu Fürst Christian von Anhalt, dem Führer der calvinisch-pfälzischen Partei im Reich, Verbindung auf. Die Regierung benützte ihrerseits Einquartierungen fremder Truppen im Lande ob der Enns als wirkungsvolles Zwangsmittel. Gleichzeitig meldete der erneuerte Prälatenstand seinen Anspruch auf den Vorrang innerhalb der Landstände an. Daß es in diesem grundsätzlichen Ringen zwischen landesfürstlichem Absolutismus und Ständemacht um mehr als um die Religion ging, beweisen die Worte Siegmund Ludwigs von Polheim von 1598, ihn würden selbst zehn Kaiser nicht von seiner Religion abbringen, denn der Kaiser sei von den Ständen gemacht worden. Die Vorgangsweise im Zuge der rudolfinischen „Religionsreformation" mit Strafdrohungen, hohen Geldstrafen – Landeshauptmann Löbl soll in zehn Jahren mehr als 100.000 Gulden Strafgelder verhängt haben –, Verhaftungen und Landesverweisen stieß bei den Betroffenen in den Städten und in den Pfarren auf dem Lande überall auf Ablehnung, teilweise sogar auf offenen Widerstand. Der aufgestaute Haß, der von den Prädikanten verschiedentlich mit Hetzreden gegen den Papst („Antichrist") und gegen die katholische Verfälschung des reinen Gotteswortes geschürt wurde, entlud sich z. B. in Unruhen in Steyr und in Laakirchen, wo der katholische Pfarrvikar ermordet wurde. Alles Katholische, besonders der Gottesdienst – der Laienkelch war 1600 im Lande ob der Enns wieder verboten worden – und die Prozessionen, wurde erbittert abgelehnt; die katholischen Priester mußten der protestantischen Bevölkerung viele Zugeständnisse machen.

Im Februar des Jahres 1601 setzten die protestantischen Stände einen revolutionären Akt, indem sie auf Betreiben des Verordneten Georg Erasmus von Tschernembl gegen das Verbot von Landeshauptmann und Kaiser das Landhausministerium wieder einführten. In diesem Kräftemessen verschärfte sich das Vorgehen der kaiserlichen Seite, als im Sommer im landesfürstlichen Salzkammergut, das nach dem Erlöschen seines geistlichen Zentrums Traunkirchen und unter dem Schutze lutherischer Beamter und Pfleger völlig protestantisch geworden war, als Folge der Rekatholisierungsmaßnahmen unter dem katholischen Salzamtmann Dr. Veit Spindler von Hofegg ein von dem Ischler Marktrichter Joachim Schwärzl organisierter Aufstand ausbrach. Der Drohung mit einer Geldstrafe von 50.000 Dukaten und mit Entzug der Religionskonzession mußten sich im September die weltlichen Stände und ihre acht adeligen Wortführer Georg Erasmus von Tschernembl, Siegmund Ludwig von Polheim, Hans Wilhelm von Zelking, Erasmus von Starhemberg, Wolf Siegmund von Losenstein, Jakob von Aspan, Kaspar Ludwig Fernberger und Hans Schifer, die der Statthalter Erzherzog Matthias nach Wien vorlud, in ihrem Kampf für den protestantischen Landhausgottesdienst schließlich beugen. Hans Jörger meinte resignierend, es geschehe, was Gott wolle. Die Rebellion der Salzarbeiter, Bürger und Bauern des Salzkammergutes wurde im folgenden Jahr auf Ersuchen des Kaisers und des Erzherzogs Matthias von Truppen des Salzburger Erzbischofs Wolf Dietrich von Raitenau niedergeschlagen. Das Land ob der Enns war damit keineswegs katholisch geworden – zu groß war der Widerstand der Bevölkerung und zu groß der Mangel an fähigen Priestern —, der Protestantismus war jedoch im wesentlichen auf die rechtlichen und territorialen Grundlagen der Religionskonzession zurückgedrängt. Der Katholizismus hatte mit der Niederlassung des Jesuitenordens in Linz im Jahre 1600 ein neues Zentrum gewonnen, das durch Predigt und Lehre ausstrahlte. 1606 folgte die von Erzherzog Matthias unterstützte Gründung eines Kapuzinerklosters in Linz.

Als den Ungarn unter dem Druck der Verhältnisse 1606 das lutherische und das calvinische Bekenntnis erlaubt wurde, nahmen die mit ihrer Lage und mit dem Regime des seit 1578 an Schizophrenie leidenden Kaisers unzufriedenen Stände der habsburgischen Erbländer unter der Führung des Mitgliedes des Herrenstandes ob der Enns Georg Erasmus Tschernembl und des Mährers Karl von Zierotin untereinander und mit den Protestanten im Reich Kontakt auf. Der Ausbruch des Bruderzwistes im Hause Habsburg zwischen Kaiser Rudolf II. und Erzherzog Matthias wegen der nicht geregelten Erbfolge nach dem Tode Kaiser Maximilians II. bot ihnen Gelegenheit, ihre Ziele mit Hilfe des ehrgeizigen Erzherzogs zu erreichen. Matthias, der wie seine vier Brüder für den Verzicht auf eine Länderteilung vom Kaiser mit Geld und einer Herrschaft entschädigt werden sollte, suchte sich das Land ob der Enns als Ausgangsbasis für eine politische Karriere zu sichern. Von 1582 bis 1593 residierte er im alten Linzer Schloß, umgeben von einem bescheidenen Hofstaat, an dessen Spitze der niederösterreichische Protestant Reichard Strein von Schwarzenau stand, und von einem Künstlerkreis. Er erwarb zwar die Herrschaften Enns, Mauthausen, Starhemberg und Wels, das seine Erbresidenz werden sollte, bekam jedoch nicht die angestrebte Statthalterschaft über das Land ob der Enns. In dem entstehenden Konflikt mit seinem kaiserlichen Bruder traten die seit 1608 auf Drängen Tschernembls verbündeten Stände von Österreich, Ungarn und Mähren auf die Seite des Erzherzogs, von dem sie sich religiöse und politische Zugeständnisse erhofften. In dem unter Mitwirkung der Stände zustande gekommenen Vertrag von Lieben (25. Juni 1608) mußte der Kaiser seinem Bruder die Länder Ungarn, Mähren, Österreich ob und unter der Enns sowie die Anwartschaft auf Böhmen abtreten. Vier Tage später schlossen die beteiligten Stände im Feldlager des Erzherzogs (Sterbohol) zum Schutze ihrer Freiheiten und ihrer Religion ein gegen Matthias gerichtetes Geheimabkommen. In Linz einigten sich die drei weltlichen Stände ob der Enns am 30. August, dem neuen Landesfürsten erst nach der Bestätigung ihrer Landesfreiheiten zu huldigen, und übernahmen bis zu diesem Zeitpunkt die Zwischenregierung. Gleichzeitig verkündeten sie Religionsfreiheit, wie sie beim Tode Kaiser Maximilians II. bestanden hatte, und beschlossen die Wiedereinführung des protestantischen Landhausgottesdienstes

*Glaubenskampf und Ständemacht*

und der Landschaftsschule. Als Matthias unter dem Einfluß der katholischen Partei nicht bereit war, diese vollendeten Tatsachen hinzunehmen, verbündeten sich die Stände ob der Enns am 3. Oktober mit den protestantischen Ständen Österreichs unter der Enns, die Horn anstelle von Wien zu ihrem Versammlungsort gemacht hatten. An die Spitze dieser gegen König Matthias gerichteten ständischen Widerstandsbewegung von Horn trat Georg Erasmus von Tschernembl. Unter seiner Führung erlebte das kleine Land ob der Enns in der Auseinandersetzung mit dem absolutistischen katholischen Landesfürstentum sein kurzes „Heldenzeitalter", aber auch seine schwerste Niederlage.

Tschernembls Familie war in der zweiten Hälfte des 16. Jahrhunderts aus Krain in das Land ob der Enns gekommen. Er selbst gehörte seit seiner Kavalierstour, die ihn auch nach Genf geführt hatte, der strengen protestantischen Glaubensrichtung Calvins an und wurde bald die Führerpersönlichkeit der Stände ob der Enns – als „kleinen König des Landes" charakterisierte ihn der Steyrer Lateinschulmeister Wolfgang Lindner – und der gesamten Ständebewegung der österreichischen Erbländer. Er verfocht eine radikale Auffassung von den Rechten und Freiheiten der Stände gegenüber dem Landesfürstentum und forderte Religionsfreiheit. Unter dem Einfluß calvinischer Staatslehren berief er sich auf das Widerstandsrecht des Volkes gegen einen tyrannischen Herrscher und leitete von der Haltung der habsburgischen Landesfürsten das Recht zur Huldigungsverweigerung und zum offenen Widerstand ab. Zur Verwirklichung seiner Vorstellungen trat er für einen Ständebund der habsburgischen Länder ein und knüpfte Beziehungen zu den radikalen deutschen Protestanten und den französischen Hugenotten. Letztlich schwebte ihm ein ständisches Staatswesen in Form einer Adelsrepublik vor. Im November 1608 äußerte er erstmals die Idee, die österreichischen Erbländer könnten sich ein neues Fürstenhaus suchen. Tschernembl, der sich durch historische Studien in den ständischen Archiven politisches Rüstzeug erwarb, nahm auch an der Ausarbeitung einer obderennsischen Landtafel (Landesrechtsordnung) Anteil, die das gewohnheitsmäßig geltende Landesrecht schriftlich fixieren sollte. In langjähriger, mehrmals unterbrochener Arbeit wurde sie nach Vorarbeiten, die bereits 1568 mit Erlaubnis Kaiser Maximilians II. begonnen wurden – ein Entwurf stammt von dem Linzer und Freistädter Stadtschreiber Veit Stahel, Tschernembls Schwager Reichard Strein von Schwarzenau legte eine unvollendete Sammlung der ständischen Rechte und Freiheiten (Landeshandfeste) an –, 1616 von dem aus Württemberg stammenden ehemaligen Professor der Linzer Landschaftsschule und ständischen Advokaten Dr. Abraham Schwarz vollendet. Zur Bestätigung dieser im Auftrag der Stände erarbeiteten Fassung durch den Kaiser kam es jedoch infolge der politischen Entwicklung nicht mehr. Obwohl auch eine später 1629/30 von der „niederösterreichischen" Regierung im absolutistischen Sinne vorgenommene Überarbeitung nicht zur kaiserlichen Genehmigung gelangte, fand die obderennsische Landtafel dennoch gewohnheitsrechtliche Geltung.

Der drohende Krieg zwischen König Matthias und den Horner Verbündeten, die ihre mögliche Rückkehr zu Kaiser Rudolf II. als Druckmittel benützten, wurde durch langwierige Verhandlungen unter mährischer Vermittlung verhindert. Ihr Ergebnis war die kaiserliche Kapitulationsresolution vom 19. März 1609, die die Religionskonzession von 1568 und die Gleichberechtigung beider Konfessionen für die Erlangung öffentlicher Ämter anerkannte, die Entscheidung strittiger Fragen wie z. B. die Stellung der Städte ob der Enns und das Landhausministerium aber hinausschob. Trotz dieser Unsicherheiten bedeutete sie faktisch die Beseitigung der meisten gegenreformatorischen Erfolge im Lande ob der Enns. Sie machte den Weg zur Erbhuldigung frei, die am 21. Mai nach der Bestätigung der Landesfreiheiten durch den König in Linz erfolgte. Als Matthias im März 1610 nach der Einschaltung ungarischer und mährischer Vermittler die Kapitulationsresolution neuerlich bestätigte und die landesfürstlichen Städte als vierten Stand anerkannte, hatten Ständetum und Protestantismus in Österreich ihren Höhepunkt erreicht. Georg Erasmus von Tschernembl, der als treibende Kraft der ständisch-protestantischen Fronde den Haß der katholischen Partei auf sich gezogen hatte, widmete sich in der Folge bis 1617 vornehmlich seinen Herrschaften Schwertberg und Windegg.

Der König und das Land ob der Enns standen damals unter dem Druck des „Passauer Kriegsvolkes", das Kaiser Rudolf II. seit Jänner 1610 im Hochstift unter dem Vorwand hatte anwerben lassen, seinem Bruder Erzherzog Leopold, dem Bischof von Passau (1598 bzw. 1605–1625), die Nachfolge in dem rheinischen Herzogtum Jülich zu sichern. Trotz dieser Bedrohung hielten die Stände ob der Enns unter Tschernembls Führung zu König Matthias, als der Kaiser versuchte, das Land mit dem Versprechen eines Majestätsbriefes, wie er ihn 1609 den Böhmen zugestanden hatte, wieder für sich zu gewinnen. Gegen Ende des Jahres 1610 drangen 12.000 passauische Söldner unter der Führung des Obersten Lorenz von Ramée in die südlichen Teile des Landes ob der Enns vor, wandten sich dann in das Machlandviertel und zogen schließlich Ende Jänner 1611 nach Verhandlungen mit den Ständen nach Böhmen ab.

Der Bruderzwist im Hause Habsburg fand mit dem Einmarsch Matthias' in Prag am 24. März 1611 eine gewaltsame Lösung, die durch den Tod des Kaisers am 20. Jänner 1612 endgültig wurde. Matthias, der seinem Bruder auch im Kaisertum nachfolgte, stand unter dem Einfluß des bei den Protestanten besonders verhaßten Wiener Bischofs Melchior Klesl und zog sich bald die Unzufriedenheit der Stände zu. Nach dem Ausbruch des mit dem Prager Fenstersturz im Jahre 1618 eingeleiteten böhmischen Aufstandes, der den Auftakt zum Dreißigjährigen Krieg darstellte, suchten die Stände ob der Enns zwischen dem Kaiser und den böhmischen Ständen zu vermitteln, neigten jedoch auf Betreiben ihres Verordneten Tschernembl immer stärker den Aufständischen zu. Um das Mißtrauen bei Hof und Regierung in Wien zu zerstreuen, aber auch um den alternden Kaiser unter ihren Einfluß zu bringen, luden sie Matthias ein, in Linz zu residieren.

Der Tod des Kaisers am 20. März 1619 hatte eine neuerliche grundsätzliche Auseinandersetzung zwischen dem absolutistischen katholischen Landesfürstentum und den ein dualistisches Staatsdenken vertretenden protestantischen Ständen Österreichs zur Folge. Die Stände Österreichs ob und unter der Enns verweigerten dem Habsburger König Ferdinand von Ungarn und Böhmen die Huldigung, weil sie die ohne ihre Mitwirkung zustande gekommene Überlassung und Abtretung ihres Landes durch den erbberechtigten Erzherzog Albrecht, den letzten Sohn Kaiser Maximilians II., nicht anerkannten. Geführt von Tschernembl, Andreas Ungnad von Steyregg und Hans Ortolf Geumann von Gallspach zogen die Stände ob der Enns abermals die Zwischenregierung an sich, setzten einen neuen Landeshauptmann ein, entfalteten diplomatische Aktivitäten zu benachbarten und protestantischen Fürsten und verhandelten mit den aufständischen Böhmen. Man war nur dann bereit, die Nachfolge des streng katholischen Ferdinand, der als Landesfürst von Innerösterreich in der Steiermark die Gegenreformation durchgeführt hatte, anzuerkennen, wenn er die ständischen Freiheiten bestätige, die protestantische Religion gestatte und keine geistlichen Räte aufnehme. Diesbezüglich korrespondierte der König mit Tschernembl, der in dem Habsburger den Inbegriff des Tyrannen und Landesverderbers sah. Im Falle der Weigerung Ferdinands, der als erster Landesfürst in einem Aufruf an die Stände und an die „Inwohner" des Landes, das Volk, appelliert hatte, wollten die Stände ob der Enns ihr Land dem calvinischen Kurfürsten Friedrich V. von der Pfalz unterstellen. Am 16. August 1619 schloß eine von Tschernembl geführte obderennsische Gesandtschaft in Prag ein Sonderabkommen mit den in der „Böhmischen Konföderation" verbündeten Ständen Böhmens, Mährens, Schlesiens und der Lausitz, die einen ständischen Bundesstaat mit einem König an der Spitze anstrebten. Das Abkommen, das trotz Drohungen gegen die Prälaten nur von den weltlichen Ständen ob der Enns ratifiziert wurde, wahrte dem Lande ob der Enns eine Sonderstellung gegenüber dem böhmischen Bund, schränkte die landesfürstlichen Rechte wesentlich ein und formulierte ein Widerstandsrecht der Stände gegen den Landesfürsten.

Eine neue Dimension erhielt der Konflikt durch die Absetzung König Ferdinands durch die Böhmen und die Neuwahl des Kurfürsten Friedrich V. von der Pfalz (26./27. August 1619) — an den Beratungen nahm auch Tschernembl teil —, der einen Tag später in Frankfurt die Wahl Ferdinands II. (1619—1637) zum Kaiser folgte. Beide Seiten suchten Verbündete für die bevorstehende militärische Entscheidung. Der Kaiser schloß mit dem Führer der katholischen Liga im Reich, Herzog Maximilian I. von Bayern, einen Vertrag, der als Kriegsentschädigung die Verpfändung österreichischer Gebiete vorsah; die österreichischen Stände hielten sich an die Stände Ungarns und Böhmens. Im November 1619 drangen Truppen der Stände ob der Enns unter Führung Gotthards von Starhemberg bis Melk vor. Als sich die Lage durch die Entwicklung in Ungarn zuspitzte, geriet die bisherige Einheit der Stände ob der Enns ins Wanken. Eine Spaltung in Gemäßigte und Radikale, Lutheraner und Calviner drohte. Nach dem Scheitern von Verhandlungen beauftragte Ferdinand II. am 30. Juni 1620 den bayerischen Herzog mit der Niederschlagung der ständischen Aufstandsbewegung und verpfändete ihm dafür das Land ob der Enns. Dieses wurde nach dem Abschluß eines Neutralitätsvertrages zwischen der katholischen Liga und der protestantischen Union im Reich ohne viel Widerstand — nur Bauern kämpften bei Aistersheim und Haag am Hausruck — von einem ligistischen Heer unter Johann Tserclaes von Tilly besetzt, seine Stände mußten am 20. August dem Herzog von Bayern im Linzer Schloß huldigen und die Konföderationsurkunde mit Böhmen ausliefern. Mehrere Adelige und ständische Beamte wurden verhaftet, später allerdings begnadigt. Die Güter von Flüchtlingen wurden beschlagnahmt. Auch Tschernembl konnte außer Landes fliehen und sollte nicht mehr in seine Heimat zurückkehren. In Prag entwarf er noch einmal ein radikales politisches Programm (Consultationes), ehe er in die Pfalz und nach Genf ins Exil gehen mußte, wo er 1626 verarmt starb. Die Entscheidung über das von ihm vertretene politische Ständetum und den Protestantismus Mitteleuropas war jedoch bereits am 8. November 1620 in der Schlacht am Weißen Berg bei Prag gefallen, die mit einer vernichtenden Niederlage des „Winterkönigs" Friedrich von Böhmen und des Ständebundes geendet hatte. Der Sieg der Truppen der katholischen Liga führte zum Zusammenbruch der böhmischen und österreichischen Ständebewegung, bedeutete gleichzeitig den Sieg des landesfürstlichen Absolutismus und sicherte die Durchführung der Gegenreformation in den habsburgischen Ländern.

Das Land ob der Enns, von dem Kaiser Ferdinand II. als „Nest und Quelle allen Unheils" sowie als „Nest der Untreue und der Rebellion" sprach, blieb bis 1628 unter drückender bayerischer Pfandherrschaft. Bayerischer Statthalter wurde der schon früher im Herzogtum Pfalz-Neuburg zum katholischen Glauben übergetretene steirische Emigrant und Oberst des Liga-Heeres Adam von Herberstorff, dem bayerische Räte zur Seite standen. Die Tatsache der Verpfändung dürfte aber das Land vor dem Verlust seiner ständischen Verfassung bewahrt haben, weil Kaiser Ferdinand im Hinblick auf die Wiedereinlösung des Landes auf die Stände Rücksicht nehmen mußte. Er erklärte, aus den Ständen ob der Enns keine Bauern machen zu wollen, forderte jedoch ihre völlige Unterwerfung. In langwierigen Verhandlungen gelang es den Ständen, die Geldstrafe auf 600.000 Gulden zu verringern. Am 16. April 1625 leistete eine Stände-Delegation dem Kaiser in der Wiener Hofburg den Kniefall und erhielt dessen Verzeihung. Aber erst im Frühjahr 1627, nach dem großen Bauernkrieg, bestätigte Ferdinand II. in einschränkender Weise die allen Ständen gemeinsamen Privilegien und stellte damit die ständische Verfassung wieder her. Den Ständen ob der Enns blieb zwar ihre Organisation und Verwaltung sowie das Recht der Steuerbewilligung und -einhebung, sie verloren aber ihre bisherige politische Macht. Nach der kaiserlichen Auslegung der Landesfreiheiten war es den Landständen verboten, Landtage und Versammlungen eigenmächtig einzuberufen, eine selbständige Außenpolitik zu führen und das Land nach dem Tode des Landesfürsten zwischenzeitlich zu regieren.

Unnachgiebig war Ferdinand II., dem es nicht nur um die Durchsetzung seiner Herrschaft ging, sondern der sich auch für das Seelenheil seiner Untertanen verantwortlich fühlte, aber hinsichtlich der Religion, um so mehr, als die Stände keinerlei Entgegenkommen zeigten. Die ersten Jahre der bayerischen Pfandherrschaft brachten sogar nochmals eine kurze Blütezeit des protestantischen Lebens, da sich der Kurfürst mit Rücksicht auf die politische Lage scheute, die Gegenreformation im Lande ob der Enns zu beginnen. In diese Zeit fällt allerdings auch der Neubeginn mehrerer Klöster: 1618 bekam die Zisterze Engelszell einen Abt aus Wilhering, 1620 hielten in Schlierbach Zisterziensermönche aus Rein Einzug, 1621 in Pupping Franziskaner der strengen Observanz, und 1622 wurde Traunkirchen Residenz des Passauer Jesuitenkollegiums. Die Rekatholisierung der Bevölkerung begann in den Städten, nachdem im Februar 1624 in kaiserlichem Auftrag eine Reformationskommission unter dem Statthalter Herberstorff, der bereits in Pfalz-Neuburg die Gegenreformation durchgeführt hatte, und dem Abt von Göttweig eingesetzt worden war. Die Landschaftsschule in Linz wurde geschlossen. Reformationspa-

tente des Kaisers vom 30. August und 4. Oktober 1624 sowie des Statthalters vom 10. Oktober 1625 befahlen u. a. die Ausweisung aller protestantischen Prediger und Schulmeister aus dem Lande, die Entlassung unkatholischer Privatlehrer und Amtleute sowie die Teilnahme an katholischen Gottesdiensten, Predigten und Prozessionen, verboten protestantische Privatgottesdienste und Predigten, den Besuch protestantischer Gottesdienste außer Landes, den Besuch unkatholischer Schulen und Universitäten sowie den Besitz protestantischer Literatur und setzten für alle Bewohner des Landes Ostern 1626 als Frist für den Übertritt zum katholischen Glauben fest. Wer aus Gewissensgründen nicht übertreten wollte, mußte auswandern und 10 Prozent seines Vermögens Nachsteuer, Grundholden auch das Freigeld an ihre Grundherrschaft zahlen. Der alteingesessene Adel durfte zwar noch bei der Augsburger Konfession bleiben, unterlag aber sonst allen angeführten Bestimmungen. Die gegenreformatorischen Maßnahmen der bayerischen Besatzer wie die harte bayerische Pfandherrschaft überhaupt riefen bei der Bevölkerung große Erbitterung hervor. Auf Ablehnung stießen auch die italienischen Geistlichen, die der habsburgische Bischof von Passau Erzherzog Leopold, der Tirol verwaltete, wegen des akuten Priestermangels in das Land ob der Enns schickte. Im Jänner 1625 kam es in Natternbach zu Unruhen, im Mai in Frankenburg. Hier belagerten nach der Einsetzung eines katholischen Pfarrers mehr als 5000 Bauern aus dem Hausruckviertel und aus dem Attergau das Schloß des katholischen Pflegers, gingen aber nach dem Erhalt von Zusicherungen wieder auseinander. Trotzdem hielt Statthalter Herberstorff am 15. Mai auf dem Haushamerfeld vor der Bevölkerung der Umgebung ein strenges Strafgericht, bei dem er statt der geflohenen Rädelsführer 38 Vorsteher der Bürgerschaften und Pfarrgemeinden nach damaligem Kriegsrecht paarweise um ihr Leben würfeln ließ. Zwei wurden begnadigt, 17 gehängt. Die Köpfe der Toten wurden aufgespießt und der Abschreckung halber an den Straßen zur Schau gestellt. Seit diesem Geschehen, für das im 19. Jahrhundert die Bezeichnung „Frankenburger Würfelspiel" üblich wurde, war Herberstorff den Bauern als „Bluthund" und Tyrann verhaßt.
Da die Gegenreformation trotz allem nur mäßigen Erfolg verzeichnete, wurde im Frühjahr 1626 der Druck auf die Bevölkerung des Landes verstärkt. Manche Grundherren — darunter geistliche — betrieben die Rekatholisierung ihrer Untertanen mit Zwang und Gewalt. Die Spannung und der Unmut entluden sich daraufhin im großen Bauernkrieg von 1626, der politische, religiöse und wirtschaftliche Ursachen hatte.
Die durch den Bauernkrieg unterbrochene Gegenreformation wurde im Frühjahr 1627 auf Anordnung des Kaisers, der in der Glaubensspaltung

die Ursache aller Rebellionen sah, fortgesetzt. Vergeblich riet Herberstorff, der durch die Bauernerhebung vorsichtig geworden war und zwischen dem Adel und dem Kaiser zu vermitteln suchte, zu einem schrittweisen Vorgehen. Am 26. März erging der kaiserliche Befehl an alle Beamten der Herrschaften und der Stände sowie an die Einwohner der Städte, katholisch zu werden oder das Land binnen vier Wochen zu verlassen. Am 22. April stellte Ferdinand II. auch den Adel des Landes ob der Enns, der sich als Belohnung für seine Treue während der Bauernerhebung Religionsfreiheit erhofft hatte, vor die Entscheidung, sich zum katholischen Glauben zu bekennen oder innerhalb von drei Monaten auszuwandern. Im letzteren Falle durften sie ihre Güter verkaufen und mußten keine Nachsteuer zahlen. Bemühungen der Stände um Änderung der Beschlüsse erreichten nur einen Aufschub des Auswanderungstermines auf 4. April 1628 und wiederholte Verlängerungen der Frist für den Güterverkauf. In dieser Situation zogen es viele Anhänger des Protestantismus vor, das Land ob der Enns zu verlassen. Regensburg wurde die wichtigste Auffangstation und vielen Bürgern eine neue Heimat, aber auch Nürnberg, Augsburg, Nördlingen, Weißenburg, Ortenburg und Ödenburg nahmen Flüchtlinge (Exulanten) aus den habsburgischen Ländern auf. Darunter befanden sich viele Adelige; ein Teil des Adels, nicht selten eines Geschlechtes (z. B. der Starhemberg, Gera, Schifer, Polheim, Grünthal), konvertierte jedoch und behielt seine Besitzungen. Auch zahlreiche bäuerliche Untertanen, die aus Furcht vor neuen Unruhen vorerst nur zum Besuch des katholischen Gottesdienstes angehalten wurden, wanderten damals in fränkische und schwäbische Gebiete aus, die im Verlauf des Dreißigjährigen Krieges entvölkert worden waren. Die vorsichtige Rekatholisierung der Bauern, die der Kaiser am 19. März 1631 befahl, mußte wegen der großen Schwierigkeiten schon nach kurzer Zeit wieder eingestellt werden.

Am 5. Mai 1628 war das Land ob der Enns nach langen Verhandlungen, die sich seit 1625 hinzogen, im Tausch gegen die Oberpfalz und das rechtsrheinische Gebiet der Unterpfalz sowie für die Erblichkeit der bayerischen Kurwürde wieder in kaiserlichen Besitz gekommen. Der bayerisch-österreichische Vertrag sah allerdings die Erneuerung der Pfandherrschaft über das Land ob der Enns für den Fall vor, daß Kurfürst Maximilian die Pfalz wieder verlieren sollte. Erst im Westfälischen Frieden von 1648 verzichtete Bayern endgültig auf alle Ansprüche. Fürs erste war jedoch der „Stein des Anstoßes" — so charakterisierte Maximilian das begehrte Land zwischen Enns und Hausruck, Böhmerwald und Dachstein —, der die kaiserlich-bayerischen Beziehungen belastet hatte, beseitigt worden. Nach einer kurzen Übergangszeit ernannte Kaiser

Ferdinand im August 1628 den verhaßten ehemaligen Statthalter Graf Herberstorff, der seit 1624 eine Reihe obderennsischer Herrschaften erworben hatte, mit Rücksicht auf dessen Person und Erfahrung sowie mangels geeigneter katholischer Landherren zum neuen Landeshauptmann ob der Enns. Herberstorff starb aber bereits 1629 und wurde in der Pfarrkirche Altmünster beigesetzt, wo man 1973 seine Gruft wiederentdeckte. Die bayerische Pfandherrschaft von 1620 bis 1628 hatte ein im Lande ob der Enns, das seit dem Anfang des 16. Jahrhunderts infolge staatsrechtlicher Unklarheiten politisch um seine Selbständigkeit und um seinen Rang kämpfte, ausgeprägtes Landesbewußtsein verstärkt und zu einem neuen Österreich-Bewußtsein erweitert. Der daraus erwachsende Widerstandsgeist ließ den bayerischen Statthalter Herberstorff über die vor allen anderen Völkern „teutscher Nation" zur Rebellion neigenden Oberösterreicher klagen. 1626 trugen sich die aufständischen Bauern sogar mit der Absicht, das verpfändete Land freizukaufen. Nach Beendigung der Fremdherrschaft, die das Land dem fürstlichen Absolutismus und der Gegenreformation gefügig gemacht hatte, fühlten sich die Stände ob der Enns als „neugeborene Kinder des Hauses Österreich".

Von den Kampfhandlungen im weiteren Verlauf des Dreißigjährigen Krieges blieb das Land ob der Enns verschont, obwohl der kaiserliche Feldherr Wallenstein 1634 den Schweden geraten hatte, durch den Passauerwald (Sauwald) in das Land einzufallen und die unzufriedenen Bauern zu bewaffnen. Auf die strategische Bedeutung des Landes hatte bereits 1628 Franz Christoph Khevenhüller, der kaiserliche Gesandte in Spanien und Verfasser des Geschichtswerkes der „Annales Ferdinandei", in einer Denkschrift für den Kaiser hingewiesen, die das Gebiet als Schlüssel zu den Wasserläufen der Donau und Enns bezeichnete und den Zugang nach Italien sowie die Möglichkeit des raschen Zuzuges aus Niederösterreich und Ungarn betonte. Geheimräte des Königs von Spanien hielten es sogar für besser, das Königreich Böhmen zu verkaufen, als das Land ob der Enns zu verpfänden. Diesem drohten in den vierziger Jahren wiederholt Schwedeneinfälle, gegen die man sich durch das Anlegen von Schanzen und Sperren sowie durch Aufgebote zu schützen trachtete. 1640/41 waren das Mühl- und Machlandviertel gefährdet, 1645 mußten die Nord- und Ostgrenze des Landes von Böhmen bis Steyr gegen die durch die Wachau donauaufwärts vordringenden Schweden befestigt werden, im Frühjahr 1648 stand ein schwedisches Heer in Bayern am Inn, und im Herbst desselben Jahres drohte wieder aus Böhmen Gefahr. 1644/45 mußte das Land nördlich der Donau sogar gegen die in Böhmen stehenden kaiserlichen Truppen geschützt werden. Die langjährigen Friedensverhandlungen von Münster und Osnabrück, an denen der Burggraf und Pfandinhaber der Herrschaft Steyr Johann Maximilian von Lamberg als kaiserlicher Bevollmächtigter teilnahm, beendeten wohl den Dreißigjährigen Krieg und führten zum endgültigen Verzicht des bayerischen Herzogs auf das Land ob der Enns, brachten aber in der Konfessionsfrage mit Ausnahme von Österreich unter der Enns keine Erleichterungen für die habsburgischen Erbländer.

Kaiser Ferdinand III. (1637–1657) führte die Religionspolitik seines Vaters weiter. Die Untertanen wurden von der Pfarrgeistlichkeit und den Obrigkeiten überwacht, Hausdurchsuchungen nach protestantischen Büchern wurden vorgenommen, und Verstöße gegen die strengen Vorschriften wurden mit Geld- und Arreststrafen geahndet. Nachdem Ferdinand III. schon nach seinem Regierungsantritt die Bauern und „gemeinen Leute" in einem Patent zur Bekehrung sowie zu Beichte und Kommunion aufgefordert hatte, befahl er am 2. Juni 1650, alle nichtkatholischen Untertanen abzustiften und zu entlassen. 1652/53 ging die Religionsreformationskommission im Auftrag des Kaisers schärfstens gegen die Nichtkatholiken vor. Wer sich nicht zum katholischen Glauben bekannte, mußte das Land sofort verlassen; Familien wurden getrennt, da großjährige Kinder mit ihren Eltern auswandern durften, minderjährige hingegen nach Möglichkeit zurückbleiben und im Lande katholisch erzogen werden sollten. Allen diesen Maßnahmen gelang es jedoch nicht, den Protestantismus im Lande ob der Enns völlig auszulöschen. Seine Reste wichen in den Untergrund aus. Der Großteil der Bevölkerung war allerdings durch die vom Landesfürstentum unter Einsatz von Zwangsmaßnahmen veranlaßte Gegenreformation zum katholischen Bekenntnis zurückgeführt worden. Die Festigung des Glaubens wurde durch die gleichzeitige innere Erneuerung der katholischen Kirche ermöglicht.

Wirtschaftliche und soziale Verhältnisse, Bauernkriege

Trotz starker Schwankungen in verschiedenen Bevölkerungsschichten stieg die Einwohnerzahl innerhalb der Grenzen des heutigen Oberösterreich im Laufe des 16. Jahrhunderts von ungefähr 300.000 auf ungefähr 380.000. Landesfürst, Stände und städtische Magistrate betrieben aus wirtschaftlichen Überlegungen eine bewußte Bevölkerungspolitik. Vor allem in den Waldgebieten des Mühl- und Machlandviertels begann eine neuerliche Rodungstätigkeit. Zahlreiche Ausländer ließen sich aus Glaubensgründen im Lande ob der Enns nieder. Im 17. Jahrhundert hingegen stagnierte die Bevölkerungszahl infolge der Emigration protestantischer Adeliger, Bürger und Bauern und wegen der verschlechterten wirtschaftlichen Lage.

In der Besitzverteilung der Grundherrschaften ergaben sich charakteristische Veränderungen. Der Landesfürst war durch ständigen Geldmangel seit der zweiten Hälfte des 16. Jahrhunderts zu Verpfändungen und Verkäufen seiner Herrschaften gezwungen. 1581 erwarben die Khevenhüller Kammer, Kogl und Frankenburg, 1605 die Salburger die Herrschaft Falkenstein; der Lehensbesitz der Jörger ging in deren Eigentum über. Im 17. Jahrhundert trennte sich das gestärkte absolutistische Landesfürstentum von seinen Hauptherrschaften im Lande ob der Enns. 1622 wurde Freistadt an den Grafen Leonhard Helfried von Meggau verpfändet, 1653 Wels dem Fürsten Johann Weikhard von Auersperg geschenkt und 1666 Steyr dem Reichsgrafen Johann Maximilian von Lamberg übereignet. Größter Grundbesitzer im Lande war der Herrenstand ob der Enns. Er hatte 1559 mit dem Aussterben der Grafen von Schaunberg sein vornehmstes Geschlecht verloren. Die Starhemberger und die Liechtensteiner konnten das schaunbergische Erbe erst nach einem Prozeß durch einen Vergleich mit dem Landesfürsten antreten. Rangmäßig traten neue Geschlechter an die Spitze des obderennsischen Adels. Der Älteste des in den Freiherrenstand aufgenommenen Geschlechtes der Jörger erhielt durch die Verleihung der Erbhofmeisterwürde ob der Enns 1570 einen Ehrenvorrang unmittelbar nach dem Landeshauptmann. 1593 erhob Kaiser Rudolf II. Hans Khevenhüller in den Grafenstand und dessen Besitzungen mit dem Zentrum Frankenburg zur Grafschaft, 1619 erfuhren Leonhard Helfried von Meggau und dessen Herrschaft Kreuzen dieselbe Rangerhöhung, 1625 wurde die Herrschaft Ort zur Grafschaft erklärt, nachdem ihr Besitzer Herberstorff bereits 1623 die Grafenwürde erlangt hatte, und seit 1653 wurde die auerspergische Herrschaft Wels als Grafschaft bezeichnet. Einen ungewöhnlichen Aufstieg nahm der aus Schwaben stammende Syndikus der Stände ob der Enns Dr. Joachim Enzmillner, der 1636 in den Ritterstand aufgenommen wurde, 1651 zum Reichsfreiherrn und 1669 zum Grafen ernannt wurde. Überdies erfuhr die Zusammensetzung des Herrenstandes nach der politischen Wende von 1620 dadurch eine wesentliche Veränderung, daß eine Reihe von Vertretern einer gesamtösterreichischen, im Hofdienst bewährten, katholischen Aristokratie die Landstandschaft ob der Enns verliehen bekam.

Nach den Berechnungen von Georg Grüll verfügte der Herrenstand in den Jahren 1527/44 einschließlich der verpfändeten landesfürstlichen Herrschaften über insgesamt 22.751 ½ untertänige Bauernstellen (Feuerstätten), den Prälaten unterstanden 14.764 Hausstätten, den Rittern 1675 und den Landesfürsten bzw. dem landesfürstlichen Vizedom 749 ½. Für das Jahr 1620 wird die Zahl der Feuerstätten des Herrenstandes ohne die landesfürstlichen Herrschaften mit 12.861 und dementsprechend die des

Vizedoms mit 10.754 angegeben. Davon verfügte allerdings der Landesfürst um 1626 nur mehr über 418. Beim Prälatenstand sank die Zahl wahrscheinlich wegen der im 16. Jahrhundert erzwungenen Güterverkäufe auf 10.337, beim Ritterstand stieg sie vielleicht als Folge dieser Verkäufe auf 7093. Der mittelalterlichen Herrschaftsstruktur entsprechend konzentrierte sich der Besitz der Prälaten auf das klosterreiche Traunviertel und auf das Mühlviertel, wo Schlägl, Wilhering und Passau begütert waren, während Herrenbesitz im Hausruck- und im Machlandviertel vorherrschte. Der Ritterstand war besonders im Hausruckviertel besitzverwurzelt. Zu Umschichtungen im Besitz des Adels kam es durch die Konfiskationen der Rebellengüter nach der Schlacht am Weißen Berg, von denen besonders die Familien Tschernembl, Landau, Ungnad, Geumann und Jörger betroffen waren, und durch die im Zuge der Gegenreformation erzwungenen Güterverkäufe protestantischer Emigranten. Von 167 Herrschaften und Gütern im Lande ob der Enns gelangten nachweislich ca. 50 an katholische Besitzer. Leonhard Helfried von Meggau konnte im Machland und in der Riedmark um die Herrschaft Kreuzen einen großen Besitzkomplex anhäufen, zwischen Kremstal und Hausruck entstand mit großen finanziellen Anstrengungen das ziemlich geschlossene „Land des Statthalters" Adam Graf Herberstorff, das allerdings nach dessen Tod rasch wieder zerfiel, Graf Werner Tserclaes von Tilly kaufte 1629 die Herrschaft Volkersdorf, als deren neues Zentrum er 1633 die Tillysburg erbauen ließ, der Syndikus der Stände ob der Enns Joachim Enzmillner erwarb 1636 die Herrschaft Windhaag und das Kloster Kremsmünster 1624 die ehemalige Jörger-Herrschaft Scharnstein. Insgesamt trat nach 1620 eine weitere Besitzkonzentration bei den Herren und Prälaten und ein Rückgang beim niederen Adel ein. Die besitzschwachen Angehörigen des Ritterstandes litten stets besonders unter wirtschaftlichen Krisen und standen unter dem gesellschaftlichen Druck der Herren und der aufstrebenden Schichte der herrschaftlichen Pfleger und Amtleute sowie der reichen Bürger, die zum Adel aufzuschließen trachteten.

Dieser suchte der durch das Aussterben von Geschlechtern, durch Aus- und Zuwanderung, Standeserhöhungen und Vermögensbildung gegebenen sozialen Mobilität seit dem 16. Jahrhundert durch strengere Bestimmungen über die Zugehörigkeit zum und über die Aufnahme in den Herren- und Ritterstand zu beggenen. Dem dienten die von Kaiser Rudolf II. auf Betreiben des Herrenstandes erlassene Sessionsordnung von 1593 und die Landmannsordnungen von 1596, 1615 und 1644, welche die Bedingungen für die Erlangung der von den adeligen Ständen und vom Kaiser verliehenen Landmannschaft (Incolat) ob der Enns fest-

legten. Die Gliederung der gesamten Bevölkerung in verschieden berechtigte Stände und Standesklassen wurde dagegen durch landesfürstliche Kleiderordnungen und Speiseordnungen für Festmähler dokumentiert. Diese Reglementierungen des Lebensstandards und des Warenkonsums sollten nicht nur die bestehenden sozialen Unterschiede festigen, sondern auch durch Verhinderung von Prestige- und Luxusstreben den einzelnen Schichten das Existenzminimum sichern helfen.
Die von den Grundherren seit dem Ausgang des Mittelalters entwickelte gewinnorientierte Wirtschaftsherrschaft mit Intensivierung der herrschaftlichen Eigenwirtschaft und möglichst großer wirtschaftlicher Unabhängigkeit durch Förderung des ländlich-bäuerlichen Gewerbes bildete eine der Grundlagen für den politischen Aufstieg der Landstände ob der Enns. Das Streben der Grundherren, ihre Herrschaft wie ein Unternehmen zu führen, alle nutzbaren Rechte auszuschöpfen und die Erträge zu steigern, bedeutete für die bäuerlichen Untertanen Erhöhung der Abgaben und Leistungen (Robot) sowie Einführung neuer Zwangsdienste (z. B. des Gesindezwanges, teilweise infolge eines Arbeitskräftemangels), Gebühren (z. B. des Freigeldes, einer zehnprozentigen Besitzveränderungsgebühr, die ursprünglich für die Besserstellung der Bauern zu Erbrecht verlangt, schließlich aber allgemein vorgeschrieben wurde), Taxen und Bannrechte wie Anfeil-, Mühlen- und Tavernenzwang (die Bauern mußten ihre Produkte zuerst dem Grundherrn zum Kauf anbieten und in grundherrlichen Betrieben verarbeiten lassen sowie ihre Feste im herrschaftlichen Wirtshaus feiern). Die konsequente Inanspruchnahme und Ausübung der Herrenrechte in Verbindung mit der Rezeption des römischen Rechtes führte zu Einschränkung und Entzug verschiedener bäuerlicher Freiheiten und Rechte und zu einer Vereinheitlichung der bäuerlichen Rechtsstellung. An die Stelle der von den Mitgliedern der grundherrlichen Untertanengemeinde auf den Taidingsversammlungen gewiesenen Weistümer traten immer häufiger grundherrliche Ordnungen, nach denen beamtete herrschaftliche Richter urteilten. Alle diese Neuerungen wurden von den Bauern, die mit der Reformation von der natürlichen Freiheit des Menschen gehört hatten, um so bedrückender empfunden, als sie ihre seit der hochmittelalterlichen Rodungsbewegung erlangten, von der Aufgabenstellung im Verbande der Grundherrschaft abhängigen Freiheiten als selbstverständlich erachteten. Besonders hart trafen die Maßnahmen der Grundherren die wirtschaftlich schwachen, aber mit mehr Rechten und Freiheiten ausgestatteten Bauern der ungünstigen und höher gelegenen Rodungsgebiete (z. B. im Steyr- und Ennstal sowie im Mondseeland). Ihnen gegenüber waren die wohlhabenden Bauern des Flachlandes, die auch von der im 16. Jahrhun-

dert mit der Bevölkerungsvermehrung verbundenen Konjunktur für Lebensmittel stärker profitierten, wesentlich im Vorteil. Als im 17. Jahrhundert infolge der Verschlechterung der Ackerböden und wegen Absatzschwierigkeiten für landwirtschaftliche Produkte eine Agrarkrise eintrat, sanken viele Kleinbauern der Wald- und Berggebiete, die von Waldwirtschaft, Viehzucht und ländlichen Gewerben lebten, zu einem ländlichen Siedlerproletariat ab. Nicht wenige mußten sogar ihre Häuser verlassen. Sie bildeten ein leichter erregbares gesellschaftliches Element als die unterbäuerliche Schichte der Dienstboten und der Taglöhner, die selbst keine Behausungen besaßen und als sogenannte Inleute in Mietquartieren lebten.

Überaus schwer trug der gesamte Bauernstand an den gewaltigen Steuerlasten, welche die Landstände dem Landesfürsten auf den Landtagen bewilligten und auf ihre Untertanen umlegten. Die Landsteuer wurde nach der im landschaftlichen Gültbuch eingetragenen Gültensumme der Grundherrschaften, dem sogenannten Pfundgeld, bemessen und erbrachte im 17. Jahrhundert pro Jahr ungefähr 80.000 Gulden. Um den durch die Türkenkriege gestiegenen Finanzbedarf zu decken, wurde seit dem späteren 16. Jahrhundert zusätzlich von den Untertanenhäusern (Feuerstätten) ein Rüstgeld (Hausgeld, Feuerstattgeld, Rüststeuer) eingehoben; seit dem 17. Jahrhundert sogar häufig mehrmals im Jahr. Das einfache Rüstgeld von 20 Schilling (2 ½ Gulden) pro Haus ergab für das gesamte Land ungefähr 112.000 Gulden, die entsprechend der Größe der Güter auf die Untertanen aufgeteilt wurden. In Notfällen wurden auch noch außerordentliche Kriegssteuern (Kopf- und Vermögenssteuern) vorgeschrieben. Gewinnbringende Machenschaften von Herrschaftsbesitzern bei der Einhebung und Abrechnung der Steuern erregten den Zorn der Bauern besonders. Die Grundherrschaften selbst zahlten die nach der Gültensumme bemessene, allerdings seltener ausgeschriebene Gültgebühr. Große Belastungen der Bevölkerung stellten die in Kriegszeiten häufigen Durchzüge, Einquartierungen, Musterungen und Abdankungen von Truppen im Lande dar. Dazu kamen Aufgebote, Schanzarbeiten an den Grenzen und die Instandhaltung der Fluchtburgen im Rahmen der ungemessenen landesfürstlichen Robot.

Die tiefe Unzufriedenheit der bäuerlichen Bevölkerung ob der Enns mit den rechtlichen, wirtschaftlichen und konfessionellen Verhältnissen führte im 16. Jahrhundert zu einem „sozialen Dauerbeben" (Karl Eder), das sich in einer Kette von Unruhen und bewaffneten Aufständen bis in das 19. Jahrhundert äußerte. Insgesamt hat man zwischen 1356 und 1849 60 Revolten gezählt. Allein im 16. Jahrhundert kam es zu 14 Erhebungen. Traurige Höhepunkte waren die drei großen Bauernaufstände bzw.

-kriege. Nachdem bereits 1511/12 der hohe Steuerdruck in den Herrschaften Kammer, Kogl und Frankenburg eine bewaffnete Revolte hervorgerufen hatte, griff 1525 die sozial-revolutionäre Bewegung in Süddeutschland auch auf die Bauern in Salzburg und ob der Enns über. Der unblutige Aufstand brach Ende Mai im Attergau (St. Georgen) aus, wo es noch Leibeigenschaft gab, und verbreitete sich über das ganze Land. Nach Überreichung bäuerlicher Beschwerden an den Landesfürsten und nach Verhandlungen mit den Ständen wurde die Bewegung im Juli auf Befehl Erzherzog Ferdinands mit Hilfe von Söldnern und eines Landesaufgebotes niedergeschlagen. Über die Aufständischen wurden Kerker- und Geldstrafen (sogenannte Brandschatzung) verhängt.
Der zweite große Bauernaufstand begann 1594/95 in St. Peter am Wimberg mit der Vertreibung des katholischen Pfarrers und griff vom Mühlviertel auf das Hausruck- und Machlandviertel sowie schließlich auch auf das Traunviertel über. Am 13. November 1595 besiegten die Bauern ständische Truppen bei Neumarkt am Hausruck. Protestantische Adelige des oberen Mühlviertels unterstützten die Aufständischen, solange es um die Besetzung der Pfarreien ging. Als die in mehreren Phasen ablaufende Bewegung sozial-revolutionären Charakter annahm — vereinzelt erschien sogar die „schweizerische Freiheit" als Zielvorstellung —, gingen die Herren und Ritter gemeinsam mit den katholischen Prälaten gegen die protestantischen Bauern vor. Diese erreichten zwar im Verhandlungswege, daß Kaiser Rudolf II. am 6. Mai 1597 eine provisorische Interimsresolution erließ, mit der die als persönlicher Zwangsdienst verhaßte Robotpflicht auf höchstens 14 Tage im Jahr beschränkt und die Einhebung des Freigeldes geregelt wurden, mußten aber 1597/98 mehrere ständische Strafexpeditionen unter Gotthard von Starhemberg, Landeshauptmann Hans Jakob Löbl und Hans Joachim von Zinzendorf über sich ergehen lassen. Starhemberg ließ 27 Personen nach Kriegsrecht hängen; später mußte er sich vor den Ständen deshalb und wegen des Vorwurfs der persönlichen Bereicherung an den von den Bauern erpreßten Brandschatzungsgeldern verantworten. Die Anführer der Bauern wurden hingerichtet.
Die größte und blutigste Erhebung war der Bauernkrieg von 1626, verursacht durch den Druck der bayerischen Besatzungsmacht, durch die vom bayerischen Statthalter Graf Herberstorff in kaiserlichem Auftrag getroffenen gegenreformatorischen Maßnahmen und durch die wirtschaftliche Belastung der bäuerlichen Untertanen. Ausgelöst wurde er am 17. Mai durch eine Rauferei mit bayerischen Soldaten in Lembach. In der Folge wurden in Mühlviertler Pfarren mehrere katholische Geistliche erschlagen. Das rasch anwachsende Bauernheer eroberte die Burgen Neuhaus, Schaunberg, Weidenholz und Daxberg und besiegte den Statthalter am

Abb. 15. Erzherzog Albrecht VI., Gebetbuch des Erzherzogs (um 1460), Österreichische Nationalbibliothek Wien.

Abb. 16. Kaiser Friedrich III., Greiner Marktbuch (um 1490).

Abb. 17. Schaunberger-Grabmal, Stiftskirche Wilhering.

Abb. 18. Adam Graf Herberstorff, Oberösterreichisches Landesmuseum.

Abb. 19. Innenhof der Greinburg.

Abb. 20. Innerberger Stadel (Städtisches Heimathaus Steyr).

Abb. 21. Ennser Stadtturm.

21. Mai bei Peuerbach. Unter der Führung von Stephan Fadinger, Besitzer des Hofes „Fattinger am Wald" in Parz bei St. Agatha, und dessen Schwager Christoph Zeller, Gastwirt in St. Agatha, beherrschten sie einen Großteil des Landes ob der Enns mit Ausnahme der Städte Linz und Enns, des kaiserlichen Salzkammergutes und der katholischen Gebiete des Mondsee- und St. Wolfganglandes sowie des südlichen Ennstales. Nachdem Fadinger am 5. Juli 1626 und wenig später auch Zeller bei der Belagerung der Landeshauptstadt Linz gefallen waren, mußten die aufständischen Bauern nach Erfolgen bei Neukirchen am Wald und Kornrödt in einer Reihe blutiger Schlachten gegen ein kaiserliches Heer unter Oberst Hans Christoph von Löbl und ein bayerisches Heer unter General Gottfried Heinrich von Pappenheim vernichtende Niederlagen hinnehmen: am 17. August bei Neuhofen, am 31. August bei Leonfelden, nach Bruch eines Waffenstillstandes am 9. November im Emlinger Holz, am 15. November bei Pinsdorf, am 18. November bei Vöcklabruck und am 20. November bei Wolfsegg. Von ca. 40.000 Bauern kamen ca. 12.000 ums Leben. Viele wurden verwundet und zu Krüppeln, viele flohen außer Landes. Wie 1597/98 wurden die Anführer hingerichtet, zahlreiche Bauern und am Aufstand beteiligte Bürger wurden zu Strafarbeit in den Wiener Stadtgräben verurteilt. Das Strafgericht erstreckte sich sogar auf die Leichen Fadingers und Zellers, die man exhumierte und im Seebacher Moos bei Eferding verscharrte.

Außer zu diesen allgemeinen Aufständen kam es zu einer Reihe von Revolten lokaler Art. Soziale Unruhen herrschten 1539 bis 1542 und 1548 bis 1554 im Garstental in der Herrschaft Spital am Pyhrn, um 1560 rotteten sich in der Umgebung von Lambach und Wels Bauern zusammen, um 1570 in der Herrschaft Frankenburg, 1573 bei Steyr und 1576 im Traunviertel. Ein Robotaufstand in der Herrschaft Reichenstein gegen den Ritter Christoph Haym, der die Untertanen zum Bau seines neuen Schlosses heranzog, dauerte von 1567 bis 1572 bzw. 1582. 1601 und 1619 empörten sich die Untertanen der Herrschaft Wildeneck, 1627 erhoben sich die Bewohner des Ennstales zwischen Losenstein und Weyer gegen die Bedrückung durch einquartierte bayerische Soldaten. 1646 brach in der Herrschaft Wildeneck neuerlich ein Steuerstreik aus, der erst 1662 nach einer Strafexpedition mit Todesurteilen und harten Strafen endete. Konfessionell bedingt waren hingegen die Unruhen im Garstental, die von 1570 bis in die neunziger Jahre des 16. Jahrhunderts die Pfarren Windischgarsten, St. Leonhard und St. Pankraz erschütterten, und der sogenannte Sierninger Handel von 1588, der durch Rekatholisierungsmaßnahmen ausgelöst wurde und sich über das Ennstal bis in die Steiermark ausbreitete. 1592 griff die Erregung auf die Arbeiter des Salz- und

Eisenwesens sowie auf das niederösterreichische Gebiet von St. Peter in der Au über. Zwischen 1598 und 1625 gärte es abermals im Garstental und im Salzkammergut. Als das Heer des protestantischen Königs Gustav Adolf von Schweden in Bayern vordrang, brachen im Hausruckviertel Bauernunruhen aus, die unter der Führung des Prädikanten Jakob Greimbl standen und von August bis Oktober 1632 dauerten. Die Aufständischen stürmten Peuerbach und besetzten Aschach, Wolfsegg und Vöcklabruck, wurden jedoch von kaiserlichen Truppen besiegt, als die versprochene schwedische Hilfe ausblieb. Erfolglos endete auch die von dem religiösen Schwärmer Martin Eichinger vulgo Laimbauer ausgelöste Erhebung im Machlandviertel im Frühjahr 1636. In beiden Fällen wurden jeweils die Anführer hingerichtet. Die 1648 zum Aufstand bereiten Bauern der Herrschaft Kammer, die unter ihrem Anführer Wenger von Stadl-Paura mit schwedischen Truppen Verbindung aufgenommen hatten, fanden im Lande keine Unterstützung.

In keinem der österreichischen Erbländer war die Bereitschaft der Bauern zu Erhebungen und Aufständen so groß wie im Lande ob der Enns, wohl wegen ihres infolge rechtlicher und sozialer Besserstellung seit dem Hochmittelalter gesteigerten Selbstbewußtseins. Die bäuerlichen Anliegen fanden teilweise Unterstützung bei den protestantischen bürgerlichen Bewohnern der Städte und Märkte, die allerdings die Bauern mitunter auch für ihre eigenen politischen Ziele mißbrauchten. Eine Reihe von Bürgern wie zum Beispiel 1626 Wolf Madlseder und Dr. Lazarus Holzmüller aus Steyr übernahmen sogar Führungsaufgaben. Adelige Hauptleute wie die verarmten Ritter Hans Christoph Haydn von Dorff, Hans Erhard Stängl von Waldenfels und der als einziger Adeliger 1627 hingerichtete Achaz Wiellinger von der Au bildeten dagegen vereinzelte Ausnahmen. Wohl im Hinblick auf die bayerische Fremdherrschaft scheinen 1626 allerdings auch einige andere Adelige mit den Bauern zumindest sympathisiert zu haben. Indem das absolutistische Landesfürstentum die beschwerdeführenden Bauern als Gesprächspartner anerkannte, nahm es unter Umgehung der adeligen und geistlichen Grundherren direkten Einfluß auf die Untertanen. Seiner Vermittlertätigkeit war jedoch mangels eines eigenen Behördenapparates nur geringer Erfolg beschieden. Die Folgen der Bauernkriege und -revolten waren nachhaltig. Ein verarmter Bauernstand hatte einen hohen Blutzoll geleistet und nicht nur bisherige Rechte und Freiheiten verloren, sondern auch seine politische Führungsschicht, die vorwiegend aus dem Kreise der im Umgang mit Menschen erfahrenen ländlichen Intelligenz (herrschaftliche Amtleute, Zechpröpste, Wirte, Gewerbetreibende) stammte. Im konfessionellen Bereich bewirkten die Unruhen, wenn überhaupt, nur kurzfristige

Erfolge. Sie boten vielmehr der einsetzenden Gegenreformation Gelegenheit zum harten Vorgehen gegen den Protestantismus im Lande ob der Enns.

Den bürgerlichen Bewohnern der Städte und Märkte ob der Enns erwuchsen ebenfalls große Probleme. Während im 16. Jahrhundert ein Zuzug protestantischer Ausländer zu verzeichnen war, gingen in der ersten Hälfte des 17. Jahrhunderts die Einwohnerzahlen infolge der zwangsweisen Emigration von Teilen der protestantischen Bevölkerung, der Zerstörungen des Bauernkrieges von 1626, dem fast alle Vorstädte zum Opfer gefallen waren, und der verschlechterten Wirtschaftslage beträchtlich zurück. In manchen Städten und Märkten verringerte sich die Zahl der bewohnten Häuser (sie betrug z. B. 1576 einschließlich der Vorstädte in Steyr 702, in Wels 453, in Linz 252, in Enns 247, in Freistadt 239, in Gmunden 180 und in Vöcklabruck 110) um mehr als die Hälfte. Die Einwohnerzahl Gmundens sank von 24 Bürgern und 226 Mitbürgern (90 Handwerker, 106 Kammergutarbeiter, 30 Taglöhner) im Jahre 1640 auf 25 Bürger, 30 Handwerker und 70 Salzarbeiter im Jahre 1664. Der allgemeine Niedergang des Städtewesens ob der Enns seit der Wende vom 16. zum 17. Jahrhundert hatte verschiedene Ursachen. Die Selbstverwaltung vor allem der landesfürstlichen Städte und Märkte erfuhr durch die Gegenreformation einen empfindlichen Rückschlag. Seit dem Ausgang des Mittelalters war diesen Gemeinwesen in zahlreichen neuen grundherrschaftlichen Märkten — Kaiser Maximilian I. hatte die vom Landesfürsten privilegierten sogenannten Bannmärkte den landesfürstlichen Städten handelsrechtlich gleichgestellt — und Aigen (marktähnlichen Dörfern), aber auch in handel- und gewerbetreibenden unternehmerischen Grundherrschaften und Bauern eine starke Konkurrenz entstanden. Die Zahl der Märkte (einschließlich des späteren Innviertels) erhöhte sich von 72 um das Jahr 1500 auf 85 um das Jahr 1600. Die alten Niederlagsrechte von Freistadt, Steyr und Wels hatten sich seit dem 16. Jahrhundert in andere Handelsvorrechte oder in Abgaben verwandelt; verschiedene städtische Vorrechte im Salz- und Eisenhandel wurden durch das Landesfürstentum eingeschränkt. Auf diese Weise gerieten die bürgerlichen Handelsleute ob der Enns im 16. Jahrhundert in Abhängigkeit von finanzkräftigen süddeutschen und salzburgischen Großhändlern. Dieser Verdrängungsprozeß kam allerdings auch einzelnen Großkaufleuten wie Ruprecht Trinker, der aus Radstadt stammte († 1613), und Christoph Weiß aus Vöcklamarkt († 1617), dem der Aufstieg in den Adelsstand gelang, in Wels sowie dem zum Ritterstand gehörenden Hans Ludwig Mittermayr († 1692) in Steyr zugute. Dadurch, daß reiche Bürger Landgüter erwarben und in den Adelsstand aufstiegen, Adelige aber

Grundbesitz in den Städten kauften und dafür Freiheit von Abgaben und Leistungen beanspruchten (Freihäuser), durchbrachen sie die im Mittelalter entwickelte Wirtschafts- und Sozialordnung. In der zweiten Hälfte des 16. Jahrhunderts kam es deshalb zum Streit zwischen den beiden Standesgruppen, zumal die Städte mit Steuern und Truppeneinquartierungen besonders belastet wurden. Der Verfall des städtischen Wirtschaftswesens infolge Absatzkrisen, Teuerungen und Geldentwertung wie z. B. 1622/23 zur Zeit der berüchtigten minderwertigen Kipper- und Wippermünzen machte viele Handwerker und Taglöhner arbeitslos und ließ ein städtisches Proletariat entstehen. Juden durften seit 1494 wieder die Linzer Märkte besuchen. Die wenigen, die sich im Lande ob der Enns niederließen, mußten es 1572 auf Betreiben der Landstände wieder verlassen.

Die Wirtschaftspolitik des Landesfürsten und der Stände zielte darauf ab, dem Lande ob der Enns die Versorgung und den verschiedenen Berufsständen die Existenz zu sichern. Dabei war man auf die Einfuhr von Vieh aus Ungarn, Steiermark, Böhmen und Polen angewiesen. Im Falle von Mißernten und Hungersnöten mußte in Niederösterreich, Böhmen, Mähren, Ungarn und Schwaben Getreide gekauft werden, das entweder verbilligt abgegeben oder in Notstandsgebieten überhaupt kostenlos verteilt wurde. Ein eigenes raumplanerisches Widmungssystem reservierte den in unfruchtbaren Gebirgsgegenden gelegenen Salz- und Eisenindustrien die Lebensmittelproduktion bestimmter fruchtbarer Gebiete. Dem Salzkammergut wurde 1524 die Gegend zwischen der Traun und dem Gebirge und 1533 der Teil des Hausruckviertels zwischen Wels und Gmunden sowie die Viechtau zugewiesen. Der Eisenbezirk wurde von niederösterreichischen „Proviantorten" in der Umgebung von Scheibbs und seit dem 16. Jahrhundert auch von den Regionen um Steyr und Windischgarsten beliefert. Die Wochenmärkte von Wels, Gmunden, Steyr, Windischgarsten und Kirchdorf erfüllten wichtige Verteilerfunktionen. Verkaufs- und Ausfuhrverbote für Getreide und Vieh förderten die Entwicklung des Landes zu einem geschlossenen Wirtschaftsgebiet. Sie hatten allerdings in den Grenzgebieten einen nicht unbeträchtlichen Schmuggel und mit dem Nachbarland Steiermark nach 1564 sogar einen Handelskrieg zur Folge. Mit Salzburg wurde ein Übereinkommen erzielt, das den Austausch von Getreide und Vieh aus dem Lande ob der Enns gegen das im Salzkammergut benötigte Schmalz aus der Abtenau vorsah. Eine in Linz errichtete Münzstätte prägte von 1526 bis 1562 auch Silber- und Goldmünzen. Zu den landesfürstlichen Mauten — am bedeutendsten waren die großen Donaumauten in Linz und Mauthausen — und einzelnen „Privat-Herren-Mauten" kam ein eigenes Mautwesen der

Stände, das die Wirtschaft mit indirekten Steuern und Zöllen, den sogenannten Aufschlägen, belastete. 1568 gestattete Maximilian II. den Ständen wegen ihrer großen finanziellen Verpflichtungen eine Getränkesteuer (Taz) und eine Viehexportsteuer. 1571 wurde ein ständisches Grenzaufschlagsystem geschaffen, das 1628 zur Verbesserung der kritischen Finanzlage — 1629 betrugen die Schulden der Landschaft ob der Enns über 4 Millionen Gulden — auf Getränke, Getreide, Fleisch und Leinwand erweitert und 1658 gemeinsam mit dem Taz von Kaiser Leopold I. den Ständen für ihren Verzicht auf 5,5 Millionen Gulden für immer überlassen wurde. Die allgemeine Handwerksordnung für die „niederösterreichischen" Länder, welche die oberen Stände 1527 beim Landesfürsten erreichten, enthielt wie die allgemeine Polizeiordnung von 1552 Bestimmungen, die vordergründig gegen die Autonomie der sich in der Folge in Landesverbänden zusammenschließenden Zünfte gerichtet waren, in Wirklichkeit aber das städtische Gewerbe überhaupt schwächen sollten. Die wirtschafts- und handelspolitischen Maßnahmen des Landesfürsten hatten allerdings nicht immer den gewünschten Erfolg, weil ein wirkungsvoller Kontrollapparat fehlte. Die herrschaftlichen Landrichter, die das Wirtschaftsleben auf dem Lande beaufsichtigten, wahrten vor allem ihre persönlichen Interessen und jene ihrer Grundherren.

Im Bereich der Landwirtschaft schuf der verbreitete Anbau von Flachs die Voraussetzung für die außerhalb des Landes berühmte Leinwandproduktion, die zum Spinnen des Garns bäuerliche Heimarbeiter und zur Erzeugung des Endproduktes bürgerliche und bäuerliche Leinweber beschäftigte. Zentren waren das obere Mühlviertel und das Hausruckviertel mit der Stadt Wels, später auch das Machland. Im Grenzgebiet zu Bayern kam es seit 1590 zu einem heftigen Konkurrenzkampf, im Zuge dessen auf bayerischer Seite der Markt Ried (im Innkreis) gefördert wurde. Der Export der Leinwand erfolgte hauptsächlich über die Linzer Märkte nach Italien. Den Bestrebungen der Wirtschaftsherrschaft nach Anbau und Verwertung von Sonderkulturen entsprechend, ist 1643 in der Herrschaft Schwertberg erstmals Tabak nachzuweisen.

Die für die Wirtschaft des Landes so wichtige Salzerzeugung wurde durch Reformen der Landesherren Friedrich III., Maximilian I. und Ferdinand I. vom System der Verpachtung an private Unternehmer in den Besitz des Landesfürstentums zurückgeführt und durch die Reformationslibelle von 1524, 1563 und 1656 einschließlich des Transportes und des Verkaufs in allen Einzelheiten geregelt. Dem Salzamtmann in Gmunden unterstanden das Hofschreiberamt Hallstatt und später auch die Verwesämter Ischl und Ebensee. Die Errichtung landesfürstlicher Salzkammern in

Linz, Freistadt, Mauthausen, Haag am Hausruck und Vöcklamarkt zum Verkauf der neuen Großkufen beeinträchtigte den bürgerlich-städtischen Salzhandel vornehmlich der Stadt Gmunden. Um den seit dem Erwerb der böhmischen Länder durch die Habsburger gesteigerten Salzbedarf decken zu können, mußte die Produktion erhöht werden. In Ischl, wo bereits seit dem 13. Jahrhundert Salz gewonnen worden sein dürfte, wurden daher 1563 ein neues Salzbergwerk und 1571 eine Sudhütte errichtet. Der Mangel an Holz veranlaßte 1596 den Bau einer Soleleitung von Hallstatt nach Ebensee, wo man 1607 ein weiteres Pfannhaus eröffnete. Alle drei Salinen erzeugten 1618 zusammen ungefähr 163.000 Meterzentner Salz. Der Absatz wurde durch Verkaufsverbote für das traditionellerweise in das Mühlviertel und nach Böhmen gelieferte salzburgische und bayerische Salz gefördert. 1628 erhielten die kaiserlichen Räte Binago und Chiesa zum Nachteil der Ladstätten Linz, Mauthausen und Freistadt das Monopol für den Salztransport nach Böhmen.

Das Eisenwesen erlebte in der ersten Hälfte des 16. Jahrhunderts eine Blütezeit. Das Innerberger Eisen wurde von den Steyrer Händlern mit süddeutscher Vermittlung nach Nord- und Ostdeutschland, den Niederlanden, Frankreich, England, Spanien, Übersee, Persien und Indien exportiert. Den Inlandbedarf deckten die Legorte Linz, Wels, Grieskirchen und Freistadt. Seit der zweiten Jahrhunderthälfte kam es zu Niedergang und Produktionskrise infolge eines durch die konfessionellen Auseinandersetzungen bedingten Mangels an Facharbeitern und Finanziers, von Zwistigkeiten zwischen Österreich und der Steiermark sowie des Verlustes von Absatzgebieten durch den Dreißigjährigen Krieg. Den zunehmenden Schwierigkeiten suchte man 1581 mit der Gründung einer Eisenkompanie in Steyr, 1584 der Eisenobmannschaft Steyr als landesfürstlicher Aufsichtsbehörde für Ober- und Niederösterreich und 1625 unter landesfürstlichem Einfluß der Innerberger Hauptgewerkschaft zu begegnen, welche die steirischen Radmeister, die Hammermeister und die Steyrer Eisenhändler zusammenschloß. Die Verwaltungsbehörde für die 23 obderennsischen Welschhämmer in Laussa, Kleinreifling, Weyer und Reichraming erhielt in Weyer ihren Sitz. Die landesfürstlichen Behörden sollten für eine dem Bedarf entsprechende Produktion und Verteilung des Eisens sorgen. Trotz der Monopolstellung des Landesfürsten aufgrund des Bergregals schürften auch einige kleine grundherrschaftliche Waldbergbaue nach Erz: um 1500 bei Ischl, 1538/48 bei Reichraming, 1562 bei Goisern, vor 1570 bei Molln, um 1600 bei Ternberg und Gramastetten. Im Bereich der Eisenverarbeitung beherrschten die finanzkräftigen Steyrer Eisenhändler durch ihr Verlags- und Ausfuhrmonopol die Erzeugung von Messern und Klingen (vor allem in Steyr und Wels) sowie von Nägeln (in Losenstein). Nicht jedoch das vom Ende des 16. Jahrhunderts bis in das 19. Jahrhundert bedeutendste Gewerbe der Sensenschmiede, das in Freistadt, Steyr, Kirchdorf, Gramastetten und Mattighofen über Zünfte verfügte und im Raum Kirchdorf/Micheldorf sein Zentrum hatte. Der dortigen Zunft gehörten seit dem Anfang des 17. Jahrhunderts 42 Werkstätten an, vom Stodertal und Windischgarstener Becken über Scharnstein, Leonstein, Molln und das Ennstal bis in das Mühl- und Machlandviertel (Gutau, St. Leonhard, Weitersfelden). Ein um 1585 von dem Scharnsteiner Meister Konrad Eisvogl entwickeltes neues Produktionsverfahren, das den Fausthammer durch den Wasserhammer ersetzte, brachte großen Aufschwung. Die Erzeugnisse wurden nach Deutschland, Nordosteuropa, Rußland und Venedig verkauft.

Salinen, Eisenindustrie, aber auch die besonders nördlich der Donau (Böhmerwald, Freiwald, Weinsberger Wald) verbreiteten Glashütten benötigten große Holzmengen, deren Beschaffung durch Waldordnungen und Widmung von bestimmten Bezirken gesichert wurde. Von Steyr und Wels aus wurde obderennsisches Holz nach Wien verkauft, nach England exportierte man Eibenholz aus dem Salzkammergut zur Herstellung von Armbrustbogen. Aus dem vielfältigen Bereich der gewerblichen Holzverarbeitung ist die Erzeugung von Löffeln, Gabeln und Tellern in der Viechtau und in Gmunden, dem Drechslerzentrum des Landes, zu nennen. Weitere für die Wirtschaft des Landes bedeutsame Gewerbe waren die Lederer, die Hafner, die Mühlsteinindustrie in Perg, die nach Deutschland und Rußland exportierte, die Schleifsteinhauerei in Gosau und eine wachsende Zahl von Papiermühlen (1520 Braunau, 1529 St. Margarethen bei Linz, um 1540 Kremsmünster, um 1550 Steyr, 1553 Wels etc.).

Wichtigster Umschlagplatz für den Fernhandel mit Leinwand, Tuchen, Eisen, Venedigerwaren u. a. waren im Lande ob der Enns die Linzer Märkte (der Bruderkirchweihmarkt wurde am Beginn des 16. Jahrhunderts auf den Sonntag nach Ostern verlegt und hieß seither Ostermarkt), die sich im 16. Jahrhundert zu einer der bedeutendsten europäischen Wechselmessen entwickelten. 1593 schätzte man den Umsatz eines Linzer Marktes auf ungefähr 4 Millionen Gulden. Nach Beendigung des Dreißigjährigen Krieges trat allerdings ein allmählicher Niedergang ein, dem ein Aufstieg der Märkte von Ried (im Innkreis), Passau und Salzburg entsprach. Neben Linz sind Freistadt für den Handel mit Nord- und Nordosteuropa, der im 16. Jahrhundert führende Einfluß der Steyrer Eisenhändler im Fondaco dei Tedeschi in Venedig und die Welser Großhändler am Beginn des 17. Jahrhunderts zu erwähnen. Wegen des Transportes von niederösterreichischem Wein durch das Land ob der Enns entstand ein Streit mit dem Fürsterzbistum Salzburg, das den für ihn günstigeren Wasserweg über Donau, Inn und Salzach dem teureren Landweg über Linz, Wels und Vöcklabruck vorzog. Die Anfänge des Postwesens im Lande gehen auf regelmäßige kaiserliche Postkurse zurück, die seit dem Beginn des 16. Jahrhunderts die Landeshauptstadt Linz mit den Städten Regensburg, Salzburg, Innsbruck und Wien für den Transport der amtlichen Korrespondenz verbanden. Allmählich wurde auch die Beförderung privater Schriftstücke übernommen. Daneben gab es weiterhin ein städtisches Botenwesen, seit 1587 auch ein amtliches der Landeshauptmannschaft und seit ca. 1605 erstmals eine eigene Post der Landstände zwischen Linz und Wien.

## Kultur, Wissenschaft, Kunst, Technik

Die protestantisch geprägte humanistische Kultur des Adels und des vermögenden Bürgertums erreichte gegen Ende des 16. Jahrhunderts und zu Beginn des 17. Jahrhunderts ihren Höhepunkt. Junge Adelige und Bürgersöhne studierten an deutschen (Wittenberg, Tübingen, Ingolstadt, Straßburg, Altdorf, Passau) und italienischen (Padua, Bologna, Siena, Pisa) Universitäten und Schulen, die Söhne des Adels gewannen durch ihre Bildungsreisen („Kavalierstouren") nach Deutschland, Italien und Frankreich einen weiten Horizont der späthumanistisch-europäischen Geisteswelt. Daraus erwuchsen Interessen für Genealogie, Heraldik und Landesgeschichte sowie ein starkes Standesbewußtsein, das sich auf das politische Handeln auswirkte. Für die Vermittlung von Bildung und für die Verbreitung religiöser und politischer Ideen waren Druckwerke von größter Bedeutung. Sie wurden hauptsächlich über die internationalen Linzer Märkte importiert und verkauft. Adelige wie Reichard Strein von Schwarzenau, Job Hartmann von Enenkel, Georg Erasmus von Tschernembl, Ferdinand Hofmann von Grünbühel, die Starhemberger, Jörger, Rödern und Öder sowie Bürger wie der Linzer Christoph Hueber erwarben umfangreiche, alle Wissensgebiete umfassende Buchbestände. Die Bibliothek des Freiherrn Joachim Enzmillner von Windhaag vereinte ca. 16.000 Bände. Als einzige dieser Adelsbibliotheken ist heute noch die etwas jüngere Sammlung der Grafen Lamberg im Schloß Steyr erhalten, nachdem die Gegenreformation durch Verbot und Beschlagnahme protestantischer Literatur großen Schaden angerichtet hat. Auch als Kulturschaffende traten Adelige in Erscheinung. Der Landeshauptmann Hans Ludwig von Kuefstein (1582–1656) als Übersetzer aus dem Spanischen und als Verfasser eines Berichtes über die Türkei sowie von Tagebüchern, Christoph von Schallenberg auf Leombach, Johann Fernberger von Eggenberg und Johann Seegger von Dietach als Dichter. Tagebücher verfaßte auch Johann Maximilian von Lamberg als kaiserlicher Bevollmächtigter bei den Friedensverhandlungen von Osnabrück. Das Hauptwerk des Reichard Strein von Schwarzenau († 1600) war eine umfangreiche Genealogie des österreichischen Adels. Außerdem stellte er im Auftrag der Stände nicht nur die bereits erwähnte Landeshandfeste zusammen, sondern unternahm auch den ersten Versuch einer Übersicht über die Landesgeschichte von der Römerzeit bis 1559 (Annales historici oder Jahrzeitbuch des Erzherzogtums Österreich ob der Enns). Job Hartmann von Enenkel († 1627) betätigte sich ebenfalls als historisch und genealogisch interessierter Sammler und verfolgte den Plan, die österreichischen Geschichtsquellen herauszugeben. Der Schloßherr Johann Gottfried von Clam begann im Jahre 1636, für seinen Markt Klam die älteste oberösterreichische Marktchronik anzulegen.

In dieser kulturellen Blütezeit erfuhren Wissenschaft und Kunst, wie schon angedeutet, auch durch die Stände ob der Enns wesentliche Förderung. Die infolge einer Stiftung der Herren von Perkheim (1543) errichtete und 1635 endgültig geschlossene Landschaftsschule, die 1567 von Luftenberg in das ehemalige Ennser Minoritenkloster und 1574 in das neue Linzer Landhaus übersiedelte, machte Linz in den beiden ersten Jahrzehnten des 17. Jahrhunderts zu einem kulturellen Schwerpunkt Österreichs. Hier lehrten berühmte ausländische Lehrer wie der Dichter Georg Calaminus, der Theologe und Musikwissenschafter Daniel Hitzler, der Komponist Johannes Brassicanus, der Historiker und Sprachwissenschafter Hieronymus Megiser († 1619), der von den Ständen 1615 mit der Erstellung einer Landeschronik beauftragt wurde, der Topograph und Historiker Martin Zeiller und der Mathematiker und Astronom Johannes Kepler, dem das Land ob der Enns von 1612 bis 1626 zur zweiten Heimat wurde, in der er den „Grundriß der kopernikanischen Astronomie" und die „Weltharmonik" mit seinem dritten Planetengesetz veröffentlichte und die Rudolfinischen Tafeln vollendete. Außerdem standen Bibliothekare – die bedeutende ständische Bibliothek fiel 1800 einem Brand des Landhauses größtenteils zum Opfer –, Ärzte, Ingenieure, Pauker und Trompeter im Dienst der Landstände. Die von diesen in Auftrag gegebene Karte ihres Landes wurde anstelle Keplers von den Brüdern Israel und Abraham Holzwurm aus Kärnten geschaffen und 1628 in Regensburg veröffentlicht. Auf Veranlassung Keplers hatte man 1615 den ersten Buchdrucker des Landes, den aus Erfurt stammenden Johannes Plank, aus Nürnberg nach Linz geholt.

Im Schulwesen ging mit der Verbreitung des Protestantismus im Lande die Führung von den Klosterschulen auf die protestantischen Stadtschulen über. Von Bedeutung blieben nur die Schulen von Mondsee, wo 1514 das erste allgemein zugängliche Gymnasium des Landes eingerichtet wurde, Kremsmünster, das 1549 ebenfalls ein Gymnasium eröffnete, und Ranshofen. Die lateinischen und deutschen Schulen in den Städten, die vom Adel gestifteten Unterrichtsanstalten und die Schulen in den größeren Pfarrorten wurden protestantisch. Die Schulmeister kamen meist aus dem Ausland. Die Lateinschule in Steyr erfreute sich eines besonderen Rufes und soll der Landschaftsschule kaum nachgestanden sein. Einen wichtigen Bestandteil der Ausbildung der Lateinschüler beider Konfessionen bildete das Schuldrama. Als mit dem Sieg der Gegenreformation die protestantischen Schulmeister 1624 das Land verlassen mußten, wurden die 1608 in Linz und 1632 in Steyr gegründeten Gymnasien der Jesuiten die vorbildlichen Ausbildungsstätten. Nach dem Bauernkrieg von 1626 konnte sich in dem verarmten Land nur allmählich wieder ein katholisches Volksschulwesen entfalten.

Die Pflege der Kirchenmusik war seit langem eng mit dem Schulwesen verbunden. Ein eigener Organistenstand ist seit dem Anfang des 16. Jahrhunderts bezeugt. Unter dem Einfluß des Protestantismus ging die seit dem Mittelalter im Musikleben des Landes führende Stellung der Klöster und Stifte vorübergehend an die evangelischen Stadt- und Lateinschulen bzw. die Linzer Landschaftsschule über. Den in Aschach a. d. Donau geborenen und späteren Passauer Lehrer Leonhard Paminger (1495 bis 1567) hat man als „die erste bedeutende oberösterreichische Komponistenpersönlichkeit" bezeichnet. In den Städten waren den Turnermeistern (Türmern) seit dem Mittelalter sehr verschiedenartige, nicht nur musikalische Aufgaben zugewachsen. In Steyr, Wels und Eferding pflegten Singschulen den Meistergesang der Handwerker. 1513, 1515 und 1518 hielt sich der Nürnberger Schuhknecht Hans Sachs in Wels auf, wo er seine Gesangsausbildung abgeschlossen haben soll. Nicht nur für die Geschichte der Stadt Steyr bedeutsam sind die Augenzeugenberichte dreier bürgerlicher Chronisten: des als Protestant zur Emigration gezwungenen Valentin Preuenhueber (Annales Styrenses, bis 1619) und der Katholiken Jakob Zetl, dessen Stadtchronik die Jahre 1612 bis 1635 umfaßt, und Wolfgang Lindner, der als Lateinschullehrer die von 1590 bis 1622 reichenden „Steyrer Annalen" verfaßte. Wie vorteilhaft die Anwesenheit des Landesfürsten und seines Hofes für das Kulturleben war, zeigte sich unter Maximilian I., während dessen Aufenthalt in Linz 1501 der „Ludus Dianae" des Konrad Celtis in der Burg uraufgeführt wurde, und unter Ferdinand I., dessen Familie bis 1533 in der Linzer Burg lebte.

Damals wirkten u. a. der Komponist Arnold von Bruck, der Medailleur Ludwig Neufahrer und die Maler Jakob Seisenegger und Johann Bocksberger in der Landeshauptstadt. Von 1582 bis 1593 zog Erzherzog Matthias einen Künstlerkreis mit den niederländischen Malern Lucas van Valckenborch und Erasmus van der Pere, dem Medailleur Antonio Abondio u. a. nach Linz. Im Sommer 1614 führte ein Generalausschußlandtag außer dem Kaiser, zwei Erzherzögen und dem Hofstaat Vertreter aller habsburgischen Länder nach Linz, wo sie in den Freihäusern und umliegenden Landsitzen untergebracht wurden. Auch der bescheideneren Hofhaltung jener Habsburgerinnen ist in diesem Zusammenhang zu gedenken, denen wie den Königinnen Maria von Ungarn und Katharina von Polen die Linzer Burg als Witwensitz diente. Im Gegensatz zu diesen Impulsen bedeutete die Emigration führender Persönlichkeiten des Adels und des Bürgertums als Folge der Gegenreformation einen schweren Verlust für das Kulturleben des gesamten Landes ob der Enns.

Die ersten Jahrzehnte des 16. Jahrhunderts wurden im bayerisch-österreichischen Raum von der Kunstrichtung der Donauschule geprägt, die ein neues Verhältnis zur Natur entwickelte. Die berühmtesten Vertreter der Malerei sind der Regensburger Albrecht Altdorfer, der um 1512/13 mit einem Flügelaltar für das Stift St. Florian sein Hauptwerk schuf, und der aus Vorarlberg stammende Passauer Hofmaler Wolf Huber. Von beiden sind bildliche Darstellungen oberösterreichischer Orte und Landschaften erhalten. Die Plastik der Zeit läßt verschiedene Einflüsse erkennen: nördlich der Donau strahlte der Kefermarkter Altar aus, im Salzkammergut die Werkstatt des Lienhart Astl (Hallstätter Altar), der Steinaltar von Altmünster zeigt sich aus dem Gebiet östlich der Enns beeinflußt, und aus dem Westen wirkte der Landshuter Künstler Hans Leinberger. Ähnlich vielfältig waren die Einwirkungen der Bauhütten an Salzach, Inn, Donau und Moldau auf die Baukunst. Zentrum der Architektur war die Steyrer Bauhütte. Von der im Attergau tätigen Bauhütte, die an eine spätmittelalterliche, vom Mondseeland ausgehende anschloß, gibt es sogar in den Pfarrkirchen von Weißenkirchen und Vöcklamarkt Selbstdarstellungen der am Bau beteiligten Personen. Nördlich der Donau arbeitete die Krummauer Bauhütte der Rosenberger unter ihrem Meister Hans Getzinger aus Haslach († 1512) auch in dem den Rosenbergern unterstehenden Gebiet des Mühlviertels, z. B. in Haslach. In dem östlich anschließenden Machlandviertel repräsentieren der Chor der Stadtpfarrkirche Freistadt (vor 1500), die Empore der Pfarrkirche Bad Zell (um 1500) und das Langhaus der Pfarrkirche Königswiesen (um 1520) verschiedene Phasen des spätgotischen Baustils.

Die heimische Spätgotik wandelte sich unter italienischen Einflüssen zur

Kunst der Renaissance, die in der zweiten Hälfte des 16. Jahrhunderts die Stilrichtung des Manierismus entwickelte und im 17. Jahrhundert dem beginnenden Frühbarock weichen mußte. Grabplastik, Architektur und Kunsthandwerk wurden die führenden Kunstgattungen, neben denen noch der zwischen 1533 und 1555 entstandene, betont katholische Freskenzyklus in der Pfarrkirche von Frankenmarkt und die jüngst entdeckten Wandmalereien im Weyerer Wachszieherhaus zu erwähnen sind. König Ferdinand I. ließ seit 1549 die Gangolfkapelle der Linzer Burg zum schönsten Renaissancegotteshaus des Landes ausbauen. Der Adel, der infolge intensiverer Herrschafts- und Wirtschaftsformen über höhere Einnahmen verfügte, gab zahlreiche repräsentative Grabmäler mit je nach seinem Glauben bekenntnishaft-dogmatischen Darstellungen in Auftrag, z. B. die Starhemberger in ihrer Gruftkapelle in Hellmonsödt, die Polheimer bei den Minoriten in Wels — heute in der Vorhalle der Stadtpfarrkirche —, die Losensteiner in der nach ihnen benannten Kapelle der Garstener Klosterkirche. Um 1600 entstanden viele Um- und Neubauten von Schlössern mit den charakteristischen Säulenarkadenhöfen. Bekannt sind die Wasserschlösser Aistersheim und Würting sowie die Schlösser Hartheim, Parz und die umgebaute Greinburg. Zuvor schon hatten die Stände ob der Enns 1564 bis 1571 in Linz das Landhaus als Wahrzeichen ihres Selbstbewußtseins und ihrer Macht errichten lassen, und diesem Beispiel folgte 1599 bis 1607 der Landesfürst Kaiser Rudolf II. mit dem Neubau des Linzer Schlosses, einem Hauptwerk des Manierismus in Österreich. In den Städten entstanden ebenfalls Repräsentativbauten wie der Vöcklabrucker Wappenturm (1502) und der Ennser Stadtturm (1564—1568), aber auch neugestaltete Wehranlagen. Die an adeligen Vorbildern orientierten Bürgerhäuser erhielten die vielfach heute noch erhaltenen Säulenarkaden- und Laubenhöfe. Im Traunviertel waren schwarz-weiße Sgraffito-Fassaden besonders beliebt. Landesfürstliche Bauordnungen schrieben zum Schutz gegen Feuergefahr hochgezogene Mauern mit Zinnen vor. Bekanntes Beispiel eines Nutzbaues ist der 1612 als Getreidespeicher erbaute Innerberger Stadel in Steyr.

Am Beginn des 17. Jahrhunderts kam es im Bereich der kirchlichen Baukunst zu einem kurzen Wiederaufleben der Gotik (sogenannte Nachgotik), deren Hauptwerk das Langhaus der Pfarrkirche von Waldhausen (1610—1612) ist. Gleichzeitig wurden frühbarocke Einflüsse wirksam, als die mit der Gegenreformation erstarkenden Klöster und Stifte mit Kremsmünster an der Spitze (seit 1614) begannen, ihre Kirchen und Anlagen durch Um- und Ausbauten den neuen Erfordernissen der Zeit anzupassen. Die gegenreformatorisch bedingte Blüte des Altarbaues wurde vor allem von den Weilheimer Bildhauern Hans Degler und Hans

Spindler sowie von dem Tiroler Hans Waldburger getragen. Daß die Zahl der aus dem schwäbisch-bayerischen Raum stammenden Künstler zunahm, dürfte zum Teil mit den Wirren des Dreißigjährigen Krieges zusammenhängen, die ein Ausweichen in die ruhigeren Gebiete östlich des Inn nahelegten.

Bezeichnenderweise waren dem technischen Fortschritt die für die Wirtschaft so wichtigen Zweige der Salzerzeugung und der Eisenindustrie besonders aufgeschlossen. Im Salzbergbau erfolgte in der zweiten Hälfte des 16. Jahrhunderts der Übergang von den Schöpf- zu den Dammwerken nach Salzburger und Tiroler Vorbildern. Fachleute aus Tirol waren es auch, die erstmals eine Vermessung des Hallstätter Salzberges vornahmen. Infolge zunehmender Spezialisierung bei der Eisenverarbeitung wurden seit dem 17. Jahrhundert eigene Blech- und Rohrhämmer sowie Drahtzüge errichtet. Der Scharnsteiner Meister Eisvogl führte um 1585 den Wasserhammer bei der Sensenerzeugung ein. Da beide Industrien gute Transportwege benötigten, wurden die Wasserläufe der Traun und der Enns ausgebaut. Thomas Seeauer schuf am Traunfall einen Umfahrungskanal (1552) und entschärfte den Wilden Lauffen. Dadurch konnte der 1509/11 eingeführte, für die Versorgung des Salzkammergutes mit Lebensmitteln wichtige Gegentrieb der Schiffe durch die entlang der Traun wohnhaften Roßbauern aufgenommen werden. Der Bau von Klausen an den Ausgängen des Hallstätter und des Traunsees diente der Regulierung des Wasserspiegels und der Schiffahrt. Lienhard Prandstetter, Hans Gasteiger und andere machten zwischen 1535 und 1583 den bisher nur von Flößen befahrenen Oberlauf der Enns zwischen Steyr und Hieflau in mehreren Etappen schiffbar. Wenige Jahre nachdem Linz eine für Verkehr und Handel gleichermaßen wichtige Donaubrücke erhalten hatte, wurde 1501 eine weitere bei Enns geschlagen, die bis 1621 bestand. In den Städten wurden allgemein bereits seit dem 15. Jahrhundert die Lebensbedingungen der Bewohner durch die Errichtung von Brunnen, Wasserleitungen und Wasserwerken verbessert.

# 7. Das Zeitalter des Absolutismus – Vom Land zur Provinz der Monarchie (Mitte 17. Jahrhundert–1848)

Die Zeit des Barock

Mit dem Sieg des fürstlichen Absolutismus und der Gegenreformation über die Staatsidee der Stände und über den Protestantismus in der Schlacht am Weißen Berg 1620 war die Entscheidung über die weitere politische Entwicklung gefallen. Das Land ob der Enns behielt zwar seine landständische Verfassung, die Macht der Stände war allerdings gebrochen und wurde in der Folge von dem absolutistischen katholischen Landesfürstentum weiter beschnitten. Als die Habsburger bzw. Habsburg-Lothringer seit der Mitte des 18. Jahrhunderts ihre Länder unter Zurückdrängung bzw. Ausschaltung der Landstände zu einem zentral verwalteten Einheitsstaat ausbauten, verwandelte sich das Land ob der Enns von einem weitgehend autonomen Erbland mit dem Charakter eines dualistischen Ständestaates in einen straff organisierten, möglichst geschlossenen staatlichen Regierungsbezirk (Provinz) der nach den Siegen über die Türken zur Großmacht gewordenen österreichischen Monarchie. Allgemeine staatliche Gesetze traten an die Stelle des herkömmlichen Landrechtes ob der Enns. Neben den neuen staatlichen Behörden bestand jedoch eine eingeschränkte autonome Verwaltungsorganisation der Landstände weiter. Die Stände selbst blieben trotz ihrer schrittweisen Entmachtung bis zur Aufhebung der ständischen Verfassung durch die sogenannte oktroyierte österreichische Reichsverfassung vom März 1849 die politische Vertretung des Landes ob der Enns. Der Unterschied zwischen der „Provinz" und dem „Land" zeigte sich nach außen hin darin, daß die staatlichen Behörden das kaiserliche Wappen führten, die Landstände und ihre Organe aber das Wappen des Landes ob der Enns.
In der zweiten Hälfte des 17. Jahrhunderts war die ständische Selbstverwaltung noch intakt und das erstarkende absolutistische Fürstentum noch auf die Mitwirkung der Landstände angewiesen. Als die von den Türken drohende Gefahr immer größer wurde, mußten die Stände ob der Enns 1663 ihr Land in Verteidigungsbereitschaft versetzen. Die Organisation wurde ständischen Oberkommissären für die Landesviertel übertragen. Man berief allgemeine Aufgebote, ließ Schanzanlagen gegen Osten bauen und richtete sich an der Enns zur Abwehr ein. Das wiederholte sich 1683, als türkische Heere Wien belagerten und Kaiser Leopold I. (1658 bis 1705) nach Linz und weiter nach Passau fliehen mußte. Dieses Mal

*Die Zeit des Barock* 207

drangen türkische Streifscharen über Waidhofen a. d. Ybbs bis Gaflenz und Weyer vor. Obwohl die Bedrohung durch den Entsatz der Stadt Wien und die folgenden österreichischen Siege abgewendet wurde, brachten die Türkenkriege für das Land ob der Enns noch hohe Belastungen durch Steuern, Darlehen, Truppendurchmärsche, Einquartierungen und Musterungen. Die gegen die Türken gerichtete „Heilige Liga" zwischen dem Papst, Kaiser Leopold, dem König von Polen und der Republik Venedig war nach längeren Verhandlungen am 5. März 1684 in Linz geschlossen worden.

Am Beginn des 18. Jahrhunderts wurde das Land ob der Enns durch den Spanischen Erbfolgekrieg (1701–1714) nach dem Aussterben der spanischen Linie der Habsburger selbst zum Kriegsschauplatz, da sich der bayerische Kurfürst auf der Seite Frankreichs gegen Österreich und dessen Verbündete England und die Niederlande stellte. Als die Bayern 1702 die Hausruckgrenze mit Hilfe eines Landfahne genannten bäuerlichen Aufgebotes militärisch ausbauten, setzte man dem eine österreichische Verteidigungslinie von Mondsee über Frankenburg, Wolfsegg und Geiersberg bis Engelhartszell an der Donau entgegen, zu deren Errichtung ebenfalls bäuerliche Schanzarbeiter aufgeboten wurden. Die von den Ständen ernannten Oberkommissäre mußten für die Verpflegung der in das Land ob der Enns verlegten kaiserlichen Truppen und des obderennsischen Aufgebotes sorgen. Zu diesem Zweck wurden in Tollet, Peuerbach, Engelhartszell, Weidenholz, Erlach, Aistersheim, Wolfsegg und Riedau Magazine angelegt, an die alle Herrschaften und Pfarrer bestimmte Proviantmengen abzuliefern hatten. Nachdem ein Teil der österreichischen Truppen Passau besetzt hatte, in dem die Stände ob der Enns eine „Vormauer Oberösterreichs" sahen, und ein anderer Teil am 11. März 1703 in den Gefechten bei Schardenberg und Eisenbirn gegen die Bayern Niederlagen erlitten hatte, waren die Österreicher im Sommer mit Unternehmungen erfolgreich, die sie über Ried, Altheim, Mühlheim am Inn, Mattighofen, Friedburg und Frankenmarkt wieder zurück nach Passau und ein weiteres Mal über Neuburg am Inn und Schärding bis nach Vilshofen führten. Da aber die kaiserlichen Truppenkontingente häufig wechselten und immer wieder auf andere Kriegsschauplätze verlegt wurden, lastete die Verteidigung des Landes ob der Enns zu einem nicht unwesentlichen Teil auf dem allgemeinen Aufgebot. Die Lage der davon betroffenen bäuerlichen Bevölkerung besserte sich durch ein von den Ständen auf Vorschlag des Oberkommissars Johann Georg Adam von Hoheneck eingeführtes Grenzwehrsystem, das entlang der bayerischen Grenze die Aufstellung von pfarrweise organisierten „Landschützen" vorsah, für deren Kosten die grenzferne Wohnenden aufzukommen

hatten. Zusätzlich mußten auf Befehl des kaiserlichen Oberkommandierenden bei Engelhartszell, Neuhaus und Schlögen Donausperren und in St. Willibald und in Riedau neue Schanzanlagen errichtet werden. Zu Beginn des Jahres 1704 drangen die Bayern dennoch über Peuerbach bis Eferding in das Land ob der Enns ein. Als aber der bayerische Kurfürst Max Emanuel für das gesamte Hausruckviertel so hohe Kontributionen ausschrieb, daß sich die Bauern dagegen gewaltsam zur Wehr setzten, mußten sich die bayerischen Truppen nach wenigen Tagen wieder zurückziehen. Sie nahmen allerdings für ihre noch ausständigen Forderungen Geiseln mit. In dem von den Bayern nach der Eroberung Passaus ebenfalls bedrohten Mühlviertel organisierten die ständischen Oberkommissäre Abt Siard Worath von Schlägl und Freiherr Anton Erasmus von Ödt zu Götzendorf die hauptsächlich vom bäuerlichen Aufgebot getragene Verteidigung. Der Mangel an regulären kaiserlichen Soldaten veranlaßte die Stände ob der Enns schließlich, zum Schutze ihres Landes ein 2000 Mann starkes Landregiment unter der Führung eines Landobersten aufzustellen, indem je 15 Feuerstätten einen Soldaten anwarben und unterhielten. Gleichzeitig ordnete der Freiherr von Hoheneck das von den Ständen organisierte Fuhr- und Vorspannwesen neu, um eine gerechtere Aufteilung der drückenden Lasten zu erzielen. Da an der bayerisch-österreichischen Grenze keiner der beiden einander gegenüberstehenden Truppenverbände entscheidende militärische Vorteile erzielen konnte, beendete erst der Sieg des Prinzen Eugen von Savoyen und des Herzogs von Marlborough über das bayerisch-französische Haupttheer bei Höchstädt (13. August 1704) die Gefahr für das Land ob der Enns. Der bayerische Kurfürst Max Emanuel, der nicht abgeneigt war, Bayern gegen die ehemaligen spanischen Niederlande oder gegen Neapel-Sizilien zu tauschen, mußte sein Land verlassen.
Der Tod Kaiser Leopolds I. änderte die Lage. Sein Sohn und Nachfolger Joseph I. (1705—1711), der mit seinem Schwager Max Emanuel persönlich verfeindet war, hielt sich nicht an den Ilbesheimer Vertrag und ließ Bayern kurz nach seinem Regierungsantritt besetzen. Die anschließende harte Herrschaft der österreichischen Besatzungsmacht, die hohe Steuern und Abgaben forderte und Soldaten zwangsweise rekrutierte, hatte jedoch im Herbst 1705 einen Aufstand besonders der bäuerlichen Bevölkerung zur Folge. Die Erhebung, deren Parole „Lieber bayerisch sterben, als in des Kaisers Unfug verderben!" lautete, breitete sich vom Rott- und Vilstal in das spätere Innviertel aus, woher auch die beiden Anführer Johann Georg Meindl (ein in Weng als Sohn eines Wirtes geborener Student aus Altheim) und Georg Sebastian Plinganser (ein Gerichtsschreiber aus Thurnstein) stammten. Einige wenige radikale Elemente strebten

Abb. 22. Inneres der Rokoko-Stiftskirche Wilhering.

Abb. 23. Barockstift St. Florian bei Linz.

Abb. 24. Das Sudhaus in Hallstatt (Matthäus Merian, 1649).

Abb. 25. Der Traunfall um 1790, Oberösterreichisches Landesmuseum.

Abb. 26. Linzer Wollzeugfabrik, Oberösterreichisches Landesmuseum.

*Die Zeit des Barock*

nicht nur Freiheit vom Kaiser, sondern auch von allen Obrigkeiten und Abgaben an. Die aufständischen Bayern eroberten Burghausen, Braunau am Inn und Schärding, unterlagen aber schließlich zu Beginn des Jahres 1706 österreichischen Truppen, nachdem die Stände des Landes ob der Enns bereits Maßnahmen zum Schutz ihrer Grenze ergriffen hatten. Durch die Vermittlung des Erzbischofs von Salzburg erhielten die Aufständischen mit Ausnahme der Anführer Straffreiheit. Nach der Verhängung der Reichsacht über Kurfürst Max Emanuel im April 1706 verhinderte zwar Preußen die Annexion Bayerns durch Österreich, Kaiser Joseph I. konnte jedoch vorübergehend das bayerische Gebiet östlich von Inn und Salzach mit Ausnahme einiger Herrschaften, die er als unmittelbare Reichslehen an Räte und Günstlinge verlieh, dem Lande ob der Enns anschließen. Solche größere freie Reichsherrschaften erhielten 1708/10 der kaiserliche Landesadministrator Bayerns Graf Maximilian Karl von Löwenstein-Wertheim und der Reichshofvizekanzler Graf von Schönborn (die Herrschaften und Gerichte Mauerkirchen, Oberweilhart und Wildshut), der Hofkammerpräsident Graf Gundaker von Starhemberg (die Herrschaften Mattighofen und Uttendorf), der Hofkanzler Freiherr von Seillern (die Herrschaft Friedburg) und der Obersthofmeister Graf von Trautson (den Markt Ried u. a.). Sie alle verloren aber diese Neuerwerbungen wieder 1714 durch den Friedensschluß von Rastatt, dem zufolge Bayern ungeschmälert an den Kurfürsten Max Emanuel zurückgegeben wurde.

In den ersten Regierungsjahren Kaiser Karls VI. (1711–1740) war dem Lande ob der Enns großer Schaden entstanden durch das Auftreten der Pest, die bereits 1679 in Linz gewütet hatte und 1713/14 neuerlich im Traun- und Hausruckviertel sowie 1714/15 im Westen des Landes zahlreiche Opfer forderte. Die strengen Quarantänemaßnahmen, die Landeshauptmann und Stände zur Abschirmung gegen Österreich unter der Enns trafen, wirkten sich besonders auf die Wirtschaft nachteilig aus. Die von der Seuche verschonte Bevölkerung errichtete aus Dankbarkeit Pestsäulen (z. B. 1717 bis 1723 die Dreifaltigkeitssäule auf dem Linzer Hauptplatz). Das wohl schönste Denkmal ist die Dreifaltigkeitskirche von Stadl-Paura, die der Abt Maximilian Pagl von Lambach 1714 bis 1724 erbauen ließ.

In dem Verhältnis der Stände ob der Enns zu dem absolutistischen Landesfürstentum ergaben sich unter Karl VI. charakteristische Veränderungen. Bezeichnenderweise nahm der Kaiser erst 1732, mehr als 20 Jahre nach seinem Regierungsantritt, in Linz die Erbhuldigung der Stände ob der Enns entgegen. Diese einst für das Land und den Landesfürsten so wichtigen Rechtsakte hatten jetzt nur noch den Charakter einer barocken

Staatsfeier. Wie sehr die Stände an Bedeutung und Einfluß verloren hatten, ist auch daran ersichtlich, daß ihr früher ängstlich gehütetes Steuerbewilligungsrecht seit dem Beginn des 18. Jahrhunderts durch Verträge mit dem Landesfürsten eingeschränkt wurde. Diese Rezesse, die 1701 für die Dauer von zwölf Jahren und 1715 auf zehn Jahre abgeschlossen worden waren, verpflichteten die Stände während der vereinbarten Zeitspanne zur jährlichen Zahlung einer bestimmten Summe und befreiten sie dafür von weiteren Leistungen an den Landesfürsten. Die regelmäßigen Zahlungen machten das jährliche Feilschen mit den Ständen auf den Landtagen unnötig und gestatteten dem Landesfürsten eine bessere Planung seiner Finanzen. Seit 1723 wurden den Ständen ob der Enns für ihre Steuerbewilligungen auch keine Schadlosbriefe mehr ausgestellt. Dazu kam, daß die Landesfürsten im ersten Drittel des 18. Jahrhunderts ohne die Zustimmung der Stände eine Reihe neuer indirekter Steuern einführten: 1707 den Musikimpost, den die Wirte jährlich für die Abhaltung von Tanzveranstaltungen zahlen mußten, sowie sogenannte Aufschläge auf Bier (1721), Most und Branntwein (1728). Die Verpachtung dieser Steuern an die Stände brachte diesen auch noch Verluste, weil die tatsächlichen Einnahmen die Höhe der jährlichen Pachtsumme nie erreichten. Als sich die finanzielle Situation der Stände, die bereits 1723 über 4 Millionen Gulden Schulden hatten, infolge der hohen Belastungen durch die kaiserliche Politik, aber auch wegen eigener Mißstände stark verschlechterte, kam es 1731 erstmals zu einem staatlichen Eingriff in die autonome ständische Geldgebarung. Die ständische Finanzverwaltung wurde mit staatlicher Unterstützung reorganisiert, da der Kaiser, der für seine Kriege gegen die Türken sowie gegen Frankreich und Spanien viel Geld benötigte, an der Erhaltung der Finanzkraft des Landes interessiert war.
Am 19. April 1713 verfügte Karl VI., damals noch ohne Nachkommenschaft, mit der Pragmatischen Sanktion die Unteilbarkeit und Untrennbarkeit der Gesamtheit der Länder der österreichischen Habsburger und regelte für den Fall des Aussterbens des Mannesstammes die weibliche Erbfolge seines Hauses. Nachdem ihm zwei Töchter geboren worden waren, suchte er die Annahme dieses Staatsgrundgesetzes, das der österreichischen Monarchie eine bis 1918 tragende staatsrechtliche Konstruktion gab, durch die einzelnen Länder zu erreichen. Das Land ob der Enns stimmte als eines der ersten am 19. April 1720 auf einem Landtag zu. In der Folge wurde auch die kaiserliche Außenpolitik von dem Bemühen geprägt, die deutschen und europäischen Staaten für die Anerkennung der Pragmatischen Sanktion zu gewinnen.
Als aber Karl VI. 1740 starb und seine ältere Tochter Maria Theresia das Erbe antreten sollte (1740–1780), erwiesen sich die zum Teil teuer erkauf-

*Die Zeit des Barock*

ten Zusagen und Garantien als wertlos. Der Österreichische Erbfolgekrieg (1740–1745) begann mit dem Einmarsch Preußens in Schlesien im Dezember 1740. Der bayerische Kurfürst Karl Albrecht, der nach dem habsburgischen Erbe und nach der Kaiserkrone strebte — die Pragmatische Sanktion war von Bayern nicht anerkannt worden —, hatte schon seit 1732 die unzureichenden Rechtsgrundlagen seiner vermeintlichen Erbansprüche sammeln lassen. Wenn man in diesem Zusammenhang von einem jahrhundertelangen Unrecht Habsburgs gegenüber Bayern sprach, so bezogen sich diese Vorwürfe sicherlich auch auf die Entstehung des Landes ob der Enns. In Oberösterreich erkannte man die drohende Gefahr und bereitete sich auf einen bayerischen Angriff vor. Eine auf Befehl Maria Theresias von den Herrschaften durchgeführte Zählung ergab im gesamten Land 209 Jäger, 2959 Schützen und 8383 Waffenfähige sowie 51 Kanonen, 207 Böller und Doppelhaken, 1241 gezogene Röhren und 4910 Flinten. Als bayerische Truppen im Sommer 1741 Passau besetzten, übernahm das Aufgebot des Landes den Schutz der Grenze gegen Bayern. An der Donau wurden bei Enns Spielberg und Enghagen befestigt und in Engelhartszell eine Sperre errichtet. Am 10. September erschien ein kurfürstlicher Hoftrompeter in Linz, der eine Dokumentation der bayerischen Erbansprüche auf Österreich überbrachte und den bayerischen Einmarsch in das Land ob der Enns ankündigte. Die Stände ob der Enns mußten den am 11. September von Schärding über Peuerbach, Waizenkirchen und Hartheim sowie zu Schiff auf der Donau einrückenden vereinigten bayerischen und französischen Truppen Kommissäre entgegenschicken, die für die Verpflegung der feindlichen Armee im Lande und für die Entwaffnung der Bevölkerung sorgen sollten. Am 14. September wurde Linz besetzt, nachdem die wenigen vorhandenen österreichischen Truppen an die Ennslinie zurückverlegt worden waren und die Stände unter diesen Voraussetzungen das Aufgebot an der Grenze aufgelöst hatten, und danach das ganze Land. Der bayerische Kurfürst, der am 15. September feierlich in das Linzer Schloß eingezogen war und am 20. die Landräte und den Landschreiber auf sich vereidigt hatte — der Landeshauptmann Graf Ferdinand Bonaventura von Weißenwolff war nach Niederösterreich geflohen —, forderte von den Ständen ob der Enns, daß sie ihm als Erzherzog von Österreich am 2. Oktober die Huldigung leisteten. Unter dem Druck der Verhältnisse sahen die Stände, die vor allem auf ihre Rechte und Freiheiten bedacht waren, keine andere Möglichkeit. Sie hatten zwar bereits Anfang September von Maria Theresia Anweisungen erbeten, wie sie sich verhalten sollten, und auch die von der bayerischen Gesandtschaft überbrachten Schriftstücke an die Habsburgerin weitergeleitet. Die Antwort hatte gelautet, daß sie mit Ausnahme je eines Verordneten eines jeden Standes Linz verlassen, keine Versammlungen besuchen und eine Huldigung vermeiden sollten. Als aber nun die Vorbereitungen dazu bereits getroffen wurden, konnte Maria Theresia nur mehr schriftlich ein Verbot und eine Ungültigkeitserklärung für den Fall, daß es doch zu einer Huldigung kommen würde, erlassen. Trotzdem huldigte ein Teil der obderennsischen Stände in Linz programmgemäß dem Kurfürsten Karl Albrecht. Dieser nützte aber die für ihn günstige Lage nicht aus. Obwohl seine Vorhut bereits die Traisen erreicht hatte, konnte er sich nicht dazu entschließen, dem preußischen Drängen nachzugeben und mit konzentrierter Macht bis Wien vorzustoßen. Er zog es vor, sich von Niederösterreich nach Böhmen zu wenden und dessen Königskrone zu erwerben. Das französische Heer war ebenfalls über Enns und Freistadt nach Böhmen abgezogen.

Währenddessen vermochte Maria Theresia mit ungarischer Hilfe neue Truppen zu sammeln, die sie dem Oberbefehl des Feldmarschalls Ludwig Andreas Graf Khevenhüller unterstellte. Dieser ließ die verschiedenen Kontingente in dem Raum Amstetten–Strengberge–Waidhofen a. d. Ybbs aufmarschieren und in der Nacht vom 30. zum 31. Dezember 1741 in drei Abteilungen die Enns bei Losenstein, Ernsthofen und Enns überschreiten. Eine vierte Abteilung drang im Machlandviertel bis in das Gallneukirchner Becken vor. Im Land ob der Enns, zu dessen kurfürstlich-bayerischem Vizestatthalter der Viztum von Burghausen Graf Adam von Taufkirchen ernannt worden war und mit dessen Verteidigung der französische General Graf Ségur betraut worden war, hatten die anfänglich wenigen verbliebenen bayerisch-französischen Streitkräfte die Städte Linz, Enns und Steyr befestigen und an Donau und Enns Schanzanlagen errichten lassen. Die österreichischen Truppenkonzentrationen in Niederösterreich bewirkten jedoch die Verlegung beträchtlicher bayerischer Verstärkungen in das Land. Dennoch konnte Khevenhüller die bayerischen und französischen Soldaten an der Enns überraschen und am 1. Jänner 1742 in ihrem Fluchtort Linz einschließen. Die zur Festung ausgebaute Stadt sollte auf Befehl des bayerischen Kurfürsten von Ségur unbedingt gehalten werden. Drei französische Ausfälle nach Gallneukirchen, Ebelsberg und Wilhering scheiterten am 16. Jänner. Mittlerweile hatten österreichische Truppenkontingente das gesamte Land ob der Enns von kleineren bayerischen und französischen Verbänden befreit, waren ihrerseits in Bayern bis nach Vilshofen eingedrungen und hatten Ried und Schärding besetzt. Ein bayerisches Entsatzheer konnte an der Rott vernichtend geschlagen werden. Zur Wahrnehmung der landesfürstlich-österreichischen Interessen im Lande ob der Enns wurde der Freiherr Johann Maximilian von Gera provisorisch als oberster Landeskommissar

*Die Zeit des Barock* 213

eingesetzt. Die in Linz von Khevenhüller und dem Großherzog von Toscana Franz Stephan (von Lothringen), dem Gemahl Maria Theresias, belagerten Bayern und Franzosen ergaben sich am 23. Jänner nach starkem Artilleriebeschuß und einem Sturm auf die Linzer Vorstädte, in dessen Verlauf 189 Häuser abbrannten. Noch vor dem vollständigen Abmarsch der ca. 10.000 besiegten Soldaten zog Franz Stephan am Nachmittag des 24. Jänner in Linz ein.
Jetzt wurden die Stände ob der Enns wegen ihres Verhaltens während der bayerischen Besetzung von einer Untersuchungskommission unter Leitung des Landeshauptmannes zur Verantwortung gezogen. Diejenigen unter ihnen, die dem Kurfürsten gehuldigt und mit den Bayern zusammengearbeitet hatten sowie während der Belagerung in Linz geblieben waren, mußten sich auf ihre Güter begeben und durften keine Ämter ausüben, so z. B. der Freiherr Josef Clement von Weichs, der Graf Johann Wilhelm von Thürheim und der Graf von Salburg. Den Salzamtmann Graf Ferdinand von Seeau, der Gmunden kampflos übergeben hatte, ließ Maria Theresia, seit 1741 Königin von Ungarn, sogar verhaften. Ihre Erbitterung war so groß, daß sie befahl, die obderennsischen Stände überhaupt aufzulösen. Auf Anraten ihrer Minister zog sie jedoch diesen Befehl wieder zurück. Es dauerte aber bis Dezember 1742, ehe die der Stadt Linz verwiesenen Adeligen mit Ausnahme von vier in die Landeshauptstadt zurückkehren durften. Die Königin selbst kam erst im Sommer des Jahres 1743 nach Linz, um die Erbhuldigung der Stände entgegenzunehmen (25. Juni). Es war die letzte derartige Zeremonie, zu der ein Landesfürst in das Land ob der Enns kam. Wie der bayerische Kurfürst Karl Albrecht vor ihr erhielt auch Maria Theresia ein Huldigungsgeschenk von 6000 Dukaten. Bis 1745 gewannen auch die letzten oberösterreichischen Adeligen die Verzeihung der Landesfürstin.
Der Kurfürst von Bayern und König von Böhmen Karl Albrecht war am 24. Jänner 1742 als Karl VII. zum Kaiser gewählt worden, hatte aber im Februar sein Land, das von den vordringenden österreichischen Truppen bis zur Donau besetzt wurde, verloren. Nachdem es ihm im Herbst mit französischer Hilfe gelungen war, die Österreicher bis an den Inn zurückzudrängen, konnten diese im Sommer 1743 Bayern neuerlich besetzen und eine österreichische Verwaltung unter dem Grafen von Goes einrichten. Dieses Mal mußten die bayerischen Stände der Königin Maria Theresia huldigen. Die Änderung der politischen und militärischen Lage ermöglichte dem Kaiser im Herbst 1744 die Rückkehr nach München, wo er aber bereits am 20. Jänner 1745 starb. Sein Sohn Maximilian III. Joseph erhielt in dem am 22. April in Füssen geschlossenen Frieden Bayern wieder zurück, mußte jedoch auf alle Ansprüche gegenüber Österreich

verzichten und sich verpflichten, den Großherzog Franz Stephan, den Gemahl und Mitregenten Maria Theresias, zum Kaiser zu wählen. Bis zur Wahl Kaiser Franz' I. am 13. September 1745 behielt Österreich die Städte Ingolstadt, Straubing, Schärding und Braunau am Inn.
Im Lande ob der Enns war wegen der wechselnden militärischen Erfolge in Bayern und wegen einer wiederholten preußischen Bedrohung aus Böhmen seit 1742 mehrmals das Aufgebot zum Schutz der Grenzen gegen Westen und Norden erlassen worden. Für den Fall, daß die Preußen in das Land eindringen sollten, befahl Maria Theresia den ständischen Verordneten im Herbst 1744, mit dem Archiv und den Kassen nach Steyr oder in die Steiermark zu flüchten. Im Oktober mußte jede Feuerstätte gegen einen Gulden einen Metzen Hafer abliefern, und zwar aus dem Traun- und Machlandviertel nach Linz, aus dem Hausruckviertel nach Frankenburg und aus dem Mühlviertel nach Passau. Den Plan des Militärkommandanten, gegen Bayern von Passau entlang des Inn bis nach Tirol eine Verteidigungslinie zu errichten, für die außer Geld 6000 Aufgebotene, 2500 Schanzarbeiter und 200 Pferdewagen nötig gewesen wären, konnten die Stände ob der Enns, die auf die Erfolglosigkeit solcher Anlagen hinwiesen, mit Hilfe Maria Theresias verhindern.

## Die Reformen Maria Theresias und die Erwerbung des Innviertels

Die Erfahrungen beim Antritt ihrer Herrschaft bewogen Maria Theresia, nachdem sie sich als Regentin durchgesetzt hatte, ihr auf der Pragmatischen Sanktion beruhendes, absolutistisches Staatswesen einer strukturellen Reform an Haupt und Gliedern zu unterziehen. Der von dem Grafen Friedrich Wilhelm von Haugwitz vorgeschlagene Umbau erstreckte sich auf den Bereich der Verwaltung und der Behördenorganisation. Die österreichischen und böhmischen Ländergruppen wurden unter gemeinsamen Zentralbehörden zu einem einheitlichen Staat zusammengefaßt, der im Rahmen der habsburgischen Gesamtmonarchie bis 1918 bestand. Die Verfassungen der Erbländer erfuhren zwar formell keine Veränderungen, wurden aber inhaltlich noch stärker zuungunsten der Stände ausgehöhlt. Mit der Theresianischen Staatsreform von 1748/49 begann ein Suchen nach geeigneten politischen Organisationsformen, die gegen den erbitterten Widerstand der Stände durchgesetzt und bis zur Jahrhundertwende mehrmals geändert werden mußten.
Das Militärreglement von 1748, das den Ständen ob der Enns nur noch eingeschränkte Befugnisse bei der Rekrutierung, bei der Quartierstellung und bei der Regelung des Vorspannwesens beließ, schuf die Grundlage

für die Organisation eines gut ausgebildeten, stehenden Heeres. Im Zusammenhang damit stand auch der mit den Ständen vereinbarte Dezennalrezeß, der für die Dauer von zehn Jahren beginnend mit 1749 jährliche Steuerzahlungen von 1,004.484 Gulden vorsah. Davon entfielen 284.807 Gulden auf das sogenannte Kamerale und 719.676 Gulden auf Militärauslagen. Die Landesfürstin wollte dafür keine weiteren Abgaben oder Militärleistungen verlangen. Im Zuge der Neuorganisation des Heerwesens wurden im Lande ob der Enns Kasernen errichtet und bestimmten Truppenkörpern feste Garnisonsorte zugewiesen. 1779 garnisonierte in Linz erstmals das Infanterieregiment Nr. 14 (Ernst Ludwig Großherzog von Hessen und bei Rhein), das spätere Linzer „Hausregiment" („Linzer Hessen"). Bei den seit 1754 von den Herrschaften und Pfarrern durchgeführten Volkszählungen (Seelenkonsignationen) spielten auch militärische Interessen eine Rolle, da die bisherigen Werbungs- und Rekrutierungssysteme wenig befriedigten. Mit der Konskription genannten, politisch-militärischen „Seelenbeschreibung" von 1770/71 waren eine pfarrweise Häusernumerierung, welche die Siedlungen eines Pfarrsprengels ungeachtet der Herrschafts- und Gerichtsverhältnisse zu den heutigen Ortschaften entsprechenden sogenannten Numerierungsabschnitten zusammenfaßte, und eine Zählung der Zugtiere verbunden. Auf dieser Grundlage erfolgte die Einteilung des Landes in Werbebezirke, die bestimmten Regimentern zur Ergänzung zugewiesen wurden. Für Oberösterreich waren die Infanterieregimenter Nr. 14 und 59 (Erzherzog Rainer) zuständig. Die als Unterlagen dienenden Verzeichnisse (Populationsbücher) wurden jährlich kontrolliert und auf den neuesten Stand gebracht. Die Wehrpflicht lastete vor allem auf den untersten, besitzlosen Schichten. Geistlichkeit und Adel, Beamte und Honoratioren, die Bürger der Städte und die Handwerker auf dem Lande, Bauern, die mindestens ein Viertelbauerngut bewirtschafteten, die nächsten Erben dieser Bürger und Bauern und die Bewohner des Salzkammergutes waren befreit.
Die Neuordnung des Finanzwesens zielte darauf ab, die Einnahmen der Länder und den Einfluß des Staates auf diese Einnahmen zu steigern. 1747 wurde die jährliche Steuerleistung des Landes ob der Enns im Zuge der Steuerreform des Grafen Haugwitz ohne besonderen Widerstand der Stände auf 906.000 Gulden erhöht. Diese finanzielle Last sollte gerechter verteilt und die bisher übliche Steuerhinterziehung durch die Grundherrschaften abgestellt werden. Die Herrschaften verfügten nämlich zumeist über mehr steuerpflichtige Untertanengüter, als in dem veralteten, seit 1526 angelegten ständischen Gültbuch verzeichnet waren. Eine 1748 auf Befehl Maria Theresias geschaffene ständische Rektifikations-Deputation mußte daher von allen Grundherrschaften des Landes ein neues Be-

kenntnis der gesamten herrschaftlichen (Dominikal-) und bäuerlichen (Rustikal-)Besitzungen sowie aller Herrschaftseinkünfte vornehmen lassen. Im Falle falscher Angaben drohte den Grundherren die Beschlagnahme des Verschwiegenen oder unrichtig Dargestellten. Das Ergebnis dieser Theresianischen Fassion, die gegen Ende des Jahres 1750 abgeschlossen wurde, war das Theresianische Gültbuch, das 289 Aktenbände und 718 bzw. 743 Handschriften umfaßt, nach Herrschaften geordnet ist und daher auch noch im Osten des Landes über die Enns hinausgreift. Die Differenz zwischen den 1527 angegebenen 39.940 Feuerstätten und den 1750 einbekannten 57.294 Häusern gewährt eine Vorstellung von dem Gewinn der Stände, die die später entstandenen Bauernhöfe, die sogenannten verschwiegenen Gülten, wohl besteuert, das Geld aber für sich behalten hatten. Die theresianische Steuerrektifikation erleichterte zwar im allgemeinen die Lage der bäuerlichen Bevölkerung, beendete jedoch noch nicht die Ungleichheit der Besteuerung von herrschaftlichem und bäuerlichem Grund. Die Steuern für Dominikalgut betrugen weiterhin nur die Hälfte derjenigen für Rustikalgut. 1754 wurde außerdem ein Landtafel genanntes, grundbuchartiges Verzeichnis des herrschaftlichen Grundbesitzes angelegt, wobei das ständische Gültbuch als Vorlage diente. Trotz der 1748 in Zusammenhang mit dem Abschluß des Dezennalrezesses gemachten Zusagen war die Landesfürstin wegen der hohen Staatsausgaben, besonders während des Siebenjährigen Krieges gegen Preußen (1756—1763), gezwungen, das Land ob der Enns wiederholt mit außerordentlichen Steuern wie mit einer Dienstboten-, einer Erbschafts-, einer Zinsensteuer auf Kapitalien, einer Kriegsschuldensteuer und einer Pferdesteuer sowie mit Darlehen, Beihilfen und Lieferungen zu belasten. Die neuen Steuern wurden eingeführt, ohne die Bewilligung der Landtage einzuholen. Als Maria Theresia 1749 infolge von Mißwirtschaft und hohen Schulden — 1741 betrug die Schuldenlast des Landes 4 Millionen Gulden — den Ständen ihre bisher unabhängige Finanzgebarung entzog und der staatlichen Aufsicht unterstellte, bedeutete dies nicht nur für die Landstände, sondern auch für die Wirtschaft des Landes einen schweren Schlag, weil dadurch die Kreditfähigkeit der Stände stark beeinträchtigt wurde. Die Maßnahme mußte deshalb 1754 wieder zurückgenommen werden.

Diesem Eingriff in die ständischen Rechte und Freiheiten ging eine tiefgreifende Umgestaltung der Landesverwaltung voran. Das Land ob der Enns war bisher von landesfürstlichen und ständischen Behörden dualistisch verwaltet worden. Dem Landeshauptmann und dem von ihm geleiteten, mit Landräten besetzten Gericht (Landrecht) war die den Ländern Österreich ob und unter der Enns gemeinsame, Verwaltung und

Justiz vereinigende „niederösterreichische Regierung" (Regiment) in Wien als vorgesetzte Behörde übergeordnet. Im Oktober 1748 wurde nun der politische Einfluß der Landstände durch die Schaffung einer neuen staatlichen, ausschließlich mit landesfürstlichen Beamten besetzten Landesbehörde entscheidend zurückgedrängt. Zum Präsidenten dieser für Militär-, Kontributions- und Kameralangelegenheiten des Landes zuständigen „landesfürstlichen Deputation" wurde der landfremde Graf Franz Reinhold von Andlern-Witten bestellt. Dem Landeshauptmann und den Landräten verblieben als Aufgabenbereich fast nur Justizangelegenheiten. Mit dieser weitgehenden Trennung von Verwaltung und Justiz erfolgte aber auch eine für die staatsrechtliche Stellung des Landes ob der Enns wichtige Lösung der bisherigen politischen Bindung an das Erzherzogtum Österreich unter der Enns, da die neue Landesbehörde nicht mehr der niederösterreichischen Regierung, sondern unmittelbar Maria Theresia unterstellt war. Als ein Protest der Stände, die auf die negativen Folgen dieser ihre Rechte beschneidenden Reform für ihre Kreditfähigkeit und ihre Ehre hinwiesen, im März 1749 erfolglos blieb, legte der Freiherr Johann Georg Adam von Hoheneck eine Dokumentation über die von der Regierung ergriffenen Maßnahmen an, der er den bezeichnenden Titel „Grabmal der ständischen Freiheiten des Erzherzogtums Österreich ob der Enns" gab. 1749 wurden parallel zur Organisation der Zentralbehörden auch in den Erbländern die politische und die Finanzverwaltung von der Justiz völlig getrennt. Die mit den politischen, finanziellen und eingeschränkten Militärangelegenheiten des Landes befaßte „königliche Repräsentation und Kammer", welche die Deputation ablöste, wurde dem zentralen „Directorium in publicis et cameralibus" unterstellt. Anders als im politischen Bereich, wo das Land ob der Enns durch die Trennung von der früher übergeordneten niederösterreichischen Regierung seine Selbständigkeit gegenüber Österreich unter der Enns gewonnen hatte, blieb im Bereich des Gerichtswesens die Abhängigkeit der als Justizbehörde fungierenden Landeshauptmannschaft von der niederösterreichischen Regierung bestehen. 1751 wurde sogar das Amt des Landeshauptmannes abgeschafft, sein Inhaber stand nun unter dem Titel „Präses" den für die Justizangelegenheiten zuständigen „Landrechten in Österreich ob der Enns" vor. Der Landesanwalt führte den Titel „Vicepräses der Landrechte". Die dem Prälatenstand angehörenden Landräte mußten wegen Unvereinbarkeit mit dem Richteramt ausscheiden. Die 1754 folgende Reorganisation stellte zwar die Landeshauptmannschaft als Justizstelle wieder her, brachte diese aber in gemeinsame Verwaltung mit der Repräsentation und Kammer, indem deren Präsident Graf von Andlern-Witten auch das Amt des Landeshauptmannes übernahm. Die

Zahl der Landräte wurde um zwei erhöht. Die Stände durften ihre Finanzen wieder selbst verwalten.
Im Zusammenhang mit den Reformen der Zentralbehörden durch den Grafen Wenzel Anton von Kaunitz-Rietberg erfuhr 1759 auch die Landesverwaltung eine neuerliche Änderung, mit der den Ständen wieder mehr Rechte eingeräumt wurden. Man trennte die Finanzen von der politischen Verwaltung, vereinigte diese wieder mit dem Justizwesen und übertrug beide mit der Auflösung der königlichen Repräsentation und Kammer der als alleiniger „Landesstelle" wiederhergestellten Landeshauptmannschaft. Durch deren abermalige Unterordnung unter die niederösterreichische Regierung wurde jedoch das Land ob der Enns neuerlich sowohl in Justizangelegenheiten als auch politisch an das Erzherzogtum Österreich unter der Enns gebunden. 1765 kam es wiederum zu einer Umorganisation. Der vom Landesfürsten ernannte Landeshauptmann übernahm das Präsidium der Stände ob der Enns, die ständischen Ausschuß- und Raitratskollegien wurden aufgelöst. An die Stelle des Raitratskollegiums trat eine landschaftliche Buchhaltung. Das von je zwei Angehörigen eines jeden Standes gebildete Verordneten-Kollegium unter dem Vorsitz des Landeshauptmannes blieb bestehen. Seine Mitglieder wurden weiterhin von den Ständen gewählt, mußten aber von der Kaiserin bestätigt werden. Die Landeshauptmannschaft erhielt die Stellung einer Mittelbehörde zwischen dem Hof und den Ständen. In für die politische Schwäche der Landesvertretung bezeichnender Weise mußte sich diese damit zufriedengeben, daß wenigstens mit dem Grafen Christoph Wilhelm II. von Thürheim ein Landsmann zum neuen Landeshauptmann ernannt worden war. 1772 löste Maria Theresia das Gerichtswesen des Landes ob der Enns aus der bis dahin bestehenden Bindung an die niederösterreichische Regierung, indem sie statt dieser die für die österreichischen und böhmischen Erbländer zentrale Oberste Justizstelle zur Appellationsinstanz für die oberennsische Landeshauptmannschaft machte.
Der Einfluß der Stände wurde aber durch die theresianischen Reformen nicht nur auf der Ebene der Landesregierung zurückgedrängt, sondern ebenso im Bereich der Grundherrschaften. Im Zuge der Staatsreform des Grafen Haugwitz waren schon 1748 Kreisämter nach böhmisch-mährischem Vorbild als staatliche Unterbehörden eingerichtet worden, welche die Gesetze vollziehen, die Grundherrschaften in ihrem Verhältnis zu den Untertanen kontrollieren und die Magistrate der landesfürstlichen Städte und Märkte beaufsichtigen sollten. Die Kreiseinteilung entsprach den Landesvierteln; die Kreisämter befanden sich in Steyr für den Traunkreis, anfänglich in Lambach, dann in Wels für den Hausruckkreis, in

Freistadt für den Machlandkreis und in Rohrbach für den Mühlkreis. Die Aufgaben der Kreishauptleute, die von den Grundherrschaften unabhängig sein mußten, wurden im Laufe der Zeit immer umfangreicher und betrafen schließlich das Polizei-, Militär- und Steuerwesen sowie die Aufsicht über Kultus, Schulwesen, Handel und Gewerbe. Auf der untersten Ebene war die staatliche Verwaltung weiterhin auf die Mitwirkung der Grundherrschaften angewiesen. Nach der Organisation von zentral gelegenen Werbebezirksherrschaften erfolgte 1774 für die Rekrutierung (Konskription) eine Gliederung der Kreise in Distriktskommissariate, die mehrere Pfarrsprengel umfaßten und von geeigneten Herrschaften bzw. deren Pflegern verwaltet wurden. Die neuen Unterbehörden übernahmen die politischen Agenden der Landgerichte, deren Wirkungsbereich dadurch auf die Kriminalgerichtsbarkeit beschränkt wurde.

Der Passauer Fürstbischof Kardinal Joseph Dominikus von Lamberg hatte 1730 die unter österreichischer Landeshoheit stehende Grafschaft Neuburg am Inn mit Wernstein um 515.000 Gulden und 1000 Dukaten von dem Grafen von Lamberg-Sprinzenstein gekauft. Nach dem Tode Kaiser Karls VI. hatte er unter Berufung auf die seinerzeitige Belehnung der Söhne König Rudolfs von Habsburg mit Passauer Besitzungen in Österreich eine Neubelehnung des Hauses Habsburg-Lothringen und eine „Erkenntlichkeit" dafür von seiten Österreichs gefordert. Diesen ergebnislosen Vorstoß griff sein Nachfolger Fürstbischof Leopold Ernst von Firmian wieder auf und erreichte nach zähen Verhandlungen am 1. Dezember 1765 den Abschluß eines Staatsvertrages mit Maria Theresia, der eine Grenzregulierung zwischen dem Fürstbistum Passau und Österreich vorsah. Österreich überließ Passau nördlich der Donau das zur Herrschaft Falkenstein gehörige Amt Wildenranna und das zur Herrschaft Rannariedl gehörige Amt Jandelsbrunn sowie eine Anzahl verstreuter österreichischer Untertanen in passauischen Gerichten. Dafür trat das Hochstift 14 Untertanen in den am linken Donauufer gelegenen, zum Pfleggericht Obernzell gehörigen Ortschaften Ober- und Unteraschenberg, Haitzendorf, Klein-Mollsberg, Leitenmühl und Mühleck sowie am rechten Donauufer den Bezirk der Niederkeßla an Österreich ab. Passau verzichtete darüber hinaus auf alle Lehensansprüche in Österreich. Die neue Landesgrenze, die von beiderseitigen Kommissären vermessen und beschrieben wurde, verlief nun vom Jungfernstein über den Feichtbach und oberhalb des Marktes Engelhartszell zum Jochenstein in der Donau. Nördlich des Flusses entstand eine Grenzlinie, die noch heute zwischen Österreich und Bayern bis zum Plöckenstein Gültigkeit hat. Da das Hochstift 498 untertänige Häuser mehr erhalten hatte, mußte es dem

Lande ob der Enns den dadurch entstehenden Ausfall an Rekruten ersetzen. Die Landschaft ob der Enns bekam außerdem als Entschädigung für den Entgang an Steuern 131.789 Gulden. Weitere Vereinbarungen betrafen u. a. wirtschaftliche Probleme wie den Garnhandel, die freie Holzausfuhr und die Robotleistung der ehemaligen österreichischen Untertanen, die ihre günstigere Stellung auch unter passauischer Hoheit beibehalten durften. Der Fürstbischof von Passau nützte die Grenzregulierung zur Erweiterung seiner landesherrlichen Gewalt, indem er die von Österreich abgetretenen Ämter und Untertanen auch durch Kauf von ihren bisherigen Besitzern erwarb. Die, wie im Vertrag vorgesehen, unter österreichischer Landeshoheit verbleibende Herrschaft Rannariedl kaufte er um 315.000 Gulden.

Von wesentlich größerer Bedeutung für das Land ob der Enns als dieser Gebietstausch mit dem Fürstbistum Passau war der Erwerb des Innviertels im Jahre 1779. Der bevorstehende Tod des kinderlosen bayerischen Kurfürsten Maximilian III. Joseph (1745—1777) wurde zu einem Problem der europäischen Politik, da durch das Aussterben der bayerischen Wittelsbacher die Gleichgewichtsinteressen der Großmächte berührt wurden. Aufgrund alter Verträge und verwandtschaftlicher Beziehungen erhoben mehrere Staaten Ansprüche auf bayerische Gebiete: Österreich auf das Herzogtum Niederbayern, die Grafschaft Mindelheim, böhmische Lehen in der Oberpfalz, den Bezirk Burghausen u. a., Preußen auf die Markgrafschaften Ansbach und Bayreuth sowie der Kurfürst von Sachsen auf wittelsbachisches Allodialgut. Erbberechtigt war der wittelsbachische Kurfürst Karl Theodor von der Pfalz, der von Österreich gedrängt wurde, Bayern überhaupt gegen die österreichischen Niederlande zu tauschen — ein Plan, der den Interessen Preußens zuwiderlief. Als Karl Theodor kurz nach dem Tod Maximilian Josephs (30. Dezember 1777) die reduzierten österreichischen Ansprüche vertraglich anerkannte, besetzten unmittelbar danach am 16. Jänner 1778 österreichische Truppen weit mehr als die zugestandenen Gebiete des ehemaligen niederbayerischen Teilherzogtums Bayern-Straubing und der Grafschaft Mindelheim ohne Zwischenfälle. Die Stadt Straubing wurde das Zentrum der „Österreichisch Bayern" genannten Territorien. Der Vertrag mit Österreich fand jedoch nicht die Anerkennung des nächstberechtigten wittelsbachischen Erben — Karl Theodor hatte ebenfalls keine Nachkommen —, des Herzogs Karl August von Pfalz-Zweibrücken, der darin von einer bayerischen Patriotenpartei und von Preußen unterstützt wurde. Mit dem preußischen Einmarsch in Böhmen am 5. Juli 1778 begann der bereits von den Zeitgenossen als „Kartoffelkrieg" bzw. „Zwetschkenrummel" bezeichnete Bayerische Erbfolgekrieg mit Österreich, der, während sich Bayern selbst für neutral erklärte, eine Entscheidung der Streitfragen herbeiführen sollte. Nachdem er sich aber ohne größere militärische Aktionen hingezogen hatte, kam es auf Betreiben Maria Theresias und durch die Vermittlung Frankreichs und Rußlands zu Verhandlungen. Der am 13. Mai 1779 in der schlesischen Stadt Teschen geschlossene Frieden, als dessen Garantiemächte Frankreich und Rußland auftraten, brachte Österreich „aus Erkenntlichkeit" des Kurfürsten von Bayern den Gewinn des Teiles des Rentamtes Burghausen zwischen Inn, Salzach und Donau mit den Gerichten Wildshut, Braunau, Mauerkirchen, Friedburg, Mattighofen, das 1579 vom Landgericht Friedburg abgetrennt worden war, Schärding und Ried. Dafür verzichtete Österreich auf alle weiteren Ansprüche und gab die besetzten bayerischen Gebiete zurück. Mit diesem Friedensvertrag, der an ihrem Geburtstag unterzeichnet wurde, glaubte Maria Theresia, ihre Karriere „gloriose geendigt" zu haben. Nicht zur Sprache gekommen war allerdings der Komplex der sogenannten Innviertler Schulden. Dabei handelte es sich um finanzielle Forderungen der Städte Braunau am Inn und Schärding, der Märkte Ried und Mattighofen, verschiedener Stiftungen, Korporationen und Privatpersonen in der Höhe von 848.143 Gulden hauptsächlich aufgrund von (Zwangs-)Darlehen, die die bayerischen Kurfürsten zwischen 1592 und 1750 aufgenommen hatten. Da Bayern später jede Verpflichtung zurückwies, konnte das Problem erst 1895 nach langwierigen Verhandlungen zwischen dem österreichischen Staat und dem Erzherzogtum Österreich ob der Enns gelöst werden. Die staatsrechtliche Angliederung des von Bayern neugewonnenen Landesteiles zwischen Salzach, Inn und Hausruck wurde rasch vollzogen. Am 29. Mai vereidigte der Landeshauptmann von Oberösterreich Graf Christoph Wilhelm II. von Thürheim in Braunau am Inn in Anwesenheit eines Ausschusses der Stände ob der Enns als bevollmächtigter österreichischer Kommissär die bisher landesfürstlich-bayerischen Beamten. Zwei Tage später proklamierte ein Patent des Landeshauptmannes die Unterstellung des zum ersten Mal „Innviertel" genannten Gebietes unter die obderennsische Landeshauptmannschaft. Am 2. Juli leistete der Innviertler Adel in Braunau die Huldigung und feierte gemeinsam mit den Ständen ob der Enns ein Tedeum. Der vorgesehene Name Innviertel erzwang eine neue Viertel- bzw. Kreiseinteilung des Landes ob der Enns, die am 22. November 1779 durch die Vereinigung des bisherigen Mühl- und Machlandviertels zu einem neuen Mühlviertel (das Mühlkreisamt wurde 1794 von Freistadt nach Linz verlegt) erfolgte. Danach erging am 27. November 1779 ein abschließendes kaiserliches Patent, das die Eingliederung des sogenannten Innviertels in das Land ob der Enns „unseres Erzherzogtums Österreich" verfügte. Wesentlich schwieriger und daher

auch langwieriger war der verwaltungsmäßige Eingliederungsprozeß. Zu diesem Zwecke wurde eine eigene Landes-Einrichtungskommission unter der Leitung des Freiherrn Franz Xaver Pocksteiner von Woffenbach gebildet, welche die Angleichung an die österreichischen Verhältnisse vornehmen sollte. Ihre Arbeit wurde sowohl durch den Umstand erschwert, daß das Innviertel bisher keine politische Einheit gebildet hatte, als auch durch die sofort einsetzenden Reformen Josephs II., der 1765 zum Kaiser gewählt und von seiner Mutter Maria Theresia zum Mitregenten der Erbländer gemacht worden war.
Ende Oktober 1779 unternahm Kaiser Joseph II. eine Besichtigungsreise durch den neuen Landesteil, die ihn von Gmunden über Frankenmarkt, Straßwalchen, Perwang, wo er im Pfarrhof übernachtete, Wildshut, Ach, Braunau am Inn, Obernberg am Inn und Schärding nach Passau und von dort über Engelhartszell nach Linz führte. Durch sein Auftreten und seinen schlichten Lebensstil konnte er die Bevölkerung für sich gewinnen. An Maria Theresia schrieb er: „Es ist ein winziger Gegenstand, wenn man bedenkt, was vielleicht hätte gelingen können; aber an und für sich ist dieser Landstrich schön und gut und für Österreich sehr gelegen." Eine gewisse Enttäuschung des Kaisers, der gehofft hatte, ganz Bayern oder zumindest Teile Niederbayerns zu erwerben, ist unverkennbar. Der Gewinn der Inngrenze mit der wichtigen Festung Braunau wurde jedoch österreichischerseits als großer Vorteil gewertet. Schon vor der Ankunft in Linz hatte Joseph II. dem oberösterreichischen Landeshauptmann mehrere das Innviertel betreffende Befehle erteilt: So sollten u. a. Maßnahmen zur Anhebung der Bevölkerungszahl getroffen und der Mißstand, daß ein Bauer mehrere Güter besitze, abgestellt werden. Weiters empfahl der Kaiser die geplante Regulierung der Salzach und befahl, den Sitz des zum Kreishauptmann ernannten Freiherrn von Stiebar von Braunau in das zentraler gelegene Ried zu verlegen. Nach der Pfarregulierung sollten die Sprengel der alten bayerischen Landgerichte, an deren Stelle nun k. k. Pfleggerichte traten, zweckmäßiger eingeteilt werden. 1780 wurde nachträglich ein Theresianisches Gültbuch für das Innviertel angelegt.
Der Bevölkerung des Innviertels fiel die Umstellung auf die neuen Herrschaftsverhältnisse nicht leicht. Sie hatte nach wie vor verwandtschaftliche, kulturelle, rechtliche und wirtschaftliche Bindungen über die neue Grenze hinweg. Es ist daher verständlich, daß sich eine gewisse Sehnsucht nach Bayern bemerkbar machte, die durch die Reformen Josephs II. noch verstärkt wurde. Vor allem die neue Kirchen- und Schulordnung, gegen die 1795 von Untertanen der Herrschaft Obernberg in der Pfarre St. Georgen auf geheimen Zusammenkünften Unterschriften gesammelt wurden,

und die höhere Getränkesteuer, die viele Brauereien zum Zusperren zwang, erregten den Unmut der Bevölkerung. Nach dem Erwerb des Innviertels bestanden an den Grenzen des österreichischen Hoheitsgebietes immer noch zwei kleine passauische Enklaven, die Herrschaften Obernberg am Inn und Vichtenstein an der Donau. Einer bewußten Zermürbungstaktik der österreichischen Behörden gegenüber der Herrschaft Obernberg gelang es, den Fürstbischof Kardinal Firmian am 27. Juni 1782 zur Abtretung der Landeshoheit über die beiden passauischen Gebiete sowie der passauischen Maut in Wernstein am Inn zu veranlassen. Das Hochstift erhielt dafür im Landgericht Schärding untertänige Güter sowie eine finanzielle Entschädigung.

## Die Reformen Josephs II. und die Reaktion

Der Zuwachs des ca. 1140 Quadratkilometer großen Innviertels und der Gewinn eines im Sinne des aufgeklärten Absolutismus geschlossenen Hoheitsgebietes dürften dazu beigetragen haben, daß Kaiser Joseph II. 1783 dem Land zwischen Inn und Enns im Zuge einer neuerlichen Reorganisation der Verwaltung seine endgültige politische Selbständigkeit als eigene Provinz der Monarchie gab. Die Einrichtung einer „obderennsischen Landesregierung" in Linz beendete die seit 1759 wieder bestehende Unterstellung des Landes ob der Enns unter die niederösterreichische Regierung. Der neuen Landesbehörde wurde auch der bisher von der Wiener Hofkammer geleitete „Salzwirtschaftsstaat" im Salzkammergut untergeordnet, das bereits seit 1757 vom aufgeklärten Absolutismus schrittweise in den immer stärker durchorganisierten Flächenstaat ob der Enns einbezogen worden war und nun bis 1791, als die Gerichtsbarkeit dem Gmundner Magistrat übertragen wurde, seine Sonderstellung verlor. Die von Joseph II. geschaffene Behördenorganisation bedeutete gleichzeitig die politische Entmachtung der Landstände. Die Landeshauptmannschaft und das ständische Verordneten-Kollegium wurden aufgehoben, ihre Geschäfte übernahm die seit 1. November 1783 im Linzer Landhaus bzw. später im 1785 aufgehobenen, benachbarten Minoritenkloster amtierende obderennsische Regierung. Ihr stand als Präsident der bisherige Landeshauptmann Graf Christoph Wilhelm II. von Thürheim vor, der gleichzeitig Präsident der Stände war, aber 1786 aus Protest gegen die josephinischen Reformen seine Ämter zurücklegte. Der Einfluß der Stände beschränkte sich darauf, daß sie zwei Vertreter als ständige Referenten in die Landesregierung entsandten und einen Ausschuß zur Beratung des Regierungspräsidenten und zur Vorbereitung der Landtage, die

allerdings unter Joseph II. nie einberufen wurden, bildeten. Der ständische Syndikus wurde als k. k. Sekretär übernommen; die Buchhaltung führte nun das ständische Gültenbuch. Das Gerichtswesen wurde von der politischen Verwaltung weitgehend getrennt und den als neuer Justizstelle des Landes eingerichteten, ebenfalls unter der Leitung des Regierungspräsidenten stehenden „obderennsischen Landrechten" übertragen. In die Kompetenz der Landrechte, die von der Landeshauptmannschaft die Gerichtsbarkeit über die Prälaten, Herren, Ritter und die Gesamtheit der Landstände übernahmen, fielen Streitigkeiten der landesfürstlichen Städte und Märkte, der Klöster, Stifte und Kapitel, in- und ausländischer Adeliger und jener Nichtadeligen, die entweder eine ständische Gülte besaßen oder keiner Grundobrigkeit unterstanden, sowie zwischen Untertanen und Herrschaften, die Führung der Landtafel, aber auch Fiskal- und landesfürstliche Lehensangelegenheiten. Zuvor schon hatte der Kaiser den Instanzenzug, der bisher von den lokalen Untergerichten zur Landeshauptmannschaft und seit 1772 unter Ausschaltung der niederösterreichischen Regierung direkt zur Obersten Justizstelle gegangen war, geändert, indem er als zweite von drei möglichen Instanzen für alle Bevölkerungsschichten in Wien ein Appellationsgericht für den „Bezirk des Landes Niederösterreich unter und ob der Enns" errichten ließ, das am 1. Mai 1782 die Arbeit aufnahm. Es war wie das aus der Eisenobmannschaft Steyr 1783 geschaffene Berggericht in Steyr für Nieder- und Oberösterreich zuständig. Im Gegensatz zur politischen Verwaltung bildete aber im Bereich des Justizwesens die Enns noch keineswegs die Grenze zwischen diesen beiden Ländern. So erstreckte sich der Sprengel des Landgerichtes Schloß Steyr auch auf das östliche Ufer des Flusses, während das niederösterreichische Landgericht Burg Enns seinen Sitz in der gleichnamigen, am westlichen Flußufer gelegenen oberösterreichischen Stadt hatte. Die widersinnige Bezeichnung als „Erzherzogtum Nieder-Österreich ob der Enns", welche die alte staatsrechtliche Problematik widerspiegelt, ist nicht zuletzt Ausdruck dieser Verhältnisse.
Auch auf unterer Ebene änderte Joseph II. die Verwaltungsorganisation, indem er 1781 ein neues Konskriptions- und Werbebezirkssystem einführte und 1787 den Distriktskommissariaten im Rahmen einer Neuorganisation erweiterte, die Rekrutierung, die Pferdestellung, die Einquartierung sowie das Marsch- und Vorspannwesen umfassende Aufgaben übertrug. Um die geplante Steuer- und Urbarialregulierung, die Steuergleichheit für Grundherren und Untertanen bringen sollte, durchführen zu können, ordnete der Kaiser am 20. April 1785 die Vermessung und Verzeichnung aller Gründe sowie die Bestimmung ihrer Erträge an. Die Steuer sollte einheitlich nach der Größe und der Ertragfähigkeit des

gesamten Grundbesitzes bemessen werden. Als organisatorische Basis des neuen Steuersystems schuf Joseph II. auf Anregung der obderennsischen Landesregierung neue Steuergemeinden (Katastralgemeinden), deren Grenzen vornehmlich nach topographischen Grundsätzen und weniger im Rahmen der Werbebezirke (Distriktskommissariate) bzw. der Pfarrsprengel nach historisch gewachsenen Einheiten gezogen wurden. Auf diese Weise entstand ein gleichförmiges Netz von 1195 Steuergemeinden, das sich völlig mit den Grenzen des Landes deckte. Der 1786/87 nach den Katastralgemeinden angelegte, Josephinisches Lagebuch genannte Steuerkataster, der bäuerliche und herrschaftliche Gründe erfaßte, bot erstmals die Möglichkeit, den gesamten Grundbesitz im Lande einheitlich zu besteuern. Mit der Regulierung und der Einhebung der Grundsteuern wurden 46 Herrschaften als Leitungsbehörden bzw. Steuerbezirksobrigkeiten beauftragt, die den Kreisämtern unterstellt waren. Da die Vorarbeiten insgesamt vier Jahre in Anspruch nahmen, konnte die josephinische Steuer- und Urbarialregulierung erst am 1. November 1789 in Kraft treten. Sie sah vor, daß dem Inhaber 70 Prozent des Bruttogrundertrages bleiben sollten. Von den restlichen 30 Prozent beanspruchte der Staat 12,53 ⅓ Prozent an Steuern, maximal 17,46 ⅔ Prozent standen als Entgelt für obrigkeitliche Forderungen und Rechte der Grundherrschaft zu. Schon vor dem Lagebuch hatte Joseph II. 1769 bis 1772 bzw. 1779/80 für das Innviertel eine handgezeichnete Karte des Erzherzogtums Österreich ob der Enns im Maßstab 1:28.800 für militärische Zwecke anfertigen lassen; diese Josephinische Landesaufnahme umfaßt 78 Blätter. Auf Wunsch und Kosten der Stände ob der Enns wurde davon 1781 bis 1787 für deren internen Gebrauch eine verkleinerte Druckausgabe geschaffen.

Unter den vielen reformerischen Maßnahmen Kaiser Josephs II., die den Unwillen der Bevölkerung erregten, stieß die Steuer- und Urbarialregulierung auf besonderen Widerstand, und zwar sowohl bei den Ständen als auch bei den Untertanen, die den fixen Steuersatz vom Bruttoertrag wegen der wechselnden Ertragslage als ungerecht empfanden. Nachdem Joseph II. noch zu Lebzeiten angesichts der breiten Unzufriedenheit verschiedene Neuerungen zurücknehmen hatte müssen, sah sich sein Bruder und Nachfolger Leopold II. (1790–1792) gezwungen, die in den habsburgischen Ländern entstandene Unruhe einzudämmen. Die josephinischen Reformen, die auf die Schaffung eines Einheitsstaates abzielten, hatten die Landstände vollends politisch entmachtet und aus den früheren Repräsentanten des Landes eine privilegierte Klasse von Adeligen und Grundbesitzern gemacht. Dies bewirkte eine starke reaktionäre ständische Bewegung, die vom neuen Kaiser die Zurücknahme der Reformen und eine neue Landesverfassung forderte. Der Innviertler Adel erklärte, er habe 1779 den Huldigungseid nur auf die Zusage Maria Theresias geleistet, den Herrschaften ihre Rechte zu lassen. Leopold II. entsprach den Wünschen der Stände insofern, als er am 6. April 1790 die am heftigsten bekämpfte Grundsteuerregulierung aufhob und am 2. November desselben Jahres den Ständen im wesentlichen jene Rechte zuerkannte, die ihnen die Verwaltungsreform des Jahres 1765 gewährt hatte. Es gab wieder ein achtköpfiges Verordneten-Kollegium, aber auch ein ständisches Ausschuß-Kollegium, in die künftig auch Vertreter des Innviertels gewählt werden sollten. Die politische Selbständigkeit blieb dem Lande ob der Enns allerdings mit der obderennsischen Landesregierung erhalten. Ihr Präsident Graf Heinrich von Rottenhahn hatte gleichzeitig auch das Präsidium der Landrechte und der Stände inne. 1791 verfügte der Kaiser für das Land die Schaffung eines Grundbuches, das die untertänigen Liegenschaften, das sogenannte Rustikalgut, gleich dem wiedereingeführten Theresianischen Gültbuch nach dem alten Ordnungssystem der Grundherrschaften verzeichnete. Die Maßnahmen Kaiser Leopolds II., der sich früher als Großherzog von Toscana den neuen Ideen seiner Zeit gegenüber überaus aufgeschlossen gezeigt hatte, bedeuteten insgesamt eine politische Restauration, auf die wegen seines baldigen Todes und wegen der Auswirkungen der Französischen Revolution keine Modernisierung des staatlichen Lebens mehr folgte.

Die Zeit der Franzosenkriege

Leopolds Sohn, Kaiser Franz II. (1792—1835), war unter dem Eindruck des Umsturzes in Frankreich während seiner gesamten Regierungszeit ängstlich bemüht, das Überkommene zu bewahren und alle freiheitlichen und revolutionären Regungen zu unterdrücken. Ein umfassendes Polizei- und Zensursystem sollte die habsburgischen Länder gegen die Ideen der Freiheit und Gleichheit sowie gegen ihre publizistische Propagierung abschirmen. Im Lande ob der Enns, wo nicht zuletzt royalistische französische Emigranten — 1798 gab es 30, die streng überwacht wurden; zwei Jahrzehnte später sollten hier auch nach dem Sturz Napoleons dessen ehemalige Anhänger wie z. B. Hugo Bernard Maret, Herzog von Bassano, und der Polizeiminister Joseph Fouché, der 1818/19 in Linz wohnte, Asyl finden — über die Ereignisse in Frankreich berichteten, brachte man jedoch besonders nach der Hinrichtung König Ludwigs XVI. im allgemeinen der Revolution und den Franzosen ohnehin nur geringe Sympathien entgegen. Dazu kam, daß die Repräsentanten und Anhänger des Josephinismus wegen ihrer positiven Einstellung zum Staat die Revolution ablehnten — der Landrat Joseph Valentin von Eybel sprach geringschätzig von einer „Afteraufklärung" — und gegen sie sowie gegen ihre Ideen und Schriften ebenso Stimmung machten wie die konservativen Kräfte. Alle Polizeimaßnahmen konnten aber weder den „französischen Schwindelgeist", wie der Polizeiminister das revolutionäre Gedankengut nannte, noch das ihn propagierende Schrifttum völlig vom Lande fernhalten. Einzelne Persönlichkeiten bekannten sich sogar offen zu den Idealen der Französischen Revolution wie der Literat Franz Seraph Spaun, der seine Stellung als Waldvogt in Vorderösterreich wegen seiner politischen Gesinnung verloren hatte und bei einem Empfang des Linzer Regierungspräsidenten einen Skandal provozierte, und der Kreisschulkommissär Josef Leibetseder, der in verschiedenen Orten des Mühlviertels öffentlich die Französische Revolution verteidigt und gefragt haben soll, wozu man einen König oder Kaiser brauche. Auch in den unteren Gesellschaftsschichten, vereinzelt sogar von Pfarrherren, soll verschiedentlich gegenüber den Franzosen Sympathie gezeigt worden sein. Eine Breitenwirkung besonderer Art wurde im Innviertel erzielt, wo 1794 die im Grenzbereich zu Bayern ansässigen Bauern hofften, die Armeen des revolutionären Frankreich würden kommen und eine Wiedervereinigung dieses Landesteiles mit Bayern herbeiführen. Sogar der Kreishauptmann soll franzosenfreundlich gewesen sein. Als aber wenig später tatsächlich französische Heere in Oberösterreich einmarschierten, kam es zu einem Stimmungsumschwung, der die Franzosen überall im Lande als Feinde erscheinen ließ.

Nachdem Oberösterreich 1797 durch die aus Italien in die Steiermark eingefallenen Franzosen bedroht worden war und in der Folge zahlreiche Durchmärsche und Einquartierungen kaiserlicher Truppen erlebt hatte, wurde das Land im Verlauf des Zweiten Koalitionskrieges im Dezember 1800 wiederum Kriegsschauplatz. Die Heeresverbände des französischen Generals Moreau drängten eine österreichische Armee unter Erzherzog Johann nach mehreren verlustreichen Gefechten, darunter am 19. Dezember in Lambach, aus Bayern nach Niederösterreich und in das Mühlviertel zurück. Mit dem am 25. Dezember in Steyr geschlossenen Waffenstillstand wurde den Franzosen das gesamte Gebiet südlich der Donau und westlich der Erlauf überlassen. Für Oberösterreich folgte eine Zeit härtester Belastungen durch Geldforderungen, Einquartierungen, Beschlagnahmen, Plünderungen und Mißhandlungen der Bevölkerung. Die von General Moreau ursprünglich verlangten 3,022.000 Gulden, davon eine Million in bar innerhalb von vier Tagen, konnten auch nach Herabsetzung um eine halbe Million nur mit Hilfe einer Wechselzahlung aus

Wien und einer ständischen Anleihe bezahlt werden. Großer Schaden entstand, weil die Arbeit in den Eisenwerken und Salinen eingestellt werden mußte. Als die Franzosen nach Abschluß des Friedens von Lunéville (9. Februar 1801) bis Anfang April wieder abgezogen waren, hinterließen sie das Land so ausgebeutet, daß der Kaiser mehrere tausend Metzen Getreide schicken mußte, die in den Kreisen zur Verteilung gelangten. Als Folge des Krieges waren in den nächsten Jahren höhere Steuern und Abgaben zu leisten.

In Lunéville war die Abtretung der linksrheinischen Gebiete an Frankreich bestätigt und die Entschädigung der betroffenen Reichsfürsten beschlossen worden. Der deshalb unter Mitwirkung Frankreichs und Rußlands ausgearbeitete Plan, der die Säkularisation der geistlichen Reichsfürstentümer vorsah, wurde am 25. Februar 1803 in Regensburg durch den Reichsdeputationshauptschluß verwirklicht. Das aufgelöste Fürstbistum Passau, das bereits am 26. Dezember 1802 Gegenstand eines Vertrages zwischen Österreich und Frankreich war, wurde geteilt. Das Gebiet östlich der Ilz bis zur Rannagrenze mit Österreich kam an das neue Kurfürstentum Salzburg, dem der habsburgische Erzherzog Ferdinand III., Großherzog von Toscana, vorstand. Der Rest mit der Stadt Passau fiel ebenso an Bayern wie die bisher unter österreichischer Landeshoheit gestandene Grafschaft Neuburg am Inn. Der österreichische Staat erhielt die in seinem Hoheitsgebiet gelegenen passauischen Herrschaften Obernberg am Inn, Vichtenstein an der Donau, Rannariedl, Marsbach, Pürnstein, Ebelsberg, Sierning und Starhemberg mit den sogenannten stephanischen Ämtern im Traun- und Hausruckviertel.

Im Dritten Koalitionskrieg, den Österreich, Rußland, England und Schweden gegen Frankreich, Baden, Württemberg und Bayern führten, diente der Raum zwischen Traun und Inn im Sommer 1805 als Aufmarschgebiet der österreichischen Truppen, die am 12. September München besetzten, aber von Napoleon bei Ulm eingeschlossen und am 20. Oktober zur Kapitulation gezwungen wurden. Die russische Armee, die über Böhmen an den Inn gekommen war, zog sich mit den restlichen österreichischen Einheiten nach Niederösterreich zurück. Kleinere österreichische Abteilungen, die den Rückzug deckten, vermochten den Vormarsch der französischen Armeekorps nur geringfügig zu verzögern, wie z. B. vom 31. Oktober bis 2. November in Lambach, das einen wichtigen zentralen Ort für die französischen Operationen darstellte. Während die Franzosen am 2. November in die Landeshauptstadt Linz einmarschierten — Napoleon selbst wohnte vom 4. bis 9. November im Landhaus —, stieß ein anderes Korps gegen Steyr und in das Ennstal vor, wo die Nachhut der in die Steiermark abgezogenen österreichischen Heeresteile

*Die Zeit der Franzosenkriege*

heftigen Widerstand leistete. In der Folge wurden auch das Mühlviertel und das Salzkammergut besetzt. Nachdem Wien am 13. November eingenommen worden war, fiel am 2. Dezember in Mähren in der „Dreikaiserschlacht" von Austerlitz die Entscheidung dieses Krieges zuungunsten der Alliierten. Der Frieden von Preßburg (26. Dezember 1805) brachte für Österreich umfangreiche Gebietsverluste, denen nur der Gewinn von Salzburg mit Berchtesgaden gegenüberstand. Das seit 1803 salzburgische, ehemals passauische Land zwischen Ilz und Ranna mußte an Bayern abgetreten werden. Oberösterreich erlebte abermals eine harte Besatzungszeit, die bis März 1806 dauerte. Die von Frankreich geforderte Kontribution des Landes in der Höhe von 3,867.187 Gulden konnte wiederum nur mit Hilfe einer Anleihe der Stände aufgebracht werden. Der im Jänner 1806 beginnende Abzug der Franzosen aus Niederösterreich bedeutete für Oberösterreich und besonders für das Mühlviertel ständige Truppendurchzüge und Einquartierungen. Die starke Festung Braunau am Inn behielt Napoleon auch nach der Räumung des Landes als Pfand für die Bezahlung der Kriegsentschädigung bis 10. Dezember 1807. Hier wurde am 26. August 1806 der Nürnberger Buchhändler Johann Philipp Palm wegen Verbreitung einer antifranzösischen Schmähschrift mit dem Titel „Deutschland in seiner tiefen Erniedrigung" auf Befehl Napoleons standrechtlich erschossen. Sein Schicksal erregte als Beispiel für die despotische Herrschaft Napoleons großes Aufsehen in Deutschland.
Mittlerweile hatte der Habsburger Franz II., der bereits 1804 auf die durch das französische Hegemoniestreben und durch die Kaiserkrönung Napoleons veränderte politische Lage mit der Annahme des Titels „Kaiser von Österreich" (= Franz I.) reagiert hatte, nach der Bildung des Rheinbundes und unter dem Druck Napoleons am 6. August 1806 die Würde eines römisch-deutschen Kaisers zurückgelegt und die Auflösung des Heiligen Römischen Reiches bekanntgegeben. Damit war jedoch der Widerstand gegen die französische Übermacht keineswegs erlahmt. Ein Kreis um den Außenminister Graf Johann Philipp Stadion bemühte sich, die politischen und militärischen Kräfte der Monarchie zu sammeln. Mit Hilfe der Publizistik weckte man einen neuen patriotisch-nationalen Geist für den Kampf gegen Napoleon. Aus dieser Ideologie heraus wurde die von Erzherzog Johann vertretene Idee der Volksbewaffnung zum Zwecke der Landesverteidigung 1808 durch die Aufstellung von Landwehrformationen verwirklicht. Ihnen gehörten wehrfähige Männer vom 18. bis zum 45. Lebensjahr an, die vom Wehrdienst zeitlich befreit waren, sowie ausgediente Soldaten, Häusler und Minderdienstfähige. Oberösterreich stellte 15 Bataillone, die dem Landwehrinspektorat Österreich ob und unter der

Enns unter der Leitung des Erzherzogs Maximilian d'Este und des niederösterreichischen Regierungspräsidenten Graf Bissingen-Nippenburg unterstanden. Neu motiviert und mit einer aufgerüsteten, von Erzherzog Karl umorganisierten Armee glaubte man 1809, einen weiteren Krieg gegen Frankreich wagen zu können. Die österreichischen Truppen überschritten am 10. April bei Schärding, Obernberg und Braunau den Inn, besetzten Passau und München, wurden aber im Raume Regensburg von Napoleon zurückgeworfen. Die Hauptarmee unter Erzherzog Karl mußte sich über Böhmen zurückziehen, drei abgesprengten Korps unter Feldmarschalleutnant Johann Freiherr von Hiller fiel die Aufgabe zu, den Feind am direkten Vorstoß durch Ober- und Niederösterreich nach Wien zu hindern. Sie konnten jedoch den überlegenen französischen Kräften, die am 26. April Schärding einnahmen, nur Rückzugsgefechte liefern, wie z. B. bei Polling, Riedau, Kallham, Neuhofen im Innkreis, Tumeltsham, Pötting und Lambach. Am 2. Mai war der Großteil der österreichischen Truppen im Linzer Raum versammelt. Hiller befahl den Rückzug hinter die Traun und die Enns, da er sich in Niederösterreich mit der Armee Erzherzog Karls vereinigen sollte. Beim Übergang über die Traunbrücke von Ebelsberg wurden aber die letzten Abteilungen der Österreicher am 3. Mai 1809 von den schnell nachrückenden Franzosen überrascht und in ein blutiges Gefecht verwickelt, bei dem sich Wiener Freiwilligenbataillone durch besondere Tapferkeit auszeichneten. Der ungefähr fünf Stunden dauernde Kampf, den Napoleon als eines der häßlichsten und unbesonnensten Unternehmen der Kriegsgeschichte bezeichnet haben soll, brachte insgesamt 12.000 Männern Tod, Verwundung oder Gefangenschaft. Markt und Schloß Ebelsberg wurden ein Raub der Flammen. Die österreichische Armeegruppe konnte sich nach Niederösterreich absetzen und überließ den Franzosen und ihren Verbündeten ganz Oberösterreich südlich der Donau. Die neue Landwehr hatte sich allerdings nicht bewährt. Von den 13.200 schlecht ausgerüsteten und ungeübten Landwehrleuten waren in den letzten April- und ersten Maitagen nahezu drei Viertel desertiert. Am 4. Mai sprach eine Abordnung der oberösterreichischen Stände bei Napoleon vor, dessen Zelt in der Nähe von Ebelsberg beim Bauernhaus Baumgartner in Gottschalling, wo er tags zuvor zu Abend gegessen hatte, aufgeschlagen worden war. Während sich die französische Hauptmacht gegen Wien wandte, eroberten Franzosen und Württemberger das am linken Donauufer gegenüber von Linz gelegene Urfahr und bauten es mit Hilfe von Bauern, die zu Schanzarbeiten herangezogen wurden, zu einem befestigten Brückenkopf aus. Die von diesem Stützpunkt wiederholt in das Mühlviertel vorstoßenden Württemberger, Sachsen und Bayern wurden zwar von den dort operierenden österreichi-

*Die Zeit der Franzosenkriege*

schen Truppen jedes Mal wieder zurückgedrängt, die Festung Urfahr konnte jedoch von den Österreichern nicht eingenommen werden. So kam es im Mühlviertel immer wieder zu Zusammenstößen zwischen französisch-alliierten Aufklärungsverbänden und österreichischen Abteilungen, ehe am 12. Juli 1809 ein Waffenstillstand verkündet wurde. Ihm waren am 13. Mai die Besetzung Wiens durch die Franzosen, am 21. und 22. Mai der erste Sieg Erzherzog Karls über Napoleon bei Aspern und Eßlingen, am 5. und 6. Juli die kriegsentscheidende Niederlage von Wagram sowie ein weiteres Gefecht bei Znaim vorangegangen.

Im Frieden von Schönbrunn (14. Oktober 1809) mußte Österreich u. a. nicht nur das erst kürzlich erworbene Salzburg, sondern auch das Innviertel und den westlichen Teil des Hausruckviertels an Frankreich abtreten. Ein weiteres Mal lastete die französische Besatzung schwer auf Oberösterreich. Das Land wurde von französischen Gouverneuren, die ihren Sitz in Linz hatten und einander rasch ablösten, und wie schon 1800 und 1805 von einer Landeskommission, bestehend aus dem Regierungspräsidenten Johann Freiherrn von Hackelberg zu Landau, Hof- und Regierungsräten sowie ständischen Verordneten und Beamten, verwaltet. Marschall Davout hatte bereits Anfang Mai 1809 im Namen Napoleons alle Behörden bestätigt und von den Beamten eine Eidesleistung verlangt. General Puthod erzwang von den Beamten einen schriftlichen Treueid und ließ in Linz und in den Kreisstädten zur Aufrechterhaltung der Ordnung eine bewaffnete Bürgermiliz sowie ein berittenes Polizeikorps aufstellen. Unter General Demont wurde eine gemischte französisch-österreichische Gendarmerietruppe zum Schutz der Straßen geschaffen. Die von ihm befohlene Einstellung der Arbeit in den Salinen stürzte die betroffene Bevölkerung in großes Elend. Als letzter der französischen Gouverneure amtierte General La Grange bis zum Beginn des Jahres 1810. Um die gewaltigen Ausgaben für die Besatzungsmacht bestreiten zu können – allein die Kontribution, mit der Napoleon das Land belegte, betrug 45,6 Millionen Gulden –, mußte im Lande ein Darlehen von 3,5 Millionen Gulden erzwungen werden. Die massenhaften Soldateneinquartierungen und die ungeheuren Forderungen von Getreide, Lebensmitteln, Vieh, Pferden, Futter, Bekleidung u. a. belasteten das Land auf das äußerste. Als die Franzosen und ihre Verbündeten bis zum 4. Jänner 1810 wieder abzogen, räumten sie Oberösterreich nur bis zu einer Linie, die im Dezember 1809 von einer französisch-österreichischen Kommission als neue Westgrenze festgelegt worden war: von der Donau zwischen Straß und Schlögen über Waizenkirchen, Michaelnbach, Polheim, Grieskirchen, Gallspach, Meggenhofen, Gaspoltshofen, Niederthalheim und Schwanenstadt (alle diese Orte lagen noch im französi-

schen Bereich) entlang der Ager bis zum Attersee und über den Falkenstein zum Salzburger Gebiet. Oberösterreich verlor dadurch über 119.000 Einwohner des Innviertels und von den mehr als 183.000 Einwohnern des Hausruckviertels ungefähr 73.000 an Frankreich. Für die Verwaltung der abgetretenen westlichen Landesteile wurde eine provisorische französisch-kaiserliche Landeskommission mit Sitz in Ried im Innkreis bestellt, die sich aus landes- und sachkundigen einheimischen Geschäftsleuten zusammensetzte und eine Justiz-, eine politische und eine Finanzkammer bildete. Ihre Tätigkeit endete, als Napoleon mit dem Pariser Vertrag vom 28. Februar 1810 Salzburg, Berchtesgaden, das Innviertel und das westliche Hausruckviertel dem Königreich Bayern überließ.
Der große Gebietsverlust, der für Oberösterreich in jeder Hinsicht von Nachteil war, gefährdete sogar die Selbständigkeit des Landes. Im März 1810 suspendierten nämlich Kaiser Franz und sein Statthalter Graf Saurau mehrere höhere Landesbeamte, die Napoleon Treue geschworen hatten, für kurze Zeit von ihrem Dienst. Für den Regierungspräsidenten Freiherrn von Hackelberg, der sein Amt zurücklegte, wurde kein Nachfolger eingesetzt. Mit der provisorischen Leitung der Landesverwaltung betraute man den Präsidenten der obderennsischen Landrechte Graf Christian von Aicholt, der dabei dem Statthalter von Niederösterreich unter und ob der Enns unterstand. Der entschiedenen Ablehnung durch die Stände ob der Enns war es zu verdanken, daß der Plan, die Stände von Österreich unter und ob der Enns aus Ersparnisgründen zu vereinigen, nicht ausgeführt wurde. In ihren Gutachten für die Hofkanzlei wiesen die obderennsischen Stände u. a. auf die geringen Einsparungen, die negativen Folgen, die Unterschiede zwischen den beiden Ländern, die jahrhundertealte Verfassung und auf die Tatsache hin, daß das Land ob der Enns trotz der Gebietsabtretung immer noch größer sei als Kärnten, Krain und Schlesien. Daraufhin bestätigte der Kaiser nach einem Besuch in Linz die früheren Verhältnisse. Ende des Jahres 1812 wurde Graf Aicholt zum Präsidenten der Landesregierung ernannt und diese vom österreichischen Statthalter wieder unabhängig. Seit 1812 gehörten die Stadt Linz und einige umgebende Pfarren zum Verwaltungsbezirk des Mühlkreises.
Die an Bayern gefallenen Gebiete des Innviertels und des westlichen Hausruckviertels erhielten eine neue Verwaltungsorganisation, die den Anschluß des nördlichen Teiles an den Unter-Donaukreis und des südlichen Teiles an den Salzachkreis mit sich brachte. Die Gerichtsorganisation wurde durch die Schaffung königlicher Kriminal- und Landgerichte sowie durch die Beschränkung der Befugnisse der grundherrschaftlichen Gerichte den in Bayern üblichen Verhältnissen angepaßt. Die Bevölkerung des Innviertels, die am Beginn des 19. Jahrhunderts mehrheitlich

bayerisch gesinnt gewesen sein soll, mußte jedoch sehr bald erkennen, daß die Rückkehr unter bayerische Herrschaft keineswegs die erhofften Vorteile bot. Das bayerische Staatswesen, seit 1806 Königreich, war nämlich mittlerweile durch das große Reformwerk des Staatsministers Graf Maximilian Joseph Montgelas grundlegend modernisiert und vereinheitlicht worden. Nicht zuletzt waren die Abgaben jetzt höher als in der österreichischen Zeit.

Österreich mußte seine Ansprüche auf die zwangsweise abgetretenen Gebiete im Vertrag von Ried im Innkreis (8. Oktober 1813), mit dem sich Bayern kurz vor der „Völkerschlacht" bei Leipzig der Allianz gegen Napoleon anschloß, noch zurückstellen, konnte aber nach dem Zusammenbruch des napoleonischen Kaiserreiches diesbezügliche Verhandlungen mit Bayern aufnehmen. Noch vor dem Zusammentreten des Wiener Kongresses wurde am 3. Juni 1814 in Paris die Rückgabe des Inn- und des westlichen Hausruckviertels sowie Salzburgs ohne Berchtesgaden und die Gerichte westlich der Saalach und Salzach an Österreich vereinbart. Um diese Zeit erschien 1814/15 in Braunau am Inn eine anonyme, probayerische Flugschrift mit dem bezeichnenden Titel „Der Inn, Baierns Strom, aber nicht Baierns Grenze". Die Übergabe verzögerte sich aber infolge weiterer zäher Detailverhandlungen, an denen zeitweise auch der bayerische General Graf Karl Philipp von Wrede teilnahm, der selbst in dem umstrittenen Bereich begütert war. Napoleon hatte ihm die ehemaligen Klosterherrschaften Engelszell, Suben und Mondsee als Lehen übertragen, für die König Maximilian I. von Bayern eine rechtliche Sonderstellung gewährte. Erst als eine österreichische Armee von 30.000 Mann drohend an der bayerischen Grenze aufmarschierte, kam es zum Abschluß des Münchner Vertrages (14. April 1816), mit dem Salzburg, das Innviertel und der westliche Teil des Hausruckviertels endgültig an Österreich abgetreten wurden. Die offizielle Übernahme durch den zum kaiserlichen Hofkommissär ernannten Regierungspräsidenten des Landes ob der Enns Freiherrn Bernhard Gottlieb von Hingenau erfolgte am 1. Mai 1816 in der Stadt Salzburg. Das fast um die Hälfte des ehemaligen geistlichen Fürstentums verkleinerte Land Salzburg (ohne Berchtesgaden und den sogenannten Rupertiwinkel westlich der Salzach), dessen Landstände den Kaiser bei seinem ersten Besuch u. a. vergebens um eine eigene, Salzburg und dem Innviertel gemeinsame Regierung baten, wurde der oberennsischen Regierung und dem Militärkommando in Linz unterstellt und dem Lande ob der Enns als fünfter, sogenannter Salzburgkreis verwaltungsmäßig angegliedert. Damit war Oberösterreich, das vor kurzem noch um seine Selbständigkeit bangen hatte müssen, größer als je zuvor. Für Salzburg aber begann mit dem Verlust der Eigenständigkeit eine

Periode allgemeinen Niederganges. Auf der Grundlage des mit Bayern, das mit der linksrheinischen Pfalz (Rheinkreis) und kleineren Gebieten rechts des Rheins entschädigt wurde, in dieser Territorialfrage erzielten Ausgleiches kam es in der Folge auch zur endgültigen Aussöhnung zwischen den Häusern Habsburg-Lothringen und Wittelsbach. Mehrere gegenseitige Heiraten halfen, den alten, seit dem Mittelalter schwelenden Gegensatz zu überwinden.

Die Umstellung der von Bayern neu gewonnenen Gebiete auf österreichische Verwaltung und Gerichtsbarkeit nahm längere Zeit in Anspruch, obwohl bald nach der Übergabe in Salzburg und in Ried Kreisämter geschaffen wurden. Innkreis und westlicher Hausruckkreis standen bis 1819/21 unter provisorischer Verwaltung. Erst dann wurden sie wieder der Jurisdiktion der obderennsischen Landrechte in Linz unterstellt und eine neue Behördenorganisation eingerichtet: Bei grundsätzlicher Wiedereinführung der grundherrlichen Patrimonialgerichtsbarkeit wurden die königlich-bayerischen Landgerichte und Rentämter aufgelöst; im Innkreis traten landesfürstliche Pfleggerichte an ihre Stelle, im Hausruckkreis wurden die grundherrschaftlich-patrimonialen Landgerichte und die Distriktskommissariate wiederhergestellt. Im Zuge dieser Neuorganisation erfuhr auch das Gerichtswesen des gesamten Landes eine Umgestaltung, indem die Justiz von der Landesregierung völlig getrennt wurde. Am 1. März 1821 begann ein „Stadt- und Landrecht in Linz" genannter selbständiger Gerichtshof seine Tätigkeit, der die bisher von den obderennsischen Landrechten, dem landesfürstlichen Land- und Bannrichteramt in Linz und von dem Magistrat der Stadt Linz geübte Gerichtsbarkeit übernahm. Die neue Behörde war für den Adel, den Klerus, die Landtafel, das landesfürstliche Landgericht Donautal, die Urteile in den Kriminalfällen der Pfleggerichte des Innviertels und des Salzkammergutes sowie für das Landgericht der Stadt Linz, für Handels- und Wechselangelegenheiten und für das Grundbuch der Stadt Linz zuständig. Daneben bestand weiterhin für die große Mehrheit der Bevölkerung die Rechtsprechung der grundherrschaftlichen Patrimonial- und Landgerichte und der k. k. Pfleggerichte auf dem flachen Lande sowie der Magistrate der landesfürstlichen Städte und Märkte. Der Instanzenzug verlief von allen Gerichten über das k. k. Appellations- und Kriminalobergericht in Österreich ob und unter der Enns in Wien zur Obersten Justizstelle in Wien. Seit 1. November 1821 war das Kreisamt Wels wieder für den gesamten Hausruckkreis zuständig. Als letzte der Maßnahmen zur Wiedereingliederung des Innviertels und des Westteiles des Hausruckviertels wurden 1824 jene Prälaten und Adeligen, die 1809/10 unter französische bzw. bayerische Herrschaft gekommen waren, auf eigenes

Ansuchen wieder in die oberösterreichischen Landstände aufgenommen. Die Salzburger Landstände, die sich gegen die von den Ständen ob der Enns gewünschte Vereinigung wehrten, schlossen sich damals dieser Vorgangsweise nicht an.

## Der Vormärz

Das zu einer Verwaltungseinheit des bürokratisch-zentralistischen Staates des Kaisers Franz I. gewordene Land ob der Enns sah sich nach den Franzosenkriegen in besonderer Weise mit wirtschaftlichen Problemen konfrontiert. Es gelang ihm nicht, seine Ansprüche auf Entschädigung für die entstandenen „Invasionskosten" gegenüber dem Staat durchzusetzen. Dieser mußte zur Ordnung seiner zerrütteten Finanzen hohe Steuern und Abgaben einfordern. Der dennoch nicht vermeidbare Staatsbankrott von 1811 hatte bei der Bevölkerung des Mühlviertels besondere Mißstimmung zur Folge. 1817 befahl Kaiser Franz I. die Anlage des nach ihm benannten Franziszeischen oder Stabilen Katasters als Grundlage für eine Reform der Grundsteuer, die künftig von allen Grundbesitzern dem Reinertrag ihrer Besitzungen entsprechend geleistet werden sollte. Zu diesem Zwecke wurden im gesamten Land ob der Enns von 1824 bis 1829 im Rahmen der von Kaiser Joseph II. geschaffenen Steuergemeinden alle Grundparzellen genau vermessen — Ausgangspunkt war der Gusterberg bei Kremsmünster — und für jede Katastralgemeinde in einer eigenen Karte im Maßstab 1:2880 verzeichnet. Da die darauf folgenden Ertragsschätzungen einen noch längeren Zeitraum beanspruchten, konnte der Franziszeische Kataster, der heute einen einzigartigen Einblick in die damaligen wirtschaftlichen Verhältnisse bietet, in Österreich ob der Enns und in Salzburg erst am 1. November 1844 in Kraft treten. Alle späteren Besitzveränderungen mußten nachgetragen werden. Unter Kaiser Franz I. legte man auch die Organisation der Steuer- bzw. Leitungsbezirke mit den Distriktskommissariaten zusammen. 1831 wurde das vielfältige staatliche Finanzwesen außerhalb des Bereiches der direkten Steuern unter einer zentralen „Vereinigten Kameral- und Gefällenverwaltung für Österreich ob und unter der Enns und Salzburg" mit Sitz in Wien und Bezirksstellen in Linz, Wels, Ried im Innkreis und Salzburg zusammengefaßt.
Während der Linzer Polizeidirektor noch 1811 meinte, politische und öffentliche Angelegenheiten seien nicht Sache der Obderennser, begannen sich seit den deutschen Freiheitskriegen gegen Napoleon 1813/14 nationale Regungen, die über einen bloßen Patriotismus hinaus starke

deutsch-nationale Züge aufwiesen, bemerkbar zu machen. Der Polizeistaat des Staatskanzlers Fürst Lothar Klemens Metternich konnte zwar durch strenge Zensur die Verbreitung von Flugschriften und Zeitungen aus Deutschland weitgehend unterbinden, vermochte aber die in Deutschland und im Westen auftretenden geistigen und politischen Strömungen nicht von Österreich fernzuhalten. Der Franzosenhaß und die Anteilnahme der Bevölkerung an den militärischen Geschicken Preußens und der antifranzösischen Allianz erreichten schließlich ein solches Ausmaß, daß sich die Wiener Polizeihofstelle veranlaßt sah, die obderennsische Landesregierung vor dem Eindringen des „Schwindelgeistes aus Deutschland" zu warnen. 1818 wurde am Linzer Lyzeum eine national und freiheitlich gesinnte deutsche Burschenschaft entdeckt, die sich aus einem unpolitischen Freundschaftsbund entwickelt hatte. Die im Lande keimenden liberal-konstitutionellen Tendenzen erhielten durch die im selben Jahr in Bayern vom König erlassene Verfassung und durch bayerische Druckschriften mit demokratischen Ideen neue Nahrung. Besonders groß war das Interesse in Grenznähe bei Intelligenz und Bürgern, die sich von dem neuen System Steuererleichterungen erhofften, vor allem aber bei den Bauern des oberen Mühlviertels, die außerdem Befreiung von den grundherrschaftlichen Bedrückungen erwarteten. Im Mühlviertel, das nach Ansicht eines Kreiskommissärs in der Mitte der zwanziger Jahre „am Vorabend einer Revolution zu stehen" schien, wurden jedoch die für eine Verfassung eintretenden Wortführer der Bewegung exemplarisch bestraft. Die seit den „Karlsbader Beschlüssen" (1819) verschärften Polizeimaßnahmen unterdrückten alle nationalen und liberal-demokratischen Strömungen.

In der Folge der Juli-Revolution des Jahres 1830 in Frankreich wurden in Oberösterreich vorbeugende militärische Abwehrmaßnahmen getroffen. Schon früher war Erzherzog Maximilian d'Este aufgrund der bisherigen negativen Erfahrungen bei der Verteidigung des Landes dafür eingetreten, im Rahmen eines größeren Reichsbefestigungsplanes das strategisch günstig gelegene Linz zu einer uneinnehmbaren Lagerfestung auszubauen. Nach Errichtung eines Probeturmes auf dem Freinberg, der 1828 in Anwesenheit des Kaiserpaares, von Erzherzögen und anderen hochgestellten Persönlichkeiten probeweise beschossen wurde, baute man im Linzer Raum um ein zentrales Fort auf dem Pöstlingberg 32 Festungstürme, zwei Batterien, zwei Vorwerke und zwei (Anschluß-)Türme, mit denen die Donau oberhalb der Stadt gesperrt werden konnte. Die 1837 an das Militär übergebenen Anlagen waren jedoch infolge des militärtechnischen Fortschritts rasch überholt und wurden bereits 1868 wieder aufgelassen. Einige umgebaute und teilweise zu Wohnzwecken genutzte

*Der Vormärz*

Türme sind heute noch erhalten; am bekanntesten ist das Gebäude der Grottenbahn auf dem Pöstlingberg.
In dieser Zeit bis zur Revolution von 1848, dem sogenannten Vormärz, lassen sich trotz strenger Zensur und polizeilicher Überwachung verschiedene politische Regungen feststellen, die von der Landesregierung und von der Polizei nur zum Teil wahrgenommen wurden. Während etwa nach Wien gemeldet wurde, in Oberösterreich seien keine Einwirkungen des „Zeitgeistes", womit man den an westeuropäischen Vorbildern orientierten politischen Liberalismus meinte, zu beobachten, äußerte sich liberales Denken z. B. in Sympathiebekundungen für Polen, das gegen das konservative, mit Österreich in der Heiligen Allianz verbündete Rußland um seine Freiheit kämpfte. Lehrer und neugegründete Bibliotheken vermittelten liberales und demokratisches Gedankengut, das anfänglich hauptsächlich bei der Oberschicht des aufstrebenden Bürgertums Anklang gefunden hatte, auch breiteren Bevölkerungskreisen. Auf diese Weise konnte der politische Liberalismus in den vierziger Jahren manche mit ihrer wirtschaftlichen Lage unzufriedenen kleinen Bauern, Handwerker und Arbeiter gewinnen und dadurch bis zu einem gewissen Grade auch zu einer sozialen Bewegung werden. Liberale Gesinnung kam nicht zuletzt in der Gründung wirtschaftlicher und gesellschaftlicher Vereine zum Ausdruck. Einen besonderen „Hort freiheitlichen Denkens" (Hans Sturmberger) stellte das Salzkammergut dar, wo die Landesregierung die durch den beginnenden Fremdenverkehr ermöglichten Kontakte der aufgeklärten Protestanten fürchtete. 1846 erschienen verdächtig die Müller Käfer und Konrad Deubler in Hallstatt bzw. Goisern, der Naufahrer Rothsepperl und der hintere Schmied in der Gosau. Im selben Jahr berichtete der Pfleger von Wildenstein, die Bevölkerung neige zu politischer und sozialer Kritik, und zeigte dem Traunkreisamt an, daß auf geheimen Zusammenkünften von Hallstätter Salinenarbeitern „kommunistische Ideen" und ausländisches Schrifttum besprochen worden seien. Die Polizei, die eine Beeinflussung der infolge Verteuerung der Lebensmittel unruhigen Arbeiterschaft durch die gleichzeitigen sozialradikalen Wirren in der Schweiz befürchtete, konnte über diese erste bekannt gewordene sozialistisch-kommunistische Regung im Salzkammergut nichts Genaueres ermitteln. Nachforschungen über die in Oberösterreich arbeitenden Schweizer blieben ergebnislos.
Im Gegensatz zu allen diesen politischen Strömungen, die mehr oder weniger im stillen oder im Untergrund wirkten, konnte der politische Katholizismus unter der Devise des Bündnisses zwischen Thron und Altar offen auftreten. Der erste nichtjosephinische und romtreue, aus Schwaben stammende Linzer Bischof Gregor Thomas Ziegler (1827 bis

1852), der öffentlich gegen die Bevormundung der Kirche durch das josephinische Staatskirchentum Stellung nahm, hatte den oberösterreichischen Katholizismus im Sinne der modernen, vom Rheinland ausgehenden Bewegung erneuert und auch außerhalb der Kirche zu einer kämpferischen politischen Bewegung gemacht. Der harte und unversöhnliche Geist dieses neuen Katholizismus, der für seinen Kampf um die Freiheit der Kirche vom Staat und gegen die Ideen von Liberalismus und Demokratie auch die Laien mobilisierte, führte zu heftigen Auseinandersetzungen mit Anhängern des Josephinismus, Liberalen und Nichtkatholiken. Eine besondere Rolle spielte dabei die Affäre zwischen dem Kölner Erzbischof Droste-Vischering und der preußischen Regierung 1837, bei der es vordergründig um die Frage der gemischten Ehen, in Wahrheit aber grundsätzlich um das Verhältnis von Kirche und Staat ging. Sie beherrschte neben der Niederlassung der Jesuiten auf dem Linzer Freinberg im ersten Viertel des Jahres 1838 die öffentliche Meinung in Oberösterreich. Bischof Ziegler, der selbst die josephinische Ehegesetzgebung bekämpfte, nahm 1838 literarisch für den Kölner Erzbischof Stellung, Katholisch-Konservative wie der spätere Propst von St. Florian Jodok Stülz sahen in dem Erzbischof einen würdigen Bekenner der Kirche, ein Teil des Klerus war über die neutrale Haltung der österreichischen Regierung in dem Kölner Konflikt enttäuscht. Josephiner, d. h. vor allem die Bürokratie, und Liberale sympathisierten mit der preußischen Regierung. Im wesentlichen standen einander zwei Ideologien gegenüber, welche die Grundlagen für die nach 1848 gebildeten katholisch-konservativen und liberalen politischen Gruppierungen bzw. Parteien bildeten.

In dieser spannungsgeladenen Zeit vor 1848, in der das Metternichsche System jede politische Betätigung unterband, zogen sich Intelligenz und aufstrebendes Bürgertum gezwungenermaßen in ihre Privatsphäre zurück. Die oberösterreichischen Landstände aber, einst die Vertreter und Repräsentanten des Landes, die schrittweise ihre frühere Macht eingebüßt hatten, waren während der Regierung Kaiser Franz' I. ohne jede Gegenwehr zur politischen Bedeutungslosigkeit herabgesunken. Äußeres Zeichen dessen war 1807 ihre Einkleidung mit einer rot-weißen Uniform, die ihre Verbeamtung deutlich machte. Auch nach dem Tod des Kaisers zeigten sie sich von der neuständischen Bewegung in Böhmen und Niederösterreich unbeeinflußt. Kaiser Ferdinand I. (1835—1848) nahm 1835 in Wien die Huldigung der österreichischen Stände entgegen und kam erst im Juli 1837 in das Land ob der Enns. Mit den politischen und territorialen Veränderungen hatte sich auch die Zusammensetzung der oberösterreichischen Landstände gewandelt: Der Prälatenstand, der infolge der josephinischen Klosteraufhebungen zusammengeschrumpft war, wurde 1787 auf kaiserlichen Befehl durch den Bischof von Linz, dem der Abt von Kremsmünster den Vorrang überlassen mußte, durch den Generalvikar und durch die drei Dignitäre des neuen Linzer Domkapitels (Dompropst, -dekan und -scholaster), die nach den Prälaten der Landesklöster und -stifte rangierten, ergänzt. Zu den landesfürstlichen Städten, die bürgerliche Vertreter in die Körperschaft der Landstände entsandten, zählten nach dem Erwerb des Innviertels seit 1790 auch Schärding und Braunau am Inn sowie der Markt Ried im Innkreis. Vöcklabruck, das 1644 samt dem Aufschlagsamt und der Landeshoheit an den bayerischen Kurfürsten verpfändet und 1690 von dem Grafen Gotthard von Salburg zurückgelöst worden war, hatte 1720 die Stellung einer landesfürstlichen Stadt wiedergewonnen. Jene Stände ob der Enns, die 1810/11 die Eigenständigkeit des Restlandes bewahrt hatten, mußten wenig später den Spott der Zeitgenossen über sich ergehen lassen. Unter der strengen Kontrolle der Regierung beschränkten sich ihre autonomen Aktivitäten auf die Verwaltung des Landschaftsvermögens sowie auf die Bereiche der Wohlfahrt und der Kultur. Die sogenannten Postulaten-Landtage, die der Landesfürst normalerweise jährlich im September in das Linzer Landhaus einberief, trafen keine politischen Entscheidungen mehr, sondern bewilligten nach kurzer Beratung die vom Regierungspräsidenten, der auch das Landtagspräsidium innehatte, vorgetragenen Steuerforderungen (Postulate) des Kaisers. Ihr Ablauf, der mit einem feierlichen Hochamt in der ehemaligen Linzer Minoritenkirche neben dem Landhaus begann, war durch ein bestimmtes Zeremoniell geregelt. Sieht man von der Mitwirkung in den Verordneten- und Ausschußkollegien ab, traten einzelne Angehörige der Landstände sonst nur noch bei feierlichen Anlässen in Anwesenheit des Landesfürsten als Inhaber der in bestimmten adeligen Familien erblich gewordenen Landes-Erbämter in Österreich ob der Enns in Erscheinung. Damit bildeten sie gleichsam eine der Fassaden eines völlig überholten politischen Systems, das kurz vor seinem Zusammenbruch stand. So empfanden auch Zeitgenossen wie der liberale Rechtsanwalt Dr. Karl Wiser, der 1847 in seinem Tagebuch von einem dürren Feld schrieb, das durch einen Funken in Flammen aufgehen werde, und der Literat Julius von der Traun (Julius Alexander von Schindler), dem das herrschende Regime Kaiser Ferdinands des Gütigen wie ein Kartenhaus einsturzgefährdet erschien.

## Soziale und wirtschaftliche Verhältnisse

Nachdem die Bevölkerungszahl Oberösterreichs im 17. Jahrhundert stagniert hatte, bewirkte eine gezielte, von den Ideen der Physiokraten und des Merkantilismus beeinflußte staatliche Bevölkerungspolitik seit Maria Theresia wieder einen wesentlichen Zuwachs. So lockerte etwa der Staat, der den Vorteil einer großen Bevölkerungszahl für die Steuerkraft, die Wirtschaft und die Rekrutierung des Militärs erkannte, die bisher für die Untertanen bestehenden Heiratsbeschränkungen und kurbelte ganz allgemein die Wirtschaft an. Als Folge dieser Politik nahm die Bevölkerung trotz verschiedener Unsicherheiten der ersten Volkszählungen beträchtlich zu: Während die von 1754 bis 1776 ermittelten Gesamtzahlen der oberösterreichischen Bevölkerung zwischen 317.035 und 512.639 schwanken, bewegen sich die Zahlen aus den Jahren von 1779 — in diesem Jahr brachte allerdings der Erwerb des Innviertels einen sprunghaften Anstieg — bis 1800 zwischen 588.000 und 631.200. Die Zählung des Jahres 1846 ergab 713.005 Einwohner. Von den im Jahre 1782 ermittelten 611.312 Personen, die in insgesamt 98.272 Häusern bzw. in 14 Städten, 93 Märkten und 6400 Dörfern lebten, entfielen 152.405 Einwohner auf das Mühlviertel, 176.039 auf das Hausruckviertel, 161.281 auf das Traunviertel und 121.587 auf das Innviertel. Eine Aufschlüsselung der Bevölkerung nach Ständen bzw. Berufen bzw. Geschlechtern ergibt folgendes, nicht ganz einheitliches Bild: Im Jahre 1767 wurden 243 Weltpriester, 695 Religiosen, 145 Klosterfrauen, 343 Adelige, 100 landesfürstliche Beamte, 27 ständische Beamte, 408 städtische und herrschaftliche Beamte, 46.511 Dienstboten, 5978 Bürger, 17.662 Professionisten, 276.525 Untertanen und 5330 Arme und Waisen registriert; im Jahre 1788 gliederten sich die männlichen Bewohner in 1371 Geistliche, 376 Adelige, 638 Beamte und Honoratioren, 17.896 Bürger und Professionisten, 37.701 Bauern, 39.791 nächste Erben, 118.223 Häusler und Gärtner sowie 3071 Sonstige; dazu kamen ca. 65.000 Knaben und Jugendliche unter 18 Jahren sowie 318.866 weibliche Personen. Für die Jahre 1823/24 wurden 963 Geistliche, 587 Adelige, 1796 Beamte und Honoratioren, 11.884 Bürger und Gewerbetreibende (Professionisten), 31.080 Bauern, 954 Gärtner und Häusler sowie 344.047 weibliche Personen erhoben.

In den rund 200 Jahren von der Mitte des 17. bis zur Mitte des 19. Jahrhunderts kam es zu großen sozialen Veränderungen in der nach Ständen und Gesellschaftsschichten gegliederten Bevölkerung Oberösterreichs. Die von Kaiser Leopold I. 1671 erlassene Polizei- bzw. Kleiderordnung für Österreich unter und ob der Enns unterscheidet beispielsweise mit Ausnahme der Stände der Prälaten, Herren und Ritter fünf verschiedene

Bevölkerungsklassen: die erste Klasse der höheren landesfürstlichen Beamten und Hofbediensteten, die zweite Klasse der Nobilitierten ohne Landgüterbesitz, der Beamten und Hofbediensteten, die dritte Klasse der niederen Beamten und Hofbediensteten, der vornehmen Bürger, der Künstler und der herrschaftlichen Beamten, die vierte Klasse der gemeinen Bürger, der Handwerker, der bürgerlichen Inleute, der Schulmeister u. a. sowie die fünfte Klasse der bäuerlichen Untertanen, deren Inleute, der Tagwerker und des übrigen gemeinen Volkes. Was die Angehörigen des Prälatenstandes ob der Enns betrifft, so scheinen sie im 17. und 18. Jahrhundert ähnlich wie in Bayern im allgemeinen breiteren Kreisen der Bevölkerung entstammt zu sein und nicht dem Adel. Diesem bestätigte Kaiser Leopold I. 1702 zur Beendigung der alten Rangstreitigkeiten, die besonders durch Standeserhöhungen und immer zahlreichere Erhebungen in den Adelsstand (Nobilitierungen) ausgelöst wurden, eine Sessionsordnung, die den Herrenstand in einen alten oder rudolfinischen, einen mittleren oder stiftmäßigen und in einen neuen sowie den Ritterstand in einen alten und in einen neuen einteilte. Gleichzeitig wurden die Voraussetzungen für die Aufnahme in diese adeligen Stände, die beide bemüht waren, sich nach unten hin möglichst abzuschließen, festgelegt. In der zweiten Hälfte des 18. Jahrhunderts wirkten sich die tiefgreifenden Reformen Maria Theresias und Josephs II. in besonderer Weise auf das Ständewesen ob der Enns und auf den Adel aus. Durch die neue, abgestufte staatliche Behördenorganisation mit einer vom Landesfürsten eingesetzten Beamtenschaft verlor der Landesadel stark an politischer Bedeutung. Auch im Rahmen der Grundherrschaft wurde seine Stellung wesentlich erschüttert. Mit der Errichtung eines stehenden Heeres büßten die Grundherren die letzten Reste ihrer ehemaligen militärischen Schutzfunktion gegenüber ihren Untertanen ein. Sie stellten dem Staat zwar weiterhin Offiziere, Beamte und die unterste Behördenorganisation, mußten jedoch durch die Reformen und Gesetze des aufgeklärten Absolutismus eine weitgehende Beschränkung ihrer obrigkeitlichen Macht und ihrer Vorrechte hinnehmen. Den 1781 in Kraft getretenen ersten Teil des bürgerlichen Gesetzbuches, das neue Strafgesetz von 1787, das die Kriminalprozeßordnung Maria Theresias von 1770 ablöste und das Ansehen der Grundherren bei den Untertanen dadurch minderte, daß es eine fachliche Ausbildung der herrschaftlichen Richter forderte, sowie die josephinische Steuer- und Urbarialregulierung betrachtete der Adel daher 1790 als arge Kränkung und Erniedrigung, weil der Unterschied zwischen seinem Stand und dem der Bürger und Bauern auf diese Weise sehr gering geworden sei. Das Streben der Staatsführung nach Ausbildung einer allgemeinen Staatsuntertänigkeit wurde also sehr deutlich registriert. Die Adeligen behielten allerdings ihren eigenen Gerichtsstand erster Instanz vor dem Landrecht ob der Enns, dem Kaiser Leopold I. 1675 den Herren- und den Ritterstand auch hinsichtlich der Kriminalgerichtsbarkeit unterstellt hatte.

Für viele Adelige bedeutete aber das Zeitalter der aufgeklärten Absolutismus nicht nur im politischen Bereich eine Zeit des Umbruchs und der Krise, sondern auch im wirtschaftlichen. Die teilweise übertriebene barocke Baulust und eine heute schier unvorstellbare Prunk- und Repräsentationssucht brachten manche Herren und Prälaten in finanzielle Schwierigkeiten, zumal die Einnahmen der grundherrlichen Wirtschaftsherrschaften nicht zuletzt infolge des zunehmenden staatlichen Untertanenschutzes nur noch gering gesteigert werden konnten. Dem standen wachsende Lebenshaltungskosten des die Lebensweise des Hofadels nachahmenden Landadels gegenüber, der seine Landgüter von Herrschaftsbeamten verwalten ließ und selbst seit dem 17. Jahrhundert das Leben in den städtischen Freihäusern der Residenz- und Hauptstädte vorzog. Unter diesen Umständen scheint die Steuerreform Maria Theresias, die auch Herrenbesitz besteuern ließ, nicht nur die barocke Bautätigkeit weitgehend zum Erliegen gebracht zu haben, sondern durch die steigende Verschuldung der Herrschaftsbesitzer auch eine beträchtliche Verschiebung des Grundbesitzes eingeleitet zu haben. Die im Rahmen der Steuer-Rektifikation von 1749/50 erhobenen Zahlen der den Grundherren untertänigen Bauernhäuser weisen im Vergleich zum Jahr 1620 beim Prälatenstand einen Anstieg von 10.337 auf 20.136 und beim Herrenstand von 12.861 auf 32.348 auf. Diese Zunahme ist allgemein mit einem Wachstum der Bevölkerung und im besonderen mit der Offenlegung der früher verschwiegenen Gülten sowie mit der gleichzeitigen Abnahme des Besitzes der Ritter von 7093 auf 3522½, der landesfürstlichen Städte von 2609 auf 319 und des Landesfürsten (bzw. des Vizedoms) von 10.754 auf 1288 Bauernhäuser zu erklären. Der Landesfürst hatte bekanntlich 1622, 1654 und 1666 seine großen Herrschaften Freistadt, Wels und Steyr veräußert. Bei den Städten und den Rittern spiegeln sich in den Zahlen die wirtschaftlichen Schwierigkeiten wider. Größter Grundbesitzer war 1750 nach wie vor der Herrenstand, der mehr als die Hälfte des oberösterreichischen Gesamtbesitzes mit Schwerpunkt im Hausruck- und Machlandviertel beherrschte, während die Prälaten vor allem im Traun- und im Mühlviertel begütert waren. In der Folge kam es jedoch zu einer großen Besitzumschichtung, weil viele Adelige ihre Herrschaften wegen Überschuldung verkaufen mußten. Wie Georg Grüll gezeigt hat, wechselten in Oberösterreich zwischen 1787 und 1844 41 Herrschaften die Besitzer. Besonders die Belastungen durch die Franzosenkriege erzwangen viele

Verkäufe an reiche bzw. reich gewordene Bürger und Herrschaftsbeamte. Damals veräußerte aber auch der Staat, der bereits 1752 unter Maria Theresia die letzten vizedomischen Gülten verkauft hatte, die meisten seiner oberösterreichischen Kameralherrschaften, die ihm durch die Klosteraufhebungen Kaiser Josephs II. und durch die Säkularisation des Fürstbistums Passau zugefallen waren. So zum Beispiel Rannariedl 1823, Marsbach 1824, Ebelsberg 1825, Pürnstein 1826, Sierning 1827, St. Wolfgang 1834 und Starhemberg 1835. Da sich unter den neuen Herrschaftsbesitzern zahlreiche Bürgerliche befanden, hat man von einem „Einbruch des bürgerlichen Kapitals in die Adelswelt der Grundherrschaft" gesprochen. Erleichtert wurde diese Entwicklung dadurch, daß die „bürgerliche Gesetzgebung" seit Joseph II. das sogenannte Einstandsrecht beseitigt hatte, eine Art Vorkaufsrecht der Angehörigen der beiden adeligen Stände ob der Enns beim Erwerb herrschaftlicher Landgüter gegenüber Personen, die nicht über die Landstandschaft verfügten. Nicht wenige bürgerliche Besitzer von Herrschaften erstrebten aber aus Prestige- und Steuergründen — Nichtadelige zahlten nämlich üblicherweise die doppelte Gültsteuer — die Erhebung in den Adelsstand und die Verleihung der Landsmannschaft, mit denen auch eine Vermehrung der politischen Rechte verbunden war.

Jene vermögenden und gesellschaftlich aufsteigenden Bürger, von denen bisher die Rede war, bildeten allerdings nur die kleine Spitzengruppe ihres Standes, für die der Besitz eines Landgutes vornehmlich ein Statussymbol bedeutete. Die allgemeine Entwicklung verlief anders, da sich Stadtwirtschaft und Städte bzw. Märkte von dem Niedergang im 17. Jahrhundert kaum zu erholen vermochten. Dies beweisen auch die Einwohnerzahlen, die nach dem starken Rückgang im 17. Jahrhundert bis in das 19. Jahrhundert mit Ausnahme der Landeshauptstadt Linz wenig Veränderung zeigen. 1663 waren in Steyr von 605 Häusern 288 öde, in Wels von 424 240 leer, in Enns von 219 132 öde, in Freistadt von 238 200 beschädigt und verfallen und in Gmunden von 211 114 öde. 1666 gab es in Eferding 48 öde Häuser, in Waizenkirchen 18 Brandstätten und 36 leerstehende Häuser, in Peuerbach 28 Brandstätten und in Neufelden 32 unbewohnte Häuser. Im Jahre 1785 hatten z. B. Steyr 6670, Freistadt 3009 und Enns 2495 Einwohner. In dem Zeitraum von 1827 bis 1843 verzeichneten nur Linz (von 20.018 auf 26.064), Steyr (von 8561 auf 9961), Wels (von 3300 auf 4755), Gmunden (von 3000 auf 3624) und Schärding (von 2010 auf 2726) eine Zunahme der Einwohner. In Braunau am Inn (von 3000 auf 2449), Freistadt (von 4000 auf 2253) und Enns (von 4400 auf 3532) sanken die Einwohnerzahlen. Infolge der schlechten wirtschaftlichen Lage mußte in der zweiten Hälfte des 17. Jahrhunderts der Anteil der landesfürstlichen Städte an den Landessteuern, der im Mittelalter ein Viertel betragen hatte, auf ein Sechstel herabgesetzt werden. Um die Steuerkraft nicht noch mehr zu schwächen, suchten die Magistrate den zunehmenden Erwerb befreiten Besitzes in den Städten durch Geistliche und Orden zu verhindern. 1749 hob Maria Theresia die Steuerfreiheit für Freihäuser überhaupt auf. Im 18. Jahrhundert trat jedoch keine Besserung ein. Der Staat des aufgeklärten Absolutismus, dessen Wirtschaftspolitik Einfuhren behinderte und den Freihandel bzw. den Wettbewerb im Inland förderte, nahm vielmehr den Bürgern und den bürgerlichen Siedlungen viele ihrer alten Vorrechte und Freiheiten. Um 1760 ging es Steyr verhältnismäßig noch am besten, da es an Handel und Verarbeitung von Eisen und Stahl profitierte. Der Stadt Wels kam der Holzhandel zugute, Gmunden der allerdings eingeschränkte Salzhandel. Linz war damals stark verschuldet, in schlechter Lage befanden sich Enns und Freistadt, in ganz schlechter Vöcklabruck. Verschiedentlich rissen auch Mißstände in Verwaltung und Finanzwesen ein. Etwas besser war die Situation der oberösterreichischen Märkte, deren Einwohnerzahlen sich zwischen 500 und 2000 bewegten. Bezeichnenderweise erlangten aber von der Mitte des 17. bis zur Mitte des 19. Jahrhunderts nur die fünf Orte Peilstein im Mühlkreis, Weitersfelden, Gaflenz, Urfahr und Raab neuen Marktcharakter. Unabhängig davon wurde jedoch seit josephinischer Zeit auch Siedlungen, die nicht über diese bürgerliche Rechtsstellung verfügten, die Erlaubnis zur Abhaltung von Jahr- und Wochenmärkten erteilt. Einen schweren Schlag bedeuteten schließlich die von Kaiser Joseph II. 1784/88 generell durchgeführten und von seinen Nachfolgern bis in die erste Hälfte des 19. Jahrhunderts nicht mehr so einheitlich fortgesetzten Magistratsregulierungen, die das Ende der alten kommunalen Verfassungen brachten. Die oberösterreichischen Städte und Märkte verloren ihre autonome Verwaltung und Gerichtsbarkeit weitgehend, nachdem sie schon unter Maria Theresia der Aufsicht der staatlichen Behörden unterstellt worden waren und Joseph II. mit dem adeligen auch das bürgerliche Einstandsrecht aufgehoben hatte. Die neue Verfassung sah Magistrate vor, denen zur Ausübung der Rechtspflege ein beamteter Rechtsreferent (Syndikus), rechtskundige und geprüfte Räte und der Bürgermeister, der wie die Räte von der Gemeinde gewählt und in den größeren Städten ebenfalls geprüft wurde, angehörten. Verwaltungs- und Wirtschaftsangelegenheiten oblagen von der Bürgerschaft gewählten Räten und Ausschußmitgliedern. Gemeinden, die in der Ausübung der Gerichtsbarkeit von einer Herrschaft abhängig waren und die sich keine Beamten leisten konnten, wurden wie z. B. die Märkte Ebelsberg, Kremsmünster, Kirchdorf a. d. Krems und Gramastetten ihrer Herrschaft unterstellt. Kirchdorf

hat sich beispielsweise daraufhin 1794 vom Kloster Schlierbach freigekauft, um seine Marktgerichtsbarkeit zu behalten. Unter besonderen Belastungen hatten die oberösterreichischen Städte und Märkte zur Zeit der Franzosenkriege und -besetzungen zu leiden.
Innerhalb der Einwohnerschaften der Städte und Märkte bestanden sehr große soziale Differenzierungen. Nur wenige reiche Kaufleute vermochten sich unter den schwierigen Bedingungen zu behaupten, allerdings konnten auch Geschäftsleute, die sich an den Markt anpaßten, Spekulanten und Kriegsgewinner erfolgreich sein. Charakteristisch ist die wirtschaftlich bedingte Veränderung in der gesellschaftlichen Führungsschicht des Bürgerstandes, in welcher der in der zweiten Hälfte des 18. Jahrhunderts mit den Manufakturen bzw. Fabriken entstandene neue Typ des Industriellen die Großkaufleute verdrängte. Die bürgerliche Oberschicht in den größeren Städten orientierte sich in ihrem Lebensstil am Adel. Große soziale Unterschiede herrschten in der Schichte der städtischen Handwerker, für die seit Joseph II. das Bürgerrecht nicht mehr erforderlich war. Während manche vermögenden Meister sogar adelige Herrschaften kaufen konnten, waren konjunkturabhängige und krisenanfällige Handwerker in ihrer wirtschaftlichen und sozialen Stellung gefährdet. Vor allem die von ihren Verlegern abhängigen und teilweise von der Industrialisierung bedrohten kleinen Meister und deren Gesellen konnten leicht zum Lohnarbeiter oder Taglöhner absteigen und damit in das ohnehin schon zahlreiche städtische Proletariat absinken.
In der ersten Hälfte des 19. Jahrhunderts ist mit einer Zunahme des bürgerlichen Hausbesitzes in den größeren Städten — manche Bürger kauften adelige Freihäuser — ein wachsendes, nicht zuletzt auch durch den aufkommenden politischen Liberalismus genährtes bürgerliches Selbstbewußtsein zu beobachten, das sich unter anderem in den seit dem Vormärz üblich werdenden Verleihungen der Ehrenbürgerrechte äußerte. Damals war allerdings der ursprünglich mit städtischem Hausbesitz verknüpfte Rechtsbegriff „Bürger" längst ausgeweitet im Sinne eines Berufsstandes der „Bürger und Professionisten", als welche die Handels- und Gewerbeunternehmer in den Volkszählungen seit Maria Theresia erfaßt wurden. Die Reformen des aufgeklärten Absolutismus hatten nämlich die alte ständische Gesellschaftsordnung erschüttert und trotz aller sozialer Gegensätze eine gewisse gesellschaftliche Nivellierung herbeigeführt. Der Staat selbst betrachtete alle Bewohner seines Territoriums als seine Untertanen und stufte diese nicht mehr ausschließlich nach ihren (Vor-)Rechten, sondern eher nach ihrer wirtschaftlichen Leistungskraft ein. In dem bürokratisch-reaktionären Einheitsstaat des Kaisers Franz I. ver-

wandelte sich dann der „Staatsuntertan" in einen „Staatsbürger". Am 1. Jänner 1812 trat in den österreichischen Erbländern das Allgemeine Bürgerliche Gesetzbuch in Kraft.
In der bäuerlichen Bevölkerung herrschten ebenfalls große materielle und soziale Unterschiede zwischen den wohlhabenden Getreidebauern des Flachlandes, den durch Mißernten und Konjunkturschwankungen gefährdeten Bauern in den nördlichen und südlichen Berg- und Waldgebieten Oberösterreichs sowie der wirtschaftlich und sozial stets schwachen Schichte der Kleinhäusler. Die Zeit der zweiten Hälfte des 17. Jahrhunderts und der ersten Hälfte des 18. Jahrhunderts hat Georg Grüll als das schwerste Jahrhundert für die Bauern bezeichnet, das durch passiven Widerstand der Untertanen gegen ihre Obrigkeiten gekennzeichnet gewesen sei. Zwar konnte sich der Typ der gewinnorientierten Wirtschaftsherrschaft der Grundherren in Oberösterreich wegen der starken Zersplitterung des Herrschaftsbesitzes, des relativ geringen Anteils der von den Herrschaften in Eigenregie bewirtschafteten Gründe – nach dem Josephinischen Lagebuch (1789) umfaßte in Oberösterreich der Dominikalbesitz 348.553 niederösterreichische Joch, der Rustikalbesitz der bäuerlichen Untertanen aber 881.630 niederösterreichische Joch, wobei die Grundherren über mehr Wald, die Bauern über weitaus mehr landwirtschaftlich nutzbaren Boden verfügten – und wegen des zunehmenden landesfürstlich-staatlichen Schutzes der Untertanen nicht voll entwickeln. Die Lage vieler Bauern verschlechterte sich jedoch deshalb, weil die Grundherren ihre Einnahmen zur Finanzierung des teuren barocken Aufwands erhöhen mußten. Außerdem waren die Untertanen vielfach der Willkür der Herrschaftsbeamten ausgeliefert, nachdem die Besitzer in die Städte übersiedelt waren. Die bäuerlichen Abgaben (Dienste) und Leistungen, die auch in Geld abgelöst werden konnten, wurden gesteigert bzw. durch Angleichung an die Marktpreise erhöht. In der Herrschaft Schwertberg zum Beispiel betrieb Graf Heinrich Wilhelm von Starhemberg mit Hilfe der Robot seiner Untertanen von 1658 bis 1665 die ersten Tabakplantagen in Oberösterreich. In dem herrschaftlichen Amt Gaflenz-Weyer stieg das Zehentgeld von 1669 bis 1724 von 497 Gulden 3 Schilling auf 760 Gulden 1 Schilling. Die ergiebigste Einnahmequelle der Grundherrschaften stellten jedoch die Protokoll- oder Veränderungsgebühren (Freigelder), die bei Todfall, Kauf, Tausch oder Schenkung seit 1597 10 Prozent des Besitzwertes ausmachten, und die Kanzleitaxen dar. Zu diesen Belastungen durch die Grundherren kamen noch die vom Landesfürsten geforderten Steuern: die Landsteuer, das jährlich mehrmals (zwischen 1652 und 1748 erhöhte sich die Zahl von 2 auf 6 ¼) eingehobene Rüstgeld sowie in manchen Jahren zwischen 1691

und 1746 eine außerordentliche Kopfsteuer (Türkensteuer, Vermögenssteuer), die nach verschiedenen Steuerklassen berechnet wurde. Als Folge dieser Entwicklung waren in der zweiten Hälfte des 17. und zu Beginn des 18. Jahrhunderts viele Bauern stark verschuldet, die Bergbauern sogar bis in das 19. Jahrhundert.

Demgegenüber verbesserte sich die Situation der bäuerlichen Bevölkerung in der zweiten Hälfte des 18. Jahrhunderts entscheidend, da der von merkantilistischen Wirtschaftstheorien beeinflußte Staat des aufgeklärten Absolutismus dem Bauerntum besondere Förderung angedeihen ließ. Die Staatsführung wurde sich der großen Bedeutung dieser starken Bevölkerungsgruppe bewußt, welche die Nahrung erzeugte, Steuern zahlte und Soldaten stellte. Kaiser Joseph II., der von den Ideen der Aufklärung über die Würde der Menschen geprägt war, bezeichnete einmal die Untertanen, insbesondere die Bauern, als die edelste Klasse der Menschen, die möglichst frei sein sollte. Aus der Haltung heraus, daß Staatsinteresse bzw. Gemeinwohl vor grundherrlichen Vorrechten ginge, leitete bereits Maria Theresia die sogenannte Bauernbefreiung ein, d. h. jene Vielzahl von Maßnahmen und Gesetzen, die die bäuerlichen Untertanen aus dem Verband der Grundherrschaft lösen und ihnen eine bessere Rechtsstellung sowie günstigere wirtschaftliche und soziale Verhältnisse bescheren sollten. Die theresianischen Reformen unterstellten die Untertanen dem Schutz der neuen staatlichen Behörden der Kreisämter und Distriktskommissariate und entkleideten die Grundherrschaften, die ihren ursprünglich patriarchalischen Charakter mit der Abwanderung der Herrschaftsbesitzer in die Städte völlig verloren hatten, fast aller ihrer öffentlichen Funktionen. Die verbleibenden galten als vom Staate geliehen. Auf diese Weise hatte die absolutistische Staatsführung mit Hilfe ihres neuen abgestuften Verwaltungsapparates erstmals unmittelbaren Kontakt zu den bäuerlichen (Staats-)Untertanen gewonnen. Auch die theresianische Steuer-Rektifikation hatte indirekt eine Verbesserung der Lage der Bauern zur Folge. 1755/56 zwang Maria Theresia die Grundherrschaften zur Anlage eines Verzeichnisses der Naturalroboten, das die unrechtmäßigen Steigerungen über die 1597 als Höchstmaß festgesetzten 14 Tage pro Jahr aufzeigen sollte. Während der letzten großen Hungersnot in Mitteleuropa schaffte sie 1770/71 die Anfeilpflicht ab. Der 1775 erlassene Bestiftungszwang sicherte den ungeschmälerten Bestand der Bauerngüter. Seit dieser Zeit durften die Obrigkeiten die Grunddienste der Untertanen bis zur Aufhebung der Grundherrschaft im Jahre 1849 nicht mehr erhöhen. 1777 stellte Maria Theresia den Grundherren frei, sich die Robot-Zwangsarbeit der Untertanen in Geld ablösen zu lassen. Diese Robotabolition ließen Joseph II. und Leopold II. vor allem in städtischen, geistlichen, Staats- und Religionsfondsherrschaften durchführen.

Kaiser Joseph II. verdankten die Bauern überhaupt eine noch umfassendere Besserstellung. Sie haben ihm dafür ein gutes Andenken als „Bauernbefreier" bewahrt. Das Untertans- und Strafpatent von 1781 gewährte den Untertanen staatlichen Schutz, beschränkte die grundherrliche Strafgewalt und schuf die Einrichtung von Untertansadvokaten zur Beratung und Vertretung der Bauern bei Gericht. Hingegen war die Aufhebung der Leibeigenschaft im selben Jahr für Oberösterreich nur noch in den ehemals bayerischen Gebieten des Mondseelandes und des Innviertels von Bedeutung. Die gleichzeitige Neuregelung des Untertansverhältnisses erlaubte aber die freie Verehelichung gegen Vorlage eines kostenlosen Meldezettels und das Erlernen eines Handwerkes oder eines künstlerischen Berufes, gewährte Freizügigkeit und befreite mit Ausnahme der Waisenkinder von den Hofdiensten. 1784 bzw. 1787 hob der Kaiser den Tavernenzwang auf und gestattete den Untertanen den freien Verkauf ihrer Produkte. Von grundlegender Bedeutung und größter Tragweite war jedoch die 1785 eingeleitete und 1789 durchgeführte Steuer- und Urbarialregulierung. Sie vereinheitlichte nicht nur das Steuersystem für Grundherren und Untertanen, sondern verwandelte das grundherrschaftliche Abhängigkeitsverhältnis durch die Beschränkung der obrigkeitlichen Forderungen auf höchstens 17,46 ⅔ Prozent des Grundertrages in eine Art Pachtverhältnis ohne Robot und Zehent. Die Einnahmen der Grundherren konnten nur noch durch Ertragssteigerungen der Untertanen erhöht werden. Diese Reform stieß daher bei Adel und Prälaten auf so heftigen Widerstand, daß sie nach dem Tod Josephs II. von Kaiser Leopold II. 1790 wieder aufgehoben werden mußte. Es blieb jedoch den Grundherrschaften und Bauern weiterhin überlassen, sich über die Ablöse der Untertanenleistungen mit Geld zu einigen, da das gegenseitige Verhältnis jetzt im allgemeinen privatrechtlich gedeutet wurde. Diese Art der Grundentlastung, die zwischen 1810 und 1816 auch in den an das Königreich Bayern abgetretenen Landesteilen auf der Grundlage der bayerischen Verfassung von 1808 begonnen wurde, fand allerdings weder bei den Herrschaften noch bei den Untertanen Anklang.

Im Zeitalter des aufgeklärten Absolutismus kam der bäuerlichen Bevölkerung auch die gezielte Agrarförderungspolitik des von merkantilistischen Anschauungen beeinflußten Staates zugute, der sich dessen bewußt war, daß eine Zunahme der Bevölkerung einer Steigerung der Nahrungsmittelproduktion bedürfe. Um neue Anbauflächen zu gewinnen, begann man, bei Enns Sümpfe trockenzulegen und die Perger Au 1775 bis 1782 durch den Bau des Naarn-Kanals zu entwässern. Die Welser

Heide, deren Urbarmachung bereits 1670/80 begonnen hatte, wurde endgültig der Landwirtschaft erschlossen. In den Waldgebieten führte diese Binnenkolonisation zu neuen Rodungen. Die enorme Vergrößerung der Gesamtnutzfläche von 1,742.786 Joch (davon 37,6 % Äcker, 19,6 % Wiesen, 4,1 % Weiden und 38,7 % Wald) im Jahre 1789 auf 1,901.887 Joch im Jahre 1851 dürfte jedoch auch mit zunehmender Genauigkeit der Vermessung zu erklären sein. Da man die Erträge durch intensivere Bewirtschaftung erhöhen wollte, propagierte und förderte der Staat den Übergang von der traditionellen Form der jahrhundertealten Dreifelderwirtschaft mit Wechsel von Wintersaat, Sommersaat und Brache zu einer modernen Fruchtwechselwirtschaft mit Viehzucht und Stallfütterung und verbunden damit den Anbau von Klee, Futterkräutern und Hackfrüchten sowie die Verstärkung der Düngerwirtschaft. Die neuen Wirtschaftsformen fanden zuerst in den fruchtbaren Landstrichen bei den herrschaftlichen Meierhöfen Eingang; bei der Bauernschaft dauerte die Umstellung bis in das 19. Jahrhundert. Trotz der Bemühungen der Regierung wurden auch die Erdäpfel, die 1643 zum ersten Mal in der Herrschaft Schwertberg nachzuweisen sind, nur allmählich zu einem Volksnahrungsmittel. Ein weiteres Anliegen des Staates war die Erzeugung von Rohstoffen für die Textilindustrie. Er unterstützte daher 1764 die Pflanzung einer Maulbeerbaumschule für die Seidenraupenzucht und ließ 1767/68 livländischen Flachssamen verteilen. Um den neuen Methoden und Erkenntnissen der Landwirtschaft zum Durchbruch zu verhelfen, befahl Maria Theresia 1766 den Ständen die Gründung einer Ackerbaugesellschaft. Sie wurde vom Abt von Gleink geleitet, ihre Mitglieder gehörten hauptsächlich dem Adel und den oberösterreichischen Klöstern und Stiften an. 1783 wurde sie bereits wieder aufgelöst.
Diese verschiedenen staatlichen Maßnahmen waren von unterschiedlichem Erfolg begleitet. Dennoch galt Oberösterreich im Vergleich zu seinen Nachbarländern als fortschrittliches und vorbildliches Agrarland, das sich durch weitgehende und intensive landwirtschaftliche Nutzung der Bodenfläche sowie durch Fleiß und relative Freiheit seiner Bauern auszeichne. In der in Oberösterreich vorherrschenden, für die Landwirtschaft günstigen Einzelhof- und Weilersiedlung sah man aber auch ebenso wie im herrschaftlichen Streubesitz eine Schwierigkeit für die Verwaltung.
Obwohl der unter Maria Theresia neugestaltete Staat zur Bestreitung seiner gewaltigen Ausgaben das Rüstgeld 1750 auf das Sechsfache erhöhen und zahlreiche neue Steuern einführen mußte, konnten im allgemeinen viele Bauern ihre Vermögenslage infolge der günstigeren Rechtsstellung, der freien Wirtschaftsführung, des Fortschrittes in der

Landwirtschaft und der herrschenden Agrarkonjunktur bis zum Beginn des 19. Jahrhunderts verbessern. Die Errichtung gemauerter Häuser und die Anlage von Straßen und Wegen wurden möglich. Wer es sich leisten konnte, baute nach dem Vorbild der mächtigen herrschaftlichen Meierhöfe neue Vierkanthöfe. In der Umgebung des Stiftes St. Florian hatte eine Gruppe von Bauern, die zumeist ehemalige Meier- oder Zehenthöfe besaß — die Krise der Grundherrschaft seit dem Barock hatte viele Grundherren dazu veranlaßt, entweder große Meierhöfe zu vererbrechten, zu verpachten und zu verkaufen oder deren Gründe in mehrere kleine Wirtschaften zu zerteilen — und verschiedentlich mit Florianer Pröpsten verwandt war, im Laufe des 18. Jahrhunderts sogar solchen Reichtum und solches Ansehen gewonnen, daß die moderne Geschichtsforschung von einem „Florianer Bauernadel" spricht. Diese Großbauern, die ihren Töchtern eine Mitgift von 10.000 bis 20.000 Gulden geben konnten, sollen sich geäußert haben, nicht mit einem Hofrat in Wien tauschen zu wollen. Abgesehen von dieser Spitzengruppe hat aber die gesellschaftliche Entwicklung in der zweiten Hälfte des 18. Jahrhunderts auch ganz allgemein ein breites bäuerliches Selbstbewußtsein entstehen lassen.

Der „Bauernstand" war sich seiner Bedeutung bewußt geworden und nahm daher in der ersten Hälfte des 19. Jahrhunderts den Verlust eines Großteils seiner Errungenschaften, der mit der politischen Reaktion unter der Regierung der Kaiser Franz I. und Ferdinand I. einherging, nicht einfach hin. Die Bauern bestanden auf ihren seit Maria Theresia erworbenen Rechten und wurden dabei von einigen Standesgenossen unterstützt, die mit erstaunlichen Kenntnissen Rechtsbeistand leisteten und Eingaben an die Behörden bzw. an den Kaiser verfaßten. Solche von den Herrschaftsbeamten als Aufrührer betrachteten Bauernvertreter, denen ständig Strafverfolgung und Kerkerhaft drohten, waren z. B. Simon Hollensteiner aus Perlesreut bei Oepping († 1823), Andreas Resch auf der Saumstraße bei Zwettl a. d. Rodl († 1833 im Linzer Schloßgefängnis), Michael Burglehner aus Hartkirchen († 1837) und Michael Huemer vulgo Kalchgruber aus Elmberg (1777—1849). Der besonders bekannte „Bauernadvokat" Kalchgruber, den man 1824 von seinem Hof abgestiftet hatte, nachdem er von einem Ernteurlaub nicht mehr in das Linzer Gefängnis zurückgekehrt war, wirkte unter dem Schutz der Bevölkerung bis zu seinem Tod im Untergrund weiter.

Es blieb jedoch nicht immer bei Eingaben und Beschwerden; die Bauern versuchten wiederholt auch, sich durch Aufstände und Zusammenrottungen selbst Recht zu verschaffen. In dieser Hinsicht bildet die Barockzeit einen bezeichnenden Schwerpunkt mit sechs Revolten in der zweiten

Hälfte des 17. Jahrhunderts und acht im 18. Jahrhundert (die Unruhen der halbbäuerlichen Arbeiter nicht eingerechnet), wobei auf die Regierungszeit Maria Theresias und Josephs II. nur zwei Erhebungen entfallen. Auffällig ist auch, daß in den großen Klosterherrschaften trotz der starken Bautätigkeit das Verhältnis zu den Untertanen im allgemeinen nicht gestört war. In der ersten Hälfte des 19. Jahrhunderts kam es noch dreimal zu Bauernunruhen. Der Zorn der Bauern wurde vor allem durch zu hohe Abgaben und Leistungen sowie durch übermäßige Wildhege in den Forsten des der Jagdlust frönenden Kaiserhauses und des Adels hervorgerufen. Wildschäden führten in der zweiten Hälfte des 17. Jahrhunderts zu kleineren Revolten in der Herrschaft Wildberg, im Bereich des Unterlaufes der Enns und in der Herrschaft Steyr. Zwischen 1704 und 1711 griffen die Bauern in der Nähe der kaiserlichen Forste der auch niederösterreichisches Gebiet umfassenden Herrschaft Burg Enns sowie in den Herrschaften Scharnstein und Aistersheim zur Selbsthilfe. Unruhen traten in Steyregg, Freistadt und Prandegg-Zellhof auf. 1716 brach nahezu in ganz Oberösterreich ein Jagdaufstand aus, der bis 1719 dauerte und im Alpenvorland noch bis 1739 Nachwirkungen hatte. Unruhen und Revolten wegen zu hoher Belastungen entstanden 1674 und 1681 in der Herrschaft Steyr, 1679 bis 1683 im Fürstbistum Passau einschließlich der Herrschaft Vichtenstein, 1681 in der Klosterherrschaft Schlägl, 1683 in den Herrschaften Weinberg und Steyr, 1725/26 in der Herrschaft Wartenburg, 1754/55 im Machlandviertel, wo der aus Böhmen stammende Kreishauptmann zu hohe öffentliche Straßenrobot verlangte, 1784 bis 1787 in der Herrschaft Greinburg, 1819 bis 1828 in der Herrschaft Schlägl, die den Untertanen in Seitlschlag die Waldrechte entziehen wollte, und 1822 bis 1829 in der Herrschaft Schwertberg, wo sogar Sabotageakte gegen das herrschaftliche Holz verübt wurden. 1680 scheint man im Grenzgebiet zu Böhmen und 1705/06 an der Grenze zu Bayern mit den jeweils aufständischen Bauern der Nachbarländer sympathisiert zu haben. Während des Spanischen Erbfolgekrieges verweigerten Bauern der Herrschaft Steyr 1703/04 die Teilnahme am Aufgebot und wehrten sich gegen die Errichtung von Schanzanlagen bei Klaus. 1846 verhinderten ca. 200 Bauern in Windischgarsten die Zwangsversteigerung ihres wegen Abgabenschulden gepfändeten Viehs. In den meisten Fällen wurden die Anführer der rebellierenden Untertanen mit Kerkerstrafen, Zwangsarbeit in den Wiener Stadtgräben und an der ungarisch-türkischen Grenze sowie mit Landesverweisen bestraft. 1719 wurden nach der militärischen Niederschlagung des Jagdaufstandes die ausgesprochenen Todesurteile im letzten Augenblick in andere schwere Strafen verwandelt. Ein Jahr später verhängte der Landeshauptmann in Linz über 1693 Bauern verschiedene Strafen. Militär wurde nicht nur 1719 zur Beendigung des Jagdaufstandes eingesetzt, sondern auch 1739 und 1787 sowie 1683 im Passauer Land. Die politischen Rechte, die der bäuerlichen Bevölkerung im Rahmen des herrschenden Gesellschaftssystems zugestanden wurden, waren sehr gering. Die in den herrschaftlichen Verwaltungssprengeln (Ämtern) bestehenden Untertanengemeinden verfügten über eine gewisse Selbstverwaltung sehr unterschiedlichen Ausmaßes hinsichtlich der gemeinsamen Organisation der Verpflichtungen gegenüber dem Grundherrn, der Nachbarschaftshilfe, der durch den Flurzwang bedingten Regelung des Landbaues und des Gemeinbesitzes an Wald und Weide. Die Funktion des letzteren als eine Art Versicherung für Katastrophenfälle übernahmen seit der zweiten Hälfte des 18. Jahrhunderts in manchen Herrschaften die aus Beiträgen der Bauern gespeisten Untertanenkassen. Seit dem Vormärz verzeichnete dann das Versicherungswesen einen allgemeinen Aufschwung, vor allem durch die auf eine Gründung der bayerischen Regierung im Jahre 1811 zurückgehende OÖ. Landes-Brandschaden-Versicherungsanstalt. Was die Selbstverwaltung betrifft, bedeutete die im Zuge der josephinischen Reformen eingeführte Steuergemeinde (Katastralgemeinde) einen allerdings sehr kurzlebigen Neuansatz, da alle Grundbesitzer eines Vermessungsbezirkes unter der Führung gewählter Vorstände (Richter) und Ausschußräte gemeinsam Verantwortung für die Grundsteuer tragen sollten. Keine dieser Organisationsformen erreichte jedoch die Bedeutung, die der Pfarrgemeinde für das Zusammenleben der ländlichen Bevölkerung zukam. Die Pfarrsprengel spielten deshalb schon seit alters in der Verwaltungsorganisation (z. B. beim Aufgebot) eine Rolle. Dies machte sich auch der Staat des aufgeklärten Absolutismus zunutze, indem unter Maria Theresia die Distriktskommissariate und die neuen Kommissariatsgemeinden in Anlehnung an die Pfarreinteilung geschaffen wurden, die Schulreform jeden Pfarrort zum Sitz einer Schule machte und die Pfarrer allgemein mehr staatliche Aufgaben wie Standesführung, Armenfürsorge u. a. übertragen bekamen. Die Pfarre prägte zwar als zentrales Bezugssystem die Gemeinschaft in vieler Hinsicht am stärksten, bot jedoch kaum eine Möglichkeit zur Selbstverwaltung, da sich das Amt der von der Pfarrgemeinde gewählten Kirchenpröpste zumeist in eine innerhalb bestimmter Familien erbliche Würde verwandelte. Als im Vormärz die Grundsteuergesetzgebung des Kaisers Franz I. die Steuergemeinde neuerlich einführte, wurden deren Funktionäre nicht von der Gemeinde gewählt, sondern von den staatlichen Behörden, deren Exekutivorgane sie waren, eingesetzt. Der nach langen Bemühungen 1844 unter dem Protektorat des Erzherzogs Johann zur Förderung und Wahrnehmung der landwirtschaftlichen

Interessen in Linz gegründeten „k. k. Landwirtschafts-Gesellschaft in Oesterreich ob der Enns", deren Mitgliedschaft jeder Staatsbürger erwerben konnte, traten zwar neben Adeligen, Geistlichen, Beamten und Bürgern auch Bauern bei, zu einer bäuerlichen Interessenvertretung konnte sie sich aber wegen des überwiegenden Einflusses der Großgrundbesitzer nicht entwickeln.

Die untersten Schichten der ländlichen Bevölkerung bildeten die kleinen Bergbauern, die Kleinhäusler und Inleute, die sich als Arbeiter und Taglöhner verdingten, sowie das Gesinde. Sie waren in ihrer Existenz ebenso durch Konjunkturschwankungen und Teuerungen gefährdet wie die städtischen Unterschichten der kleinen Handwerker, Lohnarbeiter und Dienstboten. Die Zahl der Häusler war während des Barock stark angestiegen, da die Grundherrschaften neue Siedler wegen der zusätzlichen Abgaben und Leistungen förderten. Die Stellung der Dienstboten besserte sich nicht so sehr wegen der von den Landesfürsten auf Anregung der Landstände erlassenen Gesinde- und Dienstbotenordnungen, die hauptsächlich die Interessen der Dienstgeber wahrten, als vielmehr wegen des spürbaren Arbeitskräftemangels, der durch die Aufhebung des Gesindezwanges durch Kaiser Joseph II., die Intensivierung der Landwirtschaft und die beginnende Industrialisierung noch verstärkt wurde. Im allgemeinen verlief die Entwicklung seit der zweiten Hälfte des 18. Jahrhunderts zu einem freien Arbeitsvertragsverhältnis zwischen Diensthern, dem gemeinsam mit den politischen Behörden das Strafrecht oblag, und Dienstboten.

Obwohl die Arbeiterschaft im oberösterreichischen Raum besonders im Hinblick auf die Salinen- und Eisenarbeiter, aber auch auf die in Zünften organisierten Handwerksgesellen und die an der gewerblichen Produktion beteiligte ländliche Bevölkerung eine alte Tradition aufzuweisen hat, kann man mit einer gewissen Berechtigung von der Entstehung eines eigentlichen Arbeiterstandes im Laufe des 18. Jahrhunderts sprechen. Die seit der zweiten Hälfte des 17. Jahrhunderts in Oberösterreich gegründeten Manufakturen haben nämlich eine neue Schichte der nichtzunftgebundenen Fabrikarbeiter geschaffen, die in der Folge Wesen und Bild des Arbeiterstandes entscheidend geprägt hat. Die mit Fabriksprivilegien ausgestatteten und vom Zunftzwang befreiten, anfänglich jedoch noch nicht maschinell eingerichteten Manufakturen beschäftigten allerdings bis in das 18. Jahrhundert hinein im Rahmen der alten Verlagsorganisation häufig mehr ländliche Heimarbeiter und kleine selbständige Handwerksbetriebe als Stammarbeiter in den eigenen Produktionsstätten. In der 1672 von dem Ratsbürger Christian Sind gegründeten und 1754 vom Staat übernommenen Linzer Wollzeugfabrik, die freilich alle anderen Unternehmen im Lande an Größe und Bedeutung übertraf, arbeiteten z. B. 1725 4415 Arbeiter, während außerhalb 4000 Spinnleute und 150 Weber tätig waren. In ihrer Blütezeit beschäftigte die Wollzeugfabrik 1762 über 48.500 zumeist ländlich-bäuerliche Arbeitskräfte in Oberösterreich und dessen Nachbarländern Böhmen, Niederösterreich und Steiermark. Die vielen auf einen Zuverdienst angewiesenen Kleinbauern und Häusler auf dem Lande sowie die von der Fabriksarbeit angezogenen Dienstboten stellten ein billiges Reservoir dar, dessen man sich je nach der wirtschaftlichen Lage bediente. Erst mit der durch den Einsatz von Maschinen zunehmenden Technisierung der Produktion im 19. Jahrhundert verlagerte sich der Beschäftigungsschwerpunkt vom Umland in die Fabriken.

Die Arbeits- und Lebensbedingungen der verschiedenen Gruppierungen der Arbeiterschaft, die im Falle von Absatzkrisen von Arbeitslosigkeit bedroht waren und unter Verteuerung der Lebensmittel litten, waren wie bei allen gesellschaftlichen Unterschichten denkbar schlecht. Dabei bildeten die im Bergbau, im Sudwesen, in der Fertigung, im Transport und im Waldwesen beschäftigten Arbeiter des Salzkammergutes trotz ihrer Sonderstellung — sie waren z. B. bis in die zweite Hälfte des 18. Jahrhunderts von Militärdienst, Einquartierungen und Steuerleistung befreit und verfügten über kostenlose ärztliche Betreuung, eine Altersversorgung sowie über verschiedene andere Begünstigungen — keine Ausnahme. Den organisierten Handwerkern bot die alte Zunftverfassung noch einen gewissen Schutz, obwohl die Zünfte vom Staat immer mehr eingeschränkt wurden. In den Baumwollspinnereien betrug die tägliche Arbeitszeit der Fabrikarbeiter 14 Stunden; die Heimarbeiter waren in der Regel noch länger tätig. Diese Situation wurde durch die vielen Feiertage etwas entschärft. So hatten beispielsweise die Sensenschmiede, obwohl in theresianisch-josephinischer Zeit eine starke Reduzierung aus wirtschaftlichen Gründen vorgenommen worden war, im Jahre 1845 immer noch 95 freie Sonn- und Feiertage im Jahr. Frauen- und Kinderarbeit spielten traditionellerweise eine große Rolle, da sie zum Lebensunterhalt sehr vieler Familien notwendig und in den sogenannten Familienbetrieben im Bereich von Landwirtschaft und Gewerbe üblich waren. Als die Hofkammer 1618 im Salzkammergut die Kinderarbeit abschaffen wollte, sprach sich die ganze Mannschaft dagegen aus. 1724 waren von 2156 Arbeitern 1134 jünger als 18 Jahre und 355 zwischen 7 und 12 Jahre alt. Auch in den modernen Fabriken stellten Frauen und Kinder einen hohen Anteil der Arbeiterschaft. Die oberösterreichischen Baumwollspinnereien beschäftigten z. B. im Jahre 1846 288 Männer, 372 Frauen und 288 Kinder. Unter solchen Umständen, die hier nur angedeutet werden

*Soziale und wirtschaftliche Verhältnisse*

können, entstanden zahlreiche soziale Probleme, die wiederholt Streiks, Unruhen und Aufstände verschiedener Arbeitergruppen auslösten. 1683 beteiligten sich Holzknechte aus dem Lande ob der Enns an einem Aufstand der Eisenerzer Bergknappen. Im Salzkammergut hatte eine Reorganisation mit Sparmaßnahmen, Entlassungen und Rekrutierungen 1746 eine Revolte der Holzarbeiter in Ebensee und Ischl zur Folge, die von Soldaten niedergeschlagen wurde. Die Anführer wurden mit Strafarbeit und Landesverweis bestraft. Wegen der niedrigen Löhne, die durch Naturalzuschüsse und preisgeregelte Lebensmittel aufgebessert wurden — z.B. betrug der Schichtlohn eines Erbeisenhauers im Jahre 1656 9¾ Kreuzer (1 Metzen = ca. 40 kg Korn kostete 52½ Kreuzer) und im Jahre 1740 20 Kreuzer (für 1 Metzen Korn mußten 105 Kreuzer bezahlt werden) —, war es bereits 1584 zu einem Streik der Salzarbeiter in Hallstatt und Gosau gekommen. 1794—1799 entstanden neue Unruhen unter der notleidenden Arbeiterschaft. Der Hallstätter Bergzimmerknecht Josef Pfandl, einer ihrer Sprecher, drohte einer kaiserlichen Kommission mit französischen Zuständen und wurde daraufhin verhaftet. Militär gelangte gegen Empörungen der Losensteiner Nagelschmiedgesellen (1740 und 1764) sowie der Traunviertler Sensenschmiedknechte, die eine Verdrängung durch ungelernte Arbeitskräfte befürchteten (1757), zum Einsatz. 1781 brach in der Linzer Wollzeugfabrik wegen Lohnkürzungen ein Konflikt aus. Als im April 1848 die verzweifelten Schiffleute von Stadl, die durch den Bau der Pferdeeisenbahn Linz—Gmunden arbeitslos geworden waren und jahrelang vergeblich auf ihre Situation hingewiesen hatten, die Gleisanlagen bei Lambach zerstörten, sah das Stadt- und Landrecht von einer Strafverfolgung ab.

Seit Kaiser Joseph II. wurden vorwiegend aus ökonomischen Beweggründen vereinzelte Maßnahmen zur Verbesserung der Lage und zum Schutz der Arbeiterschaft getroffen. Die Arbeiter der Staatsbetriebe erhielten seit 1789 statt der bisherigen gnadenweisen Altersversorgung (Provision) eine regelmäßige Pension (Jubilation), mußten aber im Vormärz nach einer regulären Dienstzeit von 40 Jahren immer noch leichte Arbeiten verrichten. Staatlichen Schutz genossen seit 1786 die Fabrikslehrlinge; 1842 wurde die Beschäftigung von Kindern unter 12 Jahren in den Fabriken verboten. 1816 betraute man die Bezirksärzte mit der Arbeiterfürsorge. Dieser diente auch eine eigene Sparkasse für die Arbeiter der um 1840 gegründeten Lederfabrik Pöschl in Rohrbach. Selbstschutzorganisationen von Arbeitern sind seit dem Beginn des 19. Jahrhunderts bekannt. Eine der ältesten überhaupt ist die 1803 gistiftete Kranken- und Sterbekasse der Linzer Buchdrucker. 1842 wurden in Linz ein Arbeiterunterstützungsverein der Buchdrucker und in Haslach ein Krankenverein der Webergesellen gegründet. 1847 folgte der Dreifaltigkeitsverein der Weber in Linz.

Am untersten Ende der gesellschaftlichen Skala standen die Ärmsten der Armen, die Bettler. Die allgemein schlechte Wirtschaftslage seit dem Dreißigjährigen Krieg und die Arbeitslosigkeit im besonderen zwangen viele Angehörige des städtischen und ländlichen Proletariats, aber auch ehemalige Soldaten und vereinzelt sogar verarmte Adelige, ihren Lebensunterhalt durch Bettelei zu bestreiten. Die scharenweise durch das Land ziehenden Bettler und Zigeuner stellten ein großes Problem der Barockzeit dar, das Landesfürst und Landeshauptmann mit Verordnungen, Verboten, Strafandrohung, Ausschaffung (Abschieben) und im 18. Jahrhundert durch Bettlerordnungen zu bekämpfen suchten. Die Landstände stimmten 1672 deshalb der Errichtung der Linzer Wollzeugfabrik zu, weil sie sich eine Verringerung der großen Arbeitslosigkeit erhofften. 1727 zählte eine landesfürstliche Kommission 25.896 Bedürftige im Lande ob der Enns (5742 Männer, 11.117 Frauen, 7247 Kinder und 1238 abgedankte Soldaten) und gab als Ursachen die zu hohe Zahl der Kleinhäusler und den empfindlichen Rückgang des Leinwandhandels an. Der Freiherr von Hoheneck schlug 1742 vor, die beschäftigungslosen Bettler beim Bau von Verteidigungsanlagen, bei Grabensäuberungen, Straßenreparaturen und anderen öffentlichen Bauvorhaben einzusetzen. Eine gewisse Entschärfung des Problems brachten die Förderung von Fabriken, die Einführung des Spinnzwanges und die Errichtung von Arbeits- und Waisenhäusern durch die Regierung. Kaiser Joseph II. schuf 1784 für die Armenfürsorge, die 1693 den Grundherrschaften übertragen worden war, in jeder Pfarre ein Armeninstitut, das alle älteren mildtätigen Stiftungen, die in der Barockzeit besonders zugenommen hatten, aufhob bzw. unter der Leitung des Pfarrers zusammenfaßte. Am Beginn des 19. Jahrhunderts hatten die Franzosenkriege große Not zur Folge; gegen die Jahrhundertmitte nahmen Arbeitslosigkeit und Armut aus wirtschaftlichen Gründen zu. Regierung und Stände versuchten u. a. mit geringem Erfolg, durch die Gründung einer Zwangsarbeitsanstalt (1836) und einer auf Freiwilligkeit beruhenden Beschäftigungsanstalt für Arbeitslose in Linz (1845/46) dagegen anzukämpfen.

Diesem Bild einer stark differenzierten Gesellschaft entsprechen große Unterschiede im Lebensstandard der Bevölkerung, die zu zwei Dritteln den ärmeren Schichten zuzurechnen ist. Der unvorstellbaren Armut und Not der Besitz- und Arbeitslosen und der äußerst bescheidenen Lebenshaltung der breiten Masse stand die aufwendige Lebensführung der schmalen oberen und einkommensstarken Schichten gegenüber, die ihrerseits jeweils der nächsthöheren nacheiferten. Im allgemeinen führte

*Soziale und wirtschaftliche Verhältnisse* 257

aber die Steigerung der Erträge infolge der Intensivierung der Landwirtschaft seit der Mitte des 18. Jahrhunderts zu einer Verbesserung der Nahrung und des Lebensstandards, der in der Zeit des Vormärz seinen Höhepunkt erreichte und seit den vierziger Jahren des 19. Jahrhunderts wieder sank. Verglichen mit seinen Nachbarländern wies Oberösterreich im gesamten gesehen einen gewissen Wohlstand auf, der von Reiseschriftstellern hervorgehoben, von merkantilistischen Wirtschaftsfachleuten, denen es um billige und daher im Export konkurrenzfähige Produkte ging, jedoch teilweise kritisiert wurde.

Einige Streiflichter sollen den unterschiedlichen Lebensstandard der verschiedenen Gesellschaftsschichten andeuten. So wurden im Linzer Freihaus des Grafen und späteren Landeshauptmannes Christoph Wilhelm I. von Thürheim, des Besitzers der Herrschaft Weinberg, in den ersten Jahrzehnten des 18. Jahrhunderts für Lebensmittel und Getränke jährlich zwischen 2000 und 3800 Gulden ausgegeben. Soviel kosteten fünf bis zehn mittlere Bauerngüter im Machlandviertel. Während Wolf Helmhard von Hohberg 1687 das „Adelige Landleben" in Österreich in seinem so betitelten, der sogenannten Hausväterliteratur zugehörigen Werk aus der Sicht des Grundherrn beschrieb, schilderte der in Damberg (Pfarre Taufkirchen a. d. Trattnach) ansässige Matthias Altmann 1845 in seinem „Oberösterreichisches Georgicon" benannten „Lehrgedicht dargestellt in einem Familiengemälde", die ländliche Lebensweise aus dem Blickwinkel des Landwirtes. Die Nahrung der bäuerlichen und unterbäuerlichen Schichten bestand hauptsächlich aus Mehl, Hülsenfrüchten, Kraut, Rüben, Milch, Rindschmalz und wenig Fleisch. Seit der Mitte des 17. Jahrhunderts wurde der Most immer mehr zum Volksgetränk, da der Weinbau zurückging und Bier nur von herrschaftlichen und bürgerlichen Brauereien erzeugt werden durfte. Wer wie die Bürger von einer gewerblichen Beschäftigung lebte, verfügte in der Regel über eine bessere Kost. Auch hier herrschten aber große Unterschiede zwischen der Oberschicht – z. B. zahlte der Linzer Patrizier Johann Peisser 1653 für sein Hochzeitsmahl 707 Gulden, das ist so viel wie für ein Linzer Stadthaus oder für 70 Kühe – und den kleinen Handwerkern. Bei den Arbeitern verschlechterte sich die Einkommenssituation seit dem 18. Jahrhundert ständig und erfuhr nur im Vormärz eine vorübergehende Besserung, als die Kaufkraft der Löhne stieg. Besonders schlecht ging es den Salinen- und Holzarbeitern im Salzkammergut trotz ihrer kleinen Nebenerwerbswirtschaften. Der wöchentliche Lebensmittelbedarf einer vierköpfigen Hallstätter Arbeiterfamilie wurde um 1524 auf einen halben Metzen Getreide, 4 Pfund Fleisch, 1 Pfund Schmalz, Eier, Milch und Schoten für 5 Pfennig sowie Rüben und Kraut für 3 Pfennig geschätzt, im Jahre 1656 auf einen halben Metzen Korn, 1 Pfund Fleisch, 1 Pfund Schmalz und sonstige Lebensmittel im Wert von 35 Pfennig und im Jahre 1777 auf 1 Pfund Schmalz, 1 ¼ Pfund Butter, 3 Pfund Schoten, 1 ½ Maß Grieß, 4 Maß Mehl und 5 Laib Brot (Fleisch scheint bezeichnenderweise nicht mehr auf!).

Verschiedene Beschreibungen des Landes und seiner Bewohner seit der zweiten Hälfte des 18. Jahrhunderts enthalten interessante Aussagen über den Charakter der Oberösterreicher. Zum Beispiel werden ihre Köpfe als gut, aber selten feurig beurteilt, sie selbst als mehr melancholisch und weichherzig, selten grausam, jedoch rachsüchtig. Der Steirer Karl Schmutz bezeichnete 1843 die Oberösterreicher als bieder, rührig und nicht lethargisch. Ein Gutachten von 1761 schrieb den oberösterreichischen Bauern zwar eine natürliche Vernunft, Fleiß und im Hausruck- und Traunviertel ein Interesse am Lernen, im allgemeinen aber wenig Aufgeschlossenheit gegenüber Neuem zu. Ein anderes betonte den Unterschied zwischen den Bewohnern des Flachlandes und denen im Gebirge, die als frommer, mühsamer und williger charakterisiert werden. In einem persönlichen und sehr subjektiv gefärbten Bericht, den der obderennsische Regierungspräsident Graf Alois von Ugarte 1834 dem Kaiser Franz I. übermittelte, ist von der „Anhänglichkeit des Oberösterreichers an materielle Genüsse und seinem Widerwillen gegen jede Störung" die Rede. Der böhmische Adelige lobte die Bürger und bewunderte die wohlhabenden und selbstbewußten Bauern, die für ihn auf einer höheren Stufe der Gesellschaft standen „als vielleicht in irgendeiner österreichischen Provinz". In ihnen sah er Garanten der Stabilität und ein gesundes Gegengewicht gegen moderne Tendenzen im Lande. Hingegen war er der Ansicht, der Adel sei „zur tiefsten Stufe der Entmutigung" abgesunken und das „aristokratische Element (könne) nur in einer Art abgesenkten Begriffes" weiter leben.

Das Wirtschaftsleben des Landes wurde bis in die zweite Hälfte des 18. Jahrhunderts wesentlich von mittelalterlichen Strukturen bestimmt. Landesfürstentum und Stände bemühten sich weiterhin, die Versorgung des Landes mit Nahrungsmitteln und Rohstoffen zu sichern. In Krisen- und Notzeiten — große Hungersnöte herrschten in Oberösterreich 1648—1650, 1692—1694, 1698—1702, 1712/13, 1770—1772 und zuletzt 1817— kauften sie in Niederösterreich und Ungarn Getreide und brachten es unter der oberösterreichischen Bevölkerung zur Verteilung. Über die Aufteilung der Kosten wurde zumeist lange verhandelt. Außer solchen direkten Eingriffen waren seit dem späten Mittelalter Höchstpreiserlässe, Mauterhöhungen bzw. -senkungen, Ausfuhrverbote, Fürkaufverbote, Bestandsverzeichnisse und Vorratskontrollen die wichtigsten Instrumente der landesfürstlichen Wirtschaftspolitik, die infolge des Fehlens einer eigenen Behördenorganisation nicht immer im gewünschten Maße verwirklicht werden konnte. Seit der zweiten Hälfte des 17. Jahrhunderts kamen allmählich die wirtschaftstheoretischen Lehren der Merkantilisten zum Tragen, die im Bevölkerungswachstum und im Außenhandel den Motor des Wirtschaftswachstums sahen. Ihre Anschauungen haben seit der Mitte des 18. Jahrhunderts den Staat des aufgeklärten Absolutismus beherrscht, der unter Maria Theresia und besonders unter Joseph II. im rechtlichen, sozialen und wirtschaftlichen Bereich oft radikal mit den alten Grundlagen gebrochen hat. Der von diesen beiden Herrschern reformierte Staat, der kaum mehr Rücksicht auf die Landstände nehmen mußte, betrachtete die Förderung der Wirtschaft als eine Möglichkeit, seine Macht zu vergrößern. Diese Politik wurde mit Hilfe fürstlicher Verordnungen und staatlicher Gesetze betrieben und von staatlichen Behörden vollzogen, denen verschiedene Fachkommissionen zur Seite standen. Nachdem bereits Kaiser Karl VI. für die niederösterreichische Ländergruppe kurzlebige Kommerzbehörden geschaffen hatte, wurde 1745 für Oberösterreich eine eigene Hof-Commercien-Commission unter dem Vorsitz des Landeshauptmannes eingerichtet, deren Agenden in der Folge die neue theresianische Landesbehörde übernahm. Dieser wurde 1752 ein aus von der Kaiserin ernannten Vertretern der Wirtschaft gebildeter Kommerzienkonseß als beratendes und planendes Organ beigegeben, das bis zur Errichtung der obderennsischen Landesregierung im Jahre 1783 bestand. Sein Einfluß erstreckte sich aber nicht auf das Salz- und Eisenwesen. Im Vormärz bildete man von 1816 bis 1824 wieder eine Kommerzkommission und im Jahre 1833 eine Landes- und Landwirtschaftskommission.

Der Merkantilismus strebte nicht nur nach länderweise einheitlichen Wirtschaftsräumen, sondern letztlich nach dem wirtschaftlichen Zusammenschluß der gesamten Monarchie, wobei im Rahmen dieses sogenannten Universal-Kommerzes Oberösterreich außer dem Salz vor allem Textilien, Eisen- und Stahlwaren erzeugen sollte. Ein wichtiges Mittel zur Durchsetzung der merkantilistischen Ziele war die Zollpolitik, die den Import ausländischer Waren durch erhöhte Schutzzölle und durch Einfuhrverbote für bestimmte Warengattungen zu unterbinden trachtete. Die 1652 bzw. 1672 neu errichteten Grenzfilialmauten stellten jedoch für die Wirtschaft des Landes eine spürbare Belastung dar, da gleichzeitig die Binnenmauten stark erhöht wurden. Durch den Zusammenschluß der landesfürstlichen und der ständischen Grenzaufschlagsorganisationen wurde das Land ob der Enns im Jahre 1728 endgültig zu einem flächenhaft geschlossenen Zoll- und Wirtschaftsgebiet, in dem spezielle, aus den kaiserlichen Salzbereitern hervorgegangene (Grenz-)Wachmannschaften die Kontrolle ausübten sowie den Schmuggel (vor allem mit billigerem ausländischem Salz, mit Lebensmitteln und Tabak) und die Einfuhr minderwertigen fremden Geldes bekämpften. 1755 bestanden in Oberösterreich einschließlich der Privatmauten insgesamt 72 Mautstellen. Maria Theresia bewegte daher 1756 die Stände ob der Enns gegen eine finanzielle Entschädigung zum Verzicht auf die ständischen Aufschläge auf ausgeführte Leinwand, Wollzeuge und Eisenwaren sowie auf Transitzölle. 1775 vereinigte sie die Länder Niederösterreich, Oberösterreich, Steiermark, Kärnten, Böhmen, Mähren und Schlesien zu einem einheitlichen Zollgebiet und beseitigte die noch bestehenden Binnenmauten der Stände, die im Lande ob der Enns mit jährlich 42.000 Gulden abgefunden wurden, und der Grundherrschaften, deren Rechte bereits unter Karl VI. 1724 überprüft worden waren. Die den Ständen 1793 wieder überlassenen Getränke-Aufschläge bestanden bis zur Einführung einer allgemeinen Verzehrungssteuer am 1. November 1829, die beim Volk auf starke Ablehnung stieß.

Ein besonderes Anliegen waren der merkantilistischen Wirtschaftspolitik Gewerbe und Handel, die seit dem 17. Jahrhundert im Niedergang begriffen und noch weitgehend der mittelalterlichen Zunftverfassung unterworfen waren. Das absolutistische Landesfürstentum, das bereits 1725 den unbefugten Gewerbetreibenden (Störern) die Ausübung des Gewerbes gegen Zahlung eines Schutzgeldes gestattet hatte, sicherte sich daher 1732 die Zunfthoheit durch Übernahme des 1731 erlassenen Reichshandwerkspatents für Österreich unter und ob der Enns. Seit der zweiten Hälfte des 18. Jahrhunderts lockerte der Staat des aufgeklärten Absolutismus die zünftischen Beschränkungen und Zwänge oder hob sie, vor allem für Gewerbe, die Heimarbeiter beschäftigten, ganz auf. Ein für frei erklärtes Gewerbe konnte jeder ohne Lehrzeit und ohne Bewilligung der Obrigkeit ausüben. Seit 1753/54 unterschied man zwischen den vom Staat besonders geförderten exportorientierten oder Importe verhindernden Kommerzialgewerben, deren Konzessionen die Landesbehörde erteilte, und den für den örtlichen Bedarf produzierenden, von den Ortsobrigkeiten bzw. Distriktskommissariaten zugelassenen Polizeigewerben. Joseph II. versuchte vergeblich, die sogenannten Realgewerbe, deren Meisterstellen wie beim Bürgerrecht seit alters mit bestimmtem Haus- und Grundbesitz verbunden und daher zahlenmäßig beschränkt waren, abzuschaffen. Unter seinen Nachfolgern wurde jedoch die Zahl der Gewerbetreibenden je nach Bedarf erhöht. Um 1754/60 sollen in Oberösterreich ungefähr 20.156 selbständige Meister tätig gewesen sein, 1846 wurden 25.278 Polizei- und 14.636 Kommerzialgewerbe gezählt. Seit

*Soziale und wirtschaftliche Verhältnisse*

1793 teilte man die Gewerbe ein in persönliche, in erbliche oder verkäufliche und in radizierte oder ehafte, in das Grundbuch eingetragene, die besondere Betriebsstätten erforderten und deren Ausübung deshalb an bestimmten Hausbesitz gebunden war. Bereits seit der zweiten Hälfte des 17. Jahrhunderts wurde die zünftische Struktur durch die auf der Grundlage landesfürstlicher Privilegien gegründeten Manufakturen und Fabriken aufgebrochen. Landesfürst bzw. später Landesregierung verliehen Fabriksprivilegien, die nicht nur von der Zunftverfassung befreiten, sondern u. a. auch von Einquartierung, Militärrekrutierung und Gewerbesteuer, und Fabriksbefugnisse, bei denen seit 1787 zwischen einfachen und Landesfabriksbefugnissen unterschieden wurde. Letztere berechtigten größere Unternehmen zum unbeschränkten Handel mit ihren Erzeugnissen. Die Zahl der oberösterreichischen Manufakturen und Fabriken stieg von 4 im Jahre 1782 auf 27 im Jahre 1806, betrug 1828 110 und 1839 135. Der seit der zweiten Hälfte des 18. Jahrhunderts zunehmenden Tendenz zum Freihandel entsprach die Aufhebung regionaler Beschränkungen durch die Widmungen und Ausfuhrverbote für Lebensmittel. Nachdem 1759 der Widmungsbezirk für das Eisenwesen noch einmal erweitert worden war, beseitigte Kaiser Joseph II. am 26. Jänner 1782 das gesamte Lebensmittel-Widmungssystem für das Salzkammergut und den Eisenbezirk, da beide jetzt mit Getreide und Vieh aus dem Agrarland Ungarn versorgt werden konnten und im Lande ob der Enns der Widerstand der Landstände und der von den Widmungen betroffenen Bauern gewachsen war. Im Zuge einer schrittweisen Aufhebung der Ausfuhrsperren für Landesprodukte und Vieh seit 1765 endete 1790 die mittelalterliche Versorgungspolitik des Landesfürstentums mit der Freigabe des Nahrungsmittelhandels für alle Erbländer. Daß die vielfältigen merkantilistischen Bemühungen von Landesfürst und Regierung letztlich erfolgreich waren, beweist die Tatsache einer am Ende des 18. und am Anfang des 19. Jahrhunderts zumeist aktiven oberösterreichischen Handelsbilanz.

Landesfürstentum und Regierung mußten freilich auch Maßnahmen treffen, die sich negativ auf die Wirtschaft des Landes ausgewirkt haben. Hier ist vor allem die Steuerpolitik zu erwähnen, die seit der zweiten Hälfte des 17. Jahrhunderts hauptsächlich infolge der Türkenkriege durch eine Erhöhung der Rüstgelder, eine in manchen Jahren zwischen 1691 und 1746 erfolgte Einhebung einer eigenen Kopfsteuer und durch neue Steuern charakterisiert ist. Der absolutistische Staat, der bereits im ersten Drittel des 18. Jahrhunderts neue Aufschläge eingeführt hatte, mußte nach seiner Umgestaltung durch Maria Theresia und Joseph II. zur Bestreitung seiner hohen Ausgaben das Steuerwesen reformieren und weitere Einnahmen erschließen. So entstanden von der Mitte des 18. Jahrhunderts bis zur Steuerreform des Kaisers Franz I. 19 verschiedene Nebensteuern, die die Wirtschaft belasteten. Nicht zuletzt auch zur Bewältigung der hohen Steuerlast mußten die Landstände im Ausland Kredite aufnehmen. In dieser Hinsicht wirkte sich auf die Kreditfähigkeit der Stände ob der Enns sehr negativ aus, daß Maria Theresia von 1749 bis 1754 die bisher autonome ständische Finanzgebarung der staatlichen Kontrolle unterwarf. Die schlechte Finanzpolitik der Stände seit dem Regierungsantritt der Herrscherin hatte bereits früher eine Sanierungsaktion des landesfürstlichen Kommissars Graf Gundaker Thomas von Starhemberg mit Hilfe der reichen Prälaten des Landes erforderlich gemacht. In besonderer Weise wurden die Finanzen und die Wirtschaft des Landes, abgesehen von Mißernten, Naturkatastrophen und Epidemien, durch die Kriege Österreichs gegen Türken, Bayern und Franzosen beeinträchtigt. Während die Türkenkriege lange den Handel mit Ungarn und den angrenzenden Ländern behinderten, hemmte der seit dem Anfang des 18. Jahrhunderts wachsende bayerisch-österreichische Gegensatz die Handelsbeziehungen mit dem Westen. Überaus große Belastungen und Rückschläge brachten die mehrmaligen Besetzungen des Landes durch bayerische und französische Heere. Eine der schwerwiegendsten wirtschaftlichen Auswirkungen der Franzosenzeit war der Staatsbankrott des Jahres 1811, der durch die Abwertung des Papiergeldes (Bankozettel) auf ein Fünftel des Nennwertes auch für viele Privatpersonen eine Katastrophe bedeutete. Mit den kriegerischen Auseinandersetzungen stehen auch zwei kurzfristige Episoden der oberösterreichischen Münzgeschichte in Zusammenhang. Unter dem Eindruck der Türkengefahr gestattete nämlich Kaiser Leopold I. einer privaten Interessentengruppe 1664 in Wernstein am Inn im Bereich der österreichischen Grafschaft Neuburg am Inn die Errichtung einer Münzstätte, die allerdings bereits ein Jahr später wieder geschlossen wurde, und in der bayerischen Stadt Braunau am Inn schlug man 1743 während der Belagerung durch österreichische Truppen erstmals Ersatzmünzen (achteckige „Braunauer Notklippen"). Numismatische Besonderheiten stellen ebenso die von oberösterreichischen Adelsgeschlechtern mit kaiserlichem Privileg herausgegebenen Gold- und Silbermünzen dar, die der Hofkammerpräsident und Inhaber der Herrschaft Neuburg am Inn Graf Georg Ludwig von Sinzendorf 1676 in Wien und die Grafen von Sprinzenstein als Oberst-Erbland-Münzmeister 1705 und 1717 in Augsburg aus Repräsentationsgründen geprägt haben.

Da die landwirtschaftliche Produktion des Landes ob der Enns vom hohen und späten Mittelalter bis zur Mitte des 18. Jahrhunderts nicht

*Soziale und wirtschaftliche Verhältnisse* 263

wesentlich gesteigert werden konnte und auch in normalen Jahren für die Versorgung der Bevölkerung nicht ausreichte, war man auf Einfuhren von Getreide aus Niederösterreich, Ungarn, Böhmen, Mähren und Schwaben, von Vieh aus Ungarn und Steiermark, von Butter, Schmalz und Käse aus der Obersteiermark, aus Salzburg (Abtenau), Bayern und Böhmen angewiesen. Seit der zweiten Hälfte des 18. Jahrhunderts nahm jedoch die Landwirtschaft, vom Staat gefördert, durch verbesserte und intensivere Bodenbearbeitung einen großen Aufschwung. Auf einer größeren Ackerfläche — 1785 etwa 377.500 ha, um 1830 etwa 424.000 ha — konnten mit der Zurückdrängung der traditionellen Dreifelderwirtschaft durch die Nutzung der Brache für Anbau von Klee und Hackfrüchten die Ernteerträge entscheidend verbessert werden. So erhöhte sich die Getreideproduktion von 1750 bis 1785 um 30 bis 60 Prozent und von 1785 bis 1830 abermals um 27,5 Prozent. Insgesamt nahm die Erzeugung von Weizen zu, während die Hülsenfrüchte immer mehr zurücktraten und die Kartoffel sich nur langsam durchsetzte. Seit Beginn des 19. Jahrhunderts fanden Edelobstkulturen zunehmende Verbreitung — besonders verdient machten sich darum der St. Florianer Chorherr Josef Schmidberger († 1844) und der Braunauer Apotheker Dr. Georg Liegl († 1865) —, und gegen die Jahrhundertmitte forcierte man besonders im oberen Mühlviertel wieder den Hopfenbau. Nach den Franzosenkriegen versuchte man 1810/14 in St. Florian, Lindach und Ischl, Zucker aus Ahornbäumen und Runkelrüben zu gewinnen. Seit 1836/37 wurden in den Herrschaften Aurolzmünster und Ranshofen Zuckerrüben angebaut und verarbeitet. In Schöndorf bei Wagrain stellte man aus Kartoffeln Zucker her. Die allmähliche Verbreitung der Sommerstallfütterung kam der Viehzucht (Rinder, Schafe, Schweine, Pferde) zugute. Die auch militärisch bedeutsame Pferdezucht — seit 1819 erfreuten sich besonders im Innviertel Pferderennen großer Beliebtheit — wurde durch die Errichtung eines Militärgestüts in Lichtenegg bei Wels gefördert, das 1826 nach Stadl-Paura in jene Stallungen übersiedelte, die bisher den Zugpferden der Traun-Salzschiffahrt gedient hatten. Aus diesem „k. k. Hengstendepot Stadl" entstand 1918 das bis heute für die gesamtösterreichische Pferdezucht bedeutsame „Bundeshengstenstallamt Stadl", die nunmehrige Bundesanstalt für Pferdezucht. Der landwirtschaftliche Fortschritt machte Oberösterreich, das im Vormärz die höchsten Hektarerträge aller österreichischen Länder erzielte, zu einem Musterland. Diese Tatsache wurde auch in der zweiten Hälfte des 18. und in der ersten Hälfte des 19. Jahrhunderts von Gutachtern und Reiseschriftstellern hervorgehoben, die allerdings ihre Eindrücke zumeist bei den reichen Bauern der Traun-Enns-Platte gewannen.

Das Interesse des Staates an der Landwirtschaft galt nicht nur der Versorgung der zunehmenden Bevölkerung, sondern ebenso der Erzeugung von Rohstoffen für Industrie und Gewerbe. Da die Leinenweberei und die auf das untere Mühlviertel konzentrierte Zwirnerzeugung zu den wichtigsten Wirtschaftszweigen des Landes zählten — ihre Produkte wurden nach Niederösterreich, Böhmen, Ungarn, Steiermark, Passau, Bayern, Salzburg, Tirol, Italien, Kärnten, Krain sowie in das Reich und in die Türkei ausgeführt —, kam dem Anbau von Flachs und Hanf große Bedeutung zu. Der Bedarf war allerdings so groß, daß diese Rohstoffe auch aus Böhmen und Passau sowie bereits gesponnenes Garn aus Böhmen und Bayern zur Weiterverarbeitung eingeführt werden mußten. Leinwanderzeugung und -handel gerieten jedoch seit dem 18. Jahrhundert infolge eines durch das lohndrückende Verlagssystem der Händler bedingten Qualitätsverfalls, der wachsenden bayerischen (besonders im späteren Innviertel um Ried und Braunau ansässigen), böhmischen, passauischen und schlesischen Konkurrenz und wegen der Abhängigkeit von ausländischen Großkaufleuten und Verlegern in eine Krise, der die Regierung mit wenig Erfolg durch eine strenge Beschau, eine Lockerung der zünftischen Beschränkungen — obwohl die Weberei 1755 zu einem freien Gewerbe erklärt worden war, blieb die Weberzunft bis in das 19. Jahrhundert bestehen — und durch die Errichtung einer Spinnschule in Neufelden (1848) zu begegnen suchte. Das 19. Jahrhundert brachte anfänglich durch die Konkurrenz der Baumwollfabrikation und der billigeren englischen Erzeugnisse sowie durch die Unterbrechung der Handelsbeziehungen zu Amerika infolge der Franzosenkriege einen neuerlichen Rückgang der Leinenerzeugung, ehe sich nach dem Wiener Kongreß in den von Österreich neugewonnenen oberitalienischen Gebieten neue Absatzmöglichkeiten ergaben. Es ist daher kein Zufall, daß Mailänder Großhändler im Mühlviertel Leinenfabriken errichteten (die Firma Vonwiller 1833 in Haslach, Pietro Simonetta 1843 in Helfenberg). Dazu kamen neue Fabriken in Zwettl (Kamka), Lembach (Johanniter) und in Neumarkt am Hausruck (Wurm), während im ganzen Land die Zahl der heimarbeitenden und der selbständigen Spinner und Weber ständig abnahm. In der zweiten Hälfte des 17. Jahrhunderts stieg das Interesse am Anbau von Tabak, der mit der Importware in Fabriken in Haag am Hausruck und Enns zur Verarbeitung gelangte. Nach der Schaffung des kaiserlichen Tabakmonopols im Jahre 1701 wurde 1704 das vorübergehende Verbot des Tabakbaues wieder aufgehoben und ein Tabakaufschlag eingeführt. Seit 1723 mußte der im Lande gepflanzte Tabak an die kaiserlichen Tabakfabriken geliefert werden. Bemühungen der Regierung und der Stände seit 1710/12 sowie 1765, 1812 und 1840, in der Welser Heide und in der Gegend von Aschach a. d. Donau Maulbeerpflanzungen und die Seidenraupenzucht heimisch zu machen, blieben erfolglos. Hingegen konnte die von der Linzer Wollzeugfabrik benötigte Weberkarde im 19. Jahrhundert besonders im unteren Mühlviertel und in der Umgebung von Enns eingeführt werden.

Neben der Leinenweberei spielten die Schafwolle verarbeitenden Sparten der Wollzeugweberei und der Tuchmacherei eine Rolle. Erstere vor allem durch die 1672 gegründete und 1754 verstaatlichte Linzer Wollzeugfabrik, die während ihrer Blütezeit zum Spinnen der Wolle in Heimarbeit eine über Oberösterreich und seine Nachbarländer verteilte Organisation von Spinnfaktoreien unterhielt und zur Verarbeitung des Garns eine große Zahl ländlicher Weber beschäftigte. Unter dem wachsenden Druck der privaten Konkurrenz – die Wollwarenerzeugung war 1764 freigegeben worden – und der Baumwollwarenerzeugung mußte das Linzer Unternehmen seine Produktion verschiedener Wollzeuge seit dem Ende des 18. Jahrhunderts um die Herstellung von Teppichen und feinen Tuchwaren erweitern. Die Fabrikate fanden Absatz in Ober- und Niederösterreich, Innerösterreich und seit dem Ende des 18. Jahrhunderts auch in Mähren, Ungarn, Siebenbürgen, Kroatien, Galizien, in der Bukowina und in Italien. 1854 wurde der seit den Franzosenkriegen mangels Investitionen veraltete Betrieb eingestellt. Von den kleineren Wollzeugfabriken seien als älteste die 1722 von Mariophilus Campmüller in Langhalsen bei Neufelden errichtete Beuteltuchfabrik und das um 1749 vom Abt von Kremsmünster gegründete Unternehmen erwähnt. Die Tuchmacherei, die in Österreich ob der Enns erst seit 1779 durch die Braunauer Zunft an Bedeutung gewann, erfuhr in der ersten Hälfte des 19. Jahrhunderts einen Aufschwung. Kleinere Produktionsstätten entstanden in Linz, Neydharting, Kammer und Ried im Innkreis, große Fabriken der Linzer Unternehmer Josef Dierzer und Franz Honauer in den vierziger Jahren in Linz und Kleinmünchen. Dierzer hatte bereits 1832 in Theresienthal bei Gmunden die zweite mechanische Kammgarnspinnerei der österreichischen Monarchie in Betrieb genommen. Die Barchentweberei war seit Beginn des 18. Jahrhunderts hauptsächlich in der Gegend von Neuhofen a. d. Krems beheimatet. Von hier wurden halbwollene Waren nach Tirol, Italien, Ungarn und Siebenbürgen ausgeführt. Ziemlich verbreitet war in Oberösterreich die Wollstrumpfstrickerei, die 1773 frei erklärt wurde. Um 1764 gründete ein Adelskonsortium unter der Führung des Grafen Christoph Ludwig von Salburg mit beträchtlicher staatlicher Förderung eine nach dem Verlagssystem organisierte Strumpfmanufaktur in Poneggen bei Schwertberg, die auch über ein Strumpfhandelsmonopol verfügte. Sie beschäftigte 1767 über 4000 Personen, großteils in Heimarbeit.

Obwohl ihr Rohstoff aus dem Ausland eingeführt werden mußte, fand die Fabrikation von Baumwollwaren seit der Freigabe in den sechziger Jahren des 18. Jahrhunderts rasche Verbreitung in Oberösterreich. Einer 1763 in Kristein bei Enns errichteten Kottonfabrik, die auch in Niederösterreich Spinner beschäftigte und um 1787/88 nach Himberg in Niederösterreich verlegt wurde, folgten eine von Schweizer Unternehmern mit Schweizer Facharbeitern gegründete Musselinfabrik in Schwanenstadt (1784), die in der Umgebung von Lambach und im Salzkammergut rund 10.000 Personen beschäftigte und in die Steiermark sowie nach Italien, Ungarn, Polen und Rußland exportierte, eine Baumwollsamtfabrik in dem aufgehobenen Steyrer Dominikanerkloster (1786), eine Kattunfabrik in Vöcklabruck (1798) und eine Baumwolldamisfabrik in Zwettl (um 1799). In der ersten Hälfte des 19. Jahrhunderts überflügelte die Baumwollindustrie infolge des Einsatzes von Maschinen und des rasanten technischen Fortschrittes vor allem in den Bereichen der Spinnerei und der Druckerei, während die Weberei weiterhin vorwiegend den zahlreichen arbeitsuchenden und daher billigen Leinenwebern in häuslicher Handarbeit überlassen blieb, die meisten anderen Zweige der Textilerzeugung. Die Zahl der Fabriken, die Fertigwaren herstellten, erhöhte sich (z. B. entstanden in Wels 1807 die Kotton- und Musselinfabrik des Vorarlbergers Samuel Vogel, in Linz neben mehreren kleinen Fabriken 1810 die Barchent- und Baumwollfabrik von Anton Hafferl und in Hellmonsödt bzw. Linz die Kottonfabrik von Franz Xaver Rädler aus Vorarlberg und Leopold Schmidt sowie Fabriken von Franz Honauer in Linz, Johann Grillmayr im Mühlviertel und Gustav Adolf Roiko und Johann Hudetz in Steyr bzw. Traun); seit den dreißiger Jahren wurde eine Reihe bedeutender mechanischer Baumwollspinnereien gegründet (in Kleinmünchen bei Linz 1830 von Franz Xaver Rädler, 1838 von Anton Wöß und Johann Grillmayr und 1845 von Josef Dierzer, in Traun 1842 von Anton Grimm und Rudolf Müller und 1847 von Johann Kubo und Alois Schimak sowie in Oberndorf bei Gallneukirchen 1847 von Johann Sitter). Für die Wahl der Standorte der neuen Fabriken waren außer der Lage an energiespendenden Wasserläufen häufig auch sozialpolitische Motive wie die Linderung der Arbeitslosigkeit in Notstandsgebieten ausschlaggebend.

Zu den kostbarsten heimischen Rohstoffen zählte stets das im landesfürstlichen Kammergut gewonnene Salz, dessen Produktion und Absatz — außer Oberösterreich hauptsächlich nach Böhmen, Niederösterreich und Mähren sowie an der Wende vom 18. zum 19. Jahrhundert auch nach Vorderösterreich (Schwaben) — seit dem 17. Jahrhundert beträchtlich gesteigert werden konnten. Die drei Salinen in Hallstatt, Ischl und Ebensee

*Soziale und wirtschaftliche Verhältnisse* 267

erzeugten 1706 307.000 Zentner, 1735/40 im jährlichen Durchschnitt 474.000 Zentner, 1766/81 589.000 Zentner und 1804 850.200 Zentner (davon 156.000 Hallstatt, 221.000 Ischl, 473.000 Ebensee). Der Aufschwung ist damit zu erklären, daß es bis zum Beginn des 18. Jahrhunderts gelang, das bayerische, salzburgische, sächsische und Meißner Salz aus Böhmen zu verdrängen, und daß die Erzeugung durch technische Neuerungen im Bergbau, im Sudwesen (Einführung der „Tiroler Pfanne") und bei der Vermessung sowie durch neue Organisationsformen und durch Rationalisierungsmaßnahmen ausgeweitet werden konnte. 1724 wurde das Salzwesen dem Wiener Stadt-Banco verpfändet und unterstand nun bis 1782 nicht mehr direkt der Hofkammer, sondern der Ministerial-Banco-Deputation. Die u. a. auch auf Verringerung der Beschäftigtenzahl abzielenden Reformen des 1742 zum Salzamtmann ernannten Tirolers Johann Georg von Sternbach führten zu Unruhen unter den Arbeitern des Salzkammergutes. Einschneidende organisatorische Veränderungen erfolgten weiters in der ersten Hälfte des 19. Jahrhunderts, als 1825 unter dem Salzoberamtmann — das Salzamt in Gmunden war 1745 zum Salzoberamt erhoben worden — Franz Ferdinand von Schiller das steirische Aussee mit dem oberösterreichischen Salzkammergut vereinigt wurde und 1831 bis 1849 auch die salzburgische Saline Hallein der Gmundner Zentrale unterstellt wurde. Der Personalstand an Arbeitern verringerte sich von 3804 im Jahre 1776 bzw. 5616 im Jahre 1820 auf 3858 (einschließlich der 715 in Aussee Beschäftigten) im Jahre 1838. Der Salzhandel, in den sich der Staat und die Stände seit Kaiser Karl VI. immer stärker einschalteten, wurde bis 1789 zu einem umfassenden staatlichen Ärarialverschleißsystem ausgebaut. Den Verkauf der für den Export bestimmten Großkufen bzw. Salzfässer besorgte der Staat in Eigenregie, den privaten Fertigern, die das Salz in kleinen Küfeln bzw. Füderln auf dem Wasserwege nach Enns und zu den an der Donau gelegenen niederösterreichischen Salzämtern transportierten, entzog er seit 1747 immer mehr Rechte, bis diese 1850 gegen eine Entschädigung ganz aufgehoben wurden. Den oberösterreichischen Landhandel mit großen Fudern über die Gmundner bürgerliche Salzaufschütt überließ er von 1705 bis 1707 und von 1722 bis 1750 den Landständen, ehe 1789 das Obersalzversilberungsamt den Vertrieb übernahm. Als 1824 der Handel mit Salz für Nieder- und Oberösterreich und 1829 für alle Erbländer überhaupt freigegeben wurde, bedeutete dies auch das Ende des staatlichen Transportwesens.
Die oberösterreichische Eisen- und Stahlindustrie sowie der Handel mit Eisen- und Stahlwaren blühten seit dem Ende des 17. Jahrhunderts wieder auf, als sich der Inlandsabsatz infolge der barocken Bautätigkeit und des Wiederaufbaues nach den Türkenkriegen erhöhte. In den siebziger und

achtziger Jahren des 18. und in den dreißiger Jahren des 19. Jahrhunderts, als die größte Nachfrage herrschte, baute man sogar geringe oberösterreichische Eisenvorkommen bei Molln, Ternberg, im Laussatal und bei Spital am Pyhrn ab. Wie in vielen anderen Bereichen straffte Maria Theresia auch die Organisation und Verwaltung des gesamten vom steirischen Erzberg abhängigen Eisenwesens, indem sie 1747 in Eisenerz ein Oberkammergrafenamt als Zentralbehörde für Steiermark, Ober- und Niederösterreich einrichtete. 1768 mußte man zur Deckung des angespannten Inlandsmarktes die Kontingentierung des Roheisens einführen. Kaiser Joseph II. stellte dann das Eisenwesen auf völlig neue Grundlagen. 1781/82 gab er die Roheisenerzeugung sowie den gesamten Handel mit Eisen, Stahl und Fertigwaren frei und hob die Roheisenwidmungen für bestimmte Hammerwerke auf. 1783 wurde die bisherige Eisenobmannschaft in Steyr durch ein am selben Ort eingerichtetes Berggericht für Ober- und Niederösterreich ersetzt, die Innerberger Hauptgewerkschaft aus der staatlichen Leitung entlassen und die Eisenerzeugung der Wirtschaftspolitik der politischen Behörden unterworfen. Mehrheitseigentümer der Innerberger Hauptgewerkschaft, deren Direktion sich in Steyr befand und die in Weyer über ein Hammerwerksinspektorat bzw. eine 1840 aufgehobene Oberhammerverwaltung verfügte, wurden 1798 die Wiener Kanal- und Bergbaugesellschaft, an die die Stadt Steyr unter kaiserlichem Druck ihre Anteile verkaufen mußte, und 1801 der kaiserliche Familienfonds. 1807 erfolgte schließlich die Verstaatlichung der Hauptgewerkschaft. Die ihr angehörenden Hammerwerke — um die Mitte des 18. Jahrhunderts bestanden in Oberösterreich ungefähr 40 — waren in den Verwaltungsgruppen Weyer, Kleinreifling, Reichraming (Aschach a. d. Steyr und Laussa) zusammengefaßt. Die von den Hammerwerken (Grob-, Streck- und Zainhämmer) aus dem Roheisen erzeugten verschiedenen Stahl-, Eisen- und Blechsorten wurden entweder exportiert oder von den heimischen Eisengewerben, die ihr Rohmaterial von der Steyrer Verlagsstelle der Hauptgewerkschaft bzw. den Eisenkammern in Steyr, Linz, Freistadt, Mauthausen, Losenstein und Spital am Pyhrn bezogen, weiterverarbeitet. Die Blechhämmer wurden im 19. Jahrhundert allmählich von modernen Walzwerken — das erste war die 1832 errichtete Noitzmühle in Lichtenegg bei Wels — verdrängt.

Die Erzeugung und der Absatz von Fertigwaren erreichten nach Schwierigkeiten im 17. Jahrhundert bis zum Ende des 18. Jahrhunderts einen Höhepunkt und gerieten seit den Franzosenkriegen neuerlich in eine Krise. Zeitigten im 17. Jahrhundert die Türkenkriege, der 1661 eingeführte Sensen-Appalt (ein vom Landesfürsten verpachtetes Handelsmonopol, das anfänglich nur für die nordischen Länder galt, 1728 aber in einen allgemeinen Sensenaufschlag verwandelt wurde) und die 1672 erfolgte Erhöhung der Donaumauten negative Auswirkungen, so machte sich seit dem 18. Jahrhundert die wachsende ausländische Konkurrenz immer stärker bemerkbar, die nicht selten guten österreichischen Stahl unter der Leitung österreichischer Facharbeiter verarbeitete. Die vor allem in Steinbach, um Steyr, in Raming und in Trattenbach ansässigen exportorientierten Messerer und Klingenschmiede litten unter der technischen Überlegenheit englischer und französischer Produkte und unter dem Preisdruck der miteinander rivalisierenden Steinbacher, Sierninghofener und Steyrer bürgerlichen Eisenhändler; die nach Deutschland, Nordeuropa, Rußland, Polen, Spanien und Frankreich exportierenden Sensenschmieden bekamen die steirische, norddeutsche, französische, bosnische und russische Konkurrenz zu verspüren. Im 19. Jahrhundert verlor die oberösterreichische Eisenindustrie durch die rückständige Technologie, die hohen Produktions- und Frachtkosten, den teuren Zwischenhandel und die ungünstige Zollpolitik ihre Wettbewerbsfähigkeit und mußte die im 18. Jahrhundert neugewonnenen Absatzgebiete in der Levante und in Italien ebenso wie in Amerika den Seemächten England, Niederlande, Frankreich und Belgien überlassen. Die allgemeine Entwicklung ist auch an der Zahl der oberösterreichischen Sensenwerke ersichtlich, die von 44 im Jahre 1749 auf 92 im Jahre 1782 stieg und sich bis 1812 wieder auf 74 verringerte. Im Jahre 1824 waren von den 57 Sensenschmieden 8 stillgelegt und 26 auf Halbarbeit gesetzt. Zur Zeit des Tiefstandes fanden im Jahre 1846 immerhin noch insgesamt 1092 Gesellen und Jungen, 139 Frauen und Kinder sowie 257 Holzknechte und Köhler Beschäftigung. Das hauptsächlich im Traunviertel (1775 standen von 154 Werkstätten 138 in Losenstein und Ternberg) verbreitete Gewerbe der Nagelschmiede geriet im 19. Jahrhundert durch das Aufkommen der Maschinen und durch die englische, niederländische und böhmische Konkurrenz in die Krise. 1845/46 gab es in Oberösterreich einschließlich Salzburg 253 Nagelschmiede und 13 Fabriken mit 860 Gesellen sowie 139 Frauen und Kindern. Weitere oberösterreichische Eisengewerbe waren die über das ganze Land verstreuten, besonders aber im Mühl- und Machlandviertel heimischen Hammer- und Hackenschmiede, die Pfannenschmiede, Waffenschmiede (in Steyr, Schärding und Ried im Innkreis), Rohrschmiede (1786 kaufte der Staat vier Steyrer Gewehrerzeugungen und vereinigte sie zu einer Fabrik), Zwecksschmiede (in Steyr), Feilhauer (besonders in Steyr), Ahlschmiede (in Steyr und Umgebung), Nadelerzeuger, Werkzeugschmiede (besonders in Steyr), Schraubenmacher und Maultrommelerzeuger (in der Gegend von Molln) sowie die Schlosser, Büchsenmacher, Spengler und Hufschmiede. Der Gesamtumsatz an oberöster-

reichischen Eisenwaren wurde 1837 auf 12,5 Millionen Gulden geschätzt. Andere metallverarbeitende Betriebe wie z. B. das Messingwerk in Reichraming, die 1788 gegründete Tombakfabrik in Lichtenegg bei Wels, die Kupferschmieden und Kupferhämmer erreichten keine besondere Bedeutung.
Als im 18. Jahrhundert die Versorgung des Landes mit Holz infolge des steigenden Bedarfes der Industrie, des Gewerbes und der Großstadt Wien sowie wegen der durch Rodung, Viehtrieb und Wildschäden schrumpfenden Waldbestände immer problematischer wurde, versuchten Landesfürst und Regierung, die Forstwirtschaft und die Holznutzung durch Waldordnungen zu regeln. Kaiser Joseph II. hob 1783 die Waldreservate in den Salz- und Eisenbezirken auf. 1785/86 dachte man daran, zur Entlastung der Gegend von Steyr Eisengewerbe im waldreichen Machlandviertel anzusiedeln. Während aber das Salzkammergut über eine vorbildliche Waldwirtschaft und über eine gute Holzbringungstechnik verfügte, mußte der Holzreichtum nördlich der Donau in der zweiten Hälfte des 18. Jahrhunderts erst durch den Bau von Schwemmanlagen erschlossen werden. Mit vom Kaiser für diesen Zweck gewährten Privilegien wurde seit 1756 in der Naarn und seit 1765 am Sarmingbach Holz geschwemmt. Im Auftrag der Fürsten Schwarzenberg entstand im obersten Mühlviertel 1788 bis 1822 nach den Plänen des Schwemmmeisters Josef Rosenauer ein Schwemmkanal, der die Moldau mit der in die Donau mündenden Großen Mühl verband und bis 1891 benützt wurde. 1799 baute Rosenauer auch die Aist für die Holzschwemme aus. Um 1760/65 begann die Holztrift aus dem Kobernaußerwald über den Scheiter- oder Schwemmbach und die Mattig zum Inn. Die großen Wälder bei Kogl, Frankenburg und Vichtenstein wurden erst gegen Mitte des 19. Jahrhunderts in die Holzwirtschaft einbezogen. Im Holzhandel, der unter Joseph II. vorübergehend freigegeben wurde, verlor die Welser Kompanie seit der Mitte des 18. Jahrhunderts ihre beherrschende Stellung an die Wiener Konkurrenz und wurde 1803 aufgelöst. Wichtige holzverarbeitende Gewerbe waren, von den Köhlern abgesehen, die Drechsler, Faßbinder und Wagner. Die Erzeugung von Weinstecken und Schindeln spielte im Machlandviertel eine große Rolle. Die besonders in der Viechtau bei Gmunden bzw. Altmünster beheimatete Produktion von Spielzeug und Wirtschaftsgeräten, der sogenannten Berchtesgadener Arbeiten, wurde seit 1756 von der Regierung zur Bekämpfung der Arbeitslosigkeit im Salzkammergut gefördert. Geigen- und Lautenmacher gab es in Linz und im Salzkammergut (Goisern).
Der zunehmende Holzmangel zwang seit der Mitte des 18. Jahrhunderts zur Nutzung neuer Brennstoffe wie des Torfs, der vor allem im Salzkam-

mergut an der Wende zum 19. Jahrhundert aus den Mooren gewonnen wurde. Von viel größerer Bedeutung war jedoch der beginnende Kohlenbergbau, nachdem Maria Theresia unter der Leitung des als Oberbergrichter fungierenden Eisenobmannes eine systematische Suche nach Bodenschätzen eingeleitet hatte. Der erste versuchsweise Abbau von Kohle im Bereich des heutigen Oberösterreich erfolgte auf Veranlassung des Kurfürsten Maximilian Joseph 1756 in Wildshut im damals noch bayerischen Innviertel. Mit dem Stollenbau begann man erst 1795 unter österreichischer Herrschaft. Die 1765 im Hausruckgebiet bei Haag, Geboltskirchen und Wolfsegg entdeckten Braunkohlenflöze wurden erst seit dem Ende des Jahrhunderts unter der Regie des Salzamtes zur Versorgung der Salinen des Salzkammergutes in größerem Umfang abgebaut. Nach dem vorübergehenden Verlust der westlichen Landesteile an Bayern nahm die Kohlegewinnung seit den vierziger Jahren des 19. Jahrhunderts einen großen Aufschwung. 1855 vereinigten Alois Miesbach und Salomon von Rothschild ihre Unternehmen zur Wolfsegg-Traunthaler Kohlenwerks- und Eisenbahngesellschaft. Weitere nennenswerte Kohlenbergbaue gab es in der Herrschaft Aurolzmünster in Windischhub bei Pramet und in Stranzing sowie bei Ottensheim, wo die 1766 gemachten Steinkohlenfunde bis in die erste Hälfte des 19. Jahrhunderts ausgewertet wurden.

Zuletzt seien noch einige für die Wirtschaft des Landes bedeutsame Gewerbe angeführt wie die hauptsächlich in den landesfürstlichen Städten, im Hausruckviertel in der Gegend von Frankenburg und im Machlandviertel betriebene Hafnerei. Sogenannte Schwarzware wurde seit dem Ende des 18. Jahrhunderts in Aschach a. d. Donau, Eferding, Engelhartszell und in Perg hergestellt. Die verschiedenen Häute und Felle verarbeitenden Ledergewerbe, die auch für den Export arbeiteten, erlebten im 19. Jahrhundert einen Aufschwung, der zur Gründung von Fabriken führte. Neben der größten Lederfabrik in Rohrbach (Josef Pöschl) bestanden 1841 drei in Linz und eine in Wels. Günstig entwickelte sich auch die Papiererzeugung. Während es 1798 Papiermühlen in Steyr (3), Garsten, Kremsmünster, Wels, Vöcklabruck, Au bei Schörfling, Stipelmühle, Braunau am Inn, Wernstein, Haibach und Harrachsthal gab, waren 1841 17 Mühlen und eine Fabrik in Betrieb, die insgesamt 158 Männer, 49 Frauen und 26 Kinder beschäftigten. Trotz dieser Ausweitung wurde die oberösterreichische Papiererzeugung gegen Ende des 18. Jahrhunderts von der Steiermark übertroffen. In waldreichen Gebieten, wo der Holztransport schwierig war, stellte man Glas her. Seit dem 18. Jahrhundert entstanden Glashütten in Schwarzenberg, Sonnenwald, Weißenbach, Redltal, Frauenthal, Freistadt, Schneegattern und Aich bei Mondsee. Im

19. Jahrhundert wurden ältere und kleine Betriebe von der größeren Konkurrenz verdrängt. Zahlreich waren die Ölstampfen, Ziegel- und Kalkbrennereien im Lande.
Aus dem Ausland bezog Oberösterreich außer den bereits genannten Produkten z. B. Häute, Felle, Leder, Wachs, Honig (aus Polen und Rußland im Stichhandel gegen Sensen), Leinöl, Baumwolle, Baumwollgarn, Südfrüchte, Gewürze, Öl und Heringe. Da der oberösterreichische Weinbau im 18. Jahrhundert infolge Klimaverschlechterung völlig zurückging, mußte Wein aus Niederösterreich und Ungarn eingeführt werden. Auch Bayern, Passau und Salzburg deckten ihren Bedarf in diesen Ländern. Die früher für den Fernhandel so wichtigen Linzer Jahrmärkte behielten zwar noch bis in die zweite Hälfte des 18. Jahrhunderts ihren Ruf als wirtschaftliches „Kleinod" des Landes, hatten jedoch seit der Mitte des 17. Jahrhunderts einen steten Niedergang zu verzeichnen. Seine Ursachen waren eine Verlagerung der internationalen Handelswege, die allgemein sinkende Bedeutung von Messen, die Ausschaltung der österreichischen Zwischenhändler durch Direkteinkauf der ausländischen Kaufleute, die Mauterhöhungen, die merkantilistische importhemmende Wirtschafts- und Zollpolitik sowie die wachsende Konkurrenz der Jahrmärkte von Passau, Salzburg, Wien und Graz, die vor allem den Handel mit verschiedenen Tucharten aus den Niederlanden, England, Böhmen und Mähren an sich zogen. Im Lande selbst waren von Bedeutung die Welser Wochenmärkte für den Getreide- und Viehhandel, die Märkte von Timelkam, Frankenmarkt und Vöcklamarkt für den Viehgroßhandel, von Grieskirchen, Haag am Hausruck und Wolfsegg für den Leinenhandel und von Gutau, Pregarten, Freistadt, Tragwein, Reichenau und Lasberg für den Zwirnhandel.
Die für Handel und Verkehr wichtigen Straßenverhältnisse ließen bis in das 18. Jahrhundert sehr zu wünschen übrig, da die Straßen mit Ausnahme jener, für die die Salz- und Eisenbehörden zu sorgen hatten, seit dem Mittelalter von den Grundherrschaften mit Hilfe der Untertanenrobot erhalten werden mußten. Seit Kaiser Karl VI. interessierte sich der Staat für das Straßenwesen, das bis zum Beginn des 19. Jahrhunderts im Zusammenwirken mit den Ständen von einer k. k. Weg-Kommission, den Kreisämtern und der 1788 für alle Bauten des Staates, des Landes und der landesfürstlichen Städte geschaffenen Landesbaudirektion betreut wurde. 1764 führte man statt der Straßenrobot der Anrainer eine allgemeine Abgabe (Weg-Robot-Reluition) zur Erhaltung der sogenannten Post- und Kommerzialhauptstraßen ein. Die Nebenstraßen mußten weiterhin bis 1850 von den herrschaftlichen Untertanen instand gehalten werden. Große Pläne zum Ausbau von durch Oberösterreich verlaufenden Fern-

straßen, die Norddeutschland bzw. Böhmen mit Triest verbinden sollten, konnten vom Staat des aufgeklärten Absolutismus nicht verwirklicht werden. Nach den napoleonischen Kriegen wurden jedoch das oberösterreichische Straßennetz und die Verkehrsverbindungen stark erweitert. Die kaiserliche Post, die bis zur Verstaatlichung im Jahre 1722 von der Familie Paar betrieben worden war, hatte bereits in der Mitte des 18. Jahrhunderts auf der Strecke Linz—Wien die Beförderung von Personen aufgenommen. Daneben bestand im ganzen Land ein privates Botennetz.

Die wichtigsten Wasserstraßen des Landes, die immer noch durch natürliche Hindernisse beeinträchtigt waren, wurden ebenfalls seit der zweiten Hälfte des 18. Jahrhunderts vom Staat ausgebaut. In der Donau, auf der 1696 schon ein regelmäßiger Personen- und Warenverkehr zwischen Regensburg und Wien eingeführt worden war, entschärfte man 1778 bis 1792 durch Sprengungen den gefürchteten Strudel bei Grein; größere Flußregulierungen begannen in der ersten Hälfte des 19. Jahrhunderts. Verschiedene Projekte, die Traun in ihrem seichten Unterlauf zwischen Stadl und Ebelsberg zu regulieren (um 1560, 1724 und seit 1797), kamen nicht zur Ausführung. 1815/16 erwog man statt dessen den Bau einer Eisenbahn. Wiederholt und wenig realistisch befaßte man sich seit 1706 auch mit dem bereits von Kaiser Karl IV. und Wallenstein gehegten Plan, die Flußläufe der Elbe/Moldau und der Donau durch Ausbau der Gerinne von Aist, Naarn, Maltsch und Mühl bzw. durch Errichtung von Kanälen (z. B. durch den Haselgraben) miteinander zu verbinden. Als der Prager Professor Franz Josef von Gerstner 1807 die Unrentabilität dieses Vorhabens nachwies, unterbreitete er gleichzeitig den Vorschlag, eine Eisenbahn zu bauen. 1825 begann eine Aktiengesellschaft mit der Verwirklichung des Projektes zwischen Budweis in Böhmen und Mauthausen an der Donau unter der Leitung seines Sohnes, des Wiener Professors Franz Anton von Gerstner. Nach dessen Ausscheiden und nach Überwindung großer Schwierigkeiten konnte sein Schüler Ing. Matthias Schönerer die 17 Meilen lange Strecke mit Linz als oberösterreichischer Endstation 1832 fertigstellen. Aus Einsparungsgründen war jedoch so umgeplant worden, daß diese als Pferdebahn errichtete erste Eisenbahn des europäischen Kontinents nicht mehr, wie ursprünglich vorgesehen, auf Dampfbetrieb umgestellt werden konnte. Hingegen wurden auf der 1834 bis 1836 über Wels und Lambach nach Gmunden verlängerten, technisch weniger schwierigen Strecke seit 1855/56 Dampflokomotiven eingesetzt. Während auf diesen beiden Abschnitten anfänglich der Salztransport überwog, diente die 1848/49 von der Traunthaler Gewerkschaft gebaute, 1,75 Meilen lange Industriebahn von Thomasroith nach Attnang dem Transport von Kohle, die auf Ager und Traun weiterverschifft bzw. von Lambach mit der Gmundner Bahn verfrachtet wurde. Eine zweite Kohlenbahn wurde 1854 zwischen Wolfsegg und Breitenschützing angelegt. Vor der Eisenbahn hatte die Dampfmaschine am Beginn des zweiten Drittels des 19. Jahrhunderts schon bei der Schiffahrt Eingang gefunden. Nachdem sich die 1829 gegründete Erste k. k. privilegierte Donau-Dampfschiffahrtsgesellschaft und die 1835 gegründete k. bayerisch-württembergische Donau-Dampfschiffahrtsgesellschaft den Betrieb auf der Donaustrecke zwischen Wien und Linz bzw. Linz und Regensburg geteilt hatten, entsandten diese beiden Unternehmen 1837 erstmals ein Dampfschiff nach Linz (die österreichische „Maria Anna" am 13. September, der bayerisch-württembergische „Ludwig I." am 22. Oktober). 1838 begann der regelmäßige Dampfschiffverkehr, auch mit Schleppzügen, zwischen Regensburg und Wien. Zeitweise wurde auch der Inn von Dampfschiffen befahren. Der aufkommende Fremdenverkehr veranlaßte zwei Engländer dazu, 1839 auf dem Traunsee einen Dampfer einzusetzen.

Kirchliche Verhältnisse

Im Zuge der Gegenreformation und der inneren Erneuerung der katholischen Kirche entwickelte sich ein eigener, prunkvoller, barocker Frömmigkeitsstil, der nach außen hin z. B. in Prozessionen, Fahnenschmuck und Musik zum Ausdruck kam. Das in der zweiten Hälfte des 16. Jahrhunderts zurückgegangene Wallfahrtswesen erfuhr seit der Wende zum 17. Jahrhundert einen neuen Aufschwung, wobei der Marienkult alle anderen Gnadenstätten überflügelte und neue lokale Wallfahrten entstehen ließ. Eines stärkeren Zustromes erfreuten sich z. B. die Kirchen von Adlwang, Christkindl bei Steyr, Maria Trost in Berg bei Rohrbach und Maria Schmolln. Auch das früher in ganz Europa berühmte St. Wolfgang konnte seinen Ruf als Wallfahrtsort dank der Bemühungen der Mondseer Äbte Johann Christoph Wasner (1592–1615) und Bernhard Lidl (1729–1773) wieder ausweiten. 1683 hatte sogar Kaiser Leopold I. eine Pilgerfahrt zu den Stätten des hl. Wolfgang am Abersee unternommen. Dieser Habsburger war es auch, der 1663 seinen Namenspatron, den 1485 heiliggesprochenen Babenberger Markgrafen Leopold III. von Österreich, offiziell zum „Schutzpatron des gesamten Landes Österreich", d. h. Österreichs ob und unter der Enns, erklärte. Die Leopold-Verehrung hat allerdings in Oberösterreich nie jenes Ausmaß erreicht, das beispielsweise dem hl. Florian zuteil wurde.

Die verstärkten Bemühungen um die Seelsorge der Bevölkerung krankten immer noch am Priestermangel und an der schlechten Ausbildung der Geistlichen. Viele von ihnen stammten aus Schwaben, Vorderösterreich, Böhmen, Italien und Tirol und waren daher mit den Gewohnheiten und Rechtsbräuchen des Landes nicht vertraut. Weitere Schwierigkeiten mit den Pfarrbewohnern entstanden durch die weltliche Lebensführung des Klerus, der nicht selten durch seine unzureichende wirtschaftliche Versorgung zur Einhebung erhöhter Stolgebühren gezwungen war. Nicht zuletzt ist das in der zweiten Hälfte des 17. Jahrhunderts gespannte Verhältnis zwischen den Untertanen und der Geistlichkeit daran erkenntlich, daß um 1683 verschiedentlich der Klerus für die Türkeneinfälle nach Österreich verantwortlich gemacht wurde und besonders an der Grenze zu Niederösterreich einzelne Geistliche von Bauern bedroht wurden. Wichtige Stützpunkte für die katholische Erneuerung im Lande und für die Rückgewinnung ehemals protestantischer Teile der Bevölkerung bildeten die Niederlassungen der Jesuiten in Linz, Traunkirchen (1622) und Steyr (um 1630) — in ihrem Besitz befanden sich auch die Herrschaften Pulgarn und Ottensheim — und der Kapuziner, deren erfolgreiches, in Linz begonnenes Wirken sich in einer Reihe neuer Klostergründungen niederschlug (Steyr 1605, Wels 1630, Gmunden 1636, Freistadt 1639, Urfahr 1680; dazu kamen im noch bayerischen Innviertel die Klöster Braunau 1624, Schärding 1635 und Ried 1641/42). Nachdem bereits 1622 Graf Leonhard Helfried von Meggau in Grein ein kleines Franziskanerkloster gegründet hatte, entstanden in der zweiten Hälfte des 17. Jahrhunderts weitere Mendikantenklöster in Münzbach (Dominikaner 1664), Windhaag bei Perg (Dominikanerinnen 1664/68; wie Münzbach eine Stiftung Joachim Enzmillners, des Reichsgrafen von Windhaag, dessen einzige Tochter die Leitung übernahm) und Linz (Karmeliten und Minoriten seit 1674). Cölestinerinnen ließen sich 1646 in Steyr und Ursulinen 1679/90 in Linz nieder. Im 18. Jahrhundert folgten noch Ansiedlungen bzw. Klöster der Karmelitinnen (1710) sowie der in der Krankenpflege tätigen Elisabethinen (1745) und Barmherzigen Brüder (1756) in Linz und der sich besonders dem Unterricht widmenden Piaristen (1760) in Freistadt. Eine Deutschordens-Kommende bestand in Linz von 1713 bis 1798.

Trotz aller gegenreformatorischen Anstrengungen zur Festigung und Erneuerung des katholischen Glaubens war es nicht gelungen, den Protestantismus im oberösterreichischen Raum auszurotten. Wer sein evangelisches Bekenntnis nach dem Westfälischen Frieden von 1648 nicht aufgeben oder verbergen wollte, verkaufte seinen Besitz und wanderte nach Zahlung einer 10 %igen Abzugsgebühr in protestantische Gebiete des

Reiches aus; viele der im Lande verbleibenden, evangelisch Gesinnten wandten sich nur äußerlich dem Katholizismus zu und blieben dem Protestantismus im geheimen verbunden. Dieser Geheimprotestantismus (Kryptoprotestantismus) war im landesfürstlichen Salzkammergut um Goisern, Hallstatt, Gosau, Lauffen, Ischl, Traunkirchen und Altmünster, im Alpenvorland in den Pfarren Kirchham, Vorchdorf, Ohlsdorf, Laakirchen, Regau, Schwanenstadt, Aichkirchen, Neukirchen a. d. Vöckla, Bachmanning, Pennewang, Offenhausen, Gaspoltshofen, Fischlham, Gunskirchen, Wels, Thalheim, Wallern, Scharten und Eferding sowie um Bad Hall und Kematen a. d. Krems verbreitet. Die zahlreichen bäuerlichen und halbbäuerlichen Anhänger des Protestantismus konnten ihren Glauben deshalb leidenschaftlich bewahren, weil sie fest zusammenhielten, heimlich das verbotene, tradierte oder eingeschmuggelte lutherische Schrifttum pflegten und über geheime Verbindungen zu Glaubensgenossen im Reich verfügten. Eine besondere Rolle spielte dabei neben Regensburg die reichsunmittelbare Herrschaft der protestantischen Grafen von Ortenburg (bei Passau), die das Ziel eines regen illegalen protestantischen „Auslaufes" zum jährlichen Empfang des Abendmahles war. Dazu kam, daß die in Oberösterreich vorherrschende Streu- und Weilersiedlung die Überwachung der Bevölkerung durch Obrigkeit und katholische Pfarrgeistlichkeit erschwerte.

Als jedoch am Beginn des 18. Jahrhunderts die Aktivitäten der Geheimprotestanten im Salzkammergut zunahmen und 1712 in Goisern, wo die aufgebrachte Gemeinde den Pfarrvikar vertreiben wollte, Unruhen entstanden, setzten Gegenmaßnahmen von katholischer Seite ein. Missionare aus dem Jesuiten- und Kapuzinerorden – darunter der Jesuitenpater Ignatius Querck – sollten die Bevölkerung für den Katholizismus gewinnen; eine landesfürstliche Religionsreformationskommission wurde mit der Leitung der Aktionen betraut. Verstärkt wurden die religiösen Spannungen durch die Ereignisse in dem benachbarten reichsunmittelbaren Fürsterzbistum Salzburg, wo Erzbischof Leopold von Firmian 1731/32 mit Unterstützung Kaiser Karls VI. ca. 22.000 Untertanen wegen ihres Festhaltens am protestantischen Glauben aus ihrer Heimat vertrieb. Obwohl die Durchmärsche kaiserlicher Truppen und die verstärkte Grenzüberwachung die Bevölkerung beunruhigten, kam es dennoch zu keinen Zwischenfällen.

Als aber im Sommer 1733 der oberösterreichische Landeshauptmann Graf Thürheim den Salzamtmann Graf Ferdinand Friedrich von Seeau wegen seines laxen Vorgehens gegen den Protestantismus im Salzkammergut tadelte, glaubte dieser, aktiv werden zu müssen. In völliger Fehleinschätzung der Verhältnisse und ohne Absprache mit der Regie-

*Kirchliche Verhältnisse* 277

rung forderte er am 30. Juni 1733 in Hallstatt in einer Rede vor den versammelten Salinenarbeitern die Protestanten auf, nicht zu heucheln, sondern bei der Grundherrschaft einen Paß für die Auswanderung mit Weib und Kind und Vermögen zu beantragen, wenn sie nicht gut katholisch sein wollten. Damit löste er, der wahrscheinlich nur mit wenigen führenden Persönlichkeiten gerechnet und sich vielleicht sogar eine Entspannung der herrschenden Überbeschäftigung erhofft hatte, eine Lawine aus — 1200 Auswanderungswillige sollen sich beim Pfleger von Wildenstein gemeldet haben —, die die Behörden zum Handeln zwang. Da auch der Bischof von Passau und die erfolglosen Missionare von der landesfürstlichen Gewalt ein schärferes Vorgehen erwarteten, befahl Kaiser Karl VI. einerseits die Verstärkung der Mission und die Abstellung verschiedener kirchlicher Mißbräuche, andererseits aber die Ausweisung der „Rädelsführer" aus den österreichischen Erbländern. Die Auswanderung in protestantische Gebiete des Reiches wurde den Protestanten entgegen den Bestimmungen des Westfälischen Friedens und den eigenmächtigen Zusagen des Salzamtmannes verweigert, weil man vor allem dem politischen Widersacher Preußen, der die meisten der Salzburger Exulanten von 1731/32 in Ostpreußen angesiedelt hatte, nicht neuerlich zu einem Macht- und Prestigegewinn verhelfen wollte, sondern die wirtschaftspolitischen Leistungen der Protestanten dem eigenen Herrschaftsbereich erhalten wollte. Rechtlich wurde argumentiert, die Untertanen, die den katholischen Glauben trotz aller Bemühungen um ihre Bekehrung ablehnten, seien Rechtsbrecher, Verführer, Irrgläubige und Ketzer, die das Recht auf Auswanderung verwirkt hätten und mit Zwangsarbeit in ungarischen Grenzfestungen oder mit Deportation zu bestrafen seien. Ziel der Zwangsumsiedlung wurde das Fürstentum Siebenbürgen, in dem Kaiser Leopold I. 1691 den nichtkatholischen Konfessionen Glaubensfreiheit gewährt hatte. Da es durch die Türken- und Kuruzzenkriege sowie durch Pestepidemien entvölkert worden war, sollten die hartnäckigen Protestanten des Salzkammerguts bei den auf freiem Königsland lebenden protestantischen Siebenbürger Sachsen angesiedelt werden. Die davon betroffenen Bewohner des Salzkammerguts hatten trotz Intervention des „Corpus Evangelicorum", der Interessenvertretung der protestantischen Länder und Reichsstände beim „Immerwährenden Reichstag" in Regensburg, keine außenpolitische Hilfe zu erwarten, weil das (religions-)politische Kräfteverhältnis im Heiligen Römischen Reich Deutscher Nation erhalten werden mußte und der habsburgische Landesfürst, der die Förderung der katholischen Religion als seine Herrscherpflicht betrachtete, am Prinzip der katholischen Glaubenseinheit in seinen Erbländern festhielt. Da die Bevölkerungszahl im Salzkammergut gestiegen war, mußte das Landesfürstentum auch nicht mehr auf die protestantischen Facharbeiter aus wirtschaftspolitischen Gründen Rücksicht nehmen. In sieben Transporten wurden daher zwischen Juli 1734 und November 1737 160 Familien, die auf Befehl des Kaisers und mit Zustimmung des Passauer Bischofs fast alle ihre Kinder mitnehmen durften, insgesamt 624 Personen, nach Glaubensuntersuchungen der Religionsreformationskommission aus dem Salzkammergut nach Siebenbürgen „transmigriert", wo sie hauptsächlich in den Dörfern Neppendorf und Großau bei Hermannstadt als freie Bauern ohne Grundherrschaft angesiedelt wurden. Wesentlich für das Gelingen der Umsiedlung — obwohl in den ersten 18 Monaten ein Viertel der Deportierten an den Folgen des Klimawechsels starb — war u. a., daß der Salzamtmann den Transmigranten wegen der kurzen Fristsetzung den Großteil der ihnen zustehenden Verkaufsgelder vorstreckte. Trotz der abschreckenden Transmigrationen, die nach 1737 infolge des Ausbruchs der Pest in Siebenbürgen eingestellt werden mußten, und der Zwangsrekrutierung junger Männer zeitigten die verstärkten Missionen und Überwachungen bei der Bevölkerung des Salzkammerguts erst am Ende der Regierungszeit Kaiser Karls VI. zumindest äußerlich Erfolge. Seine ihm nachfolgende Tochter Maria Theresia (1740 bis 1780) fand vorerst keine Veranlassung zu weiterem Einschreiten. Um die Mitte des Jahrhunderts wanderten freilich protestantische Holzarbeiter aus den um den Dachstein gelegenen Orten Gosau, Goisern, Schladming und Ramsau aus wirtschaftlichen Gründen in das niederösterreichisch-steirische Grenzgebiet, wo sie von den Grundherrschaften zur Erschließung der Wälder in der Gegend um Mariazell, den Ötscher und die Rax in Annaberg, Josefsberg und Mitterbach sowie um das Niederalpl und den Lahnsattel angesiedelt wurden.

Nach Überwindung der anfänglichen Schwierigkeiten Maria Theresias beim Antritt ihrer Herrschaft und nach Konsolidierung ihres Staatswesens lenkte jedoch der bereits in der ersten Hälfte des 18. Jahrhunderts gelegentlich zutage getretene, nun aber immer offener bekannte (Geheim-)Protestantismus im oberösterreichischen Alpenvorland die Aufmerksamkeit der Behörden und der Landesfürstin auf sich, die von tiefer persönlicher Religiosität und von hohem Verantwortungsgefühl als katholische Herrscherin erfüllt war. Als 1751/52 wohlhabende Bauern der Pfarren Kirchham, Laakirchen und Ohlsdorf öffentlich für den Protestantismus eintraten, begann die planmäßige Bekämpfung von seiten der Regierung, die zu diesem Zwecke einen mit weltlichen und geistlichen Kommissären besetzten Religions-Konseß schuf, dem auch der Präsident der oberösterreichischen Repräsentation und Kammer sowie ein bischöflich-passauischer Vertreter angehörten. Das Traun- und das Hausruckviertel wurden in vier Missionsbezirke unter je einem weltlichen und einem geistlichen Kommissar eingeteilt, die den Missionseinsatz von Kapuzinern, Jesuiten, Paulanern, Franziskanern, Karmeliten und von Weltpriestern in den Zentren der „Irrgläubigen" leiten sollten. Maria Theresia, die die Protestanten anfänglich durch gemäßigte Bekehrung gewinnen wollte, schwenkte aber bald auf die Linie ihres Vaters gegenüber den angeblich kriminellen Verführern und Ketzern ein. Dieses Mal gingen von 1752 bis 1758 22 Transporte mit insgesamt 2042 oberösterreichischen Protestanten nach Siebenbürgen ab. Einzelne Nachzügler wurden noch bis 1776 transmigriert. Waren am Beginn die angesehensten und einflußreichsten Familien von den Deportationen betroffen, so fielen ihnen später alle zum Opfer, die nach dem Missionsunterricht ein öffentliches katholisches Glaubensbekenntnis verweigerten.

Der von Maria Theresia von dieser Zwangsumsiedlung innerhalb ihres Reiches auch erhoffte kolonisatorische Nutzen blieb jedoch weitgehend aus, da die Voraussetzungen ungünstiger waren als zur Zeit der karolinischen Transmigrationen. Die aus Oberösterreich ausgewiesenen Protestanten – nur sechs stammten aus dem Salzkammergut –, von denen in den Jahren 1752 bis 1758 ungefähr ein Drittel starb, fanden in Siebenbürgen nur mehr wenig freies Bauernland vor, verfügten wegen der schleppenden und zum Teil auch unredlichen Abwicklung ihrer Vermögensangelegenheiten durch die zuständigen Grundherrschaftsbeamten kaum über das nötige Startkapital, litten unter einer unfähigen Administration und unter Mangel an Nachwuchs, da nur ungefähr die Hälfte der deportierten Familien ihre Kinder mitnehmen durfte. Die zur Rettung ihrer Seelen zurückbehaltenen minderjährigen Kinder kamen zur Erziehung in Waisenhäuser, in ein eigens eingerichtetes Konversionshaus in Kremsmünster oder zu katholischen Familien besonders des Mühlviertels. Hatten die zahlenmäßig kleineren karolinischen Transmigrationen die beiden Gemeinden Neppendorf und Großau entstehen lassen, so ergaben die theresianischen Transmigrationen nur mehr eine Teilsiedlung der Gemeinde Großpold. Die Nachkommen aller österreichischen Transmigranten aus dem Salzkammergut, aus Oberösterreich, Kärnten und Steiermark werden seit dem letzten Viertel des 19. Jahrhunderts „Landler" genannt, weil der Großteil der protestantischen Umsiedler in theresianischer Zeit aus dem Lande ob der Enns stammte. Daß es auch mit Hilfe der Deportationen nicht gelang, dem Protestantismus in Oberösterreich die Basis zu entziehen, beweisen die in der zweiten Hälfte des 18. Jahrhunderts entstandenen evangelischen Toleranzgemeinden.

Die Voraussetzungen für die Bildung protestantischer Gemeinden schuf das im Geiste der Aufklärung am 13. Oktober 1781 von Kaiser Joseph II. erlassene Toleranzpatent, dem bereits verschiedene Erleichterungen für die Protestanten vorangegangen waren. So hatte ein Hofdekret vom 16. Juni 1781 die unterschiedliche Behandlung von Protestanten und Katholiken aufgehoben, gleichzeitig aber nur den Katholiken ein öffentliches Religionsexerzitium zugestanden. An dieser Bevorzugung hielt auch das Toleranzpatent fest, das den Protestanten zwar die Duldung ihrer Religion, nicht aber die Gleichberechtigung mit dem als dominant erklärten Katholizismus brachte. Es gestattete den sogenannten Akatholischen (Augsburger Bekenntnis, Helvetisches Bekenntnis, Nichtunierte Griechen) das private Religionsexerzitium, die Bildung von Gemeinden, wo ungefähr 100 protestantische Familien wohnten, und die Errichtung von Bethäusern ohne Türme, Glockengeläute und öffentlichen Eingang von den Hauptstraßen sowie von Schulen. Für den Unterhalt der gewählten Pastoren und der bestellten Lehrer mußten die Gemeinden sorgen. Bei Mischehen sollten, wenn der Vater katholisch war, alle Kinder katholisch getauft werden, bei einem protestantischen Vater jedoch nur die Töchter. Dem katholischen Pfarrer, dem die Protestanten weiterhin Stolgebühren zahlen mußten, blieb die Matrikenführung überlassen. Auch in bürgerlich-rechtlicher Hinsicht waren die Angehörigen der tolerierten Bekenntnisse den Katholiken nicht gleichgestellt, da sie zu gewissen Rechten und Würden nur durch Dispens zugelassen wurden.

Trotz dieser Einschränkungen, die die Weiterentwicklung behinderten, und anfänglichem Mißtrauen bildeten sich 1782 in Oberösterreich neun protestantische Toleranzgemeinden: Eferding, Goisern, Gosau, Neukematen, Rutzenmoos (1812 wurde davon Attersee abgetrennt), Scharten, Thening, Wallern und Wels. Das Toleranzpatent sah zwar vom Kaiser ernannte Superintendenten, welche die Gemeinden beaufsichtigen und für die Einhaltung der staatlichen Gesetze sorgen sollten, und protestantische Kirchenbehörden (Konsistorien) vor, aber noch keine eigene Verfassung. Zum ersten Superintendenten für Oberösterreich, Salzburg und Tirol — diese evangelische Diözese AB bestand bis 1966 in diesem Umfange — wurde 1783 Johann Christian Thielisch, der aus Teschen stammende Pastor von Scharten, bestellt. Die 1784 mit der Verlegung des Teschener Konsistoriums nach Wien als Leitungsbehörden für die evangelischen Kirchen der Bekenntnisse AB und HB geschaffenen beiden Konsistorien erhielten einen gemeinsamen katholischen Präsidenten. In rechtlichen Angelegenheiten hatte das Toleranzpatent das Religionswesen der Akatholiken der Jurisdiktion der politischen Landesstelle

unterstellt, die jeweils Geistliche oder Theologen der betreffenden Religionsgemeinschaft beiziehen sollte.
Die jungen protestantischen Gemeinden hatten anfangs mit vielerlei rechtlichen, wirtschaftlichen, organisatorischen und innerkirchlichen Schwierigkeiten zu kämpfen. So wurde der Übertritt zum Protestantismus, nachdem die hohe Zahl der Meldungen die Behörden überrascht hatte, allgemein dadurch erschwert, daß ein Hofdekret vom 19. Dezember 1782 vor dem Wechsel des Bekenntnisses einen sechswöchigen Religionsunterricht beim katholischen Pfarrer verpflichtend machte. Verschiedentlich führte die unterschiedliche Auslegung der Bestimmungen des Toleranzpatentes zu Reibereien mit der katholischen Seite. Manche der aus dem Ausland, vor allem aus dem Reich, berufenen Pastoren konnten sich nicht mit den Zugeständnissen des Toleranzpatentes abfinden; z. B. wurde der Eferdinger Pastor Georg Michael Eisenbach 1788 von der Regierung des Landes verwiesen. Nicht zuletzt entstanden auch innerhalb der Gemeinden Probleme dadurch, daß die Gläubigen, die über 150 Jahre lang ihren protestantischen Glauben im geheimen und in der Regel ohne geistliche Amtsträger, bestenfalls unter Anleitung von Laienpredigern, gelebt hatten, hinsichtlich ihres Frömmigkeitsstiles, ihres religiösen Schriftgutes und ihres Gemeindelebens konservativer waren als die Pastoren, die eine jüngere Entwicklungsstufe des deutschen Protestantismus vertraten. Trotz aller Widrigkeiten erhöhte sich die Zahl der Protestanten in den oberösterreichischen Toleranzgemeinden von 10.919 im Jahre 1787 auf 15.398 im Jahre 1828. In der ersten Hälfte des 19. Jahrhunderts bedeutete jedoch die Zeit des Vormärz, in der der restaurative Staat die katholische Kirche besonders förderte und andere Bekenntnisse in ihren Rechten wieder beschränkte, einen Rückschlag in der Entwicklung des österreichischen Protestantismus.
Die Situation der oberösterreichischen Juden, die 1745 neuerlich aus dem Lande gewiesen wurden, besserte sich erst in der zweiten Hälfte des 18. Jahrhunderts unter dem Einfluß des Merkantilismus und der Aufklärung. In der Folge durften sie Berufe ausüben, Fabriken gründen und zu diesem Zwecke auch Staatsgüter erwerben. Seit 1767 waren sie wieder als Großhändler auf den Märkten vertreten. Volkswirtschaftliche Motive lagen nicht zuletzt auch dem von Kaiser Joseph II. am 2. Jänner 1782 erlassenen Judenpatent zugrunde, das durch eine rechtliche Besserstellung die Eingliederung der jüdischen Bevölkerung in die bürgerliche Gesellschaft bewirken und die tolerierten Juden für den Staat nützlich machen sollte. So wurde z. B. die autonome Gerichtsbarkeit der jüdischen Gemeinden aufgehoben und die Leibmaut sowie andere diskriminierende Beschränkungen abgeschafft. Eine Zunahme der Zahl der Juden war

jedoch weiterhin nicht erwünscht. 1789 wurde den Linzer Juden gestattet, Gottesdienste zu feiern; 1824 durfte eine Badstube eingerichtet werden. Ähnlich wie im Falle der Protestanten verschlechterte sich aber die Stellung der Juden im Vormärz wieder durch verschiedene restriktive staatliche Maßnahmen.

Die katholische Kirche ihrerseits war bereits seit Maria Theresia und deren Staatskanzler Kaunitz Bestandteil eines von der europäischen Aufklärung und ihrem rationalistischen Natur- und Staatsrechtsdenken sowie von einem jansenistisch und febronianistisch beeinflußten Reformkatholizismus geprägten staatskirchenrechtlichen Systems geworden, das sich unter Joseph II. voll entwickelte und daher als Josephinismus (im engeren Sinne als Teil der die Epoche bestimmenden Gesamterscheinung) bezeichnet wird. Dem Staatsinteresse und dem als Staatszweck angesehenen Gemeinwohl war auch die Kirche untergeordnet. Bischöfe und Klerus standen unter strenger Aufsicht des Staates, die auf den Landesfürsten vereidigten Pfarrer wurden zu staatlichen Aufgaben wie der Führung der Standesmatriken herangezogen, mußten staatliche Gesetze und Verordnungen von der Kanzel verlesen und erläutern sowie das Volk belehren und zum Gehorsam gegenüber seinem Landesfürsten anleiten. 1783 entzog Kaiser Joseph II. dem Klerus seinen privilegierten geistlichen Gerichtsstand und unterwarf ihn hinsichtlich außerkirchlicher Straftaten der bürgerlichen Rechtsprechung der staatlichen Behörden und Gerichte. Neben das kirchliche Sakrament der Ehe trat durch kaiserliches Patent der bürgerliche Ehevertrag. Auch in vielen anderen Bereichen griff der Staat des aufgeklärten Absolutismus, der „das Wesentliche der Religion" und den „echten Gottesdienst" durch Reformen fördern wollte, tief in kirchliche Angelegenheiten ein. Z. B. war unter Maria Theresia die Zahl der kirchlichen Feiertage aus wirtschaftlichen Gründen verringert worden; Wallfahrten in das Ausland und im Inland solche, die länger als einen Tag dauerten, wurden verboten. Joseph II. versuchte u. a., die Kirchweihfeste einheitlich zu regeln, und ließ 1785 für die neugeschaffene Diözese Linz eine Kirchenordnung ausarbeiten, die für alle kirchlichen Feierlichkeiten größte Schlichtheit vorsah. Andachtsgegenstände und Votivgaben mußten aus den Kirchen entfernt werden. Diese und andere Maßnahmen stießen beim Volk, dessen religiöse Gefühle und Gewohnheiten verletzt wurden, auf wenig Verständnis. Besonders schwer fielen die Neuerungen der Bevölkerung des ehemals bayerischen Innviertels. Die Begräbnisordnungen, nach denen Leichen zur schnelleren Verwesung ohne Särge und mit Kalkstreuung zu bestatten waren, lösten allgemein solche Unruhe aus, daß sie wieder zurückgenommen werden

mußten. Andere Reformen wurden nach dem Tod Josephs II. widerrufen oder zumindest abgeschwächt.
Von Dauer hingegen war die josephinische Pfarregulierung, mit der langjährige Bestrebungen Maria Theresias um eine wirkungsvollere Seelsorge und Unterrichtung der Landjugend im katholischen Glauben erfolgreich abgeschlossen wurden. Das Netz der obderennsischen Seelsorgestationen hatte in der Zeit von der Mitte des 16. Jahrhunderts bis zum Regierungsantritt Maria Theresias nur geringe Veränderungen vornehmlich durch die Errichtung von Exposituren und Vikariaten innerhalb der bestehenden Pfarrorganisation erfahren. Maria Theresia bemühte sich seit 1771, im Zusammenwirken mit dem Bischof von Passau den durch Bevölkerungswachstum und Siedlungsausweitung veränderten Gegebenheiten Rechnung zu tragen. Der Diözesanbischof Leopold Ernst von Firmian war zwar grundsätzlich zur Zusammenarbeit in dieser Angelegenheit bereit, machte aber nur geringe Zugeständnisse bezüglich von Umpfarrungen einzelner Häuser und Ortschaften. Obendrein stießen der vom Bischof im Rahmen einer landeshauptmannschaftlichen Kommission mit dem „Pfarr-Einrichtungsgeschäft" betraute Ennser Dechant und Direktor des bischöflichen geistlichen Rates Alexander Franz Joseph Graf von Engl zu Wagrain und der ihm von der Landesfürstin 1777/78 beigegebene ehemalige Pfarrer von Schörfling Marx Anton von Wittola auf den Widerstand der obderennsischen politischen Landesstelle, der Landstände, der wirtschaftliche Einbußen befürchtenden Gewerbetreibenden und gewisser kirchlich-passauischer Kreise. Da nicht zuletzt auch der Bischof um seine Diözesanrechte besorgt war, blieb ihrer Arbeit ein durchschlagender Erfolg versagt. Daraufhin vom Bischof auf der Grundlage von Erhebungen in den Dekanaten gemachte Umpfarrungsvorschläge, die auch neue Exposituren vorsahen, kamen bis zum Tod Maria Theresias über eine Kostenprüfung nicht hinaus.
Als es Joseph II. nicht gelang, die von seiner Mutter eingeleitete Pfarregulierung im Einvernehmen mit dem Bischof von Passau zu verwirklichen, setzte er nach der Abtrennung des österreichischen Gebietes von der Diözese Passau in seiner Eigenschaft als Schutzherr (Vogt) der Kirche seine eigenen, viel radikaleren Vorstellungen in die Tat um. Die weltlichen Behörden wurden angewiesen, den tatsächlichen Bedarf an selbständigen Seelsorgestellen zu ermitteln. Zu seiner Deckung sollte der Regularklerus herangezogen werden, der infolge des am 12. Jänner 1782 erlassenen Klosteraufhebungspatentes für diese Aufgaben frei wurde. Am 28. Februar desselben Jahres wurde eine Religions- oder Pfarrkasse (der sogenannte Religionsfonds) aus dem Vermögen der bestehenden geistlichen Stiftungen und der aufzuhebenden Klöster geschaffen. Die

Bischöfe mußten alle Ordensgeistlichen auf ihre Verwendbarkeit in der praktischen Seelsorge prüfen und erheben, welche Priester aus den Städten und Märkten auf das Land versetzt werden könnten. Vergeblich versuchte der durch das Vorgehen des Kaisers beunruhigte Papst Pius VI., Joseph II. bei einem Besuch in Wien zur Rücknahme bzw. Änderung der kirchenpolitischen Maßnahmen zu bewegen. Die Reise des Papstes vom 23. bis 25. April 1782 durch Oberösterreich über St. Florian, Linz, Wels, Lambach, Ried im Innkreis und Braunau am Inn nach München erregte beim Volk großes Aufsehen.

Da von bischöflicher Seite keine neuen Vorschläge unterbreitet wurden, ließ Kaiser Joseph II. 1782/83 in Wien und Niederösterreich eine Pfarreinteilung und eine Klosterregulierung durchführen, die für die Regierungen der anderen Erbländer Vorbild sein sollten. Neue Pfarren oder Lokalkaplaneien wurden errichtet, wenn schlechte Wegverhältnisse herrschten, die Gläubigen weiter als eine Gehstunde von der Kirche entfernt wohnten und eine Gemeinde mehr als 700 Personen umfaßte. Dabei wurden Orte, die bereits früher einen eigenen Seelsorger hatten, berücksichtigt; ebenso bereits bestehende Kirchen aus Sparsamkeitsgründen. Nachdem der Kaiser verschiedene Pfarrorganisationsentwürfe der obderennsischen Landeshauptmannschaft, bei der seit 1781 der Landrat Joseph Valentin von Eybel als Referent für kirchliche Angelegenheiten tätig war, abgelehnt hatte, billigte er am 22. Februar 1784 einen Entwurf der Geistlichen Hofkommission, der neben verschiedenen Umpfarrungen 129 neue Pfarreien und Lokalkaplaneien sowie 66 neue Kooperatorenposten vorsah. Für 53 der neuen Expositionen sollten oberösterreichische Klöster und Stifte sorgen. In den übrigen Fällen hatte der Religionsfonds für den Unterhalt der Geistlichen aufzukommen und die jeweilige Patronatsherrschaft für die Kosten der erforderlichen Gebäude. Im Zuge dieser Umstellung sollten 20 oberösterreichische Klöster und Stifte aufgehoben und bei den 14 weiterbestehenden Gemeinschaften durch eine Herabsetzung auf einen normierten Personalstand von insgesamt 214 Religiosen 135 Ordensleute eingespart werden. Bettelmönche, die ihren Unterhalt nicht mehr aus den Erträgen ihrer Sammlungen bestreiten, sondern vom Religionsfonds bezahlt werden sollten, wollte man vor allem als Kooperatoren einsetzen. Kleinere, künftig erforderliche Umpfarrungen wurden vom Kaiser nicht ausgeschlossen. In gemischtkonfessionelle Gebiete sollten nach dem Wunsch Josephs II. „die tauglichsten und gelassensten Priester hinausgesetzt werden". Nach diesem Gesamtplan, der im einzelnen noch verschiedene Änderungen erfuhr, erfolgte im Laufe des Jahres 1784 die Neupfarrung im Lande ob der Enns.

*Kirchliche Verhältnisse*

Bis Jahresende wurden 197 neue Seelsorger eingesetzt, von denen 76 von Klöstern und Stiften gestellt und erhalten wurden. Damit war das von Maria Theresia begonnene „Pfarr-Einrichtungsgeschäft" nach 13 Jahren zum Abschluß gekommen. Die Neu- bzw. Umpfarrungen mußten auf Anordnung der Kreisämter von den dazu vom bischöflichen Ordinariat bevollmächtigten Dechanten rasch durchgeführt werden. Die neugegründeten Lokalkaplaneien (Lokalpfarren, Lokalien) standen in einer gewissen Abhängigkeit von ihrer Mutterpfarre; viele von ihnen stiegen erst spät in den Rang einer Vollpfarre auf. Die Patronatsrechte, die den Patron zur Finanzierung und Erhaltung seiner Kirche verpflichteten und ihm dafür u. a. das Recht, den Geistlichen zu präsentieren, einräumten, fielen vorwiegend an den Landesfürsten, der die meisten Neupfarren aus dem Religionsfonds dotierte. Selten erklärten sich die Grundherrschaften bereit, gegen Übertragung des Patronates die Kosten zu übernehmen. Wie man im Rahmen der Pfarregulierung bei den Kirchenbauten auf Vorhandenes zurückgriff, so auch bei der Ausstattung der neuen Seelsorgestationen mit Einrichtungsgegenständen und kirchlichen Geräten. Sie konnten zum Teil aus den Beständen jener vielen Filial-, Neben- und Spitalskirchen, Schloß- und Friedhofskapellen u. dgl. versorgt werden, die 1786 — oft gegen den Willen der Bevölkerung — gesperrt werden mußten, weil sie für die Pfarrseelsorge nicht nötig waren. Zahlreiche dieser Kirchenbauten wurden in den folgenden Jahren vom Religionsfonds an die Meistbietenden verkauft und von den neuen Besitzern abgerissen. Manche der erhalten gebliebenen konnten jedoch nach dem Tod Kaiser Josephs II. wieder ihrer Funktion als Gotteshaus zugeführt werden.
Auf der Suche nach Personal und Finanzierungsmöglichkeiten für seine umfassende Pfarregulierung war Kaiser Joseph II. auf die Idee gekommen, die Klöster der beschaulichen Orden, „die dem Nächsten ganz und gar unnütz" seien und daher „nicht Gott gefällig sein" könnten, aufzulösen und die übrigen Klöster und Stifte der Seelsorge dienlich zu machen. Radikaler und übereifriger Vollzieher des kaiserlichen Klosteraufhebungspatentes in Oberösterreich war der Landrat und ehemalige Wiener Universitätsprofessor für Kirchenrecht Joseph Valentin von Eybel, der in den Klöstern, denen der Zeitgeist allgemein wenig gewogen war, einen kirchlichen Mißstand sah, durch den der Seelsorge geeignete Priester entzogen würden. Seine Überlegungen — so verwies er z. B. auf die starke Verschuldung des Klosters Baumgartenberg und des Stiftes Waldhausen, auf die zollpolitisch bedenkliche Grenznähe der Klöster Mondsee und Engelszell zu den Reichsfürstentümern Salzburg und Passau sowie auf die Verwendbarkeit verschiedener Klostergebäude — griffen viel weiter aus als die des Kaisers, dem es nur darum ging, die

Klöster für die Seelsorge bzw. die Pfarrorganisation zu nutzen. Nach verschiedenen Erhebungen gab es 1784 in Oberösterreich ca. 606 Weltgeistliche und 1096 Ordensmänner; von den Klosterinsassen wurden 330 für die Seelsorge tauglich befunden, die man im Sinne der Josephiner zu „nützlichen Staatsbürgern" machen konnte. Unter Eybels Leitung fielen dem „josephinischen Klostersturm" zwischen 1782 und 1788 die meisten der oberösterreichischen Klöster und Stifte, die nicht in der Seelsorge, im Unterricht oder in der Krankenpflege tätig waren, zum Opfer. Durch sein scharfes und teilweise eigenmächtiges Vorgehen gegen die landsässigen Klöster und gegen die Bettelordensniederlassungen zog sich Eybel vielfach den Haß der Betroffenen zu; ein Kremsmünsterer Mönch gab ihm den Titel „Dictator Austriae". Die aufgehobenen Klöster und Stifte wurden als Grundherrschaften des Religionsfonds staatskirchlichem Nutzen zugeführt bzw. im Falle Baumgartenbergs und später Garstens (1851) und Subens (1856) als Strafhäuser verwendet. Die Konvente der verbleibenden Ordensniederlassungen durften die festgesetzte Höchstzahl von durchschnittlich 16 bis 18 Mitgliedern nicht überschreiten. An der Klosterregulierung Josephs II. hielten auch dessen Nachfolger Leopold II. und Franz I. fest, obwohl sie sonst die josephinischen Reformen in manchem milderten. 1791 wurde das Kloster Mondsee und 1792 das Stift Waldhausen zur Dotierung des neuen Linzer Bischofs und seines Domkapitels aufgehoben. Die 1807 aufgelöste Propstei Spital am Pyhrn wurde Benediktinern aus St. Blasien im Schwarzwald übergeben, die jedoch schon 1809 nach St. Paul in Kärnten weiterzogen. Schließlich traf die Aufhebung noch 1810/11 in der Zeit der französischen bzw. der bayerischen Herrschaft über das Innviertel und das westliche Hausruckviertel die Stifte Ranshofen und Reichersberg sowie das Kapuzinerkloster in Schärding. Von den zahlreichen oberösterreichischen Ordensniederlassungen blieben letztlich nur erhalten die Benediktiner in Kremsmünster und Lambach, die lange Zeit von der Aufhebung bedroht gewesen waren, die Zisterzienser in Wilhering und Schlierbach, die Prämonstratenser in Schlägl, die Augustinerchorherren in St. Florian, das knapp vor der Auflösung bewahrt worden war, und in Reichersberg, das 1816 wiederhergestellt wurde, die Piaristen in Freistadt, die Kapuziner in Linz und Gmunden, die Karmeliten und die Barmherzigen Brüder, die Ursulinen und die Elisabethinen in Linz.

Weitere folgenschwere Maßnahmen Kaiser Josephs II. betrafen die Diözesanorganisation. Das Land ob der Enns gehörte zum westlichen Verwaltungsbezirk des Bistums Passau, dem Offizialat ob der Enns, das von Passau aus verwaltet wurde und im Osten mit dem Sprengel des Dekanates Lorch über den Ennsfluß hinweg bis etwas östlich der Ybbs reichte. Eine geplante Verlegung des Offizialatssitzes von Passau nach Linz war 1584 am Widerstand der protestantischen Landstände ob der Enns gescheitert. Das Offizialatsgebiet umfaßte vom 14. bis in die Mitte des 16. Jahrhunderts sechs Dekanate, von denen vier auch einen Archidiakonatssprengel bildeten. Nachdem bereits im 16. Jahrhundert im Zuge der katholischen Erneuerung der bayerische Diözesanteil straffer gegliedert worden war, erfolgte in der ersten Hälfte des 17. Jahrhunderts im Rahmen der Zentralisierung der Diözesanverwaltung eine Neueinteilung des Offizialates ob der Enns in insgesamt 17 Dekanate, von denen 10 auf heute oberösterreichischem Gebiet lagen. Gleichzeitig wurden die Archidiakonate abgeschafft und die Dekanatsgrenzen im Westen den Landesgrenzen angepaßt. Die Tatsache, daß die österreichischen Erbländer in kirchlicher Hinsicht von einem ausländischen Reichsfürsten abhängig waren, blieb weiterhin bestehen und erregte besonders im Zeitalter des aufgeklärten Absolutismus und des Merkantilismus Widerspruch. Unter Kaiser Joseph II. erreichten die seit babenbergischer Zeit immer wieder aufflackernden und seit Kaiser Karl VI. verstärkten Unabhängigkeitsbestrebungen der österreichischen Landesfürsten ihren Höhepunkt. Bereits 1751/53 war es im Pfarrkonkursstreit um die Besetzung der landesfürstlichen Pfarre Wels zwischen dem Bischof von Passau und der österreichischen Regierung zu einer grundsätzlichen Auseinandersetzung über den passauischen Einfluß in Oberösterreich gekommen, bei der es darum ging, ob die Bewerber in Passau oder in Linz geprüft werden sollten. Seit den siebziger Jahren des 18. Jahrhunderts beschäftigte man sich am Wiener Hof mit Möglichkeiten einer Abtrennung des Landes ob der Enns vom Bistum Passau und einer Neueinteilung der erbländischen Bistumssprengel, die mit den politischen Verwaltungseinheiten der Länder übereinstimmen sollten. Bei diesen Überlegungen spielte auch die Lorcher Legende eine Rolle. So 1774, als der Wiener Gerichtsadvokat Dr. Leopold Pauer Maria Theresia den Vorschlag machte, ein Erzbistum Lorch wiederzuerrichten, und später, als der für die Diözesanregulierung zuständige Kommissar Eybel darauf hinwies, der eigentliche Sitz des einst nach Passau geflohenen Bischofs sei Lorch.

Kaiser Joseph II. war fest entschlossen, die kirchliche Verselbständigung der österreichischen Gebiete durchzusetzen. Nachdem er 1782 Verhandlungen mit dem Salzburger Erzbischof Hieronymus Franz von Colloredo erfolgreich abgeschlossen hatte, ließ er in Österreich ob und unter der Enns von den landesfürstlichen Behörden Vorbereitungen zur Abtrennung von der Diözese Passau treffen. Wenige Tage, nachdem der greise Passauer Fürstbischof Kardinal Leopold Ernst von Firmian am 13. März 1783 gestorben war, wurde die kirchliche Abhängigkeit von

Passau ohne Kontaktnahme mit kirchlichen Stellen gelöst. Am 15. März ernannte der Kaiser den bisherigen Passauer Offizial für die östliche Bistumshälfte in Wien, den Reichsgrafen Ernest Johann von Herberstein, der seit 1767 Weihbischof von Freising war, zum „Bischof von Linz und ganz Oberösterreich", verbot Passau die Ausübung von Jurisdiktionsrechten in Österreich und ließ alle Besitzungen und Gerechtsame des Hochstiftes und des Domkapitels von Passau in Österreich beschlagnahmen. Eine formelle kaiserliche Gründungsurkunde des Bistums Linz wurde erst nachträglich am 18. Jänner 1789 ausgestellt. Der neue Linzer Bischof hatte es anfangs nicht leicht, da er zwischen dem Kaiser, der römischen Kurie, die über die Maßnahmen des Kaisers nicht informiert worden war, und dem neugewählten Bischof von Passau Joseph III. Franz Anton von Auersperg stand. Letzterer setzte alles daran, seine Ordinariatsrechte über die österreichischen Gebiete zu wahren, mußte sich aber nach langen Verhandlungen, die vom Kaiser kompromißlos geführt wurden, am 4. Juli 1784 zu einem Vertragsabschluß bereitfinden, mit dem er u. a. auf seine Diözesanrechte in Österreich verzichtete und sich zur Zahlung von 400.000 Gulden an den österreichischen Staat zur Errichtung der Diözese Linz verpflichtete. Der am linken Ufer des Inn gelegene Hauptteil der österreichischen Grafschaft Neuburg am Inn blieb bei der Diözese Passau. Die Patronatsrechte fast aller bisher bischöflichen Pfarren des Landes ob der Enns gingen auf den Landesfürsten über. Auf die verschiedenen Angebote des Passauer Fürstbischofs war der Kaiser nicht eingegangen. So wollte Bischof Auersperg einer Vergrößerung des Erzbistums Wien zustimmen und für den Rest der Länder ob und unter der Enns ein eigenes bischöfliches Konsistorium in Linz, ein Priesterseminar und ein Defizientenhaus einrichten. Weiters hätte er auch die Schaffung eines Bistums Linz, das mit Passau in Personalunion stehen sollte, akzeptiert und sich schließlich mit der Errichtung eines Bistums Enns (ohne das Innviertel), das Suffragan des zum Erzbistum zu erhebenden Passau sein sollte, einverstanden erklärt. Kirchenrechtlich sanktioniert wurde aber die Vorgangsweise Kaiser Josephs II. erst durch die päpstliche Errichtungsurkunde für die Diözese Linz vom 28. Jänner 1785. Ihr folgte am 14. Februar die Bestätigung des Grafen Herberstein als Bischof von Linz. Dieser war bereits im Oktober 1784 nach Linz übersiedelt und trat, nachdem auf sein Drängen Bischof Auersperg von Passau am 20. April 1785 das oberösterreichische Gebiet formell abgetreten hatte, mit seiner Inthronisation in der Linzer Domkirche am 1. Mai 1785 offiziell sein Amt an.
Nach dem Willen Kaiser Josephs II. sollten in den von der Diözese Passau losgelösten österreichischen Gebieten die Grenzen der neuen Bistümer

Linz und St. Pölten mit den Grenzen der politischen Länder übereinstimmen. Dazu bedurfte es zum Teil langwieriger Verhandlungen. Im Osten der Diözese Linz wurden noch 1784 entlang der Donau und der Ysper einige Um- und Auspfarrungen vorgenommen. Auf Befehl des Kaisers einigten sich die Bischöfe von Linz und St. Pölten am 1. Mai 1785 einvernehmlich über eine kirchliche Grenzziehung, die der politischen Grenze zwischen den Ländern Österreich ob und unter der Enns entsprach. Dadurch, daß der Unterlauf der Enns nun auch Diözesangrenze wurde, verlor das Dekanat Lorch seinen über die Ybbs hinausreichenden, großen niederösterreichischen Anteil. Eine Ausnahme bildete die Pfarre Enns, die bis heute das östlich des Flusses Enns gelegene niederösterreichische Ennsdorf umfaßt. Im Süden zog sich die Diözesanregulierung infolge Kompetenzschwierigkeiten bis 1785 hin, ehe die vormals zur Diözese Passau gehörigen steirischen Pfarren Aussee und Altaussee an das neue Bistum Leoben abgetreten wurden. Im Westen der Diözese Linz bedurfte es nördlich der Donau weniger Änderungen der Seelsorgesprengel, da man hier schon bei früheren Pfarregulierungen die Landesgrenzen berücksichtigt hatte. Weiter südlich waren an der Salzach Umpfarrungen nötig, vor allem aber gab es Probleme mit dem Fürsterzbistum Salzburg, da die Erzdiözese Salzburg auch einen Teil des oberen Innviertels um Ostermiething umfaßte, zum anderen jedoch die passauischen Pfarren Straßwalchen, Mattsee, Obertrum und Astätt in einem Gebiet lagen, über das Salzburg zwar die Landeshoheit ausübte, in diesem Recht allerdings von Österreich bestritten wurde. Nach zähen Verhandlungen trat Salzburg 1786 seine Innviertler Pfarren an das Bistum Linz ab. Hinsichtlich der Landeshoheit bzw. der Regulierung der Staats- und Diözesangrenze kam es erst 1790 mit Kaiser Leopold II. zu einer vertraglichen Einigung, welche die Herrschaft Mattsee und das Gebiet von Straßwalchen mit den Pfarren Mattsee, Obertrum und Straßwalchen Salzburg zusprach, das Amt Lochen, das Dorf Perwang und die Pfarre Astätt aber Österreich bzw. dem Bistum Linz zuerkannte. Im Inneren der jungen Diözese Linz bedurfte es nach den josephinischen Reformen einer Neueinteilung der Dekanate, deren Zahl 1817 24 betrug.
Als Bischofskirche hatte Kaiser Joseph II. zuerst im Jänner 1784 die Linzer Stadtpfarrkirche, dann aber auf Bitten Bischof Herbersteins die Ignatius-Kirche (heute Alter Dom) des 1773 aufgehobenen Jesuitenordens bestimmt. Die päpstliche Bestätigung erfolgte erst 1841. Als Residenz erhielt der Bischof das Linzer Stadtpalais des Klosters Kremsmünster. Nach einem Vorschlag der Regierung aus dem Jahre 1783 hätte dieses Kloster zu noch höheren Leistungen herangezogen werden sollen, indem es den Linzer Bischof als seinen Kommendatarabt versorgen sowie

die Mitglieder des Domkapitels stellen und unterhalten sollte. Die vom Kaiser seit 1783 zu Domherren ernannten sieben Weltpriester erhielten jedoch schließlich wie der Bischof ein Jahresgehalt zugewiesen.
Bischof Herberstein war es in den wenigen Jahren seiner Amtszeit (1783—1788) gelungen, die Gründung des Bistums Linz zu sichern. Sein Nachfolger, der aus Schwaben stammende frühere Wiener Domscholaster und Oberaufseher der Normalschulen Joseph Anton Gall (1788—1807), erreichte gemeinsam mit dem Domkapitel, daß ihnen Kaiser Leopold II. statt der Unterhaltszahlungen Dotationsgüter in die eigene Verwaltung übertrug. Der Bischof bekam die aufgehobenen Klosterherrschaften Mondsee, die nach Galls Tod an den Religionsfonds fiel, Garsten und Gleink sowie das Urbaramt Weyer, der Generalvikar die Herrschaften Engelszell und Suben, die 1802 wieder in den Besitz des Staates übergingen, und das Domkapitel die Herrschaften Münzbach, Windhaag, Baumgartenberg und Waldhausen, von denen die beiden letzteren im Jahre 1800 wegen der Holznutzung vom Kaiser käuflich erworben wurden. Eine gewisse Gefahr drohte dem jungen Bistum Linz nach dem Tode Kaiser Josephs II., als der Passauer Bischof Auersperg versuchte, den Vertrag von 1784 und damit die Abtretung der österreichischen Diözesangebiete rückgängig zu machen. Da er sich jedoch mit den Zugeständnissen Kaiser Leopolds II. nicht zufriedengab, zerschlugen sich die Verhandlungen. Einen großen Erfolg für den inneren Ausbau seiner Diözese verzeichnete Bischof Gall mit der Errichtung eines bischöflichen Priesterseminars in Linz, indem er das von den Grafen von Sprinzenstein erworbene Gebäude der ehemaligen Deutschordenskomturei in der Harrach 1805/06 mit Genehmigung der Regierung mit Eigenmitteln und Staatsgeldern ausbauen ließ.
Bischof Sigismund von Hohenwart (1809—1825) war der dritte und letzte Vertreter des Josephinismus auf dem Linzer Bischofsstuhl. Der vormalige Generalvikar von Gurk, der sehr naturwissenschaftlich interessiert war und seit 1810 in Linz weilte, hatte einen schwierigen Beginn, da ihn der von Napoleon gefangengehaltene Papst Pius VII. erst am 17. Dezember 1814 bestätigte. Vor seiner Bischofsweihe am 12. Mai 1815 leitete die Diözese der vom Domkapitel für die Zeit der Sedisvakanz gewählte Kapitelvikar (Generalvikar), dessen Amt der vom Kaiser zum Bischof ernannte Hohenwart 1811 übernahm. Die bischöflichen Amtshandlungen mußten von fremden Bischöfen vollzogen werden. Unter Bischof Hohenwart erfuhr die Diözese Linz politisch bedingt eine beträchtliche vorübergehende Gebietseinbuße. Das 1809 von Oberösterreich abgetrennte westliche Hausruckviertel und das Innviertel standen anfänglich unter der kirchlichen Leitung besonders bevollmächtigter Dechanten

bzw. unter einem eigenen Generalvikar für die losgelösten Gebiete, dem Passauer Weihbischof und Pfarrer von Kallham Graf Gaisruck, und wurden 1811 entsprechend der bayerischen politischen Kreiseinteilung zwischen der Erzdiözese Salzburg (Salzachkreis) und der Diözese Passau (Unter-Donaukreis) aufgeteilt. Mit der politischen Rückgliederung dieser Landesteile seit 1816 endeten auch diese kirchlichen Verhältnisse, die bayerische Pfarr- und Dekanatsregulierungen sowie 1810/11 die Aufhebung der Stifte Ranshofen und Reichersberg und des Schärdinger Kapuzinerklosters gebracht hatten. Unter Bischof Hohenwart machte sich ein spürbarer Priestermangel bemerkbar — 1821 konnten von 793 Weltpriesterstellen 190 nicht besetzt werden —, den die bischöflichen Behörden mit dem Zeitgeist und der allgemeinen Geringschätzung des geistlichen Standes, den hohen Studienkosten, der schlechten wirtschaftlichen Lage nach den Franzosenkriegen und der unzureichenden Versorgung der Geistlichen begründeten. Beim Ordensklerus wirkten sich ebenfalls die starken josephinischen Beschränkungen negativ aus.

Wohl als Reaktion auf den nüchternen Rigorismus der vernunftbetonten Aufklärung entstanden am Beginn des 19. Jahrhunderts mit der aufkommenden Romantik in Süddeutschland und Österreich verschiedene religiös-schwärmerische Bewegungen zur Verlebendigung des religiösen Lebens, die untereinander ideelle und personelle Querverbindungen aufwiesen und die bei der durch die Zeitereignisse beunruhigten Bevölkerung Anklang fanden. In Oberösterreich fielen ihre Höhepunkte in die Amtszeit des Bischofs Hohenwart. Zentrum der unter dem Einfluß des Grazer Domherrn Engelbert Maurer entstandenen mystischen Erweckungsbewegung der „Brüder und Schwestern von Sion" war anfänglich Eferding, später Ampflwang. Hier verkündete der Kooperator Thomas Pöschl (1769—1837), der sich in Braunau am Inn unter dem Eindruck der Hinrichtung des Nürnberger Buchhändlers Palm durch die französische Besatzungsmacht so verändert hatte, daß ihn die bayerische Regierung 1812 nach Ampflwang zwangsversetzte, seine Offenbarungslehre und die bevorstehende Aufrichtung einer christlich-jüdischen Kirche der Endzeit. Pöschl wurde zuerst nach Salzburg abberufen, von wo aus er weiterhin mit seinen Anhängern im Gebiet von Ampflwang, Ottnang, Zell am Pettenfirst, Ungenach, Oberthalheim, Regau, Schörfling, Neukirchen an der Vöckla, Frankenburg, Schildorn, Pramet, Atzbach, Schwanenstadt, Rüstorf, Meggenhofen und Taufkirchen a. d. Trattnach in Kontakt blieb, und endete schließlich in Wien im Defizientenhaus für Priester. In dem wirtschaftlichen Notjahr 1817 kündigte eine radikale und fanatische Gruppierung, die sich auf Pöschl berief und unter der Führung des Bauern Johann Haas aus Ottnang stand, den Weltuntergang an, führte Teufelsaustreibungen durch und beging sogar angebliche Sühnemorde. Den daran beteiligten Personen wurde in dem folgenden Prozeß Unzurechnungsfähigkeit zugestanden. Anhänger der Sekte der Pöschlianer aus Wassenbach bei Ampflwang wurden gewaltsam daran gehindert, zur Bekehrung von Juden nach Prag auszuwandern. Trotz verstärkter Bemühungen der bischöflichen Behörden gab es noch bis in die siebziger Jahre einzelne Pöschlianer.

Der Schwabe Martin Boos (1762–1825), der Begründer der katholischen Erweckungsbewegung im Allgäu, hatte 1799 wegen des von ihm vertretenen mystizierenden Pietismus seine Diözese Augsburg verlassen müssen und war durch die Vermittlung seines berühmten Lehrers Johann Michael Sailer von Bischof Gall in die Diözese Linz aufgenommen worden, wo er sich als Kooperator in Leonding, Waldneukirchen und Peuerbach sowie als Pfarrer am Pöstlingberg und seit 1806 in Gallneukirchen Anerkennung verschaffte. Wegen seiner luthernahen Lehre von der Rechtfertigung durch den Glauben und seines religiösen Indifferentismus, der in der katholischen Kirche nur eine der Formen des Christentums sah, kam es nach dem Tode Bischof Galls seit 1809 in Gallneukirchen und Umgebung zu großer Unruhe und tiefer Spaltung in Anhänger und Gegner des Pfarrers. Nach mehreren Untersuchungen durch bischöfliche und weltliche Behörden zwischen 1811 und 1815 – letztere befürchteten eine geheime pietistische Gesellschaft – enthob ihn Bischof Hohenwart seines Amtes. Nach vorübergehender Internierung im Linzer Karmelitenkloster wurde diesem bedeutenden Vertreter des süddeutschen katholischen Pietismus 1816 erlaubt, nach Bayern auszuwandern. Auch aus dem Ausland blieb er in brieflicher Verbindung mit seinen Anhängern in Oberösterreich, von denen 1821 in der Gallneukirchner Gegend 64 zum Protestantismus übertreten wollten. Obwohl die Missionsversuche von Wiener Redemptoristen vergeblich waren, wurde ihnen der Bekenntniswechsel erst um die Jahrhundertmitte gestattet (evangelische Gemeinde Weikersdorf-Gallneukirchen).

Während die bisherigen Linzer Bischöfe Repräsentanten des Josephinismus bzw. des josephinisch geprägten Staatskirchentums waren, übernahm mit dem nach zweijähriger Sedisvakanz vom Kaiser ernannten Bischof Gregor Thomas Ziegler (1827–1852) ein Vertreter des romantisch beeinflußten und romtreuen kämpferischen Reformkatholizismus die Leitung der Diözese. Der gebürtige Schwabe, Benediktiner des 1806 aufgehobenen Klosters Wiblingen bei Ulm, Universitätsprofessor, der von 1809 bis 1815 an der Linzer theologischen Lehranstalt Kirchengeschichte unterrichtet hatte, und seit 1822 Bischof von Tyniec-Tarnow in Polen, war eine der bedeutendsten Persönlichkeiten auf dem Linzer Bischofstuhl. Er scheute sich nicht, offen gegen das Staatskirchentum des Vormärz aufzutreten und nahm schriftlich zu aktuellen Fragen seiner Zeit Stellung. Das josephinische System war zwar seit Kaiser Leopold II. etwas gemäßigter geworden, die Kirche stand aber nach wie vor unter der Aufsicht und Bevormundung der staatlichen Bürokratie. Indem der neue Bischof dagegen sowie gegen die Ideen des Liberalismus und der Revolution ankämpfte, trug er wesentlich zur Einleitung einer kirchlichen Restauration und zur Entstehung eines politischen Katholizismus in Oberösterreich bei. Der kämpferische Geist, den er in die Diözese brachte, betraf aber auch das Verhältnis zu den seit Joseph II. tolerierten Konfessionen. So erregte der um die Frage der gemischtkonfessionellen Ehen entstandene Kölner Konflikt auch in Oberösterreich, wo Bischof Ziegler ebenfalls die josephinische Ehegesetzgebung ablehnte und den Kölner Erzbischof literarisch unterstützte, 1838 großes Aufsehen. 1842/44 kam es wegen der Errichtung eines protestantischen Bethauses in Linz, das als Filiale von Thening organisiert war, zu heftigen Auseinandersetzungen des Bischofs und seiner Anhänger mit der Landesregierung sowie mit josephinischen und liberalen Kreisen, die dem Bischof „unzeitigen Verfolgungseifer gegen Akatholiken" und „Verfolgungswut" gegen die Boosianer, die er dem katholischen Glauben unbedingt erhalten wollte, vorwarfen. Die Ausübung des protestantischen Bekenntnisses war im Vormärz allgemein dadurch erschwert worden, daß der betont katholische Staat die Toleranz enger auslegte als früher.

Daß mit Bischof Ziegler ein neuer Abschnitt des oberösterreichischen Katholizismus begann, zeigt sich auch an einem Aufschwung des Ordenswesens während seines Episkopates. 1828 stifteten Privatpersonen in Gmunden ein Karmelitinnenkloster, 1832 der Bischof selbst in Gleink zur Ausbildung junger Mädchen ein Kloster der Salesianerinnen. 1837 bezog der 1820 wieder zugelassene Jesuitenorden auf Veranlassung und mit Unterstützung des Erzherzogs Maximilian d'Este den zum Collegium Aloisianum ausgebauten Probe-Befestigungsturm auf dem Linzer Freinberg und hatte bald zum Leidwesen der Josephiner und der Liberalen großen Zulauf der Bevölkerung. Von diesem Stützpunkt aus führten die Jesuiten erfolgreich Missionen im Lande durch. 1841 ließen sich ebenfalls mit Hilfe des Erzherzogs sowie der Stadtgemeinde die Barmherzigen Schwestern in Linz nieder und errichteten hier ihr Kloster und ihr Spital. 1851 richtete der Oberösterreich besonders verbundene Erzherzog Maximilian in Schloß Puchheim eine Missionsstation der Redemptoristen ein.

## Kultur, Wissenschaft, Kunst, Unterricht, Technik

Auf der Grundlage der im großen und ganzen erfolgreichen Gegenreformation, der katholischen Erneuerung und der Siege über die Türken entstand im Laufe des 17. Jahrhunderts die Barockkultur, die in Österreich bis um die Mitte des 18. Jahrhunderts Lebensstil, Geistesleben und Kunst vom kaiserlichen Hof bis hinunter zu den bäuerlichen Schichten nachhaltig geprägt hat. Feste (z. B. die beliebten Schützenfeste des Adels) und Feierlichkeiten spielten eine große Rolle. Mit besonderem Aufwand wurden hohe kirchliche Festtage, Empfänge für Mitglieder des Kaiserhauses und Erbhuldigungen gestaltet. Die Ausgaben für den Lebensunterhalt und der Kleiderluxus nahmen bei den Vermögenden zum Teil unvorstellbare Ausmaße an. Dabei darf nicht übersehen werden, daß die prunkvolle und verschwenderische Lebensführung sowie die gesteigerten kulturellen Ansprüche der gehobenen Schichten im wesentlichen zu Lasten der bäuerlichen Untertanen gingen und daß den künstlerischen und kulturellen Hochleistungen der Barockepoche große soziale Probleme gegenüberstanden. Verschiedentlich überstieg sogar die übertriebene, von Persönlichkeitskult und Rangdenken beeinflußte Bautätigkeit, die allerdings von manchen Prälaten auch bewußt zur Bekämpfung der Massenarbeitslosigkeit eingesetzt wurde, die Finanzkraft der adeligen und geistlichen Auftraggeber. So mußte z. B. Graf Johann Albert von Saint Julien die 1729 erworbene Herrschaft Wartenburg nach dem Bau des für den Empfang Kaiser Karls VI. errichteten Schlosses Neu-Wartenburg wegen Überschuldung wieder verkaufen. Manche Klöster wie Baumgartenberg, Engelszell, Gleink und Windhaag sowie das Stift Waldhausen bürdeten sich wegen ihrer kostspieligen Neubauten so hohe Schuldenlasten auf, daß dies unter Kaiser Joseph II. einer der Gründe für ihre Aufhebung wurde. Als Beispiel für eine rücksichtslose und erfolgreiche grundherrliche Wirtschaftsführung ist hingegen Joachim Enzmillner, der spätere Reichsgraf von Windhaag (1600—1678), zu nennen, der auch als hervorragender Repräsentant der hochstehenden Adelskultur der Spätrenaissance bzw. des Frühbarock gelten kann. Sein neben der alten Burg Windhaag errichtetes Schloß, das 1673 vollendet wurde, beherbergte eine umfangreiche und berühmte Bibliothek, die später der Wiener Universitätsbibliothek einverleibt wurde, eine Gemäldegalerie, eine Münzsammlung und eine Rüstkammer (Waffensammlung). Nach dem Tode Enzmillners ließ in für den Zeitgeist bezeichnender Weise seine Tochter und Alleinerbin, die erste Priorin des Windhaager Dominikanerinnenklosters und Autorin einer Lebensbeschreibung ihres Vaters, diesen Schloßbau wieder niederreißen und in unmittelbarer Nähe von

1681 bis 1691 ein neues Kloster mit einer Kirche erbauen. Die folgenden Klostervorsteherinnen hatten deshalb mit hohen Schulden zu kämpfen. In der ersten Hälfte des 18. Jahrhunderts war der Freiherr Johann Georg Adam von Hoheneck (1669—1754) eine der bemerkenswertesten Persönlichkeiten des oberösterreichischen Adels, die als ständischer Politiker, wissenschaftlicher Sammler, Genealoge und Zeithistoriker hervortrat. An seinen adeligen Zeitgenossen kritisierte er, daß sie in den Städten wohnten, viel Geld ausgaben und die Zeit mit Spielen und Banketten verbrachten. Er selbst trug in seinem Schloß Schlüsselberg bei Grieskirchen in Fortsetzung der Arbeiten Streins, von dessen adelsgeschichtlicher Sammlung er eigenhändig 14 Bände kopierte, Enenkels und Preuenhuebers eine Fülle geschichtlicher Quellen zusammen, die er für seine dreibändige Genealogie der Stände ob der Enns (1727, 1732, 1747) verwertete. Dieses Werk gilt als Abschluß der ständisch-genealogischen Geschichtsschreibung in Österreich. Archiv und Sammlungen von Schlüsselberg wurden 1835 von den Landständen als Ersatz für ihre beim Landhausbrand im Jahre 1800 verlorengegangenen Unterlagen erworben. Hohenecks Bericht über seine Tätigkeit als ständischer Kommissar im Spanischen Erbfolgekrieg 1702 bis 1705 und sein Sammelwerk über den bayerischen Einfall im Jahre 1740 sind wichtige zeitgeschichtliche Zeugnisse. Die genealogisch-historischen Interessen des Adels im Zeitalter des Barock kommen auch zum Ausdruck in den Familienchroniken des Georg Christoph von Schallenberg (um 1650) und des Johann Ehrenreich von Seeau zu Helfenberg, dessen Bruder, der Gmundner Salzamtmann Graf Johann Friedrich von Seeau, 1707 ein Familienarchiv anlegte.

Das Ordnen der Archive und die darauf fußende Darstellung der eigenen Geschichte wurden aber besondere Anliegen der im Verlaufe der Gegenreformation erstarkenden Klöster und Stifte des Landes, die sich wieder ihrer historischen Schätze und ihrer geschichtlichen Bedeutung bewußt wurden und dem 1620 politisch weitgehend entmachteten Adel bald den kulturellen Vorrang abliefen. Die geistliche Hausgeschichtsschreibung begann in Garsten 1635 unter Abt Anton Spindler durch Seraphin Kirchmayr; 1650 entstanden die ersten größeren, auf urkundlicher Grundlage erarbeiteten Klostergeschichten in Schlägl unter Abt Martin Greysing (Acta Plagensium von Franz Freisleben) und in Ranshofen (Antiquarium Ranshovianum von Hieronymus Mayr). In Kremsmünster, wo der als Verfasser eines umfangreichen Werkes über das oberösterreichische Gewohnheitsrecht (1687, 1720, 1732) bekannte Hofrichter Benedikt Finsterwalder das Archiv neu geordnet hat, stammt die erste Klostergeschichte von Roman Pernaz (1670); 1677 erschienen, aus Anlaß der 900-Jahr-Feier des Klosters von Abt Erenbert Schrevogl angeregt, die „Annales monasterii Cremifanensis" von Simon Rettenbacher. Seit diesem Jahr (Historia monasterii Lambacensis von Amand Krenner) verfaßte man in Lambach mehrere Hausgeschichten, und um diese Zeit wandte man sich auch in Schlierbach (Franz Wirn 1675), Gleink, Suben (Diarium Subense des Gregor Raiffauer seit 1681) und Engelszell der Geschichtsschreibung zu, etwas später dann in Wilhering. 1748 legte der Mondseer Abt und Archivar Bernhard Lidl zum 1000-Jahr-Jubiläum seines Klosters das „Chronicon Lunaelacense" vor. Vom selben Autor stammen auch zeitgeschichtliche Sammelbände über sein Wirken im Auftrag der Landstände und über die Gründung der Benediktineruniversität Salzburg. In Baumgartenberg ließ Abt Eugen Schickmayr (1749—1769) das Archiv von Josef Lebitsch ordnen und beschreiben und stellte selbst einen Äbtekatalog zusammen, der, wie bei den hausgeschichtlichen Abhandlungen häufig zu beobachten ist, von anderen als Zeitbuch fortgesetzt wurde. Reichersberg verdankt seine umfangreiche, bis 1770 reichende Stiftschronik dem Chorherrn Raphael Buz († 1800). In diesem Zusammenhang sind schließlich noch die nicht nur für die jeweiligen Ordenshäuser wertvollen Hauschroniken und ähnlichen Aufzeichnungen der oberösterreichischen Stadtklöster zu erwähnen.

Im bürgerlichen Bereich machten sich vereinzelt ebenfalls historische Interessen bemerkbar. So legte das Linzer Patriziergeschlecht der Peisser von Wertenau eine Familienchronik an, die den Zeitraum von 1653 bis 1705 umfaßt. Rechtliche und geschichtliche Interessen verbanden sich in den Marktbüchern von Hofkirchen im Mühlkreis (1552 bzw. 1679—1706) und Ottensheim (1617—1700). In Linz ordnete Leopold Josef Sind (1674 bis 1749) das städtische Archiv und wurde dadurch zum Stadtchronisten, dessen Werk von anderen fortgesetzt wurde. Großer Beliebtheit erfreuten sich bei den gebildeten Schichten historisch-topographische Bildwerke wie die von Matthäus Merian unter Benützung der Vorarbeiten von Martin Zeiller 1649 veröffentlichte Topographie der österreichischen Länder. Im Auftrag der Stände ob der Enns schuf der aus Tirol gebürtige Pfarrer von Leonstein Georg Matthäus Vischer (1628—1696) eine Topographie von Oberösterreich (Topographia Austriae superioris modernae), die 1674 gedruckt wurde. Die nicht im Druck veröffentlichte oberösterreichische Topographie des Adeligen Johann Siegfried Hager von Allentsteig (1661) bietet dagegen farbige Aquarellminiaturen, während die ebenfalls handschriftlichen Landestopographien des Abtes Siard Worath von Schlägl (1701—1721) und des Lambacher Mönches Wolfgang Doppler (1776) keine Abbildungen enthalten. Kulturgeschichtlich besonders wertvoll ist schließlich die reich bebilderte Beschreibung der Windhaager

Besitzungen von dem Dominikanerpater und Bibliothekar Hyacinth Marian (Topographia Windhaagiana, 1673).
Die Wissenschaft war in der Barockzeit vornehmlich in den Klöstern und Stiften des Landes beheimatet, die um die Wende vom 17. zum 18. Jahrhundert ihren Bibliotheksbeständen besondere Obsorge zuteil werden ließen. An der Spitze standen die Benediktinerklöster Kremsmünster und Mondsee. Aus Kremsmünster sind die an der Universität Salzburg lehrenden Professoren Honorius Aigner (1651–1704, Theologie und Philosophie), Friedrich Falzeder (1689–1743, Geschichte und Philosophie), Simon Rettenbacher (1634–1706, Geschichte und Ethik) und Rupert von Kimpflern (1638–1708, Rechtswissenschaft) sowie der Mathematiker Anton Sauther († 1660) und der Naturwissenschafter Karl Gruber zu nennen, aus Mondsee die Theologen und Philosophen Wolfgang Probst (1607–1656), Simon Rebiser († 1668) und Maurus Oberascher († 1697), aus Garsten der Salzburger Professor für Kirchenrecht Robert König (1658–1713). Bedeutende länder- und völkerkundliche Leistungen vollbrachten die Linzer Jesuitenpatres und Missionare Johann Grueber (1623–1680), der in China als Mathematiker, Astronom und Geograph tätig war und dem eine Reise von Peking über Tibet nach Indien gelang, und Xaver Ernbert Fridelli (1673–1743), der an der von seinem Orden durchgeführten Landesaufnahme Chinas mitarbeitete. Auch in Oberösterreich selbst erreichten Landesvermessung und Kartographie eine beachtliche Höhe. Georg Matthäus Vischer zeichnete 1667 im Auftrag der Landstände eine Karte des Erzherzogtums Oberösterreich, die 1669 in Augsburg gedruckt wurde, in vielen Variationen Verbreitung fand und bis in die erste Hälfte des 19. Jahrhunderts begehrt war. Seit der zweiten Hälfte des 17. Jahrhunderts ließen verschiedene weltliche und geistliche Grundherrschaften aus administrativen und rechtlichen Gründen ihre Besitzungen kartographisch aufnehmen. Dabei taten sich u. a. die Ingenieure Franz Anton Knittel (1671–1744), Karl Anselm Heiß († 1778), Wolfgang Josef Schnepf und Franz Jakob Knittel († 1770) sowie der Schaffer des Klosters Garsten, Leopold Till, hervor.
Auf dem Gebiete der Literatur und der Dichtkunst ragen vor allem die lateinischen und deutschen Dichtungen des gelehrten und vielseitigen Kremsmünsterer Benediktiners Simon Rettenbacher (1634–1706) hervor, der auch als Dramatiker, Übersetzer und Komponist tätig war. Sein bekanntestes Gedicht „Germania invicta, si conjuncta" entstand, als das Reich von Türken und Franzosen angegriffen wurde. Zu erwähnen sind ferner der Lyriker Prokopius von Templin (1608–1680), der Schriftsteller, Musiker und Komponist Johannes Beer (1655–1700), der als Protestant bereits 1670 mit seiner Familie von seinem Heimatort St. Georgen im

Attergau nach Regensburg ausgewandert war, und der von Kaiser Leopold I. zum Dichter gekrönte Arzt Adam Lebald von Lebenwaldt (1624 bis 1696) aus Sarleinsbach. Letzterer verfaßte auch ein volkstümliches „Land-, Stadt- und Hausarzneibuch", mit dem er sich gegen die weitverbreitete Kurpfuscherei und den in allen Schichten der Bevölkerung herrschenden Aberglauben wandte.

Eine traurige Folgeerscheinung des Glaubens an Zauberei und Hexerei waren die seit dem Mittelalter üblichen Hexenprozesse, die im 16. und 17. Jahrhundert den Höhepunkt erreichten. Einem 1694 bis 1696 von der Landgerichtsherrschaft Greinburg geführten Prozeß fielen insgesamt 18 Personen zum Opfer. Im Verlaufe des letzten oberösterreichischen Hexenprozesses, dem sogenannten Wagenlehner-Prozeß in den Landgerichten Prandegg, Schwertberg und Ruttenstein (1729–1731), wurden sieben Mitglieder der Familie Grillenberger gefoltert, hingerichtet und verbrannt. Die grausamen einschlägigen Bestimmungen der Landgerichtsordnung Kaiser Leopolds I. von 1675, in der die Zauberei gleich nach der Gotteslästerung angeführt wurde, waren bis zu der Kriminalprozeßordnung Maria Theresias (1770) in Kraft. Die Folter wurde erst 1776 auf Betreiben Kaiser Josephs II. abgeschafft.

Das barocke Schauspiel, das Musik, Gesang und Tanz einbezog, wurde bis zum Verbot von Schulaufführungen im Jahre 1768 von den Schuldramen vorwiegend geistlich-historischen Inhalts der Jesuiten und der Benediktiner beherrscht. Von den Gymnasien der Jesuiten in Linz, wo in der ersten Hälfte des 18. Jahrhunderts in manchen Jahren mehr als 50 Vorstellungen geboten wurden, und Steyr übernahm in der zweiten Jahrhunderthälfte das Kloster Kremsmünster die Führung. Man spielte vor allem zu Beginn und am Ende des Schuljahres, bei besonderen Anlässen und bei Anwesenheit des Kaisers. Während die Jesuiten vorwiegend pädagogische und gegenreformatorische Absichten mit ihren Stücken verfolgten, entwickelte sich in Kremsmünster eine volksnähere Art des hauptsächlich lateinischen, vereinzelt aber auch bereits deutschsprachigen Schuldramas. Als seit der Mitte des 18. Jahrhunderts die deutschsprachigen Stücke auf den Klosterbühnen zahlreicher wurden, trat in Lambach Maurus Lindemayr (1723–1783) als erster großer oberösterreichischer Mundartdichter und -dramatiker hervor. Mit seinem Stück „Der kurzweilige Hochzeitsvertrag", das er anläßlich eines Aufenthaltes der auf Brautfahrt nach Frankreich befindlichen Kaisertochter Maria Antoinette zu deren Ehren schrieb, wurde am 23. April 1770 das damals renovierte und heute noch erhaltene Stiftstheater wiedereröffnet. Unter dem Einfluß des barocken Ordenstheaters gestalteten allmählich auch einzelne Mitglieder des Adels, der während mehrerer Aufenthalte Kaiser Leopolds I. in Linz Gelegenheit hatte, Opern- und Ballettvorstellungen des kaiserlichen Hoftheaters kennenzulernen, eigene Liebhaberaufführungen. In Linz, wo es seit Beginn des 18. Jahrhunderts ein städtisches „Theaterhaus" gab, fanden zur Zeit der großen Jahrmärkte die Darbietungen ausländischer Wandertruppen bei weiten Kreisen der Bevölkerung Interesse. Schließlich hatte auch das einfache Volksschauspiel in Oberösterreich seit dem 16. Jahrhundert eine Tradition, die von der Gegenreformation in Verbindung mit kirchlichen Festen und Prozessionen neu belebt worden war (z. B. Weihnachtsspiel von St. Oswald bei Haslach, Ischler Krippenspiel, Passionsspiele von Rohrbach, Uttendorf und Windischgarsten).

Das barocke, stark italienisch beeinflußte Musikleben hatte ebenfalls seinen Schwerpunkt in den Klöstern und Stiften des Landes, allen voran in Kremsmünster. Geistliche Musikdirektoren (Regentes chori), die selbst komponierten, wie der Kremsmünsterer Benedikt Lechler (1594—1659), leiteten das intensivierte klösterliche Musikwesen, das seit der zweiten Hälfte des 17. Jahrhunderts auch Opern- und Singspielaufführungen einschloß. Daneben wurde stets in bescheidenerer Form auch in den Pfarrkirchen die Musik gepflegt; für den offiziellen städtischen Musikbetrieb sorgten die dafür angestellten Turnermeister (Türmer). In Linz kam bei besonderen Feierlichkeiten wie Erbhuldigungen oder während der Aufenthalte des Kaisers mitunter sogar die kaiserliche Hofkapelle zum Einsatz.

Am deutlichsten kommen der Geist und das Lebensgefühl der Barockzeit in den bildnerischen Werken der Kunst zum Ausdruck, die das Hochgefühl einer Gesellschaft nach dem Sieg über den Protestantismus und später auch über den türkischen Feind der Christenheit widerspiegelt. In Verbindung mit barocker Frömmigkeit und barocken Lebensformen drang diese Kunst tief in breiteste Schichten der Bevölkerung ein. Zahlreiche, über das ganze Land verstreute Werke der Architektur, der bildenden Kunst und des Kunsthandwerks prägen heute noch das Erscheinungsbild der oberösterreichischen Kulturlandschaft ganz wesentlich. Viele ältere Bauwerke waren infolge des intensiven Kunstwollens der Barockzeit im neuen Stil umgestaltet oder zumindest ausgeschmückt worden. In dieser Hinsicht tritt nur das Mühlviertel etwas zurück, weshalb uns in diesem Landesteil heute noch verhältnismäßig viele gotische Kirchen erhalten sind. Die bereits am Beginn des 17. Jahrhunderts in Oberösterreich verschiedentlich einsetzenden frühbarocken Tendenzen wurden anfänglich hauptsächlich von katholischen Künstlern aus Süddeutschland und Italien getragen. Ziemlich bald traten aber neben den ausländischen auch einheimische Kräfte in Erscheinung. So beschäftigte z. B. der Freiherr

Joachim Enzmillner um die Mitte des Jahrhunderts zur Ausschmückung seines Schloßneubaues in Windhaag u. a. die Maler Martin Schubarth aus Perg, Klemens Beuttler und dessen Schwester aus Ebelsberg, den Niederländer Peter Ascherling, Andre Reischl, Hans Renner aus Augsburg und Johann Christoph Rost aus Enns, die Bildhauer Elias Sturmberger aus Steyr und Johann Kaspar Bröbstl aus Windhaag, die Stukkateure Andre Stella und Karl Concello aus Wien sowie den Tischler Stefan Khoss aus Schleswig.

Die barocke Baufreudigkeit des Adels und der Geistlichkeit, die in zahlreichen Um- und Neubauten von Schlössern, palastartigen Freihäusern, Kirchen und Kapellen in Erscheinung trat — das Bürgertum beschränkte sich mehr auf die Neugestaltung der Fassaden seiner Häuser —, wurde von der Baulust und dem Repräsentationsstreben der oberösterreichischen Klostervorstände übertroffen. Die großzügigen, auch Nebengebäude und Gärten umfassenden klösterlichen Bauvorhaben wurden seit der ersten Hälfte des 17. Jahrhunderts — 1614 begann man z. B. in Kremsmünster mit der Umgestaltung, 1619 in Wilhering, 1620 in Baumgartenberg, 1634 in Ranshofen und um 1649 in Waldhausen mit den Neubauten — zumeist in mehreren Phasen über längere Zeiträume verwirklicht. Die Anlagen der Klöster Kremsmünster und Garsten sowie des Stiftes St. Florian wurden erst zur Zeit des Hochbarock vollendet. Mit der Bauausführung waren anfänglich sogenannte welsche Maurer bzw. Baumeister betraut, die entweder aus Italien stammten oder den dort geprägten Baustil beherrschten. Am bedeutendsten waren die Familien der Canevale in Linz und der aus der Gegend des Comosees (Val d'Intelvi) bzw. aus der Steiermark stammenden und über Passau nach Oberösterreich gelangten Carlone. Carlo Canevale begann um 1650 den Bau der Stiftskirche Waldhausen, Pietro Francesco Carlone und seine Söhne Carlo Antonio und Giovanni Battista schufen u. a. das Kloster Garsten sowie die Kirchen der Jesuiten (1669–1678) und der Karmeliten (1674–1681) in Linz. Von den nachrückenden einheimischen Baumeistern und Architekten sind zu nennen die Linzer Franz Michael Pruckmayr und dessen Sohn, Johann Michael Prunner (1669–1739), von dem u. a. die Spitalkirche in Wels, der Kalvarienberg in Schenkenfelden, die Schlösser Kammer und Kogl im Attergau, der Umbau von Schloß Lamberg in Steyr, die Dreifaltigkeitskirche von Stadl-Paura, das Kloster Spital am Pyhrn sowie das Minoritenkloster und die Deutschordenskirche in Linz stammen, Johann Haslinger (1701–1741) und Johann Matthias Krinner (1700–1784) sowie Johann Gotthard Hayberger aus Steyr. Der aus Tirol gebürtige und in St. Pölten beheimatete Jakob Prandtauer entwarf die Pläne für das Kremsmünsterer Freihaus in Linz, den heutigen Bischofshof, und vollendete das Stift St. Florian, indem er Entwürfe Carlo Antonio Carlones weiterentwickelte. Mit der Ausstattung und Ausschmückung der barocken Bauwerke und Kleindenkmäler (Kapellen, Denksäulen, Bildstöcke) im Lande waren zahlreiche Stukkateure, Bildhauer und Kunsthandwerker beschäftigt. Auf dem Gebiete der Bildhauerei wurden die hervorragenden frühbarokken Werke der Weilheimer Schule im südöstlichen Oberösterreich von den Spitzenleistungen der aus dem schwäbisch-bayerischen Raum zugewanderten Brüder Martin (um 1590 bis um 1665) und Michael Zürn († um 1651) im Innviertel übertroffen. Neben der in Braunau am Inn ansässigen Bildhauerfamilie Zürn, zu der später noch der unruhige, in Gmunden niedergelassene Michael Zürn der Jüngere (1654—1698) kam, waren mehrere Generationen der aus der Gegend von Altötting nach Ried im Innkreis übersiedelten Familie Schwanthaler mit Thomas (1634—1707), Johann Franz (1683—1762) und Johann Peter (1720—1795) an der Spitze über das Innviertel hinaus von großer Bedeutung. Im Mondseeland und dessen Umgebung dominierte die hohe Kunst des im schweizerischen Einsiedeln geborenen Meinrad Guggenbichler (1649—1723). Im Traunviertel wirkte der Kärntner Marian Rittinger (1652—1712), wie vor ihm der Bayer Michael Obermüllner († 1655) ebenfalls ein Laienbruder des Klosters Garsten. Vornehmlich für das Stift Schlägl war der Südtiroler Bildhauer Johann Worath († 1680) tätig. Passauischen Einfluß vermittelten Künstler wie Johann Seiz, Josef Matthias Goetz (1696—1760) und Josef Deutschmann. Eines guten Rufes erfreuten sich die Linzer Barockbildhauer Franz Josef Feichtmayr, Johann Josef Wanscher, Johann Baptist Spatz (1686—1726) sowie Leopold Mähl und Friedrich Herstorfer und deren Söhne. Der aus dem Allgäu stammende St. Florianer Marktbürger Leonhard Sattler († 1744) arbeitete hauptsächlich für sein heimatliches Stift. Als Stukkateure seien nur genannt Paolo d'Allio, die Linzer Johann Peter Spatz und Christian Canevale, Bartolomeo und Diego Francesco Carlone, der Bayer Johann Baptist Modler und seine Söhne sowie Franz Josef Ignaz Holzinger (1691—1775) aus Weyregg am Attersee.

Die barocke, besonders die kirchliche Bautätigkeit eröffnete nicht nur den Bildhauern ein weites Arbeitsfeld, sondern ebenso den Malern. Unter den ausländischen Kräften, deren man sich besonders anfänglich bediente, finden sich Namen wie z. B. Franz de Neve, Francesco Innocenzio Turiani, Franz Karl Remp, die Münchner Melchior Steidel und Johann Andreas Wolf und vor allem der Nürnberger Kunstgelehrte und Maler Joachim von Sandrart (1606—1688), der dem Kloster Lambach besonders verbunden war und u. a. Altarbilder für die Stadtpfarrkirche und die Kapuzinerkirche in Linz schuf. Der auch als Kartenzeichner

bemerkenswerte Klemens Beuttler (1623—1682) und seine Schwester, die sich in Ebelsberg niederließen, stammten aus Vorderösterreich. Der in Österreich unter der Enns geborene Maler Michael Wenzel Halbax († 1711) fand im Stift St. Florian ein weites Betätigungsfeld. Der Tiroler Johann Karl von Reslfeld (1658—1735) wurde Hofmaler des Klosters Garsten, malte aber z. B. auch die Hochaltarbilder der Stadtpfarrkirchen von Linz und Urfahr. Stellvertretend für die vielen Barockmaler, die allmählich aus dem Lande selbst hervorgingen, seien erwähnt der Kremsmünsterer Dionysius Pauer, die Steyrer Johann Georg Morzer und Katharina Gürtler, die Malerfamilien Gaman in Ried im Innkreis und Dallinger in Linz, der Welser Wolfgang Andreas Heindl (1683—1757) und der Gmundner Bernhard Schmidt. Die größte Berühmtheit erlangten jedoch Martin Altomonte (1657—1745), der sich nach einer Tätigkeit in verschiedenen Ländern Europas 1720 in Linz niederließ, und sein Sohn Bartholomäus (1694—1783), der in besonderer Beziehung zum Stift St. Florian stand, wo er auch begraben wurde. Der Vater, der für die Klöster bzw. Stifte Kremsmünster, St. Florian und Wilhering gearbeitet hat, ist u. a. der Schöpfer der Hochaltargemälde in der Karmeliten-, Ursulinen- und Minoritenkirche in Linz sowie in der Dreifaltigkeitskirche von Stadl-Paura. Vom Sohn stammen verschiedene Werke in den Kirchen von Spital am Pyhrn, Wilhering, Engelszell und Schlägl, im Stift St. Florian, in Linz in den Kirchen der Ursulinen und der Elisabethinen und in der Stadtpfarrkirche sowie in einer Reihe von Landkirchen. Am Ende der Barockmalerei steht das umfangreiche, in vielen Altarbildern und Sammlungen dokumentierte Œuvre von Martin Johann Schmidt († 1801), des sogenannten Kremser Schmidt, und seiner Schule.
Auf die große Bedeutung des barocken Kunsthandwerks z. B. der Tischler, Buchbinder, Gold-, Silber-, Kupfer-, Kunst- und Waffenschmiede, Zinngießer und Kartenmaler kann nur summarisch hingewiesen werden. Manche Kirchenschätze, darunter die wertvollen Meßgewänder in der Linzer Stadtpfarrkirche, in der ehemaligen Klosterkirche in Windhaag und in Hartkirchen, und Sammlungsbestände zeugen heute noch vom hohen Können der damaligen Zeit. Nicht unerwähnt bleiben sollen auch die Konstrukteure und Erbauer von naturwissenschaftlichen Instrumenten und Geräten sowie von Uhren wie die Kremsmünsterer Benediktiner Ägidius von Raittenau († 1675) und Gunther Scholz und der Mondseer Laienbruder Ämilian Resch († 1711), der auch als Maler hervortrat.
Die neuen Ideen der Aufklärung drangen im Laufe des 18. Jahrhunderts in mehreren Wellen in Oberösterreich ein. Sie wurden zuerst von den Benediktinerklöstern rezipiert, denen bereits die französische Kongregation der Mauriner das rationalistische Gedankengut von René Descartes

vermittelt hatte. Die neue deutsche Aufklärungsphilosophie von Gottfried Wilhelm Leibniz und Christian Wolff fand noch vor der Jahrhundertmitte Eingang in die Ordenshäuser, wobei Kremsmünster und die Universität Salzburg in steter Wechselwirkung eine besondere Rolle spielten. Professoren aus Kremsmünster wie Oddo Scharz und Berthold Vogl trugen maßgeblich zu der 1741 unter Berücksichtigung moderner aufklärerischer Tendenzen durchgeführten Studienreform der 1622 mit Unterstützung einer Kongregation von süddeutschen Benediktinerklöstern gegründeten Universität bei. Unter dem Einfluß dieser besonders mit Mondsee und Kremsmünster verbundenen Ausbildungsstätte entstand eine von den oberösterreichischen Klöstern und Stiften getragene gemäßigte Frühaufklärung, die eine Synthese mit der klösterlichen Barockkultur einging. Die neue Philosophie überwand allmählich die traditionelle Spätscholastik; Kritik und Experiment verhalfen den Naturwissenschaften zu einer Blüte; man beschäftigte sich mehr mit der deutschen Sprache. In Kremsmünster, wo Roman Ettenauer bereits 1747 die Philosophie von Leibniz und Wolff in den Schulbetrieb einführte und das Ringen zwischen der alten und der neuen Richtung bis gegen das Jahrhundertende andauerte, war der Universalgelehrte Placidus Fixlmillner (1721—1791) ein charakteristischer Vertreter der frühen Aufklärung. Er lehrte Kirchenrecht und Geschichte und wurde als Leiter des um die Jahrhundertmitte erbauten „mathematischen Turmes" (Sternwarte) einer der bekanntesten europäischen Astronomen, der u. a. die Uranus-Bahnen berechnete. Bezeichnend für die neue Geisteshaltung ist auch, daß der als Prediger berühmte Kremsmünsterer Rudolf Graser (1728—1787), ein besonderer Förderer der deutschen Sprache, eine für das einfache Volk bestimmte Toleranzbibel für alle drei christlichen Konfessionen verfaßte, die allerdings nie gedruckt wurde.
In der zweiten Hälfte des 18. Jahrhunderts wurde diese gemäßigte kirchliche Frühaufklärung mit Hilfe des absolutistischen Landesfürstentums von dem radikalen Josephinismus verdrängt, jener (nach der Definition Hans Sturmbergers) von Kaiser Joseph II. geprägten, rationalistische, kirchenrechtliche und kameralistische Elemente in sich vereinigenden Sonderform der Aufklärung, die ihre Ideale ohne Rücksicht auf historische Entwicklungen zum Wohle des Staates und der Allgemeinheit zu verwirklichen trachtete und solcherart durch die Regulierung bzw. Aufhebung vieler Klöster und Stifte dem Kulturleben des Landes einen schweren Schlag versetzte. Diese kompromißlose Strömung wurde Oberösterreich von Wien aus vermittelt und fand in der Landeshauptstadt Linz ihr Zentrum. Hier formierte sich auch der wesentlich zur Verbreitung aufklärerischen Gedankengutes, vor allem der Ideen von Humanität

und Toleranz, beitragende Geheimbund der Freimaurer in der 1783 gegründeten Loge „Zu den sieben Weisen", die sich bereits 1793 auf kaiserlichen Wunsch wieder selbst auflöste. Ihr gehörten hauptsächlich Vertreter der bürgerlichen Intelligenzschicht und vorwiegend adelige Offiziere sowie einige wenige Kaufleute, Handwerker und Geistliche an. Der Josephinismus hatte in Oberösterreich schon zur Zeit Maria Theresias in dem Schlesier Marx Anton Wittola, der kurze Zeit Pfarrer von Schörfling und kaiserlicher Kommissar für die Pfarregulierungen war, und in dem von 1771 bis 1780 als Professor für Politikwissenschaft am Linzer Lyzeum wirkenden Ignaz de Luca frühe Vertreter. Der bedeutendste Josephiner war jedoch der frühere Professor für Kirchenrecht an der Universität Wien, Joseph Valentin von Eybel, der von 1779 bis 1805 als Mitglied der Landesregierung in Linz tätig war. Landrat Eybel, ein radikaler Verfechter des josephinischen Staatskirchentums, der den klösterlichen Barockkatholizismus bekämpfte und für eine vernunftgemäße Religion eintrat, suchte in Oberösterreich seine theoretischen Lehren in die Praxis umzusetzen. Als Referent für kirchliche Angelegenheiten hatte er drei große Aufgaben zu bewältigen: die Trennung Oberösterreichs von der Diözese Passau, die Klosteraufhebungen und die Durchführung des Toleranzpatentes. Sein Einfluß war nicht nur kraft seines Amtes groß, sondern auch durch seine populärwissenschaftliche publizistische Tätigkeit. Von seinen zahlreichen, zum Teil anonymen Veröffentlichungen fanden z. B. die Kampfschriften „Was ist der Papst?", „Was ist ein Bischof?", „Was ist ein Pfarrer?" (1782) und „Sieben Kapitel von Klosterleuten" auch außerhalb Österreichs großen Widerhall. Die Französische Revolution lehnte er ab („Göttergespräche gegen die Jakobiner", 1794). Mit dem Verhältnis von Kirche und Staat und mit dem päpstlichen Primat hatten sich aber in Oberösterreich schon vor Eybel unter dem Eindruck von Frühaufklärung, Febronianismus und Jansenismus die an der Salzburger Universität Kirchenrecht lehrenden Benediktiner Benedikt Oberhauser (1719—1786) aus Lambach und Konstantin Langhayder aus Kremsmünster, unter dessen Amtszeit als Rektor 1774 eine grundlegende Studienreform im Sinne des josephinischen Staatskirchentums vollzogen wurde, befaßt.

Die in dem Spannungsfeld zwischen der gemäßigten kirchlichen Aufklärung und dem radikalen staatskonformen Josephinismus entstandenen wissenschaftlichen und kulturellen Leistungen können hier nur mit einigen wenigen Namen angedeutet werden. Unter den Philosophen war Amand Berghofer (1745—1825) aus Grein eine Ausnahmeerscheinung. Dieser schrullige, natur- und freiheitsliebende Denker, in dem Zeitgenossen einen „österreichischen Rousseau" sahen, kritisierte die josephinische

Bürokratie. Dem Lehrkörper des Linzer Lyzeums gehörten an: der Kremsmünsterer Benediktiner Cölestin Schiermann (1778—1792), Wenzel Meissler (1776—1782), Anton von Scharf (1782—1800) und Gottfried Immanuel Wenzel (1774—1776, 1801—1809), der gegen Kant Stellung bezog und den man als „den ersten selbständigen philosophischen Schriftsteller in Österreich" bezeichnet hat. In der Historiographie vollzog sich ein Wandel von der barocken Klostergeschichtsschreibung, die sich unter dem Einfluß der französischen Mauriner kritisch ihren geschichtlichen Quellen zuwandte, zur Landesgeschichtsschreibung, die den Intentionen des absolutistischen Staates entsprach. Grundlegend in dieser Hinsicht und gleichzeitig ein Höhepunkt der lateinischen Klostergeschichtsschreibung der Barockzeit in Oberösterreich ist die Geschichte Kremsmünsters von Marian Pachmayr (Historico-chronologica series abbatum et religiosorum monasterii Cremifanensis, 1777), die nicht mehr die Form von Jahrbüchern aufweist und bewußt über den Rahmen des Klosters hinaus Vorarbeit für die Landesgeschichte leisten will. Die von einem anderen Kremsmünsterer, Jakob Copisi, seit 1777 im Auftrag der Landeshauptmannschaft geschriebene erste „Geschichte von Oberösterreich" gelangte jedoch nicht zum Druck, weil sie als das gewünschte Gymnasiallehrbuch für Heimatkunde ungeeignet erschien. Diesem Zweck diente besser die Übersicht „Das Erzherzogthum Oesterreich ob der Enns. Zum Besten der Bürger und der Jugend historisch-geographisch in dreyzehn Unterredungen geschildert" (1796), das dem bedeutenden Statistiker und Professor für politische Wissenschaft Ignaz de Luca zugeschrieben wird. Von ihm stammt auch eine vierbändige „Landeskunde von Oberösterreich" (1786), die entsprechend dem Nützlichkeitsdenken der Aufklärung Naturkunde, Statistik, Geographie und Geschichte vereinte. Bahnbrechend für die Geschichtswissenschaft wurde aber der St. Florianer Chorherr und Archivar Franz Kurz (1771—1843), der der quellenmäßigen Geschichtsforschung in Österreich zum Durchbruch verhalf und aufbauend auf den bereits von dem historisch sehr interessierten Propst Johann Georg Wiesmayr (1732—1755) geschaffenen Grundlagen die berühmte „St. Florianer Historikerschule" des 19. Jahrhunderts begründete. Neben der beginnenden Landesgeschichtsschreibung fand am Linzer Lyzeum die Universal- und Kulturgeschichte in den Professoren Karl Joachim Maria Bocklet aus Erfurt, der hauptberuflich das Amt eines ständischen Archivars bekleidete (1786—1796), Mark Anton Gotsch (1796 bis 1801) und Julius Schneller Vertreter. Unmittelbar nach Abschluß des Friedens von Teschen war 1779 in Wien die Innviertel-Topographie des Juristen Franz Ferdinand von Schrötter erschienen, der die ältere bayerische Landesbeschreibung von Michael Wening aus dem Jahre 1721 als Vorlage benützte.

Im literarischen Bereich verdienen neben dem schon bekannten Maurus Lindemayr einige wenige Autoren genannt zu werden, die mit Oberösterreich durch Leben oder Geburt verbunden sind. Die Exjesuiten Johann Nepomuk Cosmas Michael Denis (1729—1800) aus Schärding, der sich als Dichter „Sined der Barde" nannte, und Alois Blumauer († 1798) aus Steyr, der durch sein Werk „Vergils Aeneis — travestiert" bekannt wurde, haben sich in Wien künstlerisch entfaltet. Hingegen entwickelte der in Wien geborene ehemalige Schauspieler Benedikt Dominik Anton Cremeri (1752—1795) in Linz eine umfangreiche Tätigkeit als Zensurbeamter und Dramatiker. Unter anderem schrieb er nach der Französischen Revolution patriotisch-legitimistische Nationalschauspiele, in denen er Themen aus der oberösterreichischen Geschichte aufgriff („Losenstein und Hohenberg", 1782, den oberösterreichischen Ständen gewidmet, behandelt eine angebliche Episode während der Hochzeitsfeierlichkeiten König Ferdinands I. 1521 in Linz; der „Bauernaufstand ob der Enns" hat die Rebellion von 1626 zum Inhalt; „Ernst Rüdiger Graf von Starhemberg" ist dem Verteidiger Wiens gegen die Türken gewidmet). Den Höhepunkt dieser beliebten Gattung bildet Wenzel Blimas Stück „Das Land ob der Enns" (1795). Jedenfalls ist die Klage des Wiener Dichters Franz Joseph von Ratschky, Linz sei ein Ort, „wo keiner Muse Lied erschallet" und wo es keine geistigen Vergnügungen gäbe, ebenso übertrieben und aus der hyperkritischen Sicht der Aufklärung zu verstehen, wie das Urteil des eigenwilligen Amand Berghofer, Oberösterreich sei ein „an Geist unfruchtbarer Landstrich". Die ätzende Schärfe aufklärerischer Überheblichkeit bekamen besonders Bürger, Klerus und Beamte in anonymen satirischen Werken wie „Reise nach dem Kürbisland" (1782/83) und „Die Gimpel-Insel oder der Stiefbruder des Linnäus" (1783) zu spüren. Wie rührig die Geister gerade damals waren, beweist die Vielzahl von Druckschriften, die seit den siebziger Jahren in Linz erschienen. Nicht nur die Anhänger der Aufklärung, sondern auch ihre Gegner wie z. B. der Pfarrer von Windhaag bei Perg Franz Steininger (1739—1805) bedienten sich der Druckerpresse zur Verbreitung ihrer Ideen. Neue, oft nur kurzlebige Zeitschriften entstanden wie z. B. das „Intelligenzblatt" zu der seit dem 17. Jahrhundert bestehenden Linzer Zeitung und die Wochenschriften „Der Ausschreiber", „Der Lachende" oder „Der Patriot an der Donau".

Während das Theater- und Musikleben der Klöster und Stifte in der zweiten Hälfte des 18. Jahrhunderts bis zu den Klosterregulierungen bzw. -aufhebungen durch Kaiser Joseph II. seine letzte Blüte erlebte, wurde in Linz das von den Ständen unterstützte städtische Theater ein wichtiger Faktor des Kulturlebens. Mit Hilfe theaterbegeisterter Adeliger wie des

Landesanwaltes Johann Franz Achaz von Stiebar, des Landrates Franz Xaver Pocksteiner von Woffenbach und des Grafen Philipp Rosenberg, die adelige Kavaliersunternehmen und Theater-Societäten gründeten (1766–1772), und bürgerlicher Theaterunternehmer konnte ein regelmäßiger Spielbetrieb mit Berufsschauspielern aufgebaut werden. 1780 hatte z. B. Emanuel Schikaneder die Direktion inne. Schließlich ging das Theater gänzlich in die Obhut der Landstände über, die 1772/73 in dem 1695/97 erbauten ständischen Ballhaus einen neuen Redoutensaal errichten und diesen 1787/88 für Schauspielzwecke umbauen ließen. Den künstlerischen Aufschwung dieser Bühne leitete der vielseitige Direktor und städtische Turnermeister Franz Xaver Glöggl (1790–1797) ein, den man als „Pionier des Linzer Musiklebens" bezeichnet hat. Nach dem letzten großen Linzer Stadtbrand im August 1800, dem das Schloß, das Landhaus und Teile der Altstadt zum Opfer fielen, konnte der alte Plan eines Theaterneubaues neben dem Redoutensaal 1801 bis 1803 von den Ständen verwirklicht werden. In den anderen Städten und größeren Orten, von denen Steyr, Ried im Innkreis, Grein und später auch Wels über Theatergebäude — umgebaute, ehemalige Kirchen; das heute noch bespielte kleine Greiner Stadttheater entstand 1790/91 durch Ausbau eines Getreidespeichers im Rathaus — verfügten, traten Wanderensembles auf. Daneben war auch in kleineren Orten das Laienschauspiel sehr beliebt, das durch die in josephinischer Zeit üblichen Wohltätigkeitsaufführungen starke Impulse erhalten hatte und mancherorts eine bis heute wirksame Tradition entwickelte.

Unter den Musikern dieser Zeit verdienen im klösterlichen Bereich die Kremsmünsterer Musikdirektoren Franz Sparry (1715–1767) und der weithin anerkannte Georg von Pasterwiz (1730–1803) sowie in St. Florian Franz Seraph Aumann (1728–1797), von dem u. a. die Musik zu manchen Werken Lindemayrs stammt, genannt zu werden. Die ständige Verbreiterung der gesellschaftlichen Basis des Musiklebens war nicht zuletzt auch eine Folge der Schulreform Maria Theresias (1774), durch die die musikalische Volksbildung intensiviert worden war. Eine besondere Rolle spielte nach wie vor die Lehrerschaft, aus deren Kreisen immer wieder bedeutende Musikerpersönlichkeiten hervorgingen wie z. B. der Komponist Franz Xaver Süßmayr (1766–1803) aus Schwanenstadt, der in Kremsmünster seine erste Ausbildung erhielt und später Unterricht bei Wolfgang Amadeus Mozart nahm. Letzterer war wie auch die anderen sogenannten Wiener Klassiker mit Oberösterreich nicht nur durch kurze Aufenthalte auf der Durchreise verbunden. Mozart komponierte 1783 in Linz für eine Veranstaltung seines Gastgebers Graf Johann Joseph Anton von Thun seine Symphonie Nr. 36 (Linzer Symphonie). Joseph Haydn unterhielt Kontakte zu den Adelsfamilien Weißenwolff, Haugwitz und Sumerau, sein Bruder Michael weilte mehrmals im Lande. Ludwig van Beethoven kam wiederholt nach Linz, wo sein Bruder, der Apotheker Nikolaus Johann van Beethoven (1776—1848) lebte, und vollendete hier im Herbst 1812 seine 8. Symphonie.

Die von der Aufklärung besonders geförderten Naturwissenschaften hatten im Kloster Kremsmünster ihre bedeutendste Pflegestätte. Der neuerrichtete „mathematische Turm" beherbergte nicht nur die Sternwarte, sondern auch die berühmten naturwissenschaftlich-physikalischen Sammlungen und die Kunstsammlungen der Äbte. Ein „Museum physicum" entstand auch im Linzer Lyzeum unter der Obhut der Jesuiten Josef Walcher, des späteren Wiener Professors und Navigationsbaudirektors, und Franz Xaver Racher, der 1784 in Linz das Modell eines Heißluftballons aufsteigen ließ. Weiters seien genannt der als Geograph berühmte Mondseer Benediktiner Raphael Kleinsorg (1747—1821), der eine Zeitlang das Nordische Stift in Linz leitende ehemalige Jesuit Ignaz Schiffermüller (1727—1806), der in verschiedenen naturwissenschaftlichen Bereichen tätig war, und der in Linz als Arzt und Naturforscher wirkende Kaspar Duftschmid (1767—1821).

In künstlerischer Hinsicht stellt die zweite Hälfte des 18. Jahrhunderts eine Spätphase des Barock dar, der in dem übersteigerten Stil des Rokoko ausklang, während gleichzeitig der rationalistisch-strenge, dem Josephinismus entsprechende, an Antike und Renaissance orientierte Klassizismus in Erscheinung trat. Die barocke Bautätigkeit war seit der Steuerreform Maria Theresias stark zurückgegangen. Von den wenigen Großbauten sind die Klosterkirchen von Wilhering und Engelszell bekannte Beispiele einer prachtvollen Ausgestaltung im Rokoko-Stil, der hauptsächlich von ausländischen, vor allem bayerischen Künstlern wie den Stukkateuren und Bildhauern Johann Michael Feichtmayr aus Augsburg und Johann Georg Übelherr aus Wessobrunn vermittelt wurde. Im bis 1779 bayerischen Innviertel baute der Münchner Baumeister Simon Frey 1766/70 die Stiftskirche von Suben um, die ebenfalls einen Schmuck nach Art des Rokoko erhielt; gleichzeitig errichtete 1760/74 ein anderer Münchner, Franz de Cuvilliés der Jüngere, den schlichten klassizistischen Bau des Schlosses Zell an der Pram. Weitere Beispiele klassizistischer Profanbauten sind der 1772/73 nach Entwürfen des Baumeisters Johann Baptist Gangl geschaffene ständische Redoutensaal in Linz und der seit 1785 nach Plänen des Wiener Baumeisters Andreas Zach durchgeführte Umbau des Starhemberger Schlosses Eferding. In Linz beseitigte man nach dem Stadtbrand im Jahre 1800 die alten Befestigungsanlagen und gestaltete dafür entlang des Landhauses die Promenade. Andere ober-

österreichische Städte gaben ihre Stadtmauern und Stadttore in der ersten Hälfte des 19. Jahrhunderts dem Abbruch preis, da man sie als Hindernisse für die weitere Entwicklung betrachtete.
Als bemerkenswerte Künstlerpersönlichkeiten seien schließlich neben den bereits genannten Vertretern des Hoch- und Spätbarock noch erwähnt der Kupferstecher und erste österreichische Lithograph Koloman Fellner aus dem Kloster Lambach (1750—1818) und der aus der Umgebung von Trient stammende Maler Johann Nepomuk della Croce († 1819 in Linz), der von seiner neuen bayerischen Heimat Burghausen aus viele Aufträge ausführte.
Bei einem zusammenfassenden Überblick über Kunst und Kultur der zweiten Hälfte des 18. Jahrhunderts dürfen aber auch die negativen Auswirkungen des radikalen Josephinismus nicht außer acht bleiben. Von der allgemeinen Beeinträchtigung des kulturellen Lebens durch die Klosteraufhebungen abgesehen, sind vor allem zwei Begleiterscheinungen dieser Maßnahmen anzuführen: die staatliche Einziehung der Kirchenschätze und die Verluste, welche die Bibliotheken und Archive der aufgehobenen Klöster und Stifte trafen. 1788 erlitt Oberösterreich eine gewaltige Einbuße an älteren Erzeugnissen des Kunsthandwerks, als die Ordenshäuser alle kirchlichen Geräte, Paramente und Gegenstände, die für die neue schlichte Liturgie nicht mehr benötigt wurden, abliefern mußten. Ganze Wagen- und Schiffsladungen wurden nach Wien geschafft, wo sie entweder verkauft oder eingeschmolzen wurden. Mancher unersetzliche Verlust ergab sich auch bei den reichen Bibliotheks- und Archivschätzen nach den Klosteraufhebungen. Erfreulicherweise wurden größere Bestände an Handschriften und Büchern der bereits 1774 nach der Auflösung des Jesuitenordens in Linz geschaffenen „Bibliotheca publica" (der heutigen Bundesstaatlichen Studienbibliothek) einverleibt, andere gelangten in die Hofbibliotheken in Wien und München. Nicht zuletzt ist der vielen im Zuge der josephinischen Pfarregulierungen gesperrten Kirchen und Kapellen zu gedenken, die entweder weltlichen Zwecken zugeführt und umgebaut oder überhaupt abgebrochen wurden. Mit ihren Einrichtungs- und Kunstgegenständen hat man zum Teil die neuen Pfarrkirchen ausgestattet.
Die Wende vom 18. zum 19. Jahrhundert bedeutete geistes- und kulturgeschichtlich keine Zäsur. Aufklärung und Josephinismus wirkten stark in die erste Hälfte des neuen Jahrhunderts hinein, da viele Beamte und Geistliche in ihrem Sinne geschult und ausgebildet worden waren. Andererseits setzte die beginnende Romantik die historisierenden Tendenzen des Klassizismus fort. Gleichzeitig fielen die Lehren des von Männern wie Martin Boos und Thomas Pöschl vertretenen, späten mysti-

zierenden Pietismus ebenso auf fruchtbaren Boden wie nationale und demokratische, vereinzelt sogar auch sozialistisch-kommunistische Ideen. Das in zunehmender Weise als Kulturträger in Erscheinung tretende Bürgertum prägte nach dem Wiener Kongreß im Polizeistaat Metternichs die spezifische Biedermeier-Kultur, von der etwa die jetzt im Welser Burgmuseum aufgestellte Sammlung des ehemaligen Landesarchivdirektors Dr. Ferdinand Krackowizer (1844—1933) einen lebensnahen Eindruck vermittelt. Die aufgeschlossenen Bürger gründeten mangels aktiver politischer Betätigung entweder selbst gesellschaftliche, wirtschaftliche und kulturelle Vereine oder traten solchen Vereinigungen bei (z. B. 1825/26 die Linzer „Frühaufsteh-Gesellschaft Eos", seit 1839 der oberösterreichische Zweig des innerösterreichischen Vereins für Industrie und Gewerbe, 1840 der Geognostisch-montanistische Verein für Innerösterreich und das Land ob der Enns und 1844 die Landwirtschafts-Gesellschaft).

In dieser vielschichtigen ersten Hälfte des 19. Jahrhunderts war sogar die romantische Bewegung in Oberösterreich in zwei Richtungen gespalten: eine radikale kämpferisch-politische, als deren bedeutendste Vertreter der Linzer Bischof Ziegler und der dem Münchner Görres-Kreis nahestehende Propst von St. Florian Jodok Stülz angesehen werden können, und eine stille schwärmerisch-geistige, deren Anhänger sich um den Linzer Landschaftssyndikus Anton von Spaun (1790—1849) scharten. In diesem zweiten Kreise entstand eine große Begeisterung für die mittelalterliche Welt der Gotik und — vor dem Hintergrund eines allgemeinen, durch die Franzosenkriege und die Besetzungen des Landes ausgelösten Patriotismus — für die eigene vaterländische Geschichte. 1833 wurde auf Betreiben Spauns und mit Unterstützung der Stände der landeskundliche „Verein des vaterländischen Museums für Österreich ob der Enns mit Inbegriff des Herzogthums Salzburg", der spätere OÖ. Musealverein, gegründet, als dessen wissenschaftlicher Mentor sich besonders der Chorherr Josef Gaisberger, der Begründer der Altertumsforschung in Oberösterreich, verdient gemacht hat. Von diesem Verein gingen nicht nur wichtige landesgeschichtliche und landeskundliche Initiativen aus, sondern durch die vorsorgliche Sammlung gefährdeter Schriftdenkmäler auch erstmals denkmalschützerische Anstöße. Als Zentrum der wissenschaftlichen Geschichtsforschung war das Stift St. Florian auch von seiten des Staates anerkannt. Dieser erwartete sich von der seiner Kontrolle unterworfenen Wissenschaftspflege in den Ordenshäusern Professoren für seine Hochschulen und wies daher 1813 unter Berücksichtigung der vorhandenen Einrichtungen den einzelnen Klöstern und Stiften bestimmte Fachgebiete zu: Bibelstudium — Kremsmünster, Wilhering, St. Florian; Kirchengeschichte — Wilhering, Schlierbach, Lambach, Schlägl; Diplomatik und Numismatik — St. Florian; Heraldik — Lambach; Naturgeschichte, Physik, Mathematik und Astronomie — Kremsmünster. In St. Florian bildete der gemäßigte Josephiner Franz Kurz einen Kreis berühmter Schüler, die sogenannte St. Florianer Historikerschule, heran: den Vorarlberger Jodok Stülz (1799–1872), der für den Musealverein mit der Herausgabe des Urkundenbuches des Landes ob der Enns begann, den Mährer Joseph Chmel (1798–1858), der 1834 Staatsarchivar in Wien wurde, den Innviertler Josef Gaisberger (1792–1871) und Franz Xaver Pritz (1791–1872) aus Steyr, der wie Gaisberger am Linzer Lyzeum unterrichtete. Pritz veröffentlichte u. a. 1846/47 die erste wissenschaftliche Landesgeschichte von Oberösterreich, die, sieht man von der „Landeskunde von Oberösterreich" Ludwig Edlbachers (1872) ab, bis in unsere Tage keine Nachfolgerin gefunden hat. Zuvor hatten der Pfarrer Josef Weißbacher (1820) und der Lambacher Hofrichter Ignaz Gielge (1836) diesbezügliche Versuche unternommen, von denen nur der erste, für die Jugend bestimmte, gedruckt wurde. Einen neuerlichen Höhepunkt erreichte die Gattung der Landesbeschreibung mit den topographischen Werken von Gielge (1814), Benedikt Pillwein, dessen „Geschichte, Geographie und Statistik des Erzherzogthums Oesterreich ob der Enns und des Herzogthums Salzburg" (1827/39) fünf Bände für jeden Kreis des Landes, einschließlich Salzburgs, umfaßt, und Johann Evangelist Lamprecht (1816–1895). 1817 schrieb der Ischler Bergmeister Anton Dicklberger die erste wissenschaftliche „Systematische Geschichte der Salinen Oberösterreichs", die für den amtlichen Gebrauch bestimmt war und nicht zum Druck gelangte.

Eine ähnlich führende Rolle konnte Oberösterreich auf keinem anderen Gebiet des kulturellen Lebens spielen. Vielmehr verstärkten die Auswirkungen der Franzosenkriege und die politischen Verhältnisse des Vormärz den provinziellen Charakter des im Einflußbereich der Kulturmetropolen Wien und München gelegenen Landes, dessen Hauptstadt Sitz der Landstände und seit 1783 auch einer staatlichen Landesregierung war, jedoch nach wie vor der kulturellen Anziehungskraft einer landesfürstlichen Residenz entbehrte. Auch der junge, von Kaiser Joseph II. geschaffene, Linzer Bischofstuhl vermochte seine Funktion als geistlich-geistiges Zentrum erst nach einer längeren Anlaufzeit auszuüben. Um so bemerkenswerter ist die Vielfalt der kulturellen Aktivitäten und Leistungen, die hier wiederum nur mit einigen Namen und Fakten in Auswahl angedeutet werden kann. Der Florianer Chorherr, Theologieprofessor und Pfarrer von Vöcklabruck Franz Xaver Freindaller (1753–1825), ein Vertreter des Spätjansenismus in Österreich, war einer der Gründer der

Linzer „Theologisch-praktischen Monatsschrift" (1802), einer Vorläuferin der von 1848 bis heute erscheinenden „Theologisch-praktischen Quartalschrift". Auf dem literarischen Sektor sollen genannt werden der bei den Zeitgenossen als Dichter berühmte Salinenbeamte Matthias Leopold Schleifer (1771–1842), den Nikolaus Lenau „die österreichische Lerche" nannte, der in Grieskirchen geborene Dichter und Dramatiker Otto Prechtler (1813–1881), dessen Stücke am Wiener Burgtheater aufgeführt wurden, sowie die bedeutenden Mundart- und Volksdichter Anton Schosser (1801–1849) aus der Gegend von Losenstein, Franz Stelzhamer (1802–1874) aus Großpiesenham im Innviertel und Karl Adam Kaltenbrunner (1804–1867) aus Enns. Der von Linz nach Wien übersiedelte Staatsbeamte Kaltenbrunner wurde durch Werke wie „Vaterländische Dichtungen" (1835), „Album aus Oberösterreich" (1843), „Obderennsische Lieder" (1845) oder die Dorfgeschichten „Aus dem Traungau" (1863), aber auch als Autor von Theaterstücken bekannt. Der aus kleinbäuerlichen Verhältnissen stammende Stelzhamer, der zumeist ein unstetes Wanderleben führte, gewann durch Gedichtsammlungen wie z. B. „Lieder in obderennsischer Volksmundart" (1837), „Neue Gesänge in obderennsischer Volksmundart" (1841) und „Politische Volkslieder" (1848) sowie durch das Epos „D'Ahnl" (1851) große Popularität.

Hervorgehoben zu werden verdient auch eine literarische Gattung, an der zwar oberösterreichische Autoren keinen Anteil hatten, die sich jedoch sehr intensiv mit Oberösterreich befaßte: Die unter dem Einfluß der Naturphilosophie Jean Jacques Rousseaus entstandenen Reisebeschreibungen sind wichtige Zeugnisse dafür, welches Bild Landfremde von Oberösterreich gewonnen haben (z. B. Friedrich Nicolai, Franz Sartori, J. E. Mader, Leopold Chimani, G. F. Becker, P. E. Turnbull, J. G. Kohl). Seit der deutsche Arzt und Naturforscher Josef August Schultes in seinem Buch „Reisen durch Oberösterreich, in den Jahren 1794, 1795, 1802, 1803, 1804 und 1808" (1809) als erster die Schönheit des Salzkammerguts gelobt und beschrieben hatte, begann man sich auch im Ausland für dieses bisher ziemlich abgeschlossene Gebiet zu interessieren. Auch die Maler entdeckten die romantischen Motive dieser als „österreichische Schweiz" bezeichneten Gebirgslandschaft und trugen ebenfalls dazu bei, daß der heute noch als Wirtschaftsfaktor wichtige Fremdenverkehr seinen Anfang nahm.

Eine über das Linzer Kulturleben hinaus wichtige Rolle als Drucker und Verleger spielten der aus Stuttgart stammende Protestant Friedrich Immanuel Eurich (1772–1851) und der akademische Maler Josef Hafner aus Enns, der seit 1827 in Linz eine lithographische Anstalt betrieb. In der Hafner-Offizin entstanden viele Drucke biedermeierlicher Ortsan-

sichten nach Aquarellen und Zeichnungen von Künstlern wie Stephan Lergetporer, Franz Xaver Bobleter, Johann Monsorno, Anton Beyer, Johann Hardinger und Ignaz Rode. Maler von Rang, die aus Oberösterreich stammten und verschiedene Stilrichtungen der Zeit vertraten, waren z. B. der in Aschach a. d. Donau geborene Historienmaler Josef Abel (1756–1818), der gebürtige Linzer Josef Sutter (1781–1866), ein Mitglied des romantischen Wiener Lukasbundes und einer der Wortführer der christlichen Erneuerungsbewegung der sogenannten Nazarener, und der Porträtist und Genremaler Johann Baptist Reiter (1813–1890) aus Urfahr. Ein anderer bedeutender Vertreter der Nazarener, der Tiroler Franz Anton Stecher, verbrachte zwar nur wenige, aber schaffensreiche Jahre in Linz (1839–1843). Außerdem gelang es, führende Wiener Zeitgenossen für Aufträge im Lande zu gewinnen: Leopold Kupelwieser malte für die Kirchen von Molln, Goisern und Bad Ischl, Moritz von Schwinds für den Steinernen Saal des Landhauses geplanter Freskenzyklus mit Darstellungen aus der Landesgeschichte konnte infolge der Ereignisse von 1848 nicht mehr ausgeführt werden. Den für das spätere 19. Jahrhundert charakteristischen Historismus vertraten auch die neugotischen Glasmalereien aus dem Atelier des Frankenburgers Franz Pausinger (1793–1850). Auf der Ebene der Volkskunst erfreuten sich die bäuerlichen Hinterglasbilder aus der Gegend von Sandl im Mühlviertel, wo diese Technik von böhmischen Zuwanderern eingeführt worden war, und die bemalten Gläser der Attergauer Glashütte Freudenthal großer Beliebtheit. Dem Bildhauer Franz Schneider (1789–1847), einem gebürtigen Schlesier, kommt das Verdienst zu, nicht nur zahlreiche Werke in romantisch-gotischem Stil für verschiedene geistliche Auftraggeber geschaffen, sondern auch heimische Talente ausgebildet zu haben.
Im Bereich der Architektur sei auf die gemeinsame klassizistische Empirefassade des ständischen Theaters und des ständischen Kasinos (Redoutensaal) in Linz (1802/03) sowie auf die Biedermeierbauten in Bad Ischl (Sommertheater 1827, Trinkhallenkolonnade 1829/31) verwiesen. In Ebensee wurden 1836/38 Salinengebäude nach Plänen des Wiener Architekten Paul Sprenger errichtet.
Im Musikleben trat in der ersten Hälfte des 19. Jahrhunderts das bürgerliche Element in den Vordergrund. 1821 wurde die Linzer „Gesellschaft der Musikfreunde" gegründet. Ihr Ehrenmitglied Franz Schubert hielt sich wiederholt in Linz, wo ein Kreis um die Brüder Anton und Joseph von Spaun für die Verbreitung seiner Werke tätig war, Steyr, Wels und Ebenzweier auf. Weitere Musikvereine entstanden in Micheldorf (1833), Steyr (1839), Hohenzell und Ebensee (1848) sowie in Bad Ischl (1851), die ältesten Gesangsvereine in Haslach (1833) und Linz (Liedertafel „Froh-

sinn" 1845). In den Musikschulen der „Gesellschaft der Musikfreunde" und der sogenannten Präparandie, der Vorstufe der späteren Lehrerbildungsanstalt, in Linz erhielten viele oberösterreichische Musiker ihre Ausbildung.
Stellvertretend für die im Lande wirkenden Naturforscher sei der Linzer Arzt und Botaniker Johann Duftschmid (1804—1866) genannt. Auf dem medizinischen Sektor müssen auch die neuentstandenen Heilbäder erwähnt werden, die zugleich wichtige wirtschaftliche Faktoren darstellten. In Kirchschlag bei Linz war die Heilkraft des Wassers am Beginn des 18. Jahrhunderts entdeckt worden; Ischl im Salzkammergut verdankt seinen Aufstieg zum weltbekannten Kurort seit den zwanziger Jahren des 19. Jahrhunderts den von dem Wiener Universitätsprofessor Franz Wirer entdeckten Heilerfolgen der Solebäder und dem Umstand, daß hier seit 1825 Mitglieder des Kaiserhauses gerne den Sommer verbrachten; in Bad Hall entstand 1828 eine Kuranstalt, nachdem der Jodgehalt der schon seit dem Mittelalter genutzten Quellen entdeckt worden war, und in (Bad) Kreuzen im unteren Mühlviertel wurde 1846 eine Kaltwasser-Heilanstalt eröffnet.
Das oberösterreichische Schulwesen, in dem die anfänglich führende Rolle der Jesuiten auf das modernen Ideen und Unterrichtsmethoden aufgeschlossene Kloster Kremsmünster übergegangen war, war im Laufe des 18. Jahrhunderts unter dem Einfluß der Aufklärung und des Josephinismus immer stärker unter staatliche Aufsicht geraten. Auf der mittleren Ebene bestanden die sechsklassigen Gymnasien der Benediktiner in Mondsee (seit 1514) und Kremsmünster (seit 1549), der Jesuiten in Linz (seit 1608, nach der Aufhebung des Ordens im Jahre 1773 von Angehörigen anderer Orden fortgeführt) und Steyr (1632—1773) sowie in der zweiten Hälfte des 18. Jahrhunderts vorübergehend auch der Piaristen in Freistadt. Die Kloster- bzw. Lateinschulen sanken zu Vorstufen dieser Gymnasien ab. Höhere Studien waren in Oberösterreich seit 1669 möglich, als die Jesuiten auf Betreiben der Stände in Linz eine zweiklassige philosophische Lehranstalt (Lyzeum) einrichteten, die der Vorbereitung auf das Universitätsstudium diente und bis in das 18. Jahrhundert schrittweise um theologische, rechtswissenschaftliche und medizinisch-chirurgische Lehrgänge erweitert wurde. Der von den Ständen gewünschte Ausbau zur Universität unterblieb jedoch, obwohl Kaiser Leopold I. der Anstalt 1674 das Recht zur Verleihung der unteren akademischen Grade verliehen hatte. In enger Verbindung mit den Lehrgängen des Lyzeums stand die 1710 von dem Grafen Franz Ottokar von Starhemberg geschaffene und 1786 wieder aufgehobene Nordische Stiftung (Nordico), die katholische Priester für den protestantischen Norden Europas ausbil-

den sollte. Weiters war dem Lyzeum, das 1808 einen zusätzlichen Lehrstuhl für Landwirtschaft erhielt, seit 1708 eine ständische Ingenieur- und Zeichenschule angegliedert, die allerdings 1826 auf kaiserliche Anordnung geschlossen werden mußte. Dieser höheren Lehranstalt in Linz, die nach der Aufhebung des Jesuitenordens vom Staat weitergeführt wurde, entstand eine große Konkurrenz, als das Benediktinerkloster Kremsmünster 1738 ein eigenes, naturwissenschaftlich ausgerichtetes Lyzeum und 1744 eine für die praxisbezogene Ausbildung nicht nur der adeligen Jugend bestimmte Ritterakademie eröffnete. Letztere mußte auf dem Höhepunkt des Josephinismus 1789 aufgelassen werden. Im Bereich des Volksschulwesens brachten die Schulreformen Maria Theresias 1774/75 wesentliche Verbesserungen. In Linz wurde eine Normal- oder Musterschule errichtet, an der auch die Lehrer ausgebildet wurden, in den größeren Städten und in den Klöstern entstanden Hauptschulen und in den Pfarrorten auf dem Lande Trivial- oder Elementarschulen. Die Schulpflicht begann mit dem sechsten Lebensjahr und sollte bis zum zwölften oder dreizehnten Jahr dauern. Die unter Kaiser Franz I. 1805 eingeführte „politische Schulverfassung" band das Schulwesen organisatorisch enger an die Kirche, bedeutete aber pädagogisch einen Rückschritt. Zur Förderung der Gewerbe waren seit der zweiten Hälfte des 18. Jahrhunderts eigene Fachschulen für Spinnerei sowie in Steyr für die Erzeugung von Gewehren und Tuchscheren (1788 bzw. 1815/19) entstanden. Im Vormärz gründete der junge Verein für Industrie und Gewerbe in Linz und Steyr technische Lehranstalten.

Der Priesternachwuchs aus Oberösterreich, der bisher hauptsächlich in Passau ausgebildet worden war, konnte seit 1672 auch am Linzer Lyzeum Theologie studieren. Bestrebungen, die Ausbildung ganz in das eigene Land zu verlegen, führten nur zur Errichtung eines kleinen Priesterhauses in Enns, das der Stadtpfarrer Graf Alexander Franz Josef Engl von Wagrain aus eigenen Mitteln gründete und das von 1762 bis 1783 mehr der Einführung von Neupriestern in die Seelsorgepraxis als der theologischen Schulung diente. Von 1783 bis 1793 mußten oberösterreichische Priesteranwärter ihre Studien am staatlichen Generalseminar in Wien absolvieren. Danach wurde am Linzer Lyzeum die staatliche Studienanstalt für Theologie (theologische Fakultät) eingerichtet, aus der 1850 mit der Überantwortung an den Bischof von Linz die eigenständige bischöfliche Diözesanlehranstalt hervorging. Daneben bestanden zeitweilig philosophisch-theologische Hauslehranstalten im Kloster Kremsmünster und im Stift St. Florian. Letzterem oblag seit 1807 auch die Leitung des Linzer Gymnasiums.

Der rasante Fortschritt der Technik seit der zweiten Hälfte des 18. Jahrhunderts ist bereits bei der Besprechung der wirtschaftlichen und der Verkehrsverhältnisse mehrfach angesprochen worden. Hier sollen daher abschließend nur noch einige Schwerpunkte hervorgehoben werden. So die großen Leistungen auf dem Gebiete des Wasserbaues, vor allem bei der Donauregulierung und bei der durch Schwemmkanäle, steinerne Klausen (z. B. die 1809/19 erbaute Chorinsky-Klause im Weißenbachtal bei Bad Goisern) oder Aufzüge (z. B. in Mitterweißenbach) verbesserten Holzbringungstechnik, und des Eisenbahnbaues. Im Zusammenhang mit der Einrichtung einer Rollfähre über die Donau zwischen dem Markt Mauthausen und der Stadt Enns wurde um 1820 die Mündung des Ennsflusses in die Donau und damit die Landesgrenze zwischen Ober- und Niederösterreich etwas weiter nach Osten an die heutige Stelle verlegt. Für ihre Zeit beachtliche Bauwerke sind die 1748 bis 1759 nach Plänen des bayerischen Benediktiners Anselm Desing erbaute Kremsmünsterer Sternwarte, die als das erste Hochhaus Österreichs gilt, und die 1757 errichtete Brücke, mit deren Hilfe die Hallstätter Soleleitung den Eingang des Gosautales überquert („Gosauzwang"). Von größter Bedeutung für die Zukunft war aber die Einführung von Maschinen. Während sich dieser Prozeß in der Landwirtschaft erst in der zweiten Hälfte des 19. Jahrhunderts stärker auszuwirken begann, verlief die Entwicklung auf dem industriellen Sektor schneller. Bahnbrechend war die Textilindustrie – so erprobte z. B. die Linzer Wollzeugfabrik seit der zweiten Hälfte des 18. Jahrhunderts die ersten Wollspinnmaschinen in Österreich –, in der ersten Hälfte des 19. Jahrhunderts vor allem die Baumwollspinnereien, die anfänglich die teuren Maschinen aus England und aus der Schweiz einführen mußten. Der Übergang von der hauptsächlich genutzten Wasserkraft zum Dampfantrieb gewährte allen aufstrebenden Industriezweigen eine bisher nicht mögliche Freiheit der Standortwahl. Die Umstellung ging allerdings langsam vor sich, wie die Tatsache zeigt, daß in Oberösterreich die erste Dampfmaschine im Jahre 1835 bezeugt ist und es um 1850 noch immer nicht mehr als zwei solcher Maschinen gab. In der Metallindustrie vollzog sich im 19. Jahrhundert u. a. die Ablösung der alten Hammerwerke durch die modernen Walzwerke. Neue Impulse für die Donauschiffahrt gingen von der in Linz durch Ignaz Mayer gegründeten Schiffswerft aus, die 1840 den ersten eisernen Lastkahn und später auch Dampfschiffe baute.

# 8. Auf dem Wege zur Demokratie (1848—1918)

Das Jahr 1848

Die im Vormärz aufgestauten Spannungen entluden sich im Jahre 1848 in dem revolutionären Geschehen von Wien, Prag und Budapest. In Oberösterreich, wo man von den Ereignissen überrascht worden war, vollzog sich der Umbruch von März bis Oktober ohne Blutvergießen in gemäßigter Weise. Wohl aber entstanden z. B. in Linz wiederholt Straßenkrawalle, die allerdings hauptsächlich wirtschaftlich bedingt waren und bei denen städtisches Proletariat und Unterschichten in Erscheinung traten. Unruhen gab es auch bei den Arbeitslosen, die im Rahmen eines Notstands-Beschäftigungsprogrammes bei Ausbesserungsarbeiten auf der Straße von Linz nach Wilhering eingesetzt wurden. Von der Protestaktion der beschäftigungslosen Stadler Schiffleute gegen die Eisenbahnlinie Lambach—Gmunden am 26. April 1848 war bereits die Rede gewesen. Aus Wien hatte man den Brauch übernommen, mißliebigen Persönlichkeiten sogenannte Katzenmusik-Ständchen darzubringen. Der Unmut des freisinnig-liberalen Bürgertums, das nach dem kaiserlichen Versprechen einer Verfassung in einem Freiheitstaumel schwelgte, richtete sich vor allem gegen die Jesuiten, die am 14. April aus ihrem Kloster am Linzer Freinberg vertrieben wurden. Der Landespräsident Freiherr Philipp von Skrbensky, der wie alle führenden kaiserlichen Beamten der politischen Entwicklung Rechnung tragen mußte, hatte zuvor ihre Ausweisung angeordnet. Schwerere Ausschreitungen verhinderte jedoch die nach Wiener Vorbild in den Städten und größeren Orten geschaffene Nationalgarde, zu der sich Angehörige aller Bevölkerungsschichten freiwillig meldeten. In Linz stand diese Volkswehr, die auch ein eigenes Studentenkorps umfaßte, anfangs unter dem Kommando des Grafen Johann Weißenwolff, später unter dem Freiherrn Friedrich Roger von Grammont, den Kaiser Ferdinand I. zum Oberkommandierenden aller oberösterreichischen Nationalgarden ernannte. Die Offiziere und Chargen waren im allgemeinen Bürger und Honoratioren; die Bewaffnung stammte teils vom Militär, teils aus Geldspenden der Stände, des Linzer Magistrats und des Bischofs von Linz. Die Nationalgarde diente nicht nur zur Aufrechterhaltung von Ruhe und Ordnung, sondern wurde zunehmend auch für allgemeine polizeiliche Aufgaben herangezogen.
Die politischen Auseinandersetzungen der verschiedenen Strömungen wurden nach der Abschaffung der Zensur und der Gewährung der Presse-

freiheit sehr heftig und leidenschaftlich mittels Druckschriften geführt, das heißt mit Zeitungen, Plakaten, Pamphleten und Karikaturen. Im freiheitlich-liberalen Lager, das sich seit dem Sommer in verschiedenen Orten des Landes in sogenannten Demokratenvereinen sammelte — der Linzer „Verein zur Bildung des Volkes und Wahrung seiner Rechte" hatte rund 100 Mitglieder; der Dichter Franz Stelzhamer war Ehrenmitglied —, traten bald ideologische Differenzen zwischen radikalen Demokraten bzw. republikanisch gesinnten Anhängern der Volkssouveränität und gemäßigten liberalen Vertretern einer konstitutionellen Monarchie zutage. Führende radikale Vertreter der demokratischen Idee waren z. B. der Brauereibesitzer und Bürgermeister von Neumarkt im Hausruckkreis Anton Wurmb, der aus Thüringen stammende Linzer Sprachlehrer Wilhelm Backhaus, der Linzer Rechtsanwalt Dr. Franz Pierer, der Linzer Journalist Georg Fleischer, der Pfleger von Puchberg bei Wels und Herausgeber des „Konstitutionellen Wochenblattes" Anton Schilcher, der Vorstand des Demokratenvereines von Ried im Innkreis Franz Hackenbuchner, der Literat Karl Stegmayr, der dieselbe Funktion in Gmunden innehatte, und der Hüttenmeister Lang im Salzkammergut. Hingegen vertraten der Staatsbeamte Benedikt Heiliger, der erste Präsident des Linzer Demokratenvereins, sowie der Gerichtsbeamte Julius Alexander von Schindler und der Kreisarzt Dr. Friedrich Wilhelm Arming, die in Steyr die „Zwanglosen Blätter" herausgaben, einen liberalen Konstitutionalismus. Der Versuch des Linzer Journalisten Emil Mayer, im Herbst des Jahres 1848 einen „constitutionell-monarchischen Verein" als Gegengewicht gegen die immer radikaler werdende demokratische Bewegung zu gründen, schlug fehl. Ungefähr gleichzeitig mit den Demokratenvereinen begann sich seit dem Sommer 1848 mit Billigung des greisen Bischofs Ziegler, der in den neuen politischen Verhältnissen eine Möglichkeit zur Erschütterung des österreichischen Staatskirchentums sah, auch der von liberalem Gedankengut nicht unbeeinflußt gebliebene politische Katholizismus zu organisieren. Der erste „Katholikenverein" nach deutschen Vorbildern entstand am 1. August in Kremsmünster; am 5. Oktober wurde in Linz der „Verein für Glauben, Freiheit und Gesittung" als Zentralverein für alle oberösterreichischen Katholikenvereine gegründet. Aufgeschlossene Geistliche wie der Kooperator der Linzer Stadtpfarre Albert von Pflügl und Dr. Johann Salfinger in Wels, die die Bedeutung der Massenmedien erkannten, gaben katholisch-konservative Zeitschriften heraus („Volksblatt für Religion und Gesetz", „Welser Landbote", „Kapitelbote"), in denen die Auseinandersetzung mit den Liberal-Demokraten geführt wurde. In allen politischen Gruppierungen war aber das erwachte deutsche Nationalgefühl stark vertreten.

*Das Jahr 1848*

Schwarz-rot-goldene Fahnen und Abzeichen sowie deutsch-nationale Lieder beherrschten das Erscheinungsbild zahlreicher offizieller Festlichkeiten. Die schwärmerische und idealistische, einen österreichischen Patriotismus keineswegs ausschließende Idee der nationalen Einheit, die einen Anschluß der deutschen Provinzen Österreichs an das neuzuschaffende deutsche Reich mit dem Erhalt des österreichischen Kaiserstaates vereinbaren zu können glaubte, wurde jedoch bald einer realistischen Prüfung unterzogen. Als die 14 (der Salzburger Kreis stellte weitere drei) im April aus den ersten politischen Wahlen in Oberösterreich hervorgegangenen Abgeordneten zur deutschen Nationalversammlung in Frankfurt am Main, die indirekt von Wahlmännern gewählt worden waren, im Herbst bei den Beratungen über die zukünftige deutsche Reichsverfassung eine klare Stellungnahme abgeben mußten, trat die Mehrheit für den Weiterbestand des österreichischen Gesamtstaates ein.

In Oberösterreich selbst paßte sich der alte ständische Landtag, vom Kaiser dazu aufgefordert, rasch den geänderten Verhältnissen an. An der Sitzung am 23. März nahmen bereits 10 gewählte Vertreter der Stadt Linz teil. In der Folge bildete man einen gemischten Ausschuß aus 18 Ständemitgliedern und 12 Linzer Bürgern, der die vom Kaiser gewünschten Vorschläge für eine Reform der Stände- und der Gemeindeverfassung sowie für eine Aufhebung des Untertänigkeitsverhältnisses und eine Ablösung der bäuerlichen Lasten beraten sollte. Dieser Ausschuß erweiterte sich bis Mai schrittweise um 12 Bauernvertreter, 12 Abgeordnete der nichtlandesfürstlichen Städte und Märkte, 8 des nichtlandständischen Großgrundbesitzes, 8 des katholischen Seelsorgeklerus und 2 der protestantischen Pastoren, die alle von den betreffenden Interessengruppen gewählt wurden. Die Salzburger Stände hatten eine Einladung zur Mitarbeit abgelehnt. Die führenden Köpfe dieser Landesvertretung waren der liberal-konservative ständische Syndikus Anton von Spaun, der selbst dem Ritterstande angehörte, und die Liberalen Wenzel Brunner und Franz Seyrl. Die am 24. Juli erstmals zusammentretende „Vereinigte Versammlung der Stände mit dem erweiterten Landesausschuß", die Landtag genannt wurde und über eine liberale Mehrheit verfügte, verließ am 9. August auf Anregung der Bauernvertreter die Grundlage der noch immer gültigen Ständeverfassung, indem sie für vier freie Plätze des achtköpfigen ständischen Verordneten-Kollegiums Abgeordnete aus ihrer Mitte zuwählte. Dieses sogenannte „verstärkte Verordneten-Kollegium" bestand weiter, nachdem der Landtag nach Erfüllung seiner drei Aufgaben im September seine Sitzungen beendet hatte, und überstand auch das Ende der Bewegung von 1848 nach den Oktober-Ereignissen. Die drei vom Landtag erarbeiteten Reformvorschläge, die wesentlich von dem Linzer Magistratsrat Wenzel Brunner geprägt worden waren, kamen jedoch infolge der politischen Entwicklung in Österreich nicht mehr zum Tragen. Der Entwurf einer oberösterreichischen Landesverfassung sah u. a. die Beseitigung der erblichen ständischen Rechte, einen Landtag mit 75 durch allgemeine (unter Ausschluß der Juden) und direkte Volkswahl gewählten Abgeordneten und einen von diesen durch Wahl bestimmten neunköpfigen Landesausschuß vor. Der an die Spitze gestellte Satz „Oberösterreich ist ein einziges unteilbares Erzherzogtum" richtete sich gegen die Absicht des im Oktober von Wien nach Kremsier verlegten österreichischen Reichstages, das Innviertel dem Herzogtum Salzburg anzugliedern.

Die im Juni in Oberösterreich durchgeführten Wahlen in den konstituierenden österreichischen Reichstag hatten eine große Enttäuschung für die Liberal-Demokraten gebracht, weil von den 16 oberösterreichischen Abgeordneten 12 dem Bauernstand angehörten. Auf jeweils 50.000 Einwohner sowie auf die Städte Linz und Steyr war je ein Abgeordneter entfallen, der indirekt von Wahlmännern gewählt wurde. In Linz hatte man im Sommer durch Wahl aller selbständig Erwerbstätigen und verschiedener Honoratioren einen 30 Mitglieder umfassenden Gemeindeausschuß gebildet, der den bisherigen Stadtmagistrat ersetzte. Zum provisorischen Gemeindevorstand wurde der Kaufmann Reinhold Körner gewählt. Eine eigene städtische Sicherheitswache trat neben die Staatspolizei. Der amtierende, noch vom Kaiser ernannte Bürgermeister Josef Bischoff wurde erst im September gezwungen, um seine Pensionierung einzureichen. Auch in den anderen Städten und Märkten des Landes wählte man neben dem alten Magistrat einen neuen Gemeindeausschuß, was mitunter zu heftigen Streitigkeiten zwischen diesen beiden Körperschaften führte.

Während die kaiserliche Familie nach dem Wiener Mai-Aufstand nach Innsbruck geflohen war, hatten sich viele Adelige in den Salzkammergut-Kurort Ischl zurückgezogen, wo sie den Spott über den „hohen Congress in Ischl" über sich ergehen lassen mußten. Obwohl die demokratische Bewegung des Jahres 1848 vom März über den Mai bis zum Oktober eine stete Radikalisierung erfuhr, kam es in Oberösterreich kaum zu Unmutsäußerungen gegen den Kaiser, wohl aber gegen die diesen umgebende „Kamarilla". Mit dem Aufstand der Wiener im Oktober erreichte die Revolution von 1848 ihren Höhepunkt. Als die Truppen des Fürsten Alfred Windischgrätz gegen Wien zogen, waren in Oberösterreich weite Kreise der Bevölkerung zur Unterstützung der Aufständischen bereit. Aus Linz und Urfahr wurde eine 115 Mann starke Freiwilligenkompanie aus Nationalgardisten und Studenten entsandt, der sich fünf Arbeiter,

Abb. 27. Eröffnung der Pferdeeisenbahn Linz-Budweis 1832 (St. Magdalena), Oberösterreichisches Landesmuseum.

Abb. 28. Sensenhammer, Städtisches Heimathaus Steyr.

Abb. 29. Adalbert Stifter im letzten Lebensjahr (1867).

Abb. 30. Anton Bruckner.

Abb. 31. Dr. Julius Wagner-Jauregg, Psychiater und Neurologe, Nobelpreisträger.

Abb. 32. Bischof Franz Joseph Rudigier von Linz.

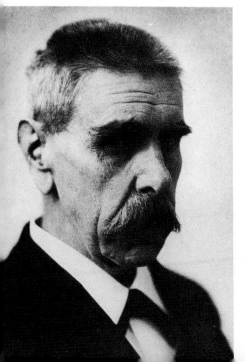

drei Tiroler Schützen und ein Gardist aus Enns anschlossen. Auch aus Ried im Innkreis und Neuhofen a. d. Krems gingen einige Freiwillige nach Wien. Die Bevölkerung des Innviertels spendete Geld. Der vor allem von den radikalen Demokraten geforderte Landsturm — in der Umgebung von Steyr sollen 3000 Männer bereit gewesen sein — kam jedoch nicht zustande. Anton Wurmb und der schlesische Reichstagsabgeordnete Hans Kudlich, dessen Bruder in Schloß Dietach bei Wels zu Hause war, zogen vergeblich werbend durch das Land. Gleichzeitig bemühte sich das verstärkte ständische Verordneten-Kollegium gegenüber den Ländern Tirol, Steiermark, Kärnten, Krain und Salzburg um ein gemeinsames politisches Vorgehen u. a. für die Erhaltung des österreichischen Kaiserstaates bei Anschluß der deutschen Provinzen Österreichs an Deutschland. Diese letztlich ergebnislosen Verhandlungen gingen auch noch nach der Eroberung Wiens durch die kaiserlichen Truppen am 31. Oktober weiter.

Obwohl die Revolution von 1848 gescheitert war, wirkte liberales Gedankengut in den Gesetzeswerken der beginnenden Reaktion weiter, die nach der Abdankung Kaiser Ferdinands I. und dem Regierungsantritt Franz Josefs I. (1848–1916) am 2. Dezember 1848 unter dem Innenminister Graf Franz Stadion entstanden. Die sogenannte oktroyierte, d. h. vom Kaiser ohne Mitwirkung einer Volksvertretung verordnete Gesamtstaatsverfassung des Kaisertums Österreich vom 4. März 1849, welche u. a. die Wirksamkeit der landständischen Verfassungen der sogenannten „Kronländer" beendete, wurde daher in Oberösterreich von Liberalen und Liberal-Konservativen begrüßt. So z. B. auch von dem Dichter Adalbert Stifter, der als politischer Journalist und Vertrauter des im Dezember 1848 vom Kaiser ernannten „Landeschefs" Dr. Alois Fischer die Richtung der Regierung vertrat. Der gemäßigte Demokrat Dr. Fischer, ein aus Tirol stammender Salzburger Rechtsanwalt, war der erste und einzige Bürgerliche unter den 15 kaiserlichen Statthaltern Oberösterreichs, von denen keiner im Lande geboren wurde. Im Bereich der in geringem Ausmaß verbliebenen autonomen oberösterreichischen Landesverwaltung schuf ein Erlaß des Innenministeriums vom 17. April 1849 ein Provisorium, indem man das alte ständische Ausschußkollegium mit dem 1848 durch Zuwahl verstärkten ständischen Verordneten-Kollegium zu einem sogenannten „vereinigten Landes-Kollegium" zusammenlegte. Dieses ursprünglich als Übergangslösung bis zum Inkrafttreten einer neuen Landesverfassung gedachte Gremium blieb als modifiziertes Relikt der alten Ständeverfassung bis 1861 Träger der autonomen Landesverwaltung und einzige politische Vertretung des Landes, da die auf die nur teilweise verwirklichte Reichsverfassung vom März am 30. Dezember 1849 folgende, gleichfalls vom Kaiser gegebene „Landesverfassung für das Erzherzogtum Österreich ob der Enns" aus politischen Gründen nicht vollzogen wurde. Diese Landesverfassung sah eine Landtagswahl nach in sogenannten Kurien zusammengefaßten Interessenvertretungen vor. Trotz dieser Verfassungssituation kam es während des von Karl Eder so genannten „liberalen Absolutismus" am Beginn der Regierung Kaiser Franz Josefs zu einer grundlegenden Umgestaltung der inneren Organisation Oberösterreichs, weil die auf Antrag Hans Kudlichs vom Reichstag beschlossene und am 7. September 1848 von Kaiser Ferdinand I. verkündete Aufhebung des aus dem Mittelalter überkommenen Untertanenverbandes eine Neuordnung der Verwaltung und des Gerichtswesens erforderlich machte. Das am 17. März 1849 provisorisch erlassene Gemeindegesetz des Grafen Stadion war noch besonders stark von liberalem Geist geprägt, wie schon der bekannte einleitende Satz „Die Grundfeste des freien Staates ist die freie Gemeinde" ausdrückt. Dieses Gesetz übertrug der als kleinste Verwaltungseinheit neugeschaffenen „politischen Ortsgemeinde" die Selbstverwaltung durch gewählte Organe sowohl im „natürlichen" als auch im vom Staat übertragenen Wirkungsbereich. 1849/51 wurden daher aus 6095 Ortschaften, 1194 Steuer- bzw. Katastralgemeinden und 405 Pfarrgemeinden auf der Grundlage der Katastralgemeinden und unter Rücksichtnahme auf die Pfarrsprengel 564 neue Ortsgemeinden gebildet, was in der Regel die Zusammenlegung mehrerer Katastralgemeinden bedeutete. Neben der neuen Ortsgemeinde bestand in den Städten und Märkten die alte Bürgergemeinde der Hausbesitzer als „Kommune" genannter Wirtschaftsverband, der sein Gemeinschaftsvermögen selbst verwaltete, fort. Die weitere Reorganisation erfolgte nach einer kaiserlichen Verfügung vom 26. Juni 1849 unter dem neuen Innenminister Freiherrn Alexander von Bach. In der politischen Verwaltung ersetzte man das bisherige System von Landesregierung, vier Kreisämtern und 111 herrschaftlichen Distriktskommissariaten bzw. im Inn- und Salzburgkreis landesfürstlichen Pfleggerichten durch eine dem Innenministerium unterstellte oberösterreichische Statthalterei, an deren Spitze Dr. Fischer stand, und zwölf ihr untergeordnete neue Bezirkshauptmannschaften (Linz-Umgebung, Rohrbach, Grein, Freistadt, Steyr-Umgebung, Kirchdorf, Wels, Gmunden, Vöcklabruck, Schärding, Ried im Innkreis, Braunau; die Städte Linz und Steyr erhielten die Verwaltung ihrer Stadtgebiete übertragen), die am 1. Jänner 1850 ihre Tätigkeit aufnahmen. Mit dem genannten Datum wurde auch das Land Salzburg, das bisher als Salzburger Kreis zu dem staatlichen Verwaltungsbezirk Österreich ob der Enns gehörte, wieder von Oberösterreich getrennt und als Kronland Herzogtum Salzburg mit eigener staatlicher Verwaltung verselbständigt. Die Verbindung mit Oberösterreich wirkte jedoch in der Gerichtsorganisation, in der Heeresergänzung, in der Organisation staatlich anerkannter Religionsgemeinschaften und in verschiedenen anderen Bereichen (z. B. k. k. Post- und später auch Telegraphendirektion für Oberösterreich und Salzburg, seit 1869 Bank für Oberösterreich und Salzburg) zum Teil sogar bis heute nach. Infolge der Auflösung der früheren Patrimonialbehörden mußte der Staat auch die Gerichtsbarkeit der untersten Instanzen und das Steuerwesen übernehmen. Die durchgreifende Reform schuf eine neue, für alle Staatsbürger einheitliche, staatliche Gerichtsorganisation mit drei Instanzen: ein für Oberösterreich und Salzburg zuständiges Oberlandesgericht in Linz, Landesgerichte in Linz, Steyr und Salzburg sowie auf der untersten Ebene 47 Bezirkskollegial- und Bezirksgerichte, die von der politischen Verwaltung völlig getrennt waren. Die neue Gerichtsverfassung löste zwar 1850 die bisher vor allem durch das gemeinsame „k. k. Appellations- und Criminal-Obergericht in Oesterreich ob und unter der Enns" in Wien bestandene Verbindung mit Österreich unter der Enns, behielt aber die mit dem Herzogtum Salzburg bei. Im Osten Oberösterreichs brachte sie jedoch eine Übereinstimmung der Gerichts- mit den Landesgrenzen. Im Gegensatz zu den alten Landgerichten Burg Enns und Schloß Steyr, von denen das erste überhaupt in Niederösterreich gelegen war und das zweite die Landesgrenze zu Niederösterreich überschritt, bildete nämlich der Unterlauf des Enns-Flusses auch für die Sprengel der in beiden Ländern neugeschaffenen Bezirksgerichte die Grenze. Weitere neue Einrichtungen der Jahre 1849/50 waren schließlich in den Bezirksgerichtssprengeln errichtete Steuerämter, die einer Steuerdirektion in Linz und einer für die gesamte Finanzverwaltung geschaffenen Finanzlandesdirektion mit Sitz in Wien unterstanden, und eine militärisch organisierte Gendarmerie, die für die Sicherheit auf dem Lande zu sorgen hatte. Alle diese Neuerungen blieben von kurzen Unterbrechungen abgesehen in den Grundzügen bis heute bestehen.

Die Zeit des Neoabsolutismus

Gleichzeitig machte sich allerdings auch die Reaktion bemerkbar durch politische Prozesse gegen Personen, die sich während der Achtundvierziger-Bewegung „kompromittiert" hatten, durch Verhaftungen unter den nicht wenigen, besonders dem Kreise der ehemaligen radikalen Demokraten angehörigen Sympathisanten des Kossuth-Aufstandes in Ungarn und durch Beschlagnahmen von Druckschriften. 1851 kehrten die Jesuiten in ihr Linzer Kloster zurück. Im Volk wurden Stimmen gegen die

Bauern laut, denen man vorwarf, nach der Erlangung der persönlichen und der Freiheit des Bodens durch mangelndes Interesse am Scheitern der Revolution schuld zu sein. Tatsächlich entwickelte sich der Bauernstand immer mehr zu einer Stütze des Konservativismus im Lande. Mit dem kaiserlichen „Silvesterpatent" vom 31. Dezember 1851, das die österreichische Reichsverfassung vom März 1849 aufhob und die lokale Selbstverwaltung der nun unterschiedenen Land- und Stadtgemeinden wieder weitgehend beseitigte, jedoch die Gleichheit aller Staatsbürger vor dem Gesetz und die Bauernbefreiung bestätigte, begann der unverhüllte Neoabsolutismus des jungen Kaisers Franz Josef. In Oberösterreich entstand das System des sogenannten „zweifachen Bachschen Absolutismus" unter dem Bruder des Innenministers, dem Freiherrn Eduard von Bach, der als kaiserlicher Statthalter vom 4. Mai 1851 bis Mai 1862 das Land leitete. Sein persönliches Interesse galt der Förderung des Straßenbaus, des Schulwesens, der Kultur und der Landeskuranstalt (Bad) Hall. Der politische Druck auf die Bevölkerung und die polizeiliche Überwachung verstärkten sich. Die Nationalgarden und die meisten Bürgerkorps sowie politischen Vereine lösten sich auf. Verschiedene Prozesse wegen Majestätsbeleidigung geben jedoch den inneren Widerstand mancher Kreise der Bevölkerung zu erkennen. Dem freidenkerischen Wirt und Müller, dem sogenannten „Bauernphilosophen" Konrad Deubler aus Goisern und seinen republikanischen Gesinnungsfreunden im besonders radikalen oberösterreichischen und steirischen Salzkammergut machte man 1853 den Prozeß wegen Erregung von Unzufriedenheit, Verbreitung staatsfeindlicher Schriften, Verherrlichung der amerikanischen Verfassung und Herabsetzung der österreichischen Verhältnisse. Um diese Zeit wanderten viele Oberösterreicher aus dem Salzkammergut, dem Alpenvorland und dem Mühlviertel freiwillig aus wirtschaftlichen, politischen und konfessionellen Gründen nach Nordamerika aus. Unter den fast 1500 Personen, die das Land zwischen 1850 und 1858 verließen, befanden sich Handwerker, Arbeiter, Kleinhäusler und Dienstboten, aber auch Bauern und einige politische Emigranten nach 1848 wie die Ärzte Dr. Ernst Krackowizer und Dr. Friedrich Wilhelm Arming, vor allem aber relativ viele Protestanten.
1853/54 wurden staatliche Administration und Justiz in Oberösterreich neuerlich einer Reform unterzogen, die im Bereich der untersten Stufe einen reaktionären Rückschritt bedeutete, weil sie an Einrichtungen des Vormärz anknüpfte. An die Stelle der Bezirkshauptmannschaften und Bezirksgerichte traten am 30. September 1854 46 sogenannte „gemischte Bezirksämter", die für die politische und für die Finanzverwaltung sowie für die Justizpflege zuständig waren. Die als Zwischeninstanz zu der

*Die Zeit des Neoabsolutismus*

kaiserlichen Statthalterei, deren Wirkungsbereich ebenfalls geändert wurde, geschaffenen Kreisbehörden in Linz, Steyr, Wels und Ried im Innkreis bestanden allerdings nur bis 1859/60. Die neue Gerichtsorganisation umfaßte über den Bezirksämtern Kreisgerichte in Steyr, Wels und Ried im Innkreis sowie ein Landesgericht in Linz. Für alle Gerichte wurde das Oberlandesgericht für die Erzherzogtümer Österreich ob und unter der Enns und das Herzogtum Salzburg in Wien zweite Instanz. In der Folge entstanden mehrere Entwürfe oberösterreichischer „Landesstatuten", die jedoch über das Stadium der Beratung nicht hinauskamen.
Während Liberale und radikale Demokraten nach 1848 in den Hintergrund getreten waren, entwickelte sich der politische Katholizismus unter der Führung des aus Vorarlberg stammenden Linzer Bischofs Franz Joseph Rudigier (1853–1884) zu einer bedeutenden Bewegung, die sich zwar gegen den Liberalismus wandte, aber infolge des neoabsolutistischen Systems politisch wenig hervortrat. Der Aufschwung zeigt sich u. a. darin, daß 1850 und 1856 in Linz die „Generalversammlungen der katholischen Vereine Deutschlands und Österreichs" (Katholikentage) abgehalten wurden, und in einer Reihe von katholischen Vereinsgründungen wie z. B. des wohltätigen Frauenvereins (1849), des Vinzenzvereins, des Arbeiterhilfsvereins für Männer und Frauen (1850), der Gesellenvereine (seit 1852) und des Diözesankunstvereins (1858). 1854 entstand für die Erziehung im katholischen Sinne ein kirchliches Lehrerseminar in Linz. Im innerkirchlichen Bereich kam es ebenfalls zu einer Erneuerungsbewegung durch die Gründung neuer Klöster in Ried im Innkreis (Redemptoristinnen, 1848), Vöcklabruck (Arme Schulschwestern, 1851) und Puchheim (Redemptoristen, 1851) und durch Volksmissionen der Redemptoristen und Jesuiten. Eine wesentliche Stärkung erfuhren Kirche und katholische Volksbewegung aber durch das 1855 zwischen dem Heiligen Stuhl und dem Kaisertum Österreich geschlossene Konkordat, mit dem die bereits im Mai 1848 durch eine Petition des Linzer Bischofs Ziegler an das Innenministerium „bezüglich der neuen Regelung des Verhältnisses der katholischen Kirche zur konstitutionellen Monarchie" eingeleiteten Bemühungen zur Beseitigung des josephinisch geprägten österreichischen Staatskirchentums erfolgreich abgeschlossen wurden. Es sicherte der katholischen Kirche wieder eine bevorzugte Stellung gegenüber den anderen Konfessionen, die völlige Beherrschung des Schulwesens und verstärkte Befugnisse im Bereich des Eherechtes und der Gerichtsbarkeit über den Klerus. Eindrucksvollstes Zeugnis des erstarkten oberösterreichischen Katholizismus sollte der von Bischof Rudigier initiierte Neubau des Linzer Domes werden, für den der 1855 gegründete „Diözesanverein zum Dombau" die Voraussetzungen schuf und der der 1854 zum Dogma

erhobenen „Unbefleckten Empfängnis Marias" geweiht werden sollte. Für Oberösterreichs von den starken Persönlichkeiten der Superintendenten Johann Theodor Wehrenfennig (Goisern), Jakob Ernst Koch (Wallern) und Erich Martin Sääf (Scharten) geführte Protestanten, denen das Jahr 1848 vorübergehend ein Klima einer auch von katholischer Seite anerkannten Gleichberechtigung gebracht hatte — 1849 begann man z. B. in Wels mit dem Bau des ersten, mit einem Turm versehenen protestantischen Gotteshauses, 1851 wurde die Kirchengemeinde Linz gebildet —, bedeutete diese Entwicklung einen neuerlichen Rückschlag und eine Verunsicherung, die u. a. in dem hohen Anteil von Evangelischen an der Amerika-Auswanderung zum Ausdruck kam.

Die Anfänge demokratischer Verhältnisse und politischer Parteien

In der Krisenzeit des Neoabsolutismus nach der militärischen Niederlage Österreichs in Italien von 1859 verlor das Herzogtum Salzburg für kurze Zeit abermals seine Selbständigkeit, indem es aus Ersparnisgründen vom 1. Jänner 1860 bis 15. Mai 1861 der oberösterreichischen Statthalterei in Linz unterstellt wurde. Was die Lage des Gesamtstaates betrifft, versuchte Kaiser Franz Josef unter wachsendem politischem Druck eine Verfassungsreform durch das am 20. Oktober 1860 erlassene sogenannte „Oktoberdiplom". Da es auf starke Widerstände stieß, folgte ihm am 26. Februar 1861 unter dem liberalen Staatsminister Anton von Schmerling das sogenannte „Februarpatent" des Kaisers, das ein Staatsgrundgesetz über die österreichische Reichsvertretung sowie Landesordnungen und Landtagswahlordnungen als Grundgesetze für die einzelnen Kronländer umfaßte. Die Ordnungen für das „Erzherzogtum Österreich ob der Enns" stellten praktisch die erste schriftliche „Landesverfassung", die auch vollzogen wurde, dar, wenngleich dieser Begriff für sie als Bestandteile der sogenannten Reichsverfassung 1861 bewußt vermieden wurde und wesentliche rechtliche Elemente einer Verfassung noch fehlten. So garantierte erst die nach dem verlorenen Krieg gegen Preußen und dem Ausgleich mit Ungarn in Kraft gesetzte Dezemberverfassung von 1867, mit der Österreich bzw. die cisleithanische Reichshälfte eine konstitutionelle Monarchie wurde, u. a. bis heute gültige staatsbürgerliche Grundrechte wie z. B. die Gleichheit aller vor dem Gesetz, die Freiheit der Person und des Eigentums, das Recht der Freizügigkeit, das Petitions- und Versammlungsrecht, das Recht auf freie Meinungsäußerung oder die Presse- und Religionsfreiheit. Für die politische Entwicklung Oberösterreichs bedeuteten jedoch die Reformen von 1861 die wichtigere Zäsur.

Während nämlich frühere Verfassungstexte des Kaisertums Österreich seit 1848 — eine Ausnahme bildet der Entwurf des Kremsierer Reichstages — noch von einem einzigen „Erzherzogtum Österreich ob und unter der Enns" gesprochen hatten, wurde Oberösterreich im Februar 1861 als eigenständiges, von Niederösterreich getrenntes Erzherzogtum anerkannt. Vor allem aber schuf die vom Kaiser erlassene Landesordnung, die der Tätigkeit des „vereinigten Landes-Kollegiums", des letzten Restes der alten Ständeverfassung, ein Ende setzte, in Anlehnung an die nicht ausgeführte Landesverfassung vom Dezember 1849 als nun nicht mehr ständische, sondern breitere, durch Wahl gebildete „Volksvertretung" des Landes einen neuen Landtag mit bestimmten Gesetzgebungs- und Verwaltungskompetenzen. Damit hatten in Oberösterreich zwar endgültig demokratische Verhältnisse Eingang gefunden, es dauerte jedoch noch bis zum Zusammenbruch der Monarchie und zur Errichtung der Republik, ehe der so eingeleitete Prozeß der Demokratisierung seinen Abschluß fand.

Nach der Landesordnung von 1861, die im Gegensatz zu der wiederholt geänderten Wahlordnung im wesentlichen bis 1930 in Gültigkeit blieb, setzte sich der neue Landtag aus 50 Mitgliedern zusammen, von denen 49 von vier Wählerklassen öffentlich gewählt wurden, die im Landtag vier Kurien mit einer jeweils bestimmten Zahl von Abgeordneten bildeten. Die Kurie des landtäflichen Großgrundbesitzes, in der Adel, Klerus und Bürgerliche vertreten waren, umfaßte 10 Abgeordnete, die der Städte und Industrialorte 17, die der 1851 gegründeten Handels- und Gewerbekammer 3 und die der Landgemeinden, die bis 1902 als einzige indirekt über Wahlmänner wählten, 19. Das Wahlrecht war an eine bestimmte jährliche Leistung von direkten Steuern (Zensus) und an die Zugehörigkeit zur Intelligenzschichte gebunden. Das 50. Mitglied des Landtages war der Bischof von Linz, der kraft seines Amtes über eine sogenannte Virilstimme verfügte. In der Regel wurde der Landtag jährlich einmal vom Kaiser einberufen; der Kaiser schloß auch die Sitzungen und konnte den Landtag überhaupt aufheben. Der kaiserliche Statthalter und dessen Kommissäre durften an den Landtagssitzungen teilnehmen und das Wort ergreifen. Als nunmehrige politische Vertretung des Landes waren der für eine Funktionsperiode von sechs Jahren gewählte Landtag und seine Organe für eine beschränkte Gesetzgebung und die autonome Verwaltung vor allem in den Bereichen des Landeshaushalts, der aus Landesmitteln dotierten Einrichtungen, der öffentlichen Bauten und der Landwirtschaft sowie in Gemeinde-, Kirchen- und Schulangelegenheiten zuständig. Nach 1867 erfuhren die Kompetenzen und Aufgaben des Landes eine allmähliche Ausweitung. Vollzugsorgan des Landtages und Träger der Verwaltung war der von den Abgeordneten gewählte, seit 1909 siebenköpfige Landesausschuß, eine Art Landesregierung in der Nachfolge des früheren ständischen Verordneten-Kollegiums. An seiner Spitze stand ein vom Kaiser auf Vorschlag des Statthalters ernannter Abgeordneter, der als Vorsitzender des Landtags den Titel „Landeshauptmann" führte. Erster neuer oberösterreichischer Landeshauptmann wurde Abt Dominik Anton Lebschy von Schlägl (1861–1868), der am 6. April 1861 die erste Landtagssitzung im Linzer Redoutensaal eröffnete. Die vom Landtag beschlossenen Gesetze mußten vom Kaiser und vom Ministerpräsidenten unterschrieben werden, um Rechtskraft zu erlangen. Von 1861 bis 1873 wählten die Mitglieder des Landtages die oberösterreichischen Vertreter im Abgeordnetenhaus des Reichsrates.

Der autonomen Landesverwaltung mit Landesausschuß und Landeshauptmann stand weiterhin die über wesentlich mehr Kompetenzen verfügende „politische Verwaltung" des Staates mit Bezirksämtern und Bezirkshauptleuten sowie Statthalterei und Statthalter gegenüber. 1864 wurde der Sitz der Finanzlandesdirektion von Wien nach Linz verlegt. Da die bürgernahe neoabsolutistische Behördenstruktur sehr teuer kam, kehrte man 1868 nach der Schaffung der österreichisch-ungarischen Doppelmonarchie zu der Verwaltungsorganisation mit zwölf Bezirkshauptmannschaften (in Linz, Freistadt, Perg, Rohrbach, Vöcklabruck, Wels, Steyr, Kirchdorf, Gmunden, Braunau, Ried im Innkreis und Schärding) und den Magistraten der beiden Städte mit eigenem Statut Linz und Steyr als Erstinstanzen, der Statthalterei als Mittelbehörde und dem Innenministerium als Oberbehörde zurück. Diese Organisation, die wieder völlig von der Justiz getrennt war, bestand im wesentlichen bis 1918. Geändert wurde die Bezirkseinteilung: Man errichtete neue „politische Bezirke" mit Bezirkshauptmannschaften in Urfahr (1903), Eferding (1907) und Grieskirchen (1911).

Bereits 1862 hatte das Reichsgemeindegesetz die Grundsätze des provisorischen Gemeindegesetzes von 1849 erneuert und damit endgültig unsere heutige autonome politische Ortsgemeinde mit der Gewaltenteilung zwischen Gemeindeausschuß und Gemeindevorstand sowie Beaufsichtigung durch Landesausschuß und politische Behörden im autonomen und vom Staat übertragenen Wirkungsbereich geschaffen. 1863 folgte ein Heimatrechtgesetz, das, wie sich bald herausstellte, infolge der wirtschaftlich bedingten Bevölkerungsfluktuation problematisch war, dennoch aber nach einer Änderung im Jahre 1896 bis 1938 in Gültigkeit blieb. Ähnlich lang, nämlich bis 1936 und teilweise wieder von 1945 bis 1948, war die 1864 erlassene und wiederholt novellierte oberösterreichische Gemeindeordnung in Kraft. Da ihre Novellierung im Jahre 1868 die

Zusammenlegung und Teilung von Ortsgemeinden aus wirtschaftlichen und politischen Gründen ermöglichte, schwankte die Gesamtzahl der oberösterreichischen Ortsgemeinden: 1864 — 548, 1880 — 479, 1900 — 502 und 1918 — 504. Wahlberechtigt waren nur jene Gemeindebürger, die aus Realbesitz, Gewerbe oder Einkommen direkte Steuern zahlten, in Linz Bürger mit einer jährlichen Mindeststeuerleistung von 5 Gulden, und Honoratioren (Seelsorger, Beamte, Offiziere im Ruhestand, Professoren und leitende Lehrer). Sie wählten in drei bzw. in kleinen Landgemeinden in zwei Wahlkörpern zusammengefaßt die Gemeindevertreter. Dieses sogenannte Steuer- und Intelligenzwahlrecht schloß die Mehrheit der Bevölkerung von der Teilnahme an der Selbstverwaltung aus.

Mit dem Gemeindewahlrecht war das Landtagswahlrecht bis 1909 insoferne verknüpft, als in den Städten und Gemeinden mit drei Wahlkörpern nur die Angehörigen des ersten und zweiten Wahlkörpers sowie aus dem dritten Wahlkörper nur jene mit einer jährlichen Mindeststeuerleistung von 10 Gulden (seit 1891 von 5 Gulden, seit 1902 von 8 Kronen), in Gemeinden mit zwei Wahlkörpern nur die ersten zwei Drittel der Wahlberechtigten die Abgeordneten der Landtagskurien der Städte und Industrialorte direkt bzw. der Landgemeinden indirekt wählen durften. Auf diese Weise gab es wesentlich weniger Wahlberechtigte für Landtagswahlen als für Gemeindewahlen. Zwischen 1861 und 1873 dürften von ca. 725.000 Einwohnern rund 110.000 Männer bei Gemeindewahlen und unter 40.000 bei Landtagswahlen zur Stimmabgabe berechtigt gewesen sein. Frauen waren bis zum Ende der Monarchie nahezu völlig vom Wahlrecht ausgeschlossen und durften nur als Großgrundbesitzer indirekt an der Landtagswahl teilnehmen (1861 — 8, 1914 — 18 weibliche Wahlberechtigte). Über das Frauenwahlrecht wurde im oberösterreichischen Landtag seit 1863 ergebnislos diskutiert. Die 1914 beschlossene neue Gemeindewahlordnung, die den Frauen das volle Wahlrecht gewährt hätte, erhielt infolge des Ausbruchs des Ersten Weltkrieges nicht mehr Gesetzeskraft. Die Landtagswahlreformen von 1891 — seither wurde geheim mit Stimmzettel gewählt — und 1902 vergrößerten den Kreis der Wahlberechtigten durch die Verringerung des Wahlzensus auf 5 Gulden bzw. 8 Kronen. 1896 durften daher 73.227 Männer zur Landtagswahl gehen (9,39% der Bevölkerung). Einen wesentlichen Fortschritt brachte die Reform von 1909 mit der Einführung einer fünften, sogenannten „allgemeinen Wählerklasse", in der ein weitgehend allgemeines Wahlrecht für erwachsene Männer (mit Ausnahme der Militärangehörigen und der Armen) ohne Rücksicht auf die Steuerleistung galt, in der aber auch alle schon bisher Wahlberechtigten ebenfalls ihre (zweite) Stimme abgeben durften. Obwohl gleichzeitig der Landtag vergrößert und die Mandatszahlen zweier Kurien geändert wurden, war dennoch weiterhin keine Gleichheit der Wählerstimmen gegeben. Während die Kurien des Großgrundbesitzes und der Handelskammer mit 10 bzw. 3 Mandaten gleich blieben, stellten die Städte und Industrieorte jetzt 19 Abgeordnete, die Landgemeinden 22 und die neue allgemeine Wählerkurie 14. Die große Ungleichheit dieses Wahlrechtes verdeutlichen die Zahlen: Von 840.909 Einwohnern Oberösterreichs waren 176.746 in der allgemeinen Wählerklasse wahlberechtigt, 64.726 in den Landgemeinden, 15.015 in den Städten und 123 beim Großgrundbesitz. Der Anteil der Wahlberechtigten an der Gesamtbevölkerung hatte sich bloß auf 21,02% erhöht.

Rascher verlief der Demokratisierungsprozeß bei den seit 1873 direkten Reichsratswahlen in Oberösterreich, für die anfänglich dieselben Voraussetzungen wie für die Landtagswahlen galten. Durch die Herabsetzung des Wahlzensus von 10 auf 5 Gulden im Jahre 1882 verdoppelte sich die Zahl der Wahlberechtigten auf 68.343 im Jahre 1885. Die Einführung einer allgemeinen Wählerklasse im Jahre 1896 brachte bei der ein Jahr später abgehaltenen Reichsratswahl mit 257.153 Männern die höchste Zahl oberösterreichischer Wahlberechtigter in der Monarchie. Diese Zahl wurde, obwohl die Reichsratswahlreform von 1907 erstmals für Oberösterreich das allgemeine, gleiche und geheime Wahlrecht für Männer einführte, wegen der auch in anderen Punkten geänderten Rechtslage bei den letzten Reichsratswahlen der Monarchie bei weitem nicht mehr erreicht. Zuletzt waren 1911 172.701 Männer wahlberechtigt.

Das 1861 auf eine neue demokratische Grundlage gestellte politische Leben Oberösterreichs kannte zwar ideologische Parteiungen, aber anfänglich noch keine Parteien. Die erste Landtagswahl hatte 1861 eine überwältigende liberale Mehrheit erbracht: 42 liberalen Abgeordneten dürften acht solche des katholisch-konservativen Lagers gegenübergestanden sein. Diese liberale Landtagsmehrheit bestand bis 1884, mit einer kurzen Unterbrechung von September bis Dezember 1871. Seither verfügten die Katholisch-Konservativen bis zum Ersten Weltkrieg im oberösterreichischen Landtag über die Mehrheit. Sie stellten auch in dem Zeitraum zwischen 1861 und 1914 mit einer einzigen Ausnahme (der gemäßigte Liberale Dr. Moriz Eigner, 1868—1884) alle, nämlich sechs, vom Kaiser ernannten Landeshauptleute. Die beiden ideologischen Lager waren einander von Anfang an, besonders aber seit Abschluß des von den Liberalen heftig bekämpften Konkordats im Jahre 1855, feindselig gegenübergestanden. Der katholisch-konservativen Gruppierung wurde ihre Abhängigkeit vom Klerus („klerikal") und von Rom („ultramontan") sowie Fortschrittsfeindlichkeit vorgeworfen, wobei diese Haltung durch die Landesordnung von 1861, die dem Bischof von Linz eine Virilstimme im Landtag zuerkannte, noch verstärkt wurde. Die in ganz Österreich erbittert geführte grundsätzliche Auseinandersetzung über den kirchlichen Einfluß im staatlichen Bereich, der sogenannte „Kulturkampf", erreichte nach den von der liberalen österreichischen Regierung im Mai 1868 erlassenen antikirchlichen Ehe- und Schulgesetzen in Oberösterreich ihren Höhepunkt. Der Linzer Bischof Rudigier reagierte nämlich auf die beiden Gesetze, die das weltliche Eherecht wieder in Geltung brachten, die Möglichkeit der Zivilehe einführten und das Schulwesen von der Kirche trennten, mit einem Hirtenbrief, der „wegen des darin enthaltenen Verbrechens der Störung der öffentlichen Ruhe" beschlagnahmt wurde. Der Bischof selbst, gegen den man Anklage erhob, wurde im Juni 1869 zwangsweise dem Untersuchungsrichter vorgeführt und von einem Geschworenengericht zur Zahlung von 50 Gulden oder einer Kerkerstrafe von 14 Tagen verurteilt, jedoch vom Kaiser sofort begnadigt. Dieses über Oberösterreich hinaus aufsehenerregende Geschehen führte 1868/69 in mehreren oberösterreichischen Städten und Märkten zur Gründung von lokalen liberalen Vereinen. Als der 1869 in Linz unter dem Obmann Dr. Karl Wiser gebildete „liberal-politische Verein" 1870 seine Tätigkeit auf ganz Oberösterreich ausdehnte, war der Entstehungsprozeß der ersten politischen Partei des Landes abgeschlossen. Dem „liberal-politischen Verein für Oberösterreich", dessen Gesinnungsgenossen in der Landtagskurie des Großgrundbesitzes sich „Verfassungstreue" nannten, stand die 1865 als Tageszeitung gegründete Linzer „Tages-Post" nahe. Die Anhänger dieser bürgerlich-liberalen, antiklerikal und national gesinnten Partei konzentrierten sich bald auf die Städte und Märkte, besonders auf Linz, Ried im Innkreis und Steyr. Als ihre nationale Ideologie nach den deutschen Siegen über Frankreich von 1870/71 besonders deutlich zutage trat, warf man ihnen von konservativer Seite ein unösterreichisches „Großpreußentum" vor.

Auf die Formierung des Liberalismus hatte der oberösterreichische politische Katholizismus um die Jahreswende 1869/70 mit der Konstituierung des „Katholischen Volksvereins für Oberösterreich" geantwortet, der die bisher in zahlreichen Vereinen organisierten katholischen Kräfte sowohl für den innerkirchlichen Bereich als auch zur politischen Verteidigung der kirchlichen Interessen zusammenfassen sollte. Gründungspräsident war Graf Heinrich von Brandis; als Presseorgan stand das 1869 gegründete „Linzer Volksblatt" zur Verfügung. Im Gegensatz zu der eher elitärbürgerlichen liberalen Partei war der politische Flügel des „Volksvereins", der verschiedentlich auch als „Conservative Rechtspartei", „Konservative Partei", „Deutsch-Konservative" und „Katholische Volkspartei" bezeichnet wurde, eine Massenpartei, die sich vor allem auf die große Gruppe der bäuerlichen Landbevölkerung, später auch auf kleine Gewerbetreibende und auf die erstarkende katholische Arbeiterschaft stützte. Die Führung der Partei lag anfänglich beim Klerus — 1870 waren von 21 konservativen Landtagsabgeordneten sieben Priester, von den sieben Landeshauptleuten vor 1918 war Lebschy Abt von Schlägl, Leonhard Achleuthner (1884—1897) Abt von Kremsmünster und Johann Nepomuk Hauser (1908—1927) Weltpriester — und beim Adel. Allmählich ging sie jedoch auf eine jüngere Akademikergeneration über, die bereits an den Universitäten als Mitglieder katholischer Studentenverbindungen die Auseinandersetzung mit der liberal-deutschnationalen Ideologie aufgenommen hatte.

Während das katholisch-konservative Lager nicht zuletzt durch die Gründung des „Katholischen Preßvereins der Diözese Linz" (1870), den Ankauf liberaler Zeitungen und die Gründung des OÖ. Volkskredits (1872/73) seinen Einfluß ausweiten konnte — von September bis Dezember 1871 gab es sogar kurzfristig eine konservative Landtagsmehrheit —, geriet die liberale Partei zusehends in die Defensive. 1880/81 entstand ihr im ländlichen Bereich durch den auf Initiative der schillernden Persönlichkeit des Bauernsohnes und Redakteurs Hans Kirchmayr aus Hörsching gegründeten „OÖ. Bauernverein" eine antiklerikale, radikal deutschnationale und antisemitische Konkurrenz, die an die Tradition der oberösterreichischen Bauernkriege und die „Bauernbefreiung" unter Kaiser Joseph II. erinnerte. Diese dritte oberösterreichische Partei mit dem Sitz in der „Bauernstadt" Wels, die 1882 den Reichsratsabgeordneten Georg von Schönerer zu ihrem Ehrenmitglied machte, fand besonders bei Großbauern, bei der ländlichen Intelligenz und bei Protestanten Anklang. Obwohl sie in Oberösterreich über 10 bis 25 Prozent der Wählerstimmen verfügte, damit vor 1907 die zweitstärkste Partei im Lande war und von diesem Jahre bis 1933 (seit 1919 als „Freiheits- und Ordnungspartei" bzw. „Landbund") den dritten Rang innehatte, konnte sie vor dem Ersten Weltkrieg bei Wahlen aufgrund des bestehenden Wahlrechts nie ein einziges Mandat erringen. Viel bedrohlicher für die liberale Partei wurde daher eine um 1880 beginnende innerparteiliche Krise, die unter dem immer stärker werdenden deutschnational-antisemitischen Einfluß einer jüngeren, akademisch gebildeten Generation zur Umwandlung und Zersetzung führte. Die radikal-nationalen Zielsetzungen der neuen Richtung kamen bereits in dem 1882 von Georg von Schönerer, Heinrich Friedjung, den späteren Sozialdemokraten Viktor Adler und Engelbert Pernerstorfer u. a. entworfenen, von der Statthalterei mit Veröffentlichungsverbot belegten „Linzer Programm" für eine zu gründende „Deutsche Volkspartei" zum Ausdruck. Im Zuge dieser Entwicklung wurde der „liberal-politische Verein" 1885 nach dem Verlust der Landtagsmehrheit (Mandatsverteilung 1884: 33 Katholisch-Konservative, 17 Liberale) in „Deutscher Verein für Oberösterreich" („Deutsch-Liberale") umbenannt, der später auch als „Fortschrittspartei" auftrat. 1888 spaltete sich die jüngere deutschnational-antisemitische Gruppe von der (alt-) liberalen Partei durch die Gründung des „Deutschnationalen Vereins für Oberösterreich und Salzburg" unter dem mit Schönerer befreundeten Obmann Dr. Karl Beurle ab. Dieser zog 1890 mit konservativer Hilfe als einziger Deutschnationaler in den oberösterreichischen Landtag ein. In der Folge gelang es Beurle, der seine Partei in den „Deutschen Volksverein für Oberösterreich" verwandelte, die liberale Partei auszuhöhlen und deren Wählerschichten allmählich auf die deutschnationale Seite zu ziehen. Nachdem beide Parteien seit 1896 zusammengearbeitet hatten – die Konservativen sprachen daraufhin von der „Deutsch-Liberal jüdischen Kompromißpartei" –, ging die liberale Fortschrittspartei 1909 in dem als national-freiheitliche Sammelpartei neugegründeten „Deutschen Volksbund in Oberösterreich" auf. Die freiwillige Selbstauflösung des Deutschen Vereins am 3. Mai 1909 bedeutete das Ende der liberalen Partei in Oberösterreich. Dieser Entwicklungsprozeß wird durch die Landtagswahlergebnisse verdeutlicht: 1896 – 32 Katholisch-Konservative, 13 Liberale, 2 Deutschnationale, 2 Vertreter der Gewerbepartei; 1902 – 29 Katholisch-Konservative, 11 Liberale, 8 Deutschnationale, 1 Unabhängiger; 1909 – 47 Christlichsoziale, 20 Deutsch-Freiheitliche (Deutschnationale und Liberale), 1 Sozialdemokrat.

Doch auch der „Katholische Volksverein", dessen politische Führung sich 1878 erstmals klar zum Verfassungsstaat bekannt hatte und der seit 1884 über eine katholisch-konservative Mehrheit im Landtag verfügte, mußte einen Wandel mitmachen. Seit 1890 vollzog sich in Oberösterreich unter der Führung des späteren Landeshauptmannes Dr. Alfred Ebenhoch (1898–1907), eines gebürtigen Vorarlbergers, ohne größere interne Auseinandersetzungen eine schrittweise Annäherung der Katholisch-Konservativen an die von Wien ausgegangene, von einem Kreis um den Sozialreformer Karl von Vogelsang im Sinne einer christlichen Soziallehre ideologisch geprägte Christlichsoziale Partei. Das führte 1896 zur Annahme des Namens „Katholische Volkspartei" und 1907 nach der gewonnenen Reichsratswahl zur Vereinigung mit der Christlichsozialen Partei. Unter diesem Namen gewann die gemäßigt antisemitische, weiterhin dem Volksverein verbundene Partei die letzten Wahlen in Oberösterreich vor dem Ersten Weltkrieg überzeugend. Ihre Anhängerschaft bestand hauptsächlich aus der bäuerlich-ländlichen Bevölkerung und den christlichen Arbeitern, die an der Jahrhundertwende in zunehmendem

Maße in zumeist unpolitischen katholischen Arbeitervereinen und in christlichen Gewerkschaften organisiert wurden. Der erste katholische Arbeiterverein Oberösterreichs war 1875 in Steyr entstanden, 1883 folgte einer in Ebensee. Die große Gründungswelle begann jedoch nach der Sozialenzyklika Papst Leos XIII. von 1891.
Die vom Wahlrecht benachteiligten Sozialdemokraten stellten sich erstmals 1896 einer Landtagswahl. Die Anfänge dieser Partei in Oberösterreich reichen aber viel weiter zurück. Es dauerte allerdings Jahrzehnte, ehe aus einer Arbeiterbewegung eine festgefügte Parteiorganisation gebildet werden konnte. Vorläufer waren die zahlreichen, nach dem Vereinsgesetz von 1867 entstandenen, durch ihre behördlich genehmigten Statuten zu unpolitischer Tätigkeit verpflichteten Arbeiterbildungs-, Konsum-, Unterstützungs- und gewerkschaftlichen Fachvereine, die häufig auf Initiative sozial engagierter Liberaler oder mit liberaler Unterstützung gegründet wurden. Sie sollten nicht nur die geistigen und materiellen Interessen des Arbeiterstandes wahren und fördern, sondern auch ein Gegengewicht zu der katholischen Vereinstätigkeit bilden. Die ersten der antiklerikal eingestellten Arbeiterbildungsvereine entstanden in den Jahren 1868 bis 1873 in Hallstatt, Goisern, Wels, Linz, Steyr, Haslach, Mauthausen, Perg, Enns, Ried im Innkreis und Reichraming. 1868 ist das Gründungsjahr der ältesten Arbeiterkonsumvereine in Hallstatt, Ebensee, Goisern und Ischl. Auf der Grundlage dieses vielfältigen Vereinswesens und des 1870 mit liberaler Hilfe erreichten freien Koalitionsrechtes für Arbeiter konnte in Oberösterreich nur langsam eine organisierte politische Arbeiterbewegung entstehen. Eine beachtliche Rolle spielten dabei auch Arbeiter aus Böhmen, die mit der zunehmenden Industrialisierung in das Land gekommen waren. Hemmend wirkten außer der Wirtschaftskrise vor allem die im Vergleich zu anderen politischen Bewegungen viel stärkere Überwachung und der Druck der mißtrauischen Behörden, die mit Versammlungs- und Vereinsverboten, Verhaftungen und anderen restriktiven Maßnahmen auf politische Agitation und zeitweilige radikale Aktion reagierten, sowie die eigene Uneinigkeit der Arbeiterbewegung infolge ideologischer Richtungskämpfe, die in den achtziger Jahren sogar zur Spaltung führten. Den radikalen, durch Zuwanderer aus Wien und Niederösterreich gestärkten, revolutionär-anarchistischen Gruppen mit den Zentren in Steyr, Linz, Traun und St. Martin (b. Traun) standen die Vertreter der gemäßigten, reformerischen Richtung um Anton Weiguny u. a. gegenüber, die sich erst seit 1888 endgültig durchsetzen konnten.
Unter diesen Umständen vollzogen sich in Oberösterreich die Entstehung der Sozialdemokratischen Partei und der Ausbau ihrer Organisa-

tion schrittweise: Am 19. oder 20. September 1868 war in Linz ein „Komitee, welches für die Bestrebungen der Sozialdemokratischen Partei tätig sein wird", gebildet worden. 1874 entstand eine Art Landesorganisation der Partei, die sich hauptsächlich auf die Städte Linz, Steyr, Wels, Enns und Ried im Innkreis stützte. 1885 erhielt die Bewegung der Radikalen eine Exekutivkomitee genannte Parteileitung. Am 22. November 1891 veranstaltete die auf dem Hainfelder Parteitag 1888/89 geeinigte Sozialdemokratische Partei in Linz ihre erste Landeskonferenz für Oberösterreich und Salzburg. Seit 1893 verfügte die Partei über eine Bezirksorganisation, die sich über das gesamte Land Oberösterreich erstreckte; im Jahre 1900 gab es neben der Parteiorganisation drei politische und zwölf gewerkschaftliche Vereine, drei Bildungs- und zwei Gesangsvereine sowie je einen Touristen- und Frauenverein. Eigenständiges Presseorgan war die seit 1897 herausgegebene Zeitung „Wahrheit", aus der 1916 das Linzer „Tagblatt" hervorging. Als die Sozialdemokraten 1896 erstmals in Oberösterreich für eine (Landtags-)Wahl kandidierten, erhielten sie in der Wählerklasse der Städte und Industrieorte 159 Stimmen; 1902 waren es in ganz Oberösterreich ungefähr 1900 Stimmen. Der erste Sozialdemokrat zog 1909 nach der Einführung der allgemeinen Wählerklasse in den oberösterreichischen Landtag ein. Bei der Reichsratswahl 1907 wurden für die Sozialdemokratische Partei 21.528 Stimmen (13,19%) abgegeben, wodurch sie drei Mandate gewann und die an Stimmen zweitstärkste Partei Oberösterreichs wurde. Bei der letzten Reichsratswahl vor dem Ersten Weltkrieg im Jahre 1911 erzielte sie zwei Mandate. Zwischen 1890 und 1895 waren die Feiern zum 1. Mai in Oberösterreich durchgesetzt worden. Die neben den bisher genannten Parteien in Oberösterreich auftretenden kleinen politischen Gruppierungen wie die Alldeutsche Partei, die Deutschradikale Partei, die Gewerbepartei u. a. blieben bedeutungslos.

Als man 1879 die hundertjährige Zugehörigkeit des Innviertels zu Oberösterreich feierte, zeigte Landeshauptmann Dr. Eigner Verständnis für die alte Anhänglichkeit der Innviertler an Bayern. Gerüchte über eine Rückkehr dieses Landesteiles zu Bayern waren bereits 1833 nach einem Treffen des Kaisers mit dem bayerischen König in Linz und 1866/67 nach der österreichischen Niederlage gegen Preußen entstanden. Ein Teil der Innviertler Bevölkerung sympathisierte nicht nur wegen der niedrigeren Steuern noch immer mit Bayern. Kurz vor der Jahrhundertwende begannen sich die Nationalitätenprobleme des habsburgischen Vielvölkerstaates unmittelbar auf Oberösterreich auszuwirken, obwohl hier der Ausländeranteil stets sehr gering war. Die stärkste Gruppe bildeten die seit 1825 im Zusammenhang mit dem Bau der Eisenbahn Linz–Budweis zugewanderten Tschechen, deren Zahl 1858 um 2000 betrug. 1890 lebten 3709 Böhmen, Mährer und Slowaken in Oberösterreich. 1910 waren es nur mehr 1953 (0,23%), neben denen es noch 0,04% Polen und je 0,01% Ukrainer, Slowenen und Italiener gab. Nach den Sprachenverordnungen, die der Ministerpräsident Graf Kasimir Badeni 1897 für Böhmen und Mähren erließ, spielten in Oberösterreich besonders die nationalen Parteien und Gruppierungen die tschechische Einwanderung zum Problem hoch, indem sie an tschechischen Predigten in Linzer Kirchen und am Erwerb einzelner Bauernhöfe im Mühlviertel, im Kremstal und in der Gegend von Steyr durch Tschechen Anstoß nahmen. Wiederholte deutschnationale, liberale und katholisch-konservative Initiativen im Landtag zur Einführung der deutschen Sprache als alleiniger Unterrichts- und Amtssprache in Oberösterreich hatten erst 1909 im Zusammenwirken mit den Kronländern Österreich unter der Enns, Salzburg und Vorarlberg Erfolg, als der Kaiser Landesgesetze über die deutsche Unterrichtssprache an Realschulen und Lehrerbildungsanstalten sowie über die deutsche Amtssprache genehmigte. Man sprach von „nationalen Schutzgesetzen".

Konfessionelle Verhältnisse

Die katholische Kirche verlor in den sechziger und siebziger Jahren durch die Ehe-, Schul- und Kirchengesetzgebung der liberalen österreichischen Regierung wieder ihren Vorrang und ihren starken Einfluß im staatlichen Bereich. Der in Österreich herrschende „Kulturkampf" führte zu besonders heftigen Auseinandersetzungen um die Maigesetze von 1868 und um die Verkündigung des Dogmas der päpstlichen Unfehlbarkeit im Jahre 1870, das die einseitige Aufkündigung des Konkordates durch Österreich zur Folge hatte. Dieses Dogma stieß besonders in liberalen und nationalen Kreisen auf Ablehnung, zum Teil aber auch in katholischen und kirchlichen. Die sich daraufhin bildende Gegenbewegung der sogenannten Altkatholiken, die in Bayern um Ignaz von Döllinger besonders stark war, fand auch in Oberösterreich Anhänger. Im Herbst 1871 bildete sich in Ried im Innkreis auf Betreiben des liberal-politischen Vereins und der Stadtgemeinde eine kleine altkatholische Gemeinde mit ungefähr 360 Mitgliedern. Die Pfarre Ried blieb auch später das Zentrum der neuen, 1877 staatlich anerkannten Religionsgemeinschaft, die um die Jahrhundertwende durch die politisch bedingte „Los-von-Rom-Bewegung" Georg von Schönerers weiteren Zuwachs erhielt. Es entstanden Filialgemeinden in Linz (1906), Salzburg, Steyr (1941), wo bereits seit 1912

Abb. 33. Bau des Linzer Maria-Empfängnis-Domes.

Abb. 34. Landesvilla (erbaut 1912—1914), Bad Hall.

Abb. 35. Josef-Werndl-Denkmal, Steyr.

Abb. 36. Der Linzer Hauptplatz um 1900.

Abb. 37. Demonstration in Linz im Herbst 1918.

altkatholische Gottesdienste gefeiert wurden, und Gmunden. 1913 wurden in Ried, Linz und Salzburg insgesamt 1.138 Altkatholiken gezählt.

Die katholische Kirche erlitt durch diese Abspaltung keine nennenswerten Einbußen (1880 gehörten ihr 97,63% der oberösterreichischen Bevölkerung an, 1910 waren es 97,31%) und konnte ihre Stellung im Bereich der Orden und der karitativen Einrichtungen (Krankenhäuser, Heime für Taubstumme und Blinde, Kinderkrippen u. a.) weiter ausbauen. Im Jahre 1883 bestanden in Oberösterreich 20 Männer- und 53 Frauenklöster. Der erste aus Oberösterreich stammende Linzer Bischof Dr. Franz Maria Doppelbauer (1889—1908), der frühere Sekretär Bischof Rudigiers, wirkte in dessen Sinne weiter und errichtete u. a. das bischöfliche Gymnasium „Collegium Petrinum" in Urfahr (1895—1897) sowie Lehrerbildungsanstalten in Vöcklabruck (1894) und Linz (1904). Auch österreichische Katholikentage wurden jetzt wieder in Linz abgehalten (1892 und 1913).

Den österreichischen Protestanten hatte das kaiserliche „Protestantenpatent" vom 9. April 1861 die Befreiung von den bisherigen Beschränkungen und die Gleichberechtigung mit den Katholiken gebracht. Es schuf eine vierstufige protestantische Kirchenorganisation, die in Oberösterreich die Zusammenfassung der Pfarrgemeinden in die beiden, dem Superintendenten untergeordneten Seniorate des Oberlandes (einschließlich salzburgischer und Tiroler Pfarren) und des Unterlandes zur Folge hatte. Neue Gemeinden entstanden im Oberland in Salzburg (1863), Gmunden und Vöcklabruck (1870), Innsbruck und Meran (1876), Braunau am Inn (1900) und Bad Ischl (1902), im Unterland in Gallneukirchen (1871) und Steyr (1877). Da sich darin im wesentlichen der Zuzug der ländlichen Bevölkerung in die Städte widerspiegelt – nur nach Linz und Steyr waren deutsche Arbeiter eingewandert, in Gmunden siedelte sich das Hannoveraner Königshaus an –, erhöhte sich die Gesamtzahl der oberösterreichischen Protestanten wenig: 1869 – 15.503 AB und 122 HB (insgesamt 2,14% der Gesamtbevölkerung), 1914 – 21.156 Protestanten (2,48%). Die „Los-von-Rom-Bewegung" hatte in den Städten eine Reihe von liberalen und deutschnationalen Akademiker- und Kaufmannsfamilien zum Eintritt veranlaßt. Die oberösterreichischen Gemeinden waren häufig auf finanzielle Unterstützung und auf Pfarrer aus Deutschland angewiesen; die karitative Tätigkeit vollzog sich anfänglich weitgehend im privaten Bereich. Seit 1873 wurde Gallneukirchen Zentrum der weit über Oberösterreich ausstrahlenden „Inneren Mission". 1906 konnte ein evangelisches Krankenhaus in Linz eröffnet werden, 1909 begannen die Diakonissen in Gallneukirchen ihre erfolgreiche Arbeit.

Die seit 1867 als Staatsbürger rechtlich gleichgestellten Juden wurden 1890 vom Staat als Religionsgemeinschaft anerkannt und organisiert. Die bereits 1866 behördlich genehmigte jüdische Kultusgenossenschaft in Linz erhielt 1870 den Status einer Kultusgemeinde. Als „Israelitische Kultusgemeinde Linz-Urfahr" wurde sie zur Zentrale für ganz Oberösterreich und Salzburg. 1892/93 verselbständigte sich die „Israelitische Kultusgemeinde Steyr", die die politischen Bezirke Steyr und Kirchdorf a. d. Krems umfaßte, 1911 gelang dies auch der Salzburger Gemeinde nach längerem Bemühen. Im Jahre 1890 lebten 1036 Personen jüdischen Glaubens in Oberösterreich, davon 492 in Linz. 1905 gehörten der Israelitischen Kultusgemeinde Linz 361 Personen an, von denen 224 in Linz und Urfahr, 63 im übrigen Oberösterreich und 74 in Salzburg wohnten.

Im Ersten Weltkrieg

Wie überall wich auch in Oberösterreich die patriotische Begeisterung, die beim Ausbruch des Ersten Weltkrieges (1914–1918) geherrscht hatte, rasch einer Ernüchterung, zumal die Zahl der Gefallenen anfänglich sehr hoch war und noch im Jahre 1914 die ersten Maßnahmen zur Zwangsbewirtschaftung ergriffen wurden. Die Bevölkerung mußte sich bald auf ein Leben mit Lebensmittel- und Kleiderkarten, mehreren fleisch- und fettlosen Tagen pro Woche und anderen durch Verknappung und Rationierung bedingten Beschränkungen einstellen. Der mit dem Landesausschuß weiter amtierende Landeshauptmann Prälat Johann Nepomuk Hauser (1908–1927) bemühte sich, Übergriffe der in Oberösterreich errichteten staatlichen Wirtschaftszentralen und der militärischen Bürokratie zu verhindern. Auch verschiedene Landesstellen und Fachkommissionen wurden als Wirtschaftslenkungsorgane geschaffen. Der oberösterreichische Landtag hingegen war infolge des Krieges vorläufig aufgehoben (sistiert) worden. Nach dem Tod Kaiser Franz Josefs I. am 21. November 1916 huldigte der Landesausschuß von Oberösterreich am 31. Jänner 1917 in der Wiener Hofburg dem neuen Herrscher Karl I. (1916–1918).
Die Versorgungslage des Agrarlandes Oberösterreich blieb trotz eines Rückganges der landwirtschaftlichen Produktion und verschiedener Mangelerscheinungen insgesamt relativ günstig. Schwierigkeiten bei der Versorgung gab es insbesondere in den städtischen und industriellen Ballungsräumen und im Salzkammergut. Hier kam es auch bereits seit Oktober 1915 immer wieder zu Protestaktionen und Demonstrationen der Bevölkerung, die vor allem unter den großen Preissteigerungen litt.

Gegen Ende des Krieges machten sich der Unmut und die zunehmende Kriegsmüdigkeit auch in Arbeiterstreiks in Linz und Steyr (Jänner 1918), Bad Ischl und Ebensee (August 1918) bemerkbar. Die insgesamt acht zur Zeichnung aufgelegten Kriegsanleihen fanden in Oberösterreich große Unterstützung. Sehr unterschiedlich war die Lage der Industrie. Heereslieferanten und Erzeuger von Rüstungsartikel erlebten einen Aufschwung, andere Branchen litten unter Rohstoffmangel und Verlust ihrer ausländischen Absatzgebiete. Zu den Auswirkungen des Krieges auf Oberösterreich gehörte weiters die Errichtung großer Lager für kriegsgefangene Russen, Serben und Italiener in Braunau am Inn, Wegscheid (b. Linz), Kleinmünchen, Mauthausen, Marchtrenk, Aschach a. d. Donau und Freistadt. In Mauthausen, wo bis zu 15.000 Gefangene untergebracht waren, und Aschach starben viele Serben an Ruhr, Typhus und Fleckfieber. Zu den Opfern zählte auch der Linzer Bischof Dr. Rudolf Hittmair (1909–1915), der in der Krankenpflege und Gefangenenseelsorge tätig war. Außerdem lebten zahlreiche Flüchtlinge – im April 1918 wurden 17.920 gezählt –, die der Krieg aus ihrer Heimat vertrieben hatte, und Internierte in Lagern in Schärding, bei Braunau am Inn (hier 15.000 Südtiroler) und in der Katzenau bei Linz. Die Kriegsgefangenen und Internierten, deren Versorgung Probleme schuf, wurden bald zum Arbeitseinsatz im Bergbau, in der Industrie und vor allem in der Landwirtschaft herangezogen. Spannungen entstanden nur zwischen der einheimischen Bevölkerung und jüdischen Flüchtlingen aus dem Osten. Für verwundete und kranke Soldaten wurden im ganzen Land viele öffentliche, kirchliche und private Bauten als Pflegestätten und Spitäler zur Verfügung gestellt. Zahlreiche Institutionen stellten sich in den Dienst der Fürsorge für Soldaten und für die notleidende Bevölkerung, die noch dazu im Sommer und Herbst 1918 von einer zahlreiche Todesopfer fordernden Epidemie der „spanischen Grippe" heimgesucht wurde.
Als im Herbst 1918 die Österreichisch-Ungarische Monarchie zusammenbrach, blieben Unruhen unter den in Oberösterreich befindlichen Kriegsgefangenen ebenso aus wie bei der im allgemeinen geordneten Rückkehr und Auflösung der oberösterreichischen Truppenverbände. Nach vier Kriegsjahren beklagte Oberösterreich allerdings insgesamt 22.500 gefallene und vermißte Soldaten. Oberösterreicher, die in italienische Kriegsgefangenschaft geraten waren, kehrten bis 1919 wieder in die Heimat zurück.

## Wirtschaftliche und soziale Verhältnisse

Oberösterreichs Bevölkerung hatte seit der Mitte des 19. Jahrhunderts langsam zugenommen (1851 — 715.919, 1900 — 810.246, 1914 — 857.807). Die Abwanderung nach Niederösterreich und die auch nach der Periode des Neoabsolutismus aus wirtschaftlichen Gründen fortgesetzte Auswanderung in europäische und amerikanische Staaten wurden durch die hauptsächlich aus Böhmen kommenden, vorwiegend in die Städte strömenden Einwanderer ziemlich ausgeglichen. Innerhalb der Landesgrenzen zog der industrialisierte oberösterreichische Zentralraum mit den großen Städten stets Zuwanderer aus den Randgebieten an. Eine starke Zunahme der Einwohnerzahlen verzeichneten die Städte Linz (1857 — 27.628, 1890 — 47.865, um 1914 — 64.190) und Steyr (10.752, 21.499, 17.672). Mit deutlichem Abstand folgten als nächstgrößte Siedlungen die Stadt Wels (6026, 10.118, 16.200) und der Markt Bad Ischl (6215, 8472, 10.188). Eine Rangerhöhung erfuhren die vom Kaiser zu Städten erhobenen Märkte Ried im Innkreis (1857) und Urfahr (1882). Die Leistungen der oberösterreichischen Bevölkerung an direkten und indirekten Steuern sowie an Abgaben für den Gesamtstaat waren stets höher als jene Beträge, die der Staat für Oberösterreich aufwendete. Dadurch entgingen dem Land wichtige Impulse für das Wirtschaftswachstum und die Industrialisierung. Erst im 20. Jahrhundert nahmen die Ausgaben von Staat, Land und Gemeinden zur Förderung der sogenannten Infrastruktur stärker zu. Zur Bedeckung des aus verschiedenen Fonds (Landes-, Schul-, Grundentlastungs-) gespeisten Landeshaushalts und als Gemeindesteuer dienten verschiedene prozentuelle Zuschläge pro Gulden direkter staatlicher Steuer bzw. auf Grund-, Hausklassen-, Erwerbs- und Einkommensteuer. War der Landeszuschlag höher als 10 Prozent, mußte er vom Kaiser genehmigt werden; die Höhe des Gemeindezuschlages setzte der Landesausschuß fest. Von den indirekten Verkehrs- und Verbrauchssteuern sowie Abgaben, die insgesamt ein wesentlich höheres Aufkommen erbrachten als die direkten Steuern, erregten besonders die Biersteuer und die Verzehrungssteuer den Unwillen der davon am meisten betroffenen unteren Bevölkerungsschichten. Empfindliche Steuererhöhungen mußte der Staat in Kriegs- und Nachkriegszeiten vornehmen. Nach dem unglücklichen Ausgang des Krieges von 1866 wurden zur Deckung der Staatsschulden große staatliche Forste verkauft wie der Kobernaußerwald, den 1868 der Habsburgische Familienfonds erstand, der ebenfalls 1779 aus landesfürstlich-bayerischem Besitz erworbene Weilhart (1869) und ein Teil der Wälder der Innerberger Hauptgewerkschaft (1873).

Die Wirtschaft stand nach 1848/49 auch während des reaktionären politischen Systems des Neoabsolutismus, der zur Überwindung der Krisen der fünfziger Jahre ein leistungsfähiges und modernes Staatswesen anstrebte, im Zeichen des für größtmögliche Freiheit eintretenden Liberalismus. In den größeren Städten und Märkten des Landes gründete man aus sozialpolitischen Motiven und zur Deckung des steigenden lokalen Kreditbedarfes die ersten Sparkassen. Das älteste Institut dieser Art ist die Allgemeine Sparkasse (und Leihanstalt) in Linz, die 1849 nach längerem Bemühen eröffnet wurde. 1853 kam es zur Gründung eines eigenständigen OÖ. Gewerbevereins. Später entstanden zur Vertretung der Interessen der Kaufmannschaft kaufmännische Vereine in Linz (1868), Wels und Gmunden. Seit 1858 wurden in Linz, seit 1878 abwechselnd mit Wels, Volksfeste veranstaltet, die mit gewerblichen und landwirtschaftlichen Ausstellungen verbunden waren. Zu den wichtigsten wirtschaftspolitischen Maßnahmen der Regierung zählte das Zugeständnis der beruflichen Selbstverwaltung der vorwiegend liberalen Handels-und Gewerbetreibenden in der 1851 geschaffenen, überaus initiativen oberösterreichischen Handels- und Gewerbekammer, die vor 1861 als einzige frei gewählte Körperschaft und danach als eigene Landtagskurie auch politisch sehr bedeutsam war. Das fortschrittliche österreichische Gewerbegesetz von 1859, das die aus dem Mittelalter stammende Einrichtung der Zünfte beseitigte bzw. durch berufsständische Genossenschaften ersetzte und weitgehende Gewerbefreiheit gewährte, blieb nach mehreren Novellierungen bis 1974 in Geltung.

Die negativen Folgen des preußisch-österreichischen Krieges von 1866 veranlaßten die nunmehr liberale österreichische Regierung zu verstärkten wirtschaftsfördernden Anstrengungen, die zum Konjunkturaufschwung der sogenannten „Gründerjahre" bis zur Krise des Jahres 1873 beitrugen. Nachdem bereits 1850 die innerstaatlichen Zollschranken gegenüber Ungarn beseitigt worden waren, baute man jetzt die internationalen Handelsbeziehungen durch Lockerung bzw. Abbau der Zollgrenzen gegenüber anderen europäischen Staaten aus. Das junge Verkehrsmittel Eisenbahn wurde zu einem wichtigen Wirtschaftsfaktor.

In Oberösterreich entstand mit staatlicher Förderung langsam ein immer dichter werdendes Netz privater Eisenbahnlinien, von denen die wichtigsten seit 1879 schrittweise vom Staat übernommen wurden. Die größte Bedeutung gewann die 1856 bis 1860 von Wien über Linz nach Salzburg (und München) gebaute und 1861 um eine Zweiglinie von Wels nach Passau erweiterte, gemeinhin Westbahn genannte Kaiserin-Elisabeth-Bahn. Sie ersetzte zwischen Linz und Lambach die schon bestehende, ehemalige Pferdeeisenbahn von Linz nach Gmunden. Es folgten 1870 bis

1872 anstatt der bisherigen Pferdeeisenbahn Linz–Budweis die Linie St. Valentin–Gaisbach/Wartberg–Freistadt–Summerau–Budweis mit einem Anschluß von Gaisbach/Wartberg nach Linz (1873), 1871 eine Verbindung von Neumarkt/Kallham über Ried im Innkreis und Braunau am Inn nach Simbach (und München), 1872 die Kronprinz-Rudolf-Bahn von St. Valentin über Steyr, Kleinreifling (mit einem Anschluß nach Amstetten) und Hieflau nach Selzthal, 1875 bis 1878 deren Erweiterung von Stainach/Irdning im steirischen Ennstal durch das Salzkammergut über Bad Aussee, Hallstatt, Bad Ischl und Gmunden nach Attnang/Puchheim an der Westbahn, von wo eine Anschlußlinie über Ried im Innkreis nach Schärding gebaut wurde, 1878 die Strecke Steindorf–Mattighofen–Braunau am Inn, 1881 die Kremstalbahn von Linz nach Kremsmünster, die bis 1906 etappenweise bis zum steirischen Bahnhof Selzthal verlängert (Pyhrnbahn) die günstigste Verbindung von Linz nach Graz bildete. Dazu kamen zwischen 1886 und 1901 die Lokalbahnen von Wels nach Aschach a. d. Donau, nach Sattledt und Rohr sowie nach Grünau im Almtal, 1888 die Mühlkreisbahn von Urfahr nach Aigen/Schlägl und 1898 die Linie von (St. Valentin–)Mauthausen nach Grein, die 1909 an die Donauuferbahn nach Krems bzw. Wien angeschlossen wurde. Dieses Netz wurde bis zum Ausbruch des Ersten Weltkrieges durch zahlreiche, zumeist elektrifizierte private Lokalbahnen verdichtet, von denen die Linien Neumarkt/Kallham–Waizenkirchen–Peuerbach (1908) und Linz– Eferding–Waizenkirchen (1912) am wichtigsten wurden. Technisch bedeutsam war die 1893 von der Firma Stern & Hafferl gebaute Zahnradbahn auf den Schafberg. In dem allmählich entstandenen oberösterreichischen Eisenbahnnetz spielten die Bahnknotenpunkte Wels, das mit diesem rivalisierende Linz, das seit 1884 Sitz einer k. k. Eisenbahnbetriebsdirektion und seit 1896 einer k. k. Staatsbahndirektion war, St. Valentin und Attnang/Puchheim eine wichtige Rolle.
Gegen Ende des 19. Jahrhunderts schenkte man auch den Wasserstraßen wieder mehr Beachtung. Die gegenüber der Eisenbahn wirtschaftlichere Dampfschiffahrt auf der Donau wurde durch Flußregulierungen und die Beseitigung der letzten natürlichen Hindernisse im Donaustrudel bei Grein (um 1894) erleichtert. Neue eiserne Donaubrücken entstanden in Linz (1872 und 1900), Steyregg und Mauthausen. 1856 bis 1859 wurde erstmals eine Straßenverbindung zwischen Traunkirchen und Ebensee entlang des Traunsees geschaffen. In den ersten Jahrzehnten des 20. Jahrhunderts gewann das Netz der Landstraßen durch die langsam steigende Zahl der Automobile neue Bedeutung. Im Dezember 1907 nahmen die ersten Postautobusse auf der Linie Linz–Eferding den Verkehr auf. Die neuen Nachrichtensysteme der Telegraphie und Telephonie

*Wirtschaftliche und soziale Verhältnisse*

wurden zwar bereits 1846 bzw. 1885 (erstes privates Fernsprechnetz in Linz) in Oberösterreich eingeführt, jedoch nur sehr langsam ausgebaut. Trotz des fortschreitenden Industrialisierungsprozesses war Oberösterreich immer noch vorwiegend ein Agrarland, in dem vor Ausbruch des Ersten Weltkrieges mehr als die Hälfte der berufstätigen Bevölkerung in der Land- und Forstwirtschaft arbeitete (53% in Land- und Forstwirtschaft, 20% in Industrie und Gewerbe, 9% in Handel, Verkehr und Gastgewerbe, fast 18% im öffentlichen und Militärdienst sowie in freien Berufen). Von der landwirtschaftlichen Produktion konnten außer Landes abgesetzt werden: das bekannte oberösterreichische Kraut in Wien, Deutschland und Frankreich, Obst in Deutschland und Ungarn, Mühlviertler Hopfen und Weberkarden in Böhmen, Mähren und Deutschland. Hingegen war der vornehmlich auf das Mühlviertel beschränkte Flachsanbau im Rückgang begriffen. Für die intensivierte Viehhaltung und -zucht waren vor allem Kühe, Kälber, Mast- und Zugochsen, Schweine sowie die als Zugtiere benötigten Pferde interessant. Schlachtrinder wurden nach Wien verkauft, aber auch nach Deutschland und Frankreich ausgeführt. Die wichtigsten Viehmärkte des Landes waren Timelkam, Frankenmarkt, Schwanenstadt, Mondsee und Leonfelden, für Vieh und Landesprodukte von Bedeutung waren die verschiedenen Märkte von Wels und Urfahr. Linz übernahm, nicht zuletzt wegen der 1878 hier gegründeten Fruchtbörse, in der Zeit vor dem Ersten Weltkrieg die Rolle eines Zentrums des Getreidehandels für die gesamte Monarchie. Holz aus Oberösterreich wurde nach Wien sowie nach Nord- und Süddeutschland geliefert.

Die Lage der Bauern hatte sich nach 1848 durch die Aufhebung des Untertänigkeitsverhältnisses und die Grundentlastung von bäuerlichen Diensten und Abgaben (Zehent, Robot, Natural- und Geldabgaben) entscheidend verändert. Anstöße dazu hatten in Oberösterreich bereits vor der Initiative Hans Kudlichs im Jahre 1848 der Rentmeister der Herrschaft Wolfsegg Karl Platte und Graf Adolf Ludwig von Barth-Barthenheim 1846/47 gegeben. Die Landstände waren allerdings damals auf diese Vorschläge nicht eingegangen. Nun aber waren dem kaiserlichen Patent vom 7. September 1848 am 4. März bzw. am 4. Oktober 1849 Durchführungsbestimmungen gefolgt, die zwischen nichtablösepflichtigen Leistungen an den (ehemaligen) Grundherrn als Gerichts- und Verwaltungsbehörde, mit „billiger Entschädigung" ablösepflichtigen Diensten und Leistungen wegen Überlassung von Grund und Boden durch den Grundherrn und ebenfalls abzulösenden Naturalleistungen an Gemeinden, Schulen und Kirchen unterschieden. Während für die Geldablöse der

letzteren der Bauer allein aufzukommen hatte, bestand die „billige Entschädigung" des „berechtigten Grundherrn" in einer Drittelung der durch Kapitalisierung der jährlichen Leistungen und Abgaben auf 20 Jahre berechneten Entschädigungssumme: Auf ein Drittel mußte der Grundherr verzichten, ein Drittel zahlte die öffentliche Hand und ein Drittel mußte der „verpflichtete Bauer" bezahlen. Außerdem übernahm der Staat die Kosten für die Ablösung der Besitzveränderungsgebühren, die in Oberösterreich die größte Belastung für die Bauern dargestellt hatten. Nach diesem Schema wurde die Grundentlastung von einer dafür eingesetzten Landeskommission und 15 Bezirkskommissionen zwischen 1849 und 1853 durchgeführt; länger dauerte die Grundlastenablösung gegenüber Gemeinden, Schulen und Kirchen. Insgesamt standen 145.244 verpflichteten Bauern 5.601 berechtigte (ehemalige) Grundherren gegenüber. Die gesamten Entschädigungskosten betrugen rund 20 Millionen Gulden, wovon 7,2 Millionen auf die Bauern, 6,9 Millionen auf das Kronland Oberösterreich und 5,3 Millionen auf den Staat entfielen. Im Durchschnitt hatte ein Bauer rund 50 Gulden zu bezahlen und ein Grundherr rund 3460 Gulden zu bekommen. Zur Erleichterung der Abwicklung wurde ein Landesfonds gegründet, in den das Land das Drittel der öffentlichen Hand, der Staat die Kosten der Veränderungsgebühren und die Bauern in 20 Jahresraten die auf sie entfallenden Ablösen einzahlten. Bis zur endgültigen Tilgung aller Schulden im Jahre 1896 erhöhte sich allerdings der Gesamtkostenanteil des Landes auf über 10 Millionen Gulden. Die ehemaligen Grundherren erhielten vom Grundentlastungsfonds verzinste und verlosbare Schuldverschreibungen.
Während die Grundentlastung alles in allem bauernfreundlich durchgeführt worden war, begünstigte die durch ein kaiserliches Patent aus dem Jahre 1853 geregelte Ablösung und Regulierung der bäuerlichen Wald- und Weideservitute die früheren Grundherren, unter denen der Staat als größter Forstbesitzer Hauptbeteiligter war. Die sich daraus ergebenden Probleme wirkten bis in die Zeit nach dem Zweiten Weltkrieg nach. Die letzte, aus dem Mittelalter stammende Bindung der Bauern beseitigten Reichsgesetze über die Aufhebung der ursprünglich mit bestimmten Leistungen für einen Herrn verbundenen, in Oberösterreich nicht sehr zahlreichen Leheneigenschaft für sogenannte Beutellehen (1862) bzw. für alle nach Lehensrecht vergebenen Bauernhöfe (1868). In diesem Jahr wurden im Sinne des Liberalismus auch der von Maria Theresia und Joseph II. zum Schutz vor Besitzzersplitterung eingeführte Bestiftungszwang, der den Verkauf von Grundstücken bäuerlicher Güter und die Besitzteilung bei Übergabe verboten hatte, sowie das Gesetz über den Wucher aufgehoben.

Die aus dem Verband der Grundherrschaft entlassenen Bauern, die nun freie Besitzer ihrer Gründe waren, fanden sich im allgemeinen mit den neuen Verhältnissen gut zurecht, da sie selbständiges Wirtschaften schon seit langem gewohnt waren. Außerdem herrschte seit der Mitte des 19. Jahrhunderts eine europäische Agrarkonjunktur, die es vielen Flachlandbauern ermöglichte, ihre Grundlastenablöse bis in die sechziger Jahre abzuzahlen und ihre Höfe repräsentativ um- und auszubauen. Als aber seit den siebziger Jahren eine durch die ungarische und böhmische Konkurrenz und durch eine internationale Getreideüberproduktion bedingte, durch den Wirtschaftsliberalismus verschärfte Krise folgte, die bis gegen Ende des Jahrhunderts anhielt, verloren viele Bauern durch Verschuldung, Verkauf und Versteigerung ihre Güter. Ein Problem für sich stellte die ungerechte Ablösung und Regulierung der bäuerlichen Holzbezugs-, Streusammlungs- und Weiderechte (Servitute) besonders in den einst für die Salz- und Eisenerzeugung gewidmeten Waldgebieten des Salzkammergutes und der Herrschaft Steyr dar. In diesen Gebirgsgegenden wurde zahlreichen eingeforsteten Kleinbauern und Häuslern, die gleichzeitig durch den Prozeß der Industrialisierung und der Konzentration ihre bisherige Verdienstmöglichkeit als Holzarbeiter oder Köhler verloren, durch niedrige Ablösesummen und Einschränkung der Bezugsrechte die Existenzgrundlage entzogen. Auf diese Weise verschwanden viele kleinbäuerliche Anwesen in den großen Forst- und Jagdrevieren.

Zur Bekämpfung der wirtschaftlichen Schwierigkeiten ging man allmählich wieder zur Schutzzollpolitik, zuerst für Industrieerzeugnisse, später auch für landwirtschaftliche Produkte, über. In Oberösterreich bemühte sich die seit 1884 bestehende katholisch-konservative Landtagsmehrheit, die Lage der Bauernschaft zu verbessern. Zu den wichtigsten Reformmaßnahmen gehörte die Schaffung eines Landeskulturrates für Oberösterreich als Berufsvertretung der gesamten Landwirtschaft (1886), der die liberal beherrschte, bis 1927 existierende Landwirtschaftsgesellschaft bald an Bedeutung übertraf. Durch die Förderung genossenschaftlicher Kredit-Selbsthilfeorganisationen nach deutschen Vorbildern entstanden 1889 die ersten oberösterreichischen Raiffeisenkassen und im Jahre 1900 die OÖ. Genossenschafts-Zentralkasse. Der Bekämpfung der zunehmenden bäuerlichen Verschuldung diente auch die Errichtung der OÖ. Landes-Hypothekenanstalt (1891). Seit 1907 wurde im Rahmen der „Mühlviertler Aktion" versucht, die Viehzucht zu verbessern und zu fördern. Noch vor der Jahrhundertwende hatte sich die Agrarkrise infolge der Bevölkerungszunahme, der Industrialisierung und der verschiedenen Schutzmaßnahmen abzuschwächen begonnen. Um diese Zeit verzeichnete die Genossenschaftsidee mit der Gründung von örtlichen Teebutter-Verkaufsgenossenschaften, die sich im Jahre 1900 zur „Ersten Zentral-Teebutter-Verkaufsgenossenschaft" in Schärding (dem sogenannten „Schärdinger" Verband) zusammenschlossen, und der ersten Lagerhausgenossenschaften in Wels und St. Florian/Enns im Jahre 1909 weitere Erfolge. Schließlich wurden auch manche der seit den siebziger Jahren des 19. Jahrhunderts in Oberösterreich zahlreicher werdenden Landmaschinen (vor allem von Hand-, Pferde- und Dampfkraft angetriebene Futterschneid-, Dresch-, Sä- und Mähmaschinen sowie eiserne Pflüge nach Hohenheimer Art) von kleinen Genossenschaften gekauft, eingesetzt und verliehen.

Deutlicher als in der Landwirtschaft zeigte sich im Bereich von Gewerbe und Industrie, daß der Wirtschaftsliberalismus nicht nur Vorteile brachte. So litten beispielsweise viele der in Oberösterreich vorherrschenden patriarchalisch-kleingewerblichen Betriebe (1859 z. B. gab es in Oberösterreich 174 Fabrikanten, 392 Handelsleute und 38.175 Gewerbetreibende) unter den Folgen der 1859 gewährten Gewerbefreiheit und unter der von der liberalen Freihandelspolitik begünstigten ausländischen Konkurrenz. Zum anderen wirkte sich etwa der Konzentrations- und Rationalisierungsprozeß, der durch den Verkauf der den Eisen- und Stahlmarkt beherrschenden Innerberger Hauptgewerkschaft an die Österreichische Creditanstalt im Jahre 1868 eingeleitet und durch die Gründung der Österreichischen Alpinen Montangesellschaft im Jahre 1881 beschleunigt wurde, für die oberösterreichische Eisenindustrie und ihre Beschäftigten sowie für die von ihr abhängigen halbbäuerlichen Arbeiter nachteilig aus. Dabei verlief die Industrialisierung in dem Agrarland Oberösterreich bereits seit dem Vormärz wegen des Mangels an Rohstoffen, des langen Festhaltens an veralteten Wirtschaftsstrukturen (z. B. des Verlagswesens), des unzureichenden Kreditwesens und der späten Verkehrserschließung langsamer als in anderen Ländern der Monarchie. Dazu kamen mehrere Konjunkturschwankungen, vor allem aber nach dem „Börsenkrach" des Jahres 1873, durch den die liberale Politik stark an Glaubwürdigkeit verlor, eine bis um 1895 anhaltende Stagnation, während der die katholisch-konservative Landtagsmehrheit in Oberösterreich eine protektionistische, das Kleingewerbe fördernde Mittelstandspolitik betrieb. Erst kurz vor der Jahrhundertwende setzte ein Aufschwung der Industrie ein, zu dem die zunehmende Stromgewinnung durch kalorische und Wasserkraftwerke sowie die rasche Elektrifizierung seit dem Beginn des 20. Jahrhunderts beitrugen. Für die Stromversorgung und Elektrifizierung Oberösterreichs wurde die Gmundner Firma Stern & Haferl, die 1901 das Traunfallkraftwerk er-

richtete, besonders bedeutsam. Auf Initiative des Industriellen Josef Werndl, der für sein Unternehmen einen neuen Produktionszweig suchte, waren 1884 in Steyr erstmals verschiedene Stadtteile elektrisch beleuchtet worden. 1897 stellte die neugegründete „Tramway- und Elektrizitätsgesellschaft Linz-Urfahr" die 1880 eröffnete Pferdetramway auf elektrischen Straßenbahnbetrieb um und baute 1898 die steilste Adhäsionsbahn Europas von Urfahr auf den seit dem 18. Jahrhundert als Wallfahrtsort bekannten Pöstlingberg. Weniger bedeutsam war der Energieträger Gas — Gaswerke entstanden zwischen 1857 und 1873 in Linz, Steyr, Bad Ischl, Wels und Gmunden —, der für Beleuchtungs-, Industrie- und Haushaltszwecke genutzt wurde. Die seit 1891 in Oberösterreich geförderte Erdgasmenge — man war in Wels zum ersten Mal fündig geworden — blieb dagegen unbedeutend.
In Zahlen stellt sich der oberösterreichische Industrialisierungsprozeß so dar: 1852 wurden in Oberösterreich 166 Fabriken und Manufakturen gezählt, Ende der sechziger Jahre 187, in denen zwischen 9000 und 12.000 Arbeiter beschäftigt waren. Die Anzahl der Dampfmaschinen erhöhte sich von 27 im Jahre 1863 auf 192 im Jahre 1876. Weitere Zahlenvergleiche sind wegen der unterschiedlichen statistischen Zählweise nur schwer möglich. Von den im Jahre 1875 erfaßten 1312 Betrieben mit 21.574 Beschäftigten gehörten 855 zur Eisen- und Stahlbranche und 310 zur Nahrungs- und Genußmittelbranche. Um 1890 zählte man 236 Betriebe mit 26.916 Arbeitern sowie weiters 1433 Sägewerke, 2145 Mühlen und 239 Brauereien. Im Jahre 1902 wurden 552 Industriebetriebe, die mehr als 20 Arbeiter beschäftigten, ausgewiesen; im Jahre 1914 belief sich die Zahl auf 551. Die Gesamtzahl der in Industriebetrieben Beschäftigten erhöhte sich bis 1914 auf 44.900. Die Bedeutung der verschiedenen oberösterreichischen Industriezweige zeigen die Beschäftigtenstatistiken aus den Jahren 1875 (41% im Bereich Eisen und Stahl, 18,4% in der Textilindustrie, ca. 11% im Bergbau, ca. 11% in der Nahrungs- und Genußmittelindustrie, ca. 5% in der Holzindustrie und ca. 5% in der Papierindustrie) und 1914 (25,6% im Bereich Stein/Erde/Ton, 17,6% in der Maschinenindustrie einschließlich der Steyrer Waffenfabrik, über 11% in der Metallindustrie, über 11% in der Textilindustrie, nahezu 9% in der Nahrungsmittelindustrie, 6,6% in der Papierindustrie, 3,6% im Hotelwesen).
Einen Schwerpunkt der oberösterreichischen Wirtschaft bildete nach wie vor die durch technische und organisatorische Verbesserungen ständig steigende staatliche Salzproduktion im Salzkammergut. Das Salzoberamt in Gmunden war im Zusammenhang mit den Reformen nach 1848 im Jahre 1851 in eine k. k. Salinen- und Forstdirektion für Oberösterreich umgewandelt worden, die nur noch technische, kaufmännische und

Verwaltungsbelange wahrzunehmen hatte. Da das Forstwesen nicht zuletzt wegen der Verwendung neuer Brennstoffe in den Salinen eine eigenständige Entwicklung nahm, wurde die Gmundner Direktion 1868 aufgelöst. Die neugeschaffenen k. k. Salinenverwaltungen Ebensee, Bad Ischl und Hallstatt unterstanden anfangs unmittelbar dem Finanzministerium in Wien, seit 1905 aber gemeinsam mit den Salinenverwaltungen Bad Aussee, Hallein und Hall in Tirol der Finanzlandesdirektion für Oberösterreich in Linz als Zwischenbehörde. 1926 wurden alle österreichischen Salinen unter der Leitung einer Generaldirektion in Wien zusammengefaßt. Nicht so günstig wie die Entwicklung der staatlichen Salzmonopolbetriebe verlief jene des hauptsächlich die Eisenbahnen und Salinen versorgenden oberösterreichischen Braunkohlenbergbaues im Hausruckrevier (Ampflwang, Thomasroith, Wolfsegg) und im Innviertel (Trimmelkam), der zunehmend unter der Konkurrenz der besseren und billigeren böhmischen Kohle litt. Daneben verdienen im Bereich Stein/Erde/Ton die Granitsteinbrüche Anton Poschachers bei Mauthausen und Perg sowie die Schärdinger Granit AG. genannt zu werden, da sie nicht nur die Reichshauptstadt Wien, sondern die gesamte Monarchie und auch das Ausland belieferten. In der Umgebung von Schwertberg wurde seit der zweiten Hälfte des 19. Jahrhunderts Kaolin gewonnen. Günstig entwickelten sich die neuen Portlandzementwerke in Kirchdorf a. d. Krems (1888) und in Pinsdorf bei Gmunden (1908) sowie seit der Jahrhundertwende die Asbestfabrik von Ludwig Hatschek in Vöcklabruck, deren neuerfundener Werkstoff Eternit weltweit Verbreitung fand.
Der mit Abstand größte Industriebetrieb des Landes, der nach 1866 zur größten europäischen Fabrik seiner Art aufstieg, war die 1864 von Josef Werndl in Steyr nach amerikanischen Vorbildern gegründete Waffenfabrik, deren Belegschaftszahl konjunkturbedingt zwischen den kurzfristigen Extremwerten von ca. 500 und ca. 15.000 schwankte. Auf dem Maschinensektor sind weiters neben der Linzer Schiffswerft und der 1881 in Linz errichteten Lokomotivfabrik Krauß & Co. einige Erzeuger vorwiegend landwirtschaftlicher Maschinen und Geräte zu erwähnen (z. B. Pöttinger in Grieskirchen und Zorn bzw. Epple-Buxbaum in Wels). Traditionsreiche Branchen der oberösterreichischen Eisen- und Stahlindustrie konnten hingegen infolge veralteter Produktionsweisen und Wirtschaftsformen, patriarchalischer Strukturen und ungünstiger Standorte im Enns-, Steyr- und Kremstal dem Druck der ausländischen Konkurrenz und neuer Fabriken nicht standhalten. Das besonders notleidende Messerergewerbe bedurfte daher gegen Ende des 19. Jahrhunderts öffentlicher Unterstützung. In der exportabhängigen Sensen- und

Sichelerzeugung begann ein Konzentrationsprozeß auf größere Betriebe mit fabrikmäßiger Produktion, dem alle Mühlviertler Sensenwerke zum Opfer fielen. Die Textilindustrie, die durch die Kriege von 1859 und 1866 ihre oberitalienischen Märkte verloren hatte, stellte sich immer mehr auf die maschinelle Verarbeitung von Baumwolle um. Dadurch verstärkte sich der Druck auf die traditionelle, aber technisch rückständige Mühlviertler Leinenweberei. Sie konzentrierte sich auf Fabriken in Haslach, Helfenberg und Lichtenau, die noch immer nach dem überholten Verlagssystem hauptsächlich Heimarbeit vergaben. Da durch die Krise, die seit der Jahrhundertwende infolge der allmählichen Technisierung weiter verschärft wurde, zahlreiche bäuerliche Heimweber und kleine Gewerbetreibende arbeitslos wurden, waren auch hier Hilfsaktionen der öffentlichen Hand erforderlich. Ähnliche Schwierigkeiten gab es bei den Holzschnitzern des Salzkammergutes und bei den vielen kleinen Mühlen, welche die Konkurrenz des Auslandes und der modernen Kunstmühlen zu spüren bekamen. Größere und bekannte Firmen der Nahrungs- und Genußmittelindustrie waren z. B. die Brauerei Zipf, die Kaffeemittelfabriken Adolf J. Titze und Heinrich Franck in Linz sowie die Nährmittelfabriken Franz Fritsch und C. H. Knorr in Wels. Im Aufschwung befand sich die maschinell produzierende Papierindustrie, die früh zur Verarbeitung von Holzstoff und Zellulose übergegangen war, mit großen Fabriken in Nettingsdorf (erste oberösterreichische Maschinenpapierfabrik seit 1853), Steyermühl (Ausbau seit 1868), Laakirchen, Obermühl und Lenzing. In der Lederindustrie waren die Fabriken in Rohrbach (Josef Pöschl), Mattighofen (Friedrich Vogl), Wels (Gebrüder Adler und A. Ploberger) und Neumarkt am Hausruck (Wurm) führend. Die größten, stark exportorientierten chemischen Betriebe waren die Sodafabrik in Ebensee (Solvay) und die Zündholzfabrik in Linz (Union bzw. Solo).
Dem oberösterreichischen Fremdenverkehr, der vor allem im Salzkammergut, wo 1884 in Goisern ein Jodschwefelbad eröffnet wurde, aber auch in den anderen Kur- und Heilquellenorten (besonders Bad Hall, Bad Kreuzen, Mattighofen und Bad Mühllacken) sowie in den Wallfahrtsorten des Landes eine Rolle spielte, kamen der Ausbau der Verkehrsverbindungen, die Bildung von Interessenverbänden und ein oberösterreichisches Kurortegesetz (1896) zugute. Im Jahre 1900 zählte man in 139 Orten 728 Beherbergungsbetriebe mit 11.545 Betten sowie 15.150 Privatbetten. Von den über 100.000 Touristen kamen 18.000 aus Oberösterreich, 60.000 aus Ländern der Monarchie und 24.000 aus dem Ausland.
Die Struktur der weithin auf „standesgemäße" Lebensweise bedachten Gesellschaft und die sozialen Wandlungen in der Zeit von der Mitte des 19. Jahrhunderts bis zum Ersten Weltkrieg können nur angedeutet

werden. Wie alle anderen Gesellschaftsschichten bildete der Adel eine uneinheitliche Gruppierung, in der es nicht nur eine genaue Rangordnung gab, sondern auch wirtschaftliche Abstufungen von den wohlhabenden ehemaligen Grundherren, die durch die Reformen von 1848/49 zu Großgrundbesitzern geworden waren, bis zu besitzlosen und armen Adeligen. Nicht zuletzt dürfte mancher frühere Grundherr das durch die Grundentlastung gewonnene Kapital mit dem Börsenkrach des Jahres 1873 verloren haben. Der nach 1861 politisch engagierte Teil des Adels war seit 1897 nur noch in der Landtagskurie des Großgrundbesitzes vertreten. Dagegen nahm in der politisch-staatlichen Verwaltung Oberösterreichs die Zahl adeliger Beamter, die freilich häufig landfremd waren, ständig zu. Der Beamtenstand hatte mit der seit der Zeit des Josephinismus gestiegenen Bedeutung der Bürokratie zwar an gesellschaftlichem Ansehen gewonnen, rangierte aber immer noch hinter dem Stand der Offiziere. In der Endphase der Monarchie betrug das Jahresgehalt des kaiserlichen Statthalters 16.000 bis 18.000 Kronen, wozu noch eine Funktionszulage von 14.000 Kronen kam (vor der Jahrhundertwende war man von der „österreichischen Währung" zur Kronen-Goldwährung übergegangen: 1 Gulden zu 100 Kreuzer = 2 Kronen, 1 Kreuzer = 2 Heller). Im Gegensatz dazu bezog ein Aspirant am Beginn einer Laufbahn in der staatlichen Verwaltung 1600 Kronen im Jahr. In der autonomen Landesverwaltung reichte die Spanne der Gehälter von 6400 Kronen eines Oberlandesrates bis zu 800 Kronen eines Amtsdieners. Die Einkommenssituation der Lehrer besserte sich langsam durch die schrittweise Einführung einer relativ einheitlichen Entlohnung. Nach der Jahrhundertwende verdiente z. B. eine Handarbeitslehrerin jährlich 800 Kronen, ein Ausbildungslehrer 1200 bis 1400 Kronen und ein Fachlehrer 1600 bis 1800 Kronen. Das vorwiegend liberal gesinnte „Bürgertum" in den Städten und Märkten, das aufgrund des seit 1861 geltenden Zensus-Wahlrechtes über relativ großen politischen Einfluß verfügte, setzte sich aus einer kleinen Gruppe vermögender, großbürgerlicher Wirtschaftstreibender und Angehöriger von Intelligenzberufen sowie aus einer kleinbürgerlichen Mehrheit zusammen. Für führende Beamte und hervorragende Persönlichkeiten bestand die Möglichkeit, vom Kaiser verdienstehalber in den Adelsstand erhoben zu werden. Als Beispiele seien der Industrielle Josef Dierzer und der Rechtsanwalt und Landeshauptmann Dr. Moriz Eigner genannt.
Innerhalb des vom Untertänigkeitsverhältnis befreiten, vielschichtigen Bauernstandes kam es zu einer beträchtlichen Umstrukturierung, von der besonders jene kleinbäuerlichen Kreise in den höher gelegenen Gebieten betroffen waren, die seit alters auf einen Nebenerwerb in der Holz-

gewinnung, in der Holzkohlenerzeugung, im Transportwesen, in der Kleineisenindustrie oder in der Textilerzeugung angewiesen waren. Viele von ihnen verloren nicht nur ihren Arbeitsplatz infolge der Industrialisierung und des durch den Wirtschaftsliberalismus verstärkten Wettbewerbes, sondern auch ihre bäuerliche Existenzgrundlage wegen der Agrarkrise und den negativen Auswirkungen der Servitutenablösung bzw. -regulierung. Das Ergebnis dieses Prozesses war einerseits die Entstehung eines ländlichen Proletariates und andererseits eines ziemlich einheitlichen Bauernstandes mit überwiegend mittlerer Besitzgröße, der sich ausschließlich der Landwirtschaft widmete und mit seinen agrarischen und tierischen Produkten an der Marktsituation orientierte. Um 1900 zählte man in der Land- und Forstwirtschaft 60.000 Selbständige, 81.000 mithelfende Familienangehörige, über 100.000 Landarbeiter und 26.000 Taglöhner. Die Land- und Forstarbeiter stellten überhaupt die größte Berufsgruppe in Oberösterreich dar. Zwischen 1869 und 1890 standen ungefähr 80.000 bis 100.000 Arbeitern in Industrie, Handel und Gewerbe etwa doppelt so viele Landarbeiter gegenüber.
Die Beziehungen der Landarbeiter zu ihren Arbeitgebern lassen seit der zweiten Hälfte des 19. Jahrhunderts ein beiderseitiges Unbehagen an den bestehenden Verhältnissen erkennen (sogenannte Landarbeiterfrage). Die Bauern, die infolge der Intensivierung der Landwirtschaft (z. B. durch die durch Fruchtwechsel verbesserte Drei- bzw. Sechsfelderwirtschaft und die ganzjährige Stallfütterung des Viehs) mehr Mitarbeiter benötigten, zogen besonders während der Agrarkrise bedarfsweise eingesetzte Taglöhner den teureren ständigen Dienstboten vor. In der Landesackerbauschule Ritzlhof verdiente z. B. im Jahre 1903 ein Käser 288 Kronen, ein Käsergehilfe 144 Kronen, ein Gärtner 360 Kronen, ein Pferdeknecht 200 bis 220 Kronen, eine Köchin 312 Kronen und eine Küchenmagd 182 bis 208 Kronen. Dabei ist allerdings zu beachten, daß in der Landwirtschaft und im ländlichen Gewerbe der Arbeitgeber in der Regel Kost und Quartier unentgeltlich zur Verfügung stellte. Zu einer Zunahme der Taglöhner mit Kleingrundbesitz, die man sich u. a. von der Aufhebung des Bestiftungszwanges erhofft hatte, kam es jedoch nicht. Bei den Landarbeitern wiederum verbreitete sich teilweise Unzufriedenheit mit ihrer Abhängigkeit von den Bauern — so blieben die Dienstboten aufgrund der gesetzlichen Ordnungen bis nach dem Ersten Weltkrieg der patriarchalischen Gewalt des Dienstherrn und der Polizeigewalt der Gemeindevorsteher unterstellt —, den geringen Aufstiegschancen und dem Verlust mancher Nebenbeschäftigungen. Obendrein bedrohte der zunehmende Einsatz landwirtschaftlicher Maschinen ihre Arbeitsplätze. Die dadurch bedingte allmähliche Abwanderung führte gegen Ende des 19. Jahrhun-

derts, als sich die Landwirtschaft von der Krise wieder zu erholen begann, zu einem merklichen Arbeitskräftemangel.
Die im Bereich der Landwirtschaft und des Kleingewerbes frei werdenden bzw. abwandernden Arbeitskräfte konnten jedoch nur zum Teil von der langsam wachsenden, vorwiegend qualifizierte Facharbeiter benötigenden Industrie aufgenommen werden. Dieses mäßige Wachstum ersparte Oberösterreich andererseits Verhältnisse, wie sie etwa aus den Industriegebieten Westeuropas bekannt sind. Soziale Spannungen, die sich in Oberösterreich nur selten in Protesten oder Streiks der Arbeiter entluden, wurden aber auch durch frühe sozialpolitische Maßnahmen liberaler Unternehmer abgeschwächt. In dieser Hinsicht zeigten sich die Steyrer Waffenfabrik und die Papierfabrik Steyrermühl als besonders fortschrittlich. Im allgemeinen waren die Arbeits-, Lohn- und Lebensverhältnisse der oberösterreichischen Fabriksarbeiter besser als diejenigen vieler Handwerker, die in veralteten Kleingewerbebetrieben mit patriarchalischer Struktur beschäftigt waren. So betrug z. B. die tägliche Arbeitszeit in Fabriken zwischen 7 und 12 Stunden (durchschnittlich ca. 10 bis 11 Stunden), in kleinen ländlichen Gewerbebetrieben aber zwischen 9 und fallweise 17 Stunden. Wie uneinheitlich die Verhältnisse waren, sei mit dem Beispiel der Arbeiter in den Salzbergwerken angedeutet, die im Jahre 1851 an fünf Wochentagen insgesamt 48 Stunden lang arbeiteten. Große Unterschiede gab es auch bei der Entlohnung, da viele Arbeiter zusätzlich zu ihrem Lohn verschiedene Nebenleistungen bezogen wie Kost, Unterkunft, ärztliche Versorgung oder Naturalleistungen. Manche Großbetriebe wie die Steyrer Waffenfabrik, die Papierfabrik Steyrermühl oder die Wolfsegg-Traunthaler-Kohlenbergwerks- und Eisenbahngesellschaft stellten ihren Arbeitern Werkswohnungen zur Verfügung oder förderten den Bau von Sozialwohnungen. Im Jahre 1885 verdiente ein Industriearbeiter durchschnittlich 6 bis 7 Gulden pro Woche, wobei in der Eisen- und Maschinenindustrie am besten und in der Textilindustrie am schlechtesten bezahlt wurde. Frauen, die stets niedriger entlohnt wurden als Männer, waren besonders in kleingewerblichen Familienbetrieben, in der Textilindustrie und in der 1850 in der ehemaligen Wollzeugfabrik eingerichteten Linzer Tabakfabrik beschäftigt. Während des Ersten Weltkrieges traten sie notgedrungen in vielen Berufen an die Stelle von Männern. Bereits seit der ersten Hälfte des 19. Jahrhunderts waren in Oberösterreich Fremdarbeiter vor allem aus Böhmen, später auch aus Italien tätig. Während erstere als qualifizierte Arbeitskräfte besonders im Bergbau, in der Metall-, Textil- und Bekleidungsindustrie leicht gesellschaftlich integriert wurden, lebten letztere besonders im mobilen Eisenbahn- und Straßenbau sowie als Saisonarbeiter in der

Ziegelindustrie isoliert und unter schlechten Arbeitsbedingungen. Insgesamt erleichterte sich die Lage der Arbeiterschaft allmählich durch verschiedene Selbsthilfeorganisationen wie Unterstützungsvereine, Konsumgenossenschaften, unpolitische und politische Arbeitervereine sowie gewerkschaftliche Fachvereine. Wesentliche Verbesserungen brachte die Sozialgesetzgebung der österreichischen Regierung des konservativen Ministerpräsidenten Graf Eduard Taaffe unter anderem durch die Novellierung des Gewerberechtes (1883), das bereits seit 1859 verschiedene Arbeiterschutzbestimmungen enthielt, die Schaffung von Gewerbeinspektoraten (1884), neue arbeitsrechtliche Bestimmungen (z. B. maximal elfstündiger Normalarbeitstag, Verbot der Kinderarbeit unter 14 Jahren und der Nachtarbeit von Frauen, 1885) und die gesetzliche Einführung einer Arbeiterunfall- und Krankenversicherung (1887/88). In Oberösterreich hatten die Versuche, ein umfassendes Kranken- und Pensionsversicherungswesen aufzubauen, bereits 1869 begonnen.

Was die Lebenshaltungskosten und den Lebensstandard vornehmlich der Arbeitnehmer und der bäuerlichen Bevölkerung betrifft, ist vor allem darauf hinzuweisen, daß die Entlohnung keine Rücksicht auf die Zahl der Familienmitglieder, d. h. in erster Linie der Kinder, nahm und daß die Kaufkraft der Löhne bis in die achtziger Jahre des 19. Jahrhunderts ständig etwas zurückging und sich erst danach langsam besserte. Obwohl die Lebensmittelpreise schwankten und regional unterschiedlich waren, sollen die Verhältnisse durch ein paar ungefähre Richtwerte angedeutet werden. So kosteten etwa im Jahre 1878 in Hallstatt 1 kg Mehl 16 Kreuzer, 1 Laib Brot 23 bis 24 Kreuzer, 1 kg Erdäpfel 5 Kreuzer, 1 kg Grieß 27 Kreuzer, 1 kg Reis 48 Kreuzer, 1 l Milch 9 Kreuzer, 1 kg Butter 90 Kreuzer, 1 kg Fleisch 64 Kreuzer, 1 kg Zucker 52 Kreuzer und 1 l Bier 14 Kreuzer. Nach Meinung des oberösterreichischen Gewerbeinspektors mußte 1887 eine Familie pro Tag zwischen 53 und 80 Kreuzer für Essen und Trinken aufwenden. In Goisern gaben die Mitglieder des Konsumvereins der katholischen Arbeiter im Jahre 1880 im Durchschnitt monatlich 18 Gulden 90 Kreuzer für Lebensmittel aus. Die Möglichkeit, Getreide und Schmalz verbilligt zu beziehen, existierte jetzt für die nach einem neuen Lohnsystem bezahlten staatlichen Berg-, Salinen- und Forstarbeiter des Salzkammergutes nicht mehr. Im selben Jahr mußte man für Mietwohnungen im außerstädtischen Bereich durchschnittlich 5 Gulden pro Monat zahlen. In Hallstatt kostete im Jahre 1900 ein gemauertes Wohnhaus mit Erdgeschoß zwischen 8000 und 10.000 Kronen und ein hölzernes Wohnhaus zwischen 1200 und 1800 Kronen. Der Jahresmietzins für eine Wohnung mit drei Zimmern und Küche betrug 400 bis 600 Kronen, für zwei Zimmer und Küche 200 Kronen und für ein

Zimmer und eine Kammer 60 bis 80 Kronen. In den städtischen Ballungszentren, wo Wohnungsmangel herrschte, waren die Mieten je nach Größe und Lage der Wohnung höher. Auch in der Ernährungsweise bestand im allgemeinen ein Unterschied zwischen Stadt und Land. Während in den Städten (vor allem von den einkommenstärkeren Schichten) mehr Fleisch konsumiert wurde und der Verbrauch von Getreide und Brot durch die Bevorzugung von Erdäpfeln, Gemüse und Milch sank, herrschten bei den bäuerlichen Speisen Getreide, Milch, Kraut und Erdäpfel vor. Um 1880 aß man in bäuerlichen Haushalten üblicherweise dreimal in der Woche Fleisch mit Sauerkraut, Erdäpfeln, Mehlknödeln oder Rüben, an den übrigen Wochentagen Mehl- und Milchspeisen, Suppen und Sauerkraut. Die Nahrung der Häusler und Taglöhner setzte sich hauptsächlich aus Mehl, Kraut und Erdäpfel zusammen. Infolge der Agrarkrise des letzten Drittels des 19. Jahrhunderts blieben die ländlichen Ernährungsgewohnheiten dieser Zeit bis weit in das 20. Jahrhundert hinein aufrecht.

Durch die Umstrukturierung in der Landwirtschaft und im vorwiegend ländlichen Kleingewerbe erhöhte sich in der zweiten Hälfte des 19. Jahrhunderts die Zahl der Arbeitslosen und damit jener, die auf Armenunterstützung angewiesen waren, beträchtlich. Auch in der Industrie schwankten die Beschäftigungszahlen wegen der Konjunkturabhängigkeit. Da die verschiedenen öffentlichen, kirchlichen und privaten Wohltätigkeitseinrichtungen, die z.B. im Jahre 1879 rund 20.000 Bedürftige (davon 11.000 dauernd, 5000 vorübergehend, 2402 in Armenhäusern und 1766 bei manchen Bauern als sogenannte Einleger) versorgten, nicht ausreichten, zogen viele Mittellose bettelnd und vagabundierend durch das Land. Gegen diese für die Landbevölkerung drückende Erscheinung kämpften die Behörden wenig erfolgreich mit Abschieben der Aufgegriffenen in deren Heimatgemeinden, die nach der Aufhebung der Pfarrarmeninstitute (1869) für die Armenversorgung zuständig waren und mit dieser Aufgabe seit 1880 eigene Armenräte betrauten. Traditionellerweise spendeten der Kaiser und die Kaiserin bei ihren jährlichen Besuchen im Salzkammergut Gelder für das Armenwesen des Landes. Im Bereich des Gesundheitswesens verbesserte sich die Situation durch die Errichtung neuer „Humanitätsanstalten" wie des Krankenhauses in Vöcklabruck (1852/53), des Elisabeth-Hospitals in Bad Hall (1855), der Landes-Irrenanstalt in Niedernhart bei Linz (1867), des Allgemeinen Krankenhauses der Stadt Linz (1868) und des Krankenhauses der Barmherzigen Schwestern in Wels (1903). Die Gebäranstalt in Linz, der eine Hebammenschule angeschlossen war, wurde seit 1862 als Landesanstalt geführt.

# Unterricht, Wissenschaft, Kultur, Kunst

Das Unterrichtswesen war von den politischen Umwälzungen der Jahre 1848/49 nicht unbeeinflußt geblieben. Im Zuge der Reformen des ersten Unterrichtsministers Graf Leo von Thun-Hohenstein wurden im Bereich der höheren Lehranstalten 1849/50 die bisherigen Lyzeen in Linz und Kremsmünster aufgehoben und dafür die Gymnasien neu organisiert und von sechs auf acht Klassen ausgeweitet. Für alle anderen Schulen des Landes (wenige Hauptschulen, hauptsächlich Trivial- bzw. Volksschulen, mit diesen vereinigte Industrial-, d. h. Zeichen- und Handarbeitsschulen, sowie Wiederholungs- bzw. Sonntagsschulen) wurde bei der Statthalterei das Amt eines Schulrates (Landesschulinspektors) geschaffen, das von 1850 bis 1865 Adalbert Stifter auf eigenen Wunsch bekleidete. Auch Franz Stelzhamer hatte sich um diesen Posten beworben. Während des Neoabsolutismus entstanden auf Drängen der Handels- und Gewerbekammer, die als Verfechterin liberaler Bildungsideale stets für den Ausbau des Unterrichtswesens in Oberösterreich eintrat, eine mathematisch-naturwissenschaftlich ausgerichtete öffentliche Oberrealschule in Linz (1851/52) — daneben verfügten Ried im Innkreis, Steyr und Wels zeitweilig über zweiklassige, an Hauptschulen angeschlossene Unterrealschulen — sowie private Gremial-Handelsschulen in Linz (1854) und Steyr (1858). Durch den Abschluß des Konkordats im Jahre 1855 verstärkte sich der schon bisher bestehende Einfluß der katholischen Kirche auf das Schulwesen noch mehr. Alle unteren und mittleren Schulen waren der kirchlichen Aufsicht unterstellt, bis das liberale Reichsschulgesetz vom 25. Mai 1868 das Unterrichts- und Erziehungswesen wieder dem Staat übertrug, der für die Wahrnehmung seiner Aufgaben die neuen Behörden des k. k. Landesschulrates sowie der Bezirks- und Ortsschulräte einsetzte. Der Kirche blieb nur das Aufsichtsrecht über den Religionsunterricht. Das Reichsvolksschulgesetz vom 14. Mai 1869 führte die achtjährige Schulpflicht und dreiklassige Bürgerschulen ein, regelte die Ausbildung an den Lehrerbildungsanstalten und verteilte die Schulkosten zwischen Staat, Ländern und Gemeinden neu. In der Folge konnte die Grundschulausbildung so weit ausgebaut und verbessert werden (1875 gab es in Oberösterreich insgesamt 583 Lehranstalten, davon 485 Volksschulen und 8 Bürgerschulen; bis 1914 erhöhte sich die Zahl der Volksschulen auf 544, die der Bürgerschulen auf 20), daß das Analphabetentum ständig zurückging. Während im Jahre 1880 von den über zehn Jahre alten Personen noch um 20% weder lesen noch schreiben und um 3% nur lesen konnten, waren es 1890 nur mehr über 6% bzw. über 2% und 1910 nur noch 1,72% (11.240 Personen) bzw. 0,58% (3758 Personen). Hingegen

vermochten die im Bereich der Mittel- und Fachschulen neu errichteten staatlichen und privaten Anstalten dem steigenden Bedarf nicht zu genügen. Es entstanden z. B. Gymnasien in Freistadt (1867), Ried im Innkreis (1871), Gmunden (1896) und Wels (1901), ein Mädchenlyzeum (Reinhold-Körner-Schule, 1889) und ein Realgymnasium (1911) in Linz, eine Realschule in Steyr (1862 bzw. 1869) sowie staatliche Fachschulen für Holzschnitzerei und Kunsttischlerei in Mondsee (1873), für Holzindustrie und Marmorbearbeitung in Hallstatt (1873), für Eisenindustrie in Steyr (1874) und für Weberei in Haslach (1883). Der landwirtschaftlichen Ausbildung dienten eine Landesackerbauschule im Schloß Irnharting bei Gunskirchen (seit 1865), die 1868 nach Freiling bei Hörsching und 1875 nach Ritzlhof verlegt wurde, eine 1886 im Schloß Mistlbach bei Wels eingerichtete Hauswirtschaftsschule sowie die 1909 gegründete landwirtschaftliche Frauenschule in Otterbach (OG. St. Florian am Inn) bei Schärding. Der OÖ. Gewerbeverein führte in Linz seit 1865 eine gewerbliche Fortbildungsschule und seit 1870 eine Maschinenstrickereischule für Mädchen. Alte Forderungen der Handels- und Gewerbekammer wurden erfüllt mit der Eröffnung einer Handelsakademie in Linz (1882), die mit einer kaufmännischen Fortbildungsschule und später mit einer Eisenbahnakademie verbunden war, einer Versuchsanstalt für das Eisen- und Stahlgewerbe in Steyr (1887), einer dreiklassigen Staatshandwerkerschule in Linz (1889) und einer Staatsgewerbeschule ebenfalls in Linz (1907). Daneben bestand — abgesehen von den bischöflichen Lehranstalten in Linz — in den größeren Orten des Landes eine Reihe privater, katholischer und protestantischer Volks-, Bürger-, Fach- und Mittelschulen wie z. B. die Schule der Barmherzigen Schwestern in Gmunden (seit 1874), die Mädchenschule der Schulschwestern in Vöcklabruck (seit 1878), die Haushaltungsschule der Kreuzschwestern in Bad Ischl (1890) oder das Marianum in Freistadt (seit 1900). An allen Schulen, auch den öffentlichen, mußte für den Schulbesuch Schulgeld bezahlt werden (um 1850 in Pflichtschulen ca. 1 bis 2 Gulden pro Jahr). Unbemittelte Eltern waren jedoch davon befreit; an den Mittelschulen gab es für begabte Schüler Stipendien.
Höhere Studien mußten mit Ausnahme der Theologie, für die künftigen Weltpriestern die bischöfliche Diözesanlehranstalt in Linz und Ordensangehörigen die 1846 wiedereröffnete philosophisch-theologische Hauslehranstalt im Stift St. Florian zur Verfügung standen, außer Landes absolviert werden. Wiederholt kam es daher zu Bestrebungen, Linz zum Sitz einer Hohen Schule zu machen. 1848/49 unternahm die Stadtgemeinde Linz beim Unterrichtsministerium einen vergeblichen Vorstoß wegen Errichtung einer Universität mit juridischen und medizinischen

Studien. Gegen diesen Plan sprach sich auch der als Gutachter herangezogene Dichter Adalbert Stifter aus. Ebenso wenig Erfolg hatten 1872 Stadtgemeinde und Handels- und Gewerbekammer mit dem Projekt einer technischen Hochschule, 1893/94 ein „Aktionskomitee zur Errichtung einer medizinischen Hochschule in Linz" und um die Jahrhundertwende Pläne für eine juridische Fakultät.
Von den im Lande gepflegten Wissenschaften behielt dem Zeitgeist des Historismus entsprechend die Geschichtswissenschaft den hohen Rang, den sie seit dem Vormärz in Oberösterreich innehatte. Die „St. Florianer Historikerschule" fand mit dem Stiftsbibliothekar und Archivpfleger Albin Czerny (1821—1900) und mit Engelbert Mühlbacher (1843—1903), der 1896 Professor an der Universität Wien und Vorstand des Instituts für österreichische Geschichtsforschung wurde, eine Fortsetzung. Im Bereich der Landesgeschichtsforschung wurden zahlreiche hervorragende Leistungen vollbracht, z. B. von dem späteren Propst von Reichersberg Konrad Meindl, der in St. Florian studiert hatte, dem Weltpriester und Topographen Johann Evangelist Lamprecht, dem Chorherrn des Stiftes Schlägl Laurenz Pröll, dem Weltpriester Matthias Hiptmair, der eine „Geschichte des Bisthums Linz" (1885) verfaßte, oder dem Arzt, Bürgermeister und Geschichtsschreiber der Stadt Gmunden Ferdinand Krackowizer. 1872 veröffentlichte der Linzer Gymnasialprofessor Ludwig Edlbacher eine „Landeskunde von Ober-Österreich. Geschichtlich-geographisches Handbuch für Leser aller Stände", die das Wissen ihrer Zeit so erfolgreich zusammenfaßte, daß 1883 eine zweite Auflage erscheinen konnte. Sie alle überragte jedoch der Richter und konservative Landespolitiker Julius Strnadt (1833—1917), dessen umfangreiches, vornehmlich rechtshistorisches Werk grundlegend für die jüngere landesgeschichtliche Forschung wurde. Nicht zuletzt kam es auf seine Initiative hin 1896 zur Gründung des OÖ. Landesarchivs in Linz. Der umfassenden Aufgabenstellung als wissenschaftliches Zentralarchiv des Landes vermochte das anfänglich bescheiden ausgestattete Amt trotz der eifrigen Sammeltätigkeit des Landesarchivars Dr. Ferdinand Krackowizer (1844—1933) allerdings erst später voll zu genügen. Dagegen konnte sich der Musealverein zu einem echten Kristallisationspunkt der im weiteren Sinne landeskundlichen Forschung entwickeln, nachdem seine kulturgeschichtlichen und naturwissenschaftlichen Sammlungen sowie seine Bibliothek in dem 1895 eröffneten, nach dem ersten Protektor des Vereins Erzherzog Franz Karl „Francisco-Carolinum" benannten Museumsneubau eine repräsentative Heimstätte gefunden hatten.
Wenn die kulturellen Leistungen des Landes beschrieben werden sollen, muß auch jener Gelehrten gedacht werden, die zwar aus Oberösterreich

hervorgegangen sind, die aber ihre erfolgreiche wissenschaftliche Tätigkeit außerhalb ihres Heimatlandes entfaltet haben. Hohes wissenschaftliches Ansehen erwarben etwa die beiden in Wien wirkenden Altertumsforscher Josef Ritter von Arneth (1791—1863) aus Leopoldschlag und Friedrich Kenner (1834—1922) aus Linz, die Wiener Kunsthistoriker Alois Riegl (1858—1905) aus Linz und Franz Wickhoff (1853—1909) aus Steyr, der Rechtsgelehrte Anton Hye von Gluneck (1807—1894) aus Gleink, der Professor an der Universität Wien, Justiz- und Unterrichtsminister war, der in Wels geborene Rechtshistoriker Heinrich Brunner (1840—1915), der zuletzt in Berlin gelehrt hat, sowie der Historiker (Archivdirektor und Universitätsprofessor in Innsbruck) und Politiker Michael Mayr (1864 bis 1922) aus Adlwang, der 1920 österreichischer Bundeskanzler wurde. Oberösterreich brachte jedoch im 19. Jahrhundert auch namhafte Naturwissenschafter, Techniker und Ärzte hervor. Von den im Lande wirkenden seien beispielsweise der Linzer Arzt und Botaniker Karl Schiedermayr (1818—1895) sowie die Kremsmünsterer Astronomen und Meteorologen Marian Koller (1792—1866), Augustin Reslhuber (1808—1875), der spätere Abt, und Gabriel Strasser (1824—1882) genannt. Wie das Stift St. Florian seine geschichtswissenschaftliche, so setzte das Kloster Kremsmünster seine naturwissenschaftliche Tradition fort. Eine Reihe hervorragender Persönlichkeiten machte allerdings außer Landes Karriere. So z. B. der Chemiker Josef Redtenbacher (1810—1870) aus Kirchdorf a. d. Krems als Professor der Universität Wien, die Zoologen Rudolf Kneer (1810 bis 1869) aus Linz und Ludwig Redtenbacher (1814—1875) aus Kirchdorf a. d. Krems, die ebenfalls in Wien als Universitätsprofessor bzw. als Direktor des zoologischen Hofkabinetts tätig waren, der Geologe und Hochschulprofessor Gustav Adolf Koch (1846—1921) aus Wallern, der Begründer des modernen Maschinenbaues Jakob Ferdinand Redtenbacher (1809—1863) aus Steyr, der Direktor des Polytechnikums in Karlsruhe war, der Eisenbahntechniker Karl Wurmb (1850—1907) aus Neumarkt am Hausruck, Direktor der Wiener Hof- und Staatsdruckerei Alois Auer von Welsbach (1813—1869) aus Wels, der Erfinder neuer Drucktechniken, oder der in Schloß Haus (OG. Wartberg ob der Aist) geborene Hochschulprofessor und Direktor der Zentralanstalt für Meteorologie in Wien Julius von Hann (1839 —1921), der die wissenschaftliche Wetterkunde in Österreich begründete. Besondere Berühmtheit erlangten der Psychiater Julius Wagner-Jauregg (1857—1940) aus Wels, dem 1927 der Nobelpreis verliehen wurde, und der Chirurg Anton von Eiselsberg (1860—1939) aus Steinhaus bei Wels. Weiters sind zu nennen der Chirurg Hans Finsterer (1877—1955) aus Weng im Innkreis, der gleichfalls aus dem Innviertel stammende erste Professor für Geschichte der Medizin an der Universität

Graz Viktor Fossel (1846—1913) aus Ried im Innkreis und der Anatom Carl Borromäus Rabl (1853—1917) aus der bekannten Welser Ärztefamilie. Zwei Oberösterreicher schufen sich als Forschungsreisende einen Namen: Der Linzer Arzt August von Genczik (1810—1864) als Afrika- sowie der in Linz geborene und hier schließlich als Museumskustos tätige Andreas Reischek (1845—1902) als Neuseeland-Forscher. Ihnen allen steht der Nicht-Oberösterreicher Friedrich Simony (1813—1896), Professor für Geographie an der Universität Wien, gegenüber, der als Erforscher der Dachstein-Region populär wurde. In diesem Zusammenhang ist auch der aus der Untersteiermark stammende und in Linz ansässig gewordene Katastralmappenarchivar Alois Souvent (1794—1864) zu erwähnen, der bereits 1857 eine vorzügliche „Administrativ-Karte des Erzherzogthumes Oesterreich ob der Enns" im Maßstab 1 : 72.000 veröffentlicht hatte, die mehrere Auflagen erfuhr.

Reichtum und Vielfalt des geistigen Lebens und Schaffens in Oberösterreich können hier nur unzureichend angedeutet werden. Dichtung und Literatur waren in der zweiten Hälfte des 19. Jahrhunderts dadurch gekennzeichnet, daß sich die Mundart größter Beliebtheit erfreute. Um ihre Förderung bemüht sich bis heute der von Hans Commenda, Hans Zötl und Anton Matosch 1882 gegründete Stelzhamer-Bund. Aus der übergroßen Zahl oberösterreichischer Mundartdichter, die im allgemeinen volkstümliche und heimatgeschichtliche Themen bevorzugten, verdienen neben Franz Stelzhamer (gest. 1874 im salzburgischen Henndorf) und Karl Adam Kaltenbrunner (gest. 1867 in Wien), die bereits im Vormärz literarischen Ruhm zu ernten begannen, vor allem genannt zu werden: der aus Linz stammende Pfarrer von Grünburg und Waldneukirchen Norbert Purschka (1813—1898), Rudolf Jungmair (1813—1875) aus Ebenzweier am Traunsee, der aus Kollerschlag im Mühlkreis gebürtige Pfarrer von Putzleinsdorf Norbert Hanrieder (1842—1913), der als einziger an Franz Stelzhamer heranreichte — zu seinen bekanntesten Werken zählen die „Bilder aus dem Volksleben des Mühlviertels" und das Epos „Der oberösterreichische Bauernkrieg" —, der in Linz geborene und später in Wien lebende Anton Matosch (1851—1918), der dichtende und komponierende Pfarrer von Grieskirchen Georg Wagnleithner (= Georg Stibler, 1861—1930) und der Steyrer Gregor Goldbacher (1875—1950). Als Lyriker ist auch der in Freistadt geborene, zuletzt an der Linzer Lehrerbildungsanstalt unterrichtende Edward Samhaber (1846—1927) zu erwähnen. Während manche Werke dieser Dichter heute noch geschätzt werden, vermochten oberösterreichische oder mit dem Land verbundene Autoren wie Adolf Schwayer (1858—1922), Karl Forstinger (geb. 1888), Oskar Gerzer (1868—1930), Franz Keim (1840—1918), Josef Medelsky (geb. 1858 in Wien, gest. 1924 in Linz), Gustav Streicher (1873—1915), Fanny Kaltenhauser (geb. 1863 in Wien), Hugo Schoeppl (1867—1928), aber auch Norbert Hanrieder mit ihren zum Teil ebenfalls im Dialekt geschriebenen, bei den Zeitgenossen beliebten Volksstücken, Lustspielen und historischen Dramen keine längerfristige Wirkung zu erzielen. Ähnlich verhielt es sich mit den vielgelesenen historischen Romanen, wie sogar die als größte und erfolgreichste katholische Dichterin des deutschen Sprachraumes gefeierte, in Wien geborene und später in Steyr und Linz lebende Enrica von Handel-Mazzetti (1871–1955) gegen Ende ihres Lebens erfahren mußte. Zu ihren bekanntesten Werken gehören die Romane „Meinrad Helmpergers denkwürdiges Jahr", „Jesse und Maria", „Die arme Margaret", „Stephana Schwertner", „Der deutsche Held" und die Karl-Sand-Trilogie. Insgesamt ist bemerkenswert, daß das reiche literarische Schaffen Oberösterreichs hauptsächlich von Romantik, Biedermeier und Historismus bestimmt war, die großen Zeitströmungen des Realismus und Naturalismus aber kaum mitgemacht hat. Ob und in welchem Maße der gebürtige Linzer Hermann Bahr (1863—1934) der oberösterreichischen Literatur zugerechnet werden darf, ist umstritten. Die literarischen Werke dieses vielseitigen Mannes, der als Schriftsteller, Dramatiker — Stücke wie „Wienerinnen" oder „Das Konzert" werden heute noch gespielt —, Regisseur, Kritiker und Publizist hervortrat, sind dem Naturalismus und Expressionismus verhaftet.

Eine Ausnahmeerscheinung in mehrfacher Hinsicht war auch Adalbert Stifter (1805—1868), der sich mit dem volkstümlicheren Franz Stelzhamer den Ruf des größten oberösterreichischen Dichters teilt. Er wurde zwar im südböhmischen Ort Oberplan geboren, besuchte aber das Gymnasium in Kremsmünster und kam 1848 nach längerem Aufenthalt in Wien nach Linz, wo er als Mensch ebenso wie als Autor rasch verwurzelte. Auch er zeigte sich anfänglich von der Romantik beeinflußt, fand aber schließlich zu einem für ihn charakteristischen sittlich-verantwortungsbewußten Realismus. Seine Hauptwerke sind der Bildungsroman „Der Nachsommer" (1857) und der historische Roman „Witiko" (1865/67); bekannt sind auch die Sammlungen seiner Erzählungen „Die Mappe meines Urgroßvaters" und „Bunte Steine". Beruflich war Stifter in Oberösterreich 1849 als staatlich bezahlter Chefredakteur der privat verlegten „Linzer Zeitung" und von 1850 bis 1865 als Schulrat der k. k. Statthalterei tätig. Der angesehene, kunstinteressierte Dichter, der als Maler eine seinen literarischen Werken entsprechende Qualität nicht erreichte, spielte im kulturellen Leben des Landes eine wichtige Rolle. Nicht zuletzt wegen seiner denkmalschützerischen Bemühungen als Landeskonservator (seit 1853), in welcher Eigenschaft er u. a. die Restaurierung

der gotischen Altäre von Kefermarkt und Pesenbach und die Regotisierung der Steyrer Stadtpfarrkirche veranlaßte. Beide Aktionen werden allerdings heute aus der Sicht moderner Denkmalpflege kritisch beurteilt.
Zur selben Zeit wie Stifter verbrachte der bekannte, liberal gesinnte Tiroler Dichter Hermann von Gilm (1812—1864) die letzten zehn Jahre seines Lebens als Beamter der Statthalterei und Schützling des Statthalters Eduard von Bach in Linz. Er setzte sich wiederholt für den mit ihm befreundeten, ständig in Geldschwierigkeiten lebenden Franz Stelzhamer ein, dem er einen Ehrensold des Landes und andere finanzielle Zuwendungen verschaffte. Aus Gilms dichterischem Werk ragen der Gedichtzyklus „Traunstein" und die Sammlung „Rosaneum" hervor. Seine Verherrlichung des Pöstlingberges als „Akropolis von Linz" wird oft zitiert. Weniger bekannt ist, daß der große schwedische Dichter und Dramatiker August Strindberg während seines Aufenthaltes in dem kleinen Mühlviertler Ort Klam von 1893 bis 1897 aus einer schweren weltanschaulichen Krise fand. Diese Wandlung wird in dem dort entstandenen, „Inferno" betitelten Tagebuch beschrieben, in dem auch die romantische Landschaft einen Niederschlag gefunden hat. In diesem Zusammenhang sei noch der norddeutsche Dichter Friedrich Hebbel erwähnt, der 1855 in Gmunden ein kleines Haus erwarb, das er jeweils den Sommer über bewohnte. Das Salzkammergut war übrigens auch die bevorzugte Sommerfrische vieler Künstler und Komponisten.
Als literarische Außenseiterin ist schließlich die auf Schloß Leonstein geborene Gräfin Edith von Salburg-Falkenstein (1868—1942) zu bezeichnen, die in Graz lebte. In ihren Werken (z. B. die Trilogie „Die österreichische Gesellschaft" 1890—1902, „Betrachtungen eines Hochgeborenen", „Judas im Herrn", „Erinnerungen einer Respektlosen") nahm sie eine deutschnational-antisemitische und gegen ihren eigenen Stand, den Adel, gerichtete Haltung ein; während des Ersten Weltkrieges schwenkte sie auf eine patriotische Linie um. Relativ früh traten in Oberösterreich Dichter aus dem Arbeiterstand in Erscheinung. Josef Hermann Hillischer (1825—1897) und Otto Reinhard Popper (geb. 1871) waren zwar keine gebürtigen Oberösterreicher, verbrachten aber den Großteil ihres Lebens in diesem Land; der in Wien geborene Hillischer, der 1851 „Gedichte eines deutschen Handwerksburschen" veröffentlichte, als Buchdrucker und Landesbediensteter in Bad Hall und Linz, der aus Prag stammende Popper, der Schauspiele und Operettentexte verfaßte, als Arbeiter in Steyr.
Auf dem Gebiete der Musik, die unter der Führung der Kirche und des Lehrerstandes auf breiterer gesellschaftlicher Grundlage gepflegt wurde,

brachte Oberösterreich seit der Mitte des 19. Jahrhunderts ebenfalls zahlreiche Begabungen hervor, die nicht zufällig zumeist wiederum den Lehrberuf ausübten oder einer Lehrerfamilie entstammten. An ihrer Spitze steht der in Ansfelden geborene Anton Bruckner (1824—1896), der größte oberösterreichische Komponist. Er begann seine berufliche Laufbahn 1841 als Schulgehilfe in Windhaag bei Freistadt, Kronstorf und St. Florian, wo er seit 1849 auch als Stiftsorganist tätig war. 1856 erhielt er die Stelle eines Linzer Dom- und Stadtpfarrorganisten, die er bis zu seiner Berufung nach Wien an das Konservatorium der „Gesellschaft der Musikfreunde" als Nachfolger seines Lehrers Simon Sechter im Jahre 1868 innehatte. In der Linzer Zeit entstanden u. a. drei Symphonien (der „Versuch" in f-Moll, die „Nullte" und die Erste) sowie die drei großen Messen in d-, e- und f-Moll. Auch von Wien aus blieb Bruckner mit Oberösterreich verbunden. 1890 gewährte ihm der oberösterreichische Landtag auf Antrag Bischof Doppelbauers einen lebenslangen Ehrensold des Landes von jährlich 400 Gulden. Der „Musikant Gottes" wurde auf eigenen Wunsch in der Stiftskirche St. Florian begraben.

Neben dem Genie Anton Bruckner ist im Bereich der Kirchen- und der Volksmusik auf eine Reihe namhafter Komponisten zu verweisen. So z. B. auf den Wilheringer und Linzer Organisten Adolf Festl (1826—1902) aus dem südböhmischen Ort Untermoldau, den wie Stifter aus Oberplan stammenden Gmundner Stadtpfarrorganisten, Musikwissenschafter und -pädagogen Johann Evangelist Habert (1833—1896), der kämpferisch die österreichische Richtung der kirchenmusikalischen Reformbewegung des Cäcilianismus verfocht, den Linzer Dom- und Stadtpfarrorganisten Karl Waldeck (1841—1905) aus St. Thomas am Blasenstein, die beiden gebürtigen Niederösterreicher und Bruckner-Schüler Josef Gruber (geb. 1855) und Martin Einfalt (1858—1917), auf Oddo Loidol (1858—1893) aus Alberndorf, Wilhelm Sebastian Mayer (1861—1928) aus Neukirchen an der Enknach, den Linzer Domchorleiter Johann Burgstaller (1840—1925) aus Neukirchen an der Vöckla, vor allem aber auf den vielseitigen St. Florianer Chorherrn und Linzer Domkapellmeister Franz Xaver Müller (1870—1948) aus Dimbach im Mühlviertel. Er schuf unter anderem das Oratorium „Der hl. Augustinus", die komische Oper „Odysseus" sowie Werke der Orchester- und Kammermusik. Auf verschiedenen musikalischen Gebieten waren auch der gebürtige Linzer Ludwig Moser (geb. 1868), Ernst Nadler (geb. 1869) aus Wallern sowie die Freistädter Hermann Pius Vergeiner (1859—1900) und Franz Neuhofer (1870—1949) erfolgreich. Als Komponisten von Liedern und Chorwerken traten hervor der Linzer Organist und Domkapellmeister Ignaz Gruber (1868 bis 1937), Engelbert Lanz (1820—1904) aus Waizenkirchen, Franz Sales Reiter

(1835—1888) aus Bad Ischl, Friedrich Arnleitner (1845—1903) aus Hofkirchen im Traunkreis, Robert Danzer (1872—1906) aus Urfahr und der Linzer Lehrer Karl Konrad (1874—1909). Musikalisch und literarisch begabt waren der Reichersberger Chorherr Eduard Zöhrer (1810—1885), der selbst in der Mundart dichtete und u. a. Lieder von Stelzhamer vertonte, der Weltpriester Robert Kurzwernhart (1824—1908), der 36 bekannte deutsche Marienlieder schuf, und der schon genannte Martin Einfalt, der viele Mundartgedichte von Stelzhamer, Hanrieder, Samhaber u. a. in Musik setzte. Diese Vertonungen trugen wesentlich zur Verbreitung oberösterreichischer Mundartdichtungen bei. Stelzhamers mehrfach musikalisch bearbeiteter „Hoamatgsang", der bei der Bevölkerung besonderen Anklang fand, wurde in der Melodie, die ihm der in St. Veit im Mühlkreis als Lehrer wirkende Hans Schnopfhagen (1845 bis 1908) gab, 1952 durch ein Landesgesetz zur offiziellen oberösterreichischen Landeshymne erklärt. Wie beliebt die Vokalmusik war, zeigt nicht zuletzt auch die seit der Periode des Neoabsolutismus steigende Zahl der Gesangsvereine und Liedertafeln, zu denen etwas später die kulturellen Bestrebungen der Arbeitergesangsvereine kamen. Verdienste nicht nur um das Musikleben der Landeshauptstadt erwarb sich der in Linz geborene und seit 1896 wieder in seiner Heimatstadt lebende Franz-Liszt-Schüler August Göllerich (1859—1923) als Leiter der Linzer Musikschule, Dirigent, Kammermusiker und Musikschriftsteller.
Aus Waizenkirchen stammte der Opernkomponist Wilhelm Kienzl (1857—1941), dessen volkstümlich-romantische Werke „Der Evangelimann" (1895) und „Der Kuhreigen" (1911) Welterfolge wurden. Ein ähnlicher Durchbruch blieb dem Linzer Emil Mayr (1822—1868), dem in Brünn geborenen Linzer Kapellmeister Wilhelm Floderer (1843—1917) und dem vielseitig tätigen Braunauer Josef Reiter (1862—1939), der von 1908 bis 1911 das Salzburger Mozarteum leitete, versagt.
Die führende Bühne des Landes, das Linzer Landestheater, konnte während des Neoabsolutismus, der die Theaterzensur erneuerte, ihr Niveau nur mit Mühe einigermaßen halten. Unter der Direktion Eduard Kreibigs (1857—1863) wurde die Operette eingeführt, 1863 erlebte Linz mit dem „Tannhäuser" erstmals eine Aufführung einer Oper Richard Wagners. Als jedoch in diesem Jahr die bisher gewährte Landessubvention gekürzt wurde, begann ein Niedergang, der zur Beschränkung auf einen Saisonbetrieb und zum Verzicht auf Opernaufführungen führte. Seit den achtziger Jahren gelang es den wechselnden Theaterpächtern bzw. -direktoren mit finanzieller Unterstützung von Land und Stadt, den Rang des Hauses als bedeutendste Provinzbühne nach Prag und Graz wiederherzustellen. Die Wiener Operette, Wagner-Opern, das Volksstück,

das moderne realistische Drama — 1878 wurde erstmals ein Stück von Ibsen aufgeführt — und Werke der Klassiker wurden in den Spielplan aufgenommen. Als erster Linzer Theaterdirektor veranstaltete Alfred Cavar (1896—1902) eigene Arbeitervorstellungen. Nur teilweiser Erfolg war dem Linzer Julius Laska (1884—1891) bei dem Versuch beschieden, mit den Theatern von Wels, Steyr, Bad Ischl, Gmunden und Bad Hall, die mit ähnlichen Schwierigkeiten kämpften wie das Linzer Haus, einen gemeinsamen, ganzjährigen Spielbetrieb zu organisieren. An dem 1871 erbauten Bad Haller Sommertheater begann 1880 Gustav Mahler seine Karriere als Kapellmeister. Als das Welser Stadttheater im Jahre 1904 aus baulichen Gründen geschlossen wurde, übersiedelte der Spielbetrieb in den neuen Theatersaal des Hotels Greif, der heute noch bespielt wird. Mit der gedeihlichen Entwicklung des Linzer Landestheaters konnte auch eine regelmäßige kritische Musik- und Theaterberichterstattung entstehen, um die sich Otto Bahr (1866—1927), der Bruder des Dichters Hermann Bahr, und der Komponist und Musikschriftsteller Franz Gräflinger (geb. 1876) verdient machten.

Oberösterreichs bildende Künstler standen hauptsächlich unter dem Einfluß der Kunstmetropolen München und Wien, an deren Akademien viele Begabungen ihre Ausbildung erhielten, die aber auch sonst eine große Anziehungskraft ausübten. Neue, aus dem Westen kommende Stilrichtungen fanden meistens zuerst in Wien Eingang, ehe sie von dort in das Land ob der Enns ausstrahlten. An Ausbildungsstätten standen heimischen Talenten in Oberösterreich nur wenige öffentliche Fachschulen, eine Reihe privater Zeichen- und Malschulen sowie verschiedene Künstlerwerkstätten zur Verfügung. 1851 wurde zur Zeit des reaktionären, alle unpolitischen Bestrebungen fördernden Neoabsolutismus auf Anregung des Beamten und Landschaftsmalers Josef Edlbacher (1817—1868) der „Oberösterreichische Kunstverein" gegründet, der mit öffentlicher Unterstützung dem Publikum Gelegenheit bieten wollte, „sich von den Fortschritten der Kunst im allgemeinen und insbesondere der von Oberösterreich zu überzeugen, um hiedurch mehr Interesse dafür anzuregen, die unbekümmerte Existenz der Künstler durch ehrenhafte Mittel zu sichern und zu verbessern und den Werken derselben Anerkennung zu verschaffen". Zu diesem Zwecke wurden jährlich in Linz Verkaufsausstellungen organisiert, die auch Werke großer zeitgenössischer Maler wie Ferdinand Georg Waldmüller, Jakob, Rudolf und Franz von Alt, Friedrich Gauermann, Moritz von Schwind, Karl Spitzweg oder Hans Makart vorstellten. Als Vizepräsident des OÖ. Kunstvereins (1854—1861), Kunstkritiker und Förderer spielte nach der Mitte des 19. Jahrhunderts Adalbert Stifter eine wichtige Rolle in der Kunstszene. Auf seine An-

regung wurde seit 1855 in Verbindung mit dem Kunstverein eine oberösterreichische Landesgalerie geschaffen, deren Gemäldesammlung später dem Museum Francisco-Carolinum übergeben wurde. Der Förderung der Kunst in Oberösterreich dienten auch der 1858 gegründete Diözesankunstverein und die seit 1860 erscheinenden „Christlichen Kunstblätter". 1865 kam es auf Betreiben der Bildhauer Josef Rint und Friedrich Kolbe sowie des Malers und Schriftstellers Carl von Binzer zur Gründung eines „Vereines bildender Künstler (und Kunstfreunde) in Linz". Eine wichtige Brückenfunktion zum Münchner Kunstgeschehen erfüllte die „Osternberger Künstlerkolonie", die der Innviertler Maler, Archäologe, Volkskunde- und Heimatforscher Hugo von Preen (1854—1941) seit den achtziger Jahren auf seinem Landgut in der Nähe von Braunau am Inn versammelte. In diesem Zusammenhang sind auch zu erwähnen die 1898 gegründete, von Edward Samhaber, dem Chefredakteur der „Tagespost" Karl von Görner und Hugo Greinz geleitete Linzer Literatur- und Kunstgesellschaft „Pan", die nur kurze Zeit kulturelle Initiativen entwickelte, und die von Greinz herausgegebenen, deutschnationalen und antiklerikalen Monatshefte für Kunst und Leben „Der Kyffhäuser", der von 1899 bis 1902 erschien und über Oberösterreich hinaus Beachtung fand. Kurz vor Ausbruch des Ersten Weltkrieges gründeten der Graphiker Klemens Brosch (1894—1926), der später die Greuel des Krieges ungemein eindrucksvoll darstellte, die Maler Anton Lutz, Hans Pollak, Franz Sedlacek und Franz Brosch sowie der Kunstgewerbler Heinz Bitzan 1913 die „Linzer Künstlervereinigung MAERZ", deren Name die hoffnungsvolle Aufbruchsstimmung der jungen Generation zum Ausdruck brachte.
Auf dem Gebiete der Malerei lag der Schwerpunkt in der zweiten Hälfte des 19. Jahrhunderts auf der Porträtkunst, die allerdings am Ende des Jahrhunderts von der jungen Fotografie nahezu völlig verdrängt wurde. Neben den schon genannten Malern, deren Schaffensperiode bereits im Vormärz begonnen hatte, sind z. B. der die längste Zeit im Ausland tätige Franz Sterrer (geb. 1818 in Wels, gest. 1901 bei Lyon), der nach längeren Aufenthalten in Wien und München zuletzt in Vöcklabruck lebende Josef Wallhamer (1821—1878) aus Wolfsegg, Michaela Pfaffinger (1863 bis 1898) aus Mattighofen und Albert Ritzberger (1853—1915) aus Pfaffstätt anzuführen. Als Blumenmaler machte sich der Linzer Leopold Zinnögger (1811—1872) einen Namen. Der bekannteste oberösterreichische Landschaftsmaler wurde der in Wien tätige Adolf Obermüllner (1833—1898) aus Wels. Ein Vertreter der Historienmalerei war z. B. der in Linz geborene und nach München abgewanderte Josef Munsch (1832—1896). Später bevorzugte er Motive aus dem Volksleben, die sogenannte Genremalerei, wie sie besonders gekonnt von dem Linzer Alois Greil (1841 bis

1902), der sich schließlich in Wien niederließ, dem in München ansässigen Karl Kronberger (1841—1921) aus Freistadt, dem gebürtigen Haslacher Karl Friedrich Löffler (1823—1905), der auch in Wien mit Oberösterreich in Verbindung blieb, und dem in St. Radegund geborenen Johann Baptist Wengler (1816—1899), der lange Zeit im Ausland, davon zweimal in Amerika, weilte, betrieben wurde. Oberösterreich hat aber im Laufe der Zeit nicht nur viele Talente an andere Länder verloren, es hat auch zahlreiche Künstler aus den verschiedensten Gründen angezogen. Solche Maler, die sich entweder vorübergehend im Lande aufhielten oder hier eine neue Heimat fanden, waren z. B. der Schleswiger Carl von Binzer, dessen Eltern in Linz einen Künstlerkreis um sich scharten, der Böhme Franz Thomas, der in Oberösterreich aufgewachsene Franz Stirnbrand (gest. 1882 in Stuttgart), der Italiener Anton Cölestin Giobbe, der Ungar Josef Franz Mücke, Josef Smutny aus Olmütz, die Wienerinnen Eleonore Dilg-Auegg und Berta von Tarnoczy sowie der Kölner Matthias May (1884—1923), der in Linz auch Schule bildend gewirkt hat. Regelmäßige Sommeraufenthalte verbanden Gustav Klimt, den Führer der Wiener Secession, in den Jahren von 1900 bis 1916 mit Oberösterreich, wo er am Attersee seine bekannten Landschaftsbilder malte. Mit dem in Leonfelden geborenen Universalkünstler Leopold Forstner (1878—1936) brachte das Land jedoch selbst einen wichtigen Vertreter des sogenannten Jugendstiles hervor, der in Wien eine Mosaikwerkstätte gründete. Von ihm stammt das Mosaik in der Apsis der Pfarrkirche von Ebelsberg (1913). Daß die Malerei des Jugendstiles speziell in Linz Anklang fand, zeigen verschiedene Aufträge für den Wiener Maler Maximilian Liebenwein (1869—1926), der z. B. 1908 einen Fries für einen Sitzungssaal der Allgemeinen Sparkasse schuf. Während so die Moderne auch ob der Enns vereinzelt Eingang fand, arbeitete die im Zusammenhang mit der Erbauung des neugotischen Maria-Empfängnis-Domes in Linz entstandene Glasmalerei-Werkstätte weiterhin im historisierenden Stil. Ihr späterer künstlerischer Leiter, der Rheinländer Josef Raukamp, war im Jahre 1900 nach Linz gekommen.
Größter Auftraggeber für Bildhauer war die katholische Kirche, die im späteren 19. Jahrhundert viele Gotteshäuser dem Zeitgeschmack entsprechend umgestalten und verschiedene Neubauten ausschmücken ließ. Bevorzugt wurden romantisch-historisierende Stilrichtungen, vor allem die Neugotik. Besonderer Wertschätzung erfreute sich der aus Böhmen stammende Hofbildschnitzer Johann Rint (1815—1900), der seit 1848 in Linz lebte, mit Stifter befreundet war und unter dessen Anleitung den Kefermarkter Altar restaurierte. Sein Sohn Josef (1842—1874) gestaltete zahlreiche Altäre und Heiligenfiguren für oberösterreichische Kirchen.

Von den heimischen Bildhauern seien erwähnt der Linzer Franz Liebert (geb. 1814), der aus Ansfelden gebürtige Franz Oberhuber (1827—1893), der vielseitige Leiter der Fachschule für Holzschnitzerei in Mondsee Franz Wenger (geb. 1831) aus Hof bei Mondsee sowie die Linzer Hans Greil (1845—1909), der den Fachschulen für Holzbearbeitung in Hallstatt und Ebensee vorstand, und Josef Ignaz Sattler (1852—1927). Dazu kamen auswärtige Künstler wie der Tiroler Engelbert Westreicher (1825—1890), der in Linz eine Werkstätte für Kirchenkunst gründete, die aus verschiedenen Ländern der Monarchie Aufträge erhielt. Solche leistungsfähigen Ateliers errichteten auch Josef Untersberger (1835—1912) in Gmunden, Josef Kepplinger (1849—1898) in Ottensheim und der Münchner Ludwig Linzinger (1860—1929) in Linz. Nicht zuletzt kann Oberösterreich aber auch auf eine Reihe von Plastikern verweisen, deren Schaffensschwerpunkt außerhalb ihres Heimatlandes lag: Der aus Wels stammende Karl Sterrer (1844—1918) wirkte u. a. an der Ausgestaltung verschiedener Wiener Ringstraßen-Bauten mit, Matthias Renner (1843 bis 1877) aus Steinbruck bei Peuerbach verbrachte die letzten Jahre seines Lebens in München, Wolfgang Wallner (geb. 1884 in St. Wolfgang) lehrte in Köln, der in Rohrbach geborene Adolf Wagner (von der Mühl, 1884 bis 1962) ließ sich zwar in Wien nieder, blieb aber Oberösterreich durch viele Aufträge verbunden.

Die bedeutendsten Plastiken Oberösterreichs stammen jedoch von in Wien tätigen, führenden Bildhauern der Zeit, die vornehmlich im Auftrag des liberalen Bürgertums verschiedene bekannte Repräsentationsdenkmäler und kleinere Bildwerke schufen. Die großen Werke sollten nach dem Willen ihrer Auftraggeber bewußte naturalistische Gegenstücke zu der vorherrschenden kirchlichen Kunst darstellen. So erhielt die Stadt Steyr 1894 mit dem Denkmal für den Industriellen Josef Werndl eines der Hauptwerke des gebürtigen Preßburgers Viktor Oskar Tilgner (1844—1896). Tilgner ist auch der Schöpfer einer Büste Anton Bruckners, die 1899 Bestandteil eines im Wiener Stadtpark für den Komponisten errichteten Denkmals wurde. 1902 erfolgte in Linz auf der Promenade vor dem Landhaus die Enthüllung des von Hans Rathausky (1858—1912) gestalteten Monumentes für Adalbert Stifter. Denselben Bildhauer beauftragte der Landesausschuß mit der Schaffung eines reliefähnlichen Denkmales für die ermordete Kaiserin Elisabeth, das 1903 fertiggestellt wurde und bis 1938 neben dem südlichen Landhausportal angebracht war. Am größten und in stilistischer Hinsicht am modernsten war aber das Standbild für Franz Stelzhamer, das 1908 im Linzer Volksgarten aufgestellt wurde. Es ist ein Werk des gebürtigen Deutschböhmen Franz Metzner (1870—1919), den man zu den besten Bildhauern Deutschlands zählte. 1911 erhielt Stelzhamer in Ried im Innkreis ein weiteres Denkmal, das der in Wien wirkende Gmundner Anton Gerhart ausführte. Für kleinere Aufträge in anderen oberösterreichischen Städten und Märkten konnten ebenfalls verschiedene namhafte auswärtige Künstler gewonnen werden wie z. B. die Wiener Josef Bayer für Enns, Rudolf von Weyr für Mondsee oder Ernst Hegenbarth für Lambach, Gmunden und Wels. In Steyr begründete der im nahegelegenen Ort Unterhimmel geborene Michael Blümelhuber (1865—1936) die Tradition der Stahlschnittkunst, die bis heute eng mit der dortigen Fachschule für Eisen- und Stahlbearbeitung bzw. seit 1950 für gestaltendes Metallhandwerk verknüpft ist. In Gmunden hoben Franz Schleiss und seine Frau Emilie Simandl vor dem Ersten Weltkrieg mit der Gründung einer bis 1979 bestehenden Keramik-Werkstätte das traditionelle Hafnerhandwerk auf ein international bedeutendes künstlerisches Niveau. Schleiss-Keramiken zählen zu den bekanntesten kunstgewerblichen Produkten des österreichischen Jugendstiles.

Die Architektur wurde in der zweiten Hälfte des 19. Jahrhunderts unter dem Einfluß von Romantik und Historismus von dem Eklektizismus der sogenannten Neostile beherrscht, die jedoch kein bloßes Kopieren früherer Bauformen bedeuteten. Das Hauptwerk der Neugotik ist der von 1862 bis 1924 erbaute Maria-Empfängnis-Dom in Linz, dessen Pläne der Kölner Dombaumeister Vinzenz Statz entworfen hat. Der gewaltige Bau mit einer Länge von 130 Metern, einer Breite von 60 Metern und einer Turmhöhe von 134,8 Metern faßt 20.000 Personen. Derselben Stilrichtung gehören z. B. die 1869 bis 1888 von dem Linzer Dombaumeister Otto Schirmer errichtete Pfarrkirche von Bad Hall und die evangelische Kirche in Gmunden (1871—1876) an. Als Beispiel eines der Romanik nachempfundenen Sakralbaues sei die Linzer Herz-Jesu-Kirche (1899 bis 1903) vor ihrer neuen Ausgestaltung angeführt. In Renaissance-Formen entstanden z. B. nach Entwürfen von Dombaumeister Matthäus Schlager die der hl. Familie geweihte Pfarrkirche in Linz (1907—1912) und die Pfarrkirche von Kleinmünchen (1912). Profane Großbauten im Stile der Neurenaissance sind etwa das bischöfliche Collegium Petrinum (1895—1897) in Urfahr sowie in Linz das wahrscheinlich von dem Wiener Hofarchitekten Paul Sprenger geplante Hauptzollamt (1857/58), das Museum Francisco-Carolinum (1884—1895) und das von Ignaz Scheck entworfene Sparkassengebäude (1886—1891). Die Pläne für den Linzer Museumsbau stammen von dem international anerkannten deutschen Architekten Bruno Schmitz; die Ausführung oblag dem aus Wels gebürtigen Linzer Architekten Hermann Krackowizer (1846—1914). Den Monumentalfries des Gebäudes mit Darstellungen aus der oberösterreichischen Geschichte von der Urzeit bis zur Belehnung der Habsburger schuf der Leipziger Bildhauer Rudolf Cöllen nach Entwürfen des Leipzigers Melchior zur Strassen. Ein bekannter profaner Linzer Repräsentationsbau dieser Zeit ist auch das Kaufmännische Vereinshaus (1896—1898), ein Werk Krackowizers im neubarocken Stil. Für die Projektierung des Linzer Allgemeinen Krankenhauses konnte der bekannte Wiener Ringstraßen-Architekt Theophil Hansen gewonnen werden. Seine Pläne wurden allerdings nur zum Teil verwirklicht (1863—1865). Größere Bauaufträge führte auch der Wiener Karl Stattler in Linz aus (z. B. das Akademische Gymnasium). Neben solchen Großprojekten ließen private Bauherren in den wachsenden Städten, vor allem in Linz und Wels, in Zeiten wirtschaftlichen Aufschwunges wie in der sogenannten Gründerzeit und um die Jahrhundertwende von lokalen Baumeistern neue, mehrstöckige Bürger- und Miethäuser errichten, die zum Teil das Erscheinungsbild ganzer Straßenzüge bestimmten. Kurz vor Ausbruch des Ersten Weltkrieges führte die genossenschaftliche Siedlerbewegung in Linzer Stadtrandgebieten zur Anlage der ersten Einfamilienhaus-Siedlungen. Auch des in den siebziger Jahren des 19. Jahrhunderts in Steyr beginnenden Arbeiterwohnbaues verschiedener Großbetriebe in Form von Wohnblöcken und Reihenhausanlagen ist zu gedenken.

Renommierte ausländische Architekten waren nur vereinzelt für oberösterreichische Auftraggeber tätig. So entwarf der Münchner Fritz Hessemer die Pläne für das Berghotel auf dem Pöstlingberg (1897) und für die Direktionsvilla der Lambacher Flachsspinnerei in Stadl-Paura (1909/10). Die Welser „Villa Würzburger" entstand 1909 nach Entwürfen des Berliners Hermann Muthesius. Die verschiedensten Architekten wurden von jenen Politikern, Adeligen und Künstlern, die sich im Salzkammergut ansiedelten, für die Planung ihrer als Villen bezeichneten Landhäuser herangezogen. Erwähnt seien nur die schon genannten Wiener Theophil Hansen und Karl Stattler, die in Oberweis bei Gmunden und Traunkirchen bzw. in Mondsee tätig waren.

Nach der Jahrhundertwende wurde der aus der Schule Otto Wagners hervorgegangene, aus der Slowakei stammende Mauriz Balzarek (1872 bis 1945), der seit 1902 in Linz wirkte, der führende Architekt Oberösterreichs, der in der Epoche des Jugendstils und der neuen Sachlichkeit die Bauformen prägte. Die von ihm zwischen 1912 und 1914 in Bad Hall erbaute „Landesvilla" gilt als der bedeutendste Jugendstilbau in Oberösterreich. Die Breite seines Schaffens reichte bis zu Geschäftshäusern, Industriebauten (Kraftwerke Steyrdurchbruch 1908 und Partenstein 1919—1924), Schulen, Einfamilienhäusern, Arbeiterwohnungen und Kleinbauten. Einer der wenigen Otto-Wagner-Schüler, die aus Oberösterreich stammten, war der Vöcklabrucker Hermann Aichinger, der jedoch hauptsächlich in Wien arbeitete. Gemeinsam mit Heinrich Schmid plante er z. B. das Zeileis-Institut in Gallspach (1929), das zu den bedeutendsten Krankenhausbauten Österreichs gezählt wird. Neben Balzarek gewann der ebenso vielseitige, aus Steyrermühl gebürtige Linzer Architekt Julius Schulte (1881—1928) große Bedeutung. Zu seinen Hauptwerken zählen der Umbau des Rathauses von Urfahr (1911—1913), mehrere Schulbauten (z. B. Körnerschule 1910/11 und Raimundschule 1910/11 in Linz, Weberschule 1911/13 in Urfahr, Hauptschule Ebensee 1927), das Rathaus von Eferding (1913/14) und das Linzer Krematorium (1922). Balzarek und Schulte leiten bereits über zur neuen Sachlichkeit in der Kunst der zwanziger Jahre.

# 9. Das Bundesland Oberösterreich in der Ersten Republik (1918—1938)

## Demokratie, Bürgerkrieg, autoritärer Ständestaat

Die Umwälzungen nach dem Zusammenbruch der Österreichisch-Ungarischen Monarchie und dem Ende des Ersten Weltkrieges im Herbst des Jahres 1918 vollzogen sich in Oberösterreich nur zum Teil auf revolutionäre Weise. Allerdings blieben dem Land, das von zurückkehrenden und durchziehenden Soldaten bzw. mehr oder weniger geordneten Truppenverbänden überflutet wurde und das mit gewaltigen Versorgungsproblemen zu kämpfen hatte, Auflösungserscheinungen, Unruhen, Wirren und Ausschreitungen in der unmittelbaren Nachkriegszeit nicht erspart. Während die zahlreichen ausländischen Kriegsgefangenen und Internierten noch im November 1918 aus den oberösterreichischen Lagern in ihre Heimat abtransportiert werden konnten, forderten Schießereien mit durchfahrenden Militäreinheiten im Bereich des Linzer Hauptbahnhofes mehrere Todesopfer. In den unruhigen Zeiten nach Kriegsende kam es häufig zu politischen Kundgebungen, Aufmärschen, Massendemonstrationen und Streiks. Bereits am 31. Oktober 1918 waren die radikalen Arbeiter der Linzer Schiffswerft mit roten Fahnen und Hochrufen auf die russische Revolution durch Linz marschiert. Die vorwiegend durch die katastrophale Wirtschaftslage bedingte Protest- und Plünderungswelle mit den Zentren in den Städten Linz und Steyr, daneben aber auch in Freistadt, Eferding, Wels, Enns, Perg, Vöcklabruck, Molln und Gmunden, erreichte zu Beginn des Jahres 1919 und im Frühjahr 1920 ihre Höhepunkte. Für das Gebiet der Landeshauptstadt und deren Umgebung wurde am 5. Februar 1919, als die aufgebrachte Menge in den Geschäften der Innenstadt einen Schaden von rund 12 Millionen Kronen anrichtete sowie den Bischofshof und das Jesuitenkollegium am Freinberg plünderte, und am 10. Mai 1920, als neuerliche Tumulte neun Todesopfer zur Folge hatten, das Standrecht verhängt. Am 9. Februar 1919 erlebte Steyr blutige Ausschreitungen, die in der Plünderung des bischöflichen Meierhofes in Gleink kulminierten. Im September brachen in Gmunden und Bad Ischl Brot-Krawalle aus, im Kurort Gmunden wurde außerdem gegen die die Versorgungsschwierigkeiten verschärfenden Fremden protestiert. Angesichts der unsicheren Verhältnisse hatten sich am Ende des Krieges neben der regulären Gendarmerie und Polizei verschiedene örtliche bewaffnete Selbstschutzformationen (Sicherheitswehren, Schutzwehren, Schutzkorps, Volkswehren, Arbeiterwehren, Bürgerwehren etc.) gebildet, die zum Teil als Assistenzeinheiten der Gendarmerie eingesetzt wurden. Von der alten Armee standen anfänglich nur zwei Bataillone Tiroler Kaiserjäger in Steyr bzw. in Linz als Ordnungsmacht zur Verfügung. In der zweiten Hälfte des November 1918 formierte sich jedoch parallel zur Auflösung des bisherigen Militärs unter mancherlei Schwierigkeiten und unter bewußter Abgrenzung zum früheren „Militarismus" ein neues, politisch links orientiertes, Volkswehr genanntes, staatliches Ordnungsorgan, das allerdings wegen der Unklarheit seiner Kommandostrukturen und seiner Aufgaben nur geringe Wirkung erzielte. In Oberösterreich, das dem in Linz eingerichteten Volkswehr-Kommando für Oberösterreich und Südböhmen unterstand, entwickelte es sich bald zu einer Art Hilfspolizei, die auf die Städte Linz, Wels, Steyr, Enns, Freistadt und Braunau am Inn beschränkt blieb und die hauptsächlich Lebensmittelkontrollen vornahm. Auf dem Lande sorgte die Gendarmerie, die im Gegensatz zur Volkswehr weiter ausgebaut wurde, für Ordnung und Sicherheit. Die Volkswehr wurde 1920/21 zum österreichischen Bundesheer umgestaltet. Dessen Heeresschule bzw. Militärakademie war bis 1934 — wie später auch diejenige des neuen Bundesheeres der Zweiten Republik von 1956 bis 1958 — in Enns beheimatet.

Daß die politischen Verhältnisse in dem ehemaligen Kronland Österreich ob der Enns im wesentlichen stabil blieben und das nach dem Zusammenbruch der Monarchie drohende Chaos vermieden werden konnte, war in erster Linie ein Verdienst der im Lande wirkenden politischen Parteien und ihrer führenden Persönlichkeiten. Ihre Bereitschaft zur Zusammenarbeit ermöglichte es, das politische System verhältnismäßig rasch und reibungslos der geänderten Lage anzupassen. Am 21. Oktober 1918 hatten die deutschsprachigen Mitglieder des Abgeordnetenhauses in Wien ihre konstituierende Sitzung als provisorische Nationalversammlung für Deutschösterreich, deren dreiköpfigem Präsidium die beiden Oberösterreicher Landeshauptmann Prälat Johann Nepomuk Hauser und der deutschnational-großdeutsche Linzer Bürgermeister Dr. Franz Dinghofer angehörten, abgehalten und am 30. Oktober eine grundlegende provisorische Verfassung angenommen. Am 11. November verzichtete Kaiser Karl auf jeden Anteil an den Staatsgeschäften, tags darauf wurde die Republik Deutschösterreich ausgerufen. In Linz hatten bereits am 1. November die drei großen oberösterreichischen Parteien der Christlichsozialen, der Sozialdemokraten und der Deutschfreiheitlichen bzw. Großdeutschen eine Kundgebung für die Republik abgehalten. Einen Tag später hatte auf einer außerordentlichen Sitzung des nunmehr provisorischen Landesausschusses, der um den sozialdemokratischen Linzer Gemeinderat Josef Gruber erweitert worden war, der bisherige kaiserliche Statthalter Freiherr Erasmus von Handel freiwillig seine Amtsgeschäfte an Landeshauptmann Hauser übergeben. Dieser übernahm damit „im Namen und Auftrag des Staatsrates von Deutschösterreich" zusätzlich zur autonomen Landesverwaltung auch die ehemalige politische Verwaltung (der Statthalterei und der Bezirkshauptmannschaften) in Oberösterreich und bildete mit seinen von ihm angelobten drei Stellvertretern Dr. Max Mayr (Christlichsoziale Partei), Franz Langoth (Deutsch-Freiheitliche Partei) und Josef Gruber (Sozialdemokratische Arbeiterpartei) eine neue provisorische Landesregierung. Diese Proporz-Regierung der politischen Parteien unter der Führung des christlichsozialen Landeshauptmannen Hauser schritt mit klarer Verteilung der Kompetenzen sofort an die Lösung der dringlichsten Probleme in den Bereichen der öffentlichen Sicherheit und der Wirtschaft. Am 3. November vereinbarten die Parteienvertreter der Christlichsozialen, der Großdeutschen bzw. der Deutschfreiheitlichen und des OÖ. Bauernvereins sowie der Sozialdemokraten, den künftigen Landtag, die sogenannte provisorische Landesversammlung, nach einem auf den Ergebnissen der letzten Reichsratswahl des Jahres 1911 fußenden Verhältnisschlüssel von 8:3:2 zu beschicken. Die provisorische Landesversammlung, gelegentlich auch provisorischer oberösterreichischer Nationalrat genannt, die am 18. November 1918 in Linz im Redoutensaal ihre konstituierende Sitzung abhielt, setzte sich demnach aus 63 Christlichsozialen, 23 Großdeutschen und 15 Sozialdemokraten, insgesamt also aus 101 Abgeordneten der Parteien, zusammen. Diese Formierung einer neuen repräsentativeren Landesvertretung, die sich in unserem Land am spätesten von allen österreichischen Bundesländern vollzog, bedeutete den entscheidenden Schritt zur Verwirklichung der Demokratie in Oberösterreich. Der letzte, 1909 gewählte oberösterreichische Landtag in der Monarchie war am 26. Juli 1914 auf kaiserliche Anordnung geschlossen worden; die Mandate waren im September 1915 erloschen. Landeshauptmann und Landesausschuß hatten hingegen weiter amtiert. Nun wählte die provisorische Landesversammlung auf ihrer ersten Sitzung Landeshauptmann Hauser und seine drei Stellvertreter Dr. Mayr, Langoth und Gruber, die gemeinschaftlich als Mitglieder der provisorischen Landesregierung die Aufgaben des ehemaligen kaiserlichen Statthalters im Bereich der politisch-staatlichen Verwaltung wahrnahmen, sowie einen zwölfgliedrigen provisorischen Landesausschuß, dem die autonome Landesverwaltung oblag und an dessen Spitze der Landeshauptmann stand. In diesem Gremium, dem auch die Mitglieder der Landesregierung angehörten, waren die Parteien gleichfalls im Verhältnis von 8:3:2 vertreten. Weiters erwies sich eine gemeinsame Erklärung der vier Parteien, wobei Franz Langoth für die im Landesparlament immer als eine Partei auftretenden deutschnational-großdeutschen Gruppierungen der Deutschfreiheitlichen und des Bauernvereins sprach, namens der Landesversammlung vom 18. November 1918, die darüber nicht abstimmte, als wichtig für die künftigen, nicht spannungsfreien Beziehungen des von jetzt an offiziell Oberösterreich genannten Landes zu dem neugeschaffenen Staat Deutschösterreich. Danach erklärte die provisorische Landesversammlung für Oberösterreich u. a., „kraft des Selbstbestimmungsrechtes des reindeutschen Volkes in diesem Lande mit gleichen Rechten den Ländern Niederösterreich, Steiermark, Kärnten, Salzburg, Tirol, Vorarlberg, Deutschböhmen und Sudetenland als Glied des Staates Deutschösterreich zur Seite zu treten …", „die Nationalversammlung Deutschösterreichs als derzeitige oberste staatliche Gewalt" anzuerkennen und „dem am 14. November 1918 gefaßten Beschlusse der Nationalversammlung über die Erklärung Deutschösterreichs als Republik" zuzustimmen. Damit war Oberösterreich nachträglich dem Staat Deutschösterreich freiwillig beigetreten, der sich bereits am 30. Oktober 1918 eine provisorische Verfassungsgrundlage zentralistischen Charakters gegeben hatte. Dieser war allerdings durch das Gesetz vom 14. November „betreffend die Übernahme der Staatsgewalt in den Ländern" im Wege des Kompromisses wieder wesentlich zugunsten einer weitgehenden Eigenständigkeit der Länder in Gesetzgebung und Verwaltung abgeschwächt worden. In einem Hirtenbrief vom 1. Dezember 1918 betonte der monarchistisch gesinnte Linzer Bischof Dr. Johannes Maria Gföllner die Gesetzmäßigkeit der Entstehung des neuen republikanischen Staates und die Rechtmäßigkeit der amtierenden Regierung.

Am 21. Jänner 1919 billigte die provisorische Landesversammlung eine unter maßgeblicher Mitwirkung des früheren kaiserlichen Statthalters und nunmehrigen christlichsozialen Abgeordneten Erasmus von Handel ausgearbeitete provisorische Landtags-Geschäftsordnung, die den neuen Verhältnissen Rechnung trug und die bereits in manchen Punkten Verfassungsfragen des Landes berührte. So wurde etwa neuerdings die Landesversammlung vom Landeshauptmann einberufen. Die Landesversammlung wählte den Landeshauptmann, der gleichzeitig ihr Vorsitzender und Chef der Exekutive war, mit relativer Mehrheit. Die drei Stellvertreter des Landeshauptmannes wurden von den drei größten im Landtag vertretenen Parteien nominiert und nur formell durch Wahl bestätigt. Für die Zusammensetzung des Landesausschusses und der von der Landesversammlung eingesetzten besonderen Ausschüsse wie für Wahlreform und Verfassung, Ernährung und Wirtschaft, später auch für Finanzen, Schulen, Straßen, Volkswirtschaft, Fürsorge und Fremdenverkehr, war

das Stärkeverhältnis der Parteien maßgeblich. Diese Geschäftsordnung der Landesversammlung bzw. des Landtages blieb bis 1930 in Geltung.
Am 18. März 1919 beschloß die provisorische Landesversammlung für Oberösterreich zwei für das demokratische Leben des Landes bedeutsame Gesetze, das „Gesetz betreffend die Grundzüge der Landesvertretung" und eine Landtags-Wahlordnung. Das Landesvertretungsgesetz diente als Übergangslösung bis zu einer eigentlichen neuen Landesverfassung, die Oberösterreich allerdings im Gegensatz zu den anderen österreichischen Bundesländern wegen prinzipieller verfassungsrechtlicher Auffassungsunterschiede gegenüber der staatlichen Zentralgewalt erst im Jahre 1930 erhielt. Im Grundsatzartikel I des Gesetzes, das nicht völlig im Einklang mit der Staatsverfassung stand, hieß es: „Das Land Oberösterreich übt als selbständiges Land alle Rechte aus, welche nicht durch ausdrückliche Vereinbarung der Gewalt eines Bundesstaates übertragen worden sind." Im besonderen wurde die Länge einer Funktionsperiode des Landtages auf sechs Jahre festgesetzt. Die nunmehr 72 Mitglieder des Landtages sollten aufgrund des allgemeinen, gleichen, direkten und geheimen Verhältniswahlrechts für mindestens zwanzigjährige Personen beiderlei Geschlechts gewählt werden. Damit wurde erstmals das von den oberösterreichischen Sozialdemokraten bereits im Mai 1917 mit allgemeinen Wahlreformen geforderte Frauenwahlrecht verwirklicht. Der bisher als Landesausschuß bezeichnete, neue Landesrat bestand aus dem Landeshauptmann, der vom Landtag mit relativer Mehrheit gewählt wurde, aus drei Stellvertretern des Landeshauptmannes, von denen jeweils einer von jeder der drei stärksten im Landtag vertretenen Parteien nominiert wurde, und aus acht vom Landtag aufgrund des Verhältniswahlrechtes gewählten sogenannten Landesräten. Der Landeshauptmann und seine drei Stellvertreter bildeten die Landesregierung. Die verfassungsrechtliche Bedeutung dieses ein unzureichendes Provisorium darstellenden Landesvertretungsgesetzes wurde von Staatsrechtswissenschaftern, je nachdem, ob sie einen zentralistischen oder einen föderalistischen Standpunkt einnahmen, recht unterschiedlich beurteilt.
Die neue, mit den anderen Bundesländern abgestimmte Landtags-Wahlordnung sah u. a. die Schaffung von acht möglichst einheitlichen Wahlkreisen vor und räumte im Zuge der allgemeinen Anschlußbestrebungen an das Deutsche Reich auch in Oberösterreich wohnenden Staatsbürgern der deutschen Bundesstaaten Sachsen, Sachsen-Meiningen, Sachsen-Weimar-Eisenach, Oldenburg, Schwarzburg-Sondershausen, Hamburg und Gotha nach dem Prinzip der Gegenseitigkeit das Wahlrecht ein. Letzteres wurde jedoch schon durch die neue österreichische Bundesver-

fassung von 1920 wieder widerrufen. Mit den beiden Grundsatzgesetzen vom 18. März waren die Voraussetzungen für die ersten völlig demokratischen Landtagswahlen in Oberösterreich geschaffen worden, die am 18. Mai 1919 gemeinsam mit Gemeinderatswahlen stattfanden, nachdem bereits am 16. Februar die Wahlen zur verfassunggebenden Nationalversammlung der jungen Republik vorangegangen waren. Während bei den Wahlen zur Nationalversammlung die Christlichsoziale Partei 46,2%, die Sozialdemokratische Arbeiterpartei 27,98% und die Großdeutschen 25,82% der Stimmen auf sich vereinigen konnten, brachten die Landtagswahlen den Christlichsozialen 51,98% bzw. 38 Mandate, den Sozialdemokraten 27,54% oder 22 Mandate und den unter der Bezeichnung Deutsche Freiheits- und Ordnungspartei gemeinsam mit dem OÖ. Bauernverein kandidierenden Deutschfreiheitlichen bzw. Großdeutschen 20,48% bzw. 12 Mandate. Die Christlichsoziale Partei hatte den Föderalismus zum Hauptthema ihres Wahlkampfes gemacht und mit Parolen „Los von Wien!" und „Oberösterreich den Oberösterreichern!" agiert. Im Gegensatz dazu vertraten die Sozialdemokraten einen radikalen, die Großdeutschen einen gemäßigten Zentralismus. Die bis 1925 dauernde Legislaturperiode des neugewählten Landtages wurde offiziell nach der im Jahre 1914 geschlossenen XI. als XII. Wahlperiode kontinuierlich weitergezählt.

Zu der bemerkenswerten politischen Stabilität über die folgenschwere Zäsur des Jahres 1918 hinweg hat im besonderen Maße die verantwortungsbewußte Haltung der politischen Parteien beigetragen, die in der unruhigen Zeit nach dem Zerfall der Monarchie eine unter der Führung von Landeshauptmann Hauser loyal zusammenarbeitende Koalitionsregierung gebildet hatten. Dazu kam die integrierend wirkende, populäre Persönlichkeit Johann Nepomuk Hausers (1866–1927), der seit 1908 das Amt des Landeshauptmannes ausübte und sich allgemeiner Achtung und Anerkennung erfreute, dem allerdings auch sein Weiterarbeiten für die Republik in monarchistisch-legitimistischen Kreisen zum Vorwurf gemacht wurde. Hauser behielt 1918 nicht nur sein Amt als Landeshauptmann von Oberösterreich, sondern wirkte bis 1920 auch in Wien als Obmann der Christlichsozialen Partei, als Mitglied des Staatsrates und als Zweiter Präsident der provisorischen sowie der verfassunggebenden Nationalversammlung entscheidend an den Anfängen des deutschösterreichischen Staates mit. Trotz seiner dadurch bedingten häufigen Abwesenheit von Oberösterreich funktionierte hier die hauptsächlich von den drei Landeshauptmann-Stellvertretern Dr. Josef Schlegel, Josef Gruber und Franz Langoth getragene, jedoch in ihren Grundsätzen von Hauser bestimmte Amtsführung klaglos. Stabilisierend wirkte außerdem

die Kontinuität von Verwaltung und Behördenorganisation, wobei jedoch die Bezirkshauptmannschaften als erste Instanzen die Unruhe der Bevölkerung am stärksten zu spüren bekamen. Von den beiden nun der Landeshoheit unterstehenden Beamtenkörpern der autonomen und der (übertragenen) staatlichen Verwaltung schied nur eine Reihe von Angehörigen des 1919 gesetzlich aufgehobenen Adels aus, die ihren Dienst freiwillig quittierten. Gelegentlich wurde freilich versucht, die Entlassung mißliebiger Personen durch den Druck von der Straße zu erzwingen.
In den Gemeinden erfolgte die Demokratisierung dadurch, daß die gewählten Vertretungskörper auf Anweisung der provisorischen Landesregierung durch Arbeitervertreter ergänzt wurden. In der Landeshauptstadt Linz wurde nach dem Rücktritt von Bürgermeister Dr. Dinghofer und der meisten Gemeinderäte ein neuer, aus 31 Deutschfreiheitlichen bzw. Großdeutschen, 19 Sozialdemokraten und 7 Christlichsozialen zusammengesetzter provisorischer Gemeinderat mit Bürgermeister Karl Sadleder an der Spitze gebildet. Nach den Gemeinderatswahlen vom 18. Mai 1919 auf der Grundlage des allgemeinen, gleichen und direkten Wahlrechts lautete das Verhältnis 35 Sozialdemokraten, 17 Christlichsoziale und 8 Großdeutsche. Das Amt des Bürgermeisters übernahm der Sozialdemokrat Josef Dametz. Das neue Gemeindestatut vom April 1919 sah neben dem Gemeinderat auch einen Stadtrat vor. In Steyr kam es erstmals 1927 zur Wahl eines Stadtrates. Von diesen beiden Städten mit eigenem Statut abgesehen bestand die Gemeindevertretung in allen anderen Gemeinden aufgrund der Gemeindewahlordnung vom 16. April 1919 aus einem Gemeindevorstand (Bürgermeister, Stellvertreter, Gemeinderäte) und aus einem größeren Gemeindeausschuß.
Neben den bzw. in gewisser Anlehnung an die Parteien hatte der Umsturz der politischen Verhältnisse aber auch neue Erscheinungen hervorgebracht wie die Rätebewegung und die Wehrverbände, die nur mühsam in das demokratische Regierungssystem eingegliedert werden konnten. Waren die sozialistisch und kommunistisch orientierten Soldaten- und Arbeiterräte nach russischen Vorbildern zum Teil spontan und revolutionär entstanden, so handelte es sich bei den nur wenig jüngeren Bauern-, Landarbeiter-, Gewerbe-, Mittelstands- und Bürgerräten um bewußte Gegenformationen, die sich an die antimarxistischen Parteien anlehnten. Diese verschiedenen Räte waren eigentlich Interessenvertretungen bestimmter Berufe und Berufsgruppen; die eng mit der Volkswehr zusammenarbeitenden Soldaten- und Arbeiterräte betrachteten und benahmen sich hingegen zeitweise als den Einrichtungen des demokratischen Staates übergeordnete, antikapitalistische Verwaltungs- und Kontrollorgane,

die sich unter anderem auch für den Schutz der Republik vor ihren Feinden verantwortlich fühlten. An der Spitze des Landessoldatenrates, der die Garnisonssoldatenräte zusammenfaßte, standen Eduard Euller und Franz Kelischek, die später Mandatare der Sozialdemokratischen Partei wurden. Der von dem Sozialdemokraten Richard Strasser, der gleichfalls in den Landtag und in den Linzer Gemeinderat entsandt wurde, geleitete Landesarbeiterrat konnte sich auf 15 Bezirks- und 84 Ortsarbeiterräte stützen. Nach 1919 verlor aber die Rätebewegung in Oberösterreich unter dem Eindruck des Geschehens in Ungarn und in Rußland sowie mit der allmählichen Normalisierung der Verhältnisse zusehends an Bedeutung. Die Arbeiterräte gingen schließlich teilweise über in die bewaffneten Ordnertruppen der Sozialdemokratischen Partei zum Schutze der Arbeiterbewegung und lösten sich im November 1924 nach der Errichtung des Republikanischen Schutzbundes in Österreich freiwillig auf.

In Oberösterreich wurde der Republikanische Schutzbund von Richard Bernaschek seit 1923 allmählich aufgebaut, indem dieser die bereits bestehenden Arbeiter- und Ordnerwehren, Wehrturner und anderen Sonderformationen der Partei organisatorisch zusammenfaßte. Dieser sozialdemokratischen Parteitruppe standen in bei wachsendem gegenseitigem Mißtrauen nicht nur ideologischer Frontstellung die örtlichen Heimatschutzwehren gegenüber. Es waren uneinheitliche, aus Flurwehren hervorgegangene Bauern- und Bürgerwehrorganisationen, die den Parteien der Christlichsozialen, der Großdeutschen und des Landbundes sowie einzelnen Adeligen bzw. monarchistischen Gruppen um die Grafen Salburg, Almeida, Clam-Martinitz, Coreth und Revertera nahestanden. 1920/21 gerieten die im Aufbau befindlichen oberösterreichischen Heimwehren vorübergehend unter den Einfluß des bayerischen Wehrverbandes „Organisation Escherich" (Orgesch), von der sie organisatorische und personelle Unterstützung sowie Waffen erhielten. Am 15. September 1925 wurden durch ein Parteienübereinkommen eine einheitliche Organisationsform und eine parteipolitische Führung geschaffen. An die Spitze der oberösterreichischen Heimwehr trat der christlichsoziale Nationalrat und Landtagsabgeordnete Balthasar Gierlinger, als seine Stellvertreter fungierten der großdeutsche Welser Rechtsanwalt Dr. Franz Slama und der den Landbund vertretende Landtagsabgeordnete Franz Maier. Trotz dieser parteipolitischen Lösung verhielt sich die führende Christlichsoziale Partei auch weiterhin reserviert und mißtrauisch; Landeshauptmann Hauser lehnte wie alle anderen Mitglieder der Landesregierung die bewaffneten Selbstschutzverbände von Anfang an grundsätzlich ab.

*Demokratie, Bürgerkrieg, autoritärer Ständestaat*

Was das Verhältnis Oberösterreichs zu seinen Nachbarländern betrifft, hatte man die von Salzburg noch vor Kriegsende angestrebte engere wirtschaftliche Zusammenarbeit bzw. die ebenfalls aus wirtschaftlichen Gründen gewünschte Angliederung des Innviertels strikt abgelehnt. Nach dem Umbruch unternahm das Land zur Verbesserung seiner Versorgungslage verschiedene Versuche einer selbständigen „Außenpolitik", die allerdings wie direkte Verhandlungen mit Italien über einen Tausch von Holz gegen Lebensmittel und von der Landesregierung verhängte Einreisebeschränkungen von der Regierung in Wien unterbunden wurden. Ein Transportscheinzwang für Ausfuhren des täglichen Bedarfs aus Oberösterreich und eine Landesauflage für Holzexporte waren Schritte zur Bildung eines eigenen Wirtschaftsgebietes. Grenzprobleme besonderer Art entstanden im Norden des Landes, als am 28. Oktober 1918 die Tschechoslowakische Republik ausgerufen worden war und der neue Staat Deutschösterreich die deutsch besiedelten Gebiete Böhmens aufgrund des Selbstbestimmungsrechtes für sich beanspruchte. Im Zuge dessen sollte der 330.717 Hektar große, laut Volkszählung im Jahre 1910 von 182.804 Personen, darunter ungefähr 3,3% Tschechen, bewohnte Bereich des Kreises Deutsch-Südböhmen bzw. des deutschen Böhmerwaldgaues (die politischen Bezirke Kaplitz, Krummau und Prachatitz sowie die neugeschaffenen Bergreichenstein und Neuern) dem Land Oberösterreich angeschlossen werden. Der am 17. November 1918 in Krummau an der Moldau aus Vertretern aller Gerichtsbezirke gebildete deutsche Nationalausschuß für den Gau Böhmerwald richtete eine freudigst bejahende Grußadresse an die provisorische Landesversammlung für Oberösterreich in Linz, die ihrerseits ebenfalls „ihre freudige Zustimmung zur Absicht des Staatsrates" aussprach, „die an Oberösterreich angrenzenden deutschen Gebiete Südböhmens staatsrechtlich und administrativ mit dem Lande Oberösterreich zu vereinigen". Tatsächlich kam es jedoch nur zur Errichtung gemeinsamer Kommanden für die Volkswehr und für die Gendarmerie, da tschechoslowakisches Militär bis Anfang Dezember trotz vereinzelten bewaffneten Widerstandes von seiten der deutschen Bevölkerung das gesamte südböhmische Gebiet bis zur oberösterreichischen Grenze besetzte. Die oberösterreichische Volkswehr schuf daraufhin im Mühlviertel eine notdürftige Grenzschutzorganisation und Sammelstellen für Flüchtlinge. Aus der früheren Landesgrenze wurde eine neue Staatsgrenze, nachdem seit Jänner 1919 das Überschreiten nur noch mit tschechoslowakischen Passierscheinen gestattet war und im Mai die Zollgrenze zwischen den beiden neuen Nachbarstaaten festgelegt worden war. Mit Ausnahme einer einzigen bedeutungs- und erfolglosen Volkswehr-Aktion hatten die deutschösterreichische Regierung und die oberösterreichische Landesregierung im Hinblick auf die wirtschaftliche und die militärische Lage darauf verzichtet, gegen diese Entwicklung einzuschreiten. Die endgültige Entscheidung zugunsten der Tschechoslowakei fiel schließlich im Rahmen des Friedensvertrages von Saint-Germain-en-Laye.

Im Gegensatz zu diesem Problem bewegte die Frage des Anschlusses an das Deutsche Reich die österreichische Politik während des gesamten Zeitraumes zwischen dem Ersten und dem Zweiten Weltkrieg. In Oberösterreich, wo ebenfalls weite Kreise der Bevölkerung den Staat Deutschösterreich besonders aus wirtschaftlichen Gründen nicht für lebensfähig hielten, befürworteten alle drei im Landtag vertretenen Parteien, vor allem aber die Großdeutschen und Industriellenkreise, die Vereinigung mit dem großen deutschen Wirtschaftsraum. Die als „Gewaltfrieden" bezeichneten Friedensverträge von Versailles und Saint-Germain — letzterer enthielt auch ein Verbot des Anschlusses an Deutschland — lehnte man auch in öffentlichen Kundgebungen ab. Schon die erste provisorische Landesversammlung vom 18. November 1918 hatte „insbesonders die Schritte willkommen" geheißen, „welche unternommen werden, um Deutschösterreich in den Verband des Deutschen Reiches einzufügen und erwartet, daß hiebei auf die Bedürfnisse und wirtschaftliche Leistungsfähigkeit der deutschösterreichischen Alpenländer Bedacht genommen werde". Als jedoch in den Jahren 1919 bis 1921 in anderen österreichischen Bundesländern verschiedene Pläne eines länder- oder gruppenweisen Anschlusses vertreten und sogar Volksabstimmungen abgehalten wurden, beteiligte sich Oberösterreich an dieser Bewegung kaum. Allerdings beschloß der oberösterreichische Landtag, nachdem die Großdeutschen einen Antrag auf Durchführung einer Volksabstimmung eingebracht hatten, am 27. April 1921 einstimmig, „die Bundesregierung, den Nationalrat und den Bundesrat aufzufordern, das (am 1. Oktober 1920) eingebrachte Bundesgesetz zur Durchführung der Volksabstimmung über den Anschluß der Republik Österreich an das Deutsche Reich zur Verabschiedung zu bringen" und „der Bundesregierung, dem Nationalrate und dem Bundesrate zu eröffnen, daß andernfalls die Volksabstimmung bezüglich des Anschlusses an das Deutsche Reich im Lande Oberösterreich selbständig vorgenommen würde". Zu lokalen Anschlußbestrebungen kam es nur im Innviertel, wo der großdeutsche Vizebürgermeister von Ried im Innkreis mit bayerischen Beamten über eine Angliederung der Bezirke Ried, Braunau und Schärding an Bayern für den Fall des Zerfalles und der Aufteilung Österreichs konferierte. In der Folge verlor der Anschlußgedanke für die Christlichsoziale und für die Sozialdemokratische Partei langsam an Anziehungskraft, vor allem seit Beginn

der dreißiger Jahre, als sich seine Anhänger immer mehr um die mit radikalen Methoden aufstrebenden Nationalsozialisten sammelten.
In der Landespolitik bedeutete die „Ära Hauser", die 1927 mit dem Tod des Landeshauptmannes zu Ende ging, eine Zeit vertrauensvoller Zusammenarbeit der drei großen politischen Parteien trotz verschiedener Belastungsproben und trotz der Spannungen mit der Bundesregierung. Die oberösterreichischen Spitzenpolitiker sprachen selbst von einer Arbeitsgemeinschaft, die keiner schriftlichen Vereinbarungen bedurfte. Sie funktionierte auch nach 1920 weiter, als in Wien die große Bundeskoalition zwischen Christlichsozialen und Sozialdemokraten zerbrach. Begünstigt wurde sie durch die verhältnismäßig lange Legislaturperiode von sechs Jahren, vor allem aber durch die für österreichische Verhältnisse ungewöhnlich lange politische Tätigkeit der führenden Funktionäre. Landeshauptmann Hauser, dessen gleichzeitige Verankerung in der Bundespolitik dem Land letztlich zum Vorteil gereichte, suchte als nüchterner Realpolitiker stets den Konsens aller politischen Kräfte und wurde in diesem Bemühen von seinem sozialdemokratischen Stellvertreter Gruber, in dessen Partei sich bald die demokratischen Kräfte gegenüber den linksradikalen durchsetzten, sowie von dem großdeutschen Landeshauptmann-Stellvertreter Langoth unterstützt. Hatten sich im Mai 1919 nur die drei bzw. vier großen Parteien an den Landtagswahlen beteiligt, so traten am 17. Mai 1925 fünf wahlwerbende Gruppierungen an. Neben einer auf Druck der christlichsozialen Bundesparteiführung von der Christlichsozialen Partei, der 1920 gegründeten Großdeutschen Volkspartei und dem 1922 gebildeten Landbund für Österreich aufgestellten Einheitsliste und den Sozialdemokraten stellten sich auch die Kommunistische Partei Österreichs, deren Ortsgruppe Linz am 21. Februar 1919 gegründet worden war, die Nationalsozialistische Deutsche Arbeiterpartei (Hitler-Bewegung), deren Anfänge in den Mai 1919 zurückreichten, und eine neuformierte Unabhängige Christliche Arbeiter- und Angestelltenpartei der Wahl. Im Gegensatz zu den Nationalratswahlen kandidierten übrigens bei allen Landtagswahlen der Zwischenkriegszeit die Deutschfreiheitlichen bzw. Großdeutschen stets gemeinsam mit dem OÖ. Bauernverein bzw. dem Landbund. Vor den Wahlen war am 18. März 1925 durch den Landtag einstimmig und ohne Debatte eine Novellierung des Landesvertretungsgesetzes und der Landtags-Wahlordnung vom 18. März 1919 erfolgt. Sie teilte das Land in fünf Wahlkreise ein, setzte die Zahl der Landtagsabgeordneten auf 60 herab und beseitigte die bisherige Doppelgleisigkeit der Landesverwaltung durch Landesausschuß bzw. Landesrat und Landesregierung, indem sie als oberstes Verwaltungsorgan des Landes eine neue Landesregierung schuf. Diese Landesregierung

setzte sich zusammen aus dem Landeshauptmann, der mit einfacher Stimmenmehrheit, aus drei Landeshauptmann-Stellvertretern, die aufgrund von Wahlvorschlägen, und aus sechs weiteren Mitgliedern, die nach den Grundsätzen des Verhältniswahlverfahrens vom Landtag gewählt wurden.

Das Wahlergebnis erbrachte 44 Mandate für Christlichsoziale, Großdeutsche und Landbund, 16 für die Sozialdemokraten. Von den kleinen bzw. extremistischen Gruppen erreichten die NSDAP 2,79%, die Christliche Arbeiter- und Angestelltenpartei 0,69% und die KPÖ 0,55% der Stimmen und damit keine Mandate. Stabile politische Verhältnisse mit einer beständigen absoluten Mehrheit der Christlichsozialen spiegeln auch die Ergebnisse der in den zwanziger Jahren abgehaltenen Wahlen zum Nationalrat wider: Im Oktober 1920 gewannen die Christlichsozialen 55,2%, die Sozialdemokraten 26,73% und die Großdeutschen 17,34%; im November 1923 lautete das Verhältnis 57,24%, 27,45% und 15,25%. Im April 1927 errang der Landbund, der sich unabhängig von einer christlichsozial-großdeutschen Einheitsliste um den Einzug in den österreichischen Nationalrat bewarb, 9% der Stimmen. Hinter dieser Konstanz des Wahlverhaltens verbarg sich jedoch in Wahrheit eine allmähliche Radikalisierung des politischen Lebens in Österreich, die auch vor Oberösterreich nicht haltmachte. Die Verstärkung der Frontstellung zwischen dem bürgerlichen und dem sozialdemokratischen bzw. „austromarxistischen" Lager begann mit dem Zerfall der großen Bundeskoalition im Jahre 1920 und steigerte sich besonders nach den blutigen Ereignissen des Jahres 1927 im Osten Österreichs (Schattendorfer Prozeß, Ausschreitungen und Brand des Justizpalastes in Wien). Diese Entwicklung wurde nicht wenig gefördert durch die radikale und revolutionäre Sprache des Austromarxismus, wie sie z. B. in dem auf einem sozialdemokratischen Parteitag im Herbst des Jahres 1926 beschlossenen „Linzer Programm" zum Ausdruck kam und die viele Bürgerliche verschreckte. Nicht nur in den Kreisen der noch wenig einflußreichen Wehrverbände, in denen politische Agitation und Provokation des Gegners zunahmen, unterstellte eine Seite der anderen Vorbereitungen für „rote Aufstände" bzw. „Angriffe der Reaktion" und beschuldigte sie des „roten Terrors" bzw. der geplanten Konterrevolution und des Faschismus.

Die Beziehungen des Landes Oberösterreich zur zentralen österreichischen Staatsgewalt wurden nicht nur während der Amtsperiode von Landeshauptmann Hauser, sondern bis zum Beginn der dreißiger Jahre wiederholt durch den grundsätzlichen Gegensatz zwischen Föderalismus und Zentralismus getrübt, der in die Landesautonomie betreffenden Angelegenheiten, vornehmlich aber in Kompetenz- und Finanzstreitigkeiten, zum Ausdruck gelangte. Besonders deutlich traten diese Spannungen im Zusammenhang mit der auf Betreiben des aus Adlwang stammenden Staatssekretärs Dr. Michael Mayr zustande gekommenen — ein wesentlicher Fortschritt konnte auf der im April 1920 in Linz abgehaltenen 2. Länderkonferenz erzielt werden — und am 1. Oktober 1920 beschlossenen österreichischen Verfassung mit bundesstaatlicher Struktur zutage. Nach Inkrafttreten dieser Bundesverfassung gaben nämlich die drei im Landtag vertretenen Parteien auf der Landtagssitzung vom 25. November 1920 noch vor der einstimmigen Wahl der oberösterreichischen Vertreter für den neuen Bundesrat eine gemeinsame „staatsrechtliche Erklärung betreffend das Verhältnis des Landes Oberösterreich zum Bundesstaate Österreich" ab, die später von Landeshauptmann Dr. Schlegel als „Magna Charta" des Landes bezeichnet wurde. Darin hieß es nach Anführung der ersten drei Artikel des „die Grundzüge der Landesverfassung" festlegenden Landesvertretungsgesetzes vom 18. März 1919: „Auf Grund dieses Gesetzes und des von der konstituierenden Nationalversammlung beschlossenen Gesetzes vom 1. Oktober 1920 vereinigt sich das Land Oberösterreich als Bundesland mit den Ländern Burgenland, Kärnten, Niederösterreich (und Wien), Salzburg, Steiermark, Tirol und Vorarlberg zum Bundesstaate Österreich, jedoch nur insolange und soweit, als der Bundesstaat Österreich ein lebensfähiges Staatsgebilde bleibt." Von diesem Vorbehalt hat Oberösterreich allerdings nie Gebrauch gemacht.

Dem am 8. Februar 1927 verstorbenen Landeshauptmann Prälat Hauser folgte der bisherige christlichsoziale Stellvertreter Dr. Josef Schlegel, der Finanz- und Wirtschaftsfachmann der Landesregierung, im Amt nach (1927—1934). Schlegel, der im Gegensatz zu seinem Vorgänger nur in der Landespolitik verankert war, setzte die unter Hauser begründete demokratische Arbeitsgemeinschaft der drei großen Parteien in der Landesregierung und im Landtag fort und schuf damit die Grundlage, auf der nach dem Jahrzehnt von 1934 bis 1945 neu anknüpfend das bis heute berühmte oberösterreichische politische Klima der Zusammenarbeit entstehen konnte. Dennoch verschärften sich die allgemeinen politischen Gegensätze in seiner Amtszeit weiter, wozu die seit 1929 spürbaren Auswirkungen der Weltwirtschaftskrise wesentlich beitrugen. Dazu kam, daß sich mit einem allmählich zunehmenden Unbehagen an dem demokratischen Parteiensystem, das von einer steigenden Zahl von Menschen nicht mehr für fähig gehalten wurde, die zahlreichen anstehenden Probleme der Zeit zu lösen, ein für die Demokratie gefährlicher Wunsch nach Autorität entwickelte. Der Hirtenbrief des Linzer Bischofs Gföllner vom Jahre 1926 über Autorität und die 1929 von der Heimwehr vorgeschlagene

Änderung der österreichischen Bundesverfassung in autoritär-faschistischem Sinne sind Zeugnisse dieses nicht auf Oberösterreich beschränkten Prozesses. Die seit 1929 wachsende politische Hektik, die sich z. B. in Provokationen des politischen Gegners und in der Sprengung seiner Parteiveranstaltungen zeigte, erreichte mit den Wahlkämpfen der Jahre 1930 und 1931, die gleichzeitig die bisher größte Aufsplitterung der oberösterreichischen Parteienlandschaft brachten, ihren vorläufigen Höhepunkt. Dabei mußten die großen demokratischen Parteien einen Mehrfrontenkampf nicht nur untereinander, sondern auch gegen die kleinen antidemokratischen Gruppierungen der Heimwehr, der Nationalsozialisten und der Marxisten-Kommunisten, die alle den Parteienproporz auf Landesebene kritisierten bzw. sogar diffamierten, führen.

Im allgemeinen standen einander das sozialistische und das sogenannte bürgerliche bzw. antimarxistische Lager gegenüber, das seinerseits wiederum in die große Christlichsoziale Partei und in das wesentlich kleinere, uneinheitliche nationale Lager zerfiel. Diesem gehörten an: Die Großdeutschen, der Landbund, der aus diesen beiden Parteien hervorgegangene Nationale Wirtschaftsblock bzw. sogenannte Schober-Block (benannt nach dem aus Perg stammenden Polizeipräsidenten von Wien Dr. Johannes Schober, der in den Jahren 1921/22 und 1929/30 als Bundeskanzler österreichischen Bundesregierungen vorstand), die Heimwehr bzw. die von ihr gebildete Partei des Heimatblocks und die NSDAP. Von diesen Parteien hatten die Großdeutschen und der durch Führungsstreitigkeiten beeinträchtigte Landbund in Oberösterreich seit 1919 ständige Stimmenverluste hinnehmen müssen. In der oberösterreichischen Heimwehr, deren Mitglieder größtenteils auch die Mitgliedschaft der Christlichsozialen Partei besaßen, war es im Juli 1929 zu einem höchst bedeutsamen Umschwung gekommen, als anstelle der bisherigen parteipolitischen Führer der damals dreißigjährige Fürst Ernst Rüdiger von Starhemberg und sein Anhang durch Wahl die oberösterreichische Landesführung übernahmen. In der Folge gelang es Starhemberg, den man trefflich als Typ eines politischen Condottieres charakterisiert hat, unter großem Einsatz seines Privatvermögens, der ihn schließlich sogar in den gerichtlichen Ausgleich führte, die Heimwehr mehr und mehr von einem parteipolitischen Wehrverband in sein persönliches Machtinstrument zu verwandeln. Sein ganzes Streben war jedoch auf die Bundespolitik gerichtet. In dem nun rauher und radikaler werdenden Klima konnte sich die Heimwehr, aus deren Kreisen bereits 1927 im Zusammenhang mit den relativ geringen Auswirkungen des von den Sozialdemokraten in Wien ausgerufenen Generalstreiks auf Oberösterreich erste Kritik an Landeshauptmann Dr. Schlegel und der Landesregierung gekommen war, durch verstärkte Propaganda und Agitation als eigenständige politische Bewegung formieren, die auf Bundesebene aufgrund ihrer ausschlaggebenden Bedeutung unverhältnismäßig großen Einfluß gewann. Die oberösterreichische Organisation der NSDAP (Hitler-Bewegung) unterstellte sich nach anfänglicher Anlehnung an die Mutterpartei in Böhmen und Mähren 1926 der Führung Adolf Hitlers und wurde seit 1929 besonders stark aus Deutschland unterstützt. 1932 ernannte Hitler den Deutschen Theo Habicht zum nationalsozialistischen Landesinspekteur für Österreich mit Sitz in Linz, das seither bis zum Verbot der NSDAP im Juni 1933 das gesamtösterreichische Führungszentrum der Partei bildete.

Die Nationalratswahl vom November 1930 erbrachte in Oberösterreich erstmals einen Verlust der absoluten Mehrheit für die Christlichsoziale Partei, die nur 44,3% der Stimmen errang. Die Sozialdemokratische Arbeiterpartei erreichte 27%, der Heimatblock 8,2%, der Landbund 7,7%, der Nationale Wirtschaftsblock 7%, die NSDAP 2,5%, die KPÖ 0,3% und die Volkspartei ebenfalls 0,3%. Im Gegensatz zu diesem Wahlausgang verzeichnete bei den am 19. April 1931 folgenden oberösterreichischen Landtagswahlen die Christlichsoziale Partei mit 52,44% ihr bestes Landtagsergebnis der Zwischenkriegszeit. Die Stimmenanteile der Sozialdemokraten betrugen 28,05%, des Nationalen Wirtschaftsblocks und des Landbundes gemeinsam 11,11%, des Heimatblocks, der gegen den Willen der Christlichsozialen kandidiert hatte, 4,11%, der NSDAP 3,45%, der KPÖ 0,75% und des Ude-Verbandes 0,09%. Die Mandatsverteilung im neuen Landtag lautete demnach 28 Christlichsoziale, 15 Sozialdemokraten und 5 Großdeutsche; die kleinen extremistischen und antidemokratischen Gruppierungen waren aufgrund des Wahlrechts nicht im Landtag vertreten. Personalprobleme der oberösterreichischen Sozialdemokraten hatten bereits im Mai 1930 bewirkt, daß Josef Hafner neuer sozialdemokratischer Landeshauptmann-Stellvertreter geworden war anstelle von Josef Gruber, der im Alter von 63 Jahren die wichtige Position des Linzer Bürgermeisters übernehmen mußte. Als Hafner schon im März 1932 starb, folgte ihm der ehemalige Priester Dr. Franz Jetzinger als sozialdemokratischer Landesrat nach.

Vor den beiden Wahlgängen der Jahre 1930 und 1931 regelte der oberösterreichische Landtag die noch immer offene Verfassungsfrage. Das „mit Beziehung auf den Beschluß des oberösterreichischen Landtages vom 25. November 1920 betreffend den Beitritt des Landes Oberösterreich zum Bundesstaate Österreich" einhellig, einstimmig und ohne Diskussion beschlossene Gesetz vom 17. Juni 1930 über die Verfassung des Landes Oberösterreich (Landesverfassungsgesetz) ersetzte nach offizieller Auffassung die bisher gültige, durch verschiedene Gesetze mehrfach abgeänderte kaiserliche Landesordnung von 1861 und glich die bestehende Landesverfassung an die geltende Bundesverfassung an. Die Entstehung der Landesverfassung von 1930 war durch die seit 1928 verstärkten Spannungen mit dem Bund und durch die 1929 unter Bundeskanzler Dr. Schober erfolgte, leicht zentralistische Reform der Bundesverfassung beschleunigt worden, zumal jetzt auch Oberösterreichs Sozialdemokraten und Großdeutsche einen gemäßigten Föderalismus vertraten. Nach der neuen Verfassung bestand das gesetzgebende Organ des Landes, der Landtag, aus Ersparnisgründen nur mehr aus 48 Abgeordneten. Für den Vorsitz im Landtag, den der Landeshauptmann weiterhin behielt, konnten mehrere Stellvertreter gewählt werden. Dem Exekutivorgan des Landes, der Landesregierung, gehörten nun der vom Landtag mit einfacher Mehrheit gewählte Landeshauptmann und acht weitere, vom Landtag nach dem Verhältniswahlverfahren ermittelte Mitglieder an. Als seinen Stellvertreter im Vorsitz der Landesregierung konnte der Landeshauptmann ein anderes Mitglied der Landesregierung bestimmen. Damit waren die bisherigen Funktionen von drei ständigen Landeshauptmann-Stellvertretern weggefallen. Der Landeshauptmann fungierte als oberstes Organ der autonomen Landesverwaltung und zugleich als oberstes Vollzugsorgan „des Bundes in den (den Ländern übertragenen) Angelegenheiten der mittelbaren Bundesverwaltung" (im Gegensatz zur unmittelbaren Bundesverwaltung im Landesbereich, die von Bundesbehörden wie z. B. der Finanzlandesdirektion und den Finanzämtern ausgeübt wurde). In dieser zweiten Funktion, in der er sich der Landesbehörden des Amtes der Landesregierung und der Bezirkshauptmannschaften bedienen konnte, war er „an die Weisungen der Bundesregierung sowie der einzelnen Bundesminister gebunden" und diesen verantwortlich. In derselben Sitzung am 17. Juni 1930 beschloß der Landtag weiters eine Abänderung der Landtags-Wahlordnung (2. Landtagswahlordnungsnovelle) und eine erst Ende April 1931 verlautbarte neue Geschäftsordnung des oberösterreichischen Landtages. Die seit 1918 bestehenden Probleme mit der Gleichstellung der beiden Beamtenkörper der autonomen Landesverwaltung und der politisch-staatlichen Verwaltung bzw. der mittelbaren Bundesverwaltung konnten trotz der bereits 1926 erfolgten Zusammenlegung der Linzer Dienststellen im Landhaus und in der Klosterstraße auch jetzt bis 1938 nicht gänzlich gelöst werden.

Die durch die Wahlauseinandersetzungen ohnehin noch belastete politische Atmosphäre erfuhr durch den Putschversuch des steirischen Heimwehrführers Dr. Walter Pfrimer eine weitere Aufreizung. Von dem

*Demokratie, Bürgerkrieg, autoritärer Ständestaat* 387

gescheiterten Unternehmen, das von Gendarmerie, Bundespolizei und Bundesheer im Auftrag der oberösterreichischen Landesregierung rasch und ohne jedes Blutvergießen niedergeschlagen wurde, war in Oberösterreich vor allem der Süden des Landes — der Kreis Kirchdorf a. d. Krems unterstand damals der steirischen Heimwehrführung — betroffen. Heimwehr-Leute hatten in der Nacht vom 12. zum 13. September 1931 die Bezirkshauptmannschaft Kirchdorf, das Bezirksgericht Grünburg, den Pyhrnpaß, den Hengstpaß, den Südausgang des Bosrucktunnels und die Stephanie-Brücke bei Molln besetzt. Zu verschiedenen Aktionen und kleineren Ansammlungen war es in Scharnstein, Sierning, Waldneukirchen, St. Marien, Micheldorf und Windischgarsten gekommen. Von den oberösterreichischen Heimwehrführern wurden unter anderen der stellvertretende Landesführer General Franz Puchmayr, General Oskar Englisch-Popparich und Fürst Starhemberg, der damals wegen seiner Finanzlage vorübergehend als Bundesführer beurlaubt war, verhaftet, jedoch bereits nach wenigen Tagen wieder auf freien Fuß gesetzt. Die Freisprüche für Pfrimer und seine Mitangeklagten, unter denen sich zwei Oberösterreicher befanden, durch ein Grazer Geschworenengericht im Dezember 1931 lösten in Österreich große Unruhe aus.
Unter dem seit Mai 1932 amtierenden christlichsozialen Bundeskanzler Dr. Engelbert Dollfuß, dessen Koalitionsregierung auf einer äußerst schmalen parlamentarischen Grundlage beruhte, spitzte sich die innen- und außenpolitische Situation Österreichs nicht zuletzt aufgrund von Einwirkungen aus Italien und Deutschland ständig zu. Vor allem als Dollfuß nach der Ausschaltung des Parlaments, die durch den überraschenden Rücktritt aller drei Nationalratspräsidenten am 4. März 1933 ermöglicht worden war, ein in zunehmendem Maße autoritäres Regime zu führen begann, welches das Kriegswirtschaftliche Ermächtigungsgesetz aus dem Jahre 1917, das damals zur Regelung einer ausreichenden Versorgung der Bevölkerung erlassen worden war, immer weiter in seinem Sinne verfassungswidrig auslegte. Mit Unterstützung Benito Mussolinis suchte Dollfuß durch einen politischen Kurs, der sowohl scharf antimarxistisch als auch gegen die Anschluß-Ideologie und die sie hauptsächlich vertretenden Nationalsozialisten gerichtet war, die Selbständigkeit Österreichs zu wahren. Dabei konnte er sich auf die einen totalitären Staat anstrebenden, faschistischen Heimwehren und auf die von ihm im Frühjahr 1933 zur Zusammenfassung der für ein unabhängiges Österreich eintretenden politischen Kräfte gegründete Vaterländische Front stützen. Diese Organisation entwickelte sich bald zu einer Sammel- und Einheitsbewegung des autoritär geführten, christlichen Ständestaates ohne politische Parteien, dessen nach faschistischem Vor-

bild geplanten Neuaufbau Dollfuß in einer programmatischen Rede am 11. September 1933 verkündete.
Von dieser Entwicklung konnte Oberösterreich nicht unberührt bleiben. Als die Großdeutsche Volkspartei am 15. Mai 1933 ein Kampfbündnis mit der NSDAP, die seit der Machtübernahme Adolf Hitlers in Deutschland und durch ihre dadurch verstärkten Aktivitäten in Österreich beträchtlichen Zulauf verzeichnete, schloß, mußte Landeshauptmann Dr. Schlegel auf Anordnung des von der Heimwehr gestellten Bundesministers für Sicherheitswesen Emil Fey und mit Zustimmung des Bundeskanzlers das großdeutsche Mitglied der oberösterreichischen Landesregierung Franz Langoth als Sicherheitsreferenten ablösen. In allen Bundesländern wurden von der Bundesregierung neue Sicherheitsdirektionen des Bundes zur Aufrechterhaltung der öffentlichen Ruhe, der Ordnung und der Sicherheit geschaffen; erster Sicherheitsdirektor für Oberösterreich, der dem Bundeskanzler direkt unterstellt war, wurde Generalmajor Johann Kubena, dem im Jänner 1934 der Bezirkshauptmann von Braunau am Inn Hans von Hammerstein-Equord folgte. Die allgemeine politische Radikalisierung zeigte sich äußerlich in zahlreichen Aufmärschen und Kundgebungen sowie in Störaktionen und blutigen Auseinandersetzungen zwischen Nationalsozialisten, Sozialdemokraten und Heimwehren, die sogar Todesopfer forderten. Bei Marchtrenk wurden in den Jahren 1932 bis 1934 mehrere Anschläge auf die Westbahn verübt. Polizei und Gendarmerie kamen häufig zum Einsatz, um Zusammenstöße der verschiedenen Gruppierungen zu verhindern und um Waffen zu suchen bzw. zu beschlagnahmen. Während aber der sozialdemokratische Republikanische Schutzbund am 31. März 1933 von der Regierung aufgelöst worden war, wurde aus regierungstreuen Wehrverbänden ein freiwilliges Schutzkorps zur Unterstützung der Exekutive gebildet, zumal der aus Deutschland politisch, propagandistisch und materiell geförderte, nach Macht strebende Nationalsozialismus durch verschiedene Gewalttaten und Terrorakte in Österreich einen latenten Bürgerkrieg ausgelöst hatte. An dieser unruhigen Situation änderte auch das von der Bundesregierung am 19. Juni 1933 erlassene Verbot der Betätigung für die NSDAP nichts, deren Führer entweder nach Deutschland abgeschoben wurden oder dorthin flohen. Die in die Illegalität gedrängten Nationalsozialisten verschärften sogar ihre Propaganda und ihre Agitation durch illegale Einfuhren von Druckschriften, Schmieraktionen, Abbrennen von Hakenkreuzfeuern, Papierböller- und Sprengstoffanschläge gegen Zeitungen, Politiker und verschiedene Einrichtungen. Deutsche Flugzeuge warfen wiederholt Flugzettel über oberösterreichischen Orten ab, bayerische Radiosender suchten die öffentliche Meinung zu beeinflus-

sen. Auf seiten der österreichischen Behörden reagierte man auf diesen Druck z. B. mit Verhaftungen, Anhaltelagern, Entzug von Gewerbeberechtigungen und Landesbürgerschaft sowie im Bezirk Schärding mit Ausbürgerungen von Nationalsozialisten. Am 10. November 1933 wurde schließlich sogar die 1919 abgeschaffte Todesstrafe bei Standgerichtsverfahren wieder eingeführt, später auch für Sprengstoffbesitz.
Von den im oberösterreichischen Landtag vertretenen Parteien unterstützten die Christlichsozialen die „vaterländische Aufbauarbeit der Bundesregierung". Ihr Hauptsprecher Landesrat Josef Pfeneberger erklärte am 10. November 1933, seine Partei sei nicht gegen die Demokratie, wohl aber für deren legale und verfassungsmäßige Reform im Sinne einer berufsständischen Gesellschafts- und Wirtschaftsordnung, somit für die Umgestaltung des Parteienstaates bzw. der sogenannten „Schein- und Formaldemokratie in eine echte und wirkliche Demokratie". Für die Sozialdemokraten warnte der Linzer Bürgermeister und Landtagsabgeordnete Josef Gruber, der bereits im Sommer 1927 von einer Psychose, in der sich die Arbeiterschaft befunden habe, und von einem Gefühl, daß sie stets von den Bürgerlichen geknechtet werde, gesprochen hatte, die Arbeiterschaft bzw. das österreichische Proletariat werde sich „bis zum letzten Mann, bis zur letzten Kraft" einer politischen Vergewaltigung widersetzen, „koste es, was es koste". In derselben Sitzung sprach sich der großdeutsche Landesrat Langoth für andere Formen des parlamentarischen Lebens aus, da die Demokratie wegen ihrer „Entwertungserscheinungen" von der überwiegenden Mehrheit der Bevölkerung abgelehnt werde. In der folgenden Grundsatzdiskussion am 30. November 1933 im Zusammenhang mit dem Landesbudget für das Jahr 1934, das noch einstimmig beschlossen wurde, sieht Harry Slapnicka den „Abgesang auf Demokratie und Zusammenarbeit im Landtag", der am 14. Dezember 1933 zum letzten Mal in der demokratisch gewählten Zusammensetzung tagte.
Was darauf folgte, war, wie Slapnicka formulierte, die „schrittweise Auflösung der Demokratie in Oberösterreich". Zuerst schieden am 15. Dezember aufgrund eines Beschlusses der österreichischen Bischofskonferenz vom 30. November, katholische Geistliche aus bundes-, landes- und kommunalpolitischen Funktionen vorübergehend zurückzuziehen, Ernst Hirsch und Josef Pfeneberger aus der Landesregierung sowie Josef Moser aus dem Bundesrat aus. Am Zustandekommen dieses Beschlusses, der den Umbau des Staates im Sinne der vaterländischen Einheit erleichtern sollte und sich mit einer innerkirchlichen Bewegung für Entflechtung von Kirche und Politik traf, hatte der Linzer Bischof Dr. Johannes Maria Gföllner (1915–1941) wesentlichen Anteil. Gföllner

war der Typ des politisch interessierten Bischofs, der häufig zu politischen Fragen öffentlich Stellung nahm, der jedoch in einem besonders heftigen Spannungsverhältnis zu den stark antiklerikalen Sozialdemokraten stand. Gegen deren Angriffe fühlte er sich von den Landeshauptleuten Prälat Hauser und Dr. Schlegel sowie von der Christlichsozialen Partei zu wenig in Schutz genommen. Andererseits hatte Gföllner bereits am 21. Jänner 1933, also kurz vor der Ernennung Hitlers zum deutschen Reichskanzler, in seiner Diözese einen über Österreich hinaus Aufsehen erregenden Hirtenbrief über „wahren und falschen Nationalismus" veröffentlicht, in dem der Nationalsozialismus verurteilt wurde, der freilich auch einige antisemitische Sätze enthielt. Als besonders schwerwiegend erwies sich aber der Umstand, daß der wie Dr. Schlegel die Demokratie bejahende Nationalrat Dr. Josef Aigner auf Verlangen des Bischofs am 11. Jänner 1934 als Präsident des Katholischen Volksvereins und damit gleichzeitig als Landesobmann der in Oberösterreich mit dem Volksverein identischen christlichsozialen Parteiorganisation zurücktreten mußte. Diese Vorgangsweise und die Umgestaltung des unter Dr. Aigners Leitung ausgebauten und 1919/20 in mehrere Bünde (Bauern-, Handels- und Gewerbe-, Arbeiter-, Kleinhäusler- und Landarbeiterbund sowie Katholische Frauenorganisation) gegliederten Volksvereins in die dem Bischof direkt unterstellte, kulturelle Organisation der Katholischen Aktion bedeuteten den raschen Zerfall der Christlichsozialen Partei Oberösterreichs. Landeshauptmann Dr. Schlegel verlor demnach an der Jahreswende 1933/34 nicht nur zwei erfahrene Mitglieder der Landesregierung, sondern sogar die Parteiorganisation, welche die Grundlage seines politischen Wirkens darstellte. Obendrein schwenkte auch das „Linzer Volksblatt", das bisher den Christlichsozialen nahegestanden hatte, auf die Linie von Bundeskanzler Dollfuß und der Vaterländischen Front ein. In dieser Situation versuchten zu Beginn des Februar 1934, während sich Dr. Dollfuß auf Staatsbesuch in Ungarn aufhielt, die österreichischen Heimwehren in den meisten Bundesländern, eine Umgestaltung der Landesregierungen in ihrem Sinne und im Sinne der vom Bundeskanzler geplanten Reformen putschähnlich zu erzwingen. In Oberösterreich übergaben die Heimwehr-Führer mit Heinrich Wenninger an der Spitze am 6. Februar Landeshauptmann Dr. Schlegel in ziemlich ultimativer Form ein Forderungsprogramm, mit dem sie Einfluß auf die Landesregierung, die Bezirkshauptmannschaften, die Gemeinden, auf Ämter und Schulen sowie auf die Sicherheitsdirektion gewinnen wollten, und wurden dabei vom „Linzer Volksblatt" propagandistisch unterstützt. Obwohl sich die daraufhin von Dr. Schlegel informierte Landesregierung einstimmig für die verfassungsmäßigen Rechte des Landes aussprach,

glich die gespannte politische Atmosphäre in Oberösterreich wie in ganz Österreich einem Pulverfaß. Es sollte wenig später, in Linz ausgelöst, zur Explosion gelangen.
Die Gefahr eines Bürgerkrieges hatte in der Zeit nach dem Ersten Weltkrieg wiederholt die Gemüter bewegt; am 12. Februar 1934 brach er nun tatsächlich über Österreich herein. Ein Teil der Schritt für Schritt zurückgedrängten österreichischen Sozialdemokratie, der nicht zuletzt nach dem Scheitern verschiedener Kontaktnahmen und Verhandlungen mit der Regierung zur Überzeugung gelangt war, daß nicht nur die Demokratie, sondern auch die Arbeiterbewegung und ihre Errungenschaften durch die politische Entwicklung in ihrem Bestande gefährdet seien, war zum offenen Widerstand entschlossen. In Oberösterreich wirkte außerdem ein seit Jahren sogar in Arbeitergebieten wie um Steyr und im Hausruck-Kohlenrevier spürbarer Verlust von Mitgliedern an die NSDAP und die KPÖ, die beide seit 1933 in der Illegalität tätig waren, beunruhigend. In dieser Situation wurde zu Beginn des Monats Februar der verbotene Republikanische Schutzbund in Alarmbereitschaft versetzt; in Linz traf er unter anderem Vorbereitungen für eine ärztliche Versorgung. Wenig später faßte Richard Bernaschek, der Führer des oberösterreichischen Republikanischen Schutzbundes und stellvertretende Landesparteisekretär, ohne Wissen des Landesparteivorstandes, wohl aber nach Beratung mit wenigen Vertrauten vom linken Flügel der Partei und mit brieflicher Verständigung der Wiener Parteiführer Dr. Otto Bauer, General Theodor Körner und des Gewerkschaftssekretärs Johann Schorsch den Beschluß, gewaltsamen Widerstand für den Fall zu leisten, daß die Exekutive am 12. Februar in einer oberösterreichischen Stadt in sozialdemokratischen Kreisen nach Waffen suchen oder Vertrauensleute der Partei bzw. des Republikanischen Schutzbundes verhaften würde. Trotz eines ablehnenden, telefonisch übermittelten Bescheides von Dr. Bauer begannen am Morgen des genannten Tages in Linz die Kämpfe, als um 7 Uhr Polizei das Parteigebäude „Hotel Schiff" (heute Linzer Kinocenter) an der Landstraße durchsuchte und Richard Bernaschek sowie zwei andere Schutzbundführer festnahm. Von Linz, wo auch beim Parkbad, am nördlichen Brückenkopf der Eisenbahnbrücke, beim Jägermayrhof auf dem Freinberg, in den Spatenbrotwerken, im Städtischen Wirtschaftshof, in der Feuerwehrschule, bei der Polizeikaserne am Kaplanhof, beim Gaswerk, auf dem Südbahnhofplatz und bei der Diesterwegschule heftig gekämpft wurde und wo am Polygonplatz (heute Bulgariplatz) drei Soldaten einer Militärpatrouille und ein Schutzbundmann getötet wurden, griffen die bewaffneten Auseinandersetzungen schrittweise auf Steyr, den Ort der schwersten Kämpfe in Oberösterreich,

auf das Hausruck-Kohlenrevier mit den Schwerpunkten in Zell am Pettenfirst, beim Tunnel der Bahnlinie Attnang-Puchheim—Ried im Innkreis und in Holzleithen, wo ebenfalls schwer und erbittert gekämpft wurde, sowie auf Stadl-Paura und Steyrermühl über. Bei diesen Kämpfen, die großteils bereits am 13. Februar, schließlich aber am 18. Februar überall beendet waren, stand in Oberösterreich den ungefähr 1400 Kämpfern und Helfern des Republikanischen Schutzbundes eine Übermacht von ca. 4700 Exekutivbeamten des Bundesheeres, der Polizei und der Gendarmerie sowie von diese zusätzlich unterstützenden Wehrverbänden der Heimwehr, des Freiheitsbundes, der Christlich-Deutschen Turner und der Ostmärkischen Sturmscharen gegenüber. Selbst einschließlich jener, die wie z. B. in Mauthausen, Attnang-Puchheim und Ebensee nur alarmiert worden waren, dürfte insgesamt schätzungsweise nur etwa die Hälfte der ungefähr 7000—8000 Schutzbund-Mitglieder an diesem Aufstand beteiligt gewesen sein. Wie aussichtslos er zumal ohne gleichzeitigen Generalstreik war, ist nicht nur an der wesentlich stärkeren Bewaffnung des Bundesheeres, das unter anderem Artillerie einsetzte, sondern ebenso daran ersichtlich, daß allein die gegnerischen Wehrverbände eine Gesamtzahl von 8000—9000 Mann umfaßten.

Der durch den Alleingang der Gruppe um Richard Bernaschek ausgelöste Bürgerkrieg, der in rascher Folge auf ganz Österreich übergriff, forderte in Oberösterreich letztlich 60 Tote und ca. 200 Verletzte, davon 32 Tote auf seiten des Schutzbundes und der Zivilbevölkerung sowie 28 auf seiten der Exekutive und der Heimwehren, wobei das Bundesheer mit 20 Mann die größten Verluste verzeichnete. In den anschließenden zahlreichen Gerichtsverfahren wurden vier Todesurteile verhängt, von denen die über den Linzer Anton Bulgari und den Steyrer Josef Ahrer auch vollstreckt wurden. Die lebenslängliche Kerkerstrafe für den Bergarbeiterführer des Hausruckreviers Ferdinand Fageth wurde auf 18 Jahre reduziert. Die Linzer Führer Ludwig Bernaschek, Ferdinand Hüttner und Arthur Bonyhadi sowie Josef Höller erhielten Haftstrafen im Ausmaß von 12, 10, 2 ½ und 15 Jahren. Die meisten der damals Verurteilten verloren obendrein auch ihren Arbeitsplatz. Richard Bernaschek wurde mit anderen unter nationalsozialistischer Mithilfe aus dem Linzer Gefangenenhaus befreit und konnte nach Deutschland fliehen. Rund 100 anderen Schutzbund-Mitgliedern war ebenfalls die Flucht in das benachbarte Ausland, großteils in die Tschechoslowakei, geglückt.

Bereits am 12. bzw. 16. Februar 1934 hatte die Bundesregierung die Sozialdemokratische Partei aufgelöst und deren Mandate für erloschen erklärt. Zu den Folgen der völlig verfahrenen innenpolitischen Situation zählte jedoch auch der von der Heimwehr durch demagogische Agitation erzwungene und von Bundeskanzler Dr. Dollfuß gewünschte Rücktritt des demokratisch gesinnten Landeshauptmannes von Oberösterreich Dr. Schlegel am 17. Februar. Schlegel hatte an den offiziellen Beisetzungsfeierlichkeiten für die Opfer der Exekutive nicht teilnehmen dürfen, war von Bundesführer Starhemberg am 14. Februar in Ansfelden beim Begräbnis eines gefallenen Heimwehr-Mannes als Alleinschuldiger an dem blutigen Geschehen und als „demokratischer Korruptionspolitiker" geschmäht und von Heimwehr-Landesführer Wenninger fälschlich bezichtigt worden, am 12. Februar mit Sozialdemokraten verhandelt und einzelne geschützt zu haben. Anstelle Dr. Schlegels übernahm der christlichsoziale Landesrat Josef Mayrhofer „mit Zustimmung der oberösterreichischen Landesregierung als bestellter Vertreter des Landeshauptmannes dessen Geschäfte".

Als der oberösterreichische Landtag am 26. Februar unter dem stellvertretenden Vorsitzenden Peter Mandorfer zusammentrat, gehörten ihm die 15 sozialdemokratischen Mandatare nicht mehr an. Ebenso waren aus der Landesregierung die christlichsozialen Priester-Politiker Hirsch und Pfeneberger sowie die Sozialdemokraten Eduard Euller und Dr. Franz Jetzinger ausgeschieden. Einen Tag später vollzog sich auch in Oberösterreich der Übergang zum autoritären Regime, indem der Rumpf-Landtag auf Weisung von Bundeskanzler Dr. Dollfuß mit dem Landesverfassungsgesetz vom 27. Februar 1934 betreffend die Abänderung des Gesetzes vom 17. Juni 1930 über die Verfassung des Landes Oberösterreich (Landes-Verfassungsgesetznovelle 1934) seine Selbstentmachtung beschloß. Dadurch wurde die Landesregierung ermächtigt, bis zum Inkrafttreten einer neuen ständischen Bundesverfassung alle Befugnisse des Landtages auszuüben. Die Landesregierung bestand aus dem Landeshauptmann, zwei wie der Landeshauptmann vom Landtag gewählten und höchstens fünf vom Landeshauptmann ernannten Mitgliedern. Bei der Auswahl der letzteren sollte „nach Tunlichkeit mit den Organisationen der größten Ständegruppen sowie der vaterlandstreuen Bevölkerungskreise im Lande Oberösterreich Fühlung" genommen werden. In seiner letzten Sitzung am 1. März 1934 wählte der Rumpf-Landtag den Staatssekretär im Landwirtschaftsministerium und persönlichen Freund von Bundeskanzler Dr. Dollfuß Dr. Heinrich Gleißner, der seit August 1933 oberösterreichischer Landesleiter der Vaterländischen Front war, einstimmig zum neuen Landeshauptmann, während der Christlichsoziale Josef Mayrhofer und der Heimwehr-Vertreter Heinrich Wenninger als gewählte Mitglieder der Landesregierung nur die Stimmen der Christlichsozialen erhielten. Der letztere wurde später von Landeshauptmann Dr. Gleißner zum Landesstatthalter, d. h. zum Landeshauptmann-Stellvertreter, bestellt. Am 5. März ernannte Dr. Gleißner Felix Kern, Dr. Franz Lorenzoni und Anton Gasperschitz, die schon bisher christlichsoziale Landesräte gewesen waren, sowie Graf Peter Revertera, der seit August 1934 auch die Sicherheitsdirektion für Oberösterreich leitete, als Vertreter der Heimwehr und den Präsidenten der Handelskammer Ing. Franz Heißler zu Mitgliedern der oberösterreichischen Landesregierung.

Am 1. Mai 1934 wurde das bereits am 5. Juni 1933 zwischen der Republik Österreich und dem Heiligen Stuhl abgeschlossene Konkordat wirksam, mit dem sich der autoritär geführte christliche Ständestaat eng an die katholische Kirche band. Die von der österreichischen Bundesregierung zweimal, am 24. April und 1. Mai 1934, im Verordnungswege erlassene neue Verfassung des „christlichen, deutschen Bundesstaat(es Österreich) auf ständischer Grundlage" (Verfassung 1934) trat am 1. Juli desselben Jahres gleichzeitig mit den Bestimmungen des Bundesverfassungsgesetzes vom 19. Juni 1934 betreffend den Übergang zur ständischen Verfassung (Verfassungsübergangsgesetz 1934) in Kraft. Die zentralistischautoritäre Bundesverfassung 1934, welche die Stellung der Landtage entscheidend schwächte und dem Bundeskanzler bzw. dem Bundespräsidenten starken Einfluß auf Landtags- und Landesregierungsebene einräumte, bestimmte weitgehend die folgende ständisch-autoritäre oberösterreichische Landesverfassung 1935, die der oberösterreichische Landtag nach Vorlage durch die Landesregierung am 9. Juli 1935 beschloß. Den Übergang dazu hatte die bereits am 29. Oktober 1934 erlassene Verordnung der oberösterreichischen Landesregierung betreffend die Geschäftsordnung des oberösterreichischen Landtages und die Abänderung einiger Bestimmungen der Landesverfassung vorbereitet. Sie sah unter anderem erstmals in Oberösterreich eine klare Trennung von Landesparlament und Exekutive vor durch die Schaffung eigener, vom Landeshauptmann unabhängiger Ämter eines Landtagspräsidenten und zweier Vizepräsidenten, die alle vom Landtag gewählt werden sollten. Dieser wurde durch das Verfassungsübergangsgesetz 1934 und durch die oberösterreichische Landesverfassung 1935 auf 36 Mitglieder verkleinert. Er hatte nur mehr die Möglichkeit, Gesetzentwürfe der Landesregierung zu begutachten und deren Gesetzesvorlagen innerhalb einer bestimmten Frist entweder anzunehmen bzw. zu beschließen oder abzulehnen. Von seinen vom Landeshauptmann unter Beachtung der ständischen Zugehörigkeit ernannten Mitgliedern, die am 28. November 1934 zu ihrer konstituierenden Sitzung zusammentraten, stand ungefähr ein Drittel der Heimwehr nahe, fünf waren ehemalige christlichsoziale Abgeordnete des früheren Landtages, einige wenige können als Liberale bzw. gemäßigte Nationale eingestuft werden, und einer war Sekretär der Arbeiterkammer und ehemaliger sozialdemokratischer Linzer Gemeinderat. Eine neue, die berufsständische Gliederung berücksichtigende und „die Beschickung des Landtages mit vaterlandstreuen Mitgliedern gewährleistende" Wahlordnung kam in den wenigen Jahren des autoritären Ständestaates nicht zustande.

Durch das Verbot der Sozialdemokratischen Partei waren viele oberösterreichische Gemeindevertretungen in ihrer Funktionsfähigkeit beeinträchtigt bzw. sogar lahmgelegt worden. Nachdem die Bundesregierung die Vertretungskörper der Städte Linz und Steyr schon am 12. Februar 1934 aufgelöst und Regierungskommissare eingesetzt hatte, verfuhr die oberösterreichische Landesregierung in der Folgezeit aus verschiedenen Gründen mit mehr als 70 Gemeinden ebenso. Die erforderliche Anpassung an die Strukturen des berufsständisch-autoritären Staatswesens auf der Grundlage der neuen OÖ. Gemeindeordnung vom 29. April 1936 und des Landesgesetzes über die Bildung der Gemeindetage vom 27. Juni 1936 konnte 1937/38 nur noch in Peilstein im Mühlviertel und in Braunau am Inn durchgeführt werden.

Ähnlich langsam, jedoch ungleich schwieriger, gestaltete sich österreichweit der grundlegende Aufbau von sieben Berufsständen seit 1935. Beginnend mit der Land- und Forstwirtschaft, wo die Voraussetzungen am günstigsten waren, bildete man für Industrie und Bergbau, für Gewerbe, für Handel und Verkehr, für Geld-, Kredit- und Versicherungswesen, für freie Berufe und für den öffentlichen Dienst öffentlich-rechtliche Interessenvertretungen jeweils der Arbeitgeber und der Arbeitnehmer, die zu einheitlichen berufsständischen Körperschaften mit Selbstverwaltung vereinigt werden sollten. Die seit 1920 bestehende Arbeiterkammer als gesetzliche Interessenvertretung der Arbeiter war schon am 1. Jänner 1934 unter der Leitung des christlichen Gewerkschafters Franz Kriz umgestaltet worden, die bisherigen parteipolitisch orientierten Richtungsgewerkschaften wurden im März dieses Jahres in einer neuen Einheitsgewerkschaft zusammengefaßt. Ergänzend dazu kam es 1935 auch in Oberösterreich zur Gründung der vorwiegend politischen Organisation der „Sozialen Arbeitsgemeinschaft (SAG)" im Rahmen der Vaterländischen Front. Im allgemeinen war man um Normalisierung der Verhältnisse und um Befriedung der Arbeiterschaft, deren sozialistischer Teil sich größtenteils reserviert-zurückhaltend bis ablehnend verhielt, bemüht. Trotz des Parteiverbots konnte sich eine Gruppe der Sozialdemokraten, die seit dem Februar 1934 von den Nationalsozialisten mit geringem Erfolg umworben wurden, allmählich wieder illegal als „Revolutionäre Sozialisten" organisieren.

Wenige Monate nach dem Februar-Aufstand der Sozialdemokraten hatte Österreich neuerlich eine innenpolitische Zerreißprobe erlebt, als der Kampf der Regierung Dollfuß mit dem aus dem Untergrund rücksichtslos agierenden Nationalsozialismus einem Höhepunkt zugestrebt war. Der gescheiterte nationalsozialistische Putschversuch vom 25. bis 27. Juli 1934, dem Bundeskanzler Dr. Dollfuß in Wien zum Opfer fiel, wies deutliche Verbindungen nach Bayern auf. Das beweisen die sogenannten Kollerschlager Dokumente mit genauen Putschinstruktionen, die bei einem deutschen Kurier gefunden wurden, der am frühen Morgen des 26. Juli nach illegalem Grenzübertritt in Kollerschlag verhaftet worden war. In Oberösterreich beschränkten sich die nationalsozialistischen Aktionen zumeist auf nur kurzfristig erfolgreiche oder überhaupt erfolglose Einzelunternehmungen und Zusammenrottungen mit den Schwerpunkten im Salzkammergut, besonders in Laakirchen, Ohlsdorf, Gmunden, Bad Ischl, Bad Goisern und Hallstatt, im Linzer Raum, wo der Rundfunksender Linz eine wichtige Rolle für die Information der österreichischen Öffentlichkeit durch die Bundesregierung spielte, sowie in Gaspoltshofen, Grünau, Kirchdorf a. d. Krems, Micheldorf, Hinterstoder und Windischgarsten. Die schwersten Kämpfe entwickelten sich im Bereich des Pyhrnpasses zwischen Spital am Pyhrn und Liezen, wo sich ca. 25 steirische Nationalsozialisten verschanzt hatten. An der bayerisch-oberösterreichischen Grenze im oberen Mühlviertel drang in der Nacht vom 26. auf den 27. Juli eine Abteilung der „Österreichischen Legion", aus Österreich geflohene und seit 1933 in Bayern militärisch ausgebildete Nationalsozialisten, vorübergehend in den Raum Kollerschlag ein und überfiel Zollwache und Gendarmerie. Insgesamt forderte der Putschversuch, der von Bundesheer, Gendarmerie, Zollwache, Heimwehr und Schutzkorps niedergeschlagen wurde, in Oberösterreich über 30 Tote und zahlreiche Verletzte. Viele Nationalsozialisten flohen nach Deutschland; die österreichischen Gerichte verhängten bis zum Februar 1935 harte Strafen.

Die politische, propagandistische und militärische Bedrohung Österreichs durch den Nationalsozialismus nahm nach dem Juli-Putsch weiter zu. Immer mehr Anhänger des nationalen Lagers, darunter viele Protestanten, deren Gesamtzahl sich in Oberösterreich im Jahre 1936 auf 28.699 belief, wandten sich besonders nach dem im Juli 1936 getroffenen Abkommen zwischen Bundeskanzler Dr. Kurt Schuschnigg und Reichskanzler Adolf Hitler den Nationalsozialisten zu, die mit aller Kraft und allen Mitteln auf einen Anschluß Österreichs an das Deutsche Reich hinarbeiteten. Nach der im September 1936 erfolgten Auflösung aller bestehenden Wehrverbände bzw. ihrer Überleitung in die als Assistenzkorps des Bundesheeres neugebildete Frontmiliz erhielten sie auch aus ehemaligen Heimwehrkreisen Zuwachs. Als im Sommer 1937 in Wels ein großes österreichisch-deutsches Frontsoldatentreffen „Schulter an Schulter" stattfand, das von jugendlichen Nationalsozialisten gestört wurde, hielt jedoch die Vaterländische Front eine eindrucksvolle Gegenkundgebung mit Landeshauptmann Dr. Gleißner ab.

Die von Bundeskanzler Dr. Schuschnigg in bedrängter Lage am 9. März 1938 für den 13. März angekündigte Volksabstimmung über die Selbständigkeit Österreichs war für Adolf Hitler der Anlaß, seine wiederholte Drohung mit einem militärischen Einmarsch in Österreich wahrzumachen. Nachdem die Teilmobilmachung gegen Österreich begonnen hatte, trat die Regierung Schuschnigg am Abend des 11. März unter deutschem Druck zurück. Der Bundeskanzler verabschiedete sich vom österreichischen Volk mit seiner berühmten Rundfunkansprache, in der er darauf hinwies, man weiche der Gewalt. Der daraufhin neugebildeten Bundesregierung unter Dr. Arthur Seyß-Inquart gehörten die oberösterreichischen Nationalsozialisten Dr. Ernst Kaltenbrunner, Dr. Franz Hueber und Ing. Anton Reinthaller an. Zwischen dem Morgen des 12. und dem 16. März 1938 marschierten fünf deutsche Divisionen aus Bayern über Salzburg und Oberösterreich ein, wobei es mangels einer umfassenden Planung zu erheblichen Verkehrs-, Nachschub- und Organisationsproblemen kam. Das unzureichend ausgerüstete österreichische Bundesheer, das zwar seit 1935 neue Garnisonen in Gmunden, Ried im Innkreis, Braunau am Inn, Schärding und Freistadt erhalten hatte und auch über Verteidigungspläne gegen einen deutschen Einfall verfügte, leistete auf Befehl von Bundeskanzler Dr. Schuschnigg keinen Widerstand. Am Abend des 12. März wurde Adolf Hitler von Bundeskanzler Dr. Seyß-Inquart, Vizekanzler Edmund Glaise-Horstenau und dem Reichsführer der SS (Schutzstaffel) Heinrich Himmler in seiner „Heimatstadt" Linz, wohin er über Braunau am Inn und Ried im Innkreis gekommen war, begrüßt. Am Linzer Hauptplatz empfing ihn eine Menge von 60.000 Personen mit überschwenglichem Jubel, der ihn unter anderem dazu veranlaßt haben dürfte, Österreich vollständig an das Deutsche Reich „anzuschließen". Dies geschah am späten Abend des 13. März in Linz durch die Unterzeichnung des Reichsgesetzes über die Wiedervereinigung Österreichs mit dem Deutschen Reich, nachdem zuvor die Regierung Seyß-Inquart in Wien ihrerseits ein entsprechendes Bundesverfassungsgesetz unterzeichnet hatte und Bundespräsident Wilhelm Miklas zurückgetreten war.

## Wirtschaftliche und soziale Verhältnisse

Die wirtschaftliche und soziale, damit aber auch die politische Entwicklung zwischen den beiden Weltkriegen wurde geprägt durch die krisenhafte Situation der Jahre nach 1918, die anschließende galoppierende Inflation und die 1929 einsetzende, gewaltige Weltwirtschaftskrise. Oberösterreich, das früher ein kleines Kronland der Monarchie und nun eines der größten Bundesländer der neuen Republik Österreich war, stand nach dem Ersten Weltkrieg vor ungeheuren Problemen. So galt es, die größtenteils hunger- und notleidende Bevölkerung mit Nahrungsmitteln und Bedarfsgütern sowie Industrie und Gewerbe mit den erforderlichen Rohstoffen zu versorgen, die Wirtschaft von den kriegsmäßigen auf die friedenszeitlichen Bedingungen bzw. auf die nach dem Zusammenbruch der Monarchie neuen staatlichen Verhältnisse in Mitteleuropa umzustellen sowie die große Zahl der Kriegsheimkehrer und Soldaten in das Wirtschaftsleben einzugliedern. Um der drückenden Versorgungsprobleme Herr zu werden, wurde das im Weltkrieg geschaffene Zwangsbewirtschaftungssystem anfänglich beibehalten, wobei Arbeiter- und Soldatenräte sowie Volkswehr die Ablieferung und Verteilung der Lebensmittel kontrollierten. Mit der Normalisierung der Verhältnisse konnte diese zentrale Zwangswirtschaft allmählich gelockert und schließlich 1921 ganz aufgegeben werden.

Vor dem Zweiten Weltkrieg war Oberösterreich immer noch ein hauptsächlich agrarisch sowie klein- bis mittelbetrieblich strukturiertes Land, dessen Bevölkerung leicht zunahm. Hatte man im Jahre 1910 853.596 in Oberösterreich anwesende Personen ermittelt, so belief sich die Wohnbevölkerung im Jahre 1934 auf 902.965 Personen. Davon zählten 338.623 (37,5%) zur Wirtschaftsgruppe Land- und Forstwirtschaft, 265.879 (29,5%) zu Industrie und Gewerbe, 98.139 (10,9%) zu Handel und Verkehr, 24.456 (2,7%) zum öffentlichen Dienst, 21.665 (2,4%) zu den freien Berufen und 6415 (0,7%) zur Gruppe der häuslichen Dienste. Die Landeshauptstadt Linz, die man als „etwas überdimensionierte bajuvarische Bauernstadt" charakterisiert hat, spielte als Sitz der Behörden eine wichtige Rolle, hatte jedoch als Industrieort keine übermäßige Bedeutung. Im Jahre 1934 verzeichnete sie 108.484 Einwohner, wobei die 1919 bzw. 1923 erfolgten Eingemeindungen der Stadt Urfahr, der Gemeinde Pöstlingberg und der Gemeinde Kleinmünchen zu berücksichtigen sind. Mit gewaltigem Abstand folgten Steyr mit 20.477, Wels mit 16.314 und Gmunden mit 7788 Einwohnern.

In der Notlage nach 1918 entschloß sich das Land Oberösterreich zu einer Wirtschaftspolitik der sogenannten kalten Sozialisierung bzw. Verstaatlichung. Durch finanzielle Beteiligung an Gesellschaften und Unternehmen der Grundstoff- und Energiewirtschaft (Wolfsegg-Traunthaler Kohlenwerks AG., Stern & Hafferl AG., OÖ. Wasserkraft- und Elektrizitäts AG.), aber auch anderer Wirtschaftszweige wie der Holz- und der chemischen Industrie sowie der Verkehrswirtschaft suchte man Möglichkeiten zur Einflußnahme und Förderung zu gewinnen. Diese Politik änderte sich durch die drastischen Einsparungen infolge der Genfer Stabilisierung und Sanierung der österreichischen Währung im Herbst des Jahres 1922, vor allem aber, als die vom Land Oberösterreich 1925, 1927 und 1928 in den USA aufgenommenen Auslandsanleihen durch die Unkorrektheiten des Vermittlers Dr. Hans Alma zu einem Finanzskandal führten, der dem Land bis 1935 einen Verlust von 9 Millionen Schilling eintrug. In diesem Zusammenhang stellten im Landtag Großdeutsche und Landbund im Dezember 1932 den ersten und einzigen Mißtrauensantrag gegen den Finanzreferenten der Landesregierung Landeshauptmann Dr. Schlegel. Auf dem Energiesektor blieb jedoch das Land auch weiterhin stark engagiert, da hier große Investitionen notwendig waren. Die Finanzpolitik des Landes, das zur Bedeckung seiner erweiterten Aufgaben nach 1918 die Steuern erhöhen und seit 1922 viele neue Abgaben und Gebühren einführen mußte, führte wiederholt zu Spannungen mit dem Bund und mit der Österreichisch-Ungarischen Bank bzw. später der Oesterreichischen Nationalbank. So z. B. als das Land wegen Mangels an kleineren Zahlungsmitteln auf Anregung von Landeshauptmann-Stellvertreter Dr. Schlegel zwischen November 1918 und November 1921 Landeskassenscheine im Gesamtwert von 19,25 Millionen Kronen ausgab, die den Landesfinanzen wie ein zinsenloses Darlehen zugute kamen. Zusätzlich mußten 1920—1922 Landesnotgeld- bzw. Landeskleingeldscheine das nach Kriegsende in das Ausland geschmuggelte kleine Hartgeld ersetzen. Solche Notgeldscheine, vereinzelt sogar Holzplättchen und Lederknöpfe, brachten auch die meisten oberösterreichischen Gemeinden sowie manche private Firmen und Organisationen heraus. Alle diese vorübergehenden Ersatzzahlungsmittel brachten Gewinn, da sie von der Bevölkerung nicht vollzählig eingelöst wurden. Das Bundesverfassungsgesetz vom 3. März 1922 über die Regelung der finanziellen Beziehungen zwischen dem Bund und den Ländern (Finanzverfassungsgesetz) erhöhte die finanzielle Abhängigkeit des Landes Oberösterreich von der staatlichen Zentralgewalt, da sich beide die Einnahmen an Steuern und Abgaben in einem bestimmten Verhältnis aufteilen mußten. Durch ein 1928 geplantes Bundesgesetz über die Finanzkontrolle der österreichischen Bundesländer fühlten sich diese sogar in ihrer Selbständigkeit bedroht. Im Rahmen seines Landesbudgets erwuchsen Oberösterreich besonders

hohe Ausgaben für das Schulwesen; allmählich wirkte sich auch die Bekämpfung der steigenden Arbeitslosigkeit stärker aus.
Was das Schulwesen betrifft, das in der Ersten Republik Österreich grundlegend reformiert wurde (u. a. Neuorganisation der vier- bzw. achtjährigen Volksschule, der vierjährigen Hauptschule und der achtjährigen Mittelschultypen des humanistischen Gymnasiums, des Realgymnasiums und der Realschule), ist nach dem Ersten Weltkrieg in Oberösterreich besonders im Bereich der kaufmännischen und der gewerblichen Fortbildungsschulen sowie der landwirtschaftlichen Fachschulen ein Aufschwung festzustellen. 1928 wurde mit der Eröffnung der ersten österreichischen Arbeitermittelschule in Linz ein zweiter Bildungsweg eingeführt. Das in den Jahren 1918/20 vom Linzer Gemeinderat und von der Handelskammer verfolgte Projekt, die Deutsche Technische Hochschule Brünn nach Linz zu verlegen, konnte nicht realisiert werden. 1922 übernahm die Handelskammer das 1908 von der Landesregierung gegründete OÖ. Gewerbeförderungsinstitut in Linz, das durch die Veranstaltung von Kursen und Vorträgen im ganzen Land große Bedeutung für die berufliche Fortbildung gewann.
Die Verkehrsverhältnisse litten unter dem seit der Kriegszeit schlechten Zustand des Straßennetzes, für dessen weiteren Ausbau das 1936 beschlossene Landesstraßenverwaltungsgesetz grundlegend wurde. Erleichtert wurden sie dagegen durch die Aufhebung der vielen staatlichen und privaten Straßen-, Brücken- und Überfuhrmauten. Durch die zunehmende Motorisierung – 1922 gab es in Oberösterreich 1103 Kraftfahrzeuge (vorwiegend Motorräder), 1930 7827 und 1937 bereits 13.298 – erfuhr die Eisenbahn eine immer stärkere Konkurrenzierung, besonders durch das in verkehrsarmen Gegenden des Landes entstehende dichte Netz von Autobus- und Frachttransportlinien der Post, der Österreichischen Bundesbahnen (seit 1929) und Privater. Die „OÖ. Kraftwagenverkehrs-AG." (Oberkraft) ging 1923 in den Besitz des Landes über. In den Städten Linz, Steyr und Wels wurde 1928 der örtliche Linienverkehr mit Autobussen aufgenommen. Das oberösterreichische Eisenbahnnetz, innerhalb dessen der West-Ost-Verkehr nun wichtiger wurde, konnte infolge des herrschenden Kapitalmangels nur um Werks- und Schleppbahnen sowie um Industriegleise erweitert werden. Aus energiepolitischen Gründen ging man allerdings langsam zur Elektrifizierung der Hauptstrecken über: 1924 wurde der elektrische Betrieb auf der Salzkammergutbahn aufgenommen, 1937 begannen auf der Westbahn zwischen Attnang-Puchheim und Salzburg die Umbauarbeiten. Die Österreichischen Bundesbahnen übernahmen etliche defizitäre Linien von Privatbahnen. Durch die Verstärkung der österreichischen Handelsbeziehungen mit dem Deutschen

*Wirtschaftliche und soziale Verhältnisse*

Reich und durch infolge technischen Fortschritts erhöhte Wirtschaftlichkeit in der Schiffahrt stieg der vor allem landwirtschaftliche Produkte und Öl betreffende Warenverkehr auf der oberösterreichischen Donau mit einer Unterbrechung durch die Weltwirtschaftskrise ständig an. Dementsprechend wuchs die Bedeutung von Linz als Güterumschlagplatz. 1925 wurde Oberösterreich durch die Aufnahme des Liniendienstes zwischen Wien, Linz und dem Salzkammergut mit einem Wasserflugzeug in den Flugverkehr einbezogen. Einen an der Donau gelegenen Flughafen erhielt Linz im Jahre 1934.

Nach dem Ersten Weltkrieg zählte es zu den wichtigsten Aufgaben, eine Normalisierung der landwirtschaftlichen Produktion zu erreichen, die Versorgung der Bevölkerung sicherzustellen und, damit im Zusammenhang, die oberösterreichische Lebensmittelindustrie auszubauen. Die kriegsbedingte Zwangswirtschaft, in deren Rahmen Oberösterreich nicht nur seine eigene Bevölkerung ernähren, sondern auch Wien beliefern mußte, konnte erst 1921 aufgehoben werden. Da die Erträge, die Erzeugung und der Viehbestand in den Kriegsjahren stark zurückgegangen waren, ließ man der Landwirtschaft nach 1918 verstärkte Förderung unter der Leitung des Landeskulturrates und seiner Bezirksgenossenschaften angedeihen. Die Förderungsmaßnahmen betrafen den Pflanzenbau (1923 wurde der Saatbauverein Arnreit gegründet, der 1928 in eine Genossenschaft umorganisiert wurde), das Wirtschaften mit Natur- und Kunstdünger, in Verbindung mit der Einführung des Maisanbaus die Silowirtschaft (seit 1929), die Tierzucht und die Milchwirtschaft (seit 1924 wurden mehrere neue Molkereigenossenschaften gegründet), den Flachs- und Hopfenbau besonders im Mühlviertel (seit 1927), den Obstbau sowie Meliorationen des Bodens und die Kultivierung der neugewonnenen Flächen. Zu diesem Zwecke stellte der Landeskulturrat Geräte leihweise zur Verfügung und unterstützte seit 1928 die Gründung bäuerlicher Gerätegemeinschaften. Diese Kultivierungswelle, die durch den Einsatz von Traktoren, Raupenschleppern und anderer Motormaschinen einen großen Erfolg verzeichnete, erreichte im Jahre 1931 ihren Höhepunkt. In dem durch die geographischen Gegebenheiten benachteiligten Mühlviertel wurde seit 1920 die frühere, nach diesem Gebiet benannte Aktion weitergeführt. Für die Abwicklung von Grundzusammenlegungen in Oberösterreich waren bereits 1919 die Agrarbezirksbehörden Linz und Gmunden geschaffen worden. Als wegen des nach dem Kriege herrschenden Zuckermangels 1928/29 in Enns eine Zuckerfabrik errichtet wurde, stellte sich ein Teil der Landwirte zwischen Amstetten und Wels auf den Anbau von Zuckerrüben um. Die ältere Fabrik in Suben bestand nur von 1920 bis 1926.

Nach einer Konjunktur der Landwirtschaft in den unmittelbaren Nachkriegsjahren, als der Inlandsbedarf nur durch zusätzliche Importe gedeckt werden konnte, entstand bald mit der Aufwärtsentwicklung eine verschärfte Wettbewerbssituation, die seit 1927 in eine Absatzkrise mit Preisverfall bei Getreide und Vieh mündete. Dazu gesellten sich seit 1929 schwere Auswirkungen der Weltwirtschaftskrise. Die schwierigen Verhältnisse bewirkten 1927 eine Fusionierung der OÖ. Landwirtschaftsgesellschaft, des OÖ. Landwirtschaftlichen Verbandes für Verwerter und Bezug (Lagerhausgenossenschaften) und des Verbandes der ländlichen Elektrizitäts-Genossenschaften mit dem Landeskulturrat. Die Abteilung Warenvermittlung des Landeskulturrates, die auch die Lagerhäuser umfaßte, wurde in eine offizielle Handelsfirma umgewandelt. Staatliche Maßnahmen zur Bekämpfung der schweren Krise in der Landwirtschaft bestanden in Subventionen für den Getreidebau, dem 1930 beschlossenen Notopfergesetz zur Linderung der Not in der Landwirtschaft und in der unter der ausländischen Konkurrenz leidenden Mühlenindustrie, in einer Exportförderung und in einer Unterstützung der Viehwirtschaft. Dazu kamen seit 1931 verschiedene marktwirtschaftliche Lenkungsmaßnahmen durch Gesetze zur Stabilisierung der Produktion und der Preise besonders bei Vieh und Milchprodukten. 1932 wurde der Landeskulturrat mit seinen Bezirksgenossenschaften in die Landwirtschaftskammer für Oberösterreich und deren örtliche Berufsgenossenschaften der Landwirte mit dem Ziel einer autonomen Berufsvertretung des Bauernstandes und der Förderung der Landwirtschaft umgestaltet. Die oberösterreichische Forstwirtschaft nahm eine ähnliche Entwicklung wie die Landwirtschaft. Auf eine Nachkriegskonjunktur durch hohe Exporte folgte um 1930 eine allgemeine Krise. Für den großen staatlichen Forstbesitz wurde 1925 der selbständige Wirtschaftskörper der Österreichischen Bundesforste mit einer Generaldirektion in Wien und 18 regionalen Forstverwaltungen in Oberösterreich geschaffen.

Obwohl die verschiedenen Wirtschaftskrisen dem technischen Fortschritt in der Land- und Forstwirtschaft nicht förderlich waren, kam es doch in der Zwischenkriegszeit zur Einführung von Getreidemähmaschinen bzw. Bindemähern und mit Dampfkraft oder elektrisch betriebener Dreschmaschinen wie überhaupt zum vermehrten Einsatz des elektrischen Stroms. Traktoren waren hingegen in Oberösterreich nur vereinzelt vertreten; 1930 gab es nicht mehr als 73. Für manche Bergbauern brachte der Bau von Materialseilbahnen seit 1935 eine wesentliche Erleichterung.

Oberösterreichs nicht sehr entwickelte Industrie wurde durch den Zerfall der Monarchie vor eine völlig neue Situation gestellt. Um sich auf den neuen kleinen Wirtschaftsraum bzw. auf die notwendige Exportfähigkeit umstellen zu können, bedurfte sie einer großen Kapitalzufuhr, die sie stärker als bisher von den Banken abhängig machte. Während im Inland die Konkurrenz größer geworden war, wurden die Ausfuhrmöglichkeiten durch die von den Nachfolgestaaten der Monarchie verhängten Schutzzölle beschränkt. Außerdem litt die Produktion unter dem Mangel an Roh- und Brennstoffen, der eine Konzentration auf die Verarbeitung heimischer Grundstoffe und die Nutzung der Wasserkraft für die Energiegewinnung erzwang. Mit öffentlicher Förderung und mit Auslandskapital wurden daher neue Elektrizitätswerke errichtet (z. B. 1923 und 1925 Dampfkraftwerke in Frankenburg und Timelkam, 1924 bis 1926 das große Wasserkraftwerk Partenstein, 1925 das Ranna-Kraftwerk, 1921 bis 1925 das größte österreichische genossenschaftliche Elektrizitätswerk Glatzing-Rüstorf) und das Hochspannungsnetz erweitert. 1929 schloß man die führenden Unternehmen der E-Wirtschaft, Stern & Hafferl AG. sowie OÖ. Wasserkraft- und Elektrizitäts-AG. (OWEAG), zur Österreichischen Kraftwerke AG. (ÖKA) zusammen. Pläne für die Nutzung der Flüsse Donau, Enns und Traun konnten jedoch wegen Kapitalmangels nicht verwirklicht werden. Gleichzeitig liefen verstärkte Bemühungen zum Ausbau und zur Erschließung anderer Energiequellen wie des Torfs, der im Ibmer Moos abgebaut wurde, des Erdöls, das seit 1925 zwischen Taufkirchen a. d. Pram bzw. Andorf und Schärding in geringen Mengen gefördert wurde, und der Steinkohle, die in Weyer und Unterlaussa kurzzeitig gewonnen wurde. Von größter Bedeutung über Oberösterreich hinaus war aber der Braunkohlenbergbau im Hausruckrevier, wo neben der Wolfsegg-Traunthaler Kohlenwerks AG. (WTK) anfänglich auch einige kleine private und öffentliche Unternehmen tätig waren. Die mit Investitionen der öffentlichen Hand geförderte WTK, die 1937 in Wolfsegg, Geboltskirchen, Thomasroith, Bruckmühl, Leopoldshofstadt, Wappeltsham und Ampflwang Bergbaue unterhielt, deren Zentrum das Revier Ampflwang bildete, versorgte vor allem Oberösterreich und Salzburg mit Kohle.

Unter diesen Voraussetzungen machte die oberösterreichische Industrie eine wechselhafte Entwicklung durch. In den Nachkriegsjahren, in denen besonders die Holz-, Papier-, Leder-, Nahrungs- und Genußmittelerzeugung expandieren konnten, bewirkten die hohen Kriegsreparationen, die Österreich aufgebürdet worden waren, eine hohe Inflationsrate, die wiederum eine kurzfristige Scheinkonjunktur auslöste. Dadurch wurden die Strukturschwächen der oberösterreichischen Wirtschaft anfänglich verdeckt und notwendige Umstellungen verzögert. Die negativen Folgen zeigten sich nach der Währungsstabilisierung im Jahre 1922, die u. a. die

Exportchancen verschlechterte. Als sich zwischen 1926 und 1929 die Konjunktur wieder etwas belebte, profitierten davon besonders die Bau- und die Baumaterialienindustrie. Einen katastrophalen Schrumpfungsprozeß hatte dann die 1929 einsetzende, Industrie und Agrarwirtschaft in gleicher Weise treffende Weltwirtschaftskrise zur Folge. Der Beschäftigtenstand in der oberösterreichischen Industrie, vor allem in der Bau- und Baumaterialien-, Eisen- und Metallindustrie sowie in der Holzverarbeitung, ging um mehr als die Hälfte zurück. Die Zusammenbrüche großer österreichischer Banken — die Allgemeine Österreichische Bodencreditanstalt im Oktober 1929, die Creditanstalt für Handel und Gewerbe im Mai 1931 —, mit denen das führende oberösterreichische Institut, die Bank für Oberösterreich und Salzburg (Oberbank), eng liiert war, verschärften die Krise, die im Jahre 1933 ihren Höhepunkt überschritt. Zu den wenigen Industriezweigen, die von den krisenhaften Erscheinungen einigermaßen verschont blieben bzw. deren Aufschwung nur von geringeren Rückschlägen unterbrochen wurde, zählten etwa die stark exportorientierte Papierindustrie, die Nahrungs- und Genußmittelindustrie, in der innerhalb der Brauindustrie 1925 eine über Oberösterreich hinausgreifende Konzentration in der „Österreichischen Brau AG." erfolgte, die Erzeugung von Schwerchemikalien und elektrochemischen Produkten, die Kaolingewinnung im Raum Schwertberg (vor allem durch die KAMIG, Österreichische Kaolin- und Montanindustrie GmbH), die Mühlsteinindustrie im Raum Perg und die kleine, vom Ausbau der Elektrizitätswirtschaft und von der Elektrifizierung der Österreichischen Bundesbahnen begünstigte elektrotechnische Industrie (z. B. die Schweizer Firma Sprecher & Schuh und die 1920 gegründete OÖ. Elektro-Bau-AG./EBG). Die sehr zurückgegangene oberösterreichische Salzproduktion konnte nach Investitionen und Rationalisierung besonders der Saline Ebensee wieder gesteigert werden. Dagegen hatte z. B. die strukturell schwache Eisen- und Stahlindustrie mit größten Schwierigkeiten zu kämpfen. Besonders betroffen war der Raum Steyr mit der großen Steyrer Waffenfabrik, die sich nach Kriegsende auf eine Friedensproduktion umstellen mußte, die seit 1920 vor allem Automobile und Kugellager umfaßte. Die neue „Steyr-Werke AG.", die 1934 mit der „Austro-Daimler-Puch AG." zur „Steyr-Daimler-Puch AG." vereinigt wurde, entwickelte die Personenkraftwagen vom Typ 100, das erste Auto mit serienmäßiger Stromlinienkarosserie, und den Kleinwagen vom Typ 50, das legendäre „Steyrer Baby". Wie die Steyr-Werke litten auch die Linzer Lokomotivfabrik Krauß & Co., die 1930 zugesperrt werden mußte, und die 1932 aufgelöste Schiffswerft Linz AG. schwer unter der Weltwirtschaftskrise. Etwas leichter fiel die notwendige Anpassung an die neuen Marktverhält-

*Wirtschaftliche und soziale Verhältnisse*

nisse und an die verschiedenen Krisen der Textilindustrie, die mit der „Aktiengesellschaft der Kleinmünchner Baumwollspinnereien und mechanischen Weberei" (heute Linz Textil AG.) den größten Spinnereibetrieb Österreichs aufwies.
Bereits 1920 setzte langsam wieder ein bescheidener, von Inländern getragener Sommer-Fremdenverkehr in Oberösterreich ein. 1929/30 konnten fast 550.000 Gäste gezählt werden. Öffentlicher Förderung erfreuten sich besonders die alten Heilbäder in Bad Hall und Bad Ischl sowie das neue in (Bad) Schallerbach, wo man 1918 auf der Suche nach Erdöl auf Thermalschwefelquellen gestoßen war. 1930/31 errichtete der Orden der Barmherzigen Brüder in Schärding eine Kneipp-Kuranstalt. 1937 wurde ein weiteres Heilbad in Weinberg (OG. Prambachkirchen) eröffnet. Im Salzkammergut gingen von der 1926/27 erbauten ersten oberösterreichischen Personen-Seilschwebebahn, die von Ebensee auf den Feuerkogel führte, neue Impulse aus. Schwerer Schaden entstand hingegen der Fremdenverkehrswirtschaft außer durch die Auswirkungen der Weltwirtschaftskrise auch durch die von der deutschen Reichsregierung am 27. Mai 1933 aus politischen Gründen gegen Österreich verhängte 1000-Mark-Sperre. Die erst Ende August 1936 wieder aufgehobene Sondertaxe von 1000 Mark, die nach Österreich ausreisende deutsche Staatsangehörige zahlen mußten, kam in ihrer Wirkung einer Blockade gleich.
Die sozialen Verhältnisse der Zwischenkriegszeit waren infolge der langen Dauer des Ersten Weltkrieges und der darauf folgenden Probleme und Krisen sehr gespannt. In der unmittelbaren Nachkriegszeit kam die große politische und soziale Unruhe u. a. auch in zahlreichen Streiks zum Ausdruck. Dabei wurden verhältnismäßig rasch auf dem Gebiet der Sozialgesetzgebung, die in die Kompetenz des Bundes fiel, Verbesserungen geschaffen. So etwa durch das am 19. Dezember 1918 beschlossene und am 17. Dezember 1919 erweiterte Gesetz über den 8-Stunden-Arbeitstag der Männer, das Frauen und Jugendlichen unter 16 Jahren eine 44-Stunden-Arbeitswoche sicherte, durch die Einführung des voll bezahlten Urlaubs der Arbeiter im Jahre 1919, durch das Betriebsrätegesetz vom 15. Mai 1919, das in Betrieben mit mehr als vier Beschäftigten Vertrauensleute und in solchen mit mehr als 20 Betriebsräte vorsah, oder durch die Schaffung einer Arbeitslosenversicherung im Jahre 1920. Im selben Jahr wurden die Arbeiterkammern (Kammer für Arbeiter und Angestellte) als gesetzliche Interessenvertretungen der Arbeitnehmer eingerichtet und die oberösterreichische Handelskammer, die sich jetzt in die Sektionen Handel, Gewerbe und Industrie gliederte, umgestaltet. Bereits 1919 hatte der Katholische Volksverein die Organisationen des OÖ. Bauernbundes und des Christlichen Landarbeiterbundes als politische Interessenvertre-

tungen des Großteils der in der Land- und Forstwirtschaft Beschäftigten gegründet, 1920 faßte der OÖ. Arbeiterverband alle christlichen Arbeiterorganisationen zusammen. Für die größte Gruppe der Beschäftigten, die Land- und Forstarbeiter, die seit 1921 durch einen Landarbeiter-Ausschuß im Landeskulturrat vertreten waren, erließ der oberösterreichische Landtag nach zähen Verhandlungen und Kompetenzproblemen mit dem Bund am 10. März 1921 das Gesetz über die Regelung der Dienstverhältnisse der häuslichen, land- und forstwirtschaftlichen Dienstnehmer in Oberösterreich (Haus- und Landarbeitsordnung). Es beseitigte die bisherige patriarchalische Gewalt der Grundbesitzer und die Polizeigewalt der Gemeindevorsteher, regelte den Arbeitsvertrag und die Entlohnung und enthielt verschiedene Schutzbestimmungen. 1928 wurden ein umfassender Schutz im Bereich der Unfall-, Kranken- und Invaliditätsversicherung sowie eine Altersfürsorge für „in Not Befindliche" geschaffen. Für die wirtschaftlichen und sozialen Verhältnisse in Oberösterreich ist ein Blick auf die Beschäftigtenstruktur im Jahre 1923 aufschlußreich: Von den 477.443 Personen, die damals einer Beschäftigung nachgingen, taten dies 287.077 (60,12%) in der Land- und Forstwirtschaft (davon 68.648 als Selbständige und fast 92.000 als mithelfende Familienangehörige), 109.327 (22,89%) in Industrie und Gewerbe (davon 23.914 als Selbständige), 45.526 (9,53%) in Handel und Verkehr (davon 13.317 als Selbständige), 16.447 (3,44%) im häuslichen Dienst sowie 19.066 im öffentlichen Dienst und in freien Berufen. Insgesamt wurden 107.569 Selbständige, 99.847 mithelfende Familienangehörige, 235.315 Arbeiter, 22.768 Angestellte und 11.944 Lehrlinge gezählt. 1930 gab es noch immer ungefähr 40% mehr Berufstätige in der Land- und Forstwirtschaft als in Industrie und Gewerbe.

Der Erste Weltkrieg hatte nicht nur eine große Zahl von Toten und Versehrten gefordert, viele Menschen erlitten durch ihn auch finanzielle oder materielle Verluste und Einbußen. In der Nachkriegszeit gerieten immer mehr Personen durch die ständig steigenden Preise und durch das Fehlen einer Altersversorgung – eine Altersfürsorgerente wurde erst 1928 eingeführt – in Not. Am Ende des Jahres 1918 zählte man in Oberösterreich 17.350 Bedürftige, rund 2 Prozent der Gesamtbevölkerung, die der Armenfürsorge der Gemeinden unterstanden. Durch finanzielle Unterstützung von seiten des Landes, das sich besonders der Kinder- und Jugendfürsorge annahm, und durch Zusammenarbeit der Gemeinden suchte man die Betreuung zu verbessern. Zwischen 1921 und 1924, dem Jahr, in dem der Übergang zur neuen österreichischen Schilling-Währung begann, wirkte sich die überaus hohe Nachkriegsinflation sehr nachteilig aus. So kostete z. B. in Hallstatt 1 kg Mehl im August 1919 5,40 Kronen, im

November 1920 10,80 Kronen, im Dezember 1921 400 Kronen, 1923 6800 Kronen und im Dezember 1924 10.000 Kronen; für ein Paar Männerschuhe mußten im August 1919 200 Kronen, im November 1920 2000 Kronen, im Dezember 1921 20.000 Kronen und im Dezember 1924 400.000 Kronen ausgelegt werden. 1922 stiegen die Löhne zwischen 12.000 und 13.000%, die Kleinhandelspreise aber im Durchschnitt um 20.000%. Verschiedentlich mußten die Monatsgehälter in Raten ausbezahlt werden. Die radikalen Sparmaßnahmen im Zusammenhang mit der Sanierung der Staatsfinanzen im Herbst des Jahres 1922 führten überhaupt zur Entlassung Tausender Staatsbeamter, darunter vieler Lehrer. Die allgemeine Verarmung der Bevölkerung erreichte in den dreißiger Jahren infolge der Weltwirtschaftskrise ihren Höhepunkt. Viele verschuldete Betriebe, besonders in der Land- und in der Fremdenverkehrswirtschaft, wurden zwangsversteigert.

Eines der größten Probleme war jedoch die hohe und langandauernde Arbeitslosigkeit, die an der Jahreswende 1918/19 noch ein geringes Ausmaß hatte, im April 1919 13.843 und im Juli desselben Jahres 5673 Beschäftigungslose aufwies. Alarmierend wurden die zwischen der Sommer- und Wintersaison stark schwankenden Zahlen am Ende des Jahres 1925 mit 28.905 Arbeitslosen. Sie erhöhten sich bis 1933 auf einen Winter-Höchststand von über 48.000 und gingen bis 1937 auf beinahe 38.000 zurück. Daneben gab es noch 10 bis 20 Prozent „ausgesteuerte" Arbeitslose, die keine staatliche Unterstützung mehr erhielten. Gefährliche Folgewirkungen dieser tiefen Krise waren u. a. eine Verschärfung der ideologischen Spannungen und eine weitgehende Entmutigung, die bei einem Teil der Bevölkerung die Abkehr von den demokratischen Parteien und die Hinwendung zu radikalen Gruppen bzw. zum Nationalsozialismus förderte. Ein besonderes Notstandsgebiet bildete der Raum Steyr, wo die Steyr-Werke zeitweilig von der Schließung bedroht waren und eine österreichweite, u. a. auch von Enrica von Handel-Mazzetti und von Hermann Bahr unterstützte Hilfsaktion eingeleitet wurde. Waren von hier bereits nach 1918 viele Facharbeiter in die Tschechoslowakei und nach Kanada ausgewandert, so versuchten nach 1924 zahlreiche von der Krise der Glasindustrie betroffene Oberösterreicher, in Griechenland eine neue Heimat zu finden. Die meisten der 4633 Auswanderer, die Oberösterreich von 1921 bis 1935 verließen, wandten sich jedoch in die USA. Von staatlicher Seite bemühte man sich, die Arbeitslosigkeit, die besonders junge und ältere Personen traf, durch wirtschaftsfördernde Maßnahmen und durch öffentliche Notstandsarbeiten (z. B. beim Straßenbau) im Rahmen einer produktiven Arbeitslosenfürsorge zu bekämpfen. Diesem Ziel dienten auch die 1937 in Engelszell, Haibach, Wimsbach und Garsten eingerichteten Arbeitsdienstlager. Seit 1932 erhielten Betriebe, die neue Arbeitsplätze schufen, auf Vorschlag von Landeshauptmann Dr. Schlegel eine Steuerbegünstigung und eine Ermäßigung des Strompreises. Den öffentlichen Haushalten, die durch die vom Staat eine befristete Zeit lang gezahlte Arbeitslosenunterstützung belastet wurden, fehlten jedoch ausreichende Förderungsmittel. Um die zeitbedingte Bettlerplage in Oberösterreich einzudämmen, wurde 1935 in Schlögen an der Donau ein eigenes Haftlager für Bettler errichtet. Die drückende Wohnungsnot, die besonders in Linz herrschte, suchte man durch öffentliche Förderung des Siedlerwesens und des sozialen Wohnungsbaues zu lindern. Die katastrophalen Verhältnisse besserten sich erst seit 1936 wieder leicht, als die Wirtschaftskrise langsam abzuklingen begann.

# 10. Die Zeit des Nationalsozialismus (1938—1945)

In Oberösterreich erfolgte die nationalsozialistische Machtübernahme in der Nacht vom 12. zum 13. März 1938, indem August Eigruber, der Gauleiter der illegalen NSDAP-Organisation, auf Weisung des deutschen Sonderbeauftragten Wilhelm Keppler bzw. auf Betreiben der Gauleiter von Salzburg und Kärnten, aber ohne Wissen von Bundeskanzler Dr. Seyß-Inquart, das Amt des Landeshauptmannes an sich riß. Die von ihm am 14. März neugebildete Landesregierung bzw. — wie sie nun auch hieß — Landeshauptmannschaft, der anfänglich mehrere Wochen lang auch das ehemalige christlich-soziale Mitglied der ständestaatlichen Landesregierung Dr. Franz Lorenzoni als Finanzreferent angehörte, mußte im Laufe des Jahres noch mehrmals in ihrer Zusammensetzung verändert werden. Das Amt des Landesstatthalters übte kurzfristig Dipl.-Ing. Karl Breitenthaler aus, danach wurde Rudolf Lengauer von Eigruber zum Landeshauptmann-Stellvertreter ernannt. Den seit 1934 berufsständisch zusammengesetzten oberösterreichischen Landtag löste Eigruber am 18. März auf, mit den oberösterreichischen Gemeindetagen war dasselbe bereits fünf Tage früher geschehen. Gleichzeitig mit diesen Vorgängen kam es im ganzen Land zu zahlreichen Entlassungen, Zwangspensionierungen und Verhaftungen, von denen besonders führende Funktionäre der nunmehr aufgelösten Vaterländischen Front, darunter der bisherige Landeshauptmann Dr. Heinrich Gleißner, hohe leitende Beamte, kommunistische und sozialistische Spitzenfunktionäre sowie vereinzelt auch Exponenten des Judentums und katholische Priester betroffen waren. Der Linzer Polizeidirektor und drei Polizeibeamte sowie der Direktor des Zuchthauses Garsten waren kurz nach dem deutschen Einmarsch ermordet worden. Eine zweite, besonders gegen marxistisch Gesinnte gerichtete Verhaftungswelle ging der Volksabstimmung vom 10. April 1938 voraus, mit der der „Anschluß" Österreichs an das Deutsche Reich nachträglich nach außen hin bestätigt werden sollte. Die in weiten Kreisen der Bevölkerung herrschende Begeisterung, die gewaltige nationalsozialistische Propaganda, die teilweise unkorrekte, d. h. die geheime Stimmabgabe nicht überall sichernde Abwicklung und nicht zuletzt die unter Druck zustande gekommene bejahende Erklärung der österreichischen Bischöfe vom 18. März, die zwar der Linzer Bischof Dr. Gföllner nicht in seinem Diözesanverordnungsblatt veröffentlichen ließ, die aber dennoch in den meisten Pfarren verlesen wurde, sowie eine ähnliche Stellungnahme des Evangelischen

Oberkirchenrates ergaben nicht nur eine überaus hohe Beteiligung an der Abstimmung von über 99%, sondern auch ein Ergebnis von über 99,5% Ja-Stimmen. Die Zahlenangaben über die in Oberösterreich abgegebenen ablehnenden Stimmen schwanken zwischen 357 und 983. Schon vor diesem Plebiszit war am 17. März die Reichsmark als neue Währungseinheit im Wert von 1,5 Schilling eingeführt worden.
Die Eingliederung Österreichs und Oberösterreichs in das Deutsche Reich und die damit verbundene Neuorganisation der Verwaltung schufen zahlreiche Probleme und nahmen daher längere Zeit in Anspruch. Eine grundsätzliche Entscheidung fiel am 24. April 1938, als sich Adolf Hitler im Hinblick auf die alte Tradition der österreichischen Länder zur Schaffung von sieben österreichischen Gauen entschloß, wobei Oberösterreich als Einheit weiterbestehen, aber seinen Namen verlieren sollte. Der neue Name „Oberdonau", der sich in Oberösterreich nur langsam durchsetzte, erschien erstmals offiziell in der Verordnung des „Reichskommissars für die Wiedervereinigung Österreichs mit dem Deutschen Reich" Josef Bürckel vom 31. Mai 1938 über die Gaueinteilung der NSDAP in Österreich. Nach dieser Verordnung umfaßte die Parteiorganisation des Gaues Oberdonau, an dessen Spitze Gauleiter Eigruber am 23. Mai von Hitler bestätigt worden war, auch den steirischen Gerichtsbezirk Bad Aussee. Zu der entsprechenden Angleichung der Landesgrenze mit der Steiermark kam es durch das Gesetz über Gebietsveränderungen im Land Österreich vom 1. Oktober 1938 und durch eine Verordnung des Landeshauptmannes von Oberösterreich über die Einteilung des Landes Oberösterreich in Verwaltungsbezirke vom 14. Oktober desselben Jahres. Mit dem Gerichtsbezirk Bad Aussee, dem sogenannten Ausseerland bzw. steirischen Salzkammergut, verzeichnete Oberdonau (bzw. der Bezirk Gmunden) einen Zuwachs von 452,58 km$^2$ und von sechs Gemeinden mit 9210 Einwohnern. Eine geringfügige Erweiterung des Landes ergab sich auch im Osten gegenüber Niederösterreich bzw. Niederdonau, wo Reichskommissar Bürckel mit Wirkung vom 15. Oktober 1938 im Hinblick auf die geplante Vergrößerung der Steyr-Werke die Trennung der Katastralgemeinden Hinterberg und Münichholz von der niederösterreichischen Ortsgemeinde Behamberg (BH. Amstetten) und ihre Eingemeindung in die oberösterreichische Stadt Steyr anordnete. Die größte Ausweitung des Landes bzw. Gaues trat jedoch im Norden ein, als die Tschechoslowakei infolge des Münchner Abkommens vom 29. September 1938 zwischen dem Deutschen Reich, England, Frankreich und Italien ihre deutsch besiedelten Randzonen an das Deutsche Reich abtreten mußte und deutsche Truppen bereits im Oktober in diese Gebiete einmarschierten. Die beiden südböhmischen

Landkreise Krummau und Kaplitz, die insgesamt 1.696 km² und 146 Gemeinden mit 96.939 fast ausschließlich deutschen Einwohnern umfaßten, wurden anfänglich vom Landeshauptmann von Oberdonau im Auftrag des Reichskommissars für die sudetendeutschen Gebiete verwaltet, ehe sie im Juli 1939 einschließlich des ursprünglich an Niederdonau angeschlossenen Gerichtsbezirkes Gratzen voll in den Gau Oberdonau eingegliedert wurden.

Der solcherart vergrößerte Gau Oberdonau mit einer Gesamtfläche von 14.213,83 km² und 1,042.339 Einwohnern erfuhr seit 1938 auch eine einschneidende Umorganisation der Verwaltung, wobei eine mitunter verwirrende Fülle rechtlicher und begrifflicher Neuerungen eingeführt wurde. Fast alle politischen Bezirke, die nunmehr Landkreise und deren Vorsteher, die Bezirkshauptleute, jetzt Landräte hießen, erhielten neue Grenzen, die Bezirke Eferding und Urfahr-Umgebung wurden aufgelöst, die Gesamtzahl der Landkreise belief sich aber durch die Eingliederung von Krummau und Kaplitz weiterhin auf 15; die Städte mit eigenem Statut Linz und Steyr bildeten nun Stadtkreise bzw. waren kreisfreie Städte mit Oberbürgermeistern, Linz war nicht mehr Landes-, sondern Gauhauptstadt, viele kleinere Gemeinden wurden zusammengelegt, viele Gemeinden erhielten einen neuen Namen, eine, nämlich Sattledt, wurde neu geschaffen. Weitere Neuerungen waren z. B. die seit 1939 amtierenden Standesämter der Gemeinden und eine Handwerkerkammer mit Pflichtinnungen und Kreishandwerkerschaften anstatt der bisherigen Handelskammer. Im April 1940 endete die Tätigkeit des bisherigen Landeshauptmannes und der Landesregierung bzw. Landeshauptmannschaft, obwohl das Gesetz über den Aufbau der Verwaltung in der Ostmark — so wurde Österreich jetzt genannt — (Ostmarkgesetz) vom 14. April 1939 schon am 1. Mai desselben Jahres in Kraft getreten war. Der Ausbruch des Zweiten Weltkrieges verzögerte nämlich die vorgesehene Errichtung eines den Berliner Zentralbehörden unmittelbar unterstehenden „Reichsgaues Oberdonau" als sogenannte Reichsmittelinstanz und den damit zusammenhängenden Aufbau einer neuen Verwaltungsorganisation. Diese war trotz einer an die Zeit vor 1918 erinnernden grundsätzlichen Zweigleisigkeit von allgemeiner staatlicher Verwaltung und Gauselbstverwaltung straff zentralistisch strukturiert. An der Spitze beider Verwaltungskörper stand der seit 15. März 1940 zum Reichsstatthalter des Reichsgaues Oberdonau ernannte Gauleiter Eigruber, der im Bereich der staatlichen Verwaltung von einem Regierungspräsidenten und in der Gauselbstverwaltung von einem Gauhauptmann, den der Reichsinnenminister bestellte, vertreten wurde. Der Reichsstatthalter/Gauleiter verfügte aufgrund des nationalsozialistischen „Führerprinzips" über eine sehr starke Stellung im Gau, wo er nicht nur als ständiger Vertreter der Reichsregierung fungierte, sondern auch Politik und Verwaltung leitete. Darüber hinaus unterstanden ihm die Reichssonderverwaltungen mit Ausnahme der Finanz-, Justiz-, Eisenbahn- und Postverwaltung, und auch die öffentlich-rechtlichen Körperschaften im Gau unterlagen seinem allgemeinen Weisungsrecht. Dazu kam seit 16. November 1942 die Funktion als „Reichsverteidigungskommissar in Angelegenheiten der zivilen Reichsverteidigung", die dem Reichsstatthalter/Gauleiter sogar in militärischen Belangen eine Art Kontrollrecht einräumte. Hingegen handelte es sich bei den durch das Ostmarkgesetz geschaffenen sechs Gauräten, die vom Stellvertreter des Führers für eine Periode von sechs Jahren bestellt wurden, vorwiegend um Ehrenämter, ebenso wie bei den zehn vom Gau Oberdonau gestellten Mitgliedern des Großdeutschen Reichstages in Berlin.

Daß im Zuge dieses Umbaues der Verwaltung relativ viele sogenannte „Reichsdeutsche" nach Oberösterreich kamen — besonders in der Bahn-, Finanz- und Landwirtschaftsverwaltung —, war nicht nur eine Folge des kleinen Reservoirs an heimischen nationalsozialistischen Führungskräften, sondern durchaus planvolle Absicht. Bezeichnenderweise nahmen die Mitgliederzahlen der NSDAP in Oberösterreich erst einige Zeit nach dem „Anschluß" rasant zu: Gab es im Jänner 1933 nur 690 „Parteigenossen" und im Februar 1938 2128, so waren es im November 1938 nach dem „Anschluß", als die NSDAP die einzige zugelassene politische Partei war, noch nicht mehr als 2922; 1941 schnellte die Zahl allerdings auf 59.671 in die Höhe, und 1942 verzeichnete die Partei sogar 87.210 Mitglieder, obwohl eine zeitweise Aufnahmesperre den vermeintlichen elitären Charakter bewahren sollte. Den „Parteigenossen", die sich mancher Vorteile erfreuten, standen nach nationalsozialistischer Diktion die gewöhnlichen „Volksgenossen" gegenüber. Prominente aus Oberösterreich stammende Nationalsozialisten, die außerhalb des Landes Karriere machten, waren z. B. Ing. Hermann Neubacher, der von 1938 bis 1940 das Amt des Bürgermeisters von Wien innehatte, der ehemalige Linzer Rechtsanwalt und Staatssekretär Dr. Ernst Kaltenbrunner, der im SS-Dienst zum berüchtigten Leiter des auch für die „Endlösung der Judenfrage" zuständigen Reichssicherheitshauptamtes in Berlin emporstieg, der hohe SS- und Polizeioffizier Dr. Ferdinand von Sammern-Frankenegg und der Landesbauernführer Dipl.-Ing. Anton Reinthaller, der zum Unterstaatssekretär für Berglandgebiete avancierte. Der 1962 in Israel wegen seiner Verantwortung für die Massenvernichtung von Juden hingerichtete, aus Deutschland stammende ehemalige SS-Offizier Karl Adolf Eichmann hatte in Linz seine Jugend-, Schul- und erste Berufszeit bis 1933 verbracht.

Wie in allen seinen Einflußgebieten entfaltete der Nationalsozialismus auch in Oberösterreich eine weitgehend durch Gesetze und Verordnungen legalisierte Gewaltherrschaft, unter deren zum Teil menschenverachtenden und unmenschlichen Maßnahmen und Methoden vor allem jene Bevölkerungsgruppen zu leiden hatten, die als Gegner des Regimes oder nach der nationalsozialistischen Ideologie als „minderwertig" galten. Die Machthaber bedienten sich dabei vornehmlich der Apparate der Geheimen Staatspolizei (Gestapo) und des Sicherheitsdienstes (SD) der SS (Schutzstaffel). Überwachung und Bespitzelung der Bevölkerung waren gang und gäbe. Zu den angedrohten Druckmitteln und zu den abscheulichsten Erscheinungen des Nationalsozialismus überhaupt zählten die von SS-Mannschaften bewachten sogenannten Konzentrationslager (abgekürzt KZ), deren hohe Zahl gerade Oberösterreich den traurigen Ruf eines „Landes der KZ" eintrug. Die Vorbereitungen zur Errichtung des oberösterreichischen Hauptlagers Mauthausen in der Nähe großer Granitsteinbrüche hatten schon im März 1938 begonnen. Im Laufe der Zeit kamen bis zu insgesamt 49 Nebenlager (Außenkommandos, Arbeitslager) hinzu, davon in Oberdonau 20 (z. B. Gusen I–III, Ebensee, Linz I–III, Dippoldsau/Weyer, Großraming, Grein, Gunskirchen, Lenzing, Redl-Zipf, Steyr-Münichholz, Ternberg, Vöcklabruck/Wagrain und Wels), in Niederdonau in Amstetten, Melk, St. Valentin, Wiener Neudorf, Wiener Neustadt, Schwechat, Hinterbrühl und St. Aegyd am Neuwalde, aber auch in Wien, in der Steiermark (Eisenerz), in Kärnten (Klagenfurt, Loiblpaß), in Salzburg (Mittersill) und in Bayern (Passau). In diesen Lagern wurden politische, kriminelle und „asoziale" Häftlinge, „Bibelforscher" (Zeugen Jehovas), Homosexuelle, Juden, Zigeuner, ausländische Zivilarbeiter, „Rotspanier" und Kriegsgefangene, darunter auch Frauen, Jugendliche und Kinder, unter schwersten und zumeist unmenschlichen Bedingungen gefangengehalten. Ihre Höchstzahl betrug im März 1945 insgesamt 84.472, davon in Mauthausen über 19.000. Die Gesamtzahl der im KZ Mauthausen während der nationalsozialistischen Herrschaft von 1938 bis 1945 inhaftierten Personen wird auf fast 200.000 geschätzt (z. B. 44.000 Polen, 32.000 Ungarn, 22.800 russische Zivilarbeiter, 15.500 russische Kriegsgefangene, 15.700 Kriminelle aus Deutschland und Österreich, 13.000 Franzosen, 8650 Jugoslawen, 8000 Italiener, ca. 7500 Tschechen, 7200 Spanier u. v. m.), von denen insgesamt mindestens 100.000 auf verschiedene Weise ums Leben kamen bzw. durch Erschießen, Injektionen und Giftgas getötet wurden. Die für Mauthausen, das als einziges aller deutschen Konzentrationslager in der schwersten Stufe III eingereiht war, geltende Maxime lautete „Tod durch Arbeit". Die vielen Leichen wurden seit 1940 in eigenen Krematorien verbrannt, später wurden auch in den großen Lagern Gusen und Ebensee solche Verbrennungsöfen errichtet. Als am 2. Februar 1945 510 todgeweihte russische Offiziere einen spektakulären Ausbruch aus dem Lager Mauthausen wagten, gelang es nur zwölf, den umfangreichen und gnadenlosen Suchaktionen („Mühlviertler Hasenjagd") lebend zu entkommen. Zu einem ausgesprochenen Vernichtungslager wurde Schloß Hartheim umgestaltet, wo 1940/41 möglicherweise 12.000 als „lebensunwert" eingestufte Geisteskranke und Behinderte und 1941–1944 kranke KZ-Häftlinge ermordet wurden. Die Gesamtzahl der Getöteten wird auf 30.000 geschätzt.

Ein tragisches Schicksal erlitt die in den beiden Israelitischen Kultusgemeinden Linz und Steyr organisierte jüdische Bevölkerung, die im März 1938 aus rund 800 Personen und kaum 300 Familien bestand. Diese kleine und abgesonderte Gesellschaftsgruppe, die im Ersten Weltkrieg durch Flüchtlinge aus Galizien und der Bukowina Zuwachs erhalten hatte, hatte in der Zwischenkriegszeit ein reges Vereinsleben und ein neues jüdisches Selbstbewußtsein entwickelt. Unmittelbar nach dem deutschen Einmarsch in Österreich wurden ihre maßgeblichen Vertreter verhaftet; die wenigen in Besitz von Juden befindlichen Klein- und Mittelbetriebe in Oberösterreich wurden „arisiert", d. h. ihren Besitzern gegen eine geringe Entschädigung weggenommen. Durch Zwangsmaßnahmen und Repressalien verschiedener Art gegen Juden und deren Vermögen — so brannte etwa in der sogenannten „Reichs-Kristallnacht" vom 9. auf den 10. November 1938 die 1877 erbaute Linzer Synagoge ab — trachtete man von offizieller Seite, zur Ab- oder Auswanderung zu bewegen. Die dennoch verbleibende Minderheit wurde seit 1939 nach Wien abgeschoben, von wo sie bis 1942 gemeinsam mit den Wiener Juden in verschiedene Todeslager deportiert wurden. In Oberdonau bestanden zwischen 1939 und 1942 in Altenfelden, Traunkirchen und Steyr Arbeitslager für Juden. Nach 1942 erfaßten die grausamen Maßnahmen des Regimes auch jene jüdischen Personen, die mit „arischen" Ehepartnern verheiratet waren, und sogenannte „Mischlinge". Aus dieser Gruppe haben bis 1945 nur ca. 40 Personen überlebt.

Feindseligkeit und Verfolgung verschiedener Art bekamen teilweise auch die Kirchen und Religionsgemeinschaften zu verspüren. In erster Linie aber die katholische Kirche, die in Oberdonau mehr als 100 Verhaftungen von Geistlichen hinnehmen mußte — im Vergleich dazu gab es nur vereinzelte Fälle von Inhaftierungen evangelischer und altkatholischer Pfarrer — und mit 365 die meisten zur Deutschen Wehrmacht eingezogenen Priester und Theologen aller Ostmarkgaue stellte. Die Diözese Linz war allerdings seit 1940 um den Bereich der südböhmischen Landkreise

Krummau und Kaplitz erweitert worden. Nachdem seit 15. November 1938 der Abt des Zisterzienserklosters Hohenfurth bzw. dessen Vertreter als Kommissar des Bischofs von Budweis für die deutschen Gebiete dieser böhmischen Diözese fungiert hatte, übernahm mit 1. Jänner 1940 Bischof Dr. Gföllner von Linz in päpstlichem Auftrag die verwaltungsmäßige Leitung der südböhmischen Dekanate Hohenfurth, Oberplan, Kaplitz und Krummau mit insgesamt 45 Pfarren, zu denen am 1. Jänner 1942 noch das Dekanat Gratzen mit fünf weiteren Pfarren kam. Organisatorisch wurden alle diese Sprengel zu einem Generalvikariat Hohenfurth zusammengefaßt, dem der Abtkoadjutor von Hohenfurth Dr. Dominik Kaindl vorstand. Im Gegensatz zu dieser Lösung, die bis Ende Jänner 1946 in Kraft blieb, wurden im Süden des Gaues Oberdonau die kirchlichen nicht mit den politischen Grenzen übereingestimmt; das Ausseerland gehörte weiterhin zur Diözese Graz-Seckau.

Die im allgemeinen herrschende Kirchenfeindlichkeit des nationalsozialistischen Regimes, dem mit Bischof Gföllner († 1941) ein kompromißloser und mit dessen bis zu seiner Bestellung zum Diözesanbischof im Jahre 1946 im Rang eines Weihbischofs und Kapitelvikars verbleibenden Nachfolger Dr. Josef Fließer (1941–1955) ein etwas beweglicherer Gegner gegenüberstand, zeigte sich z. B. darin, daß noch im Jahre 1938 die katholischen Presseorgane und die Vermögen katholischer Organisationen beschlagnahmt, insgesamt in Oberösterreich 1500 katholische und alle evangelischen Vereine und Stiftungen aufgelöst sowie alle katholischen und evangelischen Schulen und Erziehungsanstalten – in der Diözese Linz waren 291 katholische Schulen und Kindergärten mit Ausnahme der Theologischen Diözesanlehranstalt betroffen – geschlossen bzw. verstaatlicht wurden. Dahinter stand vor allem die Absicht der nationalsozialistischen Machthaber, die Jugend dem Einfluß der Kirchen zu entziehen und der offiziellen Parteiideologie zu unterwerfen. Dem entsprachen auch eine Einschränkung des Religionsunterrichts, Unterrichts- und Redeverbote sowie Gauverweise für bestimmte katholische Priester. Zu den allgemeinen kirchenfeindlichen Maßnahmen zählte neben Behinderungen verschiedenster Art etwa die Aufhebung kirchlicher Feiertage bzw. ihre Verlegung auf Sonntage, nicht zuletzt aber auch die gesetzliche Einführung der obligatorischen Zivilehe im Jahre 1938 und der unpopulären, die bisherigen Einnahmen aus dem Religionsfonds ersetzenden Kirchenbeiträge im Jahre 1939. In diesem Jahr erfolgten übrigens mit über 16.000 die meisten Kirchenaustritte. 1940 wurde der Religionsfonds überhaupt aufgelöst. Von dem rücksichtslosen Vorgehen der offiziellen Stellen, wobei die Geheime Staatspolizei unter anderem auch aufgrund der Tatsache, daß Hitler das Konkordat zwischen

Österreich und dem Heiligen Stuhl im Juli 1938 für erloschen erklärt hatte, eine zentrale Rolle spielte, waren die Ordensniederlassungen besonders betroffen. Während die Frauenorden systematisch aus den Bereichen Schule und Kindergarten verdrängt und die Ordensangehörigen zum Großteil in der Kranken- und Altenpflege oder in der Pfarrhilfe eingesetzt wurden, verfielen die meisten Klöster und Stifte der Männerorden der Aufhebung und der Beschlagnahme zugunsten des Gaues Oberdonau: 1939 das seit 1925 mit Trappisten besetzte Kloster Engelszell, 1940 Wilhering und 1941 St. Florian, Kremsmünster, Hohenfurth, Schlägl und Lambach; dazu vier weitere oberösterreichische Männerklöster und im Generalvikariat Hohenfurth sechs Männer- und 18 Frauenklöster. Die Gebäude wurden für verschiedene profane Zwecke genutzt, ein Teil der Geistlichen fand in der Seelsorge ein Betätigungsfeld; nur die Chorherren von St. Florian konnten in Pulgarn einen neuen Konvent bilden.

Trotz des auf die Bevölkerung ausgeübten Druckes und der schonungslosen Verfolgung aller gegen das Regime gerichteten Aktivitäten regte sich in kirchlichen und weltlichen Kreisen Widerstand verschiedener Art, der unterschiedliche Motive und Ziele hatte, vor allem aber für ein Ende der nationalsozialistischen Herrschaft und des Krieges und für ein Wiedererstehen Österreichs eintrat. Dabei herrschte in Oberösterreich von Anfang an eine relativ starke Antikriegsstimmung, und mit der Fortdauer des Zweiten Weltkrieges wurde die Haltung weiter Bevölkerungskreise gegenüber Adolf Hitler, Staat und Partei immer reservierter. Der aktive Widerstand wurde hingegen vorwiegend von Einzelpersonen und zumeist kleineren Gruppen verschiedener politischer Richtungen getragen, die wohl teilweise Kontakte miteinander unterhielten, im allgemeinen jedoch erst gegen Kriegsende enger zusammenarbeiteten. Größere Widerstandsgruppen waren z. B. die nicht auf Oberösterreich beschränkte Großösterreichische Freiheitsbewegung, die seit 1940 im Kloster Wilhering und in einigen Wilheringer Pfarren einen Stützpunkt hatte, die ebenfalls gesamtösterreichische Organisation O 5, die von Eisenbahnern gebildete Gruppe der Revolutionären Sozialisten in Attnang–Puchheim, die Gegenbewegung (GB) in Linz, die Gruppe um Dr. Josef Theodor Hofer und Ferdinand Roitinger, den „Andreas Hofer von Weibern", sowie eine Reihe von über das Land verteilten kommunistischen und sozialistischen Zellen wie etwa in Steyr, Mattighofen und Braunau am Inn. Besonders aktiv war die verschiedene politische Gruppierungen umfassende Widerstandsbewegung im Salzkammergut und im Ausseerland. Der von Militärpersonen besonders in Enns und Wels ausgehende Widerstand vermochte vor allem am Ende des Krieges

Abb. 38. Landeshauptmann Prälat Johann Nepomuk Hauser.

Abb. 39. Landeshauptmann Dr. Josef Schlegel.

Abb. 40. Ausbruch des Bürgerkrieges im Februar 1934 in Linz.

Abb. 41. Bejubelter Einzug Adolf Hitlers in Linz.

Abb. 42. Bombenangriff der Alliierten auf Linz im April 1945.

sinnlose Zerstörungen zu vermeiden. Aus heutiger Sicht sind freilich Widerstand und Verfolgung nicht immer scharf voneinander abzugrenzen, da das NS-Regime viele Delikte, die z. B. von abfälligen Äußerungen, Gegenpropagandaaktionen, Abhören von Auslandssendern, Hilfeleistungen für Kriegsgefangene und KZ-Häftlinge, illegalen Zusammenkünften und marxistischer Betätigung bis hin zur „Vorbereitung zum Hochverrat", worunter sehr vieles verstanden werden konnte, zur „Wehrkraftzersetzung" und zur „Feindbegünstigung" reichten, mit harten Strafen bis zu Todesurteilen ahndete. So wurden etwa noch in den letzten Kriegstagen fünf Bewohner der Mühlviertler Gemeinde Peilstein, die Panzersperren entfernt hatten, standrechtlich zum Tode verurteilt und acht Personen aus dem Freistädter Raum, die hauptsächlich zugunsten von Inhaftierten und von KZ-Häftlingen gesammelt hatten, als sogenannte „Hochverräter" hingerichtet. Eine Ausnahmeerscheinung war der Bauer Franz Jägerstätter aus St. Radegund, der den Wehrdienst für Adolf Hitlers „ungerechten Krieg" aus Gewissensgründen verweigerte und deshalb 1943 enthauptet wurde. Von den insgesamt über 100 unterschiedlich lang eingesperrten katholischen Welt- und Ordensgeistlichen starben 16 während der Haft in Gefängnissen oder Konzentrationslagern, davon zwei durch Hinrichtung nach Todesurteilen. Die Zahl aller Opfer von Widerstand und Verfolgung in Oberösterreich während der Zeit des Nationalsozialismus läßt sich jedoch heute nicht mehr ermitteln.

Der Reichsgau Oberdonau, der mehr als eine Million Einwohner hatte, wies zwei Stadtkreise, 15 Landkreise, 22 Städte – 1940 wurde Bad Ischl zur Stadt erhoben –, 103 Marktgemeinden und 591 Ortsgemeinden (einschließlich der 146 südböhmischen) auf. Dabei nahm die Zahl der Gesamtbevölkerung ständig zu, infolge des Zustromes von Flüchtlingen aus dem Osten (besonders aus Bessarabien und aus dem Banat), von Südtirolern, von Bombengefährdeten und -geschädigten aus verschiedenen Gauen (seit 1942/43, darunter 1944 50.000 Wiener) und von Fremdarbeitern. So lebten im Februar 1945 156.161 „Umquartierte" und über 85.000 Flüchtlinge im Gau Oberdonau, außerdem bei Kriegsende auch noch um 177.000 ausländische Arbeitskräfte, um 57.000 KZ-Häftlinge und um 30.000 Kriegsgefangene. Linz, die Hauptstadt von Adolf Hitlers Heimatgau – Hitler (1889–1945) wurde in Braunau am Inn geboren und erlebte seine Jugend- und Schulzeit in Leonding, Linz und Steyr –, in der z. B. die für Oberdonau zuständigen Behörden des Oberlandesgerichtes, des Oberfinanzpräsidiums, des Landesarbeitsamtes und des Oberversicherungsamtes ihren Sitz hatten, sollte als eine der fünf deutschen „Führerstädte" zu einer Großstadt mit bis zu 420.000 Einwohnern ausgebaut werden. Die gigantischen Umgestaltungsplanungen, an denen

vor allem die Architekten Roderich Fick, Albert Speer, Hermann Giesler und Wilhelm Jost, aber auch Hitler selbst, Anteil hatten, sahen unter anderem eine repräsentative Verbauung der Donauufer und die Errichtung eines (zwischen Blumauerplatz und Neuer Welt gelegenen) Kulturzentrums mit Opern-, Operetten-, Schauspiel-, Konzert- und Künstlerhäusern sowie mit einem Museum und einer Gemäldegalerie für die von Hitler erworbene „Führersammlung" vor. Von diesen Plänen, die Linz zur schönsten Stadt an der Donau machen sollten, in der Hitler seinen Lebensabend verbringen wollte, konnten jedoch nur die Nibelungenbrücke, die beiden Brückenkopfgebäude am rechten Donauufer, die Großindustrieanlagen, der Linzer Donauhafen und zahlreiche Wohnbauten verwirklicht werden. Ebensowenig ließen sich die Eingemeindungspläne realisieren, die ein von Ottensheim, Puchenau, Gramastetten und Lichtenberg bis Hörsching, Traun, Ansfelden, St. Florian, Asten und Steyregg reichendes Groß-Linz mit über 190.000 Einwohnern schaffen sollten. Letztlich wurden 1938 nur die Gemeinden Ebelsberg und St. Magdalena sowie 1939 ein kleiner Teil der Gemeinde Leonding (das Keferfeld) mit der Stadt Linz vereinigt, die dadurch auf über 125.000 Einwohner anwuchs. Gleichfalls wirtschaftliche Gründe waren dafür maßgeblich, daß die Stadt Steyr um die niederösterreichischen Katastralgemeinden Hinterberg und Münichholz sowie um Teile der oberösterreichischen Gemeinden Gleink, Garsten und Sierning wesentlich vergrößert wurde, so daß die Einwohnerzahl nun rund 32.000 betrug. Die Stadt Wels kam durch die Eingemeindung von Lichtenegg, Pernau und Puchberg auf rund 25.000 Einwohner.
Für die kapitalarme oberösterreichische Wirtschaft bedeutete der „Anschluß" im März 1938 die sofortige Eingliederung in den laufenden deutschen Vierjahresplan und, bedingt durch die fieberhafte deutsche Aufrüstung, eine völlig einseitige Ausrichtung auf die Erzeugung von Grundstoffen und Produktionsgütern. Die Industrie erhielt nach anfänglichen Übergangsschwierigkeiten im Rahmen der seit September 1939 durch Zwangsmaßnahmen geregelten Kriegswirtschaft durch die Errichtung neuer Großbetriebe vorwiegend im oberösterreichischen Zentralraum jene Struktur, die in unserem Land bis heute bestimmend ist. Der tiefgreifende Wandel zugunsten der Großindustrie und zum Nachteil von Gewerbe und Handel bzw. von Klein- und Mittelbetrieben zeigt sich z. B. darin, daß zwischen 1938 und 1943 neun großen Neugründungen 100 Stillegungen von Betrieben (besonders auf dem Bauhilfssektor) gegenüberstehen. Bezeichnenderweise arbeiteten am Ende des Jahres 1943 von insgesamt 97.814 Beschäftigten 60.807 in den 15 oberösterreichischen Unternehmungen mit über 1000 Arbeitnehmern. Dabei

waren 54,4% der Beschäftigten in der Eisenindustrie, 6,1% in der chemischen Industrie, 5,7% in der Bauindustrie, 5,1% in der Papierindustrie, 4,9% im Bergbau, 4,8% im Bereich Steine und Erden, 3,8% in der Sägeindustrie, 3,5% in der Lebensmittelindustrie und 3% in der Textilindustrie tätig. Bei den wichtigsten neuerrichteten Großbetrieben handelte es sich um die von 1938 bis 1941 aufgebaute Hütte Linz der Reichswerke AG. für Erzbergbau und Eisenhütten Hermann Göring, die ihr angeschlossenen Eisenwerke Oberdonau, die 1941 ca. 1.400 und 1944 ca. 14.100 Personen beschäftigten, die von dem deutschen Konzern IG Farben in Linz gegründeten Stickstoffwerke Ostmark, das von den Aluminiumwerken Berlin erbaute Aluminiumwerk Ranshofen, dessen hoher Strombedarf von dem neuen Innkraftwerk Ering gedeckt wurde, und die in Lenzing neben der bestehenden Zellstoffabrik angelegte Zellwollefabrik.

Besondere Bedeutung gewann das sogenannte Rüstungsdreieck Linz - Steyr - St. Valentin. Dessen Schwerpunkte bildeten die Eisenwerke Oberdonau mit der Produktion von Panzerteilen, die Schiffswerft Linz, wo u. a. auch U-Boote gebaut wurden, die gewaltig erweiterten Steyr-Werke, deren von 9390 im Jahre 1939 auf über 25.000 im Jahre 1945 erhöhte Belegschaft Automobile, Waffen, Wälz- und Kugellager sowie Flugzeugteile und -motoren herstellten, die neuerrichteten Nibelungenwerke im niederösterreichischen St. Valentin, die als Zweigbetrieb des Steyr-Konzerns seit 1940/41 vor allem Panzer und Flugzeugmotore erzeugten, und die Flugzeug- und Metallbauwerke Wels (vormals Hinterschweiger). Die Gesamtzahl der sogenannten „Rüstungsbetriebe" betrug aber in Oberdonau nie mehr als 25; allerdings führten etliche kleinere Firmen verschiedene Rüstungs- und Zulieferungsaufträge aus. Einen kriegsbedingten Aufschwung verzeichneten auch der Braunkohlenbergbau, die Papierindustrie — seit 1941 war die Pötschmühle in Krummau a. d. Moldau, die zweitgrößte Papierfabrik Großdeutschlands, mit der Papierfabrik Steyrermühl vereinigt —, die Holzindustrie und zum letzten Mal auch die Sensenindustrie. Hingegen war die Entwicklung in der Ziegelindustrie und in der am Rohstoffmangel und am Fehlen von Investitionen leidenden Textilindustrie rückläufig. Mit der Fortdauer des Krieges erhöhte sich die wirtschaftliche Bedeutung des frontferne gelegenen Gaues Oberdonau, der in den Jahren 1943/44 die höchsten Rüstungsproduktionszahlen erreichte, ehe sich die Bombenschäden der alliierten Luftangriffe und die zunehmenden Transportprobleme auszuwirken begannen. Seit 1943 wurde eine Reihe deutscher Betriebe nach Oberdonau verlegt, seit 1944 mußten auch verschiedene heimische Erzeugungsstätten an geschützte Orte im Lande verlagert werden. So produzierten etwa seit 1943 unterirdische Raffinerien in Ebensee, Mauthausen und Redl-Zipf (hier wurde unter dem Decknamen „Schlier" Treibstoff für die V-2-Raketen hergestellt), und in den Stollenanlagen von Mauthausen und Gusen erzeugten KZ-Häftlinge Waffen und Flugzeuge bzw. -teile. Gegen Kriegsende kam es zu immer größeren Mangelerscheinungen, 1945 mußten viele Kohlenlieferungen eingestellt und viele Betriebe geschlossen werden.

Die in der Kriegszeit für die Selbstversorgung auf dem Ernährungssektor wichtige Landwirtschaft wurde nach dem „Anschluß" in die straffe Organisation des deutschen Reichsnährstandes eingegliedert, der Produktion, Verarbeitung und Ernährung zusammenfaßte und sich aus Landes-, Kreis- und Ortsbauernschaften zusammensetzte. Die Oberdonau, Niederdonau und Wien umfassende Landesbauernschaft Donauland mit dem Sitz in Linz wurde nach der Auflösung der Landwirtschaftskammer im Juni 1938 geschaffen; seit August 1942 bildete der Reichsgau Oberdonau eine eigene Landesbauernschaft. Wurde 1938 die deutsche Marktordnung mit gesetzlicher Preisregelung eingeführt, so begann mit Kriegsanfang im September 1939 die zwangsweise staatliche Bewirtschaftung mit strenger, kontingentierter Ablieferungspflicht der Bauern. Um den Bedarf der Bevölkerung zu decken, wurde die von der Landesbauernschaft zu erbringende sogenannte Landesauflage auf die Kreisbauernschaften, Gemeinden und Höfe nach der Leistungsstärke aufgeteilt. Das gesamte Vieh mußte dem Staat verkauft werden; Hausschlachtungen bedurften der Genehmigung, sogenanntes Schwarzschlachten wurde streng bestraft. Als wirksame Druckmittel auf die Bauernschaft erwiesen sich die Drohung mit dem Entzug der Unabkömmlich-Stellung, d. h. mit dem Einrücken zur Wehrmacht, und ständige Kontrollen der Höfe. Dabei wies die nationalsozialistische Ideologie gerade dem Bauerntum eine besondere Rolle zu, indem viele lebensfähige kleinere und mittlere Höfe „Volk und Staat" gesund erhalten sollten. Diesem Zweck hätte auch das im August 1938 in Österreich eingeführte Reichserbhofgesetz zur „Erhaltung des Bauerntums als Blutquelle des deutschen Volkes" dienen sollen, welches das ältere österreichische Erbhofgesetz aus dem Jahre 1931 ersetzte. Anfängliche staatliche Förderungsmaßnahmen für die Landwirtschaft nach dem „Anschluß" wie Entschuldungsaktionen, Preissenkungen für Düngemittel, Kredite und Beihilfen endeten mit dem Ausbruch des Zweiten Weltkrieges. Auch der Ausbau eines landwirtschaftlichen Beratungsnetzes zur Steigerung der Produktion und ein eigenes Förderungsprogramm für Bergbauern — die Errichtung von „Bergland-Aufbaugemeinschaften" begann in den oberösterreichischen Gemeinden Pichl-Oberstorf, Liebenau und Maria Aich —

kamen nicht mehr voll zum Tragen. Infolge der Auswirkungen des Krieges sanken vielmehr die Erträge, die Produktion und teilweise der Viehbestand. In der Forstwirtschaft traten 1942 durch die Beschlagnahme der Starhembergschen und der ausgedehnten, in Südböhmen gelegenen Schwarzenbergschen Wälder sowie durch die Forste der aufgehobenen Klöster und Stifte größere Besitzveränderungen zugunsten des Gaues Oberdonau ein.

Auf dem Arbeitsmarkt änderte sich die Situation nach dem „Anschluß" im Jahre 1938 völlig. Die hohe Arbeitslosenzahl sank zwar rasch von 37.120 im Jänner 1938 auf 11.145 im Jänner 1939, dafür entstanden in Oberösterreich durch den Verlust von ca. 10.000 nach Deutschland abgeworbenen Facharbeitern und eine spürbare Landflucht in die Industriegebiete neue Probleme. Eine weitere Verschärfung trat durch den Ausbruch und die lange Dauer des Zweiten Weltkriegs ein, da durch die vielen Einberufungen zur Wehrmacht — im gesamten ca. 200.000 bis 250.000 Oberösterreicher — immer mehr Arbeitskräfte entzogen wurden. Diesem stets akuten Mangel suchte man durch den Einsatz von angeworbenen oder zwangsverpflichteten ausländischen Zivilpersonen, sogenannten Fremdarbeitern, von Kriegsgefangenen, Internierten und besonders seit 1943 auch von KZ-Häftlingen zu begegnen. So arbeiteten im Sommer 1939 bereits 16.000 Ausländer vornehmlich aus dem Protektorat Böhmen und Mähren in Oberösterreich; ein Jahr danach waren es schon 25.000 (besonders Tschechen, Slowaken, Polen, Bulgaren, Ungarn, Jugoslawen, später auch Italiener, Franzosen und Russen, insgesamt aus 25 Nationen). Im Februar 1943 waren von den 349.527 in Oberdonau eingesetzten Arbeitskräften rund 30% Ausländer, und dieser Anteil stieg weiter. In für die gesamtwirtschaftliche Struktur des Gaues charakteristischer Weise entfielen am Ende des Jahres 1942 von den 305.084 in- und ausländischen Arbeitern fast 25% auf die Landwirtschaft, fast 17% auf die Bauwirtschaft sowie über 11% auf den Sektor Eisen- und Metallverarbeitung. Kriegsbedingt hoch war mit 41% der Anteil der in den Arbeitsprozeß eingegliederten Frauen. Gegen Kriegsende mußten auch immer mehr Schüler zum Ernteeinsatz herangezogen werden.

Die sozialen Verhältnisse, die sich nach dem „Anschluß" in manchen Bereichen gebessert hatten, verschlechterten sich während des Zweiten Weltkrieges ständig. Obwohl seit Kriegsbeginn Lebensmittel und Konsumgüter rationiert wurden — die Bevölkerung erhielt Lebensmittelkarten und Bezugsscheine —, zeigten sich bald Engpässe und zunehmende Versorgungsschwierigkeiten. Dazu kamen in den Jahren von 1937 bis 1941 bei nahezu unverändertem Lohnniveau — Erhöhungen wurden fast nur in der Landwirtschaft vorgenommen — Preissteigerungen bei Lebensmitteln zwischen 10 und 300% (durchschnittlich 110%) und bei Bekleidung im Ausmaß von 50%. In der Endphase des Krieges führte der Zwang zur Produktionssteigerung sogar zur Verlängerung der Arbeitszeit auf bis zu 72 Wochenstunden. Alles das sowie die harten offiziellen Sparmaßnahmen ließen die soziale Unzufriedenheit der Bevölkerung ständig ansteigen. Ein besonderes Problem stellte die große, im Gau und vor allem in der rasch wachsenden Hauptstadt Linz herrschende Wohnungsnot dar, die durch die vielen Flüchtlinge und Zuwanderer sowie durch die Bombenschäden verschärft wurde. Zwangseinweisungen in intakte Gebäude und Wohnungen sowie die Einrichtung vieler Schulen als Notunterkünfte waren die Folge.

Seit Februar 1944 war der Gau Oberdonau, der die 45. deutsche Infanteriedivision stellte sowie mit Kommanden in Linz die Ersatzdivision Nr. 487 und die Donauflottille beheimatete, Ziel alliierter Luftangriffe vornehmlich aus dem italienischen Raum. Die insgesamt 25.000 Tonnen Bomben, die bis Kriegsende auf den Gau abgeworfen wurden, galten besonders den Industrie- und Bahnanlagen von Linz, Steyr, Wels und Attnang-Puchheim, gingen vereinzelt aber auch auf das flache Land nieder. Ein wirkungsvolles Melde- und Warnsystem, stärkere Fliegerabwehrkräfte und die Errichtung von Luftschutzbauten trugen dazu bei, daß die Zahl der Todesopfer des Bombenkrieges mit rund 3000 verhältnismäßig niedrig blieb. In Linz, wo 33% des Häuserbestandes Schaden nahmen, nämlich 691 ganz zerstört, 2458 schwer und mittel sowie 8935 leicht beschädigt wurden, gab es im gesamten 1679 Tote. Dem Luftangriff auf Attnang-Puchheim am 21. April 1945 fielen 203 Menschen und 53% der Häuser zum Opfer. Alles in allem sollen in ganz Oberösterreich durch Fliegerbomben schätzungsweise über 10.000 Wohnungen völlig zerstört und über 16.000 beschädigt worden sein. In dieser Schlußphase des Krieges barg man zahlreiche wertvolle oberösterreichische, österreichische und internationale Kunstwerke verschiedener Institutionen und Persönlichkeiten wie z. B. die für Linz geplante „Führergalerie" in den sicheren Stollen der Salzbergwerke von Bad Ischl, Lauffen und Altaussee, wo sie bei Kriegsende gegen den Willen des Reichsverteidigungskommissars und Gauleiters Eigruber gerettet werden konnten.

Kurz vor Ende des Zweiten Weltkrieges wurde Oberösterreich schließlich noch selbst Kampfplatz. Unter der Führung von Generaloberst Dr. Lothar Rendulic wurde es von der deutschen „Heeresgruppe Süd" (Heeresgruppe Ostmark) hauptsächlich gegenüber den aus dem Osten vordringenden Russen verteidigt, die am 13. April 1945 Wien einnahmen und bis über St. Pölten hinaus vorstießen. An der Westgrenze Oberösterreichs zu Bayern standen den angreifenden US-Truppen mit der Linzer Ersatzdivision, der Flak-Brigade Oberdonau sowie Einheiten des im Oktober 1944 geschaffenen sogenannten „Volkssturmes", des Reichsarbeitsdienstes und der Hitler-Jugend schwache Abwehrkräfte gegenüber. Die von Hitler erst am 28. April befohlene Errichtung einer „Kernfestung Alpen" innerhalb einer Linie von Waidhofen a. d. Ybbs über Steyr nach Salzburg und mit einer über Amstetten, Linz und den Hausruck ebenfalls nach Salzburg verlaufenden „Voralpenstellung" blieb ohne Wirkung, da die sogenannte „Alpenfestung" vorher nur ein propagandistisch aufgebauschtes Phantom gewesen war. Mit verschiedenen SS-Dienststellen zog sich zuletzt allerdings auch Dr. Ernst Kaltenbrunner aus Berlin in das Ausseerland zurück, wo er schließlich noch eine „Gegenregierung" gegen die am 27. April 1945 in Wien von Dr. Karl Renner gebildete und von der sowjetischen Besatzungsmacht eingesetzte provisorische österreichische Staatsregierung aufstellen wollte. In dem von Flüchtlingen überschwemmten Gau – im Jänner 1945 hatte sich die Ungarische Nationalbank nach Spital am Pyhrn zurückgezogen, seit Februar/April hielt sich die Regierung des von Hitlers Gnaden selbständigen Staates Slowakei, vorübergehend auch Staatspräsident Monsignore Jozef Tiso, im aufgehobenen Kloster Kremsmünster auf, andere slowakische Persönlichkeiten und Gruppen waren z. B. nach Bad Hall, Lenzing und in das Innviertel geflohen, im März strömte ungarisches Militär gegen Westen – trafen Generaloberst Rendulic und Reichsstatthalter/Gauleiter bzw. Reichsverteidigungskommissar Eigruber, der diese Funktionen nach dem Selbstmord des Gauleiters von Niederdonau auch in den noch unbesetzten Gebieten unter der Enns ausübte, in der Hektik der letzten Kriegstage harte, zum Teil unkoordinierte militärische und politische Maßnahmen, mit denen sie rücksichtslos die letzten Kräfte aufzubieten suchten. So gingen z. B. in dieser Zeit der Auflösung Standgerichte gegen flüchtige politische und staatliche Führer sowie gegen versprengte Soldaten, die sich nicht sofort einer neuen Kampfgruppe anschlossen vor. „Besondere Sicherungs- und Streifenaufgaben" übernahm ein SS-Sicherheitspolizei-Grenadier-Bataillon. In den Monaten März und April wurden außerdem viele KZ-Häftlinge infolge der Auflösung der verschiedenen Nebenlager wieder in ihr Stammlager Mauthausen oder in andere oberösterreichissche Lager verlegt. Auf diesen unbarmherzigen Todesmärschen verloren zahlreiche geschwächte Gefangene ihr Leben. Am 28. April 1945 ließ schließlich Reichsverteidigungskommissar und Gauleiter Eigruber noch 32 im Konzentrationslager Mauthausen inhaftierte Oberösterreicher, unter ihnen den ehemaligen Führer des Republikanischen Schutzbundes Richard Bernaschek, ermorden, um die zum Wiederaufbau bereiten politischen Kräfte zu schwächen.

Am 26. April hatten amerikanische Truppen die bayerisch-oberösterreichische Grenze im oberen Mühlviertel erreicht und betraten hier am 29. April als erste Einheiten der Alliierten oberösterreichischen Boden. Am Vormittag des 5. Mai zogen sie vom Norden her kampflos in Linz ein, nachdem am Tag vorher Übergabegespräche geführt worden waren. Nördlich der Donau stießen die Amerikaner über Mauthausen bis in den Raum Grein/Königswiesen weiter vor; südlich des Flusses erreichten die seit 2. Mai über den Inn in Oberösterreich eindringenden Kampfverbände ohne besonderen Widerstand am 5. und 6. Mai die Enns, die sie kurzfristig überschritten. An den beiden angeführten Tagen wurden auch die Insassen aller oberösterreichischen Konzentrationslager von ihnen befreit. Im Süden des Landes konnten die amerikanischen Truppen ebenfalls rasch bis zum Pyhrnpaß und im Salzkammergut über Bad Ischl zum Pötschenpaß vordringen. Am 7. Mai 1945 unterzeichneten Generaloberst Rendulic, der Befehlshaber der „Heeresgruppe Ostmark", und US-General Walton H. Walker in St. Martin im Innkreis ein Waffenstillstandsabkommen, das es bis zum Inkrafttreten am 9. Mai noch vielen deutschen Soldaten ermöglichte, aus dem Raum Niederösterreich/Steiermark in das Besatzungsgebiet bzw. in die Gefangenschaft der Amerikaner zu gelangen. Am 8. Mai mußte auch die slowakische Restregierung in Kremsmünster gegenüber den Amerikanern offiziell kapitulieren. Die aus dem Osten und Südosten heranrückenden sowjetischen Truppen erreichten am 9. Mai die Enns und die Gegend südlich des Pyhrnpasses. Tags darauf wurde nördlich der Donau eine amerikanisch-russische Demarkationslinie gebildet, die ungefähr entlang der Eisenbahnlinie Mauthausen—Freistadt—Summerau verlief. Südlich der Donau und östlich der Enns standen acht oberösterreichische Gemeinden zwischen Steyr und Altenmarkt unter russischer Besatzung. Damit waren der Zweite Weltkrieg, dessen Gesamtzahl an Opfern aus Oberösterreich auf ca. 25.000 bis 30.000 bzw. einschließlich der dauernd Vermißten auf über 40.000 geschätzt wird, und die bedrückende Herrschaft des Nationalsozialismus zu Ende gegangen.

## 11. Oberösterreich nach dem Zweiten Weltkrieg (seit 1945)

### Besatzungszeit und Wiederaufbau (1945–1955)

Am 31. Juli 1945 begannen sowjetische Truppen gemäß einer Übereinkunft der Alliierten mit der Besetzung des gesamten Mühlviertels. Von da an bildeten die Donau und der Unterlauf der Enns die amerikanisch-russische Demarkationslinie, die bald nur noch mit von den Besatzungsmächten ausgestellten Ausweispapieren an den bei den Brücken (Nibelungen- und Steyreggerbrücke in Linz, Eisenbahn- und Straßenbrücke in Enns) und Überfuhren eingerichteten und erst im Juni 1953 wieder aufgehobenen Kontrollstellen überschritten werden durfte. Die im Südosten des Landes östlich der Enns gelegenen oberösterreichischen Gebiete zwischen Steyr und Weyer, die im Gegenzug den Amerikanern überlassen werden sollten, wurden allerdings von den Russen nur teilweise geräumt. Durch diese Aufteilung war Oberösterreich, von dem Sonderfall Wien abgesehen, das einzige österreichische Bundesland mit zwei Besatzungszonen – eine Situation, die für die Bevölkerung und für die neu beginnende Verwaltung enorme Nachteile brachte.
Nachdem bereits unmittelbar nach dem Einmarsch der Amerikaner in Linz am 5. Mai 1945 der Sozialdemokrat Dr. Alois Oberhummer gemeinsam mit dem ehemaligen Christlichsozialen Dr. Josef Zehetner vergeblich versucht hatte, eine provisorische Landesregierung zu bilden, wurde am 14. Mai für die amerikanische Zone eine schon seit längerem geplante Militärregierung für „Oberösterreich (Oberdonau)" mit dem Sitz im Linzer Landhaus installiert. Sie ernannte am 16. Mai den nicht parteigebundenen Landesbeamten Hofrat Dr. Adolf Eigl „zum Landeshauptmann der provisorischen Regierung des Landes Oberdonau, früher Oberösterreich genannt", und einen Tag später die von diesem vorgeschlagenen Mitglieder einer Fachbeamten-Regierung, die in der Folge mehrmals umgebildet und umbesetzt wurde. Diese provisorische Landesregierung, die in ihrem begrenzten Wirkungsbereich teilweise auch Bundeskompetenzen wahrnehmen mußte, konnte sich unter der strengen Kontrolle durch die Militärregierung nur langsam einen gewissen politischen Spielraum verschaffen.
In der sowjetischen Besatzungszone nördlich der Donau setzten die Russen eine Landeskommandantur in Urfahr und daneben Bezirks- und Ortskommandanturen ein. Als der sowjetische Einmarsch in das Mühlviertel begann und die Unterstellung dieses oberösterreichischen

Landesteiles unter die niederösterreichische Landesverwaltung in Wien drohte, bildeten Vertreter der drei von den Russen anerkannten „antifaschistischen" Parteien Österreichische Volkspartei (ÖVP), Sozialistische Partei Österreichs (SPÖ) und Kommunistische Partei Österreichs (KPÖ) Anfang August 1945 mit Zustimmung der östlichen Besatzungsmacht in Urfahr die sogenannte „Zivilverwaltung Mühlviertel", die vorerst der von den Westmächten nicht anerkannten provisorischen österreichischen Staatsregierung unter Staatskanzler Dr. Karl Renner direkt unterstand. Ihre Leitung als „Staatsbeauftragter für das Mühlviertel", der die Befugnisse des Landeshauptmannes in dessen Namen auszuüben hatte, übernahm der Landwirt und frühere christlichsoziale Nationalrat Johann Blöchl aus Lasberg, der sofort mit dem Landeshauptmann und dessen Dienststellen in Linz zusammenzuarbeiten begann. Blöchls Stellvertreter war der Sozialdemokrat Dr. Franz Blum.
Südlich der Donau setzten die Amerikaner den provisorischen Landeshauptmann Dr. Eigl und dessen faktischen Stellvertreter Dr. Anton Rußegger am 22. und 23. August wegen ihrer in der Zeit des Nationalsozialismus gemachten Beamten-Karriere wieder ab. Nachdem daraufhin die Rumpflandesregierung am 12. September als Übergangslösung einen dreiköpfigen Vollzugsausschuß gebildet hatte, bestellten die Militärbehörden am 20. September den ehemaligen Landeshauptmann Dr. Heinrich Gleißner, der nach Haftaufenthalten in den Konzentrationslagern Dachau und Buchenwald mit seiner Familie bis 1945 in Berlin leben hatte müssen, zum „geschäftsführenden Landeshauptmann der provisorischen Regierung von Oberösterreich". Da gleichzeitig am 19. September die Betätigung der drei politischen Parteien ÖVP, SPÖ und KPÖ von der Militärregierung erlaubt worden war, einigten sich Vertreter dieser Parteien über die Zusammensetzung einer provisorischen demokratischen Landesregierung, die am 26. Oktober 1945 von der amerikanischen Besatzungsmacht ernannt wurde. Sie bestand aus Landeshauptmann Dr. Gleißner (ÖVP), dessen Stellvertretern Dr. Franz Lorenzoni (ÖVP), Ludwig Bernaschek (SPÖ) und Franz Haider (KPÖ) sowie den Landesräten Johann Blöchl, Dr. Franz Schütz, Jakob Mayr (alle ÖVP), Alois Wimberger und Anton Weidinger (beide SPÖ). Im Verhältnis zwischen den Parteien, die nach den gemeinsamen Erfahrungen unter dem Nationalsozialismus von Anfang an zur Zusammenarbeit bereit waren, herrschte seither stets jenes bekannte milde politische Klima, das bis heute für Oberösterreich charakteristisch ist. Am 25. November 1945 konnte schließlich gemeinsam mit der ersten freien österreichischen Nationalratswahl auch die erste gesamtoberösterreichische Landtagswahl durchgeführt werden, deren Ergebnisse auch für die Zusammensetzung

der Gemeindevertretungen maßgeblich waren. Diese Wahl brachte der ÖVP die absolute Mehrheit mit 59,1% (30 Mandate), der SPÖ 38,3% (18 Mandate) und der KPÖ 2,6% (0 Mandate) der Stimmen. Die erste demokratische, von dem 48 Mitglieder umfassenden Landtag am 13. Dezember gewählte Nachkriegsregierung bildeten unter der Führung Dr. Gleißners dessen Stellvertreter Dr. Lorenzoni (ÖVP) und Bernaschek (SPÖ) sowie die Landesräte Blöchl, Felix Kern, Mayr, Dr. Schütz (ÖVP), Ludwig Azwanger und Weidinger (SPÖ). Trotz der zwei Besatzungszonen konnte die durch das zunehmende Mißtrauen zwischen den Alliierten bedrohte Einheit des Landes dadurch gewahrt werden, daß der der seit 20. Oktober 1945 von allen Besatzungsmächten anerkannten Staatsregierung in Wien unterstehende „Staatsbeauftragte für das Mühlviertel" Blöchl auch der oberösterreichischen Landesregierung in Linz als Landesrat (ohne bestimmtes Referat) angehörte und auf diese Weise über die Donau hinweg eine wichtige politische Klammerfunktion ausübte. Wie den anderen Landtagsabgeordneten des Mühlviertels war es ihm ebenfalls möglich, an den Sitzungen des Landtags bzw. der Landesregierung ungehindert teilzunehmen.

Besonderes Interesse zeigten die Besatzungsmächte, von denen sich die Amerikaner mehr als Sieger und die Russen mehr als Befreier gaben, an der Ausmerzung des Nationalsozialismus und der sogenannten „Entnazifizierung". Dabei verfuhren allerdings die Sowjets nicht so systematisch und rigoros wie die Amerikaner, die ihren Nachforschungen und Erhebungen ein einheitliches Schema, das verschiedene „Belastungsstufen" unterschied, zugrunde legten. Von den obersten nationalsozialistischen Führern waren Dr. Ernst Kaltenbrunner anfangs Mai bei Altaussee und Gauleiter August Eigruber am 10. August 1945 bei St. Pankraz (BH. Kirchdorf a. d. Krems) verhaftet worden. Ersterer wurde entsprechend seiner Verurteilung im Nürnberger Kriegsverbrecher-Prozeß im Oktober 1946 hingerichtet, an letzterem wurde das im sogenannten Mauthausen-Prozeß gefällte Todesurteil im Mai 1947 in Landsberg am Lech vollstreckt. In Oberösterreich wurden zahlreiche belastete ehemalige Nationalsozialisten von den Amerikanern verhaftet oder in das Anhaltelager Glasenbach (bei Salzburg) eingewiesen (ca. 8000), viele frühere „Parteigenossen", aber auch alle höheren Beamten, die zwischen 1938 und 1945 befördert worden waren, und alle deutschen Staatsbürger verloren – zumindest vorübergehend – ihre Stellung im öffentlichen Dienst, manche mußten eine Zeitlang zwangsweise verschiedene öffentliche Sühnearbeiten leisten. Allen ehemaligen Mitgliedern der nunmehr verbotenen NSDAP (im Volksmund „Nazis"), die schließlich in ganz Österreich amtlich registriert und im Falle einer „Belastung" den wieder funktionierenden Gerichten zur Anzeige gebracht wurden, war bis zu ihrer gesetzlichen Amnestie 1948/49 bzw. 1953 das Wahlrecht entzogen, ehe man sie schrittweise wieder in die demokratische Gesellschaft integrierte. Im April 1948 betrug die Zahl der registrierten Oberösterreicher 83.876, davon 8283 Belastete und 75.593 Minderbelastete, insgesamt 7% der Bevölkerung. Seit 1946 urteilten eigene Volksgerichtssenate beim Landesgericht Linz für die amerikanische Zone von Oberösterreich und Salzburg über NS-Verbrechen.

In der schwierigen Phase der Besatzungszeit bis 1955 spiegeln allerdings die Wahlergebnisse bereits stabile politische Verhältnisse wider. Die erste Nationalratswahl am 25. November 1945 war durch die auf mehreren Länderkonferenzen in Wien erfolgte Einigung der Ländervertreter mit der Staatsregierung Dr. Karl Renner über die Frage der Bundesverfassung und das Wiederinkraftsetzen der österreichischen Verfassung 1920/29 (mit Erneuerung des Bundesrates) möglich geworden. Sie erbrachte in Oberösterreich 59% der Stimmen für die ÖVP, 38,4% für die SPÖ und 2,6% für die KPÖ. Dieses Ergebnis konnten die beiden führenden Parteien beim nächsten Wahlgang am 9. Oktober 1949 nicht halten, da sie viele Wählerstimmen an den im Februar 1949 gegründeten „Verband der Unabhängigen" (VdU) verloren, der besonders das nationale Lager einschließlich der ehemaligen Nationalsozialisten, Liberale und viele Unzufriedene ansprach und sich auch sozialistischer Förderung erfreute. Das Ergebnis der Nationalratswahl lautete: 45% ÖVP, 30,8% SPÖ, 20,8% Wahlpartei der Unabhängigen (WdU), 3,1% KPÖ und Linkssozialisten (KLS), 0,3% Demokratische Union und Vierte Partei. Am 22. Februar 1953 entfielen dann 46,2% der Stimmen auf die ÖVP, 38,4% auf die SPÖ, 12,2% auf die WdU, 3% auf die Volksopposition (KPÖ) und 0,2% auf die Splittergruppen „Überparteiliche Einigung der Mitte" und „Österreichische National-Republikaner". Die neue „Wahlpartei der Unabhängigen" konnte sich auch bei der gleichzeitig mit der Nationalratswahl am 9. Oktober 1949 abgehaltenen Landtagswahl einen Stimmenanteil von 20,8% sichern gegenüber 45% der ÖVP, 30,8% der SPÖ, 3,1% der KLS und 0,3% der Demokratischen Union und der Vierten Partei. Dem entsprach eine Mandatsverteilung von 23 ÖVP, 15 SPÖ und 10 WdU. Die nächste Landtagswahl fand erst am 23. Oktober 1955 statt, weil man wieder zu einer sechsjährigen Funktionsperiode überging. Dieses Mal verzeichnete die ÖVP 48,1% der Stimmen (25 Mandate), die SPÖ 39,4% (19 Mandate), die aus der von verschiedenen Krisen heimgesuchten „Wahlpartei der Unabhängigen" hervorgegangene „Freiheitliche Wahlgemeinschaft" (seit 1955/56 Freiheitliche Partei Österreichs) 9,6% (4 Mandate) sowie Kommunisten und Linkssozialisten 2,9% (0 Man-

date). Die Gemeinderatswahlen wurden seit 1949 – damals wählten alle Gemeinden mit Ausnahme der Städte Linz, Wels und Steyr eine Woche später — jeweils gemeinsam mit den Landtagswahlen abgehalten. Eine wesentliche Voraussetzung für die Wiederherstellung demokratischer Verhältnisse und für die Lösung der ungeheuren anstehenden Probleme war eine funktionierende Verwaltung. Wie die Landesregierung hatten auch die Bezirkshauptmannschaften bald wieder zu arbeiten begonnen. Die politischen Bezirke entsprachen im wesentlichen der vor 1938 gültigen Einteilung mit Ausnahme einiger kleinerer Grenzänderungen und vor allem des Bezirks Gmunden, der bis 1. Juli 1948 weiterhin das steirische Ausseerland verwaltungsmäßig mit umfaßte. Vermutlich aus wirtschaftlichen Gründen bemühten sich im Sommer 1945 auch die steirischen Bezirke Gröbming und Liezen um Angliederung an Oberösterreich. Diese Bestrebungen blieben jedoch ebenso erfolglos wie jene einiger oberösterreichischer Grenzgemeinden des Mondsee- und St. Wolfganglandes für einen Anschluß an das Land Salzburg. Auf der Ebene der Gemeinden kam es nach dem Umbruch auf verschiedene Weise zur Bestellung von provisorischen Vertretungskörpern und Vollzugsorganen, die dann auf Grund der Ergebnisse der am 25. November 1945 abgehaltenen Landtagswahl demokratisch ersetzt wurden. In der Landeshauptstadt Linz hatte der letzte NS-Oberbürgermeister, SS-Oberführer Franz Langoth, der frühere großdeutsche Landeshauptmann-Stellvertreter, die Amtsgeschäfte am 8. Mai 1945 in Anwesenheit des amerikanischen Stadtkommandanten feierlich dem Sozialdemokraten Dr. Ernst Koref übergeben, der sich in seiner Funktion als Bürgermeister (bis 1962) und als sozialistischer Spitzenpolitiker weit über Oberösterreich hinaus Ansehen erwarb und gemeinsam mit Landeshauptmann Dr. Gleißner zu einer Symbolfigur für den demokratischen Neubeginn und den Wiederaufbau wurde. Da der Stadtteil Urfahr in der sowjetischen Besatzungszone lag, mußte für ihn von 1945 bis 1955 eine eigene Stadtverwaltung mit einem eigenen Bürgermeister geschaffen werden. Ebenso bestanden für jede der beiden durch die Donau geschiedenen Zonen in Linz und in Urfahr je eine staatliche Sicherheitsdirektion und ein Landesgendarmeriekommando sowie je ein Landesgericht Linz und Linz-Nord.
Die Bevölkerung Oberösterreichs brachte während der Besatzungszeit große, nicht nur wirtschaftliche Opfer. In den ersten Monaten nach dem Einmarsch der alliierten Truppen litt sie besonders im Mühlviertel unter den Plünderungen, Vergewaltigungen, Morden und verschiedenen Ausschreitungen sowjetischer Soldaten, aber auch vereinzelt unter Übergriffen ehemaliger krimineller KZ-Häftlinge und mancher

Fremdarbeiter. Obwohl sich die Verhältnisse bald besserten, blieb die Haltung der Bevölkerung gegenüber der sowjetischen Besatzungsmacht vornehmlich von Mißtrauen und Angst gekennzeichnet. Zahlreiche Personen wurden, nicht selten willkürlich, von den Russen verschleppt und kamen zum Teil, wenn überhaupt, erst nach Jahren wieder in ihre Heimat zurück. Ein großes Problem stellten auch seit Mai 1945 die Verhältnisse an der ungeschützten neuen Staatsgrenze zur Tschechoslowakei dar, an der es zu zahlreichen Grenzverletzungen und Übergriffen durch die Tschechen kam und über die besonders nach der Vertreibung der Sudetendeutschen viele Flüchtlinge und illegale Grenzgänger nach Oberösterreich strömten. Im Mai 1946 übernahm eine eigene, österreichische, bis August 1955 bestehende Grenzgendarmerie den Schutz dieser nördlichen Landes- und Staatsgrenze. Im Vergleich zum Mühlviertel war die Situation der Bevölkerung in der amerikanischen Besatzungszone zweifellos günstiger, obwohl auch hier Ausschreitungen nicht ausblieben. Die anfängliche allgemeine Reserviertheit gegenüber Österreichern und das für Besatzungssoldaten geltende Verbot der Verbrüderung mit der Bevölkerung (Non-Fraternization) blieben jedoch nicht lange bestehen.

Die Schwierigkeiten bei der Ordnung der Verhältnisse und beim Neuaufbau des wiedererstandenen Landes wurden in der unmittelbaren Nachkriegszeit durch die akute Übervölkerung auf das rund Doppelte wesentlich verschärft. Nur langsam gelang es, die vielen bei Kriegsende in Oberösterreich lebenden Ausländer (Fremdarbeiter, Kriegsgefangene, Häftlinge) und Evakuierten zu repatriieren. Im Februar 1946 registrierte man noch immer 210.000 Landfremde. Eine große Zahl von volksdeutschen Flüchtlingen und Heimatvertriebenen fand jedoch in Oberösterreich eine neue Heimat; bis 1960 wurden insgesamt rund 50.000 Personen eingebürgert, die dem Wirtschafts- und zum Teil auch dem Kulturleben des Landes wesentliche Impulse vermittelten. In der Bevölkerungsentwicklung verzeichnete unser Land daher im Jahre 1947 um 22% mehr Bewohner als vor dem Zweiten Weltkrieg, davon 19% Zuwanderer. Da dies die durch die Kriegsschäden und durch die Beschlagnahmungen der Besatzungsmächte bedingte Wohnungsnot weiter verstärkte, mußten viele Menschen in Barackensiedlungen untergebracht werden. Das größte dieser zahlreichen oberösterreichischen Lager, deren letzte erst in den sechziger Jahren mit Hilfe der Landeswohnungsgenossenschaft LAWOG aufgelöst werden konnten, befand sich in Haid (OG. Ansfelden). Für Ausländer (Displaced Persons = DP) gab es eigene Lager, die der Kontrolle der amerikanischen Militärregierung unterstanden. Neben dem ungeheuren Mangel an Wohnraum stellte anfänglich die weiterhin rationierte Versorgung der Bevölkerung mit Lebensmitteln das größte Problem dar. Der Großteil der Bevölkerung litt Hunger, viele Menschen beschafften sich das Lebensnotwendigste durch „Hamstern", „Organisieren" oder, wenn man es sich leisten konnte, auf dem verbotenen „Schwarzen Markt". Da sich das Land in der ersten Nachkriegszeit nicht selbst ernähren konnte und noch dazu schlechte Ernten verzeichnete, war es auf amerikanische Unterstützung, auf verschiedene Tauschgeschäfte mit den Nachbarländern Bayern und Tschechoslowakei sowie auf ausländische und internationale Hilfsaktionen wie z. B. der UNRRA (United Nations Relief and Rehabilitation Administration), der UNICEF oder des Roten Kreuzes angewiesen. Die Schweiz und die Niederlande boten oberösterreichischen Kindern die Möglichkeit zu einem Erholungsaufenthalt.

Waren so die ersten Jahre der Nachkriegszeit hauptsächlich durch Not, Existenzkampf und Aufräumungsarbeiten gekennzeichnet, konnte man sich bereits seit 1947 mit zäher Energie dem allgemeinen Wiederaufbau zuwenden. Trotz drückender Energie- und Rohstoffprobleme kam die Produktion in den verschiedenen Wirtschaftszweigen erstaunlich schnell wieder in Gang, wobei die Hilfeleistung der amerikanischen Besatzungsmacht z. B. im Rahmen des Marshall-Planes durch ERP-(European Recovery Program-)Mittel eine wesentliche Rolle spielte. Die anfängliche Arbeitslosigkeit, die durch die vielen ehemaligen Soldaten bzw. durch die allmählich aus alliierter Kriegsgefangenschaft entlassenen Heimkehrer gesteigert worden war, konnte schon Ende 1946 nahezu völlig abgebaut werden. Die Land- und die Bauwirtschaft litten sogar unter einem Mangel an Arbeitskräften. Als Voraussetzung für die Lösung des vordringlichen Energieproblems erfolgte 1947 die gesetzliche Schaffung der Oberösterreichischen Kraftwerke AG. (OKA) als Landesgesellschaft und der Sondergesellschaften der Ennskraftwerke AG. und der Österreichischen Donaukraftwerke AG., die teilweise in der NS-Zeit begonnene oder geplante Kraftwerksbauten weiterführten. Dazu kamen die bayerisch-österreichischen Gemeinschaftsunternehmen der Österreichisch-Bayerischen Kraftwerke AG. am Inn und der Donaukraftwerk Jochenstein AG. Es gelang, die Stromerzeugung aller oberösterreichischen Wasser- und Wärmekraftwerke von 675 Millionen Kilowattstunden im Jahre 1945 auf 3259 Millionen Kilowattstunden im Jahre 1959 zu steigern. Dadurch konnten Industrie und Gewerbe einen gewaltigen Aufschwung nehmen: Gab es Ende 1945 in Oberösterreich 531 Betriebe mit mehr als 20 Arbeitskräften, in denen fast 48.000 Personen Beschäftigung fanden, so waren es im Jahre 1955 bereits 1056 mit 132.185 Beschäftigten. 1950 arbeiteten bereits wieder zehn Großbetriebe mit mehr als 1000 Arbeitnehmern. Bei der Erzeugung von Zellwolle, Nitramoncalium, Glaswolle, optischem Rohglas, Traktoren, Rohaluminium, Kaolin, Salz, Leder und Blechen war Oberösterreich das führende Bundesland. Die in den Jahren des Nationalsozialismus gegründeten oder ausgebauten Großbetriebe, die von den Amerikanern bald an den österreichischen Staat übergeben worden waren — Hütte Linz und Eisenwerke Oberdonau (nun Vereinigte Österreichische Eisen- und Stahlwerke AG. = VOEST, seit 1973 nach der Fusion mit der Alpine Montan Donawitz „VOEST-Alpine AG."), Stickstoffwerke Linz (Österreichische Stickstoffwerke AG., heute Chemie Linz AG.), Aluminiumwerke Ranshofen (heute Austria Metall AG. = AMAG), das Zellwollewerk Lenzing (heute Lenzing AG.) und die Steyr-Werke (Steyr-Daimler-Puch AG.) —, mußten sich wie etliche kleinere Firmen auf Friedensproduktion und auf den Gewinn von Exportmärkten umstellen. Die Steyr-Werke etwa gingen 1946/47 zur Herstellung von Lastkraftwagen und Traktoren über; seit 1948 arbeiten sie auf dem Sektor der Personenautos mit dem italienischen FIAT-Konzern zusammen. Von den durch private Initiativen entstandenen Betriebsgründungen konnte sich eine ganze Reihe durch Spezialisierung sogar bis heute auf dem Weltmarkt erfolgreich behaupten. Anders als die Amerikaner schufen die Russen in ihren österreichischen Besatzungszonen aus dem beschlagnahmten ehemaligen „deutschen Eigentum" einen großen, bis 1955 unter ihrer Verwaltung stehenden sogenannten USIA-Konzern, der keine Steuern abführte und daher in einer eigenen Verkaufsorganisation Waren billiger an die Verbraucher abgeben konnte.

Schwerwiegende Strukturveränderungen vollzogen sich in den Bereichen des Gewerbes und der Landwirtschaft. Bei generellem Schrumpfen des Gewerbestandes nahmen vor allem die Berufe der Kleider- und Schuhmacher, der Müller, der Schmiede und der Wagner ab, während etwa diejenigen des Baugewerbes, der Tapezierer oder der Installateure kräftig zunahmen und verschiedene Sparten überhaupt neu entstanden. Die allgemeine Aufwärtsentwicklung ist aber auch daran zu ersehen, daß die durchschnittliche Beschäftigungszahl pro Gewerbebetrieb im Jahre 1950 noch 1,8 betrug, 1972 hingegen 6,9. Oberösterreichs durch den Zweiten Weltkrieg geschädigte Landwirtschaft nahm mit amerikanischer Hilfe seit 1948 einen Aufschwung. Die OÖ. Landwirtschaftskammer war bereits im Sommer 1945 wiedererrichtet worden und hatte die Bezirksstellen des ehemaligen Reichsnährstandes als Bezirksbauernkammern übernommen und weiter ausgebaut sowie in allen Gemeinden Ortsbauernschaften geschaffen. Unter anderem durch Modernisierung, Rationalisierung und Mechanisierung der Höfe — z. B. verdoppelte sich nahezu die Zahl der Elektromotoren in der Landwirtschaft zwischen 1946 und

Abb. 43. Opfer der nationalsozialistischen Gewaltherrschaft, KZ Mauthausen (Mai 1945).

Abb. 44. Aufhebung der Zonengrenze auf der Linzer Donaubrücke am 9. 6. 1953 (Landeshauptmann Dr. Heinrich Gleißner, Bürgermeister Dr. Ernst Koref, Staatsbeauftragter für das Mühlviertel bzw. Landesrat Johann Blöchl).

Abb. 45. Vom Flüchtlingslager zur Wohnsiedlung Haid/Ansfelden (1960).

Abb. 46. Landeshauptmann Dr. Josef Ratzenböck mit Prof. Dr. Gertrud Fussenegger und Prof. Helmut Eder.

1953 auf über 83.000, die Zahl der Traktoren stieg von 1858 im Jahre 1946 auf 68.122 im Jahre 1972; aus Kostengründen wurden verschiedentlich Maschinengemeinschaften gegründet —, durch den Ausbau des Wegenetzes und durch Förderung der besonders gefährdeten Bergbauern gelang es, die landwirtschaftliche Produktion so zu steigern, daß die nach Kriegsende zur Sicherstellung der Versorgung weitergeführte Zwangsbewirtschaftung und Lebensmittelrationierung 1950 mit Ausnahme für Fette und Öle aufgehoben werden konnten und seit den fünfziger Jahren sogar Exporte der Überschüsse notwendig wurden. Am 1. Jänner 1950 traten drei österreichische Marktordnungsgesetze, das Getreidewirtschafts-, das Milchwirtschafts- und das Viehverkehrsgesetz, in Kraft, welche die Agrarpreise stabilisieren und eine gleichmäßige Versorgung der Bevölkerung sichern sollten. Sie wurden später durch staatliche Preisstützungen ergänzt und 1958 zu jenem Marktordnungsgesetz vereinigt, das bis heute in zähen Verhandlungen immer wieder verlängert werden muß. Diese an sich positive Entwicklung der Landwirtschaft konnte trotz eines tiefgreifenden strukturellen Wandels erzielt werden. Die Hauptursache für die nach dem Zweiten Weltkrieg enorm verstärkte Landflucht war der Umstand, daß die Landwirtschaft mit der allgemeinen österreichischen Wirtschaftskonjunktur immer mehr in die Preis-Kosten-Schere geriet. Waren 1934 noch 37,4% der oberösterreichischen Gesamtbevölkerung in der Land- und Forstwirtschaft tätig gewesen, so sank dieser Prozentsatz 1951 auf 25,8%, 1961 auf 20% und 1971 auf 11,6%. Die Abwanderung begann bei den Landarbeitern, von denen 1971 nur noch 8565 registriert wurden, erfaßte dann die Gruppe der bäuerlichen Familienangehörigen und zuletzt auch die Besitzer kleiner Höfe.

Das krasse Mißverhältnis von Erzeugung und Bedarf in Österreich, aber auch die weltwirtschaftlichen Auswirkungen des Koreakrieges hatten in der Nachkriegszeit durch das starke Steigen der Preise und der Löhne — neben den für verschiedene Waren behördlich festgesetzten Preisen war ein schwunghafter Schwarzhandel entstanden, der bis 1950 wirksam blieb — eine hohe Inflationsrate bewirkt. Sie wurde im Rahmen der neugebildeten österreichischen Sozialpartnerschaft durch mehrere Lohn- und Preisabkommen für eine Reihe von Grundnahrungsmitteln bekämpft, konnte jedoch erst 1952 gemeinsam mit der Währung stabilisiert werden. Bis 20. Dezember 1945 waren Reichsmark (RM) und die von den Besatzungsmächten ausgegebenen gleichwertigen Alliierten Militärschilling (AMS) die gültigen Zahlungsmittel. Dann wurde der neue, im Wert der Reichsmark entsprechende österreichische Schilling eingeführt. Die Bevölkerung bekam allerdings beim Umtausch pro Kopf nur 150

Schilling ausbezahlt; der Rest wurde auf „Sperrkonten" gutgeschrieben, mit deren Hilfe der zu große Geldumlauf abgeschöpft werden sollte und die letztlich großteils dem Staat anheimfielen. Die kleinen Werte der Reichsmark-Banknoten blieben bis 1946, die AMS bis 1947 in Gültigkeit. Im Dezember 1947 folgte dann eine neuerliche, einschneidende, aber erfolgreiche Währungsreform, die der gesamten Bevölkerung große Opfer abverlangte. Mit Ausnahme eines Betrages von 150 Schilling pro Kopf wurde der Nennwert aller Schillingbestände gesetzlich auf ein Drittel herabgesetzt. Die mit der galoppierenden Inflation stark steigenden Lebenshaltungskosten lösten in weiteren Kreisen der Bevölkerung wachsende Unzufriedenheit aus. Ende September/Anfang Oktober 1950 kulminierte sie im Zusammenhang mit dem 4. Lohn- und Preisabkommen zwischen der Bundesregierung und den Sozialpartnern außer in Wien und Niederösterreich auch in Oberösterreich, besonders in der Landeshauptstadt Linz und in Steyr, in von Kommunisten und Extremisten geschürten Protestkundgebungen und Streiks von Beschäftigten der Großbetriebe sowie in verschiedenen Ausschreitungen, die einen stärkeren Polizei- und Gendarmerieeinsatz erforderlich machten. So besetzten in Linz radikale Kräfte die Arbeiterkammer und drohten, den oberösterreichischen Arbeiterkammer-Präsidenten vom Balkon seines Büros zu stürzen, als er sich weigerte, das Lohn- und Preisabkommen aufzuheben. Andere Gruppen unterbrachen an mehreren Stellen den Eisenbahnverkehr auf der Westbahn, indem sie die Schienen lockerten. Als jedoch am 15. Mai 1955 der Österreichische Staatsvertrag unterzeichnet wurde, der die Besatzungszeit beendete, und im Oktober die letzten alliierten Soldaten Österreich verließen, waren das österreichische Staatswesen und das Bundesland Oberösterreich bereits so konsolidiert, daß man nicht ängstlich in die Zukunft blicken mußte.
Nach den Erfahrungen mit dem Nationalsozialismus sowie nicht zuletzt unter dem Druck der alliierten Besatzung und der drohenden Zerreißung des Bundeslandes war ein neues oberösterreichisches Landesbewußtsein entstanden, das z. B. 1952 in dem einhelligen Landtagsbeschluß zum Ausdruck kam, Franz Stelzhamers „Hoamatgsang" in der Vertonung Hans Schnopfhagens zur offiziellen Landeshymne zu erklären. Im selben Jahr stiftete Oberösterreich allerdings als Zeichen seiner Verbundenheit die in St. Florian bei Linz gegossene neue „Pummerin", die größte Glocke des Wiener Stephansdomes.

## Vom Österreichischen Staatsvertrag bis zur Gegenwart

Seitdem die kriegsbedingte Übervölkerung Oberösterreichs in der Nachkriegszeit durch Repatriierungen, Umsiedlungen und Auswanderungen großteils reduziert worden war, verzeichnete das Bundesland trotz eines allmählich sinkenden Geburtenüberschusses eine stete Zunahme der Bevölkerung. Zählte man 1951 1,108.720 Einwohner, so waren es 1971 schon 1,223.444 und 1981 1,269.540. Mit dieser Entwicklung ging eine Binnenwanderung einher, welche die Zusammenballung im oberösterreichischen Zentralraum Linz - Enns - Steyr - Wels, wo 1971 bereits über 40% der Gesamtbevölkerung wohnten, weiter verstärkte und gleichzeitig den Randgebieten, besonders dem ungünstigen Mühlviertler Grenzbereich zur ČSSR, Bewohner entzog. Dementsprechend stiegen auch die Einwohnerzahlen der großen Städte Oberösterreichs: in Linz von 185.177 im Jahre 1951 auf 202.874 im Jahre 1971 und nach einem leichten Rückgang derzeit rund 198.000, in Steyr, dem der ehemals niederösterreichische Stadtteil Münichholz 1955 bzw. 1958 endgültig verfassungsmäßig zuerkannt wurde, in denselben Zeitabständen von 36.727 auf 40.578 und 39.003 und in Wels, das seit 1964 ebenfalls eine Stadt mit eigenem Statut ist, von 38.078 auf 47.279 und zuletzt 54.073. Heute weist unser Bundesland insgesamt 22 Städte auf — die letzten Stadterhebungen betrafen Traun (1973), Kirchdorf a. d. Krems (1975), Leonding (1976) sowie Mattighofen und Rohrbach im Mühlkreis (1986) —, dazu 124 Marktgemeinden und 299 Ortsgemeinden. Die Zahl der Märkte ist weiter im Steigen begriffen, da seit der OÖ. Gemeindeordnung 1965 Gemeinden mit besonderer wirtschaftlicher, kultureller oder historischer Bedeutung von der Landesregierung zur Marktgemeinde erhoben werden können. Die nach dem Zweiten Weltkrieg komplizierte Rechtslage war 1948/49 durch die vom Landtag beschlossene OÖ. Gemeindeordnung 1948 vorläufig bereinigt worden, ehe nach einer Novellierung im Jahre 1953 mit 31. Dezember 1965 eine Neuordnung des Gemeinderechtes in Kraft trat. Die OÖ. Gemeindeordnung 1965, durch die die Gemeindeselbstverwaltung wesentlich gestärkt wurde, ist seither 1969, 1973 und 1979 geändert und ergänzt sowie als OÖ. Gemeindeordnung 1979 neu verlautbart worden. 1985 wurde sie neuerdings novelliert.

Die politische Landschaft Oberösterreichs veränderte sich nicht mehr allzusehr, nachdem Österreich seine Unabhängigkeit wiedergewonnen hatte. Bei den Landtagswahlen erreichte die ÖVP 1961 48,8% (25 Mandate), sank 1967 auf 45,2% (23 Mandate), verbesserte sich 1973 wieder auf 47,7% (28 Mandate), 1979 auf 51,6% (29 Mandate) und erzielte zuletzt

1985 mit 52,1% (30 Mandate) ihren bisher größten Erfolg. Die SPÖ, die 1961 39,6% der Stimmen (19 Mandate) für sich buchen konnte, gewann 1967 mit 46% sogar die relative Mehrheit (23 Mandate), die sie allerdings bei den folgenden Wahlen nicht wiederholen konnte. Sie mußte vielmehr seither ständige Verluste hinnehmen (1973 43,3% und 24 Mandate, 1979 41,4% und 23 Mandate, 1985 38% und 23 Mandate). Gleichfalls rückläufig — mit einer Ausnahme — ist der Stimmenanteil der Freiheitlichen Partei Österreichs (FPÖ) von 9,7% im Jahre 1961 (4 Mandate), über 7,5% (2 Mandate) 1967, 7,7% (4 Mandate) 1973 und 6,4% (4 Mandate) 1979 auf zuletzt 5% (3 Mandate) bei der Landtagswahl 1985. Auf die Kommunisten und Linkssozialisten entfielen bei den jeweiligen Wahlgängen 1,9, 0,8, 0,9, 0,6 und 0,7%. Die nur 1967 kandidierende Demokratische Fortschrittliche Partei (DFP) erzielte 0,5% der Stimmen; 1973 erhielt die rechtsextreme Nationaldemokratische Partei (NDP) 0,4%; 1985 kamen die neuen Umweltschutzparteien Vereinte Grüne Österreichs (VGÖ), Grün-Alternative Liste (GAL) und Die Grünen Österreichs (DGÖ), die sich erstmals zur Wahl stellten, auf 2,2, 1,7 bzw. 0,4%. Die Landesregierung setzte sich aufgrund der jeweiligen Wahlergebnisse immer aus fünf Mitgliedern der ÖVP und vier Mitgliedern der SPÖ zusammen. Als Landeshauptleute, die stets von der ÖVP gestellt wurden, amtierten bisher Dr. Heinrich Gleißner (1945—1971), Dr. Erwin Wenzl (1971—1977) und seit 1977 Dr. Josef Ratzenböck. Nach der Wahlniederlage im Jahre 1967 hatte sich Landeshauptmann Dr. Gleißner die Unterstützung der FPÖ durch verschiedene Zugeständnisse sichern können.
Anders gestaltete sich das politische Kräfteverhältnis bei den Nationalratswahlen. Hier betrug der Stimmenanteil der ÖVP in Oberösterreich 1956 50,4%, ging 1959 auf 47,3% zurück, stieg 1962 auf 48,6%, 1966 auf 51,3%, sank 1970 auf 46% bzw. 1971 auf 44,7%, 1975 auf 43,7% und 1979 auf 41,8% und erhöhte sich zuletzt 1983 wieder auf 43,5%. Die SPÖ konnte sich von 40,3% im Jahre 1956, 42% im Jahre 1959, 41,4% im Jahre 1962 und 40,3% im Jahre 1966 auf 46,5% bei den Wahlen 1970 bzw. 48% 1971, 48,8% im Jahre 1975 und 50,3% im Jahre 1979 verbessern und erreichte zuletzt 1983 46,3% der Stimmen. Die Prozentsätze der FPÖ schwankten zwischen 7,1% im Jahre 1956, 8,7, 8, 6,4, 6,7 bzw. 6,5, 6,7, 7,2 und 5,9% im Jahre 1983. Der Anteil der Kommunisten und Linkssozialisten, die 1966 nicht kandidierten, bewegte sich zwischen 2,2% im Jahre 1956 und 0,5% im Jahre 1983. Von den verschiedentlich wahlwerbenden Splittergruppen erreichte nur die Demokratische Fortschrittliche Partei 1966 mit 1,9% mehr als 1%. 1983 konnten jedoch die erstmals antretenden Umweltschutzparteien VGÖ und Alternative Liste Österreichs (ALÖ) 2,3 bzw. 1,3% auf sich vereinigen.

Der Neubeginn des demokratischen Lebens nach dem Zweiten Weltkrieg hatte sich in Oberösterreich nach provisorischen Übergangslösungen auf der Grundlage der Landesverfassung 1930 vollzogen, die mit dem Gesetz vom 20. März 1946 großteils rückwirkend auf die erste Landtags-Versammlung am 13. Dezember 1945 mit einigen Abänderungen wieder in Kraft gesetzt worden war. Dieses Gesetz, das als wesentlichste Neuerungen die Einführung eines 1. und eines 2. Landtagspräsidenten und von Stellvertretern des Landeshauptmannes vorsah, konnte allerdings erst 1954 publiziert werden, da die alliierten Besatzungsmächte anfänglich die Zustimmung verweigerten. Dadurch entstand in den ersten Jahren ein verfassungsrechtlicher Schwebezustand, in dem die Neuerungen trotz fehlender Kundmachung im Landesgesetzblatt bereits praktiziert wurden. Erst entsprechend der Landes-Verfassungsgesetznovelle 1954 vom 9. April 1954 wurde die geänderte und ergänzte Landesverfassung 1930 am 22. November 1954 von der oberösterreichischen Landesregierung neu verlautbart als OÖ. Landes-Verfassungsgesetz 1954. Es sah u. a. die Wahl dreier Landtagspräsidenten durch den Landtag vor und wurde am 12. Februar 1969 durch Landtagsbeschluß neuerlich novelliert, indem das Alter für die Ausübung des aktiven Wahlrechts auf 19 Jahre und dasjenige für das passive Wahlrecht auf 24 Jahre herabgesetzt wurde. Eine abermalige, viel umfassendere Überarbeitung erfuhr das Landes-Verfassungsgesetz 1954 dann durch die Landes-Verfassungsgesetznovelle 1971 vom 3. Mai dieses Jahres, die vor allem die Zahl der Mitglieder des Landtages von 48 auf 56 erhöhte, das Volksbegehren und das Recht der Landtagsabgeordneten, an die Mitglieder der Landesregierung Anfragen zu richten, einführte, aber auch eine vollständige Trennung zwischen dem Landtagspräsidium und der Funktion des Landeshauptmannes brachte. Diese im wesentlichen bis heute geltende Neufassung wurde am 2. August 1971 als OÖ. Landes-Verfassungsgesetz 1971 von der Landesregierung kundgemacht. Seither sind aber schon wieder mehrere Änderungen zu verzeichnen. Die nach dem Provisorium vom Herbst 1945 im Jahre 1949 beschlossene Wahlordnung für den Landtag ersetzte man nach einer Änderung und Wiederverlautbarung im Jahre 1955 sechs Jahre später durch ein neues Gesetz, das jeweils 1967, 1969, 1971, 1979 und 1985 zur Novellierung gelangte. Auf der Ebene der Gemeinden gewannen in den letzten Jahren die dem freien politischen Kräftespiel überlassenen Bürgerinitiativen zunehmend an Bedeutung.

Ähnlich wie die politischen Parteien fanden in Oberösterreich seit dem Ende des Zweiten Weltkrieges auch die beiden großen Kirchen, die katholische und die evangelische, zu einem tragfähigen gegenseitigen Vertrauensverhältnis, das sich unter den katholischen Bischöfen Dr. Josef

Fließer (1946—1955), Dr. Franz Zauner (1956—1982) und Maximilian Aichern (seit 1982) sowie den evangelischen Superintendenten Wilhelm Mensing-Braun (1941—1966), Dr. Leopold Temmel (1966—1980) und Mag. Herwig Karzel (seit 1980) trotz des großen zahlenmäßigen Übergewichtes der Katholiken (um 90%) in ökumenischem Geiste bis heute weiter verbessert hat. Beide Kirchen hatten nach den Schwierigkeiten der Nachkriegszeit eine rege Bautätigkeit entwickelt. Darüber hinaus kam es in der katholischen Diözese Linz, deren Grenzen mit wenigen geringen Abweichungen im wesentlichen mit denjenigen des Landes Oberösterreich übereinstimmen, vor allem zum Neuaufbau der Caritas- und der Laienorganisation und eines Katholischen Bildungswerkes sowie zur Errichtung neuer Seelsorgestellen in den Ballungszentren. Im Jahre 1971 wurde der bisherige Diözesanpatron Maximilian, neben den 1935 offiziell der hl. Severin als zweiter Schutzheiliger des Bistums getreten war, durch den hl. Florian und die Lorcher Märtyrer ersetzt. Heute leidet die katholische Kirche infolge der tiefgreifenden gesellschaftlichen Veränderungen der letzten Jahrzehnte in zunehmendem Maße an Priestermangel — 1986 hatten 19 oberösterreichische Pfarreien keinen eigenen Pfarrer — und an Überalterung der Seelsorger. Die evangelische Kirche konnte z. B. ebenfalls mehrere neue Kirchenbauten und mit Unterstützung des Landes in Gallneukirchen das Martinstift (1968) und das Haus Emmaus (1977) für behinderte Kinder und Jugendliche errichten. Der Bevölkerungsanteil der Protestanten, denen das österreichische Protestantengesetz vom 6. Juli 1961 völlige Freiheit und Gleichberechtigung sicherte, hatte sich in Oberösterreich infolge der Flüchtlingsströme besonders der Volksdeutschen aus dem Osten in der Endphase des Zweiten Weltkrieges und danach gegenüber der Vorkriegszeit ungefähr verdoppelt (61.036 im Jahre 1966, derzeit über 59.000 in 44 Pfarren). Ihre Ansiedlung auch außerhalb der traditionellen protestantischen Zentren führte bis 1966 zur Errichtung von neun neuen Pfarrgemeinden in Mattighofen, Kirchdorf a. d. Krems, Lenzing-Kammer, Linz-Urfahr, Linz-Süd, Marchtrenk, Ried im Innkreis, Schärding und Schwanenstadt sowie von neun Tochtergemeinden in Mondsee, Sierning, Vorchdorf, Bad Hall, Ebensee, Laakirchen, Windischgarsten, Steyr-Münichholz und Grieskirchen-Gallspach. Am 1. April 1966 wurden die Bundesländer Salzburg und Tirol von Oberösterreich, das seither eine eigene Superintendenz bildet, abgetrennt und gemeinsam als evangelische Diözese verselbständigt.

Wirtschaftlich verzeichnete Oberösterreich nach 1955 in den von einigen Schwankungen unterbrochenen Phasen der Hochkonjunktur eine gewaltige Aufwärtsentwicklung. Das frühere Agrarland war durch den Ausbau seit 1938 eines der führenden österreichischen Industrieländer geworden. Die Zahl der in der Industrie Beschäftigten erhöhte sich von 90.000 im Jahre 1951 auf nicht ganz 150.000 im Jahre 1980, ist jedoch seither leicht rückläufig. 1978 arbeiteten 56% der rund 400.000 unselbständig Erwerbstätigen Oberösterreichs in der Industrie und im verarbeitenden Gewerbe. Größter und bedeutendster heimischer Arbeitgeber ist die VOEST-Alpine in Linz, die vor kurzem noch insgesamt ca. 24.000 Personen beschäftigte, davon aber nur 9000 aus Linz. Alle anderen pendeln, zum Teil sogar aus oberösterreichischen Randbezirken, zwischen ihrem Wohn- und Arbeitsort. Allein im Mühlviertel sind über 7000 dieser Pendler beheimatet, im Bezirk Rohrbach z. B. 1200. Darüber hinaus beschäftigt die VOEST-Alpine durch Aufträge an mehr als 500 oberösterreichische Zulieferbetriebe rund 10.000 weitere Arbeitskräfte. Neben den bekannten Großbetrieben existiert heute eine ganze Reihe kleinerer, namhafter, zumeist stark exportorientierter Unternehmen, deren Produkte nicht selten Weltgeltung haben, wie z. B. in Linz die Textilmaschinenfabrik Dr. Ernst Fehrer, die Gleisbaumaschinenfabrik Plasser & Theurer, die Steyrer Maschinenfabrik GFM, die Feuerwehr-Ausstattungsfirma Rosenbauer in Leonding, die Spritzgußmaschinenfabrik Engel in Schwertberg, die Gleitlager- und Sintermetallfabrik MIBA in Laakirchen und Vorchdorf, das Rotax-Bombardier-Motorenwerk in Gunskirchen, die Zweiradfabrik KTM in Mattighofen, die Schi- und Tennisfabrik Fischer in Ried im Innkreis, die Schi- und Sportschuhfabrik Lintner in Molln, die Brillenerzeuger Optyl (vormals Anger) in Traun und Schmied in Linz, die Kunststofffabrik Internorm in Traun, die Polstermöbelfabrik Joka in Schwanenstadt oder die Sitzmöbelfabrik Wiesner & Hager in Altheim. In Steyr wurde seit 1979 mit öffentlichen Förderungsmitteln ein großes neues Motorenwerk von BMW errichtet. Die Österreichische Salinen AG., deren Generaldirektion sich seit 1975 in Bad Ischl befindet, hat 1979 die Saline Ebensee stillgelegt und eine neue moderne Produktionsstätte im nahegelegenen Steinkogl in Betrieb genommen. Die 1956 in Oberösterreich wieder begonnene Förderung von Erdöl und Erdgas durch die Rohöl-Aufsuchungs-GmbH (RAG) ist derzeit rückläufig.

Von den Auswirkungen der weltweiten Rezession im Gefolge des sogenannten Ölpreisschocks im Jahre 1974 blieb natürlich auch die oberösterreichische Wirtschaft nicht verschont. Dazu kamen die Folgen des Einsatzes neuer betrieblicher Hochtechnologien (Computer), die ebenfalls zum Ansteigen der Arbeitslosenrate beitrugen. Sie belief sich im Mai 1986 auf 3,5% bei 16.100 arbeitslosen Personen. Auch in den verstaatlichten oder quasiverstaatlichten Großbetrieben, besonders in der VOEST-Alpine und in den Steyr-Werken, deren Struktur- und Absatzprobleme sich dramatisch verschärften, mußten viele Arbeitskräfte entlassen werden. Derzeit werden tiefgreifende Sanierungsmaßnahmen eingeleitet. Zeitweise kämpft auch die seit 1974 in den VOEST-Alpine-Konzern eingegliederte Schiffswerft Linz der ÖSWAG, die auf dem Schiffbausektor stark auf ausländische Aufträge angewiesen ist, mit großen Schwierigkeiten. Trotz allem konnte Oberösterreich dank seiner ausgeglichenen Wirtschaftsstruktur mit einer gesunden Mischung von Groß-, Mittel- und Kleinbetrieben quer durch alle Branchen zu Beginn der achtziger Jahre ein über dem gesamtösterreichischen Durchschnitt liegendes Wirtschaftswachstum erzielen. 1983 lag Oberösterreich mit einem Anteil von 16,7% am österreichischen Bruttoinlandsprodukt hinter Wien an der zweiten Stelle der Bundesländer. Von der Leistungskraft der oberösterreichischen Wirtschaft zeugen auch die regelmäßigen Veranstaltungen der Welser Messe (abwechselnd die Internationale Landwirtschaftsmesse und die Österreichische Fremdenverkehrsmesse), der Internationalen Landwirtschaftsbzw. Frühjahrsmesse in Ried im Innkreis, der Mühlviertler Messe (Freistädter Volksfest) und des Rohrbacher Volksfestes. Zu diesem Erfolg trägt seit den sechziger Jahren die Tätigkeit des von der nach dem Zweiten Weltkrieg wiedererrichteten OÖ. Handelskammer geschaffenen Wirtschaftsförderungsinstituts (WIFI) als Serviceorganisation für Unternehmer und als Institution für die berufliche Weiterbildung bei.

Die durch die beiden Weltkriege unterbrochene Aufwärtsentwicklung des oberösterreichischen Fremdenverkehrs fand nach 1955 eine steile Fortsetzung. Neben dem beliebten Salzkammergut konnten auch das Innund das Mühlviertel sowie die Pyhrn-Eisenwurzen-Region neue Gäste gewinnen. Außer den bereits bekannten Kurorten erlebten neue wie Bad Wimsbach-Neydharting (Moorbad Neydharting), Bad Leonfelden (Moor- und Kneippkuranstalt) und Bad Zell (früher Zell bei Zellhof; Radonheilbad) gleichfalls einen Aufschwung. Die Zahl der oberösterreichischen Beherbergungsbetriebe erhöhte sich von 1293 im Jahre 1948 auf 1995 im Jahre 1967. Zu ihren über 41.000 Betten kamen noch fast 33.000 in Privatquartieren. Bis 1978 stieg die Gesamtbettenkapazität für den Fremdenverkehr weiter auf über 100.000 an. 1979/80 verzeichnete Oberösterreich über 8,3 Millionen Fremdennächtigungen, 1948/49 waren es noch ca. 2,4 Millionen gewesen. Jüngsten Rückschlägen im Sommer-Fremdenverkehr sucht man derzeit durch neue Initiativen und eine verstärkte Werbung im Ausland zu begegnen. Ein vom Land ausgearbeitetes neues Seilbahnkonzept soll besonders der Wintersaison zusätzliche Impulse vermitteln.

Im sozialen Bereich kam es nach dem Zweiten Weltkrieg zu zahlreichen tiefgreifenden Veränderungen, deren Ergebnis unsere heutige moderne

pluralistische Wohlstandsgesellschaft ist. Die Vielzahl der Wandlungen, Neuerungen und Tendenzen kann hier nur mit einigen wenigen Beispielen angedeutet werden. So ging bei ständiger Zunahme der Berufstätigen die Zahl der selbständig Erwerbstätigen, besonders in der Landwirtschaft, stark zurück. Gab es 1951 noch 48.580 landwirtschaftliche Vollerwerbsbetriebe, so waren es 1970 nur noch 32.466. Entsprechend wächst die Gruppe der Nebenerwerbslandwirte, 1951 bereits fast 30.000, 1970 schon über 37.000, bis heute — in der VOEST-Alpine in Linz arbeiten derzeit ca. 2500 — an. 1971 waren von insgesamt 511.397 oberösterreichischen Berufstätigen 57.760 Selbständige, 45.473 mithelfende Familienangehörige und 390.164 Unselbständige. Im Juni 1986 hatte Oberösterreich zuletzt 462.800 unselbständig Beschäftigte. Aber auch bei den unselbständig Erwerbstätigen Oberösterreichs vollzog sich laufend eine Umschichtung von den Arbeitern zu den Angestellten. Frauen sind seit dem Zweiten Weltkrieg verstärkt in den Arbeitsprozeß eingebunden. Zwischen 1953 und 1971 stieg beispielsweise die Zahl der weiblichen Beschäftigten von 94.000 auf 127.000 und bis 1980 weiter auf über 170.000. Die Zahl der ausländischen Gastarbeiter, auf die Oberösterreichs Wirtschaft in der Phase der Hochkonjunktur der sechziger Jahre besonders in den Sparten Industrie und Fremdenverkehr angewiesen war, erhöhte sich bis 1973/74 auf ein Maximum von über 25.000 und verringerte sich seither wieder schrittweise auf über 13.000 im Juli 1986.
Was die Verbesserung der Lebens- und Arbeitsverhältnisse und der Sozialleistungen in Österreich betrifft, so sei aus der Fülle der einschlägigen Gesetze beispielsweise auf das mittlerweile oftmals novellierte Allgemeine Sozialversicherungsgesetz (ASVG, 1955), auf die Herabsetzung der allgemeinen Arbeitszeit (1959 auf 45, seit 1970 stufenweise auf 40 Wochenstunden und neuerdings in manchen Branchen auch schon darunter), die Einführung der Renten- und Pensionsdynamik (1965), auf die Erhöhung der Mindesturlaubszeit, auf die finanzielle Abfertigung auch für Arbeiter oder auf die Einführung einer oberösterreichischen Fernpendlerbeihilfe (1980) hingewiesen. Auch die Selbständigen und die bäuerliche Bevölkerung wurden durch verschiedene Gesetze wie z. B. über die landwirtschaftliche Zuschußrentenversicherung (1957), die Bauernkrankenversicherung (1965) oder die Bauern-Pensionsversicherung (1969) in die staatliche Sozialpolitik einbezogen. Bereits 1949 war neben der seit 1945 wieder bestehenden Kammer für Arbeiter und Angestellte eine eigene Kammer für die Arbeiter und Angestellten in der Land- und Forstwirtschaft geschaffen worden.
Der wachsende Wohlstand der oberösterreichischen Bevölkerung ist nicht zuletzt an der rasant zunehmenden Motorisierung abzulesen. Gab

es 1945 13.844 Kraftfahrzeuge, davon 5000 Motorräder, so waren es 1955 bereits 113.000 Kraftfahrzeuge bzw. 67.000 Motorräder. 1965 besaßen die Oberösterreicher rund 250.000, 1975 schon eine halbe Million und 1980 über 634.000 Kraftfahrzeuge. Mit dieser gewaltigen Motorisierungswelle, zu der auch der hohe Anteil der Pendler unter den Berufstätigen beitrug (1955 insgesamt über 90.000, 1971 fast 160.000, 1981 242.000, davon jeweils 31.000, 53.000 und rund 74.000 nach Linz), gingen ein zügiger Ausbau und eine wesentliche Verbesserung des oberösterreichischen Straßennetzes einher. Seit 1954 entstanden die West- und ein Teil der Mühlkreisautobahn, an der Innkreis- und an der Pyhrnautobahn wird zur Zeit noch gearbeitet. Von den wichtigen neuen Straßenbrückenbauten seien nur jene über die Donau bei Grein, in Mauthausen, Aschach, Linz (VOEST-Brücke und Steyregger-Brücke) und Niederranna angeführt. In diesem Zusammenhang ist auch die weitgehende Elektrifizierung des oberösterreichischen Eisenbahnnetzes zu erwähnen sowie der Ausbau des Linzer Donauhafens und des internationalen Flughafens Linz-Hörsching (seit 1950), der in der Zeit des Nationalsozialismus als Militärflugplatz angelegt worden war. In jüngster Zeit wurde in Zusammenarbeit mit dem Land Niederösterreich die Mündung der Enns in die Donau zu einem großen „Industriehafen Enns-Ennsdorf" ausgestaltet. Wichtige, in der Epoche der Zweiten Republik errichtete Bauwerke sind ferner die großen Donaukraftwerke Jochenstein (1956), Aschach (1964), Wallsee-Mitterkirchen (1968), Ottensheim-Wilhering (1973) und Abwinden-Asten (1979) sowie die Flußkraftwerke an der Traun (Gmunden 1968, Marchtrenk 1980, Traun-Pucking 1983) und an den Grenzflüssen Enns und Inn. In dem nach 1954 nahe der Grenze zu Salzburg von der Salzach-Kohlenbergbau GmbH (SAKOG) erschlossenen Braunkohlenrevier von Trimmelkam wurde vor kurzem das neue kalorische Großkraftwerk Riedersbach (OG. St. Pantaleon) der OKA mit einer modernen Umweltschutzanlage in Betrieb genommen. Im Gegensatz zur Nachkriegszeit, die mit anderen Problemen zu kämpfen hatte, wird man sich nämlich heute immer mehr der Verantwortung für die Natur, die Umwelt und die natürlichen Resourcen bewußt und erkennt z. B. Bausünden oder andere Auswüchse, die in der Euphorie des Wiederaufbaues und des „Wirtschaftswunders" zustande gekommen waren, als solche.

Kultur, Unterricht, Wissenschaft und Kunst
seit dem Ersten Weltkrieg

In der schwierigen Zeit nach dem Ersten Weltkrieg traf das Land Oberösterreich eine wichtige kulturpolitische Entscheidung, indem es 1920 das

Museum Francisco-Carolinum in Linz als OÖ. Landesmuseum in sein Eigentum und in seine Verantwortung übernahm. Im November 1924 wurde anläßlich des 100. Geburtstages des Komponisten Anton Bruckner erstmals eine Brucknerwoche in Linz veranstaltet. In der Folge nahm sich besonders der 1926 gegründete Brucknerbund für Oberösterreich der Pflege und Verbreitung von Bruckners Werken an. Im Mai 1932 fand im Stift St. Florian neuerlich eine Brucknerwoche statt, der seit 1935 jeweils im Sommer ein Internationales Brucknerfest in Linz und in St. Florian folgte, das verschiedentlich auch die Städte Steyr und Freistadt einbezog. Während des Nationalsozialismus wurde diese oberösterreichische Initiative noch 1939 und 1941 in St. Florian und Linz fortgesetzt, das danach aufgehobene Stift St. Florian sollte aber auch in der Kulturpolitik der neuen Machthaber eine hervorragende Rolle spielen. So beheimatete es von 1941 bis 1945 das „Historische Forschungsinstitut des Reichsgaues Oberdonau in St. Florian", das die Bibliotheken der aufgehobenen oberösterreichischen Klöster und Stifte sowie der Schlösser Steyr und Eferding aufnahm und verwaltete. Darüber hinaus war der Aufbau eines Barockmuseums des Gaues Oberdonau und eines Zentrums der Musikpflege geplant. Letztere Aufgabe übernahm 1942 die Reichsrundfunkgesellschaft, die das Stift pachtete.

Nach dem Zweiten Weltkrieg begann das Land Oberösterreich eine weitgefächerte Kultur- und Bildungspolitik, die auch den Aktivitäten der Landgemeinden eine immer stärkere Förderung angedeihen ließ. Eine Reihe neuer, in Linz ansässiger Institutionen wurde geschaffen: nach verschiedenen Vorstufen ein eigenes Kulturreferat bzw. eine Kulturabteilung beim Amt der Landesregierung, 1946 ein „Institut für Landeskunde von Oberösterreich", das allerdings 1972 wieder aufgelöst wurde, 1950 das „Adalbert-Stifter-Institut des Landes Oberösterreich", das die Pflege der Werke dieses Dichters und die Betreuung der Stifter-Forschung bzw. seit 1983 der gesamten oberösterreichischen Literatur zur Aufgabe erhielt, sowie 1955 das „Landesinstitut für Volksbildung und Heimatpflege in Oberösterreich", das bis heute eine rege Veranstaltungstätigkeit in den von ihm betreuten Bildungszentren Stift Reichersberg, Kloster Schlierbach, Schloß Zell a. d. Pram, Stift Schlägl und Haibach ob der Donau entwickelte. Die traditionsreiche Linzer Musiklehranstalt war bereits 1932 zum „Bruckner-Konservatorium" erhoben worden, 1939 in die Verwaltung des Gaues bzw. Landes übergegangen und nach dem Zweiten Weltkrieg als „Bruckner-Konservatorium des Landes Oberösterreich" wiedererstanden. 1963 wurde das Linzer Schloßmuseum als neue Heimstätte der kulturhistorischen Abteilungen des OÖ. Landesmuseums eröffnet. Einen bedeutenden kultur- und bildungspolitischen, denkmal-

pflegerischen und nicht zuletzt auch wirtschaftlichen Stellenwert gewannen die seit 1965 veranstalteten großen kulturgeschichtlichen Landesausstellungen: 1965 „Kunst der Donauschule" in St. Florian, 1974 „Die Bildhauerfamilie Schwanthaler" in Reichersberg, 1975 „Die Malerin Margret Bilger" in Schlierbach, 1976 „Der oberösterreichische Bauernkrieg 1626" in Linz und Scharnstein sowie „Der hl. Wolfgang in Geschichte, Kunst und Kult" in St. Wolfgang, 1977 „1200 Jahre Stift Kremsmünster" in Kremsmünster und „Baiernzeit in Oberösterreich" in Linz, 1979 „Die Bildhauerfamilie Zürn" in Braunau am Inn, 1980 „Die Hallstattkultur" in Steyr, 1981 „Das Mondseeland" in Mondsee, 1982 „Severin zwischen Römerzeit und Völkerwanderung" in Enns, 1983 „1000 Jahre Oberösterreich — Das Werden eines Landes" in Wels, 1984 „900 Jahre Stift Reichersberg" in Reichersberg, 1985 „Kirche in Oberösterreich. 200 Jahre Bistum Linz" in Garsten und 1986 „Welt des Barock" in St. Florian. Zur Restaurierung und Revitalisierung historischer Gebäude sowie zur Denkmal- und in letzter Zeit auch verstärkt zur Ortsbildpflege wurden und werden nicht wenig öffentliche Förderungsmittel eingesetzt. Eines der gelungensten Beispiele in dieser Hinsicht ist das ehemalige Kloster der Ursulinen in Linz, das seit 1977 als vielen Zwecken dienendes Landeskulturzentrum erfolgreich Verwendung findet.
Im Falle des Linzer Landestheaters, das seit 1932 unter dem Intendanten Ignaz Brantner wieder ein beachtliches Niveau erreicht hatte und 1956/57 in die Verwaltung des Landes überging, wurden durch den von Clemens Holzmeister geplanten Umbau des Großen Hauses bzw. durch den Anbau der Kammerspiele (1954—1958) sowie später durch die Einrichtung einer Kellerbühne im Landeskulturzentrum die baulichen Voraussetzungen für die weitere Aufwärtsentwicklung geschaffen. Ein nach dem Zweiten Weltkrieg, als in Linz auch Kabarett und Varieté eine kurze Blüte erlebten, in der russischen Besatzungszone gegründetes Volkstheater Urfahr bestand nur von 1945 bis 1949. Den damals an mehreren Orten entfalteten kulturellen Aktivitäten kam zugute, daß sich bei Kriegsende zahlreiche Künstler und Schauspieler im Salzkammergut aufgehalten hatten. In den fünfziger und sechziger Jahren erwuchs mit dem Fernsehen weniger den Theatern als vielmehr den Kinos ein übermächtiger neuer Konkurrent, den auch die Zeitungen stark zu spüren bekamen. Das seit 1968 als Bruckner-Orchester neuorganisierte Orchester des Landestheaters konnte besonders unter seinen Dirigenten Fritz Wöss und Theodor Guschlbauer steigendes Ansehen gewinnen. Nachdem die Bruckner-Pflege bereits seit 1945 durch verschiedene Veranstaltungen fortgesetzt worden war, nahm die Stadt Linz gemeinsam mit dem Land Oberösterreich im Jahre 1974 die Tradition der seither jährlich durchge-

führten Internationalen Brucknerfeste wieder auf. Das ihnen im Rahmen verschiedener Begleitveranstaltungen seit 1979 angeschlossene Avantgarde-Festival „Ars Electronica" fand seit 1982 in Abständen von zwei Jahren statt und wurde 1986 im Ein-Jahres-Rhythmus verselbständigt. Beweise für die großen Anstrengungen, welche die Landeshauptstadt Linz nach dem Zweiten Weltkrieg auf dem kulturellen Sektor unternahm, sind weiters die 1948 mit Hilfe des deutschen Kunsthändlers und -sammlers Wolfgang Gurlitt gegründete „Neue Galerie der Stadt Linz — Wolfgang Gurlitt-Museum", die 1979 in dem monströsen Neubau Lentia 2000 eine neue Heimstätte fand, und das Museum der Stadt Linz, das 1973 in das ehemalige Stift Nordico einzog. Andere Städte wie Wels und Gmunden folgten diesem Beispiel, viele Gemeinden schufen sich Heimathäuser und -museen.

Zu den wichtigsten bildungspolitischen Maßnahmen in der Zeit der Zweiten Republik zählt neben der Erwachsenenbildung, die in Oberösterreich vornehmlich von dem 1947 geschaffenen Dachverband des OÖ. Volksbildungswerkes und dessen Mitgliedinstitutionen wie Volkshochschulen und Bildungswerken getragen wird, der enorme Ausbau des Netzes der Volks-, Haupt-, Sonder-, Berufs- und Mittelschulen. Das umfassende Schulgesetzwerk des Jahres 1962, das nach dem erfolgreichen Abschluß von der neuen verfassungsrechtlichen Situation Rechnung tragenden Konkordatsverhandlungen zwischen Österreich und dem Heiligen Stuhl im Jahre 1960 möglich geworden war, stellte schließlich das bereits in der Ersten Republik reformierte österreichische Schulwesen auf eine völlig neue Grundlage. Die Ortsschulräte wurden abgeschafft, die allgemeine Schulpflicht wurde ab 1966 auf neun Jahre verlängert, der Übertritt von der Hauptschule in das Gymnasium erleichtert, ein Polytechnischer Lehrgang als Berufsvorbereitung für die Vierzehnjährigen eingerichtet, die bisherigen Mittelschulen wurden in Allgemeinbildende und Berufsbildende Höhere Schulen umgewandelt, und für die Ausbildung der Volks- und Hauptschullehrer schuf man neue Pädagogische Akademien. Dem Bund, dem Land und den Gemeinden erwuchsen aus der damit eingeleiteten „Bildungsexplosion" gewaltige Kosten. Auf dem Pflichtschulsektor hatte bereits nach dem Zweiten Weltkrieg eine großzügige Neubautätigkeit begonnen, die nun auf viele Landgemeinden ausgedehnt wurde. Das bildungspolitische Ziel, daß in jedem politischen Bezirk mindestens eine höhere Schule bestehen sollte, wurde in Oberösterreich in den siebziger Jahren erreicht. Heute gibt es im Lande über 100 Allgemeinbildende und Berufsbildende Höhere und Mittlere Schulen.

Dank zäher und zielstrebiger Bemühungen sowie der finanziellen Beteiligung des Landes Oberösterreich und der Stadt Linz ging auch der alte oberösterreichische Wunsch nach einer Hochschule bzw. Universität in Erfüllung, nachdem schon das nationalsozialistische Regime von 1943 bis 1945 in dem aufgehobenen Kloster Wilhering eine Technische Hochschule installiert hatte. Die 1962 gesetzlich errichtete Hochschule für Sozial- und Wirtschaftswissenschaften in Linz wurde am 8. Oktober 1966 feierlich eröffnet. Nach dem Ausbau und der Erweiterung um eine Rechtswissenschaftliche und eine Technisch-Naturwissenschaftliche Fakultät trägt sie seit 1975 den Namen „Johannes Kepler-Universität Linz". Die 1973 geschaffene Hochschule für künstlerische und industrielle Gestaltung ist aus der 1947 gegründeten Kunstschule der Stadt Linz hervorgegangen. Am 25. Dezember 1978 wurde schließlich die frühere Diözesanlehranstalt, die seit 1930 „Philosophisch-Theologische Lehranstalt der Diözese Linz" und seit 1971 Hochschule hieß, in den Rang einer päpstlichen Fakultät mit staatlicher Anerkennung erhoben; ihre offizielle Bezeichnung lautet seither „Katholisch-Theologische Hochschule Linz".

Im Folgenden soll nun der wegen der erforderlichen Auswahl heikle Versuch unternommen werden, das reiche Geistesleben und Kulturschaffen in Oberösterreich durch die Nennung einiger hervorragender Persönlichkeiten, die im Lande lebten bzw. leben, wirkten bzw. wirken oder aus ihm hervorgegangen sind, wenigstens anzudeuten. Auf dem Gebiete der Geisteswissenschaften beispielsweise der in Linz geborene und später in Wien lehrende Philosoph Robert Reininger (1869–1955), die Historiker Konrad Schiffmann (1871–1941) aus Grieskirchen, Karl Eder (1889 bis 1961) aus Lindach bei Gmunden, der eine Professur an der Universität Graz innehatte, Ignaz Zibermayr (1878–1966) aus St. Florian bei Linz, der verdienstvolle Direktor der OÖ. Landesarchivs, Theodor Mayer (1883 bis 1972) aus Neukirchen a. d. Enknach, der zum Präsidenten der angesehenen Monumenta Germaniae Historica aufstieg, der Linzer Alfred Hoffmann (1904–1983), der als Direktor des OÖ. Landesarchivs auf eine Lehrkanzel für Wirtschafts- und Sozialgeschichte an der Universität Wien berufen wurde, Georg Grüll (1900–1975) aus Rechberg, der Erforscher des oberösterreichischen Bauerntums, der Althistoriker Fritz Schachermeyr und der Mediävist Heinrich Fichtenau, beide aus Linz und heute emeritierte Professoren der Universität Wien, der Landesarchivdirektor i. R. und Professor an der Universität Salzburg Hans Sturmberger aus Kirchdorf a. d. Krems, der Mittelalterhistoriker Heinrich Schmidinger aus Loibersdorf, der in Rom und Salzburg gewirkt hat, die katholischen Kirchenhistoriker der Universität Wien Franz Loidl aus Ebensee und Josef Lenzenweger aus Kleinreifling sowie der in vielen Fachbereichen der Landeskunde versierte und auch an der Universität Salzburg tätige Welser Kunsthistoriker Kurt Holter, die Literatur-

wissenschafter Moriz Enzinger (1891–1976) aus Steyr, Richard Newald (1894–1954) aus Lambach sowie der gebürtige Wiener Kurt Vancsa (1904–1969), der die Linzer Studienbibliothek leitete, der Linzer Theaterwissenschafter und -kritiker Heinrich Wimmer (1902–1975), der Musikschriftsteller und -kritiker Johannes Unfried (1910–1972) oder die Volkskundeforscher Hans Commenda (1889–1971) aus Linz, Ernst Burgstaller aus Ried im Innkreis und Franz Lipp aus Bad Ischl.
Aus der großen Zahl der Naturwissenschafter, Ärzte und Techniker seien stellvertretend genannt der bayerische Naturforscher Valentin Zeileis (1850–1939) und sein Sohn, der Arzt Fritz Zeileis (1898–1978), die 1929 in Gallspach ein bekanntes Institut für elektro-physikalische Medizin (Zeileis-Institut) gründeten, der Botaniker und Naturschützer Heinrich Seidl (1884–1962) aus Steyr, der Agrikulturchemiker an der Universität Gießen Karl Scharrer (1892–1959) aus Linz, der aus Niederösterreich gebürtige Botaniker und Kulturhistoriker Heinrich Ludwig Werneck (1890–1966), der aus Wels stammende Chemiker Rudolf Pummerer (1882–1973), der an verschiedenen deutschen Universitäten lehrte, der Kieferorthopäde Karl Häupl (1893–1960) aus Seewalchen am Attersee, die Chirurgen Wolfgang Denk (1882–1970) aus Linz und Paul Fuchsig aus Schärding, die ebenso in Wien als Universitätslehrer tätig waren wie der Internist Karl Fellinger aus Linz, der in Niederösterreich geborene Anthropologe Ämilian Kloiber, der Professor für Geographie an der Universität Innsbruck Hans Kinzl (1898–1979) aus St. Florian am Inn, der Gewässerforscher Franz Rosenauer (1880–1968) aus Wels, der Zoologe und Universitätslehrer in Wien Wilhelm Kühnelt aus Linz, der in Brasilien wirkende Physiker Franz Xaver Roser SJ (1904–1967) aus St. Martin im Mühlkreis sowie die 1949/50 an der Entwicklung des mittlerweile weltweit angewandten Linz-Donawitz (LD)-Verfahrens zur Blasstahlerzeugung führend beteiligten Linzer Techniker der VOEST Herbert Trenkler, Hubert Hauttmann und Rudolf Rinesch.
Von den Dichtern und Schriftstellern, die Oberösterreich hervorbrachte oder die sich im Lande niederließen, seien erwähnt die Linzer Egmont Colerus (1888–1939) und Arthur Fischer-Colbrie (1895–1968), der in Böhmen geborene Lyriker Heinrich Suso Waldeck (= Augustin Popp, 1873–1943), der in St. Veit im Mühlkreis als Priester wirkte, die Heimatdichterin Susi Wallner (1868–1944) aus St. Leonhard bei Freistadt, der Beamte, Politiker und Dichter Hans von Hammerstein-Equord (1881 bis 1947), der u. a. eine Zeitlang Bezirkshauptmann in Braunau am Inn war, die aus Prag stammende Linzer Schriftstellerin Maria von Peteani (1888 bis 1960), der Lyriker und Dramatiker Richard Billinger (1890–1965) aus St. Marienkirchen bei Schärding, der aus der Steiermark gebürtige Julius

Zerzer (1889—1971), der in Linz lebte, der Dramatiker Hermann Heinz Ortner (1895—1956) aus Bad Kreuzen, der Linzer Lyriker Karl Kleinschmidt (1913—1984), Marlen Haushofer (1920—1970) aus Frauenstein, die gebürtigen Linzer Herbert Eisenreich (1925—1986), Rudolf Bayr und Kurt Klinger, die Grande Dame der zeitgenössischen Literatur in Oberösterreich Gertrud Fussenegger, die sich in Leonding niedergelassen hat, der Linzer Franz Josef Heinrich, der in Oftering wohnhafte Franz Rieger aus Riedau, der an der Universität Klagenfurt lehrende Germanist Alois Brandstätter aus Pichl bei Wels, die in Wien lebende gebürtige Freistädterin Brigitte Schwaiger, das in Rainbach im Innkreis beheimatete Ehepaar Friedrich Ch. und Roswitha Zauner, der Braunauer Mundartdichter Gottfried Glechner, der auch als Verleger verdienstvolle Heimrad Bäcker sowie die Lyriker Hermann Friedl und Rudolf Weilhartner. Oberösterreicher von Geburt, und zwar aus Schalchen, ist Friedrich Achleitner, ehemals Mitglied der „Wiener Gruppe" und heute Architekturhistoriker bzw. -kritiker in Wien. In Seewalchen am Attersee lebte von 1923 bis zu seinem Tod im Jahre 1963 Franz Karl Ginzkey; der Südtiroler Franz Tumler, der in Linz aufwuchs, hatte zeitweilig in Altmünster einen Wohnsitz; der bekannte Salzburger Schriftsteller und Dramatiker Thomas Bernhard erkor die oberösterreichische Gemeinde Ohlsdorf bei Gmunden zu seiner Wahlheimat.

Auf dem Gebiete der Musik vermag Oberösterreich ebenfalls auf zahlreiche schöpferische und ausübende Begabungen zu verweisen, von denen hier nur einige in der Tonkunst Schaffende vorgestellt werden sollen. Der gebürtige Eferdinger Johann Nepomuk David (1895—1977) fand als Komponist wie als Lehrer für Komposition in Leipzig, Salzburg und Stuttgart internationale Anerkennung. Aus Zell a. d. Pram stammt der Linzer Domorganist, Musikpädagoge und Tonschöpfer Ludwig Daxsperger. Der Wiener Wilhelm Jerger (1902—1978) erwarb sich als Komponist, Dirigent, Musikwissenschafter und als langjähriger Leiter des Bruckner-Konservatoriums große Verdienste um das Musikleben. Eine wichtige Erziehungs- und Kompositionstätigkeit entfaltete weiters der Wiener Robert Schollum nach dem Zweiten Weltkrieg in Linz. Der international angesehene Linzer Komponist Helmut Eder unterrichtete zuerst am Linzer Bruckner-Konservatorium, ehe er an das Salzburger Mozarteum berufen wurde. Josef Friedrich Doppelbauer aus Wels gehörte ebenfalls dem Lehrkörper des Mozarteums an. Zu den bekannten österreichischen zeitgenössischen Komponisten zählen auch der aus Schlesien stammende und seit 1955 in Linz lebende Bert Rudolf, der Eferdinger Fridolin Dallinger und der Wilheringer Zisterzienser Balduin Sulzer aus Großraming sowie als namhafte Vertreter der Kirchenmusik die

Brüder Joseph und Hermann Kronsteiner aus Losenstein und der Chorfrater und Organist des Stiftes St. Florian Augustinus Franz Kropfreiter aus Hargelsberg. Der Gmundner August Pepöck (1887—1967) und der Linzer Igo Hofstetter machten sich als Operettenkomponisten einen Namen. Völlig neue Wege geht zur Zeit erfolgreich der Linzer Elektronik-Musiker Hubert Bognermayr. Was die in Oberösterreich seit jeher erfreulich breite Basis der Musikausübung betrifft, beginnt das 1977 beschlossene oberösterreichische Musikschulgesetz, das in vorbildlicher Weise die Musikpflege in den Bezirken und Gemeinden durch die Errichtung und Erhaltung von Musikschulen fördert, bereits im Musikleben des Landes Früchte zu tragen.

Groß ist die Zahl der aus Oberösterreich stammenden oder in Oberösterreich tätigen bildenden Künstler, die in für die moderne Zeit charakteristischer Weise die verschiedensten Stilrichtungen vertraten bzw. vertreten und von denen gleichfalls nur eine kleine Auswahl namentlich angeführt werden kann. Vor allem aber verdienen als wichtige Kristallisationspunkte Erwähnung die neugebildeten, zumeist regionalen Künstlervereinigungen, die nicht nur auf Maler und Bildhauer beschränkt blieben, wie die 1923 gegründete Innviertler Künstlergilde, die Künstlergilde Salzkammergut (seit 1927) oder die Mühlviertler Künstlergilde (seit 1955), die neben die traditionsreichen alten traten. An der Spitze der Einzelpersonen ist der überragende Zeichner und beeindruckende Schriftsteller Alfred Kubin (1877—1959) zu nennen, der in Leitmeritz in Böhmen geboren wurde und seit 1906 in Zwickledt bei Wernstein am Inn beheimatet war. Bemerkenswerte Maler-Persönlichkeiten waren z. B. Wilhelm Dachauer (1881—1951) und Franz Xaver Weidinger (1890—1972), beide aus Ried im Innkreis, der gebürtige Niederösterreicher Karl Hayd (1882—1945), der Schärdinger Max Hirschenauer (1885—1955), der Wiener Franz von Zülow (1883—1963), der lange in Hirschbach bei Freistadt lebte, Aloys Wach (1892—1940) aus Lambach, Franz Sedlacek (1891—1944), ein gebürtiger Breslauer, der seine Jugendzeit in Linz erlebte, der in Stuttgart geborene Porträtist Rudolf Wernicke (1898—1963), die gebürtigen Wiener Paul Ikrath (1888—1970) und Wilhelm Traeger (1907—1980), Franz Glaubacker (1896—1974), der in Hellmonsödt ansässige Albrecht Dunzendorfer (1907—1980), Herbert Dimmel (1894—1980) aus Ried im Innkreis oder die Linzer Demeter Koko (1891—1929), Egon Hofmann (1884—1972), Vilma Eckl (1892—1982) und Rudolf Steinbüchler (1901 bis 1985). Als Graphiker traten etwa der Welser Carl Anton Reichel (1874 bis 1944) und der Linzer Fritz Lach (1868—1933) in den Vordergrund.

Von den vielen zeitgenössischen Malern und Graphikern seien beispielsweise erwähnt Anton Lutz aus Prambachkirchen, der Linzer Fritz

Fröhlich, der u. a. die modernen Deckenfresken in der spätbarocken Klosterkirche von Engelszell und im Großen Haus des Linzer Landestheaters schuf, der in Gmunden geborene und heute in Marchtrenk lebende Karl Rössing, die Gruppe von Schloß Parz um Hans Hoffmann-Ybbs, Johann Jascha aus Mettmach und Gotthard Muhr aus Schwanenstadt, der Linzer Fritz Aigner, das in Frankenburg wohnhafte Künstlerehepaar Maria Moser und Heinz Göbel, der in Pulgarn lebende Hermann Haider, Elfriede Trautner aus St. Peter am Wimberg, der Schärdinger Alois Riedl und der Steyrer Aquarellist Karl Mostböck. Bekannte, in Oberösterreich geborene Künstler, die heute außerhalb des Landes leben, sind etwa Christian Ludwig Attersee (aus Attersee), Gottfried Mairwöger aus Tragwein, Othmar Zechyr aus Linz, die jüngeren Vertreter der sogenannten „Neuen Malerei" Siegfried Anzinger aus Weyer, Gunter Damisch aus Steyr und Hubert Scheibl aus Gmunden sowie die aus Linz stammende Performance- und Videokünstlerin Valie Export (= Waltraud Höllinger). In Odessa auf die Welt gekommen und in Linz aufgewachsen ist der Medienkünstler Peter Weibel. In derselben Sparte arbeitet auch die Linzerin Waltraud Cooper. Die oberösterreichische Tradition der Glasmalerei führten und führen z. B. die in Graz geborene Margret Bilger (1904–1971), die in Taufkirchen a. d. Pram lebte, Lydia Roppolt, die sich in Oberwang bei Mondsee niederließ, der Welser Rudolf Kolbitsch, der auch die Technik der Stahlätzung meisterhaft handhabt, und der Linzer Alfred Stifter weiter. Für die Ausführung der künstlerischen Entwürfe steht im Kloster Schlierbach eine renommierte Werkstätte zur Verfügung. Als Keramiker wurden neben dem Gmundner Franz Schleiss (1884–1968) etwa Gudrun Baudisch (1907–1982), die aus der Steiermark nach Oberösterreich kam, und der in Neukirchen a. d. Vöckla geborene Matthäus Fellinger, der in Linz lebt, bekannt. Die Kunst des in Oberösterreich traditionsreichen Stahlschnittes repräsentieren der in Mauthausen ansässige Hans Gerstmayr und der Ennser Friedrich Mayr. Angesehene Textilkünstler sind der Linzer Franz Öhner und der aus Wien stammende Fritz Riedl.

Als namhafte Bildhauer wären beispielsweise zu nennen die Innviertler Josef Furthner (1890–1971) und Ludwig Kasper (1893–1945), der gebürtige Grazer Walter Ritter (1904–1986), der in Mühlheim am Inn geborene Alois Dorn (1908–1985), der in Leonding heimisch geworden war, Rudolf Schwaiger (1924–1979) aus Ebensee, der St. Florianer Franz Forster, der aus Andrichsfurth stammende und in Linz wohnhafte Max Stockenhuber, die Linzer Peter Dimmel, Hannes Haslecker und Klaus Liedl, Erwin Reiter aus Julbach im Mühlkreis sowie die Metallplastiker Rudolf Hoflehner aus Linz, der auch als Maler international erfolgreich ist, und

Helmuth Gsöllpointner aus Brunnwald im Mühlkreis, der ebenso als Gestalter Anerkennung fand. Die auf demselbem Gebiet künstlerisch tätige, aus der Bundesrepublik Deutschland stammende Waltrud Viehböck ist jetzt in Kematen a. d. Krems beheimatet. Ein international überaus renommierter Universalkünstler war schließlich der aus Haag am Hausruck gebürtige Herbert Bayer (1900—1985), der seit 1938 in den USA lebte.

Auch auf dem Gebiete der Baukunst können die vielfältigen Leistungen heimischer und auswärtiger Architekten hier nur anhand weniger Namen und Beispiele angedeutet werden. Was den Schulbau betrifft, ist neben Julius Schulte der Linzer Hans Steineder (1904—1976) zu nennen, der in den zwanziger und dreißiger Jahren signifikante Aufträge für die Schulschwestern in Linz, Ried im Innkreis, Wels und Attnang-Puchheim ausführte, unter anderem aber z. B. auch das Linzer Kolpinghaus entwarf. Für den Bau der Kreuzschwesternschule in Linz (1926—1929) konnte Clemens Holzmeister gewonnen werden, der auch die Trinkhalle in Bad Hall (1928) und gemeinsam mit Max Fellerer das Kurmittelhaus in Bad Ischl (1929—1931) plante. In der Hochzeit des oberösterreichischen Schulbaues in den sechziger und siebziger Jahren erhielt der Welser Architekt Karl Odorizzi viele Aufträge. Bemerkenswerte jüngere schulische Großbauten sind in Linz die Pädagogische Akademie der Diözese Linz von Franz Riepl und Othmar Sackmauer (1968—1975), das Gebäude des Wirtschaftsförderungsinstituts von Ernst Hiesmayr und Hans Aigner (1959—1966) und neuerdings die Pädagogische Akademie des Bundes. Aus der Gruppe der repräsentativen Verwaltungsbauten, die sich besonders in der Landeshauptstadt konzentrieren, seien herausgehoben der nach den Kriegszerstörungen wiedererrichtete Bau der Linzer Arbeiterkammer von Hubert Geßner (1928—1930), die Linzer Brückenkopfgebäude von Anton Estermann und Roderich Fick (1938—1943), die Linzer Handelskammer (1950—1952), der neue Hauserhof der oberösterreichischen Landesregierung (1970—1973), der ebenso wie das ADV-Gebäude der VOEST-Alpine (1976—1979) von der „Werkgruppe Linz" geplant wurde, der Neubau der Landwirtschaftskammer auf der Gugl, das von dem Wiener Rupert Falkner gestaltete Neue Rathaus in Linz (1981—1985) und verschiedene Bürobauten von Banken und Versicherungen.

Bei den Kultureinrichtungen sind außer dem Umbau des Linzer Landestheaters bzw. dem Neubau der Kammerspiele durch Clemens Holzmeister noch zu erwähnen das ORF-Landesstudio in Linz von Gustav Peichl (1968—1973), das von den finnischen Architekten Kaija und Heikki Siren entworfene Linzer Brucknerhaus (1961—1974) sowie das neue Bruckner-Konservatorium von Karl-Heinz Hattinger (1968—1970).

Der Kirchenbau setzte in Oberösterreich, sieht man von dem nur teilweise ausgeführten Entwurf des Deutschen Peter Behrens für die Christkönig-Friedenskirche in Linz-Urfahr und einigen wenigen Neubauten in den zwanziger und dreißiger Jahren ab, erst in den fünfziger Jahren mit einer Reihe hervorragender architektonischer Lösungen ein: Steyr-Ennsleiten (1958) von einer Arbeitsgruppe, der u. a. auch der aus Gmunden stammende Architekt Johannes Spalt angehörte, St. Theresia in Linz (1959) von dem bedeutenden deutschen Kirchenbauer Rudolf Schwarz sowie z. B. die von verschiedenen Architekten entworfenen Kirchen von Pasching-Langholzfeld, St. Martin bei Traun, Wels-Pernau, Mettmach-Arnberg, Braunau-Neustadt, Puchenau, Inzersdorf im Kremstal und Leonding oder mehrere Neubauten in Linz. Einfühlsame Erweiterungen alter Kirchenbauten gelangen beispielsweise Clemens Holzmeister in Aschach a. d. Donau und in Ungenach. Die neue jüdische Synagoge in Linz entstand von 1966 bis 1968 nach den Plänen von Fritz Goffitzer, der auch die in dem Hochhauskomplex des Lentia 2000 untergebrachte Neue Galerie der Stadt Linz gestaltet hat.

Im breiten Bereich des Wohnbaues seien für die Architekten der Zwischenkriegszeit stellvertretend der in Andorf geborene Hans Feichtlbauer (1879–1957), der beispielsweise an der Linzer Landstraße den Karmeliterbau (1928–1931) und den Winklerbau (1930/31) schuf, der in Wels ansässige Leo Keller (1895–1966) und der für eine Reihe von Linzer Wohnanlagen verantwortliche, aus Deutschland stammende Stadtbauamtsleiter Kurt Kühne angeführt. Während der NS-Zeit wurden in Linz rund 11.000 neue Wohnungen gebaut, davon die meisten in großen, einförmigen Wohnsiedlungen im Bereich des Froschberges, des Spallerhofes, des Bindermichels und des Keferfeldes sowie in der Neuen Heimat und in Urfahr. Nach dem Zweiten Weltkrieg wurde das Baugeschehen in der Landeshauptstadt in hohem Maße von dem Büro Artur Perottis geprägt. In ganz Oberösterreich konnten von 1945 bis 1965 insgesamt 133.900 neue Wohnungen geschaffen werden. Seit den sechziger Jahren suchte man verschiedentlich auch neue architektonische Lösungen wie z. B. Roland Rainer in der Gartenstadt Puchenau (seit 1965), Günther Feuerstein in der Hörschinger Siedlung „Fliegerhorst Vogler" (1966–1976) oder die „Werkgruppe Linz" bei dem Bauforschungsprojekt „Flexibles Wohnen" in Linz-Jäger im Tal. Aus der Vielzahl der nicht immer geschmackvoll gestalteten privaten Einfamilienhäuser ragen durch ihre künstlerische Bedeutung in der Zeit zwischen den beiden Weltkriegen das von Lois Welzenbacher geplante Linzer Haus Rosenbauer (1930) und das von Ernst Anton Plischke entworfene Haus Gamerith in Seewalchen am Attersee (1933/34) hervor. Aus der neueren

Zeit sei auf das Haus Stifter in Ottensheim (1973–1977) verwiesen, das von Wilhelm Holzbauer gestaltet wurde. Schließlich verfügt Oberösterreich mit der in den Jahren 1929 bis 1935 nach den Planungen von Peter Behrens und Alexander Popp errichteten Linzer Tabakfabrik noch über einen Industriebau, der als seinerzeitige europäische Spitzenleistung eingestuft wird. Eines internationalen Rufes erfreut sich auch die zeitgenössische oberösterreichische Architekten- und Gestaltergruppe Haus-Rucker-Co. (Laurids Ortner, Günther Kelp und Klaus Pinter).
Zusammenfassend kann die kulturelle Situation Oberösterreichs so charakterisiert werden, daß das Land bereits in den dreißiger Jahren verschiedene Anstrengungen unternommen, nach dem Zweiten Weltkrieg aber im Rahmen der gesamtösterreichischen Entwicklung in vielen Bereichen große Fortschritte erzielt hat. Heute gehen insbesondere von der Johannes Kepler-Universität und den Linzer Hochschulen sowie von den verschiedenen Landesinstituten vielfältige Impulse aus. Darüber hinaus werden die zahlreichen privaten Kulturinitiativen im ganzen Land durch gezielte Förderungsmaßnahmen der Landesregierung und der Gemeinden unterstützt. Die offizielle Kulturpolitik des Landes bemüht sich, der Pflege des traditionellen Volks- und Brauchtums ebenso gerecht zu werden wie der historischen und der modernen zeitgenössischen Kunst und Kultur. Seit 1961 würdigt die oberösterreichische Landesregierung die Leistungen verdienter Kulturschaffender durch die Verleihung von Landeskulturpreisen für Wissenschaft, Literatur, Musik, bildende Kunst und Architektur und spornt den talentierten Nachwuchs durch die Vergabe von Förderungspreisen an. Von der erfreulichen Breitenwirkung des regen oberösterreichischen Kulturlebens zeugen derzeit nicht zuletzt die von vielen Gemeinden und Institutionen veranstalteten Kultur- oder Festwochen bzw. -tage.

# Weiterführende Literatur (Auswahl)

Erfreulicherweise verfügt Oberösterreich über gute historische Bibliographien, denen Literaturangaben entnommen werden können: Hans Commenda, Materialien zur landeskundlichen Bibliographie Oberösterreichs (Linz 1890—1891); Eduard Straßmayr, Bibliographie zur oberösterreichischen Geschichte 1891—1926 (Linz 1929), 1927—1934 (Linz 1937), 1935—1948 (Linz 1950), 1949—1953 (Graz-Köln 1957); Alfred Marks, Bibliographie zur oberösterreichischen Geschichte 1954—1965 (Wien-Köln-Graz 1972); Johannes Wunschheim unter red. Mitarbeit von Siegfried Haider, Bibliographie zur oberösterreichischen Geschichte 1966—1975 (Linz 1980); Johannes Wunschheim, Bibliographie zur oberösterreichischen Geschichte 1976—1980 (Linz 1982).
Besonders empfehlenswert für den Einstieg in die verschiedensten Bereiche der Geschichte Oberösterreichs sind die Überblicksdarstellungen in dem Katalog der Welser Landesausstellung „1000 Jahre Oberösterreich — Das Werden eines Landes" (1983) und die Forschungs- bzw. Literaturberichte „Das neue Bild von Oberösterreich. Forschungen zur Landeskunde von Oberösterreich 1930—1980", die 1983 als „Festschrift 150 Jahre OÖ. Musealverein — Gesellschaft für Landeskunde" veröffentlicht wurden (Jahrbuch d. OÖ. Musealvereines 128/I, 1983), mit zwei Ergänzungsbänden „Bibliographie zur Landeskunde von Oberösterreich 1930—1980: Geographie (v. Ingrid Kretschmer) und Naturwissenschaften".
Außer dem Jahrbuch des OÖ. Musealvereines ( = künftig Jb. OÖMV) sind als weitere wichtige landesgeschichtliche Zeitschriften die Mitteilungen des OÖ. Landesarchivs ( = MOÖLA), die Oberösterreichischen Heimatblätter, die Kulturzeitschrift Oberösterreich, das Historische Jahrbuch der Stadt Linz ( = Hist. Jb. d. Stadt Linz), das Kunstjahrbuch der Stadt Linz und das Jahrbuch des Musealvereines Wels zu erwähnen. Als biographische Hilfsmittel stehen das Werk von Ferdinand Krackowizer - Franz Berger, Biographisches Lexikon des Landes Österreich ob der Enns. Gelehrte, Schriftsteller und Künstler Oberösterreichs seit 1800 (Passau-Linz 1931), das Biographische Lexikon von Oberösterreich, 9 Bde., bearb. v. Martha Khil (Linz 1955 ff.) und die Buchreihe Oberösterreicher — Lebensbilder zur Geschichte Oberösterreichs, bisher 5 Bde. (Linz 1981 ff.) zur Verfügung. Und nicht zuletzt ist hier auch auf den vom Institut für Landeskunde von Oberösterreich von 1958—1971 herausgegebenen Atlas von Oberösterreich hinzuweisen, der von mehreren Erläuterungsbänden zu den verschiedenen Lieferungen begleitet wurde (Veröffentlichungen zum Atlas von Oberösterreich).

## Allgemeines

Bauernland Oberösterreich. Entwicklungsgeschichte seiner Land- und Forstwirtschaft. Red.: Viktor Stampfl und Ernst Bruckmüller, Linz 1974.
BAUMERT, Herbert Erich - GRÜLL, Georg, Burgen und Schlösser in Oberösterreich, 2. erweiterte Aufl., Bd. 2 und 3, Wien 1985 u. 1983.

## Weiterführende Literatur (Auswahl)

BRAUNEDER, Wilhelm - LACHMAYER, Friedrich, Österreichische Verfassungsgeschichte (Manz'sche Studienbücher), 3. Aufl., Wien 1983.
BRUCKMÜLLER, Ernst, Sozialgeschichte Österreichs, Wien-München 1985.
GRÜLL, Georg, Burgen und Schlösser im Mühlviertel (Oberösterreichs Burgen und Schlösser 1), Wien 1962.
GUGITZ, Gustav, Die Wallfahrten Oberösterreichs. Versuch einer Bestandaufnahme mit besonderer Hinsicht auf Volksglauben und Brauchtum (Schriftenreihe d. Institutes f. Landeskunde v. Oberösterreich 7), Linz 1954.
GUTKAS, Karl, Geschichte des Landes Niederösterreich, 6. Aufl., St. Pölten 1983.
Handbuch der bayerischen Geschichte. Hrsg. v. Max Spindler, Bd. 1, 2. Aufl., München 1981; 2, München 1960; 4/1, München 1974.
Handbuch der historischen Stätten, Österreich 1: Donauländer und Burgenland. Hrsg. v. Karl Lechner, Stuttgart 1970, 1 ff. (mit geschichtlichem Überblick von Alfred Hoffmann).
Das Oberösterreichische Heimatbuch. Das Land und seine Menschen. Hrsg. v. Austria Pressedienst, Wien 1966.
HOFFMANN, Alfred, Die oberösterreichischen Städte und Märkte. Eine Übersicht ihrer Entwicklungs- und Rechtsgrundlagen, in: Jb.OÖMV 84 (1932) 63 ff.
HOFFMANN, Alfred, Wirtschaftsgeschichte des Landes Oberösterreich 1: Werden, Wachsen, Reifen. Von der Frühzeit bis zum Jahre 1848, Salzburg 1952.
HOFFMANN, Alfred - STRASSMAYR, Eduard, Verfassung und Verwaltung des Landes Oberösterreich vom Mittelalter bis zur Gegenwart, Linz 1937.
HOLTER, Kurt, Tausend Jahre christliche Kunst in Oberösterreich, Linz 1950.
Kirche in Oberösterreich. 200 Jahre Bistum Linz, Katalog d. OÖ. Landesausstellung, Schriftleitung: Helga Litschel, Garsten 1985.
MARKS, Alfred, Oberösterreich in alten Ansichten. Siedlung und Landschaft in 340 Bildern vom späten Mittelalter bis zur Mitte des 19. Jahrhunderts, Linz 1966.
MEIXNER, Erich Maria, Wirtschaftsgeschichte des Landes Oberösterreich 2: Männer, Mächte, Betriebe von 1848 bis zur Gegenwart, Salzburg-Linz 1952.
NAGL, Johann Willibald - ZEIDLER, Jakob - CASTLE, Eduard, Deutsch-Österreichische Literaturgeschichte, Bd. 2—4, Wien-Leipzig 1914, 1930 u. 1937.
Österreichisches Städtebuch 1: Die Städte Oberösterreichs. Hrsg. v. Alfred Hoffmann, red. v. Herbert Knittler, Wien 1968.
PÖMER, Karl, Kunst in Oberösterreich, 3 Bde., Linz 1983, 1984 u. 1985.
SCHMIDT, Justus, Linzer Kunstchronik, 3 Teile, Linz 1951 u. 1952.
SLAPNICKA, Harry, Oberösterreich 1917—1977. Karten und Zahlen (Beiträge zur Zeitgeschichte Oberösterreichs 4), Linz 1977.
STURMBERGER, Hans, Land ob der Enns und Österreich. Aufsätze und Vorträge (Ergänzungsband zu den MOÖLA 3), Linz 1979 (mit vielen wichtigen Abhandlungen für die Zeit vom 16. bis 20. Jahrhundert).
ULM, Benno, Das Mühlviertel (Österreichische Kunstmonographie 5), Salzburg 1971.
Volksfrömmigkeit in Oberösterreich (Kataloge d. OÖ. Landesmuseums NF 2), Linz 1985.

WALTER, Friedrich, Österreichische Verfassungs- und Verwaltungsgeschichte von 1500 bis 1955. Aus dem Nachlaß hrsg. v. Adam Wandruszka (Veröffentlichungen d. Kommission f. Neuere Geschichte Österreichs 59), Wien-Köln-Graz 1972.
WESSELY, Othmar, Musik in Oberösterreich (Schriftenreihe d. Institutes f. Landeskunde v. Oberösterreich 3), Linz 1951.
Der Heilige Wolfgang in Geschichte, Kunst und Kult. Katalog d. Ausstellung d. Landes Oberösterreich, Schriftleitung: Manfred Mohr, Linz 1976.
ZAUNER, Alois, Vöcklabruck und der Attergau 1: Stadt und Grundherrschaft in Oberösterreich bis 1620 (Forschungen zur Geschichte Oberösterreichs 12), Linz 1971.
ZIBERMAYR, Ignaz, Das Oberösterreichische Landesarchiv in Linz im Bilde der Entwicklung des heimatlichen Schriftwesens und der Landesgeschichte, 3. vermehrte Aufl., Linz 1950.
ZINNHOBLER, Rudolf, Die Passauer Bistumsmatrikeln für das westliche Offizialat, 2 Bde. (Neue Veröffentlichung des Institutes für Ostbairische Heimatforschung 31 a u. b), Passau 1978 u. 1972.
ZINNHOBLER, Rudolf, Beiträge zur Geschichte des Bistums Linz (Linzer Philosophisch-theologische Reihe 8), 2. Aufl., Linz 1978.
ZINNHOBLER, Rudolf (Hrsg.), Die Bischöfe von Linz, Linz 1985.
ZINNHOBLER, Rudolf - LENGAUER, Margit, Beiträge zur Geschichte der kirchlichen Organisation in Oberösterreich (Veröffentlichungen zum Atlas v. Oberösterreich 8), Linz 1970.
ZÖLLNER, Erich, Geschichte Österreichs. Von den Anfängen bis zur Gegenwart, 7. Aufl., Wien 1984.


Zu: Die naturräumlichen Voraussetzungen

JANIK, Vinzenz, Die Landschaftsentwicklung Oberösterreichs, in: OÖ. Heimatblätter 28 (1974) 36 ff.
KOHL, Hermann, Naturräumliche Gliederung I u. II, in: Atlas von Oberösterreich, Erläuterungsband zur 2. Lieferung, Kartenblätter 21 u. 22 (Veröffentlichungen zum Atlas v. Oberösterreich 5), Linz 1960, 7 ff.
KOLLER, Engelbert Josef, Forstgeschichte Oberösterreichs, Linz 1975.
KRISO, Kurt, Der Kobernaußerwald unter dem Einfluß des Menschen, in: Jb.OÖMV 106 (1961) 260 ff.
TOLLMANN, Alexander, Geologie von Österreich, 3 Bde., Wien 1977, 1985 u. 1986.
WERNECK, Heinrich Ludwig, Die naturgesetzlichen Grundlagen des Pflanzen- und Waldbaues in Oberösterreich, 2., gänzlich umgearb. Aufl. (Schriftenreihe d. oö. Landesbaudirektion 8), Wels 1950.
WERNECK, Wernfried L., Oberösterreichs Rohstoffvorkommen in Raum und Zeit, in: Jb.OÖMV 125/I (1980) 183 ff.

# Weiterführende Literatur (Auswahl)

## Zu 1. Ur- und Frühgeschichte des oberösterreichischen Raumes

BENINGER, Eduard, Die Paura an der Traun. Eine Landsiedlung der Pfahlbaukultur und ihre Verkehrslage in ur- und frühgeschichtlicher Zeit (Schriftenreihe d. oö. Landesbaudirektion 17), Wels 1961.

Felsbilder in Österreich, Katalog d. Felsbildermuseums Spital a. Pyhrn, Redaktion: Werner Kiesenhofer, 1979.

Die Hallstattkultur. Frühform europäischer Einheit. Ausstellungskatalog, Schriftleitung: Dietmar Straub, Steyr 1980.

Die Hallstattkultur. Bericht über das Symposium in Steyr 1980 aus Anlaß der Internationalen Ausstellung des Landes Oberösterreich, Schriftleitung: Dietmar Straub, Linz 1981.

KLOIBER, Ämilian - KNEIDINGER, Josef, Die neolithische Siedlung und die neolithischen Gräberfundplätze von Rutzing und Haid, Ortsgemeinde Hörsching, politischer Bezirk Linz-Land, Oberösterreich, 3 Teile, in: Jb.OÖMV 113/I (1968) 9 ff., 114/I (1969) 19 ff. u. 115/I (1970) 21 ff.

OFFENBERGER, Johann, Die österreichischen Pfahlbauten. Ein Arbeitsbericht, in: Jb.OÖMV 121/I (1976) 105 ff.

PERTLWIESER, Manfred, Zur prähistorischen Situation der „Berglitzl" in Gusen, politischer Bezirk Perg, Oberösterreich, in: Jb.OÖMV 118/I (1973) 17 ff.

PERTLWIESER, Manfred, Ergänzungen, Fakten und Überlegungen zum Kultplatz „Berglitzl" in Gusen, Oberösterreich, in: Mannus — Deutsche Zeitschrift für Vor- u. Frühgeschichte 42/H. 1 (1976) 17 ff.

PITTIONI, Richard, Urzeit von etwa 80 000 bis 15 v. Chr. Geb., 2 Bde. (Geschichte Österreichs I), Wien 1980.

PITTIONI, Richard (†), Zur Frage der altsteinzeitlichen Besiedlung alpiner Höhlen in Niederösterreich. Bemerkungen zum Charakter des Höhen-Moustérien, in: Unsere Heimat 56 (1985) 107 ff.

RABEDER, Gernot, Die Grabungen des Oberösterreichischen Landesmuseums in der Ramesch-Knochenhöhle (Totes Gebirge, Warscheneck-Gruppe), in: Jb.OÖMV 130/I (1985) 161 ff.

REITINGER, Josef, Die ur- und frühgeschichtlichen Funde in Oberösterreich (Ur- und Frühgeschichte Oberösterreichs 2 = Schriftenreihe des OÖ. Musealvereines 3), Linz 1968.

REITINGER, Josef, Oberösterreich in ur- und frühgeschichtlicher Zeit (Ur- und Frühgeschichte Oberösterreichs 1), Linz 1969.

## Zu 2. Die Römerzeit

ECKHART, Lothar, Die Stadtpfarrkirche und Friedhofskirche St. Laurentius von Enns-Lorch-Lauriacum in Oberösterreich. Die archäologischen Ausgrabungen 1960—1966. Teil I: Dokumentation und Analyse 1—3 (Forschungen in Lauriacum 11, 1—3), Linz 1981.

HOLTER, Kurt, Zum Problem der Kultkontinuität an oberösterreichischen Kirchen des Frühmittelalters, in: Jb.OÖMV 127/I (1982) 43 ff.
Lorch in der Geschichte. Hrsg. v. Rudolf Zinnhobler (Linzer Philosophisch-theologische Reihe 15), Linz 1981.
LOTTER, Friedrich, Severinus von Noricum. Legende und historische Wirklichkeit (Monographien zur Geschichte des Mittelalters 12), Stuttgart 1976.
NOLL, Rudolf, Römische Siedlungen und Straßen im Limesgebiet zwischen Inn und Enns (Oberösterreich) (Der Römische Limes in Österreich 21), Wien 1958.
Oberösterreich – Grenzland des Römischen Reiches. Schriftleitung: Christine Schwanzar (Katalog d. OÖ. Landesmuseums), Linz 1986.
RUPRECHTSBERGER, Erwin M., Ein Kastell des 1. Jahrhunderts ist für Lauriacum archäologisch nicht bewiesen, in: Jb.OÖMV 125/I (1980) 9 ff.
RUPRECHTSBERGER, Erwin M., Ein Beitrag zu den römischen Kastellen von Lentia: Die Terra Sigillata (Linzer Archäologische Forschungen 10), Linz 1980.
Severin zwischen Römerzeit und Völkerwanderung. Katalog d. Ausstellung d. Landes Oberösterreich im Stadtmuseum Enns, Schriftleitung: Dietmar Straub, Linz 1982.
VETTERS, Hermann, Tutatio. Die Ausgrabungen auf dem Georgenberg und in Micheldorf (OÖ) (Der Römische Limes in Österreich 28), Wien 1976.
VETTERS, Hermann, Die Laurentiuskirche von Lorch. Gedanken zur Grabungspublikation Lothar Eckharts, in: Anzeiger d. Österreichischen Akademie d. Wissenschaften, phil.-hist. Kl. 121 Jg. 1984 (1985) 39 ff.
WINKLER, Gerhard, Die Römer in Oberösterreich, Linz 1975.


Zu 3. Die Bayernzeit


AMON, Karl, Geschichte des Benediktinerinnenklosters Traunkirchen im Salzkammergut, ungedr. theol. Diss. Graz 1959.
Die Anfänge des Klosters Kremsmünster, Symposion 15.–18. Mai 1977. Red. v. Siegfried Haider (Ergänzungsband zu d. MOÖLA 2, 1978).
Baiern und Slawen in Oberösterreich. Probleme der Landnahme und Besiedlung. Symposion 16. November 1978. Red. v. Kurt Holter (Schriftenreihe d. OÖ. Musealvereins 10), Linz 1980.
Baiernzeit in Oberösterreich. Das Land zwischen Inn und Enns vom Ausgang der Antike bis zum Ende des 8. Jahrhunderts (Katalog d. OÖ. Landesmuseums 96), Linz 1977.
BUCHOWIECKI, Walther, Romanische Landkirchen in Oberösterreich, in: OÖ. Heimatblätter 4 (1950) 97 ff.
DOPSCH, Heinz, Die steirischen Otakare. Zu ihrer Herkunft und ihren dynastischen Verbindungen, in: Das Werden der Steiermark. Die Zeit der Traungauer. Festschrift zur 800. Wiederkehr der Erhebung zum Herzogtum, hrsg. v. Gerhard Pferschy (Veröffentlichungen d. Steiermärkischen Landesarchives 10), Graz-Wien-Köln 1980, 75 ff.

HOLTER, Kurt, Die romanische Buchmalerei in Oberösterreich, in: Jb.OÖMV 101 (1956) 221 ff.

JANDAUREK, Herbert, Das Alpenvorland zwischen Alm und Krems. Mit einem Beitrag zur Geschichte des Herrschafts- und Sozialgefüges von Kurt Holter (Schriftenreihe d. oö. Landesbaudirektion 17), Wels 1957.

Kremsmünster. 1200 Jahre Benediktinerstift. Schriftleitung: Rudolf Walter Litschel, Linz 1977.

LECHNER, Karl, Die Babenberger. Markgrafen und Herzoge von Österreich 976—1246 (Veröffentlichungen d. Instituts f. Österreichische Geschichtsforschung 23), Wien-Köln-Graz 1976.

MARCKHGOTT, Gerhart, „Hochfreie" in Oberösterreich. Genealogisch-topographische Studie zur politischen Situation des oberösterreichischen Zentralraumes in der 1. Hälfte des 12. Jahrhunderts, in: Hist. Jb. d. Stadt Linz 1981 (1982) 11 ff.

MITTERAUER, Michael, Wirtschaft und Verfassung in der Zollordnung von Raffelstetten, in: MOÖLA 8 (1964) 344 ff.

REINDEL, Kurt, Die bayerischen Luitpoldinger 893—989. Sammlung und Erläuterung der Quellen (Quellen und Erörterungen zur bayerischen Geschichte NF 11), München 1953.

REINDEL, Kurt, Die Bajuwaren. Quellen, Hypothesen, Tatsachen, in: Deutsches Archiv 37 (1981) 451 ff.

Romanische Kunst in Österreich, Ausstellungskatalog, Krems 1964.

STELZER, Winfried, Gelehrtes Recht in Österreich. Von den Anfängen bis zum frühen 14. Jahrhundert (Mitteilungen d. Instituts f. Österreichische Geschichtsforschung Erg. Bd. 26), Wien-Köln-Graz 1982.

STÖRMER, Wilhelm, Adelsgruppen im früh- und hochmittelalterlichen Bayern (Studien zur bayerischen Verfassungs- und Sozialgeschichte 4), München 1972.

STÖRMER, Wilhelm, Früher Adel. Studien zur politischen Führungsschicht im fränkisch-deutschen Reich vom 8. bis 11. Jahrhundert, 2 Bde. (Monographien zur Geschichte des Mittelalters 6), Stuttgart 1973.

1000 Jahre Babenberger in Österreich, Ausstellungskatalog, Lilienfeld 1976.

TELLENBACH, Gerd, Die bischöflich-passauischen Eigenklöster und ihre Vogteien (Historische Studien 173), Berlin 1928.

TOVORNIK, Vlasta, Erstfund einer frühmittelalterlichen Siedlung in Lehen bei Mitterkirchen, pol. Bez. Perg, OÖ., in: Jb.OÖMV 129/I (1984) 131 ff.

WEINFURTER, Stefan, Salzburger Bistumsreform und Bischofspolitik im 12. Jahrhundert. Der Erzbischof Konrad I. von Salzburg (1106—1147) und die Regularkanoniker (Kölner Historische Abhandlungen 24), Köln-Wien 1975.

WIESINGER, Peter, Die Besiedlung Oberösterreichs im Lichte der Ortsnamen, in: Baiern und Slawen in Oberösterreich. Red. v. Kurt Holter (Schriftenreihe d. OÖ. Musealvereins 10), Linz 1980, 139 ff.

WILFLINGSEDER, Franz, Die alten Herrengeschlechter zwischen Ilz und Haselgraben, in: Mitteilungen des oö. Volksbildungswerkes 7. Jg. Nr. 21/22 (1957) 13 ff.

WOLFRAM, Herwig, Conversio Bagoariorum et Carantanorum. Das Weißbuch der Salzburger Kirche über die erfolgreiche Mission in Karantanien und Pannonien (Böhlau Quellenbücher), Wien-Köln-Graz 1979.

WOLFRAM, Herwig, Die Karolingerzeit in Niederösterreich (Wissenschaftliche Schriftenreihe Niederösterreich 46), St. Pölten-Wien 1980.
ZAUNER, Alois, Oberösterreich zur Babenbergerzeit, in: MOÖLA 7 (1960) 207 ff.
ZAUNER, Alois, Die Einforstung der Wälder des Grafen Arnold von Lambach 992/93, in: 23. Jahrbuch d. Musealvereines Wels 1981, 115 ff.
ZIBERMAYR, Ignaz, Noricum, Baiern und Österreich. Lorch als Hauptstadt und die Einführung des Christentums, 2. Aufl., Horn 1956.
ZINNHOBLER, Rudolf, Passauer Bistumsorganisation und Bistumsreform, in: Reformatio Ecclesiae. Festgabe f. Erwin Iserloh, hrsg. v. Remigius Bäumer, Paderborn-München-Wien-Zürich 1980, 797 ff.

Zu 4. Die Entstehung des Landes

BAUER, Paul, Das Gosautal und seine Geschichte von den Uranfängen bis zur Gegenwart, Linz 1971.
BERGER, Karl, Der Hausruck als Grenze zwischen Österreich und Bayern von 1156—1816, ungedr. phil. Diss. Innsbruck 1949.
BRUNNER, Otto, Land und Herrschaft. Grundfragen der territorialen Verfassungsgeschichte Österreichs im Mittelalter, 5. Aufl., Darmstadt 1965.
DOPSCH, Heinz, Streitbare Nachbarn — Zur Entwicklung der Landesgrenze zwischen Oberösterreich und Salzburg, in: Oberösterreich 32/4 (1982) 15 ff.
GUTKAS, Karl, Der Mailberger Bund von 1451. Studien zum Verhältnis von Landesfürst und Ständen um die Mitte des 15. Jahrhunderts, in: Mitteilungen d. Instituts f. Österreichische Geschichtsforschung 74 (1966) 51 ff. u. 347 ff.
HAGENEDER, Othmar, Das Land der Abtei und die Grafschaft Schaunberg, in: MOÖLA 7 (1960) 252 ff.
HAGENEDER, Othmar, Die Anfänge des oberösterreichischen Landtaidings, in: Mitteilungen d. Instituts f. Österreichische Geschichtsforschung 78 (1970) 286 ff.
HAGENEDER, Othmar, Die Rechtsstellung des Machlands im späten Mittelalter und das Problem des oberösterreichischen Landeswappens, in: Festschrift Heinrich Demelius zum 80. Geburtstag, hrsg. v. Gerhard Frotz u. Werner Ogris, Wien 1973, 61 ff.
HAGENEDER, Othmar, Ottokar II. Přemysl und das Land ob der Enns im Spiegel des Codex diplomaticus et epistolaris regni Bohemiae V 1 (1253—1266), in: Jb.OÖMV 120/I (1975) 111 ff.
HAGENEDER, Othmar, Das Land ob der Enns und die Herrschaft Freistadt im späten Mittelalter, in: Jb.OÖMV 127/I (1982) 55 ff.
HOFBAUER, Josef, Die Grafschaft Neuburg am Inn (Historischer Atlas von Bayern, Teil Altbayern 20), München 1969.
HOFFMANN, Alfred, Das Wappen des Landes Oberösterreich als Sinnbild seiner staatsrechtlichen Entwicklungsgeschichte, Linz 1947.
LUSCHIN VON EBENGREUTH, Arnold, Geschichte des ältern Gerichtswesens in Österreich ob und unter der Enns, Weimar 1879.

Das Mondsee-Land. Geschichte und Kultur, Katalog d. Ausstellung d. Landes Oberösterreich 8. Mai bis 26. Oktober 1981, Schriftleitung: Dietmar Straub, Linz 1981.

STRNADT, Julius, Materialien zur Geschichte der Entwicklung der Gerichtsverfassung und des Verfahrens in den alten Vierteln des Landes ob der Ens bis zum Untergange der Patrimonialgerichtsbarkeit, in: Archiv f. österreichische Geschichte 97 (1909) 161 ff.

STRNADT, Julius, Erläuterungen zum Historischen Atlas der österreichischen Alpenländer I. Abt., 1. Teil: Die Landgerichtskarte, Oberösterreich, Wien 1917, 77 ff.

Tausend Jahre Oberösterreich − Das Werden eines Landes, 2 Bde., Katalog d. Ausstellung d. Landes Oberösterreich, Schriftleitung: Dietmar Straub, Wels 1983 (mit wichtigen Beiträgen und Zusammenfassungen vieler Sachgebiete).

VEIT, Ludwig, Die Grafschaft im Ilzgau, in: Archive und Geschichtsforschung. Studien zur fränkischen und bayerischen Geschichte Fridolin Solleder zum 80. Geburtstag dargebracht, Neustadt/Aisch 1966, 23 ff.

VEIT, Ludwig, Passau. Das Hochstift (Historischer Atlas von Bayern, Teil Altbayern 35), München 1978.

WELTIN, Max, Kammergut und Territorium. Die Herrschaft Steyr als Beispiel landesfürstlicher Verwaltungsorganisation im 13. und 14. Jahrhundert, in: Mitteilungen d. Österreichischen Staatsarchivs 26 (1973) 1 ff.

WELTIN, Maximilian, Beiträge zur Geschichte der Hauptmannschaft ob der Enns im 13. und 14. Jahrhundert, ungedr. phil. Diss. Wien 1970.

WELTIN, Max, Die steirischen Otakare und das Land zwischen Donau, Enns und Hausruck, in: Das Werden der Steiermark. Die Zeit der Traungauer. Festschrift zur 800. Wiederkehr der Erhebung zum Herzogtum, hrsg. v. Gerhard Pferschy (Veröffentlichungen d. Steiermärkischen Landesarchives 10), Graz-Wien-Köln 1980, 163 ff.

WILFLINGSEDER, Franz, Zur Rechtsstellung des oberen Mühlviertels im Mittelalter, in: Mitteilungen des oö. Volksbildungswerkes 8, Heft 3/4 (1958) 10 ff.

ZAUNER, Alois, Königsherzogsgut in Oberösterreich, in: MOÖLA 8 (1964) 101 ff.

ZAUNER, Alois, Die territoriale Entwicklung Oberösterreichs unter den Babenbergern, in: Babenberger-Forschungen, red. v. Max Weltin (Jahrbuch f. Landeskunde v. Niederösterreich NF 42, 1976) 337 ff.

ZAUNER, Alois, Die Anfänge der Zisterze Wilhering, in: MOÖLA 13 (1981) 107 ff.

Zu 5. Das späte Mittelalter

BRUNNER, Otto, Zwei Studien zum Verhältnis von Bürgertum und Adel, in: Neue Wege der Verfassungs- und Sozialgeschichte, 2. Aufl., Göttingen 1968, 242 ff.

CORI, Johann Nepomuk, Die Grenzfehden zwischen Böhmen und Oberösterreich zur Zeit des Kaisers Friedrich III., in: 44. Bericht d. Museums Francisco-Carolinum (1886) 1 ff.

DOBLINGER, Max, Die Herren von Walsee. Ein Beitrag zur österreichischen Adelsgeschichte, in: Archiv f. österreichische Geschichte 95 (1906) 235 ff.

DRABEK, Anna - HÄUSLER, Wolfgang - SCHUBERT, Kurt - STUHLPFARRER, Karl - VIELMETTI, Nikolaus, Das österreichische Judentum (Antworten), Wien-München 1974.

ERKENS, Franz-Reiner, Die Stellung des Bistums Passau im Kräftespiel zwischen Bayern, Böhmen und Habsburg beim Übergang der babenbergischen Länder an König Rudolf I., in: Ostbairische Grenzmarken 22 (1980) 5 ff.

FELDBAUER, Peter, Der Herrenstand in Oberösterreich. Ursprünge, Anfänge, Frühformen (Sozial- und Wirtschaftshistorische Studien), Wien 1972.

FELDBAUER, Peter, Herrschaftsstruktur und Ständebildung 1: Herren und Ritter (Sozial- und Wirtschaftshistorische Studien), Wien 1973.

Friedrich III. — Kaiserresidenz Wiener Neustadt, Ausstellungskatalog, Wr. Neustadt 1966.

Gotik in Österreich, Katalog d. Ausstellung d. Stadt Krems a. d. Donau, 1967.

HAGENEDER, Othmar, Die spätmittelalterlichen Wüstungen in der Grafschaft Schaunberg, in: Jahrbuch f. Landeskunde v. Niedcrösterreich NF 33 (1957) 65 ff.

HAGENEDER, Othmar, Die geistliche Gerichtsbarkeit in Ober- und Niederösterreich (Forschungen zur Geschichte Oberösterreichs 10), Linz 1967.

HIERETH, Sebastian, Geschichte der Stadt Braunau am Inn, 2 Bde., Braunau a. Inn 1960 u. 1973.

HOFFMANN, Alfred, Der oberösterreichische Städtebund im Mittelalter, in: Jb.OÖMV 93 (1948) 107 ff.

KATZINGER, Willibald, Die Märkte Oberösterreichs. Eine Studie zu ihren Anfängen im 13. und 14. Jahrhundert (Forschungen zur Geschichte der Städte und Märkte Österreichs 1), Linz 1978, 69 ff.

KNITTLER, Herbert, Herrschaftsstruktur und Ständebildung 2: Städte und Märkte (Sozial- und Wirtschaftshistorische Studien), Wien 1973.

KOLLER, Gerda, Princeps in ecclesia. Untersuchungen zur Kirchenpolitik Herzog Albrechts V. von Österreich (Archiv f. österreichische Geschichte 124), Wien 1964.

MARCKHGOTT, Gerhart, Studien zur Entstehung des Ritterstandes im Land ob der Enns. Unter besonderer Berücksichtigung der Dienst- und Lehensleute der Herren (Grafen) von Schaunberg, ungedr. Hausarbeit am Institut f. Österreichische Geschichtsforschung, Wien 1980.

RAUSCH, Wilhelm, Handel an der Donau I: Die Geschichte der Linzer Märkte im Mittelalter, Linz 1969.

Die Schaunberger in Oberösterreich 12.–16. Jh. Adelsgeschlecht zwischen Kaiser und Landesfürst, Ausstellungskatalog, Eferding 1978.

SCHMIDT, Friedrich, Die freien bäuerlichen Eigengüter in Oberösterreich (Breslauer Historische Forschungen 16), Breslau 1941.

SCHMIDT, Gerhard, Die Malerschule von St. Florian (Forschungen zur Geschichte Oberösterreichs 7), Linz 1962.

SEGL, Peter, Ketzer in Österreich. Untersuchungen über Häresie und Inquisition im Herzogtum Österreich im 13. und beginnenden 14. Jahrhundert (Quellen und Forschungen aus dem Gebiet der Geschichte NF 5), Paderborn-München-Wien-Zürich 1984.

SRBIK, Heinrich Ritter v., Die Beziehungen von Staat und Kirche in Österreich während des Mittelalters (Forschungen zur inneren Geschichte Österreichs 1), Innsbruck 1904.

ULM, Benno - KLEINHANNS, Günther - PROKISCH, Bernhard, Studien zur mittelalterlichen Baukunst, in: OÖ. Heimatblätter 37 (1983) 81 ff.

ZAUNER, Alois, Das Städtewesen im Lande ob der Enns, in: Die Stadt am Ausgang des Mittelalters, hrsg. v. Wilhelm Rausch (Beiträge zur Geschichte der Städte Mitteleuropas 3), Linz 1974, 109 ff.

ZAUNER, Alois, Ottokar II. Přemysl und Oberösterreich, in: Ottokar — Forschungen, red. v. Max Weltin u. Andreas Kusternig (Jahrbuch f. Landeskunde v. Niederösterreich NF 44/45, 1978/79) 1 ff.

ZAUNER, Alois, Die bürgerlichen Siedlungen im oberösterreichischen Salzkammergut bis zur Mitte des 16. Jahrhunderts, in: Wirtschafts- und sozialhistorische Beiträge. Festschrift f. Alfred Hoffmann zum 75. Geburtstag, hrsg. v. Herbert Knittler, Wien 1979, 67 ff.

ZAUNER, Alois, Erzherzog Albrecht VI. (1418–1463), Erbfürst des Landes ob der Enns (Oberösterreicher. Lebensbilder zur Geschichte Oberösterreichs 2), Linz 1982, 18 ff.


Zu 6. Das konfessionelle Zeitalter

Der oberösterreichische Bauernkrieg 1626, Katalog d. Ausstellung d. Landes Oberösterreich, Schriftleitung: Dietmar Straub, Linz 1976.

CZERNY, Albin, Der erste Bauernaufstand in Oberösterreich 1525, Linz 1882.

CZERNY, Albin, Der zweite Bauernaufstand in Oberösterreich 1595–1597, Linz 1890.

EDER, Karl, Studien zur Reformationsgeschichte Oberösterreichs 1: Das Land ob der Enns vor der Glaubensspaltung, 2: Glaubensspaltung und Landstände in Österreich ob der Enns 1525–1602, Linz 1932 u. 1936.

EDER, Peter, Die kirchliche Organisation des Innviertels vom Beginn des 16. bis zur Mitte des 17. Jahrhunderts, in: Jb. OÖMV 109 (1964) 319 ff.

EDER, Peter, Das Innviertel am Vorabend der Glaubensspaltung, in: Jb. OÖMV 110 (1965) 247 ff.

FEIGL, Helmuth, Rechtsentwicklung und Gerichtswesen Oberösterreichs im Spiegel der Weistümer (Archiv f. österreichische Geschichte 130), Wien 1974.

FLOSSMANN, Ursula, Landrechte als Verfassung (Linzer Universitätsschriften, Monographien 2), Linz 1976.

GRÜLL, Georg, Der Bauer im Lande ob der Enns am Ausgang des 16. Jahrhunderts (Forschungen zur Geschichte Oberösterreichs 11), Linz 1969.

HEILINGSETZER, Georg, Der oberösterreichische Bauernkrieg 1626 (Militärhistorische Schriftenreihe 32), Wien 1976.

JUNG, Heidelinde, Die Kipper- und Wipperzeit und ihre Auswirkungen auf Oberösterreich, in: Jb.OÖMV 121/I (1976) 55 ff.

KAFF, Brigitte, Volksreligion und Landeskirche. Die evangelische Bewegung im bayerischen Teil der Diözese Passau (Miscellanea Bavarica Monacensia 69), München 1977.

Johannes KEPLER – Werk und Leistung (Katalog d. OÖ. Landesmuseums 74 = Katalog d. Stadtmuseums Linz 9), Linz 1971.

Die Kunst der Donauschule 1490–1540, Katalog d. Ausstellung d. Landes Oberösterreich, Schriftleitung: Otto Wutzel, 3. Aufl., Linz 1965.

MECENSEFFY, Grete, Evangelisches Glaubensgut in Oberösterreich. Ein Beitrag zur Erschließung des religiösen Gehaltes der Reformation im Lande ob der Enns, in: MOÖLA 2 (1952) 77 ff.

PROBSZT, Günther, Maximilian I. und das Land ob der Enns, in: OÖ. Heimatblätter 9 (1955) 240 ff.

PUTSCHÖGL, Gerhard, Die landständische Behördenorganisation in Österreich ob der Enns vom Anfang des 16. bis zur Mitte des 18. Jahrhunderts (Forschungen zur Geschichte Oberösterreichs 14), Linz 1978.

Quellen zur Geschichte der Täufer 11: Österreich 1, bearb. v. Grete Mecenseffy (Quellen und Forschungen zur Reformationsgeschichte 31), Heidelberg 1964.

REBEL, Hermann, Probleme der oberösterreichischen Sozialgeschichte zur Zeit der bayerischen Pfandherrschaft, 1620–1628, in: Jb.OÖMV 115/I (1970) 155 ff.

REINGRABNER, Gustav, Protestanten in Österreich. Geschichte und Dokumentation, Wien-Köln-Graz 1981.

SCHIFFMANN, Konrad, Das Schulwesen im Lande ob der Enns bis zum Ende des 17. Jahrhunderts, Linz 1900.

SCHRAML, Carl, Die Entwicklung des oberösterreichischen Salzbergbaues im 16. und 17. Jahrhundert, in: Jb.OÖMV 83 (1930) 153 ff.

SRBIK, Heinrich Ritter v., Studien zur Geschichte des österreichischen Salzwesens (Forschungen zur inneren Geschichte Österreichs 12), Innsbruck 1917.

STAUBER, Franz X., Historische Ephemeriden über die Wirksamkeit der Stände von Österreich ob der Enns, Linz 1884.

STIEVE, Felix, Der oberösterreichische Bauernaufstand des Jahres 1626, 2 Bde., 2. Aufl., Linz 1904 u. 1905.

STRNADT, Julius, Der Bauernkrieg in Oberösterreich im Jahre 1626, Linz 1925.

STURM, Albert, Theatergeschichte Oberösterreichs im 16. und 17. Jahrhundert (Theatergeschichte Österreichs 1/1) Graz-Wien-Köln 1964.

STURMBERGER, Hans, Georg Erasmus Tschernembl. Religion, Libertät und Widerstand (Forschungen zur Geschichte Oberösterreichs 3), Linz 1953.

STURMBERGER, Hans, Adam Graf Herberstorff, Wien 1976.

TEMMEL, Leopold, Evangelisch in Oberösterreich. Werdegang und Bestand der Evangelischen Kirche, Linz 1982.

VANGEROW, Hans-Heinrich, Linz und der Donauhandel des Jahres 1627, Teil 1, in: Hist. Jb. d. Stadt Linz 1962 (1963) 223 ff., Teil 2 in: Hist. Jb. d. Stadt Linz 1963 (1964) 255 ff. m. Beilagen.

WURM, Heinrich, Die Jörger von Tollet (Forschungen zur Geschichte Oberösterreichs 4), Linz 1955.

## Zu 7. Das Zeitalter des Absolutismus

Die Bildhauerfamilie Schwanthaler 1633—1848. Vom Barock zum Klassizismus, Katalog d. Ausstellung d. Landes Oberösterreich, Schriftleitung: Otto Wutzel, Reichersberg a. Inn 1974.

Die Bildhauerfamilie Zürn 1585—1724, Schwaben/Bayern/Mähren/Oberösterreich, Katalog d. Ausstellung d. Landes Oberösterreich, Schriftleitung: Dietmar Straub, Braunau a. Inn 1979.

BRANDL, Manfred, Marx Anton Wittola. Seine Bedeutung für den Jansenismus in deutschen Landen (Forschungen zur Geschichte der katholischen Aufklärung 1), Steyr 1974.

BRANDL, Manfred, Der Kanonist Joseph Valentin Eybel (1741—1805) (Forschungen zur Geschichte der katholischen Aufklärung 2), Steyr 1976.

BUCHINGER, Erich, Die „Landler" in Siebenbürgen. Vorgeschichte, Durchführung und Ergebnis einer Zwangsumsiedlung im 18. Jahrhundert (Buchreihe der Südostdeutschen Historischen Kommission 31), München 1980.

FERIHUMER, Heinrich, Die kirchliche Gliederung des Landes ob der Enns im Zeitalter Kaiser Josefs II. (Forschungen zur Geschichte Oberösterreichs 2), Linz 1952.

FISCHER, Franz, Die blauen Sensen. Sozial- und Wirtschaftsgeschichte der Sensenschmiedezunft zu Kirchdorf-Micheldorf bis zur Mitte des 18. Jahrhunderts (Forschungen zur Geschichte Oberösterreichs 9), Linz 1966.

FRUHSTORFER, Franz, Beitrag zur Geschichte der Gemeindereformen in den oberösterreichischen Städten und Märkten in der Zeit von 1780 bis 1849, ungedr. phil. Diss. Innsbruck 1934.

FUHRICH, Fritz, Theatergeschichte Oberösterreichs im 18. Jahrhundert (Theatergeschichte Österreichs I/2), Wien 1968.

GRÜLL, Georg, Die Robot in Oberösterreich (Forschungen zur Geschichte Oberösterreichs 1), Linz 1952.

GRÜLL, Georg, Bauer, Herr und Landesfürst. Sozialrevolutionäre Bestrebungen der oberösterreichischen Bauern von 1650 bis 1848 (Forschungen zur Geschichte Oberösterreichs 8), Linz 1963.

GRÜLL, Georg, Bauernhaus und Meierhof. Zur Geschichte der Landwirtschaft in Oberösterreich (Forschungen zur Geschichte Oberösterreichs 13), Linz 1975.

HEINZL, Brigitte, Bartolomeo Altomonte, Wien-München 1964.

HERSCHE, Peter, Der Spätjansenismus in Österreich (Veröffentlichungen d. Kommission f. Geschichte Österreichs 7), Wien 1977.

HILLBRAND, Erich, Die Einschließung von Linz 1741/42 (Militärhistorische Schriftenreihe 15), Wien 1970.
Historische Dokumentation zur Eingliederung des Innviertels im Jahre 1779, Katalog d. Sonderausstellung d. Stadtgemeinde Ried i. I., Red.: Georg Heilingsetzer u. Reinhard R. Heinisch, Ried i. I. 1979.
HITTMAIR, Rudolf, Der Josefinische Klostersturm im Land ob der Enns, Freiburg/Brg. 1907.
HOCHEGGER, Friederike, Das höhere und mittlere Schulwesen Oberösterreichs vom Zeitalter Maria Theresias bis zum Jahre 1848, ungedr. phil. Diss. Innsbruck 1936.
150 Jahre Oberösterreichisches Landesmuseum. Red.: Hermann Kohl, hrsg. v. OÖ. Landesmuseum, Linz 1983.
KELLNER, Altman, Musikgeschichte des Stiftes Kremsmünster. Nach den Quellen dargestellt, Kassel-Basel 1956.
KORTH, Thomas, Stift St. Florian. Die Entstehungsgeschichte der barocken Klosteranlage (Erlanger Beiträge zur Sprach- und Kunstwissenschaft 49), Nürnberg 1975.
KURZ, Franz, Geschichte der Landwehre in Oesterreich ob der Enns, Linz 1811.
SEIDL, August, Das Hochstift Passau im 18. Jahrhundert. Die Entwicklung des reichsunmittelbaren Territoriums bis zur Auflösung des Fürstentums, in: Ostbairische Grenzmarken 23 (1981) 74 ff.
Linzer Stukkateure. Red. v. Georg Wacha (Katalog d. Stadtmuseums Linz im Nordico 11), Linz 1973.
LITSCHEL, Rudolf Walter, Lanze, Schwert und Helm. Beiträge zur oberösterreichischen Wehrgeschichte, Linz 1968.
PROBST, Christian, Lieber bayrisch sterben. Der bayrische Volksaufstand der Jahre 1705 und 1706, 2. Aufl., München 1980.
REHBERGER, Karl, Die St. Florianer Historikerschule, in: Ostbairische Grenzmarken 21 (1979) 144 ff.
REINALTER, Helmut, Aufgeklärter Absolutismus und Revolution. Zur Geschichte des Jakobinertums und der frühdemokratischen Bestrebungen in der Habsburgermonarchie (Veröffentlichungen d. Kommission f. Neuere Geschichte Österreichs 68), Wien 1980.
SANDGRUBER, Roman, Lebensstandard und Ernährung in Oberösterreich im 18. und 19. Jahrhundert, in: Österreich in Geschichte und Literatur 21 (1977) 273 ff.
SCHIFFMANN, Konrad, Drama und Theater in Österreich ob der Enns bis zum Jahre 1803, Linz 1904.
SCHRAML, Carl, Studien zur Geschichte des österreichischen Salinenwesens, 3 Bde., Wien 1932, 1934, 1936.
SCHWERDFEGER, J., Der bairisch-französische Einfall in Ober- u. Nieder-Österreich (1741) und die Stände der Erzherzogthümer. 1. Teil, in: Archiv f. österreichische Geschichte 87 (1899) 319 ff.
SLAPNICKA, Harry, Wie nach 114 Jahren die „Innviertler Schulden" beglichen wurden, in: OÖ. Heimatblätter 32 (1978) 216 ff.

(STARZER, Albert), Beiträge zur Geschichte der niederösterreichischen Statthalterei, Wien 1897.
WEISS, Rudolf, Das Bistum Passau unter Kardinal Joseph Dominikus von Lamberg (1723—1761). Zugleich ein Beitrag zur Geschichte des Kryptoprotestantismus in Oberösterreich (Münchener Theologische Studien, I. Histor. Abt., 21), St. Ottilien 1979.
WIEDEMANN, Theodor, Die religiöse Bewegung in Oberösterreich und Salzburg beim Beginne des 19. Jahrhunderts, Innsbruck 1890.
ZAISBERGER, Friederike, Salzburg als 5. Kreis von Oberösterreich 1816—1848/50 und 1860, in: Oberösterreich 32/4 (1982) 7 ff.
ZAJICEK, Richard, Das geistige Leben Ober-Österreichs zur Zeit der Aufklärung, ungedr. phil. Diss. Wien 1933.


Zu 8. Auf dem Wege zur Demokratie

ASCHAUER, Franz, Oberösterreichs Eisenbahnen (Schriftenreihe d. oö. Landesbaudirektion 18), Wels 1964.
BARON, Gerhart, Der Beginn. Die Anfänge der Arbeiterbildungsvereine in Oberösterreich, Linz 1971.
BRUCKMÜLLER, Ernst, Bäuerlicher Konservativismus in Oberösterreich. Sozialstruktur und politische Vertretung in einem österreichischen Kronland, in: Zeitschrift f. bayerische Landesgeschichte 37 (1974) 121 ff.
GÖRNER, Karl v., Das Jahr 1848 in Linz und Oberösterreich (Separat-Abdruck aus der „Tages-Post"), Linz o. J.
Enrica VON HANDEL-MAZZETTI. Festschrift zur 75 Jahrfeier. Schriftleitung: Franz Berger u. Kurt Vancsa, Linz 1946.
HIPTMAIR, Mathias, Geschichte des Bistums Linz, Linz 1885.
HOFFMANN, Alfred, Oberösterreichs Wirtschaft und Gesellschaft um 1890, in: 1891—1966 75 Jahre OÖ. Landes-Hypothekenanstalt, Linz 1966, 7 ff.
HOLTER, Kurt, Vom Historismus zum Jugendstil. Beiträge zur baulichen Entwicklung von Wels im späten 19. u. im frühen 20. Jahrhundert, in: 19. Jahrbuch d. Musealvereines Wels 1973/74, 121 ff.
HONEDER, Josef, Johann Nepomuk Hauser. Landeshauptmann von Oberösterreich 1908—1927, Linz 1973.
100 Jahre Österreichischer Ingenieur- und Architektenverein, Landesverein Oberösterreich. Zur Technikgeschichte Oberösterreichs, Linz 1985.
125 Jahre Kunst in Oberösterreich. Hrsg. v. OÖ. Kunstverein 1851 anläßlich des 125jährigen Bestehens, Linz 1976.
Das Jahr 1848 in Oberösterreich und Hans Kudlich 2: Reflexionen und Berichte zum 130-Jahr-Gedenken an Revolution und Bauernbefreiung, Schriftleitung: Paul Stepanek, Linz 1978.
JUNGMAIR, Otto, Oberösterreichisches Kunstleben 1851—1931, Linz 1931.
KIRCHMAYR, Franz, Oberösterreich in der Zeit des Neoabsolutismus (1850—1860), ungedr. phil. Diss. Innsbruck 1968.

KONRAD, Helmut, Das Entstehen der Arbeiterklasse in Oberösterreich (Veröffentlichung des Ludwig Boltzmann Instituts f. Geschichte der Arbeiterbewegung), Wien 1981.
KROPF, Rudolf, Oberösterreichs Industrie (1873–1938). Ökonomisch-strukturelle Aspekte einer regionalen Industrieentwicklung (Linzer Schriften zur Sozial- und Wirtschaftsgeschichte 3), Linz 1981.
MATEJA, Robert, Oberösterreich im I. Weltkrieg 1914–1918, ungedr. phil. Diss. Innsbruck 1948.
PILZ, Bernhard Reinhold, Die soziale und wirtschaftliche Lage des ärarischen Arbeiter-Personales bei den alpinen Salinen Österreichs während deren Integration in die moderne Sozialgesetzgebung, 2 Bde., ungedr. geisteswiss. Diss. Wien 1980.
PISECKY, Franz, Wirtschaft, Land und Kammer in Oberösterreich 1851–1976. Bd. 1: Das 19. Jahrhundert – die Zeit des Liberalismus, Linz 1976.
SALZER, Wilhelm, Vom Untertan zum Staatsbürger. Oberösterreich von 1848 bis 1918, Linz 1970.
SLAPNICKA, Harry, Oberösterreich – unter Kaiser Franz Joseph (1861 bis 1918) (Beiträge zur Zeitgeschichte Oberösterreichs 8), Linz 1982.
SLAPNICKA, Harry, Christlichsoziale in Oberösterreich. Vom Katholikenverein 1848 bis zum Ende der Christlichsozialen 1934 (Beiträge zur Zeitgeschichte Oberösterreichs 10), Linz 1984.
STURMBERGER, Hans, Der Weg zum Verfassungsstaat. Die politische Entwicklung in Oberösterreich von 1792–1861 (Österreich Archiv), Wien 1962.
WIMMER, Heinrich, Das Linzer Landestheater 1803–1958 (Schriftenreihe d. Institutes f. Landeskunde v. Oberösterreich 11), Linz 1958.
WIMMER, Kurt, Liberalismus in Oberösterreich (Beiträge zur Zeitgeschichte Oberösterreichs 6), Linz 1979.
WUTZEL, Otto - GRABHERR, Norbert, Oberösterreich, in: 100 Jahre Bezirkshauptmannschaften in Österreich. Festschrift, hrsg. v. Johannes Gründler, Wien 1970, 54 ff.

Zu 9. Das Bundesland Oberösterreich in der Ersten Republik

Beiträge zur Vorgeschichte und Geschichte der Julirevolte. Hrsg. aufgrund amtlicher Quellen, Wien 1934.
BOTZ, Gerhard, Gewalt in der Politik. Attentate, Zusammenstöße, Putschversuche, Unruhen in Österreich 1918 bis 1934, München 1976.
DÜRR, Marlies, Zur Geschichte der nationalsozialistischen Partei in Oberösterreich. Von den Anfängen bis zum Parteiverbot (1919–1933), ungedr. Hausarbeit aus Geschichte, Universität Wien um 1981.
„Es wird nicht mehr verhandelt ...". Der 12. Februar 1934 in Oberösterreich. Mit Beiträgen v. Josef Weidenholzer, Brigitte Perfahl, Hubert Hummer, Linz 1984.
FIEREDER, Helmut, Der Republikanische Schutzbund in Linz und die Kampfhandlungen im Februar 1934, in: Hist. Jb. d. Stadt Linz 1978 (1979) 201 ff.

GUGERBAUER, Anna, Der Landbund in Oberösterreich, ungedr. Hausarbeit aus Geschichte, Universität Salzburg 1977.
JAGSCHITZ, Gerhard, Der Putsch. Die Nationalsozialisten 1934 in Österreich, Graz-Wien-Köln 1976.
KERN, Felix, Oberösterreichischer Bauern- und Kleinhäuslerbund, 2 Bde., Ried i. I. 1953 u. 1956.
KYKAL, Inez - STADLER, Karl R., Richard Bernaschek, Odyssee eines Rebellen (Veröffentlichung des Ludwig Boltzmann Instituts f. Geschichte d. Arbeiterbewegung), Wien 1976.
MAYRHOFER, Fritz, Franz Dinghofer — Leben und Wirken (1873—1956), in: Hist. Jb. d. Stadt Linz 1969 (1970) 11 ff.
RAUSCH, Wilhelm - LOTTERANER, Max, Aufbruch in eine bessere Zeit. Die Kammer f. Arbeiter u. Angestellte f. Oberösterreich 1920 bis 1980, Linz 1981.
SLAPNICKA, Harry, Oberösterreich — Von der Monarchie zur Republik (1918—1927) (Beiträge zur Zeitgeschichte Oberösterreichs 1), 2. Aufl., Linz 1975.
SLAPNICKA, Harry, Oberösterreich — Zwischen Bürgerkrieg und Anschluß (1927—1938) (Beiträge zur Zeitgeschichte Oberösterreichs 2), Linz 1975.
SLAPNICKA, Harry, Oberösterreich — Die politische Führungsschicht 1918 bis 1938 (Beiträge zur Zeitgeschichte Oberösterreichs 3), Linz 1976.
WEINZIERL, Erika - SKALNIK, Kurt, Österreich 1918—1938. Geschichte der Ersten Republik, 2 Bde., Graz-Wien-Köln 1983.

Zu 10. Die Zeit des Nationalsozialismus

Das Bistum Linz im Dritten Reich. Hrsg. v. Rudolf Zinnhobler (Linzer Philosophisch-theologische Reihe 11), Linz 1979.
BOTZ, Gerhard, Hitlers Aufenthalt in Linz im März 1938 und der „Anschluß", in: Hist. Jb. d. Stadt Linz 1970 (1971) 185 ff.
BOTZ, Gerhard, Die Eingliederung Österreichs in das Deutsche Reich. Planung und Verwirklichung des politisch-administrativen Anschlusses (1938—1940) (Schriftenreihe d. Ludwig Boltzmann Instituts f. Geschichte d. Arbeiterbewegung 1), 2. Aufl., Linz 1976.
MARŠÁLEK, Hans, Die Geschichte des Konzentrationslagers Mauthausen. Dokumentation, 2. Aufl., Wien 1980.
PUTZ, Erna, Franz Jägerstätter, „... besser die Hände als der Wille gefesselt ...", Linz-Wien 1985.
RAUCHENSTEINER, Manfried, Der Krieg in Österreich 1945 (Schriften d. Heeresgeschichtlichen Museums in Wien 5), 2. Aufl., Wien 1984.
SLAPNICKA, Harry, Oberösterreich — als es „Oberdonau" hieß (1938—1945) (Beiträge zur Zeitgeschichte Oberösterreichs 5), Linz 1978.
Widerstand und Verfolgung in Oberösterreich 1934—1945. Eine Dokumentation, 2 Bde. Hrsg. v. Dokumentationsarchiv d. österreichischen Widerstandes, Wien-München-Linz 1982.

ZEHETHOFER, Florian, Das Euthanasieproblem im Dritten Reich am Beispiel Schloß Hartheim (1938—1945), in: OÖ. Heimatblätter 32 (1978) 46 ff.
ZINNHOBLER, Rudolf, Bischof Johannes M. Gföllner und die „feierliche Erklärung" des österreichischen Episkopats vom 18. März 1938, in: Neues Archiv f. d. Geschichte d. Diözese Linz 2 (1982/83) 146 ff.

## Zu 11. Oberösterreich nach dem Zweiten Weltkrieg

ACHLEITNER, Friedrich, Österreichische Architektur im 20. Jahrhundert. Bd. 1, Salzburg-Wien 1980.
Der Aufbau. Fachschrift für Planen, Bauen und Wohnen. Hrsg. v. Stadtbauamt Wien. 14. Jg., Nr. 10/11 (1959): Linz an der Donau.
BLÖCHL, Johann, Meine Lebenserinnerungen, Linz 1975.
BRUSATTI, Alois - GUTKAS, Karl - WEINZIERL, Erika, Österreich 1945—1970. 25 Jahre Zweite Republik (Schriften zur Erwachsenenbildung in Österreich 21), Wien-München 1970.
Zur Geschichte des Motorverkehrs in Oberösterreich (Schriftenreihe d. Institutes f. Landeskunde v. Oberösterreich 18), Linz 1965.
HEINZL, Brigitte, Ausgewählte Bibliographie zur Kunstgeschichte Oberösterreichs seit dem 1. Weltkrieg, in: Jb.OÖMV 129/I (1984) 251 ff.
HINDINGER, Gabriele, Das Kriegsende und der Wiederaufbau demokratischer Verhältnisse in Oberösterreich im Jahre 1945 (Publikationen d. Österreichischen Instituts f. Zeitgeschichte u. d. Instituts f. Zeitgeschichte d. Universität Wien 6), Wien 1968.
KOREF, Ernst, Die Gezeiten meines Lebens, Wien-München 1980.
KRAUS, Max, Flüchtlinge in Oberösterreich 1945—1955, ungedr. Ms. im OÖ. Landesarchiv, 1955—1963.
Kriegsende und Neubeginn in Oberösterreich. Dokumente des OÖ. Landesarchivs 1944—1947. Katalog gestaltet v. Gerhart Marckhgott in Zusammenarbeit m. Harry Slapnicka, Linz 1985.
LEIMLEHNER, Erich, Das Kriegsende und die Folgen der sowjetischen Besetzung im Mühlviertel 1945 bis 1955, Zürich 1974.
LENZENWEGER, Josef, Der Kampf um eine Hochschule für Linz (Schriftenreihe d. Institutes f. Landeskunde v. Oberösterreich 15), Linz 1963.
Linzer Kulturhandbuch. 2 Bde. Schriftleitung: Hanns Kreczi, Linz 1965.
MERL, Edmund, Besatzungszeit im Mühlviertel (Beiträge zur Zeitgeschichte Oberösterreichs 7), Linz 1980.
Oberösterreich. Wesen und Leistung. Hrsg. v. d. OÖ. Landesregierung, Linz 1951/52.
Oberösterreich April bis Dezember 1945. Ein Dokumentarbericht, bearb. v. OÖ. Landesarchiv, ungedr. Ms. im OÖ. Landesarchiv 1955.
Oberösterreich in Zahlen. Strukturdaten über Bevölkerung und Wirtschaft. Hrsg. v. d. Kammer d. gewerblichen Wirtschaft f. Oberösterreich, Linz 1981.

Oberösterreichs Avantgarde. Katalog der Neuen Galerie der Stadt Linz, Linz 1975.
Österreich — Die Zweite Republik. 2 Bde. Hrsg. v. Erika Weinzierl u. Kurt Skalnik, Graz-Wien-Köln 1972.
PORTISCH, Hugo - RIFF, Sepp, Österreich II. Die Wiedergeburt unseres Staates, Wien 1985.
SCHÜTZ, Josef, Die Entwicklung des allgemeinbildenden Pflichtschulwesens im Mühlviertel von der Maria-Theresianischen Schulreform bis in die Gegenwart (1971), ungedr. phil. Diss. Salzburg 1973.
SLAPNICKA, Harry, Oberösterreich — zweigeteiltes Land (1945—1955) (Beiträge zur Zeitgeschichte Oberösterreichs 11), Linz 1986.
Unterwegs in die Zukunft ... Den jungen Bürgern Oberösterreichs. Hrsg. v. Amt d. oö. Landesregierung, 3. Aufl., Linz 1978.
Wahlen in Oberösterreich 1945—1979. Hrsg. v. Amt d. oö. Landesregierung, 2. Aufl., Linz o.J.
Der Weg nach oben 1900—1980. Festschrift zum 80jährigen Bestand d. Oberösterreichischen Raiffeisen-Zentralkasse, Linz 1980.
WUNSCHHEIM, Johannes, Oberösterreichische Künstler-Bibliographie 1966 bis 1975, in: Kunstjahrbuch d. Stadt Linz 1980, 83 ff.
ZERLIK, Alfred, Sudetendeutsche in Oberösterreich, Linz 1981.

# Zeittafel zur Geschichte Oberösterreichs

| | |
|---|---|
| ca. 65.000–30.000 v. Chr. | altsteinzeitliche Werkzeuge bzw. Artefakte aus der Ramesch-Bärenhöhle des Warscheneckgebietes (Totes Gebirge) als älteste, bisher entdeckte Spuren menschlichen Lebens (Neanderthaler) im oberösterreichischen Raum |
| ca. 5000–1800 v. Chr. | Jungsteinzeit: die Donauländische Kultur beruht auf Seßhaftigkeit, Ackerbau und Viehzucht; als erste eigenständige Kulturgruppe des oberösterreichischen Raumes entsteht die Mondseekultur |
| ca. 1800–800 v. Chr. | Bronzezeit: Atterseekultur, Hügelgräberkultur, Urnenfelderkultur |
| ca. 800–400 v. Chr. | ältere Eisenzeit: die mitteleuropäische Hallstatt-Kultur ist nach dem Fundort im Salzkammergut benannt |
| um 400 v. Chr. | Einwanderung keltischer Völkerschaften, der Träger der La-Tène-Kultur, aus dem Westen; Zusammenschluß in dem Königreich Noricum im 2. Jh. v. Chr. |
| nach 15 v. Chr. | Besetzung des Königreiches Noricum durch die Römer; Errichtung eines Grenzschutz-Kastells in Lentia/Linz um die Mitte des 1. nachchristlichen Jhs. |
| 191 n. Chr. | Erbauung eines festen Legionslagers in Lauriacum/Lorch durch die Legio II Italica; Lauriacum wird 212 zur zweiten römischen Stadt neben Ovilava/Wels erhoben |
| 284–305 | Im Zuge der Reformen Kaiser Diocletians wird Ovilava Hauptstadt von Ufernoricum |
| 304 | Märtyrertod des Christen Florian in der Enns bei Lauriacum |
| 482 | Tod des hl. Severin in Favianis/Mautern (NÖ) |
| 488 | Rückzug eines Teiles der romanischen Bevölkerung von Ufernoricum nach Italien unter dem Druck der Germanen |
| seit dem 6. Jh. | Verbreitung bayerischer Siedlung und Herrschaft östlich des Inn bis zur Traun und zur Enns; seit dem 7. Jh. Siedlungstätigkeit slawischer Gruppen im Osten und Südosten des oberösterreichischen Raumes |
| 748 | Gründung des Klosters Mondsee durch den bayerischen Herzog Odilo |
| 777 | Gründung des Klosters Kremsmünster durch Herzog Tassilo III. |

*Zeittafel zur Geschichte Oberösterreichs*

| | | |
|---|---|---|
| | 788 | Absetzung Herzog Tassilos III. durch den Frankenkönig Karl den Großen; das bayerische Stammesherzogtum der Agilolfinger wird eine Provinz des fränkisch-karolingischen Großreiches |
| | 791 | Beginn des Awaren-Feldzuges Karls des Großen an der Enns |
| um | 800 | Einbeziehung des Traungaues in das von Karl dem Großen neuorganisierte Ostland an der Donau, das vom Hausruck bis zur Raab reicht |
| | 900 | Erbauung der Ennsburg zum Schutz gegen die Ungarn |
| | 903/05 | Raffelstetter Zollordnung für die östlichen Teile Bayerns |
| | 907 | Niederlage der Bayern bei Preßburg gegen die Ungarn; die Enns wird wieder Ostgrenze des bayerischen Herzogtums |
| | 943 | Sieg Herzog Bertholds von Bayern über die Ungarn bei Wels |
| | 994 | Tod des Bischofs Wolfgang von Regensburg (Hl.) in Pupping |
| | 1007 | Besitzschenkungen östlich des Inn an das Bistum Bamberg durch König Heinrich II. |
| | 1035 | Die Grafen von Lambach, die seit der zweiten Hälfte des 10. Jhs. im oberösterreichischen Raum einen beträchtlichen Machtkomplex aufgebaut haben, werden Markgrafen der Kärntner Mark an der Mur |
| um | 1056 | Nachfolge des aus dem Chiemgau stammenden Geschlechtes der Otakare im Besitz der Grafen von Lambach und in der Markgrafschaft an der Mur; diese erhält im 12. Jh. mit der Entwicklung der otakarischen Landesherrschaft nach der Hauptburg der Otakare, Steyr, den Namen Steiermark |
| 11.–14. Jh. | | Entstehung der dichtesten Klosterlandschaft aller österreichischen Bundesländer durch die zahlreichen hoch- und spätmittelalterlichen Klostergründungen |
| um | 1150 | Erbauung der Burgen Schaunberg und Stauf als Herrschaftszentren der Schaunberger |
| zweite Hälfte 12. Jh. | | Die babenbergischen Herzöge (seit 1156) von Österreich gewinnen auch westlich der Enns Anhang und Einfluß |
| | 1186 | Erbvereinbarung zwischen dem kranken und kinderlosen Herzog Otakar IV. von Steiermark und den babenbergischen Herzögen von Österreich auf dem Ennser Georgenberg (Georgenberger Handfeste); der Erbfall zugunsten der Babenberger tritt 1192 ein |

| | |
|---|---|
| 1212 | Verleihung des Ennser Stadtrechtes durch Herzog Leopold VI. von Österreich und Steiermark |
| nach 1221 | Große Mühl Grenze zwischen bischöflich-passauischem und babenbergischem Territorium nördlich der Donau |
| um 1236 | Lösung des steirischen Adels im oberösterreichischen Raum von der Steiermark und Anschluß an den österreichischen Adel |
| Mitte 13. Jh. | Bildung einer eigenständigen adeligen Gerichts- und Landesgemeinde zwischen ungefähr Ybbs und Hausruck, die das dem österreichischen Landesfürsten unterstehende „obere Österreich" repräsentiert |
| 1264 | Der Landrichter von Oberösterreich Konrad von Sumerau gilt als erster oberösterreichischer Landeshauptmann |
| 1276—1279 | bayerische Pfandherrschaft über das Gebiet zwischen Hausruck, Enns und Donau |
| 1281 | Bildung eines kleinen Gerichts- und Verwaltungssprengels ob der Enns durch den Habsburger Albrecht I. von Österreich; dieses Kerngebiet wird im Verlauf des 14. und 15. Jhs. um die Bezirke der Grafschaft Schaunberg, des Machlands, der Riedmark, der Herrschaft Steyr und des Ischllandes (Salzkammergut) zum Land ob der Enns (zwischen Böhmerwald und Dachstein, Enns und Hausruck) erweitert, das sich bei unklarer staatsrechtlicher Stellung allmählich gegenüber dem Erzherzogtum Österreich (unter der Enns) verselbständigt |
| 1291 | Erwerbung der Herrschaft Waxenberg durch die Habsburger von den Grafen von Schaunberg |
| 1380/81 und 1385/86 | Schaunberger Fehde zwischen Herzog Albrecht III. von Österreich und den Grafen von Schaunberg |
| um 1390 | Schaffung eines (heute noch geführten) Wappens für das in Ausformung begriffene Land ob der Enns |
| 1408 | erster eigener (Teil-)Landtag der Stände ob der Enns in Enns |
| 1424—1432 | Hussiteneinfälle in Gebiete nördlich der Donau |
| 1452 | selbständiger obderennsischer Landtag in Wels |
| 1458—1463 | Erzherzog Albrecht VI. erster eigener Landesherr des „Fürstentums Österreich ob der Enns" mit Residenz in Linz |
| 1478 | Viertel-Einteilung des Landes ob der Enns (Hausruck-, Traun-, Mühl- und Machlandviertel); der bisherige Hauptmann ob der Enns heißt von nun an Landeshauptmann |

| | |
|---|---|
| 1484–1493 | Linz Residenzstadt Kaiser Friedrichs III.; 1490 wird es erstmals als „eine Hauptstadt unseres Fürstentums Österreich ob der Enns" bezeichnet; der Kaiser stirbt am 19. August 1493 in Linz |
| 1506 | Erwerbung u. a. des Mondsee- und St. Wolfganglandes durch Kaiser Maximilian I. im Bayerischen Erbfolgekrieg; Verpfändung bis 1565 an den Erzbischof von Salzburg |
| 1510–1632 | Rangstreit zwischen dem Land ob der Enns und den anderen „niederösterreichischen" Erbländern |
| 1519 | Tod Kaiser Maximilians I. in der Welser Burg am 12. Jänner; zufolge der Verwaltungsreformen des Kaisers untersteht das Land ob der Enns hinfort der niederösterreichischen Regierung in Wien |
| 1521 | Hochzeit Ferdinands I. mit Anna von Ungarn und Böhmen am 27. Mai in Linz |
| ab etwa 1520 | Rasche Verbreitung des Protestantismus im Lande ob der Enns |
| 1525 | Erster Bauernaufstand |
| 1532 | Zerstörung des Marktes Weyer und Verheerung des Gebietes um Steyr durch die Türken |
| 1564–1571 | Erbauung des Linzer Landhauses durch die Landstände ob der Enns |
| 1568 | Religionskonzession Kaiser Maximilians II. für den Herren- und den Ritterstand ob der Enns |
| 1582–1593 | Erzherzog Matthias residiert im Linzer Schloß |
| 1595–1597 | Zweiter Bauernaufstand |
| 1601–1602 | Aufstand im Salzkammergut |
| 1612–1626 | Der Astronom und Mathematiker Johannes Kepler in Linz |
| 1620 | Niederlage der aufständischen protestantischen Ständebewegung gegen das absolutistische katholische Landesfürstentum in der Schlacht am Weißen Berg bei Prag |
| 1620–1628 | Verpfändung des Landes ob der Enns durch Kaiser Ferdinand II. an Kurfürst Maximilian von Bayern; bayerischer Statthalter Adam Graf Herberstorff; Auswanderungen infolge der strengen Gegenreformation seit 1624 |
| 1625 | „Frankenburger Würfelspiel" am 15. Mai auf dem Haushamerfeld bei Frankenburg |
| 1626 | Dritter Bauernaufstand |
| 1672 | Gründung der Linzer Wollzeugfabrik |
| 1703–1704 | Kampfhandlungen an der österreichisch-bayerischen Grenze im Spanischen Erbfolgekrieg |

| | |
|---|---|
| 1734/35 und 1752–1756 | Zwangsaussiedlungen (Transmigrationen) protestantischer Untertanen nach Siebenbürgen |
| 1741–1742 | bayerisch-französische Besetzung des Landes ob der Enns im Österreichischen Erbfolgekrieg; Huldigung der Stände ob der Enns an den bayerischen Kurfürsten Karl Albrecht |
| 1749–1790 | Einschneidende Reformen Maria Theresias und Josephs II., die u. a. den Einfluß der Stände schwächen |
| 1765 | Staatsvertrag zwischen Österreich und dem Fürstbistum Passau über die Grenzziehung |
| 1779 | Erwerbung des bisher bayerischen Innviertels durch Österreich im Frieden von Teschen; Zusammenfassung des gesamten oberösterreichischen Gebietes nördlich der Donau als Mühlviertel |
| 1781 | Entstehung protestantischer Toleranzgemeinden nach dem Toleranzpatent Kaiser Josephs II. |
| 1782 | Erwerbung der passauischen Herrschaften Obernberg am Inn und Vichtenstein an der Donau durch Österreich |
| 1782–1810 | Aufhebung zahlreicher Klöster und Stifte |
| 1783 | Schaffung einer obderennsischen Landesregierung durch Kaiser Joseph II.; Errichtung eines Landesbistums Linz |
| 1800/01, 1805/06, 1809/10 | Besetzung des Landes ob der Enns im Verlauf der Franzosenkriege |
| 1803 | Erste Arbeiterselbsthilfeorganisation: Kranken- und Sterbekasse der Linzer Buchdrucker; Österreich verliert die Grafschaft Neuburg am Inn an Bayern |
| 1809–1816 | Innviertel und westliches Hausruckviertel an Frankreich bzw. Bayern abgetreten |
| 1816–1849, 1860/61 | Angliederung des Landes Salzburg als 5. Kreis des Landes ob der Enns |
| 1832 | Eröffnung der Pferdeeisenbahn Linz-Budweis |
| 1848 ff. | Wesentliche politische Veränderungen infolge der revolutionären Ereignisse, u. a. Aufhebung der Grundherrschaften, Grundentlastung, Ende der landständischen Verfassung |
| 1850–1858 | Amerika-Auswanderung während des Neoabsolutismus |
| 1861 | Landesordnung für das eigenständige „Erzherzogtum Österreich ob der Enns" im Rahmen des Februarpatentes Kaiser Franz Josefs I.; endgültige Verselbständigung des Kronlandes gegenüber Österreich unter der Enns; erster nach Kurien gewählter Landtag |

| | |
|---|---|
| 1864 | Gründung der Steyrer Waffenfabrik durch Josef Werndl |
| 1868 | Tod des Dichters und Schulrates Adalbert Stifter; Gründung der ersten Arbeitervereine |
| 1868—1888 | Entstehung politischer Parteien |
| 1896 | Tod des 1824 in Ansfelden geborenen Komponisten Anton Bruckner |
| 1907 | allgemeines, gleiches und geheimes Wahlrecht für Männer bei Reichsratswahlen |
| 1914—1918 | 22.500 oberösterreichische Kriegstote und Vermißte im Ersten Weltkrieg |
| 1918 | Unruhen nach dem Zusammenbruch der Monarchie; Zusammenarbeit der politischen Parteien; Beitritt des Landes Oberösterreich zur Republik Deutschösterreich; kurzfristige Angliederung südböhmischer Gebiete |
| 1919 | Einführung des allgemeinen, gleichen und geheimen Wahlrechtes bei Landtagswahlen |
| 1925 | Beginn des Flugverkehrs Wien-Linz-St. Wolfgang |
| 1930 | Oberösterreichische Landesverfassung |
| 1931 | Putschversuch der Heimwehr (Pfrimer-Putsch) |
| 1934 | Ausbruch des Bürgerkrieges in Linz am 12. Februar; 25.—27. Juli Putschversuch der Nationalsozialisten |
| 1934—1938 | autoritärer Ständestaat; autoritär-ständische Landesverfassung 1935 |
| 1938 | Einmarsch deutscher Truppen am 12. März; Anschluß an das Deutsche Reich (Gau Oberdonau mit Erweiterung im Norden und Süden durch die südböhmischen Kreise Krummau und Kaplitz sowie das Ausseerland); Aus- und Aufbau der Schwer- bzw. Großindustrie (heutige VOEST-Alpine, Chemie Linz, Steyr-Werke, AMAG Ranshofen, Lenzing AG.) |
| 1939—1945 | ca. 40.000 Tote und Vermißte aus Oberösterreich im Zweiten Weltkrieg; 1944/45 Bombenangriffe der Alliierten |
| 1945 | Einmarsch amerikanischer Truppen in Linz am 5. Mai; Waffenstillstandsabkommen zwischen Generaloberst Rendulic und US-General Walker am 7. Mai in St. Martin im Innkreis |
| 1945—1955 | Teilung des Landes in eine amerikanische (südliche) und eine russische (nördliche) Besatzungszone mit der Donau als Demarkationslinie; Zivilverwaltung Mühlviertel |
| 1953 | Franz Stelzhamers „Hoamatgsang" wird Landeshymne |

| | |
|---|---|
| 1966 | Eröffnung der Hochschule für Sozial- und Wirtschaftswissenschaften in Linz |
| 1973 | Errichtung der Hochschule für künstlerische und industrielle Gestaltung in Linz |
| 1978 | Erhebung der Philosophisch-Theologischen Hochschule der Diözese Linz zur päpstlichen Fakultät als Katholisch-Theologische Hochschule Linz |
| 1985 | bisher letzte Änderung der Landesverfassung |

# Namensregister

Oft vorkommende Begriffe wie „Bayern", „Land ob der Enns", „Oberösterreich" und „Österreich" wurden nicht berücksichtigt.

| B. | Bischof | Hg. | Herzog | Ksin. | Kaiserin |
|---|---|---|---|---|---|
| Eb. | Erzbischof | Hgin. | Herzogin | Mag. | Magister |
| Ehg. | Erzherzog | Hl. | Heiliger | Mg. | Markgraf |
| Gf. | Graf | Kg. | König | Mgin. | Markgräfin |
| Gfen. | Grafen | Kgin. | Königin | | |
| Gfin. | Gräfin | Ks. | Kaiser | | |

Aachen 54, 145
Abel, Josef 313
Abondio, Antonio 203
Abtenau 196, 263
Abtsdorf 13
Ach 222
Achleitner, Friedrich 448
Achleuthner, Leonhard, Abt v. Kremsmünster 332
Adalbero, B. v. Würzburg 43, 45, 57, 59, 61
Adler, Gebrüder, Firma 349
Adler, Viktor 332
Adlwang 146, 151, 274, 358, 383
Ad Mauros 18 f.
Admont 59, 61
Adolf v. Nassau, Kg. 111
Afrika 359
Ager 16, 25, 99, 232, 274
Agilolfinger 24, 26, 29 ff.
Ahrer, Josef 392
Aich b. Mondsee 271
Aichern, Maximilian, B. v. Linz 438
Aichinger, Hermann 369
Aichkirchen 276
Aicholt, Gf. Christian v. 232
Aigen (im Mühlkreis) 89, 138, 342
Aigner, Fritz 450
Aigner, Hans 451
Aigner, Honorius 297
Aigner, Josef 390
Ainring 13
Ainwalchen 25
Aist (Fluß) 9, 16, 32, 39, 41, 43, 47, 49, 68, 270, 273
Aist, Herren v. 47
Aist, Dietmar v. 63

Aistersheim 182, 204, 207, 251
Alanen 20
Alaunen 16
Alberndorf 362
Albert Böheim 140
Albing 19
Albrecht I., Hg. v. Österreich, Kg. 78, 81, 83, 88 f., 94, 105 f., 111, 135, 141
Albrecht II., Hg. v. Österreich 86, 105 ff., 111, 126
Albrecht III., Hg. v. Österreich 87, 93 f., 100, 111 ff., 120, 138, 142
Albrecht IV., Hg. v. Österreich 113, 144
Albrecht V., Hg. v. Österreich = Albrecht II., Kg. 108, 113 f., 141 f., 147
Albrecht VI., Ehg. 95 f., 114–119, 122, 127, 140
Albrecht, Ehg. 181
Albrecht, Hg. v. Sachsen 110
Alemannen 20 f., 24
Alexander III., Papst 57
Alexander a Lacu, Abt v. Wilhering u. Kremsmünster 174
Alkoven 26, 31
Allgäu 292, 301
Allio, Paolo d' 301
Alm(tal) 10, 16, 25, 27, 44, 46, 48, 125, 342
Alma, Hans 399
Almeida, Gfen. 378
Almsee 10, 48
Alt, Jakob, Rudolf u. Franz v., Gebrüder 364
Altaussee 289, 422, 427
Altdorf 200

Altdorfer, Albrecht 203
Altenfelden 414
Altenmarkt 75, 424
Altheim 207 f., 439
Altmann, B. v. Passau 43, 55 f., 59
Altmann, Propst v. St. Florian 62
Altmann, Matthias 257
Altmünster 22, 27, 186, 203, 270, 276, 448
Altötting 37, 145, 301
Altomonte, Bartholomäus 302
Altomonte, Martin 302
Amerika 264, 269, 326, 366
Ampflwang 291 f., 348, 403
Amstetten 74, 79, 83, 92, 212, 342, 401, 410, 413, 423
Andechs, Gfen. v. 71 f.
Andechs, Gf. Berthold v. 45
Andechs-Meranien, Agnes v. 71
Andechs-Meranien, Hg. Otto v. 72
Andlern-Witten, Gf. Franz Reinhold v. 217
Andorf 403, 452
Andrichsfurth 450
Anna v. Ungarn u. Böhmen 161
Annaberg 278
Ansbach 220
Ansfelden 143 f., 362, 367, 393, 418, 430
Antesana 30
Antiesen 16
Antiesenhofen 30
Antlangkirchen 98
Anzing 25
Anzinger, Siegfried 450
Anzo 25
Aquileia 19, 29
Ardagger 46
Ar(i)bo, Mg. 31, 33, 37, 40
Arming, Friedrich Wilhelm 318, 324
Arneth, Josef v. 358
Arnleitner, Friedrich 363
Arno, Propst v. Reichersberg 62
Arnold v. Bruck 203
Arnreit 401
Arnulf, Ks. 37 f.
Arnulf, Hg. v. Bayern 39, 42
Arzberg 92
Aschach a. d. Donau 9, 16, 21, 28, 34 f., 45, 47, 53, 129, 136, 194, 202, 265, 271, 313, 339, 342, 442, 452
Aschach a. d. Steyr 268
Aschenberg 219
Ascherling, Peter 300
Aspach 148
Aspan, Jakob v. 177

Aspern u. Eßlingen 231
Astätt 289
Asten 33, 418, 442
Astl, Lienhart 152, 203
Attergau 26, 41, 50 f., 66, 71, 85, 93, 131, 176, 184, 192, 203, 300, 313
Atterhofen 31
Attersee 10, 13 f., 16, 35, 46, 85 f., 98 f., 145, 232, 366
Attersee (Ort) 13, 31, 43, 48, 87, 94, 280, 450
Attersee, Christian Ludwig 450
Attnang-Puchheim 273, 342, 392, 400, 416, 422, 451
Atzbach 291
Au b. Schörfling 271
Auer v. Welsbach, Alois 358
Auersperg, Johann Weikhard v. 188
Auersperg, Joseph III. Franz Anton v., Fürstb. v. Passau 288, 290
Aufham 13
Augsburg 19, 39, 116, 137, 157, 162, 166 f., 170, 172, 174, 184 f., 262, 280, 292, 297, 300, 308
Augusta Vindelicorum 19
Augustinus, Hl. 59
Auhof b. Perg 15
Aumann, Franz Seraph 307
Aunjetitz 14
Aunpeck v. Peuerbach, Georg 153
Aurach 51
Aurachkirchen 62
Aurolzmünster 30, 263, 271
Ausseerland 99, 410, 415 f., 423, 429
Austerlitz 229
Avignon 142
Awaren 24, 27, 30 f.
Azwanger, Ludwig 427

Babenberger 40, 44, 47 f., 51, 54 f., 63, 66 f., 69—75, 77 f., 82, 88 f., 91, 100, 126, 274
Bach, Alexander v. 322
Bach, Eduard v. 324, 361
Bachmanning 32, 40, 276
Backhaus, Wilhelm 318
(Bad) Aussee 53, 75, 138, 267, 289, 342, 348, 410
Baden 228
Baden, Mg. Hermann v. 74, 105
Badeni, Gf. Kasimir 336
(Bad) Hall 28, 36, 43, 66, 69 f., 91 f., 129, 154, 276, 314, 324, 349, 354, 361, 364, 368 f., 405, 423, 438, 451
(Bad) Ischl 10, 12, 16, 23, 27, 40, 54, 92 f., 138, 177, 197 f., 255, 263, 266 f.,

276, 299, 311, 313 f., 320, 334, 337, 339 f., 342, 347 f., 356, 363 f., 371, 396, 405, 417, 422, 424, 439, 447, 451
(Bad) Leonfelden 76, 108, 136, 193, 343, 366, 440
(Bad) Mühllacken 154, 349
Bad Schallerbach 405
(Bad) Wimsbach 15, 19, 22, 407, 440
(Bad) Zell (b. Zellhof) 68, 129, 203, 440
Bäcker, Heimrad 448
Bahr, Hermann 360, 364, 407
Bahr, Otto 364
Balzarek, Mauriz 369 f.
Bamberg 43, 48, 50, 57, 85 ff., 129, 145
Banat 417
Barschalken 26, 28
Barth-Barthenheim, Gf. Adolf Ludwig v. 343
Baudisch, Gudrun 450
Bauer, Otto 391
Baumgartenberg 57 f., 62, 64, 71, 94, 108, 119, 123, 150, 152, 171, 285 f., 290, 294, 296, 300
Bayer, Herbert 451
Bayer, Josef 368
Bayr, Rudolf 448
Bayreuth 220
Beckenschlager, Johann, Eb. v. Gran u. Salzburg 109 f.
Becker, G. F. 312
Beer, Johannes 297
Beethoven, Ludwig van 308
Beethoven, Nikolaus Johann van 308
Behamberg 99, 410
Behrens, Peter 452 f.
Bela IV., Kg. v. Ungarn 75
Belgien 269
Berchtesgaden 229, 232 f., 270
Berghofer, Amand 304, 306
Berglitzl 11 f.
Bergreichenstein 99, 379
Berlin 358, 369, 411 f., 419, 423, 426
Bernardus Noricus = Berthold v. Kremsmünster 149 f.
Bernaschek, Ludwig 392, 426 f.
Bernaschek, Richard 378, 391 f., 423
Berndorf 98
Bernhard, Thomas 448
Berthold, Hg. v. Bayern 39
Berthold, B. v. Passau 76
Berthold, Abt v. Garsten, Hl. 59, 61, 151
Bessarabien 417
Beurle, Karl 333
Beuttler, Klemens 300, 302
Beyer, Anton 313
Bilger, Margret 450
Billinger, Richard 447
Binago, kaiserl. Rat 198
Binzer, Carl v. 365 f.
Bischoff, Josef 320
Bissingen-Nippenburg, Gf. v. 230
Bitzan, Heinz 365
Blima, Wenzel 306
Blöchl, Johann 426 f.
Blümelhuber, Michael 368
Bluemenegg, Melchior 116
Blum, Franz 426
Blumauer, Alois 306
Bobleter, Franz Xaver 313
Bocklet, Karl Joachim Maria 305
Bocksberger, Johann 203
Böhmen 18, 24, 48, 50, 53, 55, 71, 75, 94, 99, 105—110, 115, 117, 119, 136—139, 141, 156, 169, 173, 178, 180 ff., 186, 196, 198, 212, 214, 220, 228, 230, 238, 251, 254, 260, 263 f., 266 f., 272 f., 275, 334, 336, 340, 343, 352, 366 f., 372, 374, 379, 385, 421, 447, 449
Böhmerwald 185, 199, 379
Böhmerwaldgau 99, 379
Bogen, Gfen. v. 77
Bognermayr, Hubert 449
Boiodurum 16, 18 f.
Boiotro 23, 26
Bologna 62, 152, 200
Bonomus, Franciscus 153
Bonomus, Petrus 153
Bonyhadi, Arthur 392
Boos, Martin 292, 309
Brandhuber, Wolfgang 166
Brandis, Gf. Heinrich v. 331
Brandstätter, Alois 448
Brantner, Ignaz 444
Brasilien 447
Brassicanus, Johannes 201
Braunau am Inn 28, 43, 51, 77, 121, 128, 149, 151 f., 154 f., 199, 209, 214, 221 f., 229 f., 233, 239, 243, 262—265, 271, 275, 284, 291, 301, 322, 328, 337, 339, 342, 363, 365, 372, 380, 388, 395, 397, 416 f., 444, 447 f., 452
Breisgau 112
Breitenschützing 274
Breitenthaler, Karl 409
Breslau 449
Bröbstl, Johann Kaspar 300
Brosch, Franz 365
Brosch, Klemens 365
Bruckmühl 403

Bruckner, Anton  362, 367, 443
Brügge  156
Brünn  363, 400
Brüssel  161
Brunner, Heinrich  358
Brunner, Wenzel  319 f.
Buchenwald  426
Buchkirchen  144
Budapest  317
Budweis  136, 273, 335, 342, 415
Bürckel, Josef  410
Bugenhagen, Johannes  163
Bukowina  265, 414
Bulgaren  421
Bulgari, Anton  392
Burchard, Mg.  40
Burgau  98
Burgenland  383
Burghausen  72, 74, 77, 97, 121, 145, 150 f., 155, 209, 212, 220 f., 309
(Burghausen-)Peilstein, Gfen. v.  46
Burglehner, Michael  250
Burgstaller, Ernst  447
Burgstaller, Johann  362
Buz, Raphael  296
Byzanz  62

Calaminus, Georg  201
Calixt II., Papst  44
Calixtus, Mönch  163
Calvin, Johannes  179
Campmüller, Mariophilus  265
Canevale, Carlo  300
Canevale, Christian  301
Caracalla, Ks.  19, 21
Carlone, Bartolomeo  301
Carlone, Carlo Antonio  300 f.
Carlone, Diego Francesco  301
Carlone, Giovanni Battista  300
Carlone, Pietro Francesco  300
Carnuntum  19 f.
Cavar, Alfred  364
Celtis, Konrad  202
Cetium  19
Chemie Linz AG.  419, 432
Chiemgau  45
Chiesa, kaiserl. Rat  198
Chimani, Leopold  312
China  297
Chmel, Joseph  311
Chorinsky-Klause  316
Christian, Fürst v. Anhalt  176
Christkindl b. Steyr  274
Cilli, Gf. Hermann v.  107
Clam, Johann Gottfried v.  201
Clam-Martinitz, Gfen.  378

Claudius, Ks.  18
Cluny  59 f.
Cöllen, Rudolf  369
Colerus, Egmont  447
Colloredo, Hieronymus Franz v., Fürsteb. v. Salzburg  287
Commenda, Hans  359, 447
Commendone, Kardinal  171
Commodus, Ks.  19
Comosee  300
Concello, Karl  300
Constantius, Ks.  20
Constantius, B. v. Lauriacum  23
Cooper, Waltraud  450
Copisi, Jakob  305
Cordatus (Herz), Konrad  163
Coreth, Gfen.  378
Cremeri, Benedikt Dominik Anton  306
Croce, Johann Nepomuk della  309
Cues, Nikolaus v. (Cusanus)  147
Cuvilliés d. J., Franz de  308
Czerny, Albin  357

Dachau  426
Dachauer, Wilhelm  449
Dachstein  10 f., 75, 185, 278, 359
Dallinger, Malerfamilie  302
Dallinger, Fridolin  448
Damberg  257
Dametz, Josef  377
Damisch, Gunter  450
Danzer, Robert  363
David, Johann Nepomuk  448
Davout, Marschall  231
Daxberg  22, 192
Daxsperger, Ludwig  448
Degler, Hans  205
Demont, General  231
Denis, Johann Nepomuk Cosmas Michael  306
Denk, Wolfgang  447
Descartes, René  302
Desing, Anselm  316
Deubler, Konrad  237, 324
Deutsch-Altenburg  19
Deutsches Reich  375, 380, 396 f., 400 f., 409 f.
Deutschland  137, 139, 152, 157, 167, 172, 192, 198 ff., 229, 236, 269, 273, 291, 299, 321, 337, 343, 367, 380, 385, 387 f., 392, 396, 412 f., 421, 451 f.
Deutschmann, Josef  301
Dicklberger, Anton  311
Diersbach  31
Dierzer, Josef  265 f., 350

Dietach (b. Steyr) 27, 92
Dietach (b. Wels) 321
Dilg-Auegg, Eleonore 366
Dimbach 362
Dimmel, Herbert 449
Dimmel, Peter 450
Dinghofer, Franz 372, 377
Diocletian, Ks. 20, 22
Dirnbach 16
Döllinger, Ignaz v. 336
Dollfuß, Engelbert 387 f., 390, 393, 396
Donau(tal), passim
Donaugau 40
Donawitz 432, 447
Doppelbauer, Franz Maria, B. v. Linz 337, 362
Doppelbauer, Josef Friedrich 448
Doppler, Wolfgang 296
Dorn, Alois 450
Dornach-Saxen 12
Drakolf, B. v. Freising 40
Drosendorf 124
Droste-Vischering, Eb. v. Köln 238
Dürnkrut u. Jedenspeigen 80, 105
Dürrnberg 17
Duftschmid, Johann 314
Duftschmid, Kaspar 308
Dunkelsteinerwald 34
Dunzendorfer, Albrecht 449

Ebelsberg 19, 49, 73, 129, 134, 136, 212, 228, 230, 243 f., 273, 300, 302, 366, 418
Ebenhoch, Alfred 333
Ebensee 197 f., 255, 266 f., 313, 334, 339, 342, 348 f., 367, 370, 392, 404 f., 413 f., 420, 438 f., 446, 450
Ebenzweier 313, 359
Ebergassen 98
Eberhard, Hg. v. Bayern 39
Eberhard II., Eb. v. Salzburg 60, 93
Eberstein, Gf. Eberhard v. 73
Eberstein, Gf. Otto v. 73
Ebrach 58
Eck v. Piburg, Benedikt II., Abt v. Mondsee 152 f.
Eckl, Vilma 449
Edenplain 25
Eder, Helmut 448
Eder, Karl 191, 322, 446
Edlbacher, Josef 364
Edlbacher, Ludwig 311, 357
Eferding 9, 18, 25, 41, 45, 54, 63, 66, 69, 76, 112, 125, 128 f., 131, 145, 149, 151 f., 173, 193, 202, 208, 243, 271, 276, 280 f., 291, 308, 328, 342, 370 f., 411, 443, 448
Efrid 25
Eggenburg 114
Ehwalchen 25
Eichinger, Martin (Laimbauer) 194
Eichmann, Karl Adolf 412
Eichstätt 137
Eigl, Adolf 425 f.
Eigner, Moriz 330, 335, 350
Eigruber, August 409 ff., 422 f., 427
Einfalt, Martin 362 f.
Einsiedeln 145, 301
Einwik Weizlan, Propst v. St. Florian 150
Eiselsberg, Anton v. 358
Eisenbach, Georg Michael 281
Eisenbirn 207
Eisenerz 255, 268, 413
Eisenreich, Herbert 448
Eisvogl, Konrad 199, 205
Eitzing, Ulrich v. 114
Ekbert, B. v. Bamberg 72 f.
Elbe 273
Eleutherobius (Freisleben), Christoph 163
Eleutherobius (Freisleben), Leonhard 163
Elisabeth, Ksin. 367
Elisabeth, Kgin. 135
Elmberg 250
Elsaß 116
Emlinger Holz 193
Enenkel, Job Hartmann v. 200 f., 295
Engelhartszell 90, 136, 207 f., 211, 219, 222, 271
Engelszell 123, 144, 153, 169, 183, 233, 285, 290, 294, 296, 302, 308, 407, 416, 450
Enghagen 20, 211
Engilschalk, Gf. 31
Engl zu Wagrain, Gf. Alexander Franz Joseph 283, 315
England 138, 198 f., 207, 228, 269, 272, 316, 410
Englisch-Popparich, Oskar 387
Enns(tal), passim
Enns 19, 23, 26, 31, 38, 45 f., 54 f., 63, 66, 68 f., 71, 73, 75—78, 80, 83 f., 86, 88, 90, 92, 95, 107, 109 f., 112, 114, 116, 123—129, 131, 136, 138—141, 143 f., 149, 152 f., 155 f., 163, 168 f., 174, 178, 193, 195, 201, 204 f., 211 f., 224, 243 f., 248, 251, 264 f., 267, 283, 288 f., 300, 312, 315 f., 321, 323, 334 f., 346, 368, 371 f., 401, 416, 425, 435, 442, 444, 450

Ennsburg 38, 40 f., 54
Ennsdorf 289, 442
Ennsland 104
Ennswald 34, 46
Enzinger, Moriz 447
Enzmillner, Joachim 188 f., 200, 275, 294, 300
Eppenstein, Adalbero v. 45
Eppensteiner 46
Epple-Buxbaum, Firma 348
Erfurt 201, 305
Ering 419
Erla 39
Erlach 86, 207
Erlauf 19 f., 227
Ernolatia 16
Ernst, Hg. v. Österreich 108, 113
Ernst v. Bayern, Administrator v. Passau 165
Ernst Ludwig, Großhg. v. Hessen u. bei Rhein 215
Ernsthofen 110 f., 166, 212
Erzberg 134, 268
Eschenau im Hausruckkreis 32, 41
Escherich (Orgesch) 378
Estermann, Anton 451
Ettenauer, Roman 303
Eugen IV., Papst 147
Eugen, Prinz v. Savoyen 208
Eugippius, Abt v. Lucullanum 21
Euller, Eduard 378, 393
Eurich, Friedrich Immanuel 312
Export, Valie 450
Eybel, Joseph Valentin v. 227, 284—287, 304

Fadinger, Stephan 193
Fageth, Ferdinand 392
Falkenstein(er) 47, 86, 89, 110, 160, 188, 219
Falkenstein, Chalhoch v. 58
Falkenstein, Zawisch v. 89
Falkenstein (am Wolfgangsee) 232
Falkner, Rupert 451
Fall 22
Fallsbach 146
Falzeder, Friedrich 297
Favianis 21
Fehrer, Ernst 439
Feichtbach 219
Feichtlbauer, Hans 452
Feichtmayr, Franz Josef 301
Feichtmayr, Johann Michael 308
Feldkirchen a. d. Donau 9, 47
Fellerer, Max 451
Fellinger, Karl 447

Fellinger, Matthäus 450
Fellner, Koloman 309
Ferdinand I., Ks. 88, 156, 158, 160 f., 164—169, 171, 197, 202, 204, 306
Ferdinand II., Ks. 181 ff., 185 f., 192
Ferdinand III., Ks. 187
Ferdinand I., Ks. v. Österreich 238 f., 250, 317, 321 f.
Ferdinand III., Ehg., Großhg. v. Toscana, Kurfürst v. Salzburg 228
Fernberger, Kaspar Ludwig 177
Fernberger v. Eggenberg, Johann 201
Festl, Adolf 362
Feuerstein, Günther 452
Fey, Emil 388
Fichtenau, Heinrich 446
Fick, Roderich 418, 451
Finsterer, Hans 358
Finsterwalder, Benedikt 295
Firmian, Leopold v., Fürsteb. v. Salzburg 276
Firmian, Leopold Ernst v., Fürstb. v. Passau 219, 223, 283, 287
Fischer, Alois 321 f.
Fischer-Colbrie, Arthur 447
Fischlham 276
Fixlmillner, Placidus 303
Flanitz 50
Fleischer, Georg 318
Fließer, Josef, B. v. Linz 415, 437 f.
Floderer, Wilhelm 363
Flörlplain 25
Florian, Hl. 23, 274, 438
Fondaco dei Tedeschi 137, 199
Formbach, Gfen. v. 40, 45, 48, 54, 72, 85
Formbach, Gf. Ekbert I. v. 44 f.
Formbach, Gfin. Tuta v. 57
Formbach am Inn 59
Forster, Franz 450
Forstinger, Karl 359
Forstner, Leopold 366
Fossel, Viktor 359
Fouché, Joseph 226
Franck, Heinrich 349
Franken 24, 31, 45, 50
Frankenburg 43, 50, 87, 117, 134, 184, 188, 192 f., 207, 214, 270 f., 291, 313, 403, 450
Frankenmarkt 16, 19, 50, 204, 207, 222, 272, 343
Frankfurt 182, 319
Frankreich (Franzosen) 99, 145, 157, 198, 200, 207, 210, 213, 221, 226—232, 235 f., 242, 245, 256, 262—265, 268 f., 291, 297 f., 304, 306, 310 f., 331, 343, 410, 413, 421

Franz II. = Franz I., Ks. 226, 229, 232, 235, 238, 245, 250, 252, 258, 262, 286, 315
Franz Josef I., Ks. 101, 321 f., 324, 326, 338
Franz Karl, Ehg. 357
Franz Stephan, Großhg. v. Toscana, Ks. 213 f.
Frauenstein 151, 448
Frauenthal 271
Freiling (b. Hörsching) 356
Freinberg 16, 236, 238, 293, 317, 371, 391
Freindaller, Franz Xaver 311
Freising 29, 36, 38, 49, 83, 288
Freisleben, Franz 295
Freistadt 50, 55, 68, 76, 80 f., 86, 90, 106 ff., 110, 116 ff., 123, 126, 129 ff., 134, 136 ff., 140, 149, 152, 156, 163, 179, 188, 195, 198 f., 203, 212, 219, 221, 242 ff., 251, 268, 271 f., 275, 286, 314, 322, 328, 339, 342, 356, 359, 362, 366, 371 f., 397, 417, 424, 440, 443, 448
Freiwald 199
Freudenthal 313
Frey, Simon 308
Fridelli, Xaver Ernbert 297
Friedburg 43, 121, 144, 207, 209, 221
Friedjung, Heinrich 332
Friedl, Hermann 448
Friedrich I., Ks. 61, 67, 69 f., 89
Friedrich II., Ks. 72 ff., 78
Friedrich III., Ks. 88, 93, 96, 100, 108 ff., 114–119, 122, 126 ff., 130, 138, 140 ff., 146 ff., 153, 155, 159, 197
Friedrich I., Hg. v. Österreich 69 f.
Friedrich II., Hg. v. Österreich u. Steiermark 63, 71 ff., 77 f., 82, 88 f., 91
Friedrich V., Kurfürst v. d. Pfalz, Kg. v. Böhmen 181 f.
Friedrich d. Schöne, Kg. 85
Friedrich v. Schaunberg, Eb. v. Salzburg 93
Friedrich v. Aich, Abt v. Kremsmünster 150, 152
Friedrich v. Steyr 144
Fritsch, Franz 349
Fröhlich, Fritz 449 f.
Fuchsig, Paul 447
Fuchsmagen, Johann 153
Füssen, Frieden v. 213
Furtenbacher, Burkhart, Abt v. Lambach 174
Furthner, Josef 450
Fussenegger, Gertrud 448

Gabromagus 16
Gaflenz 33, 96, 166, 207, 244, 246
Gaisbach/Wartberg 342
Gaisberger, Josef 310 f.
Gaisruck, Gf. v., Weihb. v. Passau 291
Galizien 265, 414
Gall, Joseph Anton, B. v. Linz 290, 292
Gallien 16, 22
Gallneukirchen 27, 136, 212, 292, 337, 438
Gallspach 231, 370, 438, 447
Gaman, Malerfamilie 302
Gampern 152
Gangl, Johann Baptist 308
Gars-Thunau 35
Garsten 33, 43, 57, 59, 61, 66, 74 ff., 78, 96, 123, 131, 147, 151 f., 169, 171, 204, 271, 286, 290, 295, 297, 300 ff., 407, 409, 418, 444
Garstental 135, 193 f.
Gasperschitz, Anton 394
Gaspoltshofen 99, 231, 276, 396
Gasteiger, Hans 205
Gauermann, Friedrich 364
Gebertsham 152
Gebhard, Eb. v. Salzburg 43, 57
Geboltskirchen 271, 403
Geiersberg 98, 207
Genczik, August v. 359
Genf 179, 182, 399
Georg d. Reiche, Hg. v. Bayern-Landshut 155
Georg Andreas, Abt v. Gleink 174
Georg Podiebrad, Kg. v. Böhmen 108, 118 f.
Georgenberg (Enns) 69 f.
Georgenberg (b. Micheldorf) 15, 17, 22 f., 33, 41, 63
Georgenberger Handfeste 69, 73
Gera, Herren v. 185
Gera, Johann Maximilian v. 212
Gerhart, Anton 368
Gerhoch, Propst v. Reichersberg 61 f.
Gerold I., Präfekt 30 f.
Gerstmayr, Hans 450
Gerstner, Franz Anton v. 273
Gerstner, Franz Josef v. 273
Gertrud, Nichte Hg. Friedrichs II. v. Österreich 73 ff., 105
Gerzer, Oskar 359
Geßner, Hubert 451
Getzinger, Hans 203

Geumann, Familie 189
Geumann, Ortolf 118
Geumann v. Gallspach, Hans Ortolf 181
Gföllner, Johannes Maria, B. v. Linz 374, 383, 389, 409, 415
Gielge, Ignaz 311
Gienger, Johann Jakob, Propst v. Spital 174
Gierlinger, Balthasar 378
Giesler, Hermann 418
Gießen 447
Gilm, Hermann v. 361
Ginzkey, Franz Karl 448
Giobbe, Anton Cölestin 366
Glaise-Horstenau, Edmund 397
Glasenbach 427
Glaubacker, Franz 449
Glechner, Gottfried 448
Gleink 46, 57, 59, 61, 76, 123, 147, 249, 290, 293 f., 296, 358, 371, 418
Gleink-Volkersdorfer 46, 57, 66
Gleißner, Heinrich 393 f., 397, 409, 426 f., 429, 436
Glöggl, Franz Xaver 307
Gloxwald 68
Gmunden 22, 77, 92 ff., 109, 114, 123, 126, 129 f., 135, 138, 145, 149, 152, 155, 160, 163, 173, 176, 195—199, 213, 222 f., 243 f., 255, 267, 270, 273 ff., 286, 293, 295, 301 f., 317 f., 322, 328, 337, 341 f., 346 ff., 356 f., 361 f., 364, 367 ff., 371, 396 ff., 401, 410, 429, 442, 445, 449 f., 452
Göbel, Heinz 450
Göllerich, August 363
Göring, Hermann 419
Görner, Karl v. 365
Görz, Gf. Meinhard III. v. 73
Görz-Tirol, Gf. Meinhard II. v. 106
Goes, Gf. v. 213
Göttweig 59 f., 183
Goetz, Josef Matthias 301
Goffitzer, Fritz 452
Goisern 33, 150, 198, 237, 270, 276, 278, 280, 313, 316, 324, 326, 334, 349, 353, 396
Gold, Christian 143
Goldbacher, Gregor 359
Gorze 58 ff.
Gosau 10, 27, 105, 135, 199, 237, 255, 276, 278, 280
Gosausee 10
Gosautal 76, 93, 105, 316
Gosauwald 49
Gosauzwang 154, 316

Gotha 375
Gotsch, Mark Anton 305
Gottschalk v. Lambach 61
Gottschalling 230
Gozzo 78
Gräflinger, Franz 364
Graman, Gf. 30 f.
Gramastetten 71, 198 f., 244, 418
Grammont, Friedrich Roger v. 317
Graser, Rudolf 303
Gratian, Ks. 20
Gratzen 411, 415
Graz 124, 173, 272, 291, 342, 359, 361, 363, 387, 415, 446, 450
Gregor VII., Papst 43
Greil, Alois 365
Greil, Hans 367
Greimbl, Jakob 194
Grein 109 f., 128 f., 152 f., 275, 304, 307, 322, 342, 413, 424, 442
Greinburg 151, 204, 251, 298
Greiner Strudel 35 f., 40, 58, 273, 342
Greinz, Hugo 365
Greißingberg 66
Greysing, Martin, Abt v. Schlägl 295
Griechenland 407
Griesbach, Herren v. 47 f., 71
Griesbach-Waxenberger 48, 68, 71, 88 f.
Grieskirchen 26, 32, 99, 144, 198, 231, 272, 295, 312, 328, 348, 359, 438, 446
Grillenberger, Familie 298
Grillmayr, Johann 266
Grimm, Anton 266
Gröbming 429
Groißenbrunn 77
Großamberg 27
Großau 278 f.
Großmährisches Reich 34
Großpiesenham 312
Großpold 279
Großraming 92, 413, 448
Gruber, Ignaz 362
Gruber, Josef 372 f., 376, 381, 385, 389
Gruber, Josef (Komponist) 362
Gruber, Karl 297
Grueber, Johann 297
Grüll, Georg 188, 242, 246, 446
Grünau 342, 396
Grünbach 13
Grünburg(er) 51, 112, 359, 387
Grünthal, Herren v. 185
Gsöllpointner, Helmuth 451
Gürtler, Katharina 302
Guggenbichler, Meinrad 301

## Namensregister

Gundakare v. Steyr 66
Gunskirchen 144, 276, 413, 439
Gunther, Sohn Hzg. Tassilos III. 151
Gunther, B. v. Bamberg 48
Gurk 290
Gurlitt, Wolfgang 445
Gurten 25, 154
Guschlbauer, Theodor 444
Gusen, Große 47, 90, 94
Gusen (Ort) 11 f., 413 f., 420
Gustav Adolf, Kg. v. Schweden 194
Gusterberg b. Kremsmünster 235
Gutau 129, 199, 272

Haag (in NÖ) 48
Haag am Hausruck 98, 106, 182, 198, 264, 271 f., 451
Haas, Johann 291
Haberl, Wolfgang, Abt v. Mondsee 163
Habert, Johann Evangelist 362
Habicht, Theo 385
Habsburg, Katharina v. 80 f.
Habsburger 78, 80 f., 83—89, 92 ff., 99 f., 105—108, 111, 113—117, 125, 128, 135, 137, 141, 147, 158, 166, 175, 178, 180 f., 198, 206 f., 210 f., 229, 274, 340, 368
Habsburg-Lothringer 206, 219, 234
Hachberg, Mg. Heinrich v. 81, 83
Hackelberg zu Landau, Johann v. 231 f.
Hackenbuchner, Franz 318
Hadrian, Ks. 18
Hafeld 25
Hafferl, Anton 266
Hafner, Josef (Maler u. Drucker) 312
Hafner, Josef 385
Hager v. Allentsteig, Johann Siegfried 296
Haibach ob der Donau 19, 271, 407, 443
Haichenbach(er) 48, 87
Haid (Ansfelden) 430
Haid b. Hörsching 12
Haider, Franz 426
Haider, Hermann 450
Hainfeld 335
Haitzendorf 219
Halbax, Michael Wenzel 302
Halicz, Roman v. 75
Hall in Tirol 348
Hallein 17, 138, 267, 348
Hallstatt 14—17, 19, 54, 93, 129, 134 f., 138, 152, 160, 197 f., 203, 205, 237, 255, 257, 266 f., 276 f., 316, 334, 342, 348, 353, 356, 367, 396, 406

Hallstätter See 10, 92 f., 154
Hallwyl, Marschall Thüring v. 116
Hamburg 375
Hammerstein-Equord, Hans v. 388, 447
Handel, Erasmus v. 373 f.
Handel-Mazzetti, Enrica v. 360, 407
Hann, Julius v. 358
Hannover, Königshaus 337
Hanrieder, Norbert 359 f.
Hansen, Theophil 369
Harbach, Eppo v. (= Eppo v. Windberg/Wimberg) 47
Hardegg, Gf. Heinrich v. 79
Hardinger, Johann 313
Hargelsberg 449
Harrachsthal 271
Hartheim 12, 204, 211, 414
Hartkirchen 250, 302
Haselbach 9, 66
Haselgraben 47, 68, 70, 82, 90, 94 f., 107, 136, 273
Haslach 108 f., 138, 174, 203, 255, 264, 313, 334, 349, 356, 366
Haslecker, Hannes 450
Haslinger, Johann 300
Hatschek, Ludwig 348
Hattinger, Karl-Heinz 451
Haugwitz, Familie 308
Haugwitz, Gf. Friedrich Wilhelm v. 214 f., 218
Haunsberg, Herren v. 47, 54 f., 70
Haunsberg, Gottschalk v. 70 f.
Häupl, Karl 447
Hauser, Johann Nepomuk 332, 338, 372 f., 376, 378, 381 ff., 390
Haushamerfeld 184
Haushofer, Marlen 448
Hausruck 10, 21, 25 f., 31, 33, 44 f., 51, 56, 66, 71 f., 74 f., 78—86, 94 f., 98, 101, 107, 125, 128, 185, 189, 207, 221, 271, 348, 391 f., 403, 423
Haus-Rucker-Co. 453
Hausruckkreis 218, 234
Hausruckviertel 52, 71, 95, 98 f., 101, 118 f., 141, 184, 189, 192, 194, 196 f., 208 f., 214, 228, 231 ff., 240, 242, 258, 271, 279, 286, 290
Hauttmann, Hubert 447
Hayberger, Johann Gotthard 300
Hayd, Karl 449
Haydn, Joseph 307
Haydn, Michael 308
Haydn v. Dorff, Hans Christoph 194
Haym, Christoph 193
Hebbel, Friedrich 361

Hegenbarth, Ernst 368
Hegenmüller v. Tubenweiler, Hans Ruprecht 160
Heidenreichstein 105
Heiligenkreuz 58
Heiliger, Benedikt 318
Heindl, Wolfgang Andreas 302
Heinrich I., Kg. 39
Heinrich II., Kg. 42 f., 48
Heinrich III., Ks. 49
Heinrich IV., Ks. 43 f., 55
Heinrich V., Ks. 44
Heinrich (VII.), Kg. 72 f.
Heinrich I., Hg. v. Bayern 39 ff.
Heinrich II. d. Zänker, Hg. v. Bayern 39 f.
Heinrich d. Stolze, Hg. v. Bayern 67
Heinrich d. Löwe, Hg. v. Bayern 44, 67 ff., 82, 100
Heinrich IX., Hg. v. Bayern 59
Heinrich XIII., Hg. v. Niederbayern 77, 80 f., 106, 128
Heinrich XIV., Hg. v. Niederbayern 106
Heinrich d. Reiche, Hg. v. Bayern-Landshut 121
Heinrich II., Mg. u. Hg. v. Österreich 67 ff.
Heinrich, Abt v. Admont 78
Heinrich, Mag. 78
Heinrich, Franz Josef 448
Heiß, Karl Anselm 297
Heißler, Franz 394
Helfenberg 76, 264, 349
Hellmonsödt 107, 204, 266, 449
Helmbrecht 53, 63
Hengstpaß 387
Henndorf 359
Herberstein, Gf. Ernest Johann v., B. v. Linz 288 ff.
Herberstorff, Adam Gf. 183—186, 188 f., 192
Herigis 25
Hermann, Abt v. Niederaltaich 69
Hermann v. Eppenstein, B. v. Passau 55
Hermannstadt 278
Herstorfer, Friedrich 301
Heruler 21
Herzogenhall (= Bad Hall) 43, 66, 76, 80, 91
Hessemer, Fritz 369
Heunburg, Gf. Ulrich v. 105
Hieflau 205, 342
Hiesmayr, Ernst 451
Hiller, Johann v. 230

Hillischer, Josef Hermann 361
Hiltibald, Éb. v. Köln 37
Himberg 266
Himmler, Heinrich 397
Hingenau, Bernhard Gottlieb v. 233
Hinterberg (b. Steyr) 410, 418
Hinterbrühl 413
Hinterstoder 396
Hiptmair, Matthias 357
Hirsau 59
Hirsch, Ernst 389, 393
Hirschbach (b. Freistadt) 449
Hirschenau a. d. Donau 99
Hirschenauer, Max 449
Hirt 92
Hitler, Adolf 381, 385, 388, 390, 396 f., 410, 415—418, 423
Hitzler, Daniel 201
Hochburg 31
Höchstädt 208
Höller, Josef 392
Hörsching 12 f., 25, 154, 332, 418, 442, 452
Hörschlag 109
Hötting 14
Hofer, Josef Theodor 416
Hoffmann, Alfred 446
Hoffmann-Ybbs, Hans 450
Hofkirchen im Mühlkreis 138, 174, 296
Hofkirchen im Traunkreis 363
Hoflehner, Rudolf 450
Hofmann, Egon 449
Hofmann v. Grünbühel, Ferdinand 200
Hofstetter, Igo 449
Hohberg, Wolf Helmhard v. 257
Hoheneck, Johann Georg Adam v. 207 f., 217, 256, 295
Hohenfeld, Achaz v. 173
Hohenfeld, Erasmus v. 116
Hohenfurth 58, 415 f.
Hohenwart, Sigismund v., B. v. Linz 290 ff.
Hohenzell 313
Hollenburg, Vertrag v. 113
Hollensteiner, Simon 250
Holter, Kurt 446
Holzbauer, Wilhelm 453
Holzinger, Franz Josef Ignaz 301
Holzleithen 392
Holzmeister, Clemens 444, 451 f.
Holzmüller, Lazarus 194
Holzwurm, Abraham 201
Holzwurm, Israel 201
Honauer, Franz 265 f.

Horn 179 f.
Huber, Wolf 203
Hudetz, Johann 266
Hueber, Franz 397
Hueber, Christoph 200
Huemer, Michael(Kalchgruber) 250
Hütting 55
Hüttner, Ferdinand 392
Hugenotten 179
Huglfing 15
Hunnen 20
Hussiten 95, 108, 122, 142, 146
Hye v. Gluneck, Anton 358

Ibm 16
Ibmer Moos 14, 403
Ibsen, Henrik 364
Ikrath, Paul 449
Ilbesheimer Vertrag 208
Iller 20
Illyrer 14
Ilz 48, 89, 228 f.
Indien 198, 297
Ingelheim am Rhein 30
Ingolstadt 106, 137, 200, 214
Inn 10, 12, 16 ff., 21, 24, 26−29, 31−36, 39 ff., 45, 53, 56 f., 59, 72, 74, 77, 93, 98, 106, 128, 137 f., 148, 154, 200, 203, 205, 209, 213 f., 221 ff., 228, 230, 233, 270, 274, 288, 419, 424, 431, 442
Innbäche 16, 44, 66
Innerberger Hauptgewerkschaft 198, 268, 340, 346
Innerösterreichische Ländergruppe 173, 181, 265
Innkreis 234, 322
Innsbruck 157, 162, 164, 200, 320, 337, 358, 447
Innviertel 15, 25 f., 48, 52 f., 98 f., 106, 114, 121, 132, 141, 143, 148, 150, 168, 195, 208, 220−223, 225 ff., 231−234, 239 f., 248, 263 f., 271, 275, 282, 286, 288 ff., 301, 305, 308, 311 f., 320 f., 335, 348, 358, 365, 379 f., 423, 440, 449 f.
Interamnes 56
Inzersdorf im Kremstal 452
Ioviacum 16, 21, 23
Ipf 16, 42
Irnharting (b. Gunskirchen) 356
Isar 56
Ischl 16
Ischlland 45, 54, 66, 71, 83, 92 f., 95, 134 f.
Israel 412
Ita, Mgin. v. Österreich 61

Italien (Italiener) 19, 21 f., 24, 62, 153, 174, 186, 197, 200, 227, 264 ff., 269, 275, 299 f., 326, 336, 339, 352, 366, 379, 387, 410, 413, 421
Iuvavum 18 f.

Jägerstätter, Franz 417
Jandelsbrunn 90, 219
Jascha, Johann 450
Jaunitz 33, 43
Jerger, Wilhelm 448
Jetzinger, Franz 385, 393
Jochenstein 90, 98, 219, 431, 442
Jörger (zu Tollet) 158, 161 f., 188 f., 200
Jörger, Christoph 163
Jörger, Dorothea 163
Jörger, Hans 177
Jörger, Wolfgang 158, 161, 163
Johann, Kg. v. Böhmen 107
Johann, Ehg. 227, 229, 252
Johannes v. Capestrano 145
Johannes v. Gmunden 153
Johanniter, Firma 264
Josefsberg 278
Joseph I., Ks. 208 f.
Joseph II., Ks. 93, 222−225, 235, 241, 243 ff., 247 f., 251, 253, 255 f., 259 ff., 268, 270, 280−290, 293 f., 298, 303, 306, 311, 332, 344
Jost, Wilhelm 418
Juden 35, 131, 146, 196, 281, 292, 320, 338, 409, 412 ff.
Judenburg 136
Jülich 180
Jugoslawen 413, 421
Julbach (a. Inn) 87
Julbach, Herren v. 45
Julbach im Mühlkreis 450
Julian Apostata, Ks. 20
Jungfernstein 98, 219
Jungmair, Rudolf 359
Justinian, Ks. 24

Käfer, Müller in Hallstatt 237
Kärnten 17 f., 45, 81, 101, 105 ff., 110, 112, 125, 137, 145, 156 f., 173, 201, 232, 260, 264, 279, 286, 301, 321, 374, 383, 409, 413
Käser, Leonhard 163, 165
Kaindl, Dominik 415
Kalchgruber, s. Huemer Michael
Kallham 230, 342
Kaltenbrunner, Ernst 397, 412, 423, 427
Kaltenbrunner, Karl Adam 312, 359
Kaltenhauser, Fanny 360

Kamka, Firma 264
Kammer a. Attersee 13, 46, 85, 87, 144 f., 188, 192, 194, 265, 300, 438
Kanada 407
Kant, Immanuel 305
Kapellen, Herren v. 50, 79, 91, 125, 128
Kapellen, Jans v. 91
Kapellen, Margaretha v. 144
Kapellen, Ulrich v. 80 f., 91 f., 105
Kaplitz 99, 379, 411, 415
Karantanien 27, 30 f.
Karl d. Gr., Kg. 30 f., 36
Karl IV., Ks. 86, 147, 273
Karl V., Ks. 88, 158, 160 f., 167
Karl VI., Ks. 209 f., 219, 259 f., 267, 272, 276 ff., 287, 294
Karl Albrecht, Kurfürst v. Bayern = Karl VII., Ks. 211 ff.
Karl I., Ks. v. Österreich 338, 372
Karl, Ehg. 230 f.
Karl August, Hg. v. Pfalz-Zweibrükken 220
Karl Theodor, Kurfürst v. d. Pfalz 220
Karlmann, Kg. 34
Karlsruhe 358
Karolinger 30, 32, 34, 37 ff.
Karzel, Herwig 438
Kasper, Ludwig 450
Katharer 143
Katharina, Kgin. v. Polen 171, 203
Katzenau 155, 339
Kaunitz-Rietberg, Gf. Wenzel Anton v. 218, 282
Kefermarkt 152, 203, 361, 366
Keim, Franz 359
Kelischek, Franz 378
Keller, Leo 452
Kelten 16 f.
Kematen a. d. Krems 19, 22, 144, 276, 451
Kempten 137
Kenner, Friedrich 358
Kepler, Johannes 201, 446, 453
Keppler, Wilhelm 409
Kepplinger, Josef 367
Kern, Felix 394, 427
Kerspeck, Wolfgang 147
Keßlawald 45
Khevenhüller, Familie 188
Khevenhüller, Franz Christoph 186
Khevenhüller, Hans 188
Khevenhüller, Gf. Ludwig Andreas 212 f.
Khoss, Stefan 300
Khuen, Georg 170
Kienbachklamm 16

Kienzl, Wilhelm 363
Kiew 54
Kimpflern, Rupert v. 297
Kinzl, Hans 447
Kirchberg (a. d. Laaber), Herren v. 47
Kirchdorf a. d. Krems 10, 41, 46, 48, 69, 94, 129, 134, 171, 196, 199, 244, 322, 328, 338, 348, 358, 387, 396, 427, 435, 438, 446
Kirchham 276, 278
Kirchmayr, Hans 332
Kirchmayr, Seraphin 295
Kirchschlag (b. Linz) 314
Klagenfurt 413, 448
Klam 46, 108, 153, 201, 361
Klam, Beatrix v. 58
Klaus 46, 136, 138, 251
Klein-Mollsberg 219
Kleinmünchen 19, 265 f., 339, 368, 398
Kleinreifling 134, 198, 268, 342, 446
Kleinschmidt, Karl 448
Kleinsorg, Raphael 308
Klemens VIII., Papst 176
Klesl, Melchior, B. v. Wien 175, 181
Klimt, Gustav 366
Klingenberg 81, 106, 115
Klingenberg, Burkhard v. 80
Klinger, Kurt 448
Kloiber, Ämilian 447
Kniewas 92
Knittel, Franz Anton 297
Knittel, Franz Jakob 297
Knorr, C. H. 349
Kobernaußen 25
Kobernaußerwald 10, 25, 33, 270, 340
Koch, Gustav Adolf 358
Koch, Jakob Ernst 326
Köln 54, 238, 293, 366 ff.
König, Robert 297
Königswiesen 55, 68, 91, 203, 424
Körner, Reinhold 320, 356
Körner, Theodor 391
Köttlach 33
Kogl 43, 188, 192, 270, 300
Kohl, J. G. 312
Koko, Demeter 449
Kolbe, Friedrich 365
Kolbitsch, Rudolf 450
Koller, Marian 358
Kollerschlag 359, 396
Konrad I., Kg. 39
Konrad II., Kg. 45
Konrad III., Kg. 43, 67
Konrad I., Eb. v. Salzburg 59
Konrad I., B. v. Passau 60

## Namensregister

Konrad, Abt v. Mondsee 59
Konrad I., Abt v. Wilhering 146
Konrad v. Hallstatt 153
Konrad v. Waldhausen 147
Konrad, Karl 363
Konstantin, Ks. 23, 30
Koref, Ernst 429
Kornrödt 193
Krachenberger, Johann 153
Krackowizer, Ernst 324
Krackowizer, Ferdinand 310, 357
Krackowizer, Ferdinand (Gmunden) 357
Krackowizer, Hermann 368 f.
Krain 73, 101, 105, 110, 112, 156 f., 173, 179, 232, 264, 321
Krauß & Co., Firma 348, 404
Kreibig, Eduard 363
Krems(tal) 16, 19, 26 f., 33, 40 f., 43 f., 48, 66, 70, 101, 125, 135, 189, 336, 348
Krems a. d. Donau 78, 119, 342
Kremsdorf 16, 19, 26, 33
Kremsier 320, 327
Kremsmünster 19, 22, 27–32, 36 ff., 41 f., 48, 51, 58–61, 63, 66, 76, 79, 114, 123, 134, 147, 149–153, 158, 169, 171, 189, 199, 202, 204, 239, 244, 265, 271, 279, 286, 289, 295, 297–300, 302–305, 307 f., 310 ff., 314 ff., 318, 342, 355, 358, 360, 416, 423 f., 444
Krenglbach 42
Krenner, Amand 296
Kreuzen (Bad Kreuzen) 188 f., 314, 349, 448
Krift 22
Krinner, Johann Matthias 300
Kristein (b. Enns) 266
Kriz, Franz 395
Kroatien 265
Kronberger, Karl 366
Kronsteiner, Hermann 449
Kronsteiner, Joseph 449
Kronstorf 31, 362
Kropfreiter, Augustinus Franz 449
Krumenauer, Stephan 151
Krummau a. d. Moldau 99, 203, 379, 411, 415, 419
Kubena, Johann 388
Kubin, Alfred 449
Kubo, Johann 266
Kuchler, Familie 144
Kudlich, Hans 321 f., 343
Kuefstein, Hans Ludwig v. 200
Kühne, Kurt 452
Kühnelt, Wilhelm 447
Kuenring, Herren v. 47
Kuenring, Albero IV. v. 75
Künzing 21
Kürenberg 63
Kürnberg(erwald) 9, 16, 155
Kunigunde, Ksin. 49
Kuno I., B. v. Regensburg 59
Kupelwieser, Leopold 313
Kurz, Franz 305, 311
Kurzwernhart, Robert 363

Laakirchen 177, 276, 278, 349, 396, 438 f.
Lach, Fritz 449
Lachforst 25, 32
Laciacum 16, 19
Ladislaus Postumus, Kg. v. Ungarn u. Böhmen 114 f.
Lafnitz 18
La Grange, General 231
Lambach 12, 40, 43, 45, 50, 54 ff., 59–62, 66, 70, 72, 123, 136, 138, 147, 151 f., 171, 193, 218, 227 f., 230, 255, 266, 273 f., 284, 286, 296, 298, 301, 304, 309, 311, 317, 341, 368 f., 416, 447, 449
Lambach, Gfen. v. 40, 43–46, 54, 66, 81
Lambach, Gf. Arnold II. v. 44 f., 57
Lambach, Gf. Arnold III. v. 45
Lambach, Gf. Gottfried v. 45
Lambach, Gfin. Reginlind v. 44
Lamberg, Gfen. v. 200, 219, 300
Lamberg, Johann Maximilian v. 187 f., 201
Lamberg, Joseph Dominikus v., Fürstb. v. Passau 219
Lamp, Stephan 144
Lamprecht, Johann Evangelist 311, 357
Landau, Familie 189
Landsberg am Lech 427
Landshaag 47, 138
Landshut 106, 155, 203
Lang, Hüttenmeister 318
Langenstein 11
Langhalsen b. Neufelden 265
Langhayder, Konstantin 304
Langheim 58
Langobarden 24
Langoth, Franz 373 f., 376, 381, 388 f., 429
Lanz, Engelbert 362
Lasberg 48, 272, 426
Lasern 33
Laska, Julius 364
La Tène 16 f.

Lauffen 93, 129, 134, 138, 146, 151, 276, 422
Lauriacum 16, 19—23
Lausitz 181
Laussa(bach) 13, 75, 92, 268
Laussa 198, 268, 403
Lebenwaldt, Adam Lebald v. 298
Lebitsch, Josef 296
Lebschy, Dominik Anton, Abt v. Schlägl 328, 332
Lech(feld) 20, 39
Lechler, Benedikt 299
Leibetseder, Josef 227
Leibniz, Gottfried Wilhelm 303
Leinberger, Hans 203
Leipzig 233, 368, 448
Leitenmühl 219
Leitha 17, 73
Leitmeritz 449
Lembach 192, 264
Lenau, Nikolaus 312
Lengau 15, 25
Lengauer, Rudolf 409
Lengdörfer, Hans 151
Lengenbach, Herren v. 47, 71
Lentia 16, 18 ff., 22 f.
Lenzenweger, Josef 446
Lenzing 349, 413, 419, 423, 432, 438
Leo XIII., Papst 334
Leoben 289
Leombach 27, 163
Leonding 25, 292, 417 f., 435, 439, 448, 450, 452
Leonhard v. Keutschach, Eb. v. Salzburg 156, 160
Leonstein(er) 43, 51, 66, 112, 199, 296, 361
Leopold I., Ks. 197, 206 ff., 240 ff., 262, 274, 277, 298, 314
Leopold II., Ks. 98, 225 f., 247 f., 286, 289 f., 293
Leopold I., Mg. 40
Leopold II., Mg. v. Österreich 44, 55
Leopold III., Mg. v. Österreich, Hl. 274
Leopold IV., Mg. v. Österreich, Hg. v. Bayern 67
Leopold V., Hg. v. Österreich u. Steiermark 69 f.
Leopold VI., Hg. v. Österreich u. Steiermark 48, 55, 70 f., 77, 88 f.
Leopold III., Hg. v. Österreich 111 ff.
Leopold IV., Hg. v. Österreich 113
Leopold, Ehg., B. v. Passau 180, 184
Leopoldschlag 358
Leopoldshofstadt 403

Leppersdorf 22
Lergetporer, Stephan 313
Levante 269
Lichtenau 349
Lichtenberg (b. Linz) 14, 418
Lichtenegg (b. Wels) 263, 268, 270, 418
Licinius, Ks. 23
Lidl, Bernhard, Abt v. Mondsee 274, 296
Lieben, Vertrag v. 178
Liebenau 420
Liebenwein, Maximilian 366
Liebert, Franz 367
Liechtenstein, Heinrich v. 117
Liechtensteiner 88, 119, 128, 158, 188
Liedl, Klaus 450
Liegl, Georg 263
Liezen 396, 429
Lindach (b. Gmunden) 263, 446
Lindemayr, Maurus 298, 306 f.
Lindner, Wolfgang 179, 202
Linz, passim
Linzer Hessen 215
Linzer Märkte 137, 196 f., 199 f., 272
Linzer Programm 332, 382
Linzer Wollzeugfabrik 253, 255 f., 265, 316, 352
Linzinger, Ludwig 367
Linz Textil AG. 405
Linz-Zizlau 25, 28, 31
Lipp, Franz 447
Liszt, Franz 363
Litschau 105
Litzlberg (a. Attersee) 13
Liutmunt 25
Liutold v. Mondsee 61
Lobenstein(er) 51, 76
Lochen 25, 289
Löbl, Hans Christoph v. 193
Löbl v. Greinburg, Hans Jakob 175, 177, 192
Löffler, Karl Friedrich 366
Löwenstein-Wertheim, Gf. Maximilian Karl v. 209
Loibersdorf 446
Loiblpaß 413
Loidl, Franz 446
Loidol, Oddo 362
Lonsdorf (b. Linz) 51
Lorch 16 f., 19, 23, 26, 29, 31, 33 f., 36, 38, 41 f., 56, 83, 140, 150 f., 153, 286 f., 289
Lorcher Märtyrer 23, 438
Lorchfeld 76
Lorenzoni, Franz 394, 409, 426 f.

Losenstein 11, 91, 193, 199, 212, 255, 268 f., 312, 449
Losenstein, Wolf Siegmund v. 177
Losensteiner 158, 161, 204
Luca, Ignaz de 304 f.
Lucullanum b. Neapel 21
Ludwig d. Deutsche, Kg. 31 f., 34, 37
Ludwig IV. d. Kind, Kg. 33, 37 ff.
Ludwig d. Bayer, Ks. 85 f., 106
Ludwig XVI., Kg. v. Frankreich 226
Ludwig, Hg. v. Bayern 75
Ludwig d. Reiche, Hg. v. Bayern-Landshut 115, 117
Luftenberg 201
Luitpold, Mg. 38 f.
Luitpoldinger 39
Lunéville, Frieden v. 228
Lungitz 12
Luther, Martin 162 ff.
Lutz, Anton 365, 449
Luxemburger 87, 106 f.
Lyon 365

Maastricht 54
Machland 9, 12, 15, 25, 33, 39, 52, 68, 74, 80, 83, 91, 94 f., 100, 108, 115, 118, 125, 189, 197
Machland, Herren v. 46, 71, 94, 100, 152
Machland, Otto v. 48, 57, 68
Machlandkreis 219
Machlandviertel 95, 180, 186 f., 189, 192, 194, 199, 203, 212, 214, 221, 242, 251, 257, 269 ff.
Mader, J. E. 312
Madlseder, Wolf 194
Mähl, Leopold 301
Mähren 138, 173, 178, 181, 196, 229, 260, 263, 265 f., 272, 311, 336, 343, 385, 421
Magnus v. Reichersberg 61
Mahler, Gustav 364
Maidburg-Hardegg, Gfen. v. 124, 158
Maier, Franz 378
Mailand 264
Mailberger Bund 114
Mairwöger, Gottfried 450
Makart, Hans 364
Maltsch 273
Mandorfer, Peter 393
Manegold, Propst v. Ranshofen 62
Marbod 18
Marc Aurel, Ks. 19
Marchfeld 105
Marchtrenk 12, 46, 339, 388, 438, 442, 450

Maret, Hugo Bernard, Hg. v. Bassano 226
Margarethe, Kgin. 73, 75
Maria, Kgin. v. Ungarn 203
Maria Aich 420
Maria auf dem Anger (Enns-Lorch) 23, 29
Maria Antoinette 298
Maria Schmolln 274
Maria Theresia, Ksin. 210—219, 221 f., 226, 240—245, 247, 249—252, 259—262, 268, 271, 278 f., 282 f., 285, 287, 298, 304, 307 f., 315, 344
Marian, Hyacinth 297
Mariazell 278
Marienkloster a. d. Enknach 30, 37
Markomannen 19, 24
Marlborough, Hg. v. 208
Marsbach(er) 48, 228, 243
Martinskirche (Linz) 41
Matosch, Anton 359
Matthias, Ks. 177—181, 203
Matthias Corvinus, Kg. v. Ungarn 96, 108 ff., 119, 122
Mattig 16, 21, 28, 270
Mattiggau 26, 41
Mattighofen 26, 31, 43, 48, 144 f., 199, 207, 209, 221, 342, 349, 365, 416, 435, 438 f.
Mattsee 26, 32, 37, 41, 48, 56, 97 f., 143, 289
Mauerkirchen 121, 209, 221
Maurer, Engelbert 291
Mautern 21, 42
Mauthausen 12, 22, 55, 61, 81, 106, 129, 136, 138, 145, 152, 178, 196, 198, 268, 273, 316, 334, 339, 342, 348, 392, 413 f., 420, 423 f., 427, 442, 450
Max Emanuel, Kurfürst v. Bayern 208 f.
Maximilian, Hl. 438
Maximilian I., Ks. 88, 90, 93, 96 f., 110 f., 129 f., 136, 146, 154—158, 160, 162 f., 195, 197, 202
Maximilian II., Ks. 97, 156, 161, 167, 169—174, 178 f., 181, 197
Maximilian I., Hg. v. Bayern 182, 185
Maximilian I., Kg. v. Bayern 233
Maximilian III. Joseph, Kurfürst v. Bayern 213, 220, 271
Maximilian d'Este, Ehg. 230, 236, 293
May, Matthias 366
Mayer, Emil 318
Mayer, Ignaz 316
Mayer, Theodor 446
Mayer, Wilhelm Sebastian 362

Mayr, Emil 363
Mayr, Friedrich 450
Mayr, Hieronymus 295
Mayr, Jakob 426 f.
Mayr, Max 373
Mayr, Michael 358, 383
Mayrhofer, Josef 393
Medelsky, Josef 359
Meggau, Leonhard Helfried v. 188 f., 275
Meggenhofen 231, 291
Meginhard, Gf. 40
Megiser, Hieronymus 201
Meindl, Johann Georg 208
Meindl, Konrad, Propst v. Reichersberg 357
Meißen 267
Meissler, Wenzel 305
Melk 59, 61, 147, 151 f., 182, 413
Mensing-Braun, Wilhelm 438
Meran 337
Merian, Matthäus 104, 296
Metternich, Fürst Lothar Klemens 236, 310
Mettmach 450, 452
Metzner, Franz 367
Meurl v. Leombach, Bernhard, Weihb. v. Passau 141
Michaelbeuern 59
Michaelnbach 231
Micheldorf im Kremstal 15 f., 19, 26, 33, 199, 313, 387, 396
Miesbach, Alois 271
Miklas, Wilhelm 397
Mindelheim 220
Mining 12, 31
Misling 13
Mistlbach 42, 356
Mitterbach (NÖ) 278
Mitterberg 92
Mitterkirchen 15, 33
Mittermayr, Hans Ludwig 195
Mitterndorf a. d. Alm 33
Mittersill 413
Mitterweißenbach 316
Modler, Johann Baptist 301
Mösendorf 16, 19
Moldau 71, 136, 203, 270, 273
Molln 92, 198 f., 268 f., 313, 371, 387, 439
Mondsee 10, 12 f., 97 f.
Mondsee (Kloster, Markt) 26, 29 f., 32, 37 f., 41 f., 49, 58 f., 61, 76, 79, 97, 106, 123, 145 ff., 151 f., 156, 163, 171, 202, 207, 233, 285 f., 290, 296 f., 302 f., 308, 314, 343, 356, 367 ff., 438, 444, 450

Mondseeland 93, 97, 99, 106, 155, 160, 168, 190, 193, 203, 248, 301, 429
Monsorno, Johann 313
Monte Cassino 29
Montgelas, Maximilian Joseph 233
Montpellier 30
Mooswinkel 13
Moreau, General 227
Morimond 58
Morzer, Johann Georg 302
Morzg 14
Mosenauer, Wolfgang 163
Moser, Josef 389
Moser, Maria 450
Moser, Ludwig 362
Mostböck, Karl 450
Mozart, Wolfgang Amadeus 307
Mücke, Josef Franz 366
Mühelland 95
Mühl, Gr., Kl., Steinerne 9, 47 f., 71, 75, 81, 89 f., 270, 273
Mühlbach 92
Mühlbacher, Engelbert 357
Mühleck 219
Mühlhausen 58
Mühlheim am Inn 207, 450
Mühlkreis 219, 221, 232
Mühlviertel 9, 18, 25, 27, 35 f., 46–50, 53, 58, 63, 68, 75, 77, 88, 90, 94 f., 107 ff., 128, 135, 138, 141, 154, 174 f., 186 f., 189, 192, 197 ff., 203, 208, 214, 221, 227, 229 ff., 235 f., 240, 242, 263–266, 269 f., 279, 299, 313 f., 324, 336, 343, 345, 349, 361 f., 379, 401, 414, 417, 424–427, 429 f., 435, 439 f., 449
Mühlwanger, Koloman 150
Mühlwanger, Veit 116
Müller, Franz Xaver 362
Müller, Rudolf 266
München 96, 106, 213, 228, 230, 233, 284, 301, 308–311, 341 f., 364–367, 369, 410
Münichholz 410, 413, 418, 435, 438
Münsterschwarzach 57 ff.
Münzbach 275, 290
Muhr, Gotthard 450
Munderfing 25
Munolf 25
Munsch, Josef 365
Mussolini, Benito 387
Muthesius, Hermann 369

Naarn (Fluß) 9, 16, 32, 41, 47, 49, 248, 270, 273
Naarn (Ort) 42, 144

## Namensregister

Nadler, Ernst 362
Napoleon Bonaparte 226, 228–233, 235, 290
Naristen 18
Natternbach 184
Neapel-Sizilien 208
Neppendorf 278 f.
Nettingsdorf 349
Neubacher, Hermann 412
Neubau b. Hörsching 16, 155
Neuberg a. d. Mürz 92 f., 112
Neuburg am Inn 44, 71 f., 77, 81, 86, 93 f., 96, 99, 106 f., 112, 116 f., 155, 207, 219, 228, 262, 288
Neuenburger See 16
Neuern 99, 379
Neufahrer, Ludwig 203
Neufelden (Velden) 77, 87, 89 f., 94, 138, 243, 264
Neuhaus a. d. Donau 86, 88, 96, 112, 155, 192, 208
Neuhaus, Heinrich v. 107
Neuhofen im Innkreis 230
Neuhofen a. d. Krems 19, 31, 33, 144, 193, 265, 321
Neuhofer, Franz 362
Neukematen 280
Neukirchen a. d. Enknach 362, 446
Neukirchen a. d. Vöckla 276, 291, 362, 450
Neukirchen am Walde 193
Neumarkt am Hausruck 192, 264, 318, 342, 349, 358
Neumarkt im Mühlkreis 55, 136
Neumarkter Sattel 19
Neunkirchen 75
Neusachsenburg 155
Neuseeland 359
Neustift 92, 146
Neve, Franz de 301
Newald, Richard 447
Neydharting 154, 265, 440
Nicolai, Friedrich 312
Niederaltaich 29 f., 58, 174
Niederbayern 12, 47, 97, 106 f., 220, 222
Niederdonau 410 f., 413, 420, 423
Niederkeßla 90, 98, 141, 219
Niederlande 160, 198, 207 f., 220, 269, 272, 300, 431
Niedernburg 47, 89
Niederösterreich 9, 13, 32, 40, 46, 92, 96, 117, 137, 186, 196, 198, 211 f., 224, 227–230, 238, 254, 258, 260, 263–267, 272, 275, 284, 323, 327, 334, 340, 362, 374, 383, 410, 424, 434, 442, 447, 449

Niederösterreichische Ländergruppe 156, 161 f., 167, 170, 173, 197, 232
Niederperwend 12
Niederranna 138, 442
Niederthalheim 231
Nikopolis 113
Nixluckenhöhle 11
Nördlingen 185
Noitzmühle 268
Nonnberg 58
Noricum 17–23
Noriker 17, 22
Notgasse 16
Nürnberg 137, 185, 201 f., 229, 291, 301, 427
Nußdorf am Attersee 26

Oberascher, Maurus 297
Oberbank 404
Oberbayern 106
Oberdonau 99, 410–417, 419–423, 425, 432, 443
Obergrünburg 43, 66
Oberhauser, Benedikt 304
Oberhofen am Irrsee 97
Oberhuber, Franz 367
Oberhummer, Alois 425
Oberitalien 18 f., 22, 38, 62
Oberkraft 400
Obermühl 138, 349
Obermüllner, Adolf 365
Obermüllner, Michael 301
Obernberg am Inn 73, 98, 222 f., 228, 230
Oberndorf b. Gallneukirchen 266
Obernzell 138, 219
Oberösterreichische Ländergruppe 156, 161, 164
Oberpfalz 220
Oberplan 360, 362, 415
Oberranna 16, 19
Oberrohr 19, 23
Oberthalheim 145, 168, 291
Obertrum 289
Oberwallsee 125
Oberwang 450
Oberzeiring 136
Odessa 450
Odilo, Hg. v. Bayern 26 f., 29
Odoaker 21, 24
Odorizzi, Karl 451
Ödenburg 185
Öder, Familie 200
Ödt zu Götzendorf, Anton Erasmus v. 208

Öhner, Franz 450
Ötting 72
Ofen, Vertrag (Frieden) v. 75, 78, 82
Offenhausen 276
Oftering 448
Ohlsdorf 62, 276, 278, 396, 448
Oichten 16
Oldenburg 375
Olmütz 366
Ort (am Traunsee) 125, 163, 188
Ort, Herren v. 46 f., 50, 66
Ort a. d. Donau 124
Ortenburg 185
Ortenburg, Gfen. v. 72, 97, 276
Ortner, Hermann Heinz 448
Ossarn 13
Ostermiething 26, 31, 49, 289
Osternberger Künstlerkolonie 365
Ostfranken 44
Ostgoten 24, 29
Ostmark 411 f., 422, 424
Otakar, Gf. 30, 33
Otakar II., Mg. v. Steiermark 44, 57, 59, 151
Otakar III., Mg. v. Steiermark 67
Otakar IV., Hg. v. Steiermark 69
Otakare 45 f., 54 f., 57, 66, 69, 71, 82
Ottensheim 47, 55, 71, 107, 119, 125, 138, 175, 271, 275, 296, 418, 442, 453
Otterbach (OG. St. Florian am Inn) 356
Ottnang 291
Otto I. d. Gr., Kg. 39
Otto II., Ks. 40 f.
Otto II., Hg. v. Bayern 72 f.
Otto III., Hg. v. Niederbayern 121
Otto, Hg. v. Österreich 106
Otto II., B. v. Bamberg 58
Otto, B. v. Freising 67
Otto v. Lonsdorf, B. v. Passau 141, 149
Ottokar I., Kg. v. Böhmen 71
Ottokar II. Přemysl, Kg. v. Böhmen, Hg. v. Österreich 74−80, 82, 88, 91 f., 97, 105, 126, 128 f., 141, 144, 147
Ouliupestal 41
Ovilava 18 ff., 23


Paar, Familie 273
Pacher, Michael 152
Pachmayr, Marian 305
Padua 62, 200
Pagl, Maximilian, Abt v. Lambach 209
Pahin 54, 58
Palm, Johann Philipp 229, 291
Paminger, Leonhard 202

Pannonien 24, 36
Pappenheim, Gottfried Heinrich v. 193
Paris 62, 232 f.
Parschallen 26
Parschallern 26
Parschalling 26
Partenstein 369, 403
Parz (b. Grieskirchen) 204, 450
Parz (b. St. Agatha) 193
Pasching 452
Passau 9, 29 f., 32 f., 36 ff., 41 ff., 47 f., 51, 54−59, 69, 71, 76 f., 86 f., 89 f., 92 ff., 97 ff., 106, 112, 119, 125, 129, 134, 136 ff., 140 f., 143 f., 146, 148−151, 154, 164 ff., 168 f., 171, 175 f., 180, 183, 189, 199 f., 202 f., 206 f., 211, 214, 219 f., 222, 228, 230, 243, 251 f., 264, 272, 276 ff., 283, 285−289, 291, 301, 304, 315, 341, 413
Passau-Innstadt 16, 18, 23, 26
Passauerwald, s. Sauwald
Paß Gschütt 93
Pasterwiz, Georg v. 307
Patricius, Mönch 163
Pauer, Dionysius 302
Pauer, Leopold 287
Pausinger, Franz 313
Peichl, Gustav 451
Peilstein, s. Burghausen-Peilstein
Peilstein im Mühlkreis 90, 244, 395, 417
Peisser, Johann 257
Peisser v. Wertenau, Familie 296
Peking 297
Pennewang 276
Pepöck, August 449
Pere, Erasmus van der 203
Perg 11, 15, 77, 129, 199, 248, 271, 300, 328, 334, 348, 371, 384, 404
Perg, Herren (Vögte) v. 46 ff., 69, 71
Perger, Bernhard 153
Perkheim, Jörg v. 116
Perkheimer 163, 201
Perlesreut b. Oepping 250
Pernau (b. Wels) 418, 452
Pernaz, Roman 295
Pernerstorfer, Engelbert 332
Pernstein(er) 66, 125
Perotti, Artur 452
Persien 198
Perwang 222, 289
Perwend 46
Pesenbach 9, 27, 47 f., 152, 361
Peteani, Maria v. 447
Petrus v. Pillichsdorf 144

Pettau, Herren v. 125
Pettenbach 26 f.
Peuerbach 86, 129, 193 f., 207 f., 211, 243, 292, 342, 367
Pfaffinger, Michaela 365
Pfaffstätt 365
Pfalz 155, 182, 185
Pfalz, linksrhein. (Rheinkreis) 234
Pfalz-Neuburg 183
Pfandl 54
Pfandl, Josef 255
Pfarrkirchen 90
Pfeneberger, Josef 389, 393
Pflügl, Albert v. 318
Pfriemreith 92
Pfrimer, Walter 386 f.
Philipp, Eb. v. Salzburg 75
Piber(stein) 51, 76
Pichl-Oberstorf 420
Pichl b. Wels 448
Pichlinger See 11
Pierer, Franz 318
Pießling 33
Pilgrim, Eb. v. Salzburg 37
Pilgrim, B. v. Passau 42
Pillwein, Benedikt 311
Pinsdorf 193, 348
Pisa 200
Pischelsdorf 30, 153
Pitten 45, 75
Pittioni, Richard 12
Pius II., Papst (Enea Silvio Piccolomini) 148
Pius VI., Papst 284
Pius VII., Papst 290
Plain, Gfen. v. 46, 85
Plain (Pöndorf) 25
Plank, Johannes 201
Plasser & Theurer, Firma 439
Platte, Karl 343
Plinganser, Georg Sebastian 208
Plischke, Ernst Anton 452
Ploberger, A. 349
Plöckenstein 90, 219
Pocksteiner v. Woffenbach, Freiherr Franz Xaver 222, 307
Pöndorf 25, 70, 98
Pöschl, Lederfabrik 255, 271, 349
Pöschl, Thomas 291, 309
Pöstlingberg 236 f., 292, 347, 361, 369, 398
Pötschenpaß 27, 75, 424
Pötschmühle 419
Pötting 230
Pöttinger, Firma 348
Poigreich 46

Polen 137 f., 196, 207, 237, 266, 269, 272, 292, 336, 413, 421
Polheim, Albero v. 73, 75, 143
Polheim, Siegmund v. 170
Polheim, Siegmund Ludwig v. 176 f.
Polheim(-Wartenburg), Wolfgang v. 145, 156, 158
Polheim(er) 46, 50, 158, 163, 185, 204, 231
Pollak, Hans 365
Polling 230
Polsenz 16
Poneggen (b. Schwertberg) 265
Popp, Alexander 453
Popper, Otto Reinhard 361
Poppo 25
Poschacher, Anton 348
Prachatitz 99, 379
Prag 147, 167, 175, 180 ff., 273, 292, 317, 361, 363, 447
Prag, Ladislaus v. 145
Prager, Familie 158
Pram (Fluß) 32, 98
Prambachkirchen 22, 405, 449
Pramet 291
Prandegg-Zellhof 251, 298
Prandstetter, Lienhard 205
Prandtauer, Jakob 300
Praun, Wolfgang 118
Prechtler, Otto 312
Preen, Hugo v. 365
Pregarten 33, 68, 272
Preßburg 38, 229, 367
Preuenhueber, Valentin 202, 295
Preußen 98, 209, 211, 214, 216, 220, 236, 277, 326, 335
Pritz, Franz Xaver 311
Probst, Wolfgang 297
Pröll, Laurenz 357
Prokop, Mg. v. Mähren 107
Pruckmayr, Franz Michael 300
Prüschenk, Herren v. 126, 128, 155
Prüschenk, Siegmund 159
Prunner, Johann Michael 300
Puchberg b. Wels 318, 418
Puchenau 27, 33, 36, 418, 452
Puchheim 293, 325
Puchheim, Albero v. 105
Puchheim, Pilgrim v. 58
Puchheim, Wilhelm v. 118
Puchheimer 46, 50, 105, 107
Puchmayr, Franz 387
Puchsbaum, Hans 150 f.
Pucking 442
Pürnstein 228, 243
Pulgarn 123, 144, 174, 275, 416, 450

Pummerer, Rudolf 447
Pupping 25, 41, 144 f., 168, 183
Purschka, Norbert 359
Puthod, General 231
Putzleinsdorf 174, 359
Pyhrn(paß) 19, 21, 27, 46, 48, 54, 58, 66, 75, 82, 136, 138, 387, 396, 424

Quaden 19
Querck, Ignatius 276
Quintanis 21

Raab (BH. Schärding) 165, 244
Raab (Fluß in Ungarn) 31, 36
Rabl, Carl Borromäus 359
Racher, Franz Xaver 308
Radstadt 195
Rädler, Franz Xaver 266
Raffelstetten 33, 35, 40
Raiffauer, Gregor 296
Rainbach im Innkreis 448
Rainer, Ehg. 215
Rainer, Roland 452
Raittenau, Ägidius v. 302
Ramée, Lorenz v. 180
Ramesch-Bärenhöhle 11
Raming 33, 269
Ramsau (Herrschaft Steyr) 92
Ramsau (am Dachstein) 278
Ramsauer, Johann Georg 15
Ranna 9, 47 f., 89, 228 f., 403
Rannariedl 87, 90, 96, 155, 219 f., 228, 243
Ranshofen 26, 31, 35, 37, 40, 43, 49, 51, 59, 61 f., 72, 148, 202, 263, 286, 291, 295, 300, 419, 432
Raschenberg-Reichenhall, Gfen. v. 45, 57
Rastatt, Frieden v. 209
Rathausky, Hans 367
Ratschky, Franz Joseph v. 306
Ratzenböck, Josef 436
Raudnitz a. d. Elbe 147, 152
Raukamp, Josef 366
Rauschemühl 71
Rebgau, s. Regau
Rebiser, Simon 297
Rechberg 446
Redl(-Zipf) 271, 413, 420
Redtenbacher, Jakob Ferdinand 358
Redtenbacher, Josef 358
Regau 46, 276, 291
Regau, Gfen. v. 46, 70, 126

Regensburg 24, 29, 31 f., 36 ff., 41, 47, 49, 54, 58 f., 67, 97, 106, 129, 145, 148, 185, 200 f., 203, 228, 230, 273 f., 276 f., 298
Reichel, Carl Anton 449
Reichenau 29, 272
Reichenhall 35, 53, 137
Reichenstein 119, 193
Reichersberg 53, 58 f., 61, 64, 68, 148, 286, 291, 296, 363, 443 f.
Reichersberg, Wernher v. 57
Reichraming 134, 198, 268, 270, 334
Reifling 33
Rein 58, 183
Reininger, Robert 446
Reinthaller, Anton 397, 412
Reischek, Andreas 359
Reischl, Andre 300
Reiter, Erwin 450
Reiter, Franz Sales 362
Reiter, Johann Baptist 313
Reiter, Josef 363
Remp, Franz Karl 301
Rendulic, Lothar 422 ff.
Renner, Hans 300
Renner, Karl 423, 426, 428
Renner, Matthias 367
Resch, Ämilian 302
Resch auf der Saumstraße, Andreas 250
Reslfeld, Johann Karl v. 302
Reslhuber, Augustin 358
Rettenbacher, Simon 296 f.
Reuchlin, Simon, Abt v. Mondsee 153
Revertera, Gf. Peter 378, 394
Rheinfelden 105
Rheinfranken 62
Rhein(land) 22, 234, 238, 366
Richar, B. v. Passau 38
Richard Löwenherz, Kg. v. England 55
Ried im Innkreis 45, 55, 71, 77, 106 f., 121, 197, 199, 207, 209, 212, 221 f., 233 ff., 239, 264 f., 269, 275, 284, 301 f., 307, 318, 321 f., 325, 328, 331, 334—337, 340, 342, 355 f., 359, 367, 380, 392, 397, 438 ff., 447, 449, 451
Ried im Traunkreis 23, 63, 146
Riedau 98, 207 f., 230, 448
Riedegg 47, 87, 90
Riedersbach 442
Riedl, Alois 450
Riedl, Fritz 450
Riedmark 34 f., 43, 52, 55, 68, 74, 80, 83, 86, 90 f., 95, 135, 189
Rieger, Franz 448

Riegl, Alois 358
Riepl, Franz 451
Rinderholz 70
Rinesch, Rudolf 447
Rint, Johann 366
Rint, Josef 365 f.
Ritter, Walter 450
Rittinger, Marian 301
Ritzberger, Albert 365
Ritzlhof 351, 356
Rode, Ignaz 313
Rodl 9, 27 f., 34 f., 47, 68
Rödern, Familie 200
Rössing, Karl 450
Rohr im Kremstal 43, 66, 342
Rohrbach (im Mühlkreis) 89, 94, 108, 138, 174, 219, 255, 271, 274, 299, 322, 328, 349, 367, 435, 439 f.
Rohrer 51, 76, 112
Roiko, Gustav Adolf 266
Roitinger, Ferdinand 416
Rom (Römer) 18 f., 21 f., 25, 29, 115, 142, 145, 330, 446
Romanen 25 f., 28
Romulus, Ks. 21
Roppolt, Lydia 450
Rosdorf 34
Rosenauer, Franz 447
Rosenauer, Josef 270
Rosenberg, Gf. Philipp 307
Rosenberg, Wok v. 77
Rosenberger 107, 112, 136, 203
Rosental, Leo v. 108
Roser, Franz Xaver 447
Roßberg 136
Rost, Johann Christoph 300
Rote Sala (Rotensala) 69, 81
Rothschild, Salomon v. 271
Rothsepperl 237
Rott (Rottal) 48, 68, 208, 212
Rottachgau 26
Rottenegg 76
Rottenhahn, Gf. Heinrich v. 226
Rottenmann 19, 136
Rousseau, Jean Jacques 312
Rudelsdorf 25
Rudigier, Franz Joseph, B. v. Linz 325, 331, 337
Rudolf v. Habsburg, Kg. 76 f., 80 f., 89, 91, 105, 111, 219
Rudolf II., Ks. 172, 174, 176, 178, 180, 188 f., 192, 204
Rudolf IV., Hg. v. Österreich 67, 86, 89 f., 100, 107, 111 f., 120, 126 ff., 141 f.
Rudolf v. Rheinfelden, Kg. 44
Rudolf, Bert 448

Rüdiger, B. v. Passau 72 f.
Rüstorf 291, 403
Rugier 21, 24
Rupert v. Worms 29
Rupertiwinkel 233
Rußegger, Anton 426
Rußland (Russen) 137 f., 199, 221, 228, 237, 266, 269, 272, 339, 378, 421 f., 425 ff., 430, 432
Ruttenstein 91, 298
Rutzenmoos 280
Rutzing 12

Saalach 233
Sachs, Hans 202
Sachsen 40, 145, 163, 220, 230, 375
Sackmauer, Othmar 451
Sadleder, Karl 377
Sääf, Erich Martin 326
Säbnich 48, 58, 60, 68
Sailer, Johann Michael 292
Saint Germain-en-Laye 380
Salburg, Gfen. v. 188, 213, 378
Salburg, Gf. Christoph Ludwig v. 265
Salburg, Gf. Gotthard v. 238
Salburg-Falkenstein, Gfin. Edith v. 361
Salfinger, Johann 318
Salletwald 69, 74, 84, 86, 98
Salm, Gfen. v. 94
Salzach 13, 27 f., 31 f., 36, 53, 72, 74, 98, 106, 137 f., 200, 203, 209, 221 f., 233, 289
Salzachkreis 232, 291
Salzburg 18, 29, 32 f., 36 f., 41 f., 47, 49, 58 ff., 62, 70, 76, 87, 97 f., 105, 109, 112, 135—139, 144 ff., 150, 152, 164, 199 f., 209, 233 ff., 291, 296 f., 303 f., 311, 323, 336 f., 341, 363, 400, 423, 427, 446, 448
Salzburg (Land) 12, 14, 32, 37, 70, 93, 99, 139, 151, 153, 172, 192, 196, 200, 205, 228 f., 231 ff., 235, 263 f., 269, 272, 276 f., 280, 285, 289, 291, 310, 319—323, 325 f., 335—338, 374, 379, 383, 397, 403, 409, 413, 428 f., 438, 442
Salzburgkreis 99, 233, 322
Salzkammergut 36, 45 f., 49 f., 66, 93, 97, 112, 116, 129, 135, 138, 150, 177, 193 f., 196, 199, 203, 205, 215, 223, 229, 234, 237, 254 f., 257, 261, 266 f., 270 f., 276—279, 312, 314, 318, 320, 324, 338, 342, 345, 347, 349, 353 f., 361, 369, 396, 400 f., 405, 410, 416, 424, 440, 444, 449

Samhaber, Edward 359, 365
Sammern-Frankenegg, Ferdinand v. 412
Sandl 313
Sandrart, Joachim v. 301
St. Aegyd am Neuwalde 413
St. Agatha 193
St. Blasien 59, 286
St. Emmeram 32
St. Florian (b. Linz) 25, 27, 29, 37 f., 41 f., 46 ff., 58—61, 69, 71, 76, 109 f., 119, 123, 143, 146 f., 150, 152 ff., 163, 169, 171, 203, 250, 263, 284, 300 ff., 305, 307, 310 f., 315, 346, 356 ff., 362, 416, 418, 434, 443 f., 446, 449 f.
St. Florian am Inn 447
St. Georgen im Attergau 192, 297 f.
St. Georgen b. Obernberg am Inn 222
St. Johann am Wimberg 108
St. Julien, Gf. Johann Albert v. 294
St. Lambrecht 59
St. Laurenz (Enns-Lorch) 23, 29, 146, 152, 168
St. Leonhard b. Freistadt 199, 447
St. Leonhard b. Pucking 153
St. Magdalena 66, 418
St. Margarethen (b. Linz) 199
St. Marien 387
St. Marienkirchen a. d. Polsenz 144
St. Marienkirchen b. Schärding 22, 447
St. Martin im Innkreis 169, 424
St. Martin im Mühlkreis 447
St. Michael ob Rauhenödt 63, 152
St. Nikola a. d. Donau 54, 58, 145
St. Oswald b. Freistadt 68
St. Oswald b. Haslach 299
St. Pankraz 16, 193, 427
St. Pantaleon 442
St. Paul im Lavanttal 286
St. Peter (Salzburg) 76, 93
St. Peter in der Au 194
St. Peter am Wimberg 192, 450
St. Pölten 19, 23, 110, 289, 300, 422
St. Radegund 366, 417
St. Stefan am Walde 71
St. Thomas am Blasenstein 362
St. Valentin 342, 413, 419
St. Veit im Innkreis 26
St. Veit im Mühlkreis 363, 447
St. Willibald 208
St. Wolfgang (am Aber- bzw. Wolfgangsee) 41, 97, 145 f., 152, 160, 243, 274, 367, 444
Santiago de Compostela 150
Sarleinsbach 90, 174, 298

Sarming(bach) 9, 33, 68, 270
Sarmingstein 58, 136
Sartori, Franz 312
Sattledt 342, 411
Sattler, Josef Ignaz 367
Sattler, Leonhard 301
Saurau, Gf., Statthalter 232
Sauther, Anton 297
Sauwald 9, 25, 33 f., 186
Save 18
Scardo 25
Schachadorf 23
Schachermeyr, Fritz 446
Schärding 15, 25, 45, 71 f., 74, 77, 106 f., 121, 128, 207, 209, 211 f., 214, 221 ff., 230, 239, 243, 269, 275, 286, 291, 306, 322, 328, 339, 342, 346, 348, 356, 380, 389, 397, 403, 405, 438, 447, 449, 450
Schafberg 97 f., 342
Schafluckenhöhle 11
Schalchen 448
Schallenberg, Georg Christoph v. 295
Schallenberg auf Leombach, Christoph v. 201
Schardenberg 207
Scharf, Anton v. 305
Scharfling 13
Scharnstein 46, 125, 189, 199, 205, 251, 387, 444
Scharrer, Karl 447
Scharten 22, 146, 276, 280, 326
Scharz, Oddo 303
Schattendorfer Prozeß 382
Schauersberg 146
Schaunberg 45, 86 ff., 107, 132, 192
Schaunberg, Herren u. Gfen. v. 46, 48, 50, 66, 68, 74 ff., 79 f., 84—88, 94, 100, 112, 117, 123 ff., 128 f., 136, 143 ff., 149, 151, 158 f., 163, 165, 168, 188
Schaunberg, Albrecht v. 148
Schaunberg, Gf. Georg v. 134
Schaunberg, Gf. Heinrich v. 87, 112
Schaunberg, Gf. Johann v. 114 f.
Schaunberg, Gf. Siegmund v. 116 f.
Schaunberg, Gf. Ulrich v. 107, 124, 143
Schaunberg (steir. Linie), Gf. Ulrich v. 117
Schaunberg, Gf. Wolfgang v. 117, 119
Schaunberg, Gf. Wolfgang v. 88
Schaunberger Fehde 87, 112, 120
Scheck, Ignaz 368
Scheibbs 196
Scheibl, Hubert 450
Schellenberg 138
Schenkenfelden 300

## Namensregister

Scherffenberg, Bernhard v. 119
Scherffenberger 158, 163
Schickmayr, Eugen, Abt v. Baumgartenberg 296
Schiedermayr, Karl 358
Schiemer, Leonhard 166
Schiermann, Cölestin 305
Schifer, Familie 185
Schifer, Benedikt 116
Schifer, Hans 177
Schiffermüller, Ignaz 308
Schiffmann, Konrad 446
Schikaneder, Emanuel 307
Schilcher, Anton 318
Schildorn 291
Schiller, Franz Ferdinand v. 267
Schimak, Alois 266
Schindler, Julius Alexander v. 239, 318
Schirmer, Otto 368
Schladming 278
Schlägl 58, 89, 108, 123, 134, 147, 150 f., 189, 251, 286, 295, 301 f., 311, 342, 357, 416, 443
Schlaffer, Hans 166
Schlager, Matthäus 368
Schlatt 19, 25
Schlegel, Josef 376, 383 f., 388, 390, 393, 399, 408
Schleifer, Matthias Leopold 312
Schleiss, Franz 368, 450
Schlesien 145, 181, 211, 232, 260, 304, 313, 448
Schleswig 300, 366
Schleuchel, Georg 153
Schlierbach 33, 40 f., 62, 123, 125, 144, 151, 169, 171, 174, 183, 245, 286, 296, 311, 443 f., 450
Schlierbacher, Familie 66
Schlögen 16, 19 ff., 99, 208, 231, 408
Schlüsselberg 295
Schmalkaldener Bund 167
Schmerling, Anton v. 326
Schmid, Heinrich 370
Schmidberger, Josef 263
Schmidinger, Heinrich 446
Schmidt, Bernhard 302
Schmidt, Leopold 266
Schmidt, Martin Johann (Kremser Schmidt) 302
Schmied in der Gosau 237
Schmitz, Bruno 368
Schmutz, Karl 258
Schneegattern 271
Schneider, Franz 313
Schneller, Julius 305
Schnepf, Wolfgang Josef 297

Schnopfhagen, Hans 363, 434
Schober, Johannes 384, 386
Schönborn, Gf. v. 209
Schönbrunn, Frieden v. 99, 231
Schöndorf 151
Schöndorf b. Wagrain 263
Schönerer, Georg v. 332 f., 336
Schönerer, Matthias 273
Schönering 42
Schönering-Blankenberger 47 f.
Schönerting (a. d. Vils) 47
Schoeppl, Hugo 360
Schörfling 283, 291, 304
Schollum, Robert 448
Scholz, Gunther 302
Schoppenzaun, Ulrich IV., Abt v. Kremsmünster 153
Schorsch, Johann 391
Schosser, Anton 312
Schreier, Ulrich 152
Schrevogl, Erenbert, Abt v. Kremsmünster 296
Schrötter, Franz Ferdinand v. 305
Schubarth, Martin 300
Schubert, Franz 313
Schüttenhofen 77
Schütz, Franz 426 f.
Schulte, Julius 370, 451
Schultes, Josef August 312
Schuschnigg, Kurt 396 f.
Schwaben 39, 45, 111 f., 116, 144, 151, 188, 196, 237, 263, 266, 275, 290, 292
Schwärzl, Joachim 177
Schwaiger, Brigitte 448
Schwaiger, Rudolf 450
Schwanenstadt 25, 86, 99, 144, 231, 266, 276, 291, 307, 343, 438 f., 450
Schwanthaler, Bildhauerfamilie 301
Schwarz, Abraham 179
Schwarz, Rudolf 452
Schwarzburg-Sondershausen 375
Schwarzenberg 271
Schwarzenberg, Fürsten 270, 421
Schwarzviertel 95
Schwarzwadel, Johannes IV., Abt v. Lambach 153
Schwayer, Adolf 359
Schwechat 413
Schweden 186, 228
Schweiz 16, 110, 112, 117, 157, 237, 266, 316, 404, 431
Schwertberg 129, 180, 197, 246, 249, 251, 298, 348, 404, 439
Schwind, Moritz v. 313, 364
Sechter, Simon 362
Seckau 47, 415

Sedlacek, Franz 365, 449
See am Mondsee 13
Seeau, Gf. Ferdinand v. 213, 276
Seeau, Gf. Johann Friedrich v. 295
Seeau zu Helfenberg, Johann Ehrenreich v. 295
Seeauer, Thomas 205
Seebacher Moos 193
Seegger v. Dietach, Johann 201
Seewalchen am Attersee 13, 25, 447 f., 452
Ségur, General 212
Seidl, Heinrich 447
Seillern, Freiherr v. 209
Seisenegger, Jakob 203
Seitlschlag 251
Seiz, Johann 301
Selzthal 342
Semmering 136
Serben 339
Sevaken 16
Severin, Hl. 20 f., 23, 42, 438
Seyringer, Nikolaus, Abt v. Melk 147
Seyrl, Franz 319
Seyß-Inquart, Arthur 397, 409
Siebenbürgen 265, 277 ff.
Siegburg 59
Sieghartner, Peter II., Propst v. St. Florian 153
Siegmund, Hg. v. Tirol 115—118
Siena 200
Sierning 27, 33, 42, 46, 144, 193, 228, 243, 387, 418, 438
Sierninghofen 269
Sigismund, Ks., Kg. v. Ungarn u. Böhmen 107 f.
Simandl, Emilie 368
Simbach 342
Simonetta, Pietro 264
Simony, Friedrich 359
Sind, Christian 253
Sind, Leopold Josef 296
Sindelburg 79
Sinzendorf, Georg Ludwig v. 94, 262
Sipbach 27, 33
Siren, Kaija u. Heikki 451
Sitter, Johann 266
Skiren 21, 24
Skrbensky, Philipp v. 317
Slama, Franz 378
Slapnicka, Harry 389
Slawen 24, 27, 29 f., 33, 35 f., 43
Slowakei (Slowaken) 336, 369, 421, 423
Slowenen 336
Smutny, Josef 366

Snelpero, Abt v. Kremsmünster 38
Sonnenwald 271
Souvent, Alois 359
Spalt, Johannes 452
Spanien 138, 160, 172, 186, 198, 210, 269, 413
Sparry, Franz 307
Spatz, Johann Baptist 301
Spatz, Johann Peter 301
Spaun, Anton v. 310, 313, 319
Spaun, Franz Seraph v. 227
Spaun, Joseph v. 313
Speer, Albert 418
Spielberg 211
Spindler, Anton, Abt v. Garsten 295
Spindler, Hans 205
Spindler v. Hofegg, Veit 160, 177
Spital am Pyhrn 58, 123, 134, 144 f., 152, 171, 193, 268, 286, 300, 302, 396, 423
Spitzweg, Karl 364
Sprecher & Schuh, Firma 404
Sprenger, Paul 313, 368
Sprinzenstein, Gfen. v. 262, 290
Stabius, Johannes 154
Stadion, Gf. Franz 321 f.
Stadion, Gf. Johann Philipp 229
Stadl-Paura 12 f., 138, 209, 255, 263, 273, 300, 302, 369, 392
Stängl v. Waldenfels, Hans Erhard 194
Stahel, Veit 179
Stainach/Irdning 342
Stanacum 16, 19
Starhemberg 87, 106, 178, 228, 243
Starhemberg, Bartholomäus v. 163
Starhemberg, Erasmus v. 177
Starhemberg, Ernst Rüdiger v. 384, 387, 393
Starhemberg, Gf. Franz Ottokar 314
Starhemberg, Gotthard v. 111, 128
Starhemberg, Gotthard v. 175, 182, 192
Starhemberg, Gf. Gundaker 209
Starhemberg, Gf. Gundaker Thomas v. 262
Starhemberg, Hans v. 116
Starhemberg, Gf. Heinrich Wilhelm v. 246
Starhemberg, Ulrich v. 116
Starhemberger 50, 66, 70, 80, 88, 90, 107, 115, 158, 162, 165, 185, 188, 200, 204, 308, 421
Stattler, Karl 369
Statz, Vinzenz 368
Stauf 45, 86
Staufer 67, 72 f.
Stecher, Franz Anton 313

## Namensregister

Steeg (am Hallstätter See) 154
Stegmayr, Karl 318
Steidel, Melchior 301
Steiermark 46, 57, 66, 69—73, 75, 77 f., 82, 92, 94, 99, 101, 105, 110, 112, 145, 156 f., 172 f., 181, 193, 196, 198, 214, 227 f., 254, 260, 263 f., 266, 268, 271, 279, 300, 321, 359, 374, 383, 410, 413, 424, 447, 450
Stein (am Inn ), Heinrich v. 68
Stein, Jörg v. 116—119
Steinbach (a. d. Steyr) 66, 92, 269
Steinbüchler, Rudolf 449
Steindorf 342
Steineder, Hans 451
Steinhaus b. Wels 358
Steininger, Franz 306
Stella, Andre 300
Stelzhamer, Franz 312, 318, 355, 359 ff., 363, 367, 434
Stephan, Hg. v. Oberbayern 106
Sterbohol 178
Stern & Hafferl, Firma 342, 346, 399, 403
Sternbach, Johann Georg v. 267
Sternstein 68
Sterrer, Franz 365
Sterrer, Karl 367
Steyr(tal) 10, 16, 19, 27, 41, 43, 45, 50, 66, 70, 112, 135, 190, 348
Steyr, passim
Steyr, Dietmar v. 75, 91
Steyrdurchbruch 369
Steyregg 35, 66, 91, 108, 119, 128, 153, 251, 342, 418, 425, 442
Steyrermühl 349, 352, 370, 392, 419
Steyrling 33
Stiebar, Johann Franz Achaz v. 222, 307
Stiefel, Michael 163
Stifter, Adalbert 321, 355, 357, 360 ff., 364, 366 f., 443
Stifter, Alfred 450
Stipelmühle 271
Stirapurhc 41
Stirnbrand, Franz 366
Stockenhuber, Max 450
Stodertal 199
Stranzing 271
Straß 231
Straßburg 200
Strassen, Melchior zur 369
Strasser, Gabriel 358
Strasser, Richard 378
Straßham 19
Straßwalchen 28, 97 f., 222, 289
Straubing 14, 214, 220

Streicher, Gustav 360
Strein v. Schwarzenau, Reichard 178 f., 200 f., 295
Strindberg, August 361
Strnadt, Julius 357
Stroheim 144
Strudengau 9
Stülz, Jodok, Propst v. St. Florian 238, 310 f.
Sturmberger, Elias 300
Sturmberger, Hans 237, 303, 446
Stuttgart 312, 366, 448 f.
Suben 57, 59, 61, 233, 286, 290, 296, 308, 401
Subiaco 147
Sudetenland 374
Sueben 20, 24
Südtirol(er) 339, 417, 448
Süßmayr, Franz Xaver 307
Sulzbach 27 f., 36
Sulzbach, Gfen. v. 47
Sulzer, Balduin 448
Sumerau, Familie 308
Sumerau, Konrad v. 79 f., 111
Summerau 342, 424
Sutter, Josef 313
Swindilenbach 31

Taaffe, Gf. Eduard 353
Tafersheim 35
Tannberger 48
Tarnoczy, Berta v. 366
Tassilo III., Hg. v. Bayern 26 f., 30 f., 37 f., 151
Taufkirchen, Gf. Adam v. 212
Taufkirchen a. d. Pram 151, 403, 450
Taufkirchen a. d. Trattnach 257, 291
Teichl 19, 33
Temmel, Leopold 438
Templin, Prokopius v. 297
Tergolape 19
Ternberg 91, 198, 268 f., 413
Terra Entia 104
Teschen (Frieden v.) 98, 221, 280, 305
Tettau, Wilhelm v. 110
Tettauer Schanzen 110 f.
Thalham 19
Thalheim 276
Thening 280, 293
Theoderich d. Gr., Kg. 24
Theodo, Hg. v. Bayern 29
Theodora, Hgin. v. Österreich 67
Theodosius I., Ks. 23
Theresienthal b. Gmunden 265
Theudebert, Kg. 24
Thielisch, Johann Christian 280

Thierstein, Gf. Wilhelm v. 117 f.
Thomas, Franz 366
Thomasroith 273, 348, 403
Thürheim, Gf. Christoph Wilhelm I. v. 257
Thürheim, Gf. Christoph Wilhelm II. v. 218, 221, 223, 276
Thürheim, Gf. Johann Wilhelm v. 213
Thüringer 21, 24, 318
Thun, Gf. Johann Joseph Anton v. 307
Thun-Hohenstein, Gf. Leo v. 355
Thurnstein 208
Tibet 297
Tichtel, Johann 153
Tiemo, Eb. v. Salzburg 61
Tiemo, B. v. Passau 55
Tilgner, Viktor Oskar 367
Till, Leopold 297
Tillysburg 189
Timelkam 272, 343, 403
Tirol 14, 106 f., 112, 145, 152, 156, 184, 205, 214, 264 f., 267, 275, 280, 296, 300 ff., 313, 321, 337, 361, 367, 372, 374, 383, 438
Tiso, Jozef 423
Titze, Adolf J. 349
Tollet 163, 207
Toscana 226
Traeger, Wilhelm 449
Tragwein 33, 129, 272, 450
Traisen 46, 212
Traisen, Herren v. 46 ff.
Trattenbach 269
Trattnach 66, 125
Traun(tal) 10, 16, 25—28, 32 f., 45 f., 49, 53, 63, 66, 74, 76, 79, 85, 95, 125, 135, 138, 154, 196, 205, 228, 230, 263, 273 f., 403, 442
Traun 266, 334, 418, 435, 439, 442, 452
Traun, Herren v. 50
Traun, Julius v. d., s. Schindler, Julius Alexander v.
Traunfall 154, 205, 346
Traungau 26 f., 29—32, 34, 38, 40
Traungauer 45
Traunkirchen 45, 57 f., 66, 123, 135, 144, 150, 174, 177, 183, 275 f., 342, 369, 414
Traunkreis 218, 237
Traunsee 10, 13, 22, 27, 46, 92, 125, 138, 145, 205, 274, 342, 359
Traunsee (Trunseo, Kloster) 27, 37, 42
Traunstein 10, 155
Traunviertel 71, 95, 101, 118, 134, 189, 192 f., 204, 209, 214, 228, 240, 242, 255, 258, 269, 279, 301

Trautner, Elfriede 450
Trautson, Gf. 209
Treffling 33
Trenkler, Herbert 447
Trient (Konzil v.) 167, 171, 175, 309
Triest 273
Trimmelkam 348, 442
Trinker, Ruprecht 195
Tröstel v. Zierberg, Meinhard 63, 75, 78
Tschechoslowakei (Tschechen, CSSR) 71, 336, 379 f., 392, 407, 410, 413, 421, 430 f., 435
Tschernembl, Georg Erasmus v. 177— 182, 189, 200
Tserclaes v. Tilly, Johann 182
Tserclaes v. Tilly, Werner 189
Tübingen 200
Türken 113, 164, 166 f., 170, 172, 176, 191, 201, 206 f., 210, 261 f., 264, 267 f., 275, 277, 294, 297, 306
Tulln 117
Tumeltsham 230
Tumler, Franz 448
Turiani, Francesco Innocenzio 301
Turnbull, P. E. 312
Tutatio 16
Tyniec-Tarnow 292

Übelherr, Johann Georg 308
Überackern 31
Ufer (b. Wilhering) 19, 47
Ufer b. Ebelsberg 12
Ufgau 26
Ugarte, Gf. Alois v. 258
Ukrainer 336
Ulm 54, 228, 292
Ulrich, B. v. Passau 61
Ulstalgau 41
Unfried, Johannes 447
Ungarn 31, 38—42, 44, 63, 73, 75, 77 f., 96, 105 f., 109 f., 115, 117, 119, 137 ff., 145, 164, 169, 178, 182, 186, 196, 258, 261—266, 272, 323, 326, 341, 343, 366, 378, 390, 413, 421
Ungenach 291, 452
Ungnad, Familie 189
Ungnad v. Steyregg, Andreas 181
Unter-Donaukreis 232, 291
Untergriesbach 48
Untermoldau 362
Unterrothenbuch 12
Untersberger, Josef 367
Unterweißenbach 91
Unterwölbling 14
Urban III. v. Trenbach, B. v. Passau 169, 171, 175

Urfahr 19, 230 f., 244, 275, 302, 313, 320, 328, 337 f., 340, 342 f., 347, 363, 368, 370, 398, 411, 425 f., 429, 438, 444, 452
Ursa 23
USA (Amerikaner) 324, 399, 407, 424, 426 f., 432, 451
Uttendorf 15, 209, 299

Valckenborch, Lucas van 203
Val d' Intelvi 300
Valentinian I., Ks. 20
Vancsa, Kurt 447
Vandalen 20
Velburg-Klam, Gfen. v. 47, 71, 100
Venedig 136 ff., 157, 199, 207
Vergeiner, Hermann Pius 362
Versailles 380
Větěřov 14
Vichtenstein a. d. Donau 49, 87, 98, 223, 228, 251, 270
Viechtau 196, 199, 270
Viechtwang 46
Viehböck, Waltrud 451
Viktorin, Prinz v. Böhmen 108, 119
Vilshofen 207, 212
Vilstal 208
Virunum 18 ff.
Vischer, Georg Matthäus 104, 296 f.
Vivilo, B. v. Passau 29 f.
Vöckla 54
Vöcklabruck 46, 54, 58, 77, 86, 123, 126, 136 f., 145, 149, 163, 193 ff., 200, 204, 239, 244, 266, 271, 311, 322, 325, 328, 337, 348, 354, 356, 365, 369, 371, 413
Vöcklamarkt 25, 195, 198, 203, 272
VOEST(-Alpine) 419, 432, 439–442, 447, 451
Vogel, Samuel 266
Vogelsang, Karl v. 333
Vogl, Berthold 303
Vogl, Friedrich 349
Voitsdorf 26
Volkersdorf(er) 46, 50, 74, 76, 125, 189
Volkersdorf, Ortolf v. 76
Vonwiller, Firma 264
Vorarlberg 203, 266, 325, 333, 336, 374, 383
Vorchdorf 22, 276, 438 f.
Vorderösterreich 227, 266, 275, 302
Vorlande 112, 115 f., 156
Vorster, Kaspar II., Propst v. St. Florian 153

Wach, Aloys 449
Wagenlehner-Prozeß 298

Wagner (von der Mühl), Adolf 367
Wagner, Otto 369
Wagner, Richard 363
Wagner-Jauregg, Julius 358
Wagnleithner, Georg (= Stibler Georg) 359
Wagram 231
Waidhofen a. d. Ybbs 74, 83, 136, 207, 212, 423
Waizenkirchen 99, 163, 165, 211, 231, 243, 342, 362 f.
Walchen (b. Vöcklamarkt) 25
Walcher, Josef 308
Waldburg 152
Waldburger, Hans 205
Waldeck 73
Waldeck, Heinrich Suso (= Popp Augustin) 447
Waldeck, Karl 362
Waldenfels 90
Waldenser 143, 146 f.
Waldhausen 48, 58, 68, 71, 76, 99, 108, 123, 204, 285 f., 290, 294, 300
Waldmüller, Ferdinand Georg 364
Waldneukirchen 292, 359, 387
Waldviertel 46
Walker, Walton H. 424
Wallenstein, Feldherr 186, 273
Wallern 276, 280, 326, 358, 362
Wallhamer, Josef 365
Wallner, Susi 447
Wallner, Wolfgang 367
Wallsee, Herren v. 84 ff., 88–94, 107, 111, 120, 124 f., 136, 144, 152
Wallsee, Anna v. 144
Wallsee, Eberhard II. v. 143
Wallsee, Eberhard IV. v. 105
Wallsee, Eberhard V. v. 107
Wallsee, Eberhard v. 144
Wallsee, Gebhard v. 141
Wallsee, Heinrich v. 87
Wallsee, Reinprecht I. v. 90
Wallsee, Reinprecht II. v. 91, 112 f.
Wallsee, Reinprecht v. 114, 116
Wallsee, Wolfgang v. 114 ff.
Wallsee-Mitterkirchen 442
Waltenstein 47
Wanscher, Johann Josef 301
Wappeltsham 403
Warscheneck 10 f.
Wartberg ob d. Aist 63, 358
Wartenburg (Neu-) 163, 251, 294
Waschenberg 15
Wasner, Johann Christoph, Abt v. Mondsee 174, 274
Waxenberg 47 f., 71, 74 f., 83, 85 f., 88 ff., 94, 117, 119, 134

Wegscheid (b. Linz) 339
Wehrenfennig, Johann Theodor 326
Weibel, Peter 450
Weibern 416
Weichard v. Polheim, B. v. Passau 141, 143
Weichs, Josef Clement v. 213
Weidenholz 87, 192, 207
Weidinger, Anton 426 f.
Weidinger, Franz Xaver 449
Weiguny, Anton 334
Weilhart(forst) 25, 32, 49, 72, 74, 77, 97, 121, 209, 340
Weilhartner, Rudolf 448
Weilheim 205, 301
Weinberg 152, 251, 257, 405
Weinsberger Wald 199
Weiß, Christoph 195
Weißbacher, Josef 311
Weißenbach 271
Weißenberg 19
Weißenburg 185
Weißenkirchen (im Attergau) 203
Weißenwolff, Familie 308
Weißenwolff, Gf. Ferdinand Bonaventura 211
Weißenwolff, Gf. Johann 317
Weißkirchen a. d. Traun 144
Weitersfelden 68, 199, 244
Weitra, Vertrag v. 86 f.
Welf I., Hg. v. Bayern 43 f., 61
Welfen 44, 59, 67 f.
Wels 16, 18 f., 26, 31 f., 39 f., 42, 45, 50, 53 ff., 62, 66, 69–73, 75, 77, 79 f., 86, 95, 112, 114, 123, 126 f., 130 f., 136 – 139, 143 f., 146, 149 f., 153, 155, 160, 163, 168, 176, 178, 188, 193, 195–200, 202, 204, 218, 234 f., 242 ff., 266, 270 – 273, 275 f., 280, 284, 287, 300, 302, 307, 310, 313, 318, 322, 325 f., 328, 332, 334 f., 340–343, 346–349, 354 ff., 358 f., 364 f., 367 ff., 371 f., 378, 397 f., 400 f., 413, 416, 418 f., 422, 429, 435, 440, 444–452
Welser Heide 12, 155, 248 f., 264
Welzenbacher, Lois 452
Weng im Innkreis 208, 358
Wenger, Franz 367
Wenger (v. Stadl-Paura) 194
Wengler, Johann Baptist 366
Wening, Michael 305
Wenninger, Heinrich 390, 393
Wenzel I., Kg. v. Böhmen 73, 75
Wenzel II., Kg. v. Böhmen 89
Wenzel IV., Kg. v. Böhmen, dtr. Kg. 87, 107, 136

Wenzel, Gottfried Immanuel 305
Wenzl, Erwin 436
Werfenstein 117
Werkgruppe Linz 451 f.
Werndl, Josef 347 f., 367
Werneck, Heinrich Ludwig 447
Wernhard, B. v. Seckau 62
Wernhard v. Prambach, B. v. Passau 141, 144
Wernher, Abt v. Göttweig 60
Wernher der Gartenaere 53, 63
Wernicke, Rudolf 449
Wernstein am Inn 93, 106, 219, 223, 262, 271, 449
Wesen 87
Wesenufer 16, 19
Wessobrunn 308
Westfälischer Frieden (Münster u. Osnabrück) 185 f., 201, 275, 277
Westreicher, Engelbert 367
Weyer 96, 134, 166, 193, 198, 204, 207, 246, 268, 290, 403, 413, 425, 450
Weyr, Rudolf v. 368
Weyregg am Attersee 13, 22, 301
Wiblingen 292
Wickhoff, Franz 358
Wiellinger von der Au, Achaz 194
Wien 73, 92 f., 107, 113 f., 116 f., 136 f., 139 f., 146 f., 150, 153, 155 f., 163 f., 166, 168, 172, 177, 179, 181, 183, 193, 199 f., 206 f., 212, 217, 223 f., 228–231, 234–238, 250 f., 262, 270, 272 ff., 280, 284 f., 287 f., 290 ff., 294, 300, 303–308, 311–315, 317, 320 f., 325, 328, 333 f., 338, 341 ff., 348, 357 – 369, 372, 376, 379, 381–384, 391, 396 f., 401 f., 412 ff., 417, 420, 422 f., 425–428, 434, 440, 446–451
Wien, Frieden v. 105
Wiener Kongreß 233, 264, 310
Wiener Konkordat 143
Wiener Neudorf 413
Wiener Neustadt 73, 75, 160, 413
Wienerwald 18, 21, 30, 34
Wiesmayr, Johann Georg, Propst v. St. Florian 305
Wilbirg v. St. Florian 76, 146, 150
Wildberg 47, 70, 90, 107, 251
Wildeneck 97, 155 f., 193
Wildenranna 90, 219
Wildenstein 92, 237, 277
Wilder Lauffen 154, 205
Wildonier 66
Wildshut 121, 209, 221 f., 271
Wilhelm I., Gf. 31 f.
Wilhelm II., Gf. 31

Wilhelm v. Holland, Kg. 74
Wilhelm, Hg. v. Österreich 113, 138, 144
Wilhering 9, 19, 22, 25, 47, 57 f., 63, 70 f., 76, 123, 134, 144, 150 f., 169, 171 f., 183, 189, 212, 286, 296, 300, 302, 308, 310 f., 317, 362, 416, 442, 446, 448
Wilhering-Waxenberg, Herren v. 47 f., 51, 57
Williheri 25
Wimberger, Alois 426
Wimmer, Heinrich 447
Windberg (Wimberg) 47 f.
Windegg 47, 91, 180
Windhaag b. Freistadt 362
Windhaag b. Perg 189, 275, 290, 294, 296, 300, 302, 306
Windisch, Georg 151
Windischgarsten 10, 14, 16, 19, 27, 33, 46, 48, 171, 193, 196, 199, 251, 299, 387, 396, 438
Windischgrätz, Fürst Alfred 320
Windischhub b. Pramet 271
Winfried-Bonifatius 29
Wirer, Franz 314
Wirn, Franz 296
Wiser, Karl 238, 331
Witigo, Schreiber 76, 78
Witigonen 47 f., 58, 71, 80, 89
Wittelsbach, Pfalzgf. Otto v., Hg. v. Bayern 68
Wittelsbacher 70, 72 ff., 85, 93 f., 96, 105 f., 155, 165 f., 175, 220, 234
Wittenberg 163, 165, 200
Wittola, Marx Anton v. 283, 304
Wladislav, Prinz 74
Wladislaw, Kg. v. Böhmen 110
Wöß, Anton 266
Wöss, Fritz 444
Wolf, Johann Andreas 301
Wolf Dietrich v. Raitenau, Fürsteb. v. Salzburg 177
Wolff, Christian 303
Wolfgang, B. v. Regensburg, Hl. 41, 274
Wolfgang II., B. v. Passau 169
Wolfgangland 97, 138, 155, 160, 193, 429
Wolfgangsee (Abersee) 10, 32, 97 f., 145, 274
Wolfger, B. v. Passau 56, 63
Wolfsegg(er) 46, 193 f., 207, 271 f., 274, 343, 348, 365, 403
Wolfsegg-Traunthaler Kohlenwerks- u. Eisenbahnges. 271, 273, 352, 399, 403
Worath, Johann 301

Worath, Siard, Abt v. Schlägl 208, 296
Worms 44, 161, 167
Wratislaw, Hg. v. Böhmen 44
Wrede, Karl Philipp v. 233
Würting 204
Württemberg 179, 228, 230
Würzburg 43, 45, 50, 54 f., 66, 70
Wullowitz 50
Wurm, Firma 264, 349
Wurmb, Anton 318, 321
Wurmb, Karl 358
Wurzeralm 16

Ybbs (Fluß) 56, 74, 78 f., 82 f., 101, 141, 286, 289
Ybbs(feld) 30, 161
Ysper 68, 289

Zach, Andreas 308
Zauner, Franz, B. v. Linz 438
Zauner, Friedrich Ch. u. Roswitha 448
Zechyr, Othmar 450
Zehetner, Josef 425
Zeileis, Fritz 447
Zeileis, Valentin 370, 447
Zeiling 35
Zeiller, Martin 104, 201, 296
Zeitlham 19, 35
Zeitling 35
Zelking, Christoph v. 152
Zelking, Erhard v. 116
Zelking, Hans Wilhelm v. 177
Zelkinger 62, 158, 163
Zell am Pettenfirst 25, 291, 392
Zell a. d. Pram 308, 443, 448
Zeller, Christoph 193
Zeller v. Schwertberg, Bernhard 161
Zerzer, Julius 447 f.
Zetl, Jakob 202
Zibermayr, Ignaz 446
Ziegler, Gregor Thomas, B. v. Linz 237 f., 292 f., 310, 318, 325
Zierberger, Familie 51
Zierotin, Karl v. 178
Zinispan 109, 156
Zinnögger, Leopold 365
Zinzendorf, Hans Joachim v. 175, 192
Zipf, Brauerei 349
Znaim 231
Zöhrer, Eduard 363
Zötl, Hans 359
Zorn, Firma 348
Zülow, Franz v. 449
Zürn, Bildhauerfamilie 301
Zwettl a. d. Rodl 50, 250, 264, 266
Zwickledt 449

# Bildnachweis

Archiv der Stadt Linz: Abb. 33, 42.

Diözesanbildstelle Linz: Abb. 17, 32.

Foto Atelier O. Prokosch, Linz: Abb. 44.

Heimatmuseum Mondsee: Abb. 1.

Landesbildstelle Oberösterreich, Linz: Abb. 7, 13, 22, 26, 29, 30, 35, 36, 45.

Naturhistorisches Museum, Wien: Abb. 3.

Oberösterreichisches Landesarchiv, Linz: Einband, Abb. 8, 9, 10, 11, 12, 14, 16, 18, 19, 20, 21, 23, 24, 25, 27, 28, 31, 34, 37, 38, 39, 40, 41, 43, 46.

Oberösterreichisches Landesmuseum, Linz: Abb. 2, 4, 5, 6.

Österreichische Nationalbibliothek, Wien: Abb. 15.

Die Grundlage der auf Seite 103 abgebildeten Karte „Das Werden des Landes Oberösterreich" bildete die von Othmar Hageneder entworfene Karte in dem Ausstellungskatalog „1000 Jahre Oberösterreich – Das Werden eines Landes" (Wels 1983, Bd. 2, S. 435); diesem Werk (Bd. 1, S. 59) ist auch die von demselben Autor konzipierte Graphik auf Seite 96 entnommen.

Den Einband schmückt eine Miniatur aus dem Greiner Marktbuch (um 1490). Die Darstellung des Wappens des Landes ob der Enns zeigt im gespaltenen Schild Adler und Pfähle seitenverkehrt.